國語國文學叢書 041

金剛經三家解

JN445042

학자원

국어국문학총서 41

金剛經三家解

2017년 11월 25일 초판 1쇄 발행

저　자 : 미상
펴낸이 : 김병환
펴낸곳 : 학자원
주　소 : 134-814 서울시 강동구 천호대로 1121
전　화 : 02) 6403-1000
팩　스 : 02) 6338-1001
E-mail : hakjaone@daum.net
등　록 : 2011년 3월 24일 제324-2011-14호

HAKJAONE Publishing Co.
1121 Cheonho-Daero Kangdong-Gu Seoul

ISBN : 979-11-87806-84-4 93220

값 70,000원

金剛經三家解
금강경삼가해

조선 성종 때 ≪금강반야바라밀경≫에 대한 3가의 해석을 합편하여 국역한 책. 5권 5책. 동활자본. 동국대학교도서관소장. 을해자본이나 ≪금강경≫의 본문은 정축자로 되어 있다.

〈금강경삼가해〉는 조선 초기에 〈금강경〉을 5명의 대가가 해설한 〈금강경오가해〉에서 2명의 것은 덜고 야보冶父 천선사川禪師의 착어송着語頌, 예장豫章 경선사鏡禪師의 제강提綱, 함허당涵虛堂 득통得通의 설의說誼를 바탕으로 이 삼가三家의 주해注解만 원문에 구결을 달고 정음正音으로 번역飜譯한 것으로, 한국불교의 특색을 잘 보여주고 있다.

함허당涵虛堂은 고려高麗 우왕禑王 2년(1376)에 나서 조선 세종 15년(1443)에 졸卒하였는데, 이름은 기화己和, 고휘古諱는 수이守伊, 법호法號는 득통得通, 고호古號는 무준無準, 당호堂號는 함허涵虛, 속성은 충주忠州 유씨劉氏이며 당대當代최고最高의 고승高僧이다.

표제表題와 권수제卷首題는 금강반야바라밀경金剛般若波羅密經이라 되어 있으나 판심제版心題와 발문拔文에 금강경삼가해金剛經三家解라 되어 있어 흔히 '금강경삼가해'라 불러오고 있다. 이 문헌의 권말에 한계희韓繼禧와 강희맹姜希孟의 발문이 있다. 이 발문에 따르면 초고는 이미 세종 때에 왕세자(문종)와 수양대군(세조)에게 명하여 편성하고 번역하게 하였으나, 탈고하지 못했던 것을 그 뒤 세조의 비인 자성대왕대비慈聖大王大妃의 명으로 고승 학조學祖가 교정을 완수完遂하여 성화成化 18년 내수사內需司에서 300질을 인출印出하였다.

15세기 국어 및 불경연구의 귀중한 자료가 될 것이다.

編輯部

金剛經三家解

(全)

金剛般若波羅蜜經

第一

金剛般若波羅蜜經

第一

金剛般若波羅蜜經序

有一物이 於此ᄒᆞ니 ○ 一ᅙᅵᇙ 物믏이 이에 잇ᄂᆞ니

一物은 何物오 ○ 祇這一着子ᄂᆞᆫ 希夷焉ᄒᆞ야 絶情

謂ᄒᆞ며 髣髴焉ᄒᆞ야 看似有ᄒᆞ며 嚮然ᄒᆞ야 難可追며 恍

惚然ᄒᆞ야 難可測이며 ○ 一ᅙᅵᇙ 物믏은 엇던 物믏오 오직 이 一ᅙᅵᇙ 着땩 字ᄍᆞᆼ ᄂᆞᆫ 希힁

夷잉ᄒᆞ야 ᄠᅳᆮ 너교미 그츠며 髣팡髴붏ᄒᆞ야 보매 잇ᄂᆞᆫ ᄃᆞᆺᄒᆞ며 嚮향忽홇ᄒᆞ야 어루 조ᄎᆞ미 어려우

며 恍황惚홇ᄒᆞ야 어루 혜아료미 어려우며 ○ 希힁ᄂᆞᆫ 누ᄂᆞ로 보디 몯ᄒᆞᆯ 시오 夷잉ᄂᆞᆫ 귀로 듣디 몯

ᄒᆞᆯ 시오 髣팡髴붏은 얼믜여ᄒᆞᆯ 시오 嚮향은 ᄒᆞᆯ 시오 忽홇은 어득ᄒᆞᆯ 시오 恍황惚홇은 어즐ᄒᆞᆯ 시라

非迷非悟ㅣ라 不可以凡聖으로 稱이며 無我無人이라

可以自他로 名故로 但云호ᄃᆡ 一物이라 ○ 몰롬 아니며 아롬 아니

라 어루 凡뻠聖셩으로 니르디 몯ᄒᆞ리며 나 업스며 ᄂᆞᆷ 업서 어루 자와 ᄂᆞᆷ과로 일훔 지티 몯ᄒᆞᆯᄊᆞ

로 오직 닐오ᄃᆡ 一ᅙᅵᇙ物뭃이라 六祖ㅣ云ᄒᆞᄃᆡ 有一物ᄒᆞ니 無頭無尾ᄒᆞ며 無名無字ᄒᆞᄃᆡ 上柱天ᄒᆞ며 下柱地ᄒᆞ고 明如日ᄒᆞ며 黑似漆ᄒᆞ야 常在動用中ᄒᆞᄃᆡ 動用中에 收不得者ㅣ니라

是라 ○ 六륙祖조ᇰㅣ 닐오ᄃᆡ 一ᅙᅵᇙ物뭃이 잇ᄂᆞ니 머리 업스며 ᄭᅩ리 업스며 일훔 업스며 字ᄍᆞᆼ 업소ᄃᆡ 우ᄒᆞ로 하ᄂᆞᆯ 괴오며 아래로 ᄯᅡᄒᆞᆯ 괴오고 ᄇᆞᆯ고미 ᄒᆡ 곧ᄒᆞ며 거무미 漆칧 곧ᄒᆞ야 샹녜 動똥用용中듕에 이쇼ᄃᆡ 動똥用용中듕에 잡디 몯ᄒᆞᆯ 거시라 ᄒᆞ니라 動똥ᄋᆞᆫ 運운動똥ᄒᆞᆯ시오 用용ᄋᆞᆫ 作작用용ᄒᆞᆯ시라 然雖如是ᄒᆞ나 一物之言도 亦強稱之而已니 故로 南嶽讓和尚이 道ᄒᆞᄃᆡ 說似一物이라도 即不中ᄒᆞ니라 有一物이 於此者ᄂᆞᆫ 不離當處ᄒᆞ야 常湛然故로 云爾니라 ○ 그러ᄒᆞ야 비록 이 곧ᄒᆞ나 一ᅙᅵᇙ物뭃이랏 말도 ᄯᅩ 強깡히 니로ᄯᆞᄅᆞᆷ이니 이런 젼ᄎᆞ로 南남嶽악讓샹和화尚썅이 닐오ᄃᆡ 一ᅙᅵᇙ物뭃이라 닐어도 곧 맛디 몯ᄒᆞ

리라ᄒᆞ니一힗物믏이이에잇다ᄒᆞ논當당處쳥를여희디아니ᄒᆞ야샹녜믈곤젼ᄎᆞ로그리니ᄅᆞ니라

絶名相ᄒᆞ며○名명相샹이그ᄎᆞ며

蕭焉空寂ᄒᆞ며湛爾冲虛ᄒᆞ며無名可名ᄒᆞ며無相可覩

故也ㅣ라○괴괴ᄒᆞ야空공寂쪅ᄒᆞ며믈가ᄀᆞᆷ고虛헝ᄒᆞ며일훔마어루일훔홀것업스며相샹이어루볼것업손젼ᄎᆞ라

貫古今ᄒᆞ며○古공今금을ᄢᅦ며

歷千劫而不古ᄒᆞ며亘萬歲而長今이라多經海嶽이

相遷ᄒᆞ니幾見風雲ㅅ變態ᄒᆞ야뇨○千쳔劫겁을디나디녜아니며萬먼歲쉥예ᄉᆞᄆᆞ초디댱샹이제라바ᄅᆞᆯ와뫼쾌서르올모ᄆᆞᆯ해디내니ᄇᆞᄅᆞᆷ과구룸괏變변ᄒᆞ논양ᄌᆞᄅᆞᆯ몃번보아뇨○劫겁은時씽分뿐이라

處一塵ᄒᆞ되 圍六合ᄒᆞ며 ○ᄒᆞᆫ 드트레 이쇼ᄃᆡ 六륙合ᄒᆞᆸ을 ᄢᅳ리며 ◆六륙合ᄒᆞᆸ은 法법數숭에 잇ᄂᆞ니라

凡有事物이 小不能大ᄒᆞ고 大不能小ᄒᆞᄂᆞ니 此則反是ᄒᆞ야 能小而細入隣虛ᄒᆞ고 能大而廣包法界ᄒᆞᄂᆞ니라 ○믈읫 잇ᄂᆞᆫ 事ᄉᆞᆼ物믈이 저그니ᄂᆞᆫ 能ᄂᆼ히 크디 몯ᄒᆞ고 크니ᄂᆞᆫ 能ᄂᆼ히 젹디 몯ᄒᆞᄂᆞ니 이ᄂᆞᆫ 곧 이에 ᄃᆞ위혀 能ᄂᆼ히 저거 ᄀᆞᄂᆞ로미 隣린虛헝에 들오 能ᄂᆼ히 커 너부미 法법界갱를 ᄢᅳ리ᄂᆞ니라 ◆隣린은 갓가올시오 虛헝ᄂᆞᆫ 虛헝空콩이니 드트리 하니 ᄀᆞᄂᆞ라 虛헝空콩애 갓가올시 隣린虛헝ㅣ라 ᄒᆞ니라

內含衆妙ᄒᆞ고 ○안해 한 微밍妙묭ᄅᆞᆯ 머겟고

體量이 恢恢ᄒᆞ야 恒沙性德과 無量妙用이 元自具足ᄒᆞ니라 ○體톙量량이 커 恒ᄒᆼ沙상性셩德득과 그지업슨 妙묭用용이 본ᄃᆡ 제 ᄀᆞᄌᆞ니라

外應群機ᄒᆞ며 ○밧ᄀᆞ로 모ᄃᆞᆫ 機긩ᄅᆞᆯ 應ᅙᅳᆼᄒᆞ며 ■機긩ᄂᆞᆫ 조각이라

物來即應ᄒᆞ며 感而遂通ᄒᆞ야 如明鏡이 當臺ᄒᆞ야 胡來胡現ᄒᆞ고 漢來漢現ᄒᆞ며 洪鍾이 在虡ᄒᆞ야 大扣大鳴ᄒᆞ고 小扣小鳴ᄒᆞ니라 ○物믈이 오나ᄃᆞᆫ 곧 應ᅙᅳᆼᄒᆞ며 感감ᄒᆞ야ᄃᆞᆫ 곧 通통ᄒᆞ야 블근 거우뤼 臺ᄯᅵ예 當당ᄒᆞ야셔 胡홍ㅣ 오나ᄃᆞᆫ 胡홍ㅣ ᄂᆞᆮ고 漢한이 오나ᄃᆞᆫ 漢한이 나ᄐᆞ며 큰 부픠 虡겡ㅣ에 이셔 크게 터ᄃᆞᆫ 크게 울오 져기 터ᄃᆞᆫ 져기 우ᄃᆞᆺ ᄒᆞ니라 ■感감ᄋᆞᆫ 衆즁生ᄉᆡᇰ이 誠ᄱᅧᆼ感감이니 믈읏ᄉᆞ라 胡홍ㅣᄂᆞᆫ 되오 漢한ᄋᆞᆫ 中듕國귁 사ᄅᆞᆷ이오 虡겡ᄂᆞᆫ 붑거ᄂᆞᆫ 거시라

主於三才ᄒᆞ며 王於萬法ᄒᆞ야 ○三삼才ᄶᆡ예 읏드미며 萬먼法법에 爲윙頭뚱ᄒᆞ야 ■三삼才ᄶᆡᄂᆞᆫ 天텬과 地띵와 人신괘라

天이 以之覆ᄒᆞ며 地ㅣ 以之載ᄒᆞ며 人이 以之處乎其中ᄒᆞ며 以至日月星辰草木昆虫히 凡有貌像形色

者ㅣ莫不以之爲宗ᄒᆞ야 而得成立ᄒᆞ니라ㅇ하ᄂᆞᆯ히ᄢᅵ두프며ᄯᅡ
히ᄢᅵ시르며사ᄅᆞ미ᄢᅵ그가온ᄃᆡ이시며ᄒᆡ와ᄃᆞᆯ와별와플와나모벌에예니르리믈읫양ᄌᆞ얼굴
빗잇ᄂᆞᆫ거시ᄢᅵ웃듬사마시러아러셔디아니ᄒᆞ니업스니라
蕩蕩乎其無比ᄒᆞ며 巍巍乎其無倫ᄒᆞ니ㅇ蕩땅蕩땅ᄒᆞ야가ᄌᆞᆯ볼것업
스며巍윙巍윙ᄒᆞ야골오리업스니
蕩蕩云云ᄋᆞᆫ 廣大勝第一者ㅣ是오ㅇ蕩땅蕩땅云운云운ᄋᆞᆫ 너
브며크며勝싱ᄒᆞ야第뗑一ᅙᅵᇙ인거시오 巍巍云云ᄋᆞᆫ 最尊極無上
者ㅣ是니 此ㅣ所以爲王爲主之勢也ㅣ니라ㅇ巍윙巍윙
云운云운ᄋᆞᆫ ᄆᆞᆺ尊존極끅ᄒᆞ야우업슨거시니이爲윙頭뚱ᄒᆞ며웃드외ᄂᆞᆫ勢솅ᄅᆞᆫ아처니라
不曰神乎아 昭昭於俯仰之間ᄒᆞ며 隱隱於視聽之際
ᄒᆞ니라ㅇ神씬奇끵타아니니ᄅᆞ리며구브며울월ᄉᆞᅀᅵ예ᄆᆞᆯᄀᆞᆺᄆᆞᆯᄀᆞᆺ호ᄃᆡ보며드를ᄉᆞᅀᅵ예그ᅀᅳᆨ그ᅀᅳᆨ

ᄒᆞ·나·라

決定是無ᄒᆞ야도 性自神解ᄒᆞ며 決定是有ᄒᆞ야도 尋之無蹤ᄒᆞ니 此ㅣ 所以爲神也ㅣ니라 ○決꿣定뗭히 이업다ᄒᆞ야·도 性셩이 ·제神씬奇끵히·알오決꿣定뗭히이잇다ᄒᆞ야·도 ·ᄎᆞᆺ·건댄자최업스니·이神씬奇끵ᄅᆞᆯ원아·치니·라

不曰玄乎아 先天地而無其始ᄒᆞ며 後天地而無其終ᄒᆞ니라 ○길다아니니ᄅᆞ·리여天텬地띵ᄅᆞᆺ몬·제라 그비르소·미업스·며天텬地띵ᄅᆞᆺ後ᅘᅮᇢㅣ·라그ᄆᆞᆺ초·미업·스 나·라

有形之最先者ㅣ 天地也ㅣ며 有形之最後者ㅣ 亦天地也ㅣ니 有形之最先者ㅣ 天地也ㅣ로ᄃᆡ 而天地ㅣ 以此爲始ᄒᆞ니 此物之所以始者ᄅᆞᆯ 不可得而窮也ㅣ리니 所以始者ᄅᆞᆯ 既不可得而窮ᄒᆞ면 則所以終

者ᄅᆞᆫ 亦不可得而窮也ㅣ니라 此所以爲玄也ㅣ라 ○ 니 얼굴 앗ᄂᆞᆫ 게 몯 젼거시 天텬地ᄯᅵᆼ며 얼굴 잇ᄂᆞᆫ 게 몯 後ᅘᅮᇢᄂᆞᆫ 거시 ᄯᅩ 天텬地ᄯᅵᆼ니 얼굴 잇ᄂᆞᆫ 게 몯 몬져 거시 天텬地ᄯᅵᆼ로ᄃᆡ 天텬地ᄯᅵᆼ 일로 ᄲᅥ 비르솜 사ᄆᆞ니 이 物믈의 비르슨 아촐 어루 시러 다ᄋᆞᄃᆡ 몯ᄒᆞ리니 비르슨 아촐 ᄒᆞ마 어루 시러 다ᄋᆞᄃᆡ 몯ᄒᆞ면 곧 ᄆᆞ촐 아촐 ᄯᅩ 어루 시러 다ᄋᆞᄃᆡ 몯ᄒᆞ리나ᄀᆡ기 ᄑᆞᆫ 아ᄎᆡ니라

空耶아 有耶아 吾ㅣ 未知其所以로다 ○ 空콩가 有ᅌᅮᇢ아 내 그 아촐 아ᄃᆡ 몯ᄒᆞ리로다

物體深玄ᄒᆞ야 虛徹靈通ᄒᆞ야 有不定有ㅣ며 無不定無ㅣ니 言語道ㅣ 斷ᄒᆞ며 心行處ㅣ 滅故로 云爾니라 ○ 物믈의 體톙 기퍼 虛헝ᄒᆞ며 ᄉᆞᄆᆞᆺ ᄎᆞ며 靈령ᄒᆞ며 通통ᄒᆞ야 有ᅌᅮᇢㅣ 一ᅙᅵᇙ定뗭ᄒᆞᆫ 有ᅌᅮᇢㅣ 아니며 無뭉ㅣ 一ᅙᅵᇙ定뗭ᄒᆞᆫ 無뭉ㅣ 아니니 말ᄊᆞᆷ 길히 그츠며 ᄆᆞᅀᆞᆷ 行ᅘᆡᇰ홀 고디 업슨 젼ᄎᆞ로 그리 니ᄅᆞ니라

我迦文이 得這一著子ᄒᆞ샤 普觀衆生의 同稟而迷ᄒᆞ샤

歎曰奇哉ᄒᆞ시고 向生死海中ᄒᆞ샤 駕無底船ᄒᆞ시며 吹無

孔笛ᄒᆞ시니 ○ 우리 迦강文문이 이 一ᅙᅵᇙ 著땩子즈ᇰ를 得득ᄒᆞ샤 衆즁生싱의 ᄒᆞᆫ가지로 바도ᄃᆡ 몰

로몰 너비 보샤 歎탄ᄒᆞ야 니ᄅᆞ샤ᄃᆡ 奇긩異잉ᄒᆞᆯ셔 ᄒᆞ시고 살며 죽논 바ᄅᆞᆳ 가온ᄃᆡ 向향ᄒᆞ샤 믿업슨 ᄇᆡ

를 ᄐᆞ시며 구무업슨 뎌흘 부르시니 妙音이 動地ᄒᆞ며 法海ㅣ 漫天ᄒᆞ거늘 於

是예 聾騃ㅣ 盡醒ᄒᆞ며 枯槁ㅣ 悉潤ᄒᆞ야 大地含生이 各

得其所ᄒᆞ니라 ○ 微밍妙묳ᄒᆞᆫ 소리 ᄯᅡ홀 뮈우며 法법海ᄒᆡᆼ 하ᄂᆞᆯ해 ᄀᆞ득거늘 이에 귀머그며 어

리니 다 ᄭᆡ며 이운 거시 다 저자 大땡地띵 含ᅘᅡᆷ生싱이 各각各각 그 고ᄃᆞᆯ 어드니라

此物은 非聖非凡이로ᄃᆡ 而凡而聖이오 非淨非染이로

ᄃᆡ 而染而淨ᄒᆞ니 所以道手把破砂盆ᄒᆞ고 身被羅錦

綺ᄒᆞ며 有時醉酒罵人이라가 忽尒燒香作禮로다 ○ 이 物믈

은聖셩아니며凡뻠아니로ᄃᆡ凡뻠이며聖셩이
오조홈아니며더러움아니로ᄃᆡ더러우며조ᄒᆞ
니이런ᄃᆞ로닐오ᄃᆡ소내ᄲᅳ린砂상盆뿐잡고모
매羅라錦금綺킹를니브며잇다감술醉쥥코사
ᄅᆞᆷ구짓다가믄득香향퓌오고절ᄒᆞᄂᆞ다ᄒᆞ미로다 比之空日권대 空豈長晴
이며 亦豈常雨ㅣ며 日豈長明이며 亦豈常暗이리오○虛헝空콩
과ᄒᆡ와애가ᄌᆞᆯ비건댄虛헝空콩은엇뎨당샹개
며ᄯᅩ엇뎨샹녜비오며ᄒᆡᄂᆞᆫ엇뎨댱샹블ᄀᆞ며ᄯᅩ
엇뎨샹녜어드우리오 一念迷也애 雲起長空ᄒᆞ야 上明下暗
ᄒᆞ며 一念悟也애 風掃迷雲ᄒᆞ야 上下ㅣ洞徹ᄒᆞᄂᆞ니○ᄒᆞᆫ念
념몰로매구루미긴虛헝空콩애니러우히ᄇᆞᆰ고
아래어드우며ᄒᆞᆫ念념아로매ᄇᆞᄅᆞ미迷몡雲운
을ᄠᅳ러아라우히훤히ᄉᆞᄆᆞᆺᄂᆞ니 染淨의 所以興也ㅣ며 聖凡의 所
以作也ㅣ니 聖凡이 既作ᄒᆞ면 則感應이 生焉ᄒᆞ야 凡은
在迷而渴仰風化ᄒᆞ고 聖은 在悟而爲物興悲ᄒᆞᄂᆞ니○

더러우며조호미니ᄅᆞ아치며聖셩과九뻠과의
ᄃᆞ외ᄋᆞᆫ아치니聖셩九뻠이ᄒᆞ마닐면곧感감應
홍이나九뻠은믈로매이서風봉化황ᄅᆞᆯ渴캃仰
ᅌᅣᇰᄒᆞ고聖셩은아로매이서物믈을爲윙ᄒᆞ야悲
빙ᄅᆞᆯ니완ᄂᆞ니ᄅᆞ 所以我迦文이於寂滅場中에初成正
覺ᄒᆞ샤作獅子吼ᄒᆞ샤ᄃᆡ奇哉奇哉라普觀一切衆生
ᄒᆞᆫ댄具有如來智慧德相ᄒᆞ되但以妄想執著ᄋᆞ로而不
證得이로다ᄒᆞ시고○이런ᄃᆞ로우리迦강文문이寂쩍滅몷場땽中듕에처엄正졍覺각일
우샤獅ᄉᆞᆼ子ᄌᆞᆼ吼흫지ᄉᆞ샤ᄃᆡ奇끵異잉ᄒᆞ며奇끵異잉ᄒᆞ셔一힗切쳉衆즁生ᄉᆡᆼ올너비본댄如
영來ᄅᆡᆼ智딩慧쮕德득相샹ᄋᆞᆯᄀᆞ초두ᄃᆡ오직妄망想샹執집著땩ᄋᆞ로證징得득몯ᄒᆞᄂᆞ다ᄒᆞ시
고■寂쩍滅몷ᄋᆞᆫ괴외히업슬시니佛뿛性셩ㅅ가온ᄃᆡᄒᆞᆫ相샹도업슬서라場땽ᄋᆞᆫ道ᄯᅩᇹ理링ᄉᆞᆺ
ᄂᆞᆫ바탕이오中듕ᄋᆞᆫ가온ᄃᆡ라 於是에運無緣慈ᄒᆞ시며說無言言
ᄒᆞ샤廣演教海ᄒᆞ샤徧注衆生心地ᄒᆞ샤使之道芽ㅣ榮

茂ᄒᆞ며 心花ㅣ 發明ᄒᆞ야 大地ㅣ 同春이며 萬物이 咸熙케ᄒᆞ시니라 ○이에 緣원업슨 慈ᄍᆞᆼ로 뮈우시며 말ᄉᆞᆷ 업슨 마ᄅᆞ로 니ᄅᆞ샤 너비 敎ᄀᆞᇢ海ᄒᆡᆼ를 펴샤 衆ᄌᆞᇰ生ᄉᆡᆼ의 ᄆᆞᅀᆞᆷ ᄯᅡ해 너비 브ᅀᅳ샤 道ᄯᅡᇢㅅ 어미 펴 盛ᄊᆡᆼᄒᆞ며 ᄆᆞᅀᆞᆷ 고지 發벓明명ᄒᆞ야 大땡地띵 ᄒᆞᆫ가지로 보미며 萬먼物뭃이 다 ᄇᆞᆯ게 ᄒᆞ시니라

今般若經者ᄂᆞᆫ 妙音之所流ㅣ며 法海之所自者也ㅣ라 ○이제 般반若ᅀᅣᇰ經경은 妙묠音ᅙᅳᆷ의 흘론 배며 法법海ᄒᆡᆼ의 브튼 배라

般若ᄂᆞᆫ 一物之強稱이오 經者ᄂᆞᆫ 現物之具也ㅣ니 此ᄂᆞᆫ 乃金口親宣이라 不是餘人之所說이니 法門淵源이라 不同瑣瑣之敎乘이니라 ○般반若ᅀᅣᇰᄂᆞᆫ 一ᅙᅵᇙ物뭃의 強깡히 닐오미오 經경은 物뭃을 나토논 그르시니 이ᄂᆞᆫ 金금口쿻로 親친히 펴샨 디라 녀나ᄆᆞᆫ 사ᄅᆞᄆᆡ 닐온 배 아니니 法법門몬의 기픈 根ᄀᆞᆫ源원이라 瑣상瑣상ᄒᆞᆫ 敎ᄀᆞᇢ乘ᄊᆡᆼ과 ᄀᆞᆮ디 아니니라 【金금口쿻ᄂᆞᆫ 부텻 이

ᄫᅳᆯ솔오니 부텻 모미 金금色ᄉᆡᆨ이실ᄊᆡ 金금口쿠ᇰㅣ라 ᄒᆞ니라

以金剛之堅利로 剗我人之稠林ᄒᆞ시고 照慧日於重

昏ᄒᆞ시며 開惑霧於三空ᄒᆞ샤 ○金금剛강ㅅ 구드며 놀카오모로 我앙人ᅀᅵᆫㅅ 칙

칙ᄒᆞᆫ 수프를 뷔시고 慧쀙日ᅀᅵᇙ을 ᄀᆞᆲᄒᆞᆫ 어드운 ᄃᆡ 비추시며 惑ᅘᅬᆨ霧뭉를 三삼空콩애 여르샤 三삼空

콩ᄋᆞᆫ 人ᅀᅵᆫ空콩과 法법空콩과 俱궁空콩괘오 안개 ᄀᆞ리ᄫᅵ미 無뭉明명惑ᅘᅬᆨ이 眞진性셩 ᄀᆞ리ᄫᅵ미 ᄒᆞᆫ

가지라 ᄒᆞ니라

我人稠林이 蔚於心地어든 金剛焰下애 掃地無蹤

ᄒᆞ니 法與非法此二惑霧ㅣ 掩蔽性空ᄒᆞᆯᄊᆡ 故曰重昏

이라 慧日이 一照ᄒᆞ면 重昏이 頓破ᄒᆞ고 三空이 顯現ᄒᆞᄂᆞ

니라 ○我앙人ᅀᅵᆫㅅ 칙칙ᄒᆞᆫ 수프리 心심地띵예 盛쎵ᄒᆞ얫다가 金금剛강ㅅ 블ㅅ 곳 아래 ᄯᅡ해 ᄡᅳ러

자최 업스니 法법과 法법 아닌 이 둘 惑ᅘᅬᆨ霧뭉ㅣ 性셩空콩ᄋᆞᆯ ᄀᆞ리ᄋᆞᆯᄊᆡ 이런ᄃᆞ로 닐오ᄃᆡ ᄀᆞᆲᄒᆞᆫ 어

드우미라 慧휑日싫이 ᄒᆞᆫ번 비취면 곰ᄒᆞᆫ 어드우미 모ᄅᆞ기 헐오 三삼空콩이 나다나ᄂᆞ니라 性 생空콩ᄋᆞᆫ 理링ᄅᆞᆯ 니ᄅᆞ니라

使之出斷常坑ᄒᆞ야 登眞實際ᄒᆞ며 數萬行花ᄒᆞ야 成一乘果ㅣ시니 ○斷똰과 常썅괏 굴헝에 나 眞진實씷ㅅ ᄀᆞ새 오ᄅᆞ며 萬먼行ᅘᆡᇰㅅ 고ᄌᆞᆯ 픠워 一힗乘씽果광ᄅᆞᆯ 일우게 ᄒᆞ시니

法非常이어늘 而執爲有ᄒᆞ며 性非斷이어늘 而執爲空ᄒᆞᄂᆞ니 執爲空ᄒᆞ야 而不知空之不空ᄒᆞ면 則是落斷見坑也ㅣ오 執爲有ᄒᆞ야 而不知有之非有ᄒᆞ면 則是落常見坑也ㅣ리라 ○法법이 던던디 아니커늘 자바 有웋ᄅᆞᆯ 사ᄆᆞ며 性셩이 그춤 아니어늘 자바 空콩ᄋᆞᆯ 삼ᄂᆞ니 자바 空콩ᄋᆞᆯ 사마 空콩이 空콩 아닌 ᄃᆞᆯ 아디 몯ᄒᆞ면 곧 이ᄂᆞᆫ 斷똰見견ㅅ 구데 ᄢᅥ듀미오 자바 有웋ᄅᆞᆯ 사마 有웋ㅣ 有웋 아닌 ᄃᆞᆯ 아디 몯ᄒᆞ면 곧 이ᄂᆞᆫ 常쌍見견ㅅ 구데 ᄢᅥ듀미리라

實際者ᄂᆞᆫ 空有ᄅᆞᆯ 兩忘ᄒᆞ고 一味ㅣ 亦亡之處也ㅣ니 佛이 以三空으로 開示ᄒᆞ샤 使之不落斷常之坑ᄒᆞ고 頓超空有之外ᄒᆞ야 如是圓修ᄒᆞ며 如是圓證也케 ᄒᆞ시니라 ○ 實씷際졩ᄂᆞᆫ 空콩과 有ᅌᅮᇢ와 둘흘 닛고 ᄒᆞᆫ 마시 ᄯᅩ 업슨 고디니 부톄 三삼空콩으로 여러 뵈샤 斷돤常쌍괏 구데 ᄲᅥ디디 아니ᄒᆞ고 空콩과 有ᅌᅮᇢ왓 밧긔 모로기 건내 ᄠᅱ여 이ᄀᆞ티 두려이 닷ᄀᆞ며 이ᄀᆞ티 두려이 證징케 ᄒᆞ시니라

言言이 利刃當陽ᄒᆞ며 句句ㅣ 水灑不著이라 ○ 말마다 ᄂᆞᆯ카온 갈히 벼틔 當당ᄒᆞᆫ ᄃᆞᆺᄒᆞ며 句궁마다 므를 ᄲᅳ려도 묻디 아니ᄒᆞᄂᆞᆫ디라

金剛妙慧ᄂᆞᆫ 堅不爲物挫ᄒᆞ며 利能斷衆生의 究結ᄒᆞᄂᆞ니 般若雄詮은 金剛妙慧之所現發故로 利能破衆生의 疑網ᄒᆞ고 堅不爲外魔의 所壞ᄒᆞᄂᆞ니라 ○ 金금剛

강入ᅀᅵᆸ妙묭慧ᅘᅨᆼᄂᆞᆫ 구더 物믏의 겻구미 ᄃᆞ외디 아
니ᄒᆞ며 ᄂᆞᆯ카와 能능히 衆즁生ᄉᆡᆼ이 究귷竟경ᄋᆡ 入
ᄆᆡ 조ᄆᆞᆯ 굿ᄂᆞ니 般반若ᅀᅣᇰ 계여 온 마ᄅᆞᆫ 金금剛강
ᅀ 妙묭慧ᅘᅨᆼ의 나타 發벓ᄒᆞᆫ 젼ᄎᆞ로 ᄂᆞᆯ카와 能능
히 衆즁生ᄉᆡᆼ의 疑ᅌᅵᆼ心심ㅅ 그므를 헐오 구더 ᄡᅡ
ᅌᅬᆼ 魔망의 허루미 ᄃᆞ외디 아니ᄒᆞᄂᆞ니라 外
魔망ᄂᆞᆫ 外ᅌᅬᆼ道ᄯᅩᇢ
와 魔망王왕괘라

流出無邊法門海ᄒᆞ며 孕育無限人天師ᄒᆞᄂᆞ니라○ ᄀᆞᆺ업슨 法법
門몬海ᄒᆡᆼ를 흘려내며 그지업슨 사ᄅᆞᆷ
과 하ᄂᆞᆯ콰ᄋᆡ 스승을 비야쳐 내ᄂᆞ니라

佛之與法이 皆從此經ᄒᆞ야 流出故로 云爾니라○ 부텨와
法법괘 다 이 經경을 브터 흘려
나ᄂᆞᆫ 젼ᄎᆞ로 그리 니르니라

若大鑒能主峯密治父川傳與鏡此五大士者ᄂᆞᆫ 皆
人天之所尊이며 法海之所歸者也ㅣ라○ 大땡鑒감
慧ᅘᅨᆼ能능과 圭귕
峯퐁宗종密밇와 冶양父뿡道ᄯᅩᇢ川쳔과 傳뜡大땡
師ᄉᆞ와 宗종鏡경과 이 다ᄉᆞᆺ 大땡士ᄊᆞᆼᄂᆞᆫ 다 사ᄅᆞᆷ과

하ᄂᆞᆯ히 尊존ᄒᆞ논 배며 法법海힝의 가논 배라

五大士ㅣ 皆因此經ᄒᆞ야 眼目夫人天ᄒᆞᆯᄉᆡ 故曰人天

之所尊이라 無法不了ᄒᆞᆯᄉᆡ 故云法海之所歸라 ○ 다ᄉᆞᆺ 大땡

士ᄊᆞᆼㅣ 다 이 經경을 因인ᄒᆞ야 人신天텬에 누니 ᄃᆞ욀ᄉᆡ 그런ᄃᆞ로 닐오ᄃᆡ 人신天텬의 尊존ᄒᆞ논

배라 法법을 ᄉᆞᄆᆞᆺ 아디 몯호미 업스실ᄊᆡ 그런ᄃᆞ로 닐오ᄃᆡ 法법海힝의 가논 배라

各具通方正眼ᄒᆞ야 直傳諸佛密印ᄒᆞ야 各出廣長舌相ᄒᆞ

야 開演最上宗乘ᄒᆞ니 一一威振河嶽ᄒᆞ며 輝騰古今ᄒᆞ야

遂使當世옛 盲者로 得見ᄒᆞ며 聾者로 得聞ᄒᆞ며 啞者로

能言ᄒᆞ며 跛者로 能行케ᄒᆞ니라 ○ 各각各각 通통方방ᄒᆞᆫ 正정ᄒᆞᆫ 누니ᄅᆞᆯ ᄀᆞ자 바ᄅᆞ 諸

졍佛뿛ㅅ 密밇印힌을 傳뜐ᄒᆞ야 各각各각 너브며 긴 舌쎯相샹ᄋᆞᆯ 내야 ᄆᆞᆺ 우ᄒᆡᆺ 宗종乘씽을 여러 펴니

낫나치 威휭嚴엄이 河ᅘᅡᆼ嶽악ᄋᆞᆯ 드러치며 비치 녜와 이제예 소사 곧 當당世솅옛 눈 머니로 보ᄆᆞᆯ 得득

ᄒᆞ며귀머그니로드로ᄆᆞᆯ得득ᄒᆞ며입버우니로能능히말ᄉᆞᆷᄒᆞ며발저니로能능히녀게ᄒᆞᄂᆞ니라

通方正眼者ᄂᆞᆫ明眞了俗ᄒᆞ야達乎中道ᄒᆞ야無所不通之正眼也ㅣ라密印者ᄂᆞᆫ衆生所迷之眞理오佛祖相傳之法印也ㅣ라○通통方방正졍眼안ᄋᆞᆫ眞진ᄋᆞᆯᄇᆞᆯ기며俗쑉ᄋᆞᆯᄉᆞᄆᆞᆺ아中듕道ᄯᅳᇢ애ᄉᆞᄆᆞᆺ차通통티몯ᄒᆞᆫ곧업슨正졍眼안이라密밇印힌ᄋᆞᆫ衆즁生ᄉᆡᆼ이모ᄅᆞ논眞진理링오佛뿛祖종ㅅ서르傳뛴ᄒᆞ시논法법印힌이라

五大士ㅣ具如是正眼ᄒᆞ며傳如是密印ᄒᆞ야開大口ᄒᆞ야說大話ᄒᆞ니威光이動地ᄒᆞ며照映今昔ᄒᆞ야遂使見聞이皆化ᄒᆞ야知非遷善ᄒᆞ케ᄒᆞ며極於宗說ᄋᆞᆯ兼通ᄒᆞ며解行相應之大化者ㅣ皆於此經에得之矣이니라○다ᄉᆞᆺ大땡士쑹ㅣ곧ᄒᆞᆫ正졍眼안이ᄀᆞᄌᆞ며이곧ᄒᆞᆫ密밇印힌ᄋᆞᆯ傳뛴ᄒᆞ야큰이블여러큰마ᄅᆞᆯ니ᄅᆞ니威휭嚴엄光광明명이ᄯᅡ홀뮈우며

녜와 이제와애 비취여 곧 보며 드르니 다 化황ᄒᆞ야 외ᄃᆞᆯ 아라 어딘 게 옮게 ᄒᆞ며 宗종과 說쉻와ᄅᆞᆯ 다 通통ᄒᆞ며 아ᄅᆞᆷ과 行ᅘᆡᇰ괘 서르 마조 매다ᄃᆞᄅᆞᆫ 큰 化황ㅣ 다 이 經경에 得득ᄒᆞ니라 ○ 宗종通통ᄋᆞᆫ 宗종旨징ᄅᆞᆯ 훤히 ᄇᆞᆯ기며 本본源원을 기피 ᄉᆞᄆᆞ초시오 說쉻通통ᄋᆞᆫ 十씹二ᅀᅵᆼ部뽕經경을 이대 니ᄅᆞ며 名명相샹法법數숭ᄅᆞᆯ ᄉᆞᄆᆞᆺ 아ᄅᆞ샤 疑읭心심업슬시라

既而오 **亦爲普覺將來**ᄒᆞ야 **各自依經著解**ᄒᆞ야 **以傳天下後世**ᄒᆞ니 ○ 이슥고 ᄯᅩ 將쟝來ᄅᆡᆼᄅᆞᆯ 너비 알외요ᄆᆞᆯ 爲윙ᄒᆞ야 各각各각 經경을 브터 사교ᄆᆞᆯ 나토아 天텬下ᅘᅡᆼ後ᅘᅮᇢ世솅예 傳뗜ᄒᆞ니

既以斯經으로 **現益當世**ᄒᆞ고 **且造斯解**ᄒᆞ야 **流芳萬古**ᄒᆞ니라 ○ ᄒᆞ마 이 經경으로 當당世솅예 現현히 利링益혁ᄒᆞ고 ᄯᅩ 이 解갱ᄅᆞᆯ 지ᅀᅥ 萬먼古공애 곳다오미 ᄒᆞ다오미 ᄒᆞᄅᆞ니라

豈是彫文喪德이리오 **可謂錦上添華**ㅣ로다 ○ 엇뎨 이 文문을 조사

德득을 ᄒᆞ야 ᄇᆞ리리오 어루 錦금ㅅ 우희 고ᄌᆞᆯ 더으다 니ᄅᆞ리로다

玉無瑕ㅣ어늘 而彫文ᄒᆞ면 反喪良玉의 溫潤之德ᄒᆞᄂᆞ니 斯解則反是ᄒᆞ야 致令經語로 益精ᄒᆞ며 經義로 益明ᄒᆞ야 遂使目之者로 披雲覩日ᄒᆞ며 耳之者로 豁然心開케 ᄒᆞ니라 ○ 玉옥이 허믈 업거늘 文문을 조ᄉᆞ면 도ᄅᆞ혀 됴ᄒᆞᆫ 玉옥ᄋᆡ 溫온ᄒᆞᆫ 潤슌ᄒᆞᆫ 德득을 ᄒᆞ야ᄇᆞ리ᄂᆞ니 이 解행ᄂᆞᆫ 이ᄅᆞᆯ 드위혀 經경ㅅ 말ᄊᆞ모로 더옥 精졍微밍ᄒᆞ며 經경ㅅ ᄠᅳ디 ᄃᆞ로 더옥 ᄇᆞᆰ게 ᄒᆞ야 곧 본 사ᄅᆞᄆᆞ로 구룸 헤오 ᄒᆡᄅᆞᆯ 보며 드를 사ᄅᆞᄆᆞ로 훤ᄒᆞ ᄆᆞᅀᆞᄆᆞᆯ 열에 ᄒᆞ니라

何止重輝佛日이리오 亦乃光揚祖道ㅣ로다 ○ 엇데 다시 佛뿛日ᅀᅵᇙ을 ᄇᆞᆰ게 ᄒᆞᆯ ᄯᆞᄅᆞ미리오 ᄯᅩ 祖종道똫ᄅᆞᆯ 빗내 펴도다

古人道호ᄃᆡ 三乘十二分教애 體理得妙ᄒᆞ면 何處에 更有祖師西來意오 ᄒᆞ니 則別傳之旨ㅣ 亦不外乎

斯經ᄋᆞᆫ 尚爲言敎의 所攝ᄒᆞ야 隱而不現ᄒᆞ니 令諸祖
ㅅ稱贊發揚이 非獨敎義全彰이라 別傳之旨ㅣ 亦
乃照然ᄒᆞ다 도 有云單傳直指之旨ㅣ 豈斯敎의 所
攝乎ㅣᄒᆞ니리오 看於黃梅曹溪ᄒᆞ면 足可見矣리라 ○
미 닐오ᄃᆡ 三삼乘씽ㅅ 十씹二싱分분敎공애 理링ᄅᆞᆯ 아라 妙묳ᄅᆞᆯ 얻드면 어느 고대 다시 祖종師
ᄉᆞᆼㅅ 西솅來링ᄒᆞᆫ ᄠᅳ디 잇ᄂᆞ뇨 ᄒᆞ니곰 각別뼗히 傳뎐ᄒᆞ논 ᄠᅳ디 ᄯᅩ 經경에 나다나 아니ᄒᆞ되 오
히려 言언敎꾷의 자최 미도외야 그슥ᄒᆞ야 낟디 아니ᄒᆞ니 이제 諸졍祖종ㅅ 實씷에 맛게 배퍼펴
미 ᄒᆞᆫ갓 敎꿍ㅅ ᄠᅳ디 오로 나톤디 아니라 各각 別뼗히 傳뎐ᄒᆞ논 ᄠᅳ디 ᄯᅩ ᄇᆞᆰ도다 닐오되 ᄒᆞ옷 불
로 傳뎐ᄒᆞ사 바ᄅᆞ ᄀᆞᄅᆞ치시논 ᄠᅳ디 엇데 이 敎꿍의 자볼 배리오 ᄒᆞ니 黃황梅밍와 曹쫑溪켕와ᄅᆞᆯ
보면 足족히 어루 보리라 ◆ 黃황梅밍ᄂᆞᆫ 山산 일후미니 五옹祖종 洪뽕忍신 大땡師ᄉᆞᆼ 사던 뒤오
曹쫑溪켕도 山산 일후미니 六륙祖종 惠쮕能능 大땡師ᄉᆞᆼ 사던 뒤니 이 二싱 師ᄉᆞᆼㅣ 다 單단傳뎐

直띡指징之징旨징를傳뎐ᄒᆞ니라
我曹ㅣ生于千載之下ᄒᆞ야得遇難遇之寶ᄒᆞ야手接目
覩ᄒᆞ니幸莫大焉이로다○우리ᄅᆞᆯ히千쳔載징아래나맛남어려운보비ᄅᆞᆯ맛나소ᄂᆞ로
자ᄇᆞ며누ᄂᆞ로보니幸ᅘᆡᇰᄒᆞ미이만크니업도다
慶遇斯解也ㅣ로다○이解ᅘᆡᇰ맛나몰깃도다
以此로可以揚佛祖之餘輝ㅂ리以此로可以延君國
之洪祚ㅣ로다○일로ᄲᅥ어루佛뿛祖종ㅅ나믄비ᄎᆞᆯ펴리며일로ᄲᅥ어루님금과나랏큰福복
올길에ᄒᆞ리로다
儻因斯解ᄒᆞ야豁開正眼ᄒᆞ면則法印이在握ᄒᆞ며化道
ㅣ在己ᄒᆞ리라○ᄒᆞ다가이解ᅘᆡᇰ를因힌ᄒᆞ야正졍眼안을훤히열면곧法법印힌이소내
이시며教공化황ᄒᆞ논道뜽ㅣ모매이사라라

然此編集이 出於何人之手ᄒᆞᄃᆡ 而不現其名乎오◯그러나 이 編변集집이 엇던 사ᄅᆞ미 소내 나ᄃᆡ 그 일후믈 現현티 아니ᄒᆞ나오 【編변은 ᄎᆞ례ᄒᆞᆯ 시오 集집은 모돌 시라】

歎不現夫編者之名也ㅣ니라◯編변集집ᄒᆞᆫ 사ᄅᆞ미 일훔 現현티 아니호ᄆᆞᆯ 歎탄ᄒᆞ니라

吾ㅣ喜其爲一佛五祖師之心을 令一轉而便見也ᄒᆞ노라◯내 一잃佛뿛五옹祖종師ᄉᆞㅅ ᄆᆞᅀᆞᄆᆞᆯ ᄒᆞᆫ 번 옮겨 곧 보게 호ᄆᆞᆯ 깃노라

一軸之內예 佛燈祖焰이 交光互映ᄒᆞ야 可一轉而便見佛祖之心矣니라 此所以爲喜也ㅣ라◯ᄒᆞᆫ 軸뜩 內뇡예 佛뿛燈등과 祖종焰염괘 비치 섯그며 서르 비취여 어루 ᄒᆞᆫ 번 옮겨 佛뿛祖종ㅅ ᄆᆞᅀᆞᄆᆞᆯ 곧 보리니 이

[illegible]깃논 [illegible]

所嗟ᄂᆞᆫ 雖有彈絃之妙指ᄒᆞ나 未遇賞音之嘉聽ᄒᆞ면 由是ᄒᆞ야 誤聽峩峩ᄒᆞ야 作洋洋者ㅣ 多矣리라 ○ 嗟챵歎탄ᄒᆞ논 바ᄂᆞᆫ 비록 시울 ᄩᆞᆯ 微밍妙묭ᄒᆞᆫ 가라기 이시나 소리 賞샹玩완ᄒᆞᆯ 아ᄅᆞᆷ다온 드르릴 맛나디 몯ᄒᆞ면 일로브터 峩앙峩앙ᄅᆞᆯ 그ᄅᆞ 드러 洋양洋양ᄋᆞᆯ 지ᄉᆞ리 하리라 峩앙峩앙ᄂᆞᆫ 뫼히 노ᄑᆞᆫ 양지오 洋양洋양ᄋᆞᆫ 므리 너븐 양지니 伯ᄇᆡᆨ牙앙ᄂᆞᆫ 녯 琴금 잘 ᄩᆞ던 사ᄅᆞ미오 子종期끵ᄂᆞᆫ 소리 아던 사ᄅᆞ미니 伯ᄇᆡᆨ牙앙ㅣ ᄠᅳ들 뫼해 두고 ᄩᆞ던 子종期끵 닐오ᄃᆡ 峩앙峩앙乎홍ㅣ라 先션生ᄉᆡᇰ ᄠᅳ디여 ᄒᆞ고 므레 두고 ᄩᆞ던 洋양洋양乎홍ㅣ라 先션生ᄉᆡᇰ ᄠᅳ디여 ᄒᆞ니 이엔 峩앙峩앙ᄅᆞᆯ 그ᄅᆞ 드러 洋양洋양ᄋᆞᆯ 삼ᄂᆞ닷 마리라

三尺古琴에 妙音이 斯在ᄒᆞ니 雖有妙音ᄒᆞ나 若無妙指ᄒᆞ면 終不能發ᄒᆞ리니 縱有妙指ㅣ 善能彈絃ᄒᆞ나 聞而賞音者ㅣ 蓋難ᄒᆞ니 賞音者ㅣ 難故로 誤聽峩峩ᄒᆞ야 作洋洋者ㅣ 多矣니라 ○ 석 잣 녯 거믄고애 微밍妙묭ᄒᆞᆫ 소리 이에 잇ᄂᆞ니 [illegible]

비록 微밍妙묘ᄒᆞᆫ 소리 이시나 ᄒᆞ다가 微밍妙묘ᄒᆞᆫ 가락곳 업스면 내종내 發벓티 몯ᄒᆞ리니 비록

微밍妙묘ᄒᆞᆫ 가라기 이대 能능히 시우를 ᄠᅳ미 이시나 드러 소리를 賞샹玩완ᄒᆞ리 어려우니 소리

賞샹玩완ᄒᆞ리 어려운 젼ᄎᆞ로 峩앙峩앙ᄅᆞᆯ 그르 드러 洋양洋양ᄋᆞᆯ 지ᅀᅳ리 하니라 一部靈

文이 妙理斯在ᄒᆞ니 雖有妙理ᄒᆞ나 若非匠手ㅣ면 孰能

抽毫ᄒᆞ야 稱實發揚이리오 雖有稱實發揚ᄒᆞ야도 目以

善解者ㅣ 蓋難ᄒᆞ니 善解者ㅣ 難故로 以淺爲深ᄒᆞ며

以深爲淺者ㅣ 多矣니 是可歎也ㅣ니라 ○ 一部뽕靈령文문

이 微밍妙묘ᄒᆞᆫ 理링 이에 잇ᄂᆞ니 비록 妙묘理링 이시나 ᄒᆞ다가 바지론 소니 아니면 뉘 能능히

부들 ᄲᅡ혀 實씷에 맛게 베펴리오 비록 實씷에 맛게 베펴 펴리 이셔도 보아 이대 알리 어려우니

이대 알리 어려운 젼ᄎᆞ로 녀트니로 기프닐 사며 기프니로 녀트닐 사ᄆᆞ리 하니 이 어루 歎탄ᄒᆞᆯ

요미니라

又於經疏애 以僞濫眞ᄒᆞ야 亂非城外者ㅣ 頗多ᄒᆞ니 豈

非以去聖愈遠ᄒᆞ야 歷傳多手而致然歟ㅣ리오 ○ᄯᅩ 經경疏송애

거즛거스로 眞진에 섯거 져지 城셩밧 아니니 ᄌᆞ모 ᄒᆞ니 엇뎨 聖셩人신에 벙으로미 더욱 머러 여러 소

늘내욘 젼치 아니리오 ▣乳승非비城셩外욍는 酡땅酡락이 城셩밧긔 친됴ᄒᆞ니오 城셩안해 친믈

ᄠᅳ닐시 거즛마ᄅᆞᆯ 닐오ᄃᆡ 져지 城 셩밧긔 차아니ᄂᆞ니 해라ᄒᆞᄂᆞ니라

眞僞ㅣ 相雜ᄒᆞ며 水乳ㅣ 難判ᄒᆞ니 所以舛訛ㅣ 蓋緣

傳寫之誤耳니라 ○眞진과 僞욍왜 서르 섯그며 믈와 젓괘 ᄀᆞᆯᄒᆡ요미 어려우니 아런

ᄃᆞ로 그르ᄃᆞ외요미 傳뎐ᄒᆞ야 스리 그르ᄒᆞ몰 브틀 ᄯᆞᄅᆞ미니라

夫聖言之所以傳之於後之世也ㅣ 唯文이 不能設

ᄒᆞ며 空義ㅣ 不獨傳이라 文義相資ᄒᆞ야사 方成妙唱ᄒᆞ야 作

天下古今之龜鑑ᄒᆞ야 開世與出世之眼目ᄒᆞᄂᆞ니라 若義

豫章沙門宗鏡提頌綱要序

觀夫空如來藏ᄒᆞ며碎祖師關ᄒᆞ야獨露眞常호미無非般若ㅣ니라○본ᄃᆡ如셩來링藏짱ᄋᆞᆯ뷔우며祖종師숭關관ᄋᆞᆯ ᄇᆞᅀᆞ려眞진常썅이ᄒᆞ오ᅀᅡ나토미般반若상아니니업스니라

如來藏이有空如來藏ᄒᆞ며有不空如來藏ᄒᆞ니○如셩來링藏짱이뷘如셩來링藏짱이이시며뷔디아니ᄒᆞᆫ如셩來링藏짱이잇ᄂᆞ니空如來藏ᄋᆞᆫ所證眞理也ㅣ오不空如來藏ᄋᆞᆫ能證眞智也ㅣ라○뷘如셩來링藏짱ᄋᆞᆫ所송證징ᄒᆞᆫ眞진理링오뷔디아니ᄒᆞᆫ如셩來링藏짱ᄋᆞᆫ能ᄂᆞᆼ證징ᄒᆞᄂᆞᆫ眞진智딩라

眞理ᄅᆞᆯ謂之空如來藏者ᄂᆞᆫ眞理ㅣ絶相ᄒᆞ야如彼大虛ㅣ廓無纖翳故也ㅣ오○眞진理링ᄅᆞᆯ空콩如셩來링藏짱이라닐오ᄆᆞᆫ眞진理링ㅣ相샹이그처뎌大땡虛헝ㅣ훤ᄒᆞ야ᄀᆞᄂᆞᆫ구룸도업소미ᄀᆞᆮᄒᆞᆫ젼ᄎᆡ오

眞智로 謂之不空如來藏者는 眞智ㅣ 照理호미 如
彼赫日이 當空ᄒᆞ야 顯現故也ㅣ라○眞진智딩ᄅᆞᆯ 不블空콩如셩來링
藏짱이라 닐오ᄆᆞᆫ 眞진智딩ㅣ 理링ᄅᆞᆯ 照죵호미 뎌 빗난 ᄒᆡ 虛헝空콩애 當당ᄒᆞ야 顯현히 나톰 곤
ᄒᆞᆫ 젼ᄎᆞ라 皆謂之藏者는 藏之爲物이 中虛且實ᄒᆞ니○타
藏짱이라 닐오ᄆᆞᆫ 藏짱이라 ᄒᆞᆫ 거시 가온ᄃᆡ 虛헝ᄒᆞ고 ᄯᅩ 實씷ᄒᆞ니 中虛故로 可比
於空也ㅣ오 且實故로 可比於不空也ㅣ니○가온ᄃᆡ 虛헝ᄒᆞᆫ 젼
ᄎᆞ로 어루 空콩애 가졸비리오 ᄯᅩ 實씷ᄒᆞᆫ 젼ᄎᆞ로 어루 不블空콩애 가졸비리니 今所謂
空如來藏者는 蓋異於空不空之空藏也ㅣ니○이제 니
ᄅᆞ논 空콩如셩來링藏짱ᄋᆞᆫ 空콩 不블空콩ㅅ 空콩藏짱애 다ᄅᆞ니 以碎祖師關ᄋᆞ로
爲對故也ㅣ라○祖종師ᄉᆞᆼ關관ᄇᆞ료ᄆᆞ로ᄡᅥ 對됭ᄅᆞᆯ 사ᄆᆞᆫ 젼ᄎᆞ라 物所畜而
封不露曰藏이니 八識之藏이 隱覆自性如來故로

名如來藏이라 ᄒᆞ니라○物믈ᄋᆞᆯ 畜휵ᄒᆞ야 封봉ᄒᆞ야 난디 아니ᄒᆞᆫ 거슬 닐오ᄃᆡ 藏짱이니 八밣識식入藏짱이 自쫑性셩如셩來링ᄅᆞᆯ 그ᄉᆞ기 ᄃᆞᆷ논 젼ᄎᆞ로 일후믈 如셩來링藏짱이라 ᄒᆞ니라 關者ᄂᆞᆫ 以不通去來로 爲義ᄒᆞ니 祖師眞機ᄅᆞᆯ 聖解難通ᄒᆞ며 凡情莫透ᄒᆞᆯᄊᆡ 故名爲關이라 ᄒᆞ니라○關관ᄋᆞᆫ 去컹來링ᄅᆞᆯ 通통티 아니호모로 ᄠᅳ들 사ᄆᆞ니 祖종師ᄉᆞᆼㅅ 眞진機긩ᄅᆞᆯ 聖셩解행通통호미 어려우며 凡뻠情쪙이 ᄃᆞᆲ디 몯ᄒᆞ논 젼ᄎᆞ로 일후믈 關관이라 ᄒᆞ니라 不妄曰眞이오 不變曰常이니 眞常者ᄂᆞᆫ 生佛平等之大本也ㅣ라○거ᄎᆞᆫ 디 아니호ᄆᆞᆯ 닐온 眞진이오 變변티 아니호믈 닐온 常쌍이니 眞진常쌍ᄋᆞᆫ 衆즁生ᄉᆡᆼ과 부텨왓 平뼝等등ᄒᆞᆫ 큰 根ᄀᆞᆫ本본이라 空彼如來藏ᄒᆞ며 碎彼祖師關ᄒᆞ야 令眞常ᄋᆞ로 獨露케호미 無非般若之功也ㅣ니라○뎌 如셩來링藏짱ᄋᆞᆯ 뷔우며 뎌 祖종師ᄉᆞᆼ關관ᄋᆞᆯ ᄣᆞ려 眞진常쌍ᄋᆞ로 ᄒᆞ오ᅀᅡ ᄂᆞᆮ게호미 般반若샹ᄉ 功공 아니니 업스니라

三心이不動ᄒᆞ면六喻ㅣ全彰ᄒᆞᄂᆞ니七寶로校功컨댄四
句도倍勝ᄒᆞ도다○三삼心심이:뮈디아니ᄒᆞ면여
ᄉᆞᆺ가ᄌᆞᆯ뵤미오ᄋᆞ로낟ᄂᆞ니七칠寶봉로
功공을:혜아리건댄四ᄉᆞᆼ句
궁도倍ᄈᆡᆼ倍ᄈᆡᆼ히더으도다若迺循行數墨ᄒᆞ면轉益
見知ᄒᆞ야宗眼이不明ᄒᆞ야非爲究竟이리라○ᄒᆞ다가
주를조차머글혜
면더욱見견知딩ᄅᆞᆯ더어宗종眼안이
ᄇᆞᆰ디아니ᄒᆞ야究궁竟경이아니리라
三心者ᄂᆞᆫ第八根本心과第七依本心과前六起
事心이是라○三삼心심은第뗑八밣根곤本본
心심과第뗑七칧依힁本본心심과前
쪈六륙起킝事
ᄊᆞᆼ心심괘이라一眞이獨露ᄒᆞ면三心이不動ᄒᆞᄂᆞ니
三心이不動ᄒᆞ면六喻ㅣ斯彰ᄒᆞᄂᆞ니라○一힗眞
진이ᄒᆞ오ᅀᅡ나ᄐᆞ면
三삼心심이:뮈디아니ᄒᆞᄂᆞ니三삼心심이:뮈
디아니ᄒᆞ면여ᄉᆞᆺ가ᄌᆞᆯ뵤미이에낟ᄂᆞ니라六
喻者ᄂᆞᆫ識心이不動ᄒᆞ면業障이自除ᄒᆞᄂᆞ니靑色이

可以爲喩也ㅣ니 青色은 能除災厄故也ㅣ라○六륙喩융ᄂᆞᆫ
識식心심이 뮈디 아니ᄒᆞ면 業업障쟝이 절로 더ᄂᆞ니 青청色식이 어루 가ᄌᆞᆯ비리니 青청色식은
能능히 災ᄌᆡᆼ厄ᅙᅴᆨ을 더ᄂᆞᆫ 젼ᄎᆞ라 識心이 不動ᄒᆞ면 無漏功德이 自
然具足ᄒᆞᄂᆞ니 黃色이 可以爲喩也ㅣ니 黃色은 隨人
所須故也ㅣ라○識식心심이 뮈디 아니ᄒᆞ면 漏룰 업슨 功공德득이 自ᄍᆞᆼ然연히 具꾸
足죡ᄒᆞᄂᆞ니 黃쫭色식이 어루 가ᄌᆞᆯ비리니 黃쫭色식은 사ᄅᆞ미 求꿍ᄒᆞ논 젼ᄎᆞ라 識心
이 不動ᄒᆞ면 無生智火ㅣ 生焉ᄒᆞᄂᆞ니 赤色이 可以爲
喩也ㅣ니 赤色은 對日出火故也ㅣ라○識식心심이 뮈디 아니ᄒᆞ면
無뭉生싱智딩火황ㅣ 나ᄂᆞ니 赤쳑色식이 어루 가ᄌᆞᆯ비리니 赤쳑色식은 ᄒᆡ롤 對됭ᄒᆞ야 브를 내
ᄂᆞᆫ 젼ᄎᆞ라 識心이 不動ᄒᆞ면 凝濁이 自清ᄒᆞᄂᆞ니 白色이 可
以爲喩也ㅣ니 白色은 能清濁水故也ㅣ라○識식心심이 뮈디

아니ᄒᆞ면 疑읭心심ᄉᆞᄒᆞ리유미 절로 ᄆᆞᆰᄂᆞ니 白
ᄇᆡᆨ色ᄉᆡᆨ이 어루 가ᄌᆞᆯ비리니 白ᄇᆡᆨ色ᄉᆡᆨ은 能ᄂᆞᆼ히
ᄒᆞ린 ᄆᆞᄅᆞᆯ 몰기논 젼ᄎᆞ라 識心이 不動ᄒᆞ면 恒住眞空ᄒᆞᄂᆞ니 空色
이 可以為喩也ㅣ니 空色은 令人으로 空中行坐故也
ㅣ라 ○識식心심이 뮈디 아니ᄒᆞ면 샹녜 眞진空콩애 住뜡ᄒᆞᄂᆞ니 空콩色ᄉᆡᆨ이 어루 가ᄌᆞᆯ비리니
空콩色ᄉᆡᆨ은 사ᄅᆞᄆᆞ로 空콩中듕에 ᄃᆞ녀며 앉게 ᄒᆞ논 젼ᄎᆞ라 識心이 不動ᄒᆞ면 三
毒이 自消ᄒᆞᄂᆞ니 碧色이 可以為喩也ㅣ니 碧色은 能
消諸毒故也ㅣ라 ○識식心심이 뮈디 아니ᄒᆞ면 三삼毒독이 절로 스ᄂᆞ니 파란 色ᄉᆡᆨ
이 어루 가ᄌᆞᆯ비리니 碧벽色ᄉᆡᆨ은 能ᄂᆞᆼ히 여러 가짓 毒독ᄋᆞᆯ 슬우논 젼ᄎᆞ라 功用之所
以至於如此者ᄂᆞᆫ 只緣持無相經ᄒᆞ며 悟無我理ᄒᆞ며
行無我行故也ㅣ라 ○功공用용의 이곧ᄒᆞ매 니ᄅᆞ논 아ᄎᆞᆫ 오직 얼굴 업슨 經경을
디니며 나 업슨 理링를 알며 나 업슨 行ᨈᆼ을 行ᨈᆼᄒᆞᆫ 믈브튼 젼ᄎᆞ라 雖布施七寶之

功이나 不若受持四句之爲愈也ㅣ니라 ○ 비록 七칧寶봉布봉施싱ᄒᆞ욘 功공이나 四ᄉᆞᆼ句궁受쓩持띵호미 더으니만 곧디 몯ᄒᆞ니라 布施七寶의 所以爲劣者는 七寶는 人間世之所重也ㅣ라 ○ 七칧寶봉布봉施싱의 사오나온 아ᄎᆞᆫ 七칧寶봉ᄂᆞᆫ 人신間간世솅예 重뜡히 ᄒᆞᄂᆞᆫ 배라 布施ᄒᆞ면 但感有漏之果ᄒᆞ야 終未免於輪迴故로 劣也ㅣ오 ○ 布봉施싱ᄒᆞ면 ᄒᆞᆫ갓 漏릉 잇ᄂᆞᆫ 果광ᄅᆞᆯ 感감ᄒᆞ야 내종애 輪륜迴횡ᄅᆞᆯ 免면티 몯ᄒᆞᄂᆞᆫ 젼ᄎᆞ로 사오납고 受持四句ㅣ 所以爲勝者는 四句는 超凡悟道之具也ㅣ니 ○ 四ᄉᆞᆼ句궁受쓩持띵호미 勝싱ᄒᆞᆫ 아ᄎᆞᆫ 四ᄉᆞᆼ句궁ᄂᆞᆫ 凡뻠에 건나 ᄢᅱ여 道뜰ᄅᆞᆯ 아논 그ᄅᆞ시니 受持ᄒᆞ면 超生脫死ᄒᆞ야 以至究竟故로 勝也ㅣ라 ○ 受쓩持띵ᄒᆞ면 生싱애 건내 ᄢᅱ며 死ᄉᆞᆼᄅᆞᆯ 버서 究궁竟경에 니르논 젼ᄎᆞ로 勝싱ᄒᆞ니라 優劣은 且置어나와 只如四句는 如何受持ᄒᆞ야사 便

得超生脫死오 ○ 됴ᄒᆞ며 사오나오므란 아직 둗디어니와 오직 四ᄉᆞᆼ句궁ᄂᆞᆫ 얻ᄃᆡ 受쓯持띵ᄒᆞ야ᅀᅡ 곤 生ᄉᆡᆼ애 건내뼈며 死ᄉᆞᆼ애 버수믈 得득ᄒᆞ료

言言이 冥合本宗ᄒᆞ며 句句ㅣ 迴就自己니 ○ 말마다 本본宗종애 마ᄌᆞ며 句궁마다 제 모매 도라 나ᅀᅡ 갈디니

其或未然이면 增長我人知見ᄒᆞ야 終無解脫之期ᄒᆞ리라 ○ 시혹 그러티 몯ᄒᆞ면 我앙人신知딩見견을 더으며 길어 내 죵내 解갱脫탏ᄒᆞᆯ 期끵約약 업스리라

嗚呼ㅣ라 微宣奧旨ᄒᆞ시니 石火電光이로다 密顯眞機ᄒᆞ시니 銀山鐵壁이로다 ○ 슬프다 기픈 ᄠᅳ들 微밍微밍히 베프시니 돌햇 블와 번겟비치로다 眞진實씷ㅅ 機깅를 密밇히 나토시니 銀은 뫼콰 쇠ᄇᆞᄅᆞ미로다

瞥生異見ᄒᆞ면 滯在中途ᄒᆞ야 進步無門ᄒᆞ고 退身迷路ᄒᆞᆯ시 ○ 믄득 달이 보믈 내면 中듕途똥애 걸여 이셔 나ᅀᅡ거룰 門몬 업고 몸 믈룰 길히 어즐ᄒᆞᆯ시

聊通一線ᄒᆞ야 俯爲初機

ᄒᆞ노니良馬ㅣ見鞭ᄒᆞ면追風千里矣리라○잠간ᄒᆞ시ᄅᆞᆯ通통ᄒᆞ야구바初총機긩ᄅᆞᆯ爲윙ᄒᆞ노니됴ᄒᆞᆫᄆᆞ리채ᄅᆞᆯ보면千쳔里링예ᄇᆞᄅᆞᆷ조ᄎᆞ라라

奧旨ᄂᆞᆫ言旨之玄奧難測也ㅣ오眞機ᄂᆞᆫ言機之純而無雜也ㅣ라○기픈ᄠᅳ든ᄠᅳ디기펴혜아료미어려우믈니ᄅᆞ고眞진實씷入機긩ᄂᆞᆫ機긩ㅣ골아섯근것업소ᄆᆞᆯ니ᄅᆞ니라

眞機ㅣ一似銀山鐵壁ᄒᆞ야堅固難透ᄒᆞ며高逈莫攀이오○眞진機긩ㅣ銀은山사鐵텷壁벽이곧ᄒᆞ야구더ᄯᅮᆲ디어려우며놉고머러더위잡디몯ᄒᆞ고

奧旨ᄂᆞᆫ如石火電光ᄒᆞ야燦然可見이로ᄃᆡ神速難追ᄒᆞ니○奧홍旨징ᄂᆞᆫ돌햇블와번겟비치곧ᄒᆞ야블가어루보리로ᄃᆡ神씬速속ᄒᆞ야좃다어려우니

况今佛이宣而微宣ᄒᆞ시며顯而密顯ᄒᆞ시니那容擬議於其間哉리오○ᄒᆞᄆᆞᆯ며이졔부텨펴샤ᄃᆡ微밍微밍히펴시며나토샤ᄃᆡ密밂히나토시니엇뎨그ᄉᆞ싀예너기며議읭論론올

브티리오

若是過量漢이면 石火電光을 一捉애 便捉ᄒᆞ며 銀山鐵壁을 一透에 便透ᄒᆞ리니○ᄒᆞ다가 이 量량애 너믄 사ᄅᆞ미면 石쎡火황電뎐光광ᄋᆞᆯ ᄒᆞᆫ번 자보매 곧 자ᄇᆞ며 銀은山산鐵텷壁벽ᄋᆞᆯ ᄒᆞᆫ번 ᄯᅮ르메 곧 ᄯᅮ르리니

其或未然ᄒᆞ면 滯在中途셔ᄒᆞ야 進退俱失ᄒᆞ리니○시혹 그러티 몯ᄒᆞ면 中듕途똥애 걸여 이셔 나ᅀᆞ며 믈로믈 다 일흐리니

由是ᄒᆞ야 欲爲後學ᄒᆞ야 開介經路ᄒᆞ야 遂於三十二分에 隨分提綱ᄒᆞ며 隨綱著頌ᄒᆞ노니○일로브터 後흫學ᄒᆞᆨ을 爲윙ᄒᆞ야 즈ᄅᆞᆷ길흘 열오져 ᄒᆞ야 三삼十씹二싱分분에 分뿐을 조차 綱강ᄋᆞᆯ 자ᄇᆞ며 綱강ᄋᆞᆯ 조차 頌쑹ᄋᆞᆯ 나토노니

利根者ㅣ 把來ᄒᆞ야 一看ᄒᆞ면 則一經之奧旨와 諸佛之眞機를 便見昭昭於心目矣리라⊙놀카온 根근이 자바 ᄒᆞᆫ번 보면 ᄒᆞᆫ 經경ㅅ 기픈 ᄠᅳᆮ과 諸졍佛뿛ㅅ 眞진實씷ᄒᆞᆫ 機긩를 곧 ᄆᆞᅀᆞᆷ과 눈과애 ᄇᆞᆯᄀᆞᆺᄇᆞᆯᄀᆞ시 보리라

金剛般若波羅蜜經 第一

一切衆生이 內含種智ᄒᆞ야 與佛無殊ㅣ언마ᄅᆞᆫ 但以迷倒로 妄計我人ᄒᆞ야 淪沒業坑ᄒᆞ야 不知返省ᄒᆞᆯᄉᆡ

○ 一切쳉衆쥬ᇰ生ᄉᆡᇰ이 안해 種죵智딩ᄅᆞᆯ 머구마 부텨와 달오미 업건마ᄅᆞᆫ 오직 모ᄅᆞ며 갓ᄀᆞ로모로 거츠리 我ᅌᅡᆼ人ᅀᅵᆫ을 혜여 業업구데 ᄢᅥ디여 도ᄅᆞ혀 ᄉᆞᆯ표믈 아디 몯ᄒᆞᆯᄉᆡ ◣ 種죵智딩ᄂᆞᆫ 부텻 智딩니 種죵種죵行ᅘᆡᇰ相샹ᄋᆞᆯ 다 알시라 業업ᄋᆞᆫ 이리니 제 지ᅀᅳᆫ 이리 됴ᄒᆞ면 됴ᄒᆞᆫ ᄃᆡ 가고 구즈면 구즌 ᄃᆡ 가ᄂᆞ니라

所以釋迦老人이 示從兜率ᄒᆞ샤 降神王宮ᄒᆞ샤 入摩耶胎ᄒᆞ샤 月滿出胎ᄒᆞ샤 周行七步ᄒᆞ며 目顧四方ᄒᆞ고 指天指地ᄒᆞ샤 作獅子吼ᄒᆞ샤ᄃᆡ 天上天下애 唯我ㅣ獨尊호리라 ᄒᆞ시니라

○ 이런ᄃᆞ로 釋셕迦강老롷人ᅀᅵᆫ이 兜둫率솛로브터 뵈

샤 王왕宮궁에 神씬을 ᄂᆞ리오샤 摩망耶양胎텡
예 드르샤 ᄃᆞ리 차 胎텡예 나샤 닐굽 거름 두루
거르시며 누느로 四ᄉᆞᆼ方방ᄋᆞᆯ 도라보시고 ᄒᆞᄂᆞᆯ
ᄀᆞᄅᆞ치시며 ᄯᅡ ᄀᆞᄅᆞ치샤 獅ᄉᆞ子ᄌᆞᆼ 소리로 지ᅀᅳ
샤ᄃᆡ 하ᄂᆞᆯ 우 하ᄂᆞᆯ 아래 오직 내
ᄒᆞ오ᅀᅡ 尊존호라 ᄒᆞ시니라 **年至十九**ᄒᆞ야 **四門**
遊觀ᄒᆞ샤 **觀生老病死四相**이 **相逼**ᄒᆞ시고 **子夜**애 **踰**
城出家ᄒᆞ샤 **入雪山**ᄒᆞ샤 **六年苦行**ᄒᆞ샤 **臘月八夜**애 **見**
明星悟道ᄒᆞ샤 ○ 나히 열아호배 니르러 네 門몬에 노녀 보샤 사ᄅᆞᆷ과 ᄂᆞᆯ곰과 病뼝과 주
굼과 네 相샹이 서르 다완ᄂᆞᆫ 돌 보시고 밦둥에 城쎵 나마 出츌家강ᄒᆞ샤 雪셣山산애 드르샤 여ᄉᆞᆺ
ᄒᆡᄅᆞᆯ 苦콩行ᅘᆡᇰᄒᆞ샤 臘랍月웛 여ᄃᆞ랫 낤 바ᄆᆡ 明명星셩 보시고 道똫ᄅᆞᆯ 아ᄅᆞ샤 ■ 臘랍月웛ᄋᆞᆫ 섯
ᄃᆞ리오 明명星셩은 새ᄫᅧ리라 **初遊鹿苑**ᄒᆞ샤 **轉四諦法輪**ᄒᆞ시고 **次**
說阿含方等等部ᄒᆞ샤 **漸令根性**이 **純熟**게 ᄒᆞ시고ᅀᅡ **方**
說此般若大部ᄒᆞ샤 **開示悟入佛之知見**ᄒᆞ시니라 ○ 처ᅀᅥᆷ미

鹿록苑원에 노니샤 四ᄉᆞᆼ諦뎽法법輪륜을 轉뎐
ᄒᆞ시고 버거 阿항含ᅘᅡᆷ과 方방等등等등部뿡를
니ᄅᆞ샤 漸쪔漸쪔 根ᄀᆞᆫ性셩이 純쓘히 ᄂᆞᆨ게 ᄒᆞ시
고 ᄆᆞᆺ비르서 이 般반若ᅀᅣᆼ 큰 部뿡를 니ᄅᆞ샤 부텻
知딩見견을 여르시며 뵈시며 알에 ᄒᆞ시며 들에
ᄒᆞ시니라 ◆鹿록苑원은 ᄠᅳᆺ 일후미니 부톄 成쎵
道똫ᄒᆞ샤 처ᅀᅥᆷ 여긔 오샤 四ᄉᆞᆼ諦뎽法법 니ᄅᆞ샤
憍굘陳띤如ᅀᅧᆼ等등 다ᄉᆞᆺ 사ᄅᆞᄆᆞᆯ 濟졩度똥ᄒᆞ신 ᄃᆡ
라 轉뎐은 옮길 시니 法법 니ᄅᆞ샤미 法법輪륜 올ᄆᆞ
기샤미라 阿항含ᅘᅡᆷ과 方방等등과ᄂᆞᆫ 經경ㅅ 일
후미오 部뿡ᄂᆞᆫ 주비니 經경을 니ᄅᆞ니
라 四ᄉᆞᆼ諦뎽ᄂᆞᆫ 法법數숭에 잇ᄂᆞ니라 夫大雄氏
之演說般若ᄂᆞᆫ 凡四處十六會시니 ○ 大땡雄ᅘᅭᇰ
氏씽ㅅ 般반若ᅀᅣᆼ
불어 니ᄅᆞ샤ᄆᆞᆫ 大땡凡뻠ᄒᆞᆫ ᄃᆡ 네 고대 열여ᄉᆞᆺ 會
ᅘᅬᆼ시니 ◆大땡雄ᅘᅭᇰ氏씽ᄂᆞᆫ 釋셕迦강ᄅᆞᆯ 솔오니
라 네 고대 열여ᄉᆞᆺ 會ᅘᅬᆼᄂᆞᆫ 玉왕舍샹城쎵 鷲쯓峯
퐁山산 닐굽 會ᅘᅬᆼ와 給급孤공獨똑園원 닐굽 會
ᅘᅬᆼ와 他탕化황天텬摩망尼닝寶봉藏짱殿뗜 ᄒᆞᆫ
會ᅘᅬᆼ와 王왕舍샹城쎵竹뜩林림園원 白ᄈᆡᆨ鷺롱
池띵ㅅ ᄀᆞᆺᄒᆞᆫ 經二十一載ᄒᆞ샤 說半千餘部ᄒᆞ시니라 於
會ᅘᅬᆼ왜라

諸部中에 獨此一部ᄅᆞᆯ 冠以金剛ᄒᆞ샤 以爲喩者ᄂᆞᆫ
此之一部ㅣ 以約該博ᄒᆞ고 金剛一喩ㅣ 廣含諸義
故로 以爲喩也ᄒᆞ시니라 ○ 스믈ᄒᆞᆫ 히ᄅᆞᆯ 디내샤 半반千쳔 나ᄆᆞᆫ 部뿡ᄅᆞᆯ 니ᄅᆞ시나
라 여러 部뿡入中듕에 오직 이 ᄒᆞᆫ 部뿡ᄅᆞᆯ 金금剛강ᄋᆞ로 지샤 ᄡᅥ 가ᄌᆞᆯ비샤ᄆᆞᆫ 이 ᄒᆞᆫ 部뿡ㅣ 자고ᄆᆞ
로 ᄡᅥ 너부매 ᄀᆞᆺ고 金금剛강이라 ᄒᆞ샤 ᄒᆞᆫ 가ᄌᆞᆯ비샤미 여러 ᄠᅳ들 너비 가젯ᄂᆞᆫ 젼ᄎᆞ로 ᄡᅥ 가ᄌᆞᆯ뵤ᄆᆞᆯ
사ᄆᆞ시니라 半반千쳔ᄋᆞᆫ 五옹百빅이라 般若ᄂᆞᆫ 此翻爲智慧라 何
名爲智慧오 虛空이 不解說法聽法ᄒᆞ며 四大ㅣ 不
解說法聽法ᄒᆞᄂᆞ니 只今目前에 歷歷孤明ᄒᆞᄃᆡ 勿形
段者사ㅣ 能說法聽法也ᄒᆞᄂᆞ니라 ○ 般반若ᅀᅣᆼᄂᆞᆫ 이 엣 翻펀譯역에 智딩慧
쀙라 엇뎨 일후믈 智딩慧쀙라 ᄒᆞ뇨 虛헝空콩이 法법 니ᄅᆞ며 法법 드로ᄆᆞᆯ 能능히 몯ᄒᆞ며 四ᄉᆞᆼ大
땡ㅣ 法법 니ᄅᆞ며 法법 드로ᄆᆞᆯ 能능히 몯ᄒᆞᄂᆞ니 오직 이 제 눈 알ᄑᆡ ᄆᆞᆯᄀᆞᆺ ᄆᆞᆯᄀᆞᆺ 사 외ᄅᆞ이 ᄇᆞᆯ고 ᄃᆡ 얼

굴몸ᄒᆞᆯ거시사能ᄂᆞᆼ히法법을니ᄅᆞ며法법을드

ᄂᆞ니라 四ᄉᆞᆼ大땡ᄂᆞᆫ法법數ᄉᆞᆼ에잇ᄂᆞ니라

此說聽底一段孤明은輝天鑑地ᄒᆞ며曜古騰今ᄒᆞ며

行住坐臥語默動靜ᄒᆞ논一切時一切處에昭昭靈

靈ᄒᆞ야了然常知ᄒᆞᄂᆞ니此ㅣ所以得名爲般若也ㅣ라

○이니ᄅᆞ며드르며ᄒᆞᄂᆞᆫᄒᆞᆫ무적孤공明명은하

ᄂᆞᆯᄒᆞᆯ비취며ᄯᅡᄒᆞᆯ비취며녜예빗나며이제솟나

며ᄃᆞᆫ니며ᄀᆞ마니시며안ᄌᆞ며누으며말ᄒᆞ며ᄌᆞᆷ

ᄌᆞᆷᄒᆞ며뮈며괴외ᄒᆞ논一힗切쳉時씽節졇一힗

切쳉고대ᄇᆞᆯᄀᆞ며靈령ᄒᆞ야ᄉᆞᄆᆞᆺ샹녜아ᄂᆞ니

이ᄡᅥ일후믈어두ᄃᆡ般반若샹ㅣ라ᄒᆞ논배라

以金剛ᄒᆞ샨意謂ᄂᆞᆫ何以오此一段孤明이處萬變

而如如不動ᄒᆞ며淪浩劫而宛爾常存ᄒᆞᆯ시宜乎比乎

金剛之堅也ㅣ라○金금剛강ᄋᆞ로ᄡᅧ가ᄌᆞᆯ비샨

ᄠᅳ든너교ᄆᆞᆫ엇뎨오이ᄒᆞᆫ무적孤공明

명이萬먼變변에이셔도如셩如셩ᄒᆞ야뮈디아

니ᄒᆞ며浩ᅘᅡᇢ劫겁에ᄢᅡ디여쇼ᄃᆡ번드기샹녜이

실시 金금剛강이 구도ᄅᆞᆯ 가ᄌᆞᆯ비샤미 맛당ᄒᆞ니라 ◆ 浩ᄒᆞᇢ劫겁은 큰 劫겁이라

斬斷竹木精靈ᄒᆞ며 截斷彌天葛藤ᄒᆞ니 ᄂᆞᆫ 宜乎比乎金剛之利也ㅣ니 喩以金剛ᄒᆞ샨 其意以此ㅣ니라

○ 대와 나모왓 精졍靈령을 버혀 그츠며 하ᄂᆞᆯ해 ᄀᆞᄃᆞᆨᄒᆞᆫ 葛갏藤뜽을 버혀 긋ᄂᆞ니 金금剛강이 ᄂᆞᆯ카오ᄆᆞᆯ 가ᄌᆞᆯ비샤마 맛당ᄒᆞ니라 金금剛강ᄋᆞ로 ᄡᅧ 가ᄌᆞᆯ비샨 그 ᄠᅳ디 이ᄅᆞᆯ ᄡᅵ니라 ◆ 대ᄋᆞ 精졍靈령은 二ᅀᅵᆼ乘씽이오 남ᄀᆡ 精졍靈령은 凡뻠夫붕ㅣ니 二ᅀᅵᆼ乘씽은 아노라 호몰븐둥킬시 智딩慧쀙解갱脫퇋을 몯ᄒᆞ고 凡뻠夫붕ᄂᆞᆫ 煩뻔惱놓ᄅᆞᆯ 븐둥킬ᄉᆞᄆᆞᄉᆞ미 解갱脫퇋을 몯ᄒᆞᄂᆞ니 부텨ᄂᆞᆫ 두 執집을 더르샤ᄂᆞ니라 葛갏ᄋᆞᆫ 츩기오 藤뜽ᄋᆞᆫ 울믜니 다 너추는 거시니 敎공法법 너추로몰 가ᄌᆞᆯ비니라

亦名摩訶般若ㅣ라 ᄒᆞᄂᆞ니 摩訶ᄂᆞᆫ 此翻爲大니 何名爲大오 此一段孤明이 語其明則明逾日月ᄒᆞ고 言其德則德勝乾坤ᄒᆞ니 其量이 廣大ᄒᆞ야 能包虛空ᄒᆞ며 體遍一

切ᄒᆞ야 無在不在ᄒᆞ야 三世예 初無間斷時ᄒᆞ며 十方애
都無空缺處ᄒᆞ니 此ㅣ 所以得名爲摩訶也ㅣ ᄯᅩ 일라ᄒᆞ ○
를 摩망訶항般반若샹ㅣ라 ᄒᆞᄂᆞ니 摩망訶항ᄂᆞᆫ
아 옛 翻펀譯역에 클 시니 엇데 일후믈 크다 ᄒᆞ뇨
이 ᄒᆞᆫ 무적 孤공明명이 그 ᄇᆞᆯ고 몰ᄂᆞ니 ᄅᆞ건댄 ᄇᆞᆯ고
·미 日싫月웛에 넘고 그 德득을 니ᄅᆞ건댄 德득·이고
乾껀坤콘애셔 더으니 그 量량이 너브며 커 能능
·히 虛헝空콩을 ᄣᅳ리며 體뎽ㅣ 一힗切쳉예 ᄀᆞ드
ᄒᆞ야 이시며 잇디 아니ᄒᆞ미 업서 三삼世솅예 ᄌᆞᆷ
간도 그츬 ᄢᅵ 업스며 十씹方방애 다 뷔여 이저딘
ᄃᆡ 업스니 이 ᄡᅥ 일후믈 어두
ᄃᆡ 摩망訶항ㅣ라 혼 배라
波羅蜜ᄋᆞᆫ 此翻爲到
彼岸이니 何名爲到彼岸고 迷之者曰衆生이오 悟之
者曰佛이니 雲收雨霽ᄒᆞ야 海湛空澄ᄒᆞ야 霽月光風이
相和ᄒᆞ며 山光水色이 互映ᄒᆞ미 此ㅣ 悟者之境界也
ㅣ오 ○ 波방羅랑蜜밇ᄋᆞᆫ 이 옛 翻펀譯역에 뎌 ᄀᆞ
·새 다ᄃᆞᆮ다 ᄒᆞ미니 엇데 일후믈 到똥彼빙岸안이

라ᄒᆞ뇨 모ᄅᆞᄂᆞ닐 닐오ᄃᆡ 衆즁生ᄉᆡᆼ이라 ᄒᆞ고 아ᄂᆞ닐 닐오ᄃᆡ 부톄시다 ᄒᆞᄂᆞ니 구루미 가ᄃᆞ며 비 개여 바ᄅᆞ리 몰ᄀᆞ며 虛헝空콩이 몰가 갠 돌와 빗난 ᄇᆞᄅᆞᆷ과 서르 和ᅘᅪᆼᄒᆞ며 묏빗과 믌빗과 서르 바취요미 이 안 사ᄅᆞᄆᆡ 境경界갱오

霧罩雲籠ᄒᆞ야 上明下暗ᄒᆞ야 日月이 掩其明ᄒᆞ며 山川이 隱其影ᄒᆞ미 此ㅣ 迷者之境界也ㅣ라 迷之而背覺合塵이 名在此岸이오 悟之而背塵合覺이 名到彼岸이니 此ㅣ 所以得名爲波羅蜜也ㅣ라

○안개 씨고 구룸 새 우흔 ᄇᆞᆰ고 아래ᄂᆞᆫ 위 日ᅀᅵᇙ 月웛이 그블고 몰 ᄀᆞ리며 山산川쳔이 그 그르멜 隱혼ᄒᆞ미 이 모ᄅᆞᄂᆞᆫ 사ᄅᆞᄆᆡ 境경界갱라 몰라 아로몰 背빙叛빤ᄒᆞ고 듣그레 어우로미 일후미 이 ᄀᆞ새 이쇼미오 아라 듣그를 背빙叛빤ᄒᆞ고 아로매 어우로미 일후미 뎌 ᄀᆞ새 다ᄃᆞ로미니 이 ᄢᅢ 일후믈 어두ᄃᆡ 波방羅랑蜜밇이라 혼 배라

經者ᄂᆞᆫ 徑也ㅣ니 詮如上之妙旨ᄒᆞ샤 開後進之徑路ᄒᆞ샤 令不涉乎他途ᄒᆞ야 能

直至乎寶所시케ᄒᆞ니 此ㅣ所以得名爲經也ㅣ라○經경은 즈ᄅᆞᇝ길히니 우ᅌᅥᆫᄒᆞᆫ 妙묭旨징ᄅᆞᆯ 니ᄅᆞ샤 後ᅘᆞᇢ進진ᄋᆡ 즈ᄅᆞᇝ길흘 여르샤 다ᄅᆞᆫ 길헤 버므디 아니ᄒᆞ야 能능히 寶봉所송애 바ᄅᆞ 니를에 ᄒᆞ시니 이 ᄡᅥ 일후믈 어두ᄃᆡ 經경이라 ᄒᆞᆫ 배라 又略而釋之컨댄 則摩訶般若者ᄂᆞᆫ 通凡聖ᄒᆞ며 該萬有ᄒᆞ야 廣大無邊之智慧也ㅣ라 金剛般若者ᄂᆞᆫ 堅不壞ᄒᆞ며 利能斷ᄒᆞ야 鎔凡鍛聖之智慧也ㅣ라○ᄯᅩ 略략히 사기건댄 곧 摩망訶항般반若샹ᄂᆞᆫ 凡뻠과 聖셩에 ᄉᆞᄆᆞᄎᆞ며 萬먼有웋에 ᄀᆡ자 너브며 ᄀᆞᇫ업슨 智딩慧쀙라 金금剛강般반若샹ᄂᆞᆫ 구디 허디 몯ᄒᆞ며 ᄂᆞᆯ카와 能능히 ᄀᆞᄎᆞ 凡뻠을 노겨 聖셩을 ᄆᆡᇰᄀᆞᄂᆞᆫ 智딩慧쀙라 萬먼有웋ᄂᆞᆫ 萬먼物뭃이라 波羅蜜者ᄂᆞᆫ 悟如是旨ᄒᆞ야 行如是行ᄒᆞ며 超二死海ᄒᆞ야 達三德岸也ㅣ라 經者ᄂᆞᆫ 以如是言ᄋᆞ로 詮如是旨ᄒᆞ야 現益當世ᄒᆞ고 成轍後代也ㅣ라○波방羅

랑蜜밇ᄋᆞᆫ 이 곧 ᄒᆞᆫ ᄠᅳ들 아라 이 곧 ᄒᆞᆫ 行ᄒᆡᇰ올 行ᄒᆡᇰ
ᄒᆞ며 二ᅀᅵᆼ死ᄉᆞᆼ海ᄒᆡᆼᄅᆞᆯ 건내ᄠᅱ여 三삼德득ᄀᆡ새
ᄉᆞᄆᆞᄎᆞᆯ시라 經경은 이 곧 ᄒᆞᆫ 말ᄉᆞᄆᆞ로 이 곧 ᄒᆞᆫ ᄠᅳ
들 닐어 當당世셰예 益혁을 나토고 後ᅘᅮᇢ代ᄠᆡᆼ예
자최ᄅᆞᆯ 일우샤미라 ▲ 二ᅀᅵᆼ死ᄉᆞᆼ三
삼德득은 法법數ᄉᆞᆼ에 잇ᄂᆞ니라
或名金剛般
若波羅蜜經이라ᄒᆞ며 或名摩訶般若波羅蜜經이라ᄒᆞ논
其義以此ㅣ니라 ○시혹 일후믈 金금剛강般반若ᅀᅣᇰ波방羅랑蜜밇經겨ᇰ이라 ᄒᆞ며 시
혹 일후믈 摩망訶항般반若ᅀᅣᇰ波방羅랑蜜
밇經경이라 ᄒᆞ논 그 ᄠᅳ디 이ᄅᆞᆯ ᄡᅦ시니라 題以
八字로 總無量義ᄒᆞ며 經以一部로 攝難思教ᄒᆞ니 題
稱八字ᄒᆞ면 念過一藏ᄒᆞ고 經持四句ᄒᆞ면 德勝河沙ᄒᆞᄂᆞ
니 經義與果報ᄅᆞᆯ 佛稱不思議ᄒᆞ사미 盖以此也ㅣ샷
다 ○題뗑ᄅᆞᆯ 여ᄃᆞᆲ 字ᄍᆞᆼ로ᄡᅥ 그지업슨 ᄠᅳ들 모도
와 가져시며 經경을 一ᅙᅵᇙ部뽕로ᄡᅥ 思ᅀᆞᆼ量량티
어려운 教공ᄅᆞᆯ 모도자보니 題뗑예 여ᄃᆞᆲ 字ᄍᆞᆼᄅᆞᆯ
일ᄏᆞᄅᆞ면 一ᅙᅵᇙ藏ᄍᆞᆼ 念념호매 디나고 經경에 네

句궁ᄅᆞᆯ 디니면 德득이 河ᅘᅡᆼ沙상애 더으니 經
경ᄠᅳᆮ과 果광報봉와ᄅᆞᆯ 부톄 思ᄉᆞᆼ議읭 몯ᄒᆞ리라
니ᄅᆞ샤미 이ᄅᆞᆯ ᄡᅳ샷다 ◆ 一ᅙᅵᇙ藏짱ᄋᆞᆫ 一ᅙᅵᇙ大땡
藏짱教공ㅣ오 四ᄉᆞᆼ句궁ᄂᆞᆫ 有ᅌᅮᇢ句궁와 無뭉句
궁와 非빙有ᅌᅮᇢ 非빙無뭉句궁와
亦역有ᅌᅮᇢ 亦역無뭉句궁왜라 然此ᄂᆞᆫ 只是約
教論耳어니와 若約祖宗門下앳 一卷經ᄒᆞ야 言之컨댄
則入息出息에 常轉經커니 豈待形於紙墨然後에ᅀᅡ
以爲經哉리오 ○ 그러나 이ᄂᆞᆫ 오직 教공ᄅᆞᆯ 자바
議읭論론ᄒᆞᆯ ᄲᅮ니어니와 ᄒᆞ다가 祖종
宗종門몬下ᅘᅡᆼ앳 一ᅙᅵᇙ卷권經경을 자바 니ᄅᆞ건
댄 드리쉬며 내쉬요매 상녜 經경을 轉둰커니 ᄡᅥ 엇
뎨 죠ᄒᆡ와 먹과애 나다나ᄆᆞᆯ 기드린 後ᅘᅮᇢ에ᅀᅡ 經
경이라 ᄒᆞ리오 ◆ 祖종宗종ᄋᆞᆫ 歷력代ᄄᆡᆼ 祖종師
ᄉᆞᆼᄅᆞᆯ 니ᄅᆞ고 一ᅙᅵᇙ卷권ᄋᆞᆫ
經경ᄋᆞᆫ 一ᅙᅵᇙ心심이라 所以古人이 道ᄒᆞ되 般若波
羅蜜이 此經이 非色聲이니 唐言ᄋᆞ로 謾翻譯ᄒᆞ고 梵語
로 強安名ᄒᆞ니라 捲箔ᄒᆞ니 秋光이 冷ᄒᆞ고 開窓ᄒᆞ니 曙氣

清ᄒᆞ도다 若能如是解ᄒᆞ면 題目애 甚分明ᄒᆞ리라○이런ᄃᆞ로
녯사ᄅᆞ미닐오ᄃᆡ般반若샹波방羅랑蜜밀이이
經경이빗과소리왜아니니唐땅ㅅ말ᄉᆞᄆᆞ로쇽
절업시翻편譯역ᄒᆞ고梵뻠語엉로強깡히일훔
지ᄒᆞ니라바ᄅᆞᆯ거ᄃᆞ니ᄀᆞᄀᆞᇫ비치太고窓총ᄋᆞᆯ
여니사ᄂᆞᆫ그운이ᄆᆞᆰ도다ᄒᆞ다가能능히이ᄀᆞ
티알면題뗑目목애甚씸히分분明명ᄒᆞ리라

冶父川禪師 ○ 著語 頌

豫章鏡禪師 提綱

涵虛堂得通 說誼

冶父 ○ 圓相之作이 始於南陽忠國師ᄒᆞ니 國師ㅣ傳之耽
源ᄒᆞ야ᄂᆞᆯ 源이 傳之仰山ᄒᆞ니라○두려운相샹지수미南남陽양忠듕國귁
師ᄉᆞᆼㅣ始싱作작ᄒᆞ니國귁師ᄉᆞᆼㅣ耽담源원씌
傳뎐ᄒᆞ야ᄂᆞᆯ源원이仰양山산씌傳뎐ᄒᆞ니라

源이 一日엔 謂仰山曰호ᄃᆡ 國師ㅣ 傳六代祖師圓相九十七介ᄒᆞ야 授與老僧ᄒᆞ고 ○ 源원이 ᄒᆞᄅᆞᆫ 仰앙山산ᄃᆞ려 닐오ᄃᆡ 國귁師ᄉᆞᆼㅣ 六륙代뗑祖종師ᄉᆞᆼㅅ 圓원相샹 아ᄒᆞᆫ 닐굽을 傳뎐ᄒᆞ야 늘근 중을 심겨 주고 ▶ 六륙代뗑祖종師ᄉᆞᆼᄂᆞᆫ 初총祖종 相종達땅磨망 二싱祖종惠ᅘᅨᆼ可캉 三삼祖종僧승璨찬 四ᄉᆞᆼ祖종道똠信신 五옹祖종弘ᅘᅌᆼ忍신 六륙祖종惠ᅘᅨᆼ能능괘라 臨示寂時ᄒᆞ야 謂予曰ᄒᆞ샤ᄃᆡ 吾滅後三十年에 有一沙彌ㅣ 來自南方ᄒᆞ야 大振玄風ᄒᆞ리니 ○ 寂쩍滅멿時씽節졇을 디러셔 날ᄃᆞ려 니ᄅᆞ샤ᄃᆡ 나 滅멿後흫 셜흔 히예 ᄒᆞᆫ 沙상彌밍ㅣ 南남方방ᄋᆞ로브터 와 玄현風봉을 킈 펼리니 ▶ 玄현風봉은 玄현微밍ᄒᆞᆫ 風봉格긱이라 ᄒᆞ곳ᄒᆞᆫ 마리라 次第傳授ᄒᆞ야 無令斷絕케ᄒᆞ라ᄒᆞ시니 吾詳此讖ᄒᆞᆫ댄 事在汝躬ᄒᆞᆯ시 我今付汝ᄒᆞ노니 汝當奉持내라 山이 既得ᄒᆞ야 遂焚之ᄒᆞ니라 ○ 次총第뗑로 傳뎐ᄒᆞ야 심겨 그추미 업게 ᄒᆞ라 ᄒᆞ시

니내이識침올ᄌᆞ세히ᄉᆞᆯ펴댄이리네모매이실ᄉᆡ내아제네게付붕囑쵹ᄒᆞ노니네반ᄃᆞ기바다
디닐디니라山산이ᄒᆞ마得득ᄒᆞ야곰ᄉᆞ라ᄇᆞ리나라◆識침은아니왯ᄂᆞᆫ일니ᄅᆞᆯ시라 源이
一日엔 謂仰山曰ᄒᆞᄃᆡ 向所傳圓相ᄋᆞᆯ 宜深秘之니라
山曰ᄒᆞᄃᆡ 燒却了也ᄒᆞ이다○源원이ᄒᆞᆯᄅᆞᆫ仰앙山산ᄃᆞ려닐오ᄃᆡ아리傳뎐ᄒᆞᆫ단
밧圓원相샹ᄋᆞᆯ기피ᄀᆞ초오미맛당ᄒᆞ니라山산이닐오ᄃᆡᄉᆞ라ᄇᆞ료이다 源曰ᄒᆞᄃᆡ 此
ㅣ乃諸祖ㅅ 相傳底러니 何乃燒却고○源원이닐오ᄃᆡ이여러祖
종師ᄉᆞᆼㅅ서르傳뎐ᄒᆞ논거시러니엇뎨ᄉᆞ뇨 山曰ᄒᆞᄃᆡ 某ㅣ 一覽而已 知
其意ᄒᆞ니 能用이 即得이어니 不可執本也ㅣ니이다○山산이
닐오ᄃᆡ내ᄒᆞᆫ번보고ᄒᆞ마그ᄠᅳ들아로니能능히ᄡᅮ미곧올ᄒᆞ미어니本본ᄋᆞᆯ자보미올티몯ᄒᆞ나
이다◆本본ᄋᆞᆫ圓원相샹닐온믿글워리라 源曰ᄒᆞᄃᆡ 在子ᄒᆞ얀 即得이어니와
來者란 如何오○源원이닐오ᄃᆡ그ᄃᆡᆺ게이션곧ᄋᆞᆯ커니와오ᄂᆞᆫ사ᄅᆞᄆᆞ란엇뎨ᄒᆞ료

山이 於是예 重鏤一本ᄒᆞ야 呈似ᄒᆞ니 一無舛訛ᄒᆞ더라 ○
山산이 그제ᄒᆞᆫ 本본을 다시 서 呈뎡ᄒᆞ나 ᄒᆞ나토 그르ᄃᆡ 업더라 源이 一日엔 上
堂커늘 山이 出衆ᄒᆞ야 畫一圓相ᄒᆞ고 ◯以手로 托起ᄒᆞ야
作呈勢ᄒᆞ고 却叉手而立ᄒᆞ야ᄂᆞᆯ ○源원이 ᄒᆞᄅᆞᆫ 堂땅애 오ᄅᆞ거늘 山산이 모
ᄃᆞᆫ게 나 ᄒᆞᆫ 圓원相샹ᄋᆞᆯ 그리고 소ᄂᆞ로 니ᄅᆞ와다 呈뎡ᄒᆞ논 勢솅ᄅᆞᆯ 짓고 믈러 叉창手슝ᄒᆞ야 셔거
ᄂᆞᆯ ■叉창手슝ᄂᆞᆫ 솏가락ᄋᆞᆯ 서르 겨ᄅᆞᆯ시라 源이 以兩手로 交拳示之
ᄒᆞᆫ대 山이 進前三步ᄒᆞ야 作女人拜ᄒᆞ야ᄂᆞᆯ ○源원이 두 소ᄂᆞ로 주머귀
서르 주여 뵌대 山산이 알ᄑᆞ로 세 거름 나ᅀᅡ가 겨지븨 절ᄒᆞ야ᄂᆞᆯ ■겨지븐 아로릴 뎌브러ᅀᅡ 절ᄒᆞᆯ
시 이에 아논 ᄠᅳ들 나토노라 ᄒᆞ니라 源이 遂點頭ᄒᆞᆫ대 山이 即禮拜ᄒᆞ니
此ㅣ 圓相所自作也ㅣ라 ○源원이 곧 고개ᄅᆞᆯ 조ᅀᆞᆫ대 山산이 곧 절ᄒᆞ니 이 圓
원相샹이 브터 지ᅀᆞᆫ 배라 今師ㅣ 題下애 畫一圓相ᄒᆞ니 意旨ᄂᆞᆫ

如何오 即文字ᄒᆞ야 拈出離文字底消息이로다○이제 師ᄉᆞᆼㅣ 題뎽 아래 ᄒᆞᆫ 圓원相샹ᄋᆞᆯ 그리니 ᄠᅳ든 엇뎨오 文문字ᄍᆞᆼ애 나ᅀᅡ가 文문字ᄍᆞᆼ 여ᄒᆡᆫ 消ᄉᆞᇢ息식ᄋᆞᆯ 자바내도다 若是離文字底消息인댄 擬議得麼아 計較得麼아 不可以有心求며ㅣ 不可以無心得이며 不可以語言造며ㅣ 不可以寂默通이니○ᄒᆞ다가 이 文문字ᄍᆞᆼ 여ᄒᆡᆫ 消ᄉᆞᇢ息식인댄 너기며 議읭論론ᄒᆞ야 得득ᄒᆞ려 혜아려 得득ᄒᆞ려 어루 ᄆᆞᅀᆞᆷ이쇼ᄆᆞ로 求꿓티 몯ᄒᆞ며 어루 ᄆᆞᅀᆞᆷ 업소ᄆᆞ로 得득디 몯ᄒᆞ며 어루 말ᄉᆞᄆᆞ로 나ᅀᅡ가디 몯ᄒᆞ며 어루 괴외ᄌᆞᄌᆞᆷᄒᆞᄆᆞ로 ᄉᆞᄆᆞᆺ디 몯ᄒᆞ라니 直饒釘觜鐵舌이라도 也卒話會不及이니라○현마 몯부우리며 쇠혜라도 내종내 말와 아ᄅᆞ미 맛디 몯ᄒᆞᄂᆞ니라 然雖如是ᄒᆞ나 畢竟엔 作麼生道오 生佛이 同源ᄒᆞᆫ 妙體無物ᄒᆞ니○그러ᄒᆞ야 비록 이 곧ᄒᆞ나 ᄆᆞᄎᆞᆷ애 엇뎨 니ᄅᆞ료 衆중生싱과 부텨왜 根근源원이 ᄒᆞᆫ가진 微밍妙묘ᄒᆞᆫ 體톙

ㅣ物믏 업스니 三世諸佛도 出不得이며 歷代祖師도 出不
得이며 天下老和尙도 出不得이며 ○ 三삼世솅諸졍佛뿛도 나디 몯ᄒᆞ
시며 歷력代뗑祖종師ᄉᆞᆼ도 나디 몯ᄒᆞ며 天텬下ᅘᆼ앳 늘근 和황尙쌍도 나다 몯ᄒᆞ며 和황尙쌍
은 브터 비호다 혼 ᄠᅳ디니 이 사ᄅᆞ믈 브터 戒갱定뗭慧쀙ᄅᆞᆯ 비홀 사라 六途輪迴도
亦出不得이며 三世間과 四法界와 一切染淨諸法
이 無一法이 出此圓相之外ᄒᆞ니 ○ 六륙途똥輪륜迴횅도 ᄯᅩ 나디 몯
ᄒᆞ며 世솅間간과 네 法법界갱와 一ᅙᅵᇙ切쳉 더러우며 조ᄒᆞᆫ 諸졍法법이 ᄒᆞ나히 이 圓원相샹 밧
그 나리 업스니 輪륜은 술윗 바회니 횟돌시라 六륙途똥와 三삼世솅間간 四숭法법界갱는 法법
數숭에 잇ᄂᆞ니라 禪은 謂之最初一句子ㅣ라 ᄒᆞ고 敎는 謂之
最淸淨法界라 ᄒᆞ고 ○ 禪쎤은 못 처섬ᄒᆞᆫ 句궁子쭝ㅣ라 니ᄅᆞ고 敎꿍ᄂᆞᆫ 못 淸쳥淨쪙
ᄒᆞᆫ 法법界갱라 니ᄅᆞ고 儒는 謂之統體一大極이라 ᄒᆞ고 老는 謂

之天下母ㅣ니라ᄒᆞ 其實은 皆指此也ㅣ니라 ○ 션비ᄂᆞᆫ 모도자 본體톙옛ᄒᆞᆫ 大땡極끅이라 니ᄅᆞ고 老롱ᄌᆞᆼᄂᆞᆫ 天텬下ᅘᅣᇰㅅ 어마라 니ᄅᆞᄂᆞ니 그 實씷은 다 이름 ᄀᆞᄅᆞ치니라 大땡極끅은 數숭ㅣ 난ᄃᆡ 아니호ᄃᆡ 그 理링 블서 ᄀᆞᄌᆞ며 形ᅘᅧᆼ器킝 블서 ᄀᆞ조ᄃᆡ 그 理링ㅣ 萌밍兆땋 아니ᄒᆞᆫ 고ᄃᆞᆯ 니ᄅᆞ니라 古人이 道호ᄃᆡ 古佛未生前에 凝然一相이 圓ᄒᆞ더니 釋迦도 猶不會어시니 迦葉이 豈能傳者ㅣ 是也ㅣ라 ○ 녜 사ᄅᆞ미 닐오ᄃᆡ 녜 부텨 몯나겨실 前젼에 얼의여 ᄒᆞᆫ 相샹이 두렵더니 釋셕迦강도 오히려 아디 몯거시니 迦강葉셥이 엇뎨 能능히 傳뒨ᄒᆞ리오 ᄒᆞ미 이라

冶父 法不孤起니 誰爲安名고 ○ 法법이 ᄒᆞ오ᅀᅡ 니러 몯ᄒᆞᄂᆞ니 뉘 일훔 지ᄒᆞ뇨

法之一字ᄂᆞᆫ 直指圓相ᄒᆞ고 安名二字ᄂᆞᆫ 直指經題

ᄒᆞ니라○法법이라ᄒᆞ논ᄒᆞᆫ字ᄍᆞᆼᄂᆞᆫ바ᄅᆞ圓원相샹
ᄋᆞᆯ그ᄅᆞ치고安한名명이라ᄒᆞ논두字ᄍᆞᆼᄂᆞᆫ바ᄅᆞ經
경題뗑를그ᄅᆞ치니라 法不自名이라 要因名現ᄒᆞᆯᄊᆡ 所以安名
이니○法법이제일훔몯ᄒᆞᄂᆞᆫ디라모로매일후
믈因인ᄒᆞ야ᅀᅡ現현ᄒᆞᆯᄊᆡ이런ᄃᆞ로일훔지ᄒᆞᄂᆞ
니라 所以道摠持ᄂᆞᆫ 無文字커니와 文字ㅣ現摠持라ᄒᆞ니라
○이런ᄃᆞ로닐오ᄃᆡ摠총持띵ᄂᆞᆫ文문字ᄍᆞᆼㅣ업
거나와文문字ᄍᆞᆼㅣ摠총持띵를나토ᄂᆞ니라ᄒᆞ
니라○摠총ᄋᆞᆫ모도자블시오持띵ᄂᆞᆫ디닐시니
그지업슨法법義읭를모도자바디닐시니곧諸
졍佛뿛ㅅ秘빙密밇ᄒᆞ신말
神씬智딩妙묭用용이라 應云法不孤起니 所
以安名이어늘 而云誰爲安名고ᄒᆞ믄○法법이ᄒᆞ
오ᅀᅡ니디몯ᄒᆞᄂᆞ니
그럴ᄊᆡ일훔지ᄒᆞ니라닐오미
맛당커늘뉘일훔지ᄒᆞ뇨ᄒᆞ믄 語忌十成故ㅣ며 恐
成死語故ㅣ니 圓話自在ᄒᆞ야ᅀᅡ 免夫招謗이라라○
말ᄉᆞ미열
히이로믈아쳔논젼치며주근마리일가젼논젼
치니두려운마라自ᄍᆞᆼ在ᄍᆡᆼᄒᆞ야ᅀᅡ誹빙謗방이어

도ᄆᆞᆯ免면ᄒᆞ라라 又 法不自名이라 所以安名이어니와 然雖如

是ᄒᆞ나 安名者丨誰오 ○ 法법이 제 일훔 몯ᄒᆞ논디라 그럴ᄊᆡ 일훔 지하니와 그러

ᄒᆞ야 비록 이 곧ᄒᆞ나 일훔 지ᄒᆞᆫ 사ᄅᆞ미 누고 若道黃面老子丨安이라 ᄒᆞ야

도 黃面老子丨未嘗安ᄒᆞ시니 ○ ᄒᆞ다가 닐오ᄃᆡ 黃ᅘᅪᇰ面면老ᄅᆞᇢ子ᄌᆞᇰㅣ 지

타ᄒᆞ야도 黃ᅘᅪᇰ面면老ᄅᆞᇢ子ᄌᆞᇰㅣ 잢간도 지타 아니ᄒᆞ시니 黃ᅘᅪᇰ面면老ᄅᆞᇢ子ᄌᆞᇰᄂᆞᆫ 如ᅀᅧᆼ來ᄅᆡᆼ를

ᄉᆞᆯ오니라 何則고 自從鹿野苑ᄒᆞ야 終至拔提河히 於是

二中間애 未曾說一字ᄒᆞ시니라 ○ 엇뎨오 鹿록野양苑ᅙᅯᆫ으로브터 내ᄌᆞᆼ

애 拔ᄈᆞᇙ提뗑河ᅘᅌᅡᆼ애 니르리 두 中듕間간애 잢간도 ᄒᆞᆫ 字ᄍᆞᆼ도 니ᄅᆞ디 아니ᄒᆞ시니라 若道

不是黃面老子丨安인댄 今此經題ᄂᆞᆫ 從甚處得來

오 ○ ᄒᆞ다가 닐오ᄃᆡ 이 黃ᅘᅪᇰ面면老ᄅᆞᇢ子ᄌᆞᇰㅣ 지티 아니타 홀딘댄 이제 이 經경題뗑ᄂᆞᆫ 어느 고ᄃᆞᆯ

브터 시러 오뇨 且道是安名가 不是安名가 ○ ᄯᅩ 니ᄅᆞ라 이 일훔 지ᄒᆞᆷ가

이 일훔 지티 아니홈가

頌 摩訶大法王은 ○摩망訶항大땡法법王왕은

法王은 非指丈六金身이라 人人本有底一著子ㅣ니

能爲萬像之主실ᄊᆡ 故號爲法王ᄒᆞ니라 ○法법王왕은 丈땽六륙金금身신을 ᄀᆞᄅᆞ치시ᄉᆞ오미 아니라 사ᄅᆞᆷ마다 本본來링 잇ᄂᆞᆫ 一힗著땩子ᄌᆞᆼㅣ니 能능히 萬먼像쌍의 主즁ㅣ ᄃᆞ욀ᄊᆡ 그런ᄃᆞ로 일후믈 法법王왕이라 ᄒᆞᄂᆞ니라 【丈】 丈땽ᄋᆞᆫ 열 자히니 丈땽六륙ᄋᆞᆫ 열여ᄉᆞᆺ 자히라

古人이 道호ᄃᆡ 法中王이 最高勝ᄒᆞ니 恒沙如來

同共證者ㅣ是라 ○녜 사ᄅᆞ미 닐오ᄃᆡ 法법中듕王왕이 ᄆᆞᆺ 놉고 어디니 恒ᅘᅳᆼ沙상如영來링 ᄒᆞᆫ가지로 證징ᄒᆞ신 거시라 ᄒᆞ미이라

法王之爲體也ㅣ孤高

更無上ᄒᆞ고 廣博無邊表ᄒᆞ야 乾坤에 在其內ᄒᆞ고 日月이 處其中ᄒᆞ야 ○法법王왕의 體뎽 ᄃᆞ외야 슈미 외ᄡᅩ로 노파 ᄂᆞ외야 우 업고 너버 ᄀᆞᆺ 밧

기업서 하ᄂᆞᆯ콰 ᄯᅡ쾌 그안해 잇 恢恢焉蕩蕩焉ᄒᆞ야
고 ᄒᆡ와 ᄃᆞᆯ왜 그 가온ᄃᆡ 이셔
迥出思議之表ᄒᆞ실ᄉᆡ 故號爲大法王이니라 ○ 크며 훤ᄒᆞ야 思ᄉᆞᆼ量
량ᄒᆞ며 議읭論론ᄒᆞ논 밧긔 ᄲᅥ로 날시 그런
ᄃᆞ로 일후믈 大땡法법王왕이라 ᄒᆞᄂᆞ니라
無短亦無長ᄒᆞ니 ○ 뎌ᄅᆞᆷ 업스며 ᄯᅩ 기롬 업스니
實相은 無相ᄒᆞ니라 ○ 實씷相샹
은 相샹 업스니라
本來非皂白호ᄃᆡ 隨處現靑黃ᄒᆞᄂᆞ다 ○ 本본來ᄅᆡᆼ 거
므며 희디 아니호ᄃᆡ 고
ᄃᆞᆯ 조차 프르며 누르
로ᄆᆞᆯ 現현ᄒᆞᄂᆞ다
無相애 現相ᄒᆞᄂᆞ니라 ○ 얼굴 업슨
게 얼굴을 나토ᄂᆞ니라
花發을 看朝艶이러니 林凋ㅣ 逐晩霜ᄒᆞᄂᆞ다 ○ 곳 푸
믈 아ᄎᆞᆷ 고오ᄆᆞᆯ
보리러니 수프리 이우로
미나 죗서리ᄅᆞᆯ 좃ᄂᆞ다
當處出生ᄒᆞ며 當處寂滅이라 ○ 當당ᄒᆞᆫ 고대 나며
當당ᄒᆞᆫ 고대 寂쪅滅멿이

라

疾雷ᄂᆞᆫ 何太擊이리오 擊은 他本作急 迅電도 亦非光이로다 ᄲᆞᄅᆞᆫ 울엔

돌엇데 ᄀᆞ장 ᄯᅵ리오 ᄲᆞᄅᆞᆫ 번게 ᄯᅩ 光광明명 아니로다

妙旨迅速ᄒᆞ야 難容擬議니라 ○ 微밍妙묭ᄒᆞᆫ ᄠᅳ디 ᄲᆞᆯ라 擬읭議읭ᄒᆞᆯ 드려 ᄒᆞ

미 難난ᄒᆞ니라

凡聖이 元難測이어니 元은 他本作猶 龍天이 豈度量이리오 古今

人不識ᄒᆞᆯᄊᆡ 權立號金剛ᄒᆞ시니라 ○ 凡뻠과 聖셩괘 본ᄃᆡ 測측量량이 어렵거니

龍룡과 天텬괘 엇데 헤아리리오 네며 이젯 사ᄅᆞ미 아디 몯ᄒᆞᆯᄊᆡ 權권으로 金금剛강이라 일훔 세

니라 權권은 方방便뼌이라

箇事ㅣ 極幽玄ᄒᆞ야 智識이 俱不到ᄒᆞ니 非但古人

이 罔措ㅣ라 亦乃今人이 不識이니 爲止小兒啼ᄒᆞ야 權

且立虛名ᄒᆞ시니라 ○ 이 이리 至징極끅기 띠 智딩와 識식괘 다 니ᄅᆞ디 몯ᄒᆞᄂᆞ니 ᄒᆞᆫ갓 녜 사ᄅᆞ미 잡드디 몯ᄒᆞᆯ 뿐 아니라 ᄯᅩ 이젯 사ᄅᆞ미 아디 몯ᄒᆞᄂᆞ니 져믄 아ᄒᆡ 우룸 자ᄎᆔ믈 爲윙ᄒᆞ야 權꿘ᄋᆞ로 아직 뷘 일후믈 세시니라 只如依權現實底道理ᄂᆞᆫ 作麽生道오 ○ 오직 權꿘을 브터 實씷을 나토시논 道똫理링ᄂᆞᆫ 므스기라 니ᄅᆞ료 月隱中峯이어든 擧扇喩之ᄒᆞ고 風息大虛커든 動樹訓之ᄒᆞᄂᆞ니라 ○ ᄃᆞ리 가온ᄃᆡ 峯퐁애 숨거든 부체를 드러 알외오 ᄇᆞᄅᆞ미 큰 虛헝空콩애 자거든 즘게를 뮈워 ᄀᆞᄅᆞ치ᄂᆞ니라

【宗鏡】只這一卷經은 六道含靈의 一切性中에 皆悉具足ᄒᆞ니 ○ 오직 이 一힗卷권經경은 六륙道똫含ᅘᅡᆷ靈령의 一힗切쳉性셩中듕에 다 ᄀᆞ자니 蓋爲受身之後에 妄爲六根六塵이 埋沒此一段靈光ᄒᆞ야 ○ 몸 受쓯ᄒᆞᆫ 後흫에 거츠리 六륙根군 六륙塵띤이 이 一힗段똰 靈령光광ᄋᆞᆯ 무더 ᄇᆞ료미ᄃᆞ

외·야 ▲六륙根근六륙塵띤ᄋᆞᆫ法법華황애사겻ᄂᆞ니라 終日冥冥ᄒᆞ야 不知不覺
故로 我佛이 生慈悲心ᄒᆞ샤 願救一切衆生ᄒᆞ야 齊超苦
海ᄒᆞ야 共證菩提ᄒᆞ샤○나리ᄆᆞᆺᄃᆞ록아ᄃᆞᆨᄒᆞ야아디몯ᄒᆞ며ᄭᆡ디몯ᄒᆞᄂᆞᆫ젼ᄎᆞ로우리부
텨慈ᄍᆞᆼ悲빙心심을:내샤願원ᄒᆞ샤ᄃᆡ一힗切쳉衆즁生ᄉᆡᆼᄋᆞᆯ救궇ᄒᆞ야苦콩海ᄒᆡᆼ예ᄀᆞᄌᆞ기:건나뛰여
菩뽕提똉ᄅᆞᆯᄒᆞᆫ가지로證징케ᄒᆞ리라ᄒᆞ샤 所以在舍衛國ᄒᆞ샤 爲說是經
이시니 大意는 只是爲人ᄒᆞ샤 解粘去縛ᄒᆞ야○그럴ᄊᆡ舍샹衛윙國귁
에겨샤이經경을爲윙ᄒᆞ야니ᄅᆞ시니큰ᄠᅳ든오직이:사ᄅᆞᆷ爲윙ᄒᆞ샤브토ᄆᆞᆯ그르며미요ᄆᆞᆯ아사보려
直下明了自性ᄒᆞ야 免逐輪迴ᄒᆞ야 不爲六根六塵의 所
惑게ᄒᆞ시니라○바ᄅᆞ제性셩을보기아라輪륜迴횡조ᄎᆞᄆᆞᆯ免면ᄒᆞ야六륙根근六륙塵띤의惑획
ᄒᆞᆯ배ᄃᆞ외디아니케ᄒᆞ시니라 若人이 具上根上智ᄒᆞ니ᄂᆞᆫ 不撥自轉
ᄒᆞᄂᆞ니 是ᄂᆞᆫ 胷中에 自有此經ᄒᆞᆯᄉᆡ 且將置三十二分於

空閑無用之地ᄒᆞ야도 亦不是過ㅣ니라○ᄒᆞ다가 사ᄅᆞ미 上썅根곤 上썅

智딩 ᄀᆞᄌᆞ니ᄂᆞᆫ 옮기디 아니ᄒᆞ야도 제 옮ᄂᆞ니 이ᄂᆞᆫ 가ᅀᆞᆷ 가온ᄃᆡ 이 經경을 제 두실ᄉᆡ 三삼十씹二싱分

분을 가져다가 空콩閑한ᄒᆞᆫ ᄡᅳᇙ ᄃᆡ 업슨 ᄯᅡ해 두어도 ᄯᅩ 이 허므리 아니니라 如或未然인댄

且聽ᄒᆞ라 山埜ᄂᆞᆫ 與汝로 打葛藤去也ᄒᆞ리라○ᄒᆞ다가 시혹 그러티

몯ᄒᆞᆯ딘댄 ᄯᅩ 드르라 山산埜양ᄂᆞᆫ 너와로 葛갈藤뜽을 일워가리라○山산埜양ᄂᆞᆫ 즁이 저를 니르ᄂᆞᆫ 마

리라 夫金剛經者ᄂᆞᆫ 自性이 堅固ᄒᆞ야 萬劫不壞ᄒᆞᆯᄉᆡ 況金

性의 堅剛也ᄒᆞ시니라○金금剛강經경이라 ᄒᆞᄆᆞᆫ 제 性셩이 구더 萬먼劫겁에 허디 아니

ᄒᆞᆯᄉᆡ 金금性셩의 구도ᄆᆞᆯ 가ᄌᆞᆯ비시니라 般若者ᄂᆞᆫ 智慧也ㅣ오 波羅蜜者

ᄂᆞᆫ 登彼岸義也ㅣ니○般반若샹ᄂᆞᆫ 智딩慧휑오 波방羅랑蜜밇ᄋᆞᆫ 뎌 ᄀᆞᅀᆡ 오ᄅᆞ다 ᄒᆞ논 ᄠᅳ

디니 見性得度ᄒᆞ면 卽登彼岸이오 未得度者ᄂᆞᆫ 卽是此岸

이라○性셩을 보아 건나ᄆᆞᆯ 得득ᄒᆞ면 곧 뎌 ᄀᆞᅀᆡ 을오미오 건나ᄆᆞᆯ 得득디 몯ᄒᆞᆫ 사ᄅᆞᄆᆞᆫ 곧 이 ᄀᆞᅀᅵ라

經者ᄂᆞᆫ 經也ㅣ니 我佛이 若不開箇經路ᄒᆞ시면 後代兒孫ᄋᆞᆫ 又向甚麽處進步ᄒᆞ리오 ○經경ᄋᆞᆫ 즈ᅀᅳᇝ길히니 우리 부톄 ᄒᆞ다가 이 즈ᅀᅳᇝ길흘 여디 아니ᄒᆞ시면 後ᅘᅮᇢ代ᄯᅵᆼ엣 兒ᅀᅵᆼ孫손ᄋᆞᆫ 또 어느 고ᄃᆞᆯ 向향ᄒᆞ야 나ᅀᅡ가리오 且道這一步ᄂᆞᆫ 又如何進고 看取下文ᄒᆞ라 此經深旨ᄂᆞᆫ 無相爲宗ᄒᆞ야 顯妄明眞ᄒᆞ시니라 ○또 니ᄅᆞ라 이 ᄒᆞᆫ 거르믄 또 엇뎨 나ᅀᅡ가리오 下ᅘᅡᆼ文문ᄋᆞᆯ 보아 取ᄎᆔᇰᄒᆞ라 이 經경ㅅ 기픈 ᄠᅳ든 相샹 업소모로 宗종ᄋᆞᆯ 사마 妄망ᄋᆞᆯ 나토며 眞진ᄋᆞᆯ ᄇᆞᆯ길시니라

○劒鋒이 微露ᄒᆞ야 掃萬法之本空ᄒᆞ며 心花ㅣ 發明ᄒᆞ야 照五蘊之非有ㅣ로다 ○갌ᄂᆞᆯ히 죠고매 나다나 萬먼法법의 本본來ᄅᆡᆼ 뷔유믈 ᄡᅳ러ᄇᆞ리며 ᄆᆞᅀᆞᇝ고지 發벓明명ᄒᆞ야 五옹蘊ᅙᅮᆫ이 잇디 아니호ᄆᆞᆯ 비취도다 五옹蘊ᅙᅮᆫ은 法법數숭에 잇ᄂᆞ니라 直得雲收雨霽ᄒᆞ며 海湛空澄이라 快登般若慈舟ᄒᆞ야 直到菩提彼岸이로다 ○구루미 가ᄃᆞ며 비 개며 바ᄅᆞ리 ᄆᆞᆰᄀᆞ며 虛헝空콩이 ᄆᆞᆰ고 ᄆᆞᆰ바

ᄅᆞ得득ᄒᆞᆫ디라 般반若ᅀᅣᇰ慈ᄍᆞᆼ舟쥬ᇰᄅᆞᆯ 훤히 타 菩뽕提뗑ᄒᆞ며 ᄀᆞᆺ 새 바ᄅᆞ다ᄃᆞᆫ 도다 舟쥬ᇰᄂᆞᆫ 비라 菩뽕提
뗑ᄂᆞᆫ 이에셔 닐오면 覺각이니 覺각ᄋᆞᆫ 아ᄃᆞᆺ마리라

萬法이 本空ᄒᆞ며 五陰이 非有ㅣ언마ᄅᆞᆫ 但以妄緣ᄋᆞ로 而
得成立ᄒᆞᄂᆞ니 ○萬먼法법이 本본來ᄅᆡᆼ 뷔며 五옹陰음이 잇ᄂᆞᆫ디 아니언마ᄅᆞᆫ 오직 거츤
緣원ᄋᆞ로 ᄡᅧ 시러 이러셋ᄂᆞ니 智照妄緣ᄒᆞ면 萬法이 俱沉ᄒᆞ며 體露
眞常ᄒᆞ면 五蘊이 皆空ᄒᆞ리라 ○智딩ㅣ 거즛 緣원ᄋᆞᆯ 비취면 萬먼法법이 다 ᄌᆞᆷ
ᄆᆞ며 體톙ㅣ 眞진常썅이 나다나면 五옹蘊운이 다 뷔리라 到這裏ᄒᆞ얀 一似雲
収雨霽ᄒᆞ며 海湛空澄ᄒᆞ야 無一物이 爲緣爲對ᄒᆞ며 無
一事ㅣ 爲障爲礙ᄒᆞ야 ○이에 다ᄃᆞ란 구루미 가ᄃᆞ며 비 개며 바ᄅᆞ리 믈ᄀᆞ며 虛
헝空콩이 ᄆᆞᆯ고 미ᄀᆞᆫᄒᆞ야 ᄒᆞᆫ 거시 緣원ᄃᆞ외며 對뙹ᄃᆞ외라 업스며 ᄒᆞᆫ 아리 障쟝ᄃᆞ외며 礙ᅌᆡᆼᄃᆞ외
리 업서 快登般若慈舟ᄒᆞ야 直到菩提彼岸이로다 ○般반若ᅀᅣᇰ

慈쯩舟즇ᄅᆞᆯ 훤히 ᄒᆞ라 菩뽕提똉ᄃᆞ·ᄀᆞ·새 바ᄅᆞ다 ᄃᆞᄅᆞ·리로·다

且道心花ㅣ發明은 在甚麼處오 太湖三萬六千頃

에 月在波心을 說向誰오 ○ 또 니ᄅᆞ라 ᄆᆞᅀᆞᆷ 고지 發뿛明명ᄒᆞ문 어·느 고·대 잇ᄂᆞ

뇨 太탱湖홍三삼萬먼六륙千쳔頃쿙에 ᄃᆞ리 波방心심애 이쇼ᄆᆞᆯ 누를 向향ᄒᆞ야 니ᄅᆞ료 大 太탱湖홍

ᄂᆞᆫ 므리오 一힗百빅 이ᄅᆞᆷ이 ᄒᆞᆫ 頃쿙이니 므리너·본양ᄋᆞᆯ 니ᄅᆞ고 心심은 가·온ᄃᆡ·ᄅᆞᆯ 니ᄅᆞ니·라

佛法이 在世間ᄒᆞ야 不離世間覺ᄒᆞ니 離世覓菩提

ᄒᆞ면 猶如求兎角ᄒᆞ니라 ○ 佛뿛法법이 世솅間간애 이셔 世솅間간覺각애 여희디

아니ᄒᆞ니 世솅間간ᄋᆞᆯ 여희오 菩뽕提똉ᄅᆞᆯ 어드면 톳긔 ᄲᅳᆯ 求끃홈 ᄀᆞᆮᄒᆞ니라 欲識得

佛法的的大意ᄃᆡᆫ 直須向十二時中과 四威儀內

옛 覺觀波濤中ᄋᆞᆯ 覰捕來覰捕去ㅣ니라 ○ 佛뿛法법의 반ᄃᆞᆨᄒᆞᆫ

큰 ᄠᅳ들 아로려 홇딘댄 바ᄅᆞ 모로매 열두 ᄢᅵᆺ 가온ᄃᆡ와 네 威휭儀잉ㅅ 안햇 覺각觀관波방濤똥

ㅅ가온ᄃᆡ로向향ᄒᆞ야여ᅀᅥ자바오며여ᅀᅥ자바
갈ᄃᆡ니라 ▼覺각觀관은推췽尋씸ᄒᆞᄂᆞᆫᄆᆞᅀᆞ미
오波방濤똥ᄂᆞᆫ큰믌겨리니하닷마리라
覰來覰去에忽地識得根源
去在니라縱然識得根源去ᄒᆞ야도只可自怡悅이언뎡
不堪持贈君이니라○여ᅀᅥ오며여ᅀᅥ가매根곤源원가잇ᄂᆞᆫᄃᆡ를은득알리니비록
根곤源원을아라도오직어루제기ᄭᅳᆯᄡᅳ니언뎡어루가져다가그ᄃᆡ낫다몯ᄒᆞ리라
頌 法王ㅅ權實令이雙行ᄒᆞ시니雷撈風馳作라震捲當海
岳이傾ᄒᆞ도다○法법王왕ㅅ權꿘과實씷왓令령이둘히行ᅘᆡᆼᄒᆞ시니울에거드며ᄇᆞᄅᆞ미ᄃᆞᆮ든
논ᄃᆡ라바ᄅᆞᆯ와뫼쾌기우도다霹靂一聲에雲散盡ᄒᆞ니到家ㅣ元不
涉途程이로다○霹벽靂력ᄒᆞᆫ소리예구루미ᄒᆞᆫ리다ᄋᆞ니지븨다ᄃᆞᄅᆞ미잢간도길ᄒᆞᆯᄇᆞᆲ디아
니토다
大凡垂化ᄒᆞ샤미有權有實ᄒᆞ시며有照有用ᄒᆞ시니○大땡

凡뻠ᄒᆞᆫ디教공化황ᄃᆞ리우샤미權꿘이겨시며實씷이겨시며照좋ㅣ겨시며用용이겨시니

今佛이從無言中ᄒᆞ샤興教海之波瀾ᄒᆞ시고向教海裏ᄒᆞ샤現無言之密旨ᄒᆞ시니是謂權實令이雙行也ㅣ라○이제부텨말ᄊᆞᆷ업스가온ᄃᆡ로브트샤教공海힝의믌결을니르와ᄃᆞ시고教공海힝ㅅ소곰向향ᄒᆞ샤말ᄊᆞᆷ업슨秘빙密밇ᄒᆞᆫᄠᅳ들나토시니이닐온權꿘과實씷왓令ᄋᆞ령이ᄃᆞᆯ히行ᅘᆡᇰᄒᆞ미라

風行草偃ᄒᆞ야化功이神速ᄒᆞ시니五欲海自渴ᄒᆞ며我人山이自倒ᄒᆞ도다○ᄇᆞᄅᆞ미녀면프리눕ᄃᆞᆺᄒᆞ야化황ᄒᆞ시논功공이神씬奇끵히ᄲᆞᄅᆞ시니五옹欲욕바다히제여위며我앙ㅅ신山산이제갓ᄀᆞ로디도다

五옹欲욕ᄋᆞᆫ法법數숭에잇ᄂᆞ니라

圓音落處에雲散盡ᄒᆞ니ᄂᆞᆫ不曾擡步ᄒᆞ야便還家ㅣ로다○두려운소리딘고대구루미흐러다ᄋᆞᄂᆞ니잀간도거름드디아니ᄒᆞ야곧지븨도라가놋다

法會因由分第一

如是를

如是之言을 古人이 說有多途ᄒᆞ니 今川老ᄂᆞᆫ 蓋取有無不二로 爲如ᄒᆞ고 如非有無로 爲是ᄒᆞ니라○如셩是씽라 혼 말ᄉᆞᄆᆞᆯ 녯사ᄅᆞ미 여러 길ᄒᆞ로 닐어 잇ᄂᆞ니 이제 川쳔老롱ᄂᆞᆫ 有웅와 無뭉와 둘 아니로ᄆᆞ로 如셩 삼고 如셩ㅣ 有웅와 無뭉와 아니로ᄆᆞ로 是씽 사모ᄆᆞᆯ 取츙ᄒᆞ니라

冶父 古人이 道ᄒᆞ되 喚作如如ᄒᆞᆫ댄 早是變了也ㅣ니라 且道變向甚麽處去오 咄 不得亂走ㅣ어다○녯사ᄅᆞ미 닐오되 如셩如셩ㅣ라 홀딘댄 ᄇᆞᆯ셔 이 變변커다 ᄒᆞ니 ᄯᅩ 니ᄅᆞ라 變변ᄒᆞ야 어느 고ᄃᆞᆯ 向향ᄒᆞ야 가ᄂᆞ뇨 咄돓 어즈러이 ᄃᆞᆫ니디 마ᄅᆞᆯ디어다

畢竟엔 作麽生고 道火ᄒᆞ야도 不曾燒却口ㅣ니라○ᄆᆞᄎᆞ맨 엇뎨오 브를 닐어도 ᄌᆞᇝ간도 이비 ᄉᆞᆯ이디 아니ᄒᆞᄂᆞ니라

南泉이 問講師호ᄃᆡ 講甚麽經고 云호ᄃᆡ 講涅槃經ᄒᆞ노
라 云호ᄃᆡ 經中에 以何로 爲極則고 ○南남泉쪈이 講강師ᄉᆞᆼᄃᆞ려 무
로ᄃᆡ 므슴 經경을 講강ᄒᆞᄂᆞ뇨 닐오ᄃᆡ 涅녏槃빤 經경을 講강ᄒᆞ노라 닐오ᄃᆡ 經경中듕에 므스거
ᄉᆞ로 極끅則즉을 삼ᄂᆞ뇨 【入】極끅則즉은 至징極끅ᄒᆞᆫ 法법이라 云호ᄃᆡ 以如如로
爲極則이니 云호ᄃᆡ 喚作如如ᄒᆞᆫ댄 早是變了也ㅣ니 ○닐
오ᄃᆡ 如셩如셩로 極끅則즉사 맷ᄂᆞ니라 닐오ᄃᆡ 如셩如셩ㅣ라 홀딘댄 ᄇᆞᆯ셔 이 變변ᄒᆞ니 須
向異類中行ᄒᆞ야 道取異中事ᄒᆞ야ᅀᅡ 始得다 ᄒᆞ야ᄂᆞᆯ ○모로매
다ᄅᆞᆫ 類륑中듕을 向향ᄒᆞ야 行ᅘᆡᆼᄒᆞ야 다ᄅᆞᆫ 中듕엣 이ᄅᆞᆯ 닐어 取츙ᄒᆞ야ᅀᅡ 올타 ᄒᆞ야ᄂᆞᆯ 法眞
一이 頌云호ᄃᆡ 涅槃寂滅이 本無名ᄒᆞ니 喚作如如ᄒᆞᆫ댄
早變生ᄒᆞ리라 ○法법眞진一힗이 頌쑝云운호ᄃᆡ 涅녏槃빤寂쪅滅멿이 本본來ᄅᆡᆼ 일훔
업스니 如셩如셩ㅣ라 홀딘댄 ᄇᆞᆯ셔 變변호미 나리라 【入】涅녏槃빤ᄋᆞᆫ 업다 ᄒᆞ논 ᄠᅳ디라 若問

經中에 何極則고ᄒᆞ거든 石人이 夜聽木雞聲이라ᄒᆞ리라ᄒᆞ
니○ᄒᆞ다가 經경中듕에 어늬 極극則즉고 묻거든 돌사ᄅᆞ미 바ᄆᆡ 나모ᄃᆞᆯᄀᆡ 소리 드로미라 ᄒᆞ리
니라 ᄒᆞ 謂涅槃寂滅이 本無名字ㅣ커늘 若立名字ᄒᆞ면 未
免變異去在ᄒᆞ리니○닐오ᄃᆡ 涅념槃빤寂쪅滅멿이 本본來ᄅᆡᆼ 일훔 업거늘 ᄒᆞ다가
일훔 셰면 變변ᄒᆞ야 달아가ᄆᆞᆯ 免면티 몯ᄒᆞ리니 須向異類中行ᄒᆞ야 道取
異中事ᄒᆞ야 圓轉不觸ᄒᆞ야사 始得ᄒᆞ리라○모로매 다ᄅᆞᆫ 類륭中듕을
向향ᄒᆞ야 行ᅘᆡᆼᄒᆞ야 異잉中듕엣 이ᄅᆞᆯ 닐어 取츙ᄒᆞ야 두려이 옮겨 觸쵹디 아니ᄒᆞ야사 비르서 得
득ᄒᆞ리라 且道變向甚麽處去오 咄 不得亂走ㅣ니 若以
變不變으로 商量ᄒᆞ면 又却不是也ᄒᆞ리라○또 니ᄅᆞ라 變변ᄒᆞ야 어느
고ᄃᆡᆯ 向향ᄒᆞ야 가ᄂᆞ뇨 咄돓 어즈러이 ᄃᆞᆫ니디 마ᄅᆞᆯ디니 ᄒᆞ다가 變변ᄒᆞ며 變변티 아니호ᄆᆞ로 商
샹量량ᄒᆞ면 또 도ᄅᆞ혀 올티 몯ᄒᆞ리라 畢竟엔 作麽生고 涅槃寂滅

이 雖本無名ᄒᆞ나 亦不妨因名現體니○ᄆᆞᆺ太맨엇데오涅녏槃빤

寂쩍滅멿이 비록 本본來링 일훔 업스나 또 일

ᄒᆞᆫ 믈 因인ᄒᆞ야 體텡ㅣ 나토미 막디 아니ᄒᆞ니 爲

甚如此오 說名之時예 早已風吹不入ᄒᆞ며 水洒不

着ᄒᆞ야 只有一段通身寒光ᄒᆞ리어니 喚作如如ᄒᆞᆫᄃᆞᆯ 有甚

變去ㅣ리오○엇뎨ᄒᆞ야 이 곧ᄒᆞᆫ 일훔 니ᄅᆞᆯ 時

씽節졇에 불셔 ᄇᆞᄅᆞ미 부러도 드디 아니ᄒᆞ

며 므리 쓰려도 묻디 아니ᄒᆞ야 오직 ᄒᆞᆫ 무적 모매

ᄉᆞᄆᆞᆺ 촌촌 光광明명이 이시리어니 如영如영ㅣ

라 ᄒᆞᆫᄃᆞᆯ 엇뎨 變변ᄒᆞ

야 가마 이시리오

頌

如如ㅣ여 靜夜長天에 一月이 孤ᄒᆞ도다○如셩如셩ㅣ여 괴외ᄒᆞᆫ 바

미 ᄀᆞᆫ 하ᄂᆞᆯ해 ᄒᆞᆫ

ᄃᆞ리 외롭도다

水與波ㅣ 無二ᄒᆞ며 波與水ㅣ 不別ᄒᆞ야 清寥寥時예

元的的ᄒᆞ며 白的的處에 亦寥寥ㅣ로다○믈와 믌결왜 ᄃᆞᆯ 업스며 믌

결와믈왜다ᄅᆞ디아니ᄒᆞ야ᄆᆞᆯ가괴외ᄒᆞᆫ時씽節
졇에본ᄃᆡ的뎍的뎍ᄒᆞ며하야的뎍的뎍ᄒᆞᆫ고대
ᄯᅩ寥룧寥룧ᄒᆞ도다
的뎍的뎍ᄋᆞᆫᄇᆞᆯᄀᆞᆯ시라

是是여水不離波ㅣ라波是水로다鏡水에塵風이不到
時예應現이無瑕ᄒᆞ야照天地ᄒᆞᄂᆞ니라看看ᄒᆞ라○是씽是씽여ᄆᆞ리
믌겨레여희디아니ᄒᆞᆫ디라믌겨리이ᄆᆞ리로다거
우루와믈와애드틀와ᄇᆞᄅᆞᆷ괘다ᄃᆞᆫ디아니ᄒᆞᆫ時씽
節졇에應ᅙᅳᆼᄒᆞ야現ᅘᅧᆫᄒᆞ미허믈업서
하ᄂᆞᆯ콰ᄯᅡ콰ᄅᆞᆯ비취ᄂᆞ니라보며보라

指水ㅣ全是波ㅣ며指波ㅣ全是水ㅣ니毗盧華藏이
物物頭頭ㅣ로다○ᄆᆞ리오ᄋᆞ로이믌겨린ᄃᆞᆯᄀᆞᄅᆞ치며믌겨리오ᄋᆞ로이ᄆᆞ린ᄃᆞᆯᄀᆞᄅᆞ
치니毗뼝盧롱華ᅘᅪᆼ藏짱이物믏마다ᄀᆞᆫᄀᆞᆫ마대
로다 毗뼝盧롱ᄂᆞᆫ法법身신이오華ᅘᅪᆼ藏짱ᄋᆞᆫ
法법身신잇ᄂᆞᆫᄃᆡ라萬像森羅ㅣ全機ㅣ無垢ᄒᆞ니機無垢ᄒᆞ야
本清淨ᄒᆞᆫᄃᆡ鏡淨水澄이어늘風塵이不到ㅣ라○萬면像쌍과

森삼羅랑왜오ᄋᆞᆫ 機깅ㅣ 벅업스니 機깅ㅣ 벅업서 本본來링 淸청淨쪙ᄒᆞᆫ 디 거우뤼 조ᄒᆞ며 므라 ᄆᆞᆰ거늘 ᄇᆞᄅᆞᆷ과 ᄃᆞ들 왜니르디 아니ᄒᆞᆫ디라 萬먼像쌍ᄋᆞᆫ 하ᄂᆞᆯ해 잇ᄂᆞᆫ 거시오 森삼羅랑ᄂᆞᆫ ᄯᅡ해 버렷ᄂᆞᆫ 거시라

湛湛地明歷歷ᄒᆞ야 輝天鑑地ᄒᆞ야 曜古騰今ᄒᆞ도다 要會麽아 要會ᄒᆞᆫ댄 高著眼이어다 ○ ᄆᆞᆯᄀᆞ며 ᄆᆞᆯᄀᆞᆫ ᄯᅡ히 ᄇᆞᆯ가 歷력歷력ᄒᆞ야 하ᄂᆞᆯᄒᆞᆯ 비취며 ᄯᅡᄒᆞᆯ 비취여 녜예 빗나며 이제 솟나도다 알오져 ᄒᆞᄂᆞᆫ다 알오져 ᄒᆞᆯ딘댄 노피 누ᄂᆞᆯ 둘디어다

我

指天指地ᄒᆞ시고 獨立底人이샷다 ○ 하ᄂᆞᆯ ᄀᆞᄅᆞ치시며 ᄯᅡ ᄀᆞᄅᆞ치시고 ᄒᆞ오ᅀᅡ 셔신 ᄉᆞᄅᆞ미샷다

冶父 淨躶躶ᄒᆞ고 赤洒洒ᄒᆞ니 沒可把ㅣ로다 ○ 조하 躶랑躶랑ᄒᆞ고 블가 洒생洒생ᄒᆞ니 어루 자볼 수리 업도다 躶랑ᄂᆞᆫ 옷 바ᄉᆞᆯ시오 洒생ᄂᆞᆫ ᄠᅥ러딜시라

古人이道호ᄃᆡ阿呵呵是甚麽오南北東西예唯是

我ㅣ로다○녯사ᄅᆞ미닐오ᄃᆡ阿항呵항呵항이므스고南남北븍東동西솅예오직이내로다

呵항呵항ᄂᆞᆫ우ᅀᅮᆷ시라雖云南北東西예唯是我ㅣ라ᄒᆞ나爭乃

一切處에摸摖不著이로다○비록닐오ᄃᆡ南남北븍東동西솅예오직이내

라ᄒᆞ나권마ᄅᆞᆫ一힗切쳉고대어더잡디몯ᄒᆞ리로다是可謂境上施爲예

運大有ᄒᆞ나內外中間애覓摠無ㅣ로다○이어루닐오ᄃᆡ境경우흿

施싱爲윙예모로기키이시나안팟中듕間간애어더도다업도다 境경은누네뵈ᄂᆞᆫ거시라

頌 我我ㅣ여認得分明이면成兩箇ᄒᆞ리라不動纖毫ᄒᆞ야ᅀᅡ

合本然ᄒᆞ리니知音은自有松風和ㅣ니라○我앙我항ㅣ여分분明명

히아로려ᄒᆞ면두나치일리라ᄀᆞᄂᆞᆫ터럭마도뮈우디아니ᄒᆞ야ᅀᅡ本본來ᄅᆡᆼ그러ᄒᆞ매마ᄌᆞ리니知딩

音음은숤ᄇᆞᄅᆞ미제和횅호미잇ᄂᆞ니라 知딩音음은배디니般반若샹無뭉生싱曲콕을松쑝風봉

버디 對됭答답ᄒᆞᄂᆞ니라

若道我有ㅣ면 眼中著屑이며 若道我無ㅣ라도 肉上剜瘡이니 ○ᄒᆞ다가 닐오ᄃᆡ 내 잇다ᄒᆞ면 눈가온ᄃᆡ ᄇᆞᄉᆞ락 두미며 ᄒᆞ다가 닐오ᄃᆡ 내 업다ᄒᆞ야도 고기우희 브ᅀᅳ름 ᄇᆞ료미니 屑셣은 녯 사ᄅᆞ미 닐오ᄃᆡ 金금ᄇᆞᄉᆞ라기 비록 져그나 누늘 ᄀᆞ리디 아니ᄒᆞ려 ᄒᆞ나라

所以道有我ㅣ댄 直應還未達이오 若言無我ㅣ라도 更愚癡ᄒᆞ니라 一體上애 兩般見이 析虛空ᄒᆞ야 作兩片이로다 兩頭에 俱不涉ᄒᆞ야ᅀᅡ 方得契如如ᄒᆞ리라 ○이런ᄃᆞ로 닐오ᄃᆡ 내 잇다ᄒᆞᆯ딘댄 바ᄅᆞ 반ᄃᆞ기 도ᄅᆞ혀 아디 몯ᄒᆞ고 ᄒᆞ다가 내 업다 닐어도 ᄯᅩ 어리미혹다ᄒᆞ니 ᄒᆞᆫ 體뎽우희 두가지로 보미 虛헝空콩ᄋᆞᆯ 뻬혀 두 그틀 지ᅀᅮ미로다 두 그태 다ᄂᆞᆫ디 아니ᄒᆞ야ᅀᅡ 비르서 如셩如셩에 마조 몰 得득ᄒᆞ리라

踏得家田地ᄒᆞ야 唱出無生曲ᄒᆞ니 無生曲子ᄅᆞᆯ 孰能和오 蕭蕭松籟送

清音ᄒᆞᄂᆞ다 ○ 집田뎐地띵ᄅᆞᆯ 블와 無뭉生ᄉᆡᆼ曲콕ᄋᆞᆯ 블러 내니 無뭉生ᄉᆡᆼ曲콕字ᄍᆞᆼᄅᆞᆯ 뉘 能ᄂᆼ히 和ᅘᅪᇰᄒᆞ리오 蕭숗蕭숗ᄒᆞᆫ 소랫 ᄇᆞᄅᆞ미 ᄆᆞᆯᄀᆞᆫ 소리ᄅᆞᆯ 보내ᄂᆞ다 【註】 蕭숗蕭숗ᄋᆞᆫ 서ᄂᆞᆯᄒᆞᆫ 양ᄌᆡ라

聞ᄒᆞᅀᆞ오니

本是一精明이 分爲六和合ᄒᆞᄂᆞ니 合處에 如瞥地ᄒᆞ면 見處ㅣ是眞聞이리라 ○ 本본來ᄅᆡᆼ이 ᄒᆞᆫ 精졍明명이 ᄂᆞᆫ호아 여ᄉᆺ 和ᅘᅪᇰ合ᅘᅡᆸ이 ᄃᆞ외ᄂᆞ니 어운 고대 ᄒᆞ다가 瞥폃地띵ᄒᆞ면 보ᄂᆞᆫ 고디 이 眞진實씷 드로미리라 【註】 一ᅙᅵᇙ精졍明명ᄋᆞᆫ 여ᄃᆞᆲ찻 微밍細솅識식이니 이 微밍細솅識식 아ᄂᆞᆫ 눈과 귀와 고콰 혀와 몸과 ᄠᅳᆮ과 이 여ᄉᆺ 것과 어울ᄊᆡ 六륙和ᅘᅪᇰ合ᅘᅡᆸ이라 ᄒᆞ고 瞥폃ᄋᆞᆫ ᄂᆞᆫ디낼 시니 瞥폃地띵ᄂᆞᆫ ᄲᆞᄅᆞ다 ᄒᆞ논 ᄠᅳ디라

【治父】 切忌隨他去ㅣ어다 ○ ᄂᆞᆷ 조차 가ᄆᆞᆯ ᄀᆞ장 아쳐ᄅᆞᆯ디어다

滿耳非音이어니 聞箇甚麽ㅣ리오 廓然無我ㅣ어니 聞底是甚麽ㅣ리오 了得如是ᄒᆞ면 鶯歌與燕語ᄅᆞᆯ 從敎

聞浩浩ㅣ어니와○귀예ᄀᆞ득ᄒᆞᆫ거시소리아니어니들일거시므스기리오훤히내엽거니
니듣ᄂᆞᆫ거시이므스기리오아로ᄆᆞᆯ이ᄀᆞ티ᄒᆞ면
곳고리ᄂᆞᆯ애와져비마ᄅᆞᆯᄀᆞ장들에요ᄆᆞᆯ므던히
너ᄀᆞᆯ디어나와若未如然인댄宮商幷角徵ㅣ化我常抽牽

ᄒᆞ리니所以道切忌隨他去ㅣ라ᄒᆞ니라○ᄒᆞ다가그러티몯ᄒᆞᆯ딘댄宮궁
과商샹과角각과徵딩왜나ᄅᆞᆯ化황ᄒᆞ야샹녜ᄲᅡᄒᆡ잇그리니이런ᄃᆞ로닐오ᄃᆡ놈조차가ᄆᆞᆯᄀᆞ장
아쳐ᄅᆞ라ᄒᆞ니라 宮궁商샹角각徵딩羽웅논五옹音음이나聲셩塵띤을니ᄅᆞ시五옹音음을
니ᄅᆞ니라

頌 猿啼嶺上ᄒᆞ고鶴唳林間ᄒᆞ며斷雲을風捲ᄒᆞ고水激長
湍이로다最好晩秋霜午夜애(好 作愛)一聲新鴈이覺天
寒ᄒᆞ노라○나ᄇᆞᆫ수ᄂᆞᆯ거우희셔우오鶴ᄡᅡᆨ은수플ᄉᆞ시예셔울며그ᄎᆞᆫ구루믈ᄇᆞᄅᆞ미걷고므리ᄀᆞᆫ여
ᄒᆞ레티놋다느즌ᄀᆞᅀᆞᆳ서릿바미ᄒᆞᆫ소릿새그려기하ᄂᆞᆯ치움알외요ᄆᆞᆯ몯맛드노라

鶴唳猿啼聲入耳ᄒᆞᄂᆞ니 誰信圓通門大啓리오 反聞
聞處에 心路ㅣ斷ᄒᆞᆯ시 八音이 盈耳ᄒᆞ야도 不爲塵이로
다 ○ 鶴ᅘᅡᆨ이 우룸과 나ᄇᆡ 우루믜 소리 귀예 드ᄂᆞ
니 圓원通통門몬이 키 연ᄃᆞᆯ 뉘 信신ᄒᆞ리오 ᄃᆞ로
믈 두르혀 듣논 고대 ᄆᆞᅀᆞᆷ 길히 그츨시 八밣音흠
이 귀예 ᄀᆞ독ᄒᆞ야도 듣그리 ᄃᆞ외디 아니ᄒᆞᄂᆞ다
■ 八밣音흠은 쇠와 돌콰 실와 대와 박
과 ᄒᆞᆰ과 갓과 나모와 여듧 거싀 소리라 不聞이 曾
不礙於聞ᄒᆞ니 頭頭ㅣ 爲我話無生ᄒᆞᄂᆞ다 夜靜秋空
애 征鴈響이 一聲이 聲送報天寒ᄒᆞᄂᆞ다 ○ 듣디
아니호미 잜간
도 드로매 막디 아니ᄒᆞ니 頭뚷頭뚷ㅣ 나ᄅᆞᆯ 爲윙
ᄒᆞ야 無뭉生싱을 니ᄅᆞᄂᆞ다 바미 괴외ᄒᆞᆫ ᄀᆞᅀᆞᆳ 虛
헝空콩애 녀는 그려긔 소리 ᄒᆞᆫ 소릿 소
리ᄅᆞᆯ 보내야 하ᄂᆞᆯ 치운 ᄃᆞᆯ 알외ᄂᆞ다 且道是聞
가 不是聞가 淡薄거니 豈拘聲色外며 虛閑커니 寧墮
有無中이리오 ○ 또 니ᄅᆞ라 이 드롬가 이 드롬아
니가 ᄆᆞᆯᄀᆞ며 엷거니 엇뎨 聲셩色ᄉᆡᆨ 밧긔

걸위켜 뷔여 겨르롭거니 엇뎨 이시며 엽슨 가온ᄃᆡ 뻐러디리오

一

天地之根이며 萬化之源이니 千途ㅣ 共向於彼ᄒᆞ며 萬像이 皆宗於此ᄒᆞᄂᆞ니라 ○ 하ᄂᆞᆯ콰 ᄯᅡ쾃 불휘며 萬먼化황의 根근源원이니 즈믄 길히 다 뎌에를 向향ᄒᆞ며 萬먼像ᄻᅣᆼ이 다 이를 ᄆᆞᄅᆞ 삼ᄂᆞ니라

䜣 相隨來也ᄒᆞᄂᆞ니라 ○ 서르 조차 오ᄂᆞ니라

三界萬法이 皆從斯起ᄒᆞᄂᆞ니 兵隨印轉ᄒᆞ며 影逐形生ᄒᆞᄂᆞ니라 ○ 三삼界갱 萬먼法법이 다 이를 조차 나ᄂᆞ니 兵뼝이 印인을 조차 올ᄆᆞ며 그르메 조차 얼구를 조차 나ᄂᆞ니라

頌 一一이여 破二成三이 從此出라ᄒᆞ니 乾坤이 混沌未分前이니 以是一生叅學을 畢ᄒᆞᄂᆞ니라 ○ 一힗 一힗이여 둘흘 헐며 세히 아

로미 이를 브터 나니라 하ᄂᆞᆯ콰 ᄯᅡ쾌 混혼沌돈ᄒᆞ야 논ᄒᆞ다 몯ᄒᆞᆫ 前쪈이니 일로ᄡᅥ 一힗生ᄉᆡᆼ앳 叅참學ᄣᅡᆨ을 몯ᄒᆞᄂᆞ니라 ○ 混혼沌돈ᄋᆞᆫ 얼의여 어우러 실ᄊᆡ오 叅참學ᄣᅡᆨ은 叅참禪쎤學ᄣᅡᆨ道똫ㅣ라

破二도 以一也ㅣ며 成三도 亦以一也ㅣ니 成之破之ᄒᆞ미 皆從斯得ᄒᆞᄂᆞ니라 ○ 둘 허롬도 ᄒᆞ나ᄒᆞᆯ ᄡᅵ며 세히 이롬도 ᄯᅩ ᄒᆞ나ᄒᆞᆯ ᄡᅵ니 일우며 허루미 다 이를 조차 得득ᄒᆞᄂᆞ니라

興來ㅣ 先天地니 無形ᄒᆞ야 本寂寥ᄒᆞ니라 能爲萬像主ㅣ며 亦爲諸佛母ㅣ니 若人이 了得此ᄒᆞ면 無事ㅣ 不圓通ᄒᆞ리라 ○ 니러오미 하ᄂᆞᆯ콰 ᄯᅡ콰 뭇 몯제니 얼굴 업서 本본來ᄅᆡᆼ 괴외ᄒᆞ니라 能능히 萬먼像썅ᄋᆡ 主쥬ㅣ ᄃᆞ외며 ᄯᅩ 諸졍佛뿛ㅅ 어미 ᄃᆞ외ᄂᆞ니 ᄒᆞ다가 사ᄅᆞ미 이를 ᄉᆞᄆᆞᆺ 알면 이리 圓원通통티 아니ᄒᆞ미 업스리라

時예

遠劫과 一念괘 無礙ᄒᆞ니 古今始終이 該通ᄒᆞ다 도 爲

甚如此오 動靜이 常在青山中일시니라 ○ 면劫겁과 ᄒᆞᆫ念념괘마 ᄀᆞᆫ디업스니 녜와 이제와 비르솜과 ᄆᆞ촘괘 ᄀᆞ초 通통ᄒᆞ도다 ᄆᆞᄉᆞ글 爲윙ᄒᆞ야 이곤ᄒᆞ뇨 動똥ᄒᆞ며 靜쪙ᄒᆞ미 샹녜 青청山산ㅅ 가온ᄃᆡ 이실시니라 ▣ 青청山산ᄋᆞᆫ 體톙니 動똥靜쪙에 다 體톙ᄅᆞᆯ 여희디 아니ᄒᆞ논 ᄠᅳ디라

冶父 如魚ㅣ 飮水ᄒᆞ야 冷暖을 自知니라 ○ 고기 믈 마셔 ᄎᆞ며 더우믈 제 아로미 곤ᄒᆞ나라

怎(즘)生是冷暖底滋味오 明月堂前에 時時九夏ㅣ며 大陽門下애 日日三秋ㅣ로다 ○ 어느 거시 이 ᄎᆞ며 더운 滋ᄌᆞ味밍오 明명月월堂땅ㅅ 알ᄑᆡ 時씽마다 九궁夏ᅘᅣᇰㅣ며 大땡陽양門몬 아래 날마다 세 ᄀᆞᅀᆞᆯ히로다 ▣ ᄒᆞᆫ 節졇이 아ᄒᆞᆫ 나릴시 九궁夏ᅘᅣᇰㅣ오 大땡陽양ᄋᆞᆫ 희오 ᄒᆞᆫ 節졇이 석ᄃᆞ릴시 三삼秋츙ㅣ라 ᄒᆞ니라

此味를 無人이 識ᄒᆞ니 親嘗ᄒᆞ야ᅀᅡ 始自知ᄒᆞ리라 ○ 이 마ᄉᆞᆯ 사ᄅᆞ미

알리 업스니 親친히 맛보아사 바르서 제 알리라

頌 時時여 清風明月이 鎭相隨라니 桃紅李白薔薇紫를 問著東君ᄒᆞ니 自不知ᄒᆞᄂᆞ다 ○ 時씽時씽여 ᄆᆞᆯᄀᆞᆫ ᄇᆞᄅᆞᆷ과 ᄇᆞᆯᄀᆞᆫ ᄃᆞ리 댱샹 애 서르 조ᄎᆞᄂᆞ니라 복샹홰 블그며 오야지 ᄒᆡ며 薔쌍薇밍 ᄀᆞᆷ블고ᄆᆞᆯ 東동君군ᄃᆞ려 무르나 제 아디 몯ᄒᆞᄂᆞ다 ▲ 清청風봉ᄋᆞᆫ 體텡오 明명月웛ᄋᆞᆫ 用용이니 體텡用용이 ᄠᅡᆫ나디 아니ᄒᆞ시오 東동君군ᄋᆞᆫ 봄 ᄀᆞᅀᆞᆷ안 神씬靈령이라

清風明月을 不得別會니 清風拂時예 明月이 照ᄒᆞ고 明月照時예 清風이 拂이로다 ○ ᄆᆞᆯᄀᆞᆫ ᄇᆞᄅᆞᆷ과 ᄇᆞᆯᄀᆞᆫ ᄃᆞᄅᆞᆯ 各각別볋ᄒᆞ야 아로미 몯ᄒᆞ리니 ᄆᆞᆯᄀᆞᆫ ᄇᆞᄅᆞᆷ 불 時씽節졇에 ᄇᆞᆯᄀᆞᆫ ᄃᆞ리 비취오 ᄇᆞᆯᄀᆞᆫ ᄃᆞᆯ 비췰 時씽節졇에 ᄆᆞᆯᄀᆞᆫ ᄇᆞᄅᆞ미 부ᄂᆞ다 桃李薔薇는 東君의 造化底物事ᄃᆡㅣ로 東君이 不知ᄒᆞ고 清風明月은 人의 受用底家事ᄃᆡㅣ로

人人이 不會로다○桃똥李링薔쨩薇망ᄂᆞᆫ東동君군의 造쫗化황ᄒᆞᆫ 거시로ᄃᆡ 東동君군이 아디 몯ᄒᆞ고 ᄆᆞᆯᄀᆞᆫ ᄇᆞᄅᆞᆷ과 ᄇᆞᆯᄀᆞᆫ ᄃᆞᄅᆞᆫ 사ᄅᆞᆷ마다 바다 ᄡᅳᄂᆞᆫ 집이리로ᄃᆡ 사ᄅᆞᆷ마다 아디 몯ᄒᆞᄂᆞ다

不會不知ᄒᆞᄂᆞ니 人人이 盡有一雙眉ᄒᆞ니 箇箇面前에 更無人ᄒᆞ니라○不블會횡ᄒᆞ며 不블知딩ᄒᆞᄂᆞ니 사ᄅᆞᆷ마다 ᄒᆞᆫ 雙솽 눈서비 다 잇ᄂᆞ니 낫나치 ᄂᆞᆺ 알ᄑᆡ ᄂᆞ외야 사ᄅᆞᆷ 업스니라 ■ 更깅無뭉人신이라 ᄒᆞᄆᆞᆫ 저외예 ᄂᆞᆷ 업닷 마리라

著語에 云호ᄃᆡ 自知라ᄒᆞ고 頌애 云호ᄃᆡ 不知라ᄒᆞ니 不知與自知相去ㅣ 多少오 但知不知ᄒᆞ면 是眞自知라○著ᄯᅣᆨ語엉에 닐오ᄃᆡ 제 알리라ᄒᆞ고 頌쑝애 닐오ᄃᆡ 아디 몯ᄒᆞᄂᆞ다ᄒᆞᄂᆞ니 아디 몯홈과 제 아ᄅᆞᆷ괘 서르 벙으로미 언매나 ᄒᆞ뇨 오직 아디 몯호ᄆᆞᆯ 알면 이 眞진實씷ㅅ 제 아로미라 ■ 著ᄯᅣᆨ語엉ᄂᆞᆫ 川쳔老롱ㅅ 마리니 말로 수니 著ᄯᅣᆨ語엉ㅣ오 글지ᅀᅩ니 頌쑝이라

佛이

本源天眞이是아相好嚴身이是아一身에分作兩鄕心이로다 ○ 本본來ᄅᆡᆼㅅ根근源원天텬眞진이 이아 相샹好홍로 莊장嚴엄ᄒᆞᆫ 모미 이 아ᄒᆞᆫ 모매 두 가짓 ᄆᆞᅀᆞ몰 ᄂᆞᆫ호아 짓도다 ▲天텬眞진은 本본性셩을 니ᄅᆞ고 相샹好홍ᄂᆞᆫ 三삼十씹二싱相샹과 八밣十씹種죵好홍왜니 體톙用용이 다 ᄀᆞ초겨샤ᄆᆞᆯ 니ᄅᆞ니라

冶父 無面目ᄒᆞ샤ᄃᆡ 說是非漢이시니라 ○ ᄂᆞᆺ과 눈괘 업스샤ᄃᆡ 올ᄒᆞ며 외요ᄆᆞᆯ 니ᄅᆞ시ᄂᆞᆫ 사ᄅᆞ미시니라 ▲本본性셩을 니ᄅᆞ샤 面면目목이 업다 ᄒᆞ니라

無形ᄒᆞᄃᆡ 還有像ᄒᆞ시니 逢人ᄒᆞ야 說是非ᄒᆞ시ᄂᆞ니라 ○ 얼굴 업소ᄃᆡ 도ᄅᆞ혀 얼굴 겨시니 사ᄅᆞᆷ 맛나ᄂᆞᆫ 是씽非빙ᄅᆞᆯ 니ᄅᆞ샤ᄂᆞ니라

頌 小名悉達이시고 長號釋迦ㅣ시니 度人이 無數ᄒᆞ시며 攝伏群邪ᄒᆞ샷다 ○ 아힛 ᄢᅴ 일후믄 悉싫達딿이시고 ᄌᆞ라신 일후믄 釋셕迦강ㅣ시니 사ᄅᆞᆷ 濟졩度똥ᄒᆞ샤미 數숭 업스시며 모ᄃᆞᆫ 邪쌍ᄅᆞᆯ 降ᅘᅡᆼ伏뽁ᄒᆞ샷다

若言他是佛인댄 自

已却成魔ᄒᆞ리라 只把一枝無孔笛ᄒᆞ야 爲君吹起大平

歌ᄒᆞ시니라○ᄒᆞᆫ다가 닐오ᄃᆡ 뎨 이 부톄시다 ᄒᆞᆯ딘댄 제 모미 도ᄅᆞ혀 魔망ㅣ ᄃᆞ외리라 오직 ᄒᆞᆫ 가짓

구무 업슨 뎌 ᄒᆞᆯ 자바 그듸 爲윙ᄒᆞ야 大땡平뼝歌강ᄅᆞᆯ 부러 니ᄅᆞ와ᄃᆞ사니라

世與出世ㅣ 俱是化儀니 雖然如是ᄒᆞ나 妙相ᄋᆞᆫ 無

形ᄒᆞ고 眞名은 非字ㅣ니 形之與名이 甚處得來오○世솅

間간과 世솅間간애 남괘다 이 教굥化황ᄒᆞ시논 法법이시니 비록 이 ᄀᆞᆮᄒᆞ나 妙묳ᄒᆞᆫ 相샹ᄋᆞᆫ 얼구

리 업고 眞진實씷ㅅ 일후믄 字쫑ㅣ 아니니 얼굴와 일훔괘 어느 고ᄃᆞ로 시러 오니오 不因

江招月이면 爭知應萬般이오 리 應萬般ᄒᆞ니 시 多少人

天이 言下애 知歸ᄒᆞ며 多少魔群이 迴邪返正ᄒᆞ야 뇨○

ᄀᆞᄅᆞ미 ᄃᆞᄅᆞᆯ 혀오믈 因힌티 아니ᄒᆞ면 萬먼가지로 應흥ᄒᆞ시ᄂᆞᆫ ᄃᆞᆯ 잇데 알리오 萬먼가지로 應흥

ᄒᆞ시니 몃맛 人신天텬이 말ᄉᆞᆷ 아래 갈ᄃᆡᄅᆞᆯ 알며 몃맛 魔망ㅅ 무리 邪썅ᄅᆞᆯ 두르혀 正졍에 도라니

거뇨 此ㅣ是拔亂返正ᄒᆞ야 致得大平이니 須知有本大
平ᄒᆞ야ᅀᅡ 始得다 ○이 어즈러우믈 ᄲᅡ혀 正졍에 도라가 大땡平뼝을 닐위요미 나 모로
매 本본大땡平뼝 잇논ᄃᆞᆯ 아라ᅀᅡ 올타 若將報化ᄒᆞ야 云是佛인댄 自己
天眞은 竟何物오 君看四十九年迹ᄒᆞ라 大虛空裏
예 生閃電이니라 ○ᄒᆞ다가 報봉身신 化황身신을 가져 이 부테라 니ᄅᆞ린댄 제 모맷 天
텬眞진ᄋᆞᆫ ᄆᆞᄎᆞ매 므스것고 그듸 마ᅀᆞᆫ아홉 힛 자최ᄅᆞᆯ 보라 큰 虛헝空콩 소배 ᄲᆞᄅᆞᆫ 번게 나미니라
君看四十九年說ᄒᆞ라 權將黃葉ᄒᆞ야 止兒啼시니라 唯
有一處ᄒᆞ니 也大難忘이로다 黃葉葉底엣 無孔笛으로
吹起吾家劫外歌ᄒᆞ샷다 ○그듸 마ᅀᆞᆫ아홉 힛 마ᄅᆞᆯ 보라 權뀐으로 누른 닙플 가
져 아ᄒᆡ 우루믈 자치샤미니라 오직 ᄒᆞᆫ 고디 잇ᄂᆞ니 키 니주미 어렵도다 누른 닙 닙 미틧 구무 업슨
뎌ᄒᆞ로 내 짒 劫겁밧귓 놀애ᄅᆞᆯ 부러 니ᄅᆞ와ᄃᆞ샷다 ■누른 닙플 金금 도니라 ᄒᆞ야 소길시라 劫겁

은數숭에든거시어니와本본性셩은혜아료매븐디아니ᄒᆞᆯ신劫겁外욍라ᄒᆞ니라 劫外

歌는 歌何事오 歌詠人人의 本大平이라니 怎生是

本大平고 人人脚下애 清風이 拂ᄒᆞ고 箇箇面前에

明月이 白ᄒᆞ도다○劫겁밧긧놀애ᄂᆞᆫ므슷이를브르니오사ᄅᆞᆷ마다뒷ᄂᆞᆫ本본大땡平

뻥을블러이프니라어느거시이本본大땡平뻥고사ᄅᆞᆷ마다발아래ᄆᆞᆯᄀᆞᆫᄇᆞᄅᆞᆷ불오낫나치ᄂᆞᆺ알

피블ᄀᆞᆫᄃᆞᆺ라히도다

在

主中主는 長年에 不出戶ᄒᆞᄂᆞ니라○主즁中듕옛主즁ᄂᆞᆫ長땽年년에

이페나디아니ᄒᆞᄂᆞ니라 又 寂然不動이라○괴외히뮈디아니ᄒᆞᆯ시라 又 獨

坐庵中ᄒᆞ야 寂無事ㅣ로다○庵암中듕에ᄒᆞ오사안자셔괴외ᄒᆞ야이리업도다

咨又 客來커든 須看ᄒᆞ리니 也不得放過ᄒᆞ야 隨後便打ㅣ니

라○소니오나ᄃᆞᆫ모로매ᄇᆞ리니노하디내디마라뒤흘조차곧돌디니라

若一向坐在家舍ᄒᆞ면則途中事ㅣ闕ᄒᆞ고一向行在途中ᄒᆞ면則家裏事ㅣ踈ᄒᆞ리니○ᄒᆞ다가ᄒᆞᆫ갓지비안자이시면곧긼가온뒷이리闕궐ᄒᆞ고ᄒᆞᆫ갓긼가온ᄃᆡ녀이시면곧집소뱃이리虛헝踈송ᄒᆞ리니要須在家舍ᄒᆞ셔야而不虧途中事ᄒᆞ며在途中ᄒᆞ셔야而不昧家裏事ᄒᆞ야사始得ᄒᆞ리니○모로매지븨이셔긼가온뒷이롤이저ᄇᆞ리디아니ᄒᆞ며긼가온ᄃᆡ이셔집소뱃이롤어즐티아니ᄒᆞ야사올ᄒᆞ리니

所以道妙喜론豈容無著問이며漚和론爭負絶流機리오ᄒᆞ니라○이런ᄃᆞ로닐오ᄃᆡ妙묳喜힁론엇데無뭉著땩의무루믈容용納ᄒᆞ며漚훙和뽱론엇뎨絶쪓流륳機긩롤지여ᄇᆞ리리오ᄒᆞ니라▣妙묳喜힁ᄂᆞᆫ文문殊쓩ㅅ일후미오無뭉著땩은無뭉著땩菩뽕薩삻이라漚훙和뽱ᄂᆞᆫ이엣마래方방便뼌이라ᄒᆞᆫ논마리오絶쪓流륳機긩ᄂᆞᆫ곧ᄒᆞ니업슨어딘사ᄅᆞ미라ᄒᆞ

논마리니 無뭉著땩이 文문殊쓩보ᄉᆞᆯ와 문ᄌᆞ온 마ᄅᆞᆫ 前쪈後ᅘᅮᇢ三삼三삼 註즁에 갯ᄂᆞ니라

[又] 客來云云은 感而遂通이라 ○ 客ᄀᆡᆨ來ᄅᆡᆼ云운云운은 感감ᄒᆞ야 곧 通통ᄒᆞ미라

不得云云은 隨緣無著이라 ○ 不블得득云운云운은 緣원을 조차 著땩 업슬시라

[又] 客來云云은 若遇客來어든 須善待니라 ○ 客ᄀᆡᆨ來ᄅᆡᆼ云운云운은 ᄒᆞ다가 손오ᄆᆞᆯ 맛나ᄃᆞᆫ 모로매 이대 待ᄯᅵᆼ接졉ᄒᆞᆯ디니라

不得云云은 是客이 稍有賊氣在ᄒᆞ니 知有賊氣어든 須打殺이니라 ○ 不블得득云운云운은 이 소니 져기 도ᄌᆞᆨ 긔우니 잇ᄂᆞ니 도ᄌᆞᆨ 긔운 잇ᄂᆞᆫ ᄃᆞᆯ 아라ᄃᆞᆫ 모로매 텨 주ᄀᆞᆯ디니라

[頌] 獨坐一爐香ᄋᆞ로 金文을 誦兩行ᄒᆞᄂᆞ니 可憐車馬客이 門外예 任他忙ᄒᆞ놋다 ○ ᄒᆞ오ᅀᅡ 안자 ᄒᆞᆫ 香향爐롱ㅅ 香향ᄋᆞ로 金금文문ᄋᆞᆯ 두 주를 외오ᄂᆞ니 可캉憐련ᄒᆞ온 車경馬망客ᄀᆡᆨ이 門몬 밧긔 뎌의 밧바ᄒᆞ논 ᄃᆞᆯ 므더니 너기놋다

金금文

문ᄋᆞᆫ 金금이 브로니ᄅᆞ샨 經경이오 可캉憐련ᄋᆞᆫ 어엿범직ᄒᆞ시오 車경馬망客킥ᄋᆞᆫ ᄆᆞ리며 술위며 ᄐᆞ고 ᄃᆞᆫ니ᄂᆞᆫ 소니라

家裏事와 途中事ᄅᆞᆯ 一道애 俱行이니 常在途中ᄒᆞ야셔 而昧於家裏事ᄒᆞ미 是可憐也ㅣ로다 ○ 집소ᄇᆡᆺ 일와 긼가온ᄃᆡᆺ 이ᄅᆞᆯ ᄒᆞᆫ길헤 ᄒᆞᆫ쁴 行ᄒᆡᆼᄒᆞᆯᄃᆡ니 샹녜 긼가온ᄃᆡ 이셔 집소ᄇᆡᆺ 이ᄅᆞᆯ 어즐ᄒᆞ미 이 可캉憐련ᄒᆞᆸ도다

又 獨坐云云ᄋᆞᆫ 寂照ㅣ 不二며 體用이 如如ㅣ라 可憐云云ᄋᆞᆫ 未了底人ᄋᆞᆫ 坐在聲色裏ᄒᆞ야 三德彼岸애 相去ㅣ 大遠ᄒᆞ니 是可憐也ㅣ로다 ○ 獨똑坐쫭云운云운ᄋᆞᆫ 寂쩍과 照죵왜 ᄃᆞᆯ아니며 體톙와 用용괘 如셩如셩ᄒᆞ미라 可캉憐련云운云운ᄋᆞᆫ 아디 몯ᄒᆞᆫ 사ᄅᆞᄆᆞᆫ 聲셩色식 소배 안자 이셔 三삼德득 더ᄀᆞᅀᅢ 서르 벙으로미 키 머니 이 可캉憐련ᄒᆞᆸ도다

又 儼然獨坐眼惺惺ᄒᆞ야 任他客賊의 門外忙ᄒᆞᄂᆞᆺ다 ○ 괴외히 ᄒᆞ오ᅀᅡ 안자

누니 숣숣ᄒᆞ야 뎌 客ᄀᆡᆨ賊ᄌᆞᆨ의 門몬 밧그 밧바ᄒᆞ논 ᄃᆞᆯ므 뎌니 너가놋다

舍衛國祇樹給孤獨園ᄒᆞ샤 與大比丘

衆千二百五十人과 俱ㅣ러시니

主伴이 交參ᄒᆞ야 說聽이 同會로다 ○主쥬와 伴반괘 서르 參참ᄒᆞ야 니ᄅᆞ시며 드르리 ᄒᆞᆫᄃᆡ 몯도다

冶父 獨掌이 不浪鳴ᄒᆞᄂᆞ니라 ○ᄒᆞᆫ 손바당이 간대로 우디 아니ᄒᆞᄂᆞ니라

師資ㅣ 合會ᄒᆞ야ᅀᅡ 方成唱和ᄒᆞᄂᆞ니라 ○스승과 弟뗑子ᄌᆞᆼ왜 모다 어우러ᅀᅡ 비르서 니ᄅᆞ며 對됭荅답호미 이ᄂᆞ니라

頌 巍巍堂堂ᄒᆞ샤 萬法中王이시니 三十二相이시며 百千

種光이샤 聖凡이 瞻仰ᄒᆞ며 外道ㅣ 歸降ᄒᆞᄂᆞ니 ○巍욍巍욍ᄒᆞ며 堂땅

堂땅ᄒᆞ샤 萬먼法법中듕엣 王왕이시니 설흔두 相샹이시며 百빅千쳔가짓 光광明명이샤 聖셩과 凡뻠괘 보아 울워ᅀᆞ오며 ᄊᆞ홈 道뜰ㅣ 歸귕依힁ᄒᆞ야 降향伏뽁ᄒᆞᅀᆞᆸᄂᆞ니 堂땅堂땅ᄋᆞᆫ 盛썽ᄒᆞᆫ 시라

莫謂慈容을 難得見이라ᄒᆞ 不離祇園大道場ᄒᆞ시니라 ○慈쫑容용ᄋᆞᆯ 시러 보ᅀᆞ오미 어렵다 너기디 말라 祇낑園원 큰 道뜰場땽애 여희디 아니ᄒᆞ시니라

依眞起化ᄒᆞ샤 化道ㅣ 方成ᄒᆞ거늘 感畢遂隱ᄒᆞ시나 而眞ᄋᆞᆫ 常住ᄒᆞ시니라 ○眞진ᄋᆞᆯ브터 敎끃化황ᄋᆞᆯ 니르와ᄃᆞ샤 敎끃化황ㅅ 道뜰ㅣ ᄀᆞᆺ 일어늘 感감ᄋᆞᆯ ᄆᆞᄎᆞ면 곧 수므시나 眞진ᄋᆞᆫ 샹녜 住뜡ᄒᆞ시니라

世云호ᄃᆡ 佛生迦毗羅ᄒᆞ샤 成道摩竭陁ᄒᆞ시고 說法波羅奈ᄒᆞ시며 入滅拘尸羅ㅣ라ᄒᆞᄂᆞ니 ○世솅間간애셔 닐오ᄃᆡ 부텨 迦강毗삥羅랑애 나샤 摩망竭껋陁땅애 成쎵道뜰ᄒᆞ시고 波방羅랑奈냉예 說쉻法법ᄒᆞ시며 拘궁尸싱羅랑애 寂쩍滅멿에 드르시다 ᄒᆞᄂᆞ니

蓋釋迦老子ㅣ 於淨飯王宮에 示現出生ᄒᆞ샤 十

九에 出家ᄒᆞ샤 三十에 成道ᄒᆞ샤 ○ 釋셕迦강老롱子ᄌᆞᆼㅣ 淨쪙飯뻔王왕
宮궁에 現현ᄒᆞ야 나샤 ᄆᆞᆯ 뵈샤 열아호배 出츌家강ᄒᆞ샤 셜ᄒᆞᆫ네 道똫 일우샤 住世四十
九年ᄒᆞ샤 說法三百餘會ᄒᆞ시고 壽登八十ᄒᆞ샤 而示入
滅ᄒᆞ시니 ○ 마ᅀᆞᆫ아홉 ᄒᆡᄅᆞᆯ 世솅間간애 住뜡ᄒᆞ샤 三삼百빅나ᄆᆞᆫ 會횡ᄅᆞᆯ 說쉃法법ᄒᆞ시고 목
수미 여ᄃᆞ네 오ᄅᆞ샤 滅멿에 드르샤ᄆᆞᆯ 뵈시니 〔入〕 부텻 나히 닐흔아호비어신마ᄅᆞᆫ 여ᄃᆞ니라 ᄒᆞᄂᆞᆫ
큰 數숭ᄅᆞᆯ 자바 니ᄅᆞ니라 其示滅以來로 于今二千餘載니 迹
此觀之컨댄 世云ᄒᆞᄃᆡ 佛有去來라ᄒᆞ미 可矣어니와 ○ 그 滅멿 뵈
샤오ᄆᆞ로 이제 二싱千쳔나ᄆᆞᆫ ᄒᆡ니 이ᄅᆞᆯ 드듸여 보건댄 世솅間간애셔 닐오ᄃᆡ 부톄 가시며 오샤
미 겨시다 ᄒᆞ마 올커니와 據實而觀컨댄 來無所來ᄒᆞ샤미 月印千
江이오 去無所去ᄒᆞ샤미 空分諸刹이로다 ○ 實씷을 브터 보건댄 오샤
도 오샨 바 업스샤미 ᄃᆞ리 ᄌᆞᄆᆞᆫ ᄀᆞᄅᆞ매 비취요미오 가샤도 가샨 바 업스샤미 虛헝空콩이 여러 나

라해ᄂᆞᆫ ᄒᆞ오미로다 伊麼則雖云出世나 未曾出世시며 雖云入滅이나 未曾入滅이시니 所以道莫謂慈容을 難得見이라ᄒᆞ라 不離祇園大道場이라 이라ᄒᆞ니라○그러면 비록 世솅間간애 나시다 니ᄅᆞ나 잠간도 世솅間간애 나샨디 아니시며 비록 滅멿에 드르시다 니ᄅᆞ나 잠간도 滅멿에 드르샨디 아니시니 이런ᄃᆞ로 닐오ᄃᆡ 慈ᄍᆞᆼ容용ᄋᆞᆯ 시러 보ᅀᆞ오미 어렵다 니ᄅᆞ디 말라 祇낑園원大땡道ᄯᅩᇢ場땽애 여희디 아니ᄒᆞ시다 ᄒᆞ니라 要識慈容麼아 擬議思量인댄 千萬里리라 要識道場麼아 觸目이 無非古道場이니라○慈ᄍᆞᆼ容용ᄋᆞᆯ 알오져 ᄒᆞᄂᆞᆫ다 너겨 議읭論론ᄒᆞ야 思ᄉᆞᆼ量량ᄒᆞᆯ딘댄 千쳔萬먼里링리라 道ᄯᅩᇢ場땽ᄋᆞᆯ 알오져 ᄒᆞᄂᆞᆫ다 눈 다ᄒᆞᆫ ᄃᆡ 녯 道ᄯᅩᇢ場땽 아니니 업스니라

爾時世尊이 食時예 著衣持鉢ᄒᆞ샤 入舍

衛大城ᄒᆞ샤 乞食於其城中ᄒᆞ샤 次第乞
已ᄒᆞ시고 還至本處ᄒᆞ샤 飯食訖ᄒᆞ시고 收衣
鉢ᄒᆞ시고 洗足已ᄒᆞ시고 敷座而坐ㅣ어시ᄂᆞᆯ

入城乞食은 法身이 不礙니 以般若로 開示也ㅣ오
收衣洗足은 般若ㅣ 無著이니 以解脫로 開示也ㅣ오
敷座而坐ᄂᆞᆫ 解脫이 寂滅이니 以法身으로 開示也ㅣ니
라 ○城셩에 드러 밥 비르샤ᄆᆞᆫ 法법身신이 어리
디 아니호미니 般반若샹로 여러 뵈샤미오 옷 가
ᄃᆞ시고 발 시스샤ᄆᆞᆫ 般반若샹ㅣ 著땩업소미니
解갱脫탏로 여러 뵈샤미오 座쫭ᄅᆞᆯ 펴고 안ᄌᆞ샤
ᄆᆞᆫ 解갱脫탏이 寂쩍滅멿호미니 法법身신으로
여러 뵈샤미시니라 ■ 法법身신이 나모 돌ᄀᆞ티
어리디 아니ᄒᆞ야 用용이 쇼미라 方談般若ᄒᆞ샤ᄃᆡ 以此開示者ᄂᆞᆫ

般若之所以爲般若也ㅣ指其本體대권則名爲法身이오指其大用대권則名爲解脫이오指其當體대권則名爲般若ㅣ니○보야ᄒᆞ로般반若샹ᄅᆞᆯ닐오려ᄒᆞ샤ᄃᆡ일로뻐여러뵈샤ᄃᆞᆫ般반若샹이뻐般반若샹ㅣ론배그本본體톙를ᄀᆞᄅᆞ치건댄곧일후미法법身신이오그大대用용을ᄀᆞᄅᆞ치건댄곧일후미解갱脫탏이오그當당體톙를ᄀᆞᄅᆞ치건댄곧일후미般반若샹ㅣ니法법身신은全쪈ᄒᆞᆫ體톙오解갱脫탏ᄋᆞᆫ全쪈ᄒᆞᆫ用용이오當당體톙는全쪈ᄒᆞᆫ體톙ㅅ가온ᄃᆡ用용잇ᄂᆞᆫᄃᆞᆯ니ᄅᆞ니라

何則고直般若는非般若ㅣ니般若는具法身解脫ᄒᆞ니라直解脫은非解脫이니解脫은具法身般若ᄒᆞ니라直法身은非法身이니法身은具解脫般若ᄒᆞ니라○엇뎨오般반若샹ᄲᅮᆫ는般반若샹ㅣ아니니般반若샹는法법身신과解갱脫탏왜ᄀᆞᄌᆞ니라解갱脫탏ᄲᅮᆫ는解갱脫탏이아니니解갱脫탏ᄋᆞᆫ法법身신과般반若샹왜ᄀᆞᄌᆞ니라法

법身신ᄲᅮᆫ 法법身신이 아니니 法법身신은 解갱脫탏와 般반若샹왜 ᄀᆞᄌᆞ니라 擧一면ᄒᆞ
即具三이니 言三ᄒᆞ나 體即一이니 方談般若ᄒᆞ샤ᄃᆡ 以此
開示者ㅣ 不其然乎아ᄂᆞ니 ○ᄒᆞ나ᄒᆞᆯ 들면 곧 세히 ᄀᆞᆺᄂᆞ니 세ᄒᆞᆯ 나ᄅᆞ나 體톙ᄂᆞᆫ 곧
ᄒᆞ나히니 보야ᄒᆞ로 般반若샹ᄅᆞᆯ 닐오려ᄒᆞ샤ᄃᆡ 일로 ᄢᅢ여러 뵈샤미 아니 ᄀᆡ올ᄒᆞ시니야

冶父 惺惺著이샷다 ○ 슯슯ᄒᆞ샷다
惺之一字ᄅᆞᆯ 或以爲了慧라ᄒᆞ며 或以爲寂靜이라ᄒᆞᄂᆞ
니 則惺惺者ᄂᆞᆫ 定慧圓明ᄒᆞ야 寂照ㅣ 不二之謂也
ㅣ라 ○ 惺셩이라 혼 字ᄍᆞᆼᄅᆞᆯ 시혹 ᄉᆞᄆᆞᆺᄎᆞᆫ 智딩慧휑라ᄒᆞ며 시혹 寂쩍靜쪙이라ᄒᆞᄂᆞ니 惺셩惺
셩ᄋᆞᆫ 定뗭과 慧휑왜 두려이 ᄇᆞᆯ가 寂쪅과 照죻왜 ᄃᆞᆯ아 닌ᄃᆞᆯ 니ᄅᆞ니라 只如定慧圓
明寂照不二ᄅᆞᆯ 作麽生道오 眼掛長空ᄒᆞ고 手握靈
鋒이로다 ○ 오직 定뗭과 慧휑왜 두려이 ᄇᆞᆯ가 寂쪅과 照죻왜 ᄃᆞᆯ아니로믈 엇뎨 니ᄅᆞ료 누늘 긴

虛헝空콩애 걸오 소내 靈령ᄒᆞᆫ 놀홀 자뱃도다 眼안掛괭長땅空콩ᄋᆞᆫ 空콩寂쪅ᄒᆞᆫ 時씽節졇을 니르시니 體텡오 手슣握학靈령鋒퐁ᄋᆞᆫ 體텡예 用용잇ᄂᆞᆫ ᄃᆞᆯ 니ᄅᆞ니라

頌 飯食訖兮洗足已ᄒᆞ시고 數座坐來예 誰共委리오 向下文長을 知不知아 看看ᄒᆞ라 平地예 波濤ㅣ 起로다 ○반좌샴 ᄆᆞᆺ시고 발 시솜다 ᄒᆞ시고 座쫭 ᄭᆞᆯ오 안ᄌᆞ샤매 뉘 ᄒᆞᆫ가지로 알리오 아래ᄅᆞᆯ 向향ᄒᆞ야 글월 기로ᄆᆞᆯ 아ᄂᆞ다 아디 몯ᄒᆞᄂᆞ다 보며 보라 平뼝ᄒᆞᆫ 따해 믌겨리 니도다

入城乞食收衣洗足敷座宴坐ㅣ 一一皆是徹困爲人底時節이라 入城乞食收衣洗足ᄋᆞ란 且置어니와 ○城쎵에 드러 乞긇食씩ᄒᆞ시며 옷 가ᄃᆞ시고 발 시스시며 座쫭 ᄭᆞᆯ오 便뼌安한히 안ᄌᆞ샤미 낫나치 다 ᄀᆞ장 잇비 사ᄅᆞᆷ 爲윙ᄒᆞ신 時씽節졇이라 城쎵의 드러 乞긇食씩ᄒᆞ시며 옷 가ᄃᆞ시고 발 시스샤ᄆᆞ란 아직 두디어니와 只如敷座宴坐ᄂᆞᆫ 作麼生道오 高提

祖令ᄒᆞ샤 發光이 寒ᄒᆞ시니 直得毗耶ㅣ 口掛壁ᄒᆞ샷다 ○
오직 座쫭說쉃오 便뼌安한히 안ᄌᆞ샤 므엇뎨 니ᄅᆞ
료 祖종令령을 노피 자ᄇᆞ샤 光광明명 發벓호미
ᄎᆞ시니 곧 毗삥耶양ㅣ 이블 ᄇᆞᄅᆞ매 걸에 ᄒᆞ샷다
祖종令령은 祖종師ᄉᆞᆼㅅ 命명令령이오 毗삥
耶양ᄂᆞᆫ 維윙摩망居경士ᄊᆼ 사던 城쎵이오
口쿻掛괭壁벽은 마ᄅᆞᆯ 몯ᄒᆞ다 ᄒᆞ논 ᄠᅳ디라 這裏
예 除却上上根이면 未免一場懡㦬ᄒᆞ리라 根機ㅣ莫
等ᄒᆞᆯᄉᆡ 要以多方ᄋᆞ로 接得이니 ○ 이에 上쌍上쌍根ᄀᆞᆫ을 덜면 ᄒᆞᆫ 바탕 설우믈
免면티 몯ᄒᆞ리라 根ᄀᆞᆫ機긩 ᄀᆞᆫ디 몯ᄒᆞᆯᄉᆡ 모로매 여러 法법으로 對됭接졉ᄒᆞᆯ디니 獲鳥者
ㅣ 羅之一目이로ᄃᆡ 不可以一目ᄋᆞ로 爲羅ㅣ며 治國者
ㅣ 功在一人이로ᄃᆡ 不可以一人ᄋᆞ로 爲國ᄒᆞᄂᆞ니 ○ 새 자ᄇᆞᆯ 사
ᄅᆞ미 그믈 ᄒᆞᆫ 누니로ᄃᆡ 어루 ᄒᆞᆫ 누느로 그믈 ᄃᆞ외
디 몯ᄒᆞ며 나라 다ᄉᆞ릴 사ᄅᆞ미 功공이 ᄒᆞᆫ 사ᄅᆞ미
게 이쇼ᄃᆡ 어루 ᄒᆞᆫ 사ᄅᆞᄆᆞ로
나라히 ᄃᆞ외디 몯ᄒᆞᄂᆞ니 所以黃面老子ㅣ曲

爲中下ᄒᆞ샤 乃下一步ᄒᆞ샤 向言說海ᄒᆞ샤 橫身而入ᄒᆞ샤
東說西說橫說竪說ᄒᆞ시니○이런ᄃᆞ로 黃황面면老롷子ᄌᆞᆼㅣ 구펴 中듕下
ᅘᅡᆼ 爲윙ᄒᆞ샤 ᄒᆞᆫ 거름 ᄂᆞ리샤 言언說쉃海ᄒᆡᆼ를 向향ᄒᆞ샤 모ᄆᆞᆯ 빗겨 드르샤 東동녀그로 니ᄅᆞ시며
西솅ㅅ녀그로 니ᄅᆞ시며 빗기 니ᄅᆞ시며 세 니ᄅᆞ시니 ◆ 中듕下ᅘᅡᆼ 教ᄀᆞᇢ化황호ᄆᆞᆯ 爲윙ᄒᆞ샤 거르
믈 ᄂᆞ리 거르샤 말ᄉᆞᆷ해 ᄒᆞ샤미 本본來ᄅᆡᆼㅅ ᄠᅳ디 아니니샤 順쓘티 아니홀ᄉᆡ 모ᄆᆞᆯ 빗겨 드르시다 ᄒᆞ
니라 所以道高提祖令ᄒᆞ샤 當機用ᄒᆞ시고 利物엔 應知
語帶悲니라 ᄒᆞ 向下文長이 正以此也ㅣ니라○이런ᄃᆞ로 닐오
ᄃᆡ 祖종令령을 노피 자ᄇᆞ샤 機깅를 當당ᄒᆞ야 ᄡᅳ시고 物믏을 利링ᄒᆞ샤 맨 말ᄉᆞ미 悲빙를 가지산
ᄃᆞᆯ 반ᄃᆞ기 아롤디라 ᄒᆞ니 아래를 向향ᄒᆞ야 글월 기루미 正정히 이를 ᄢᅦ니라 然이나 慈尊
ㅅ 伊麼施設이 要之컨댄 利害不細ᄒᆞ니 還知得利害
也아 未아 入城乞食收衣宴坐로 以至東說西說

橫說竪說히 ○ 그러나 慈쫑尊존ㅅ 이리 밍ᄀᆞᄅᆞ샤미 求끃ᄒᆞ야 보건댄 利링害ᅘᆡᆼ 적디 아니ᄒᆞ니 도ᄅᆞ혀 利링害ᅘᆡᆼ ᄅᆞᆯ 아ᄂᆞ다 모ᄅᆞᄂᆞ다 城쎵의 드러 乞킗食씩ᄒᆞ시며 옷 가ᄃᆞ시고 便뼌安한히 안ᄌᆞ샤ᄆᆞ로 東동녀그로 니ᄅᆞ시며 西솅ㅅ녀그로 니ᄅᆞ시며 빗기 니ᄅᆞ시며 세나ᄅᆞ 사ᄆᆡ니ᄅᆞᆯ히 善權方便이샤 即不無ㅣ어시니와 據實而觀건댄 人分上이 如靑天白日이 相似ᄒᆞ야 本來無爲無事ᄒᆞ야 盡大地都盧是淸平世界어늘 ○ 이든 權권엣 方방便뼌이아사 곤 얼디 아니ᄒᆞ거시니와 實씷을 브터 보건댄 사ᄅᆞ마다 分뿐우히 靑쳥天텬 白ᄈᆡᆨ日ᅀᅵᇙ이 서르 ᄀᆞᆮᄒᆞ야 本본來ᄅᆡᆼᄒᆞ욤 업스며 일 업서 大땡地띵 오ᄋᆞ로 다 ᄋᆞ ᄆᆞᆰ고 平뼝ᄒᆞᆫ 世솅界갱어늘 黃面老子ㅣ 向淸平世界上ᄒᆞ샤 施設戈甲ᄒᆞ시니 可謂無事中에 起事ㅣ샷다 所以道看看ᄒᆞ라 平地에 波濤起ᄒᆞ라 니라 ○ 黃ᅘᅪᇰ面면老롱子ᄌᆞᆼㅣ ᄆᆞᆰ고 平뼝ᄒᆞᆫ 世솅界갱우흘 向향ᄒᆞ샤 戈광甲갑ᄋᆞᆯ 밍ᄀᆞᄅᆞ시니어루일업슨가온ᄃᆡ일니ᄅᆞ와ᄃᆞ시다ᄉᆞᆯ올디샷다 이런ᄃᆞ로닐오ᄃᆡ보며보라平뼝ᄒᆞᆫᄊᆞ해뭀겨리 니도다ᄒᆞ니라 戈광ᄂᆞᆫᄉᆞᆯ하라

又 古人이 道호ᄃᆡ 澄澄性海와 湛湛智源에 文字言詞ㅣ 從玆流出이라ᄒᆞ니 則黃面老子ㅣ 向大寂滅海ᄒᆞ샤 繁興言說波瀾ᄒᆞ샤미 要之컨댄 言說波瀾이 初非外來라 終不離於大寂滅海ᄒᆞ니

○ᄯᅩ녯사ᄅᆞ미닐오ᄃᆡ믈ᄀᆞ며믈ᄀᆞᆫ性셩바ᄅᆞᆯ와 믈ᄀᆞ며믈ᄀᆞᆫ智딩慧휑入根ᄀᆞᆫ源원에文문字ᄍᆞᆼ와말왜이ᄅᆞᆯ조차흘러나ᄂᆞ다ᄒᆞ니곧黃황面면老롱子ᄌᆞᇰㅣ큰寂쩍滅몛海ᄒᆡᆼᄅᆞᆯ向향ᄒᆞ샤言언說쉻波방瀾란ᄋᆞᆯ만히니ᄅᆞ와ᄃᆞ샤미要ᅙᅭᇢ求끃ᄒᆞ야보건댄言언說쉻波방瀾란이처엄브터밧그서오미아니라ᄆᆞᄎᆞᆷ내큰寂쩍滅몛海ᄒᆡᆼ예여희디아니ᄒᆞ니

波방瀾란ᄋᆞᆫ뭀겨리니말ᄉᆞ미本본性셩으로셔브터나미므레셔결니로미곤ᄒᆞ니라

數座處에 如未薦得이어든 向言說海ᄒᆞ야 薦取ᄒᆞ야ᅀᅡ 始得ᄒᆞ리라 所以道看

看平地波濤起라ᄒᆞ니라○座쫭시ᄅᆞ신고대ᄒᆞ다가아디몯ᄒᆞ거든言언說쉃海힝ᄅᆞᆯ向향ᄒᆞ야아라ᅀᆞ올ᄒᆞ리라이런ᄃᆞ로닐오ᄃᆡ보며보라平뼝ᄒᆞᆫ싸해믌겨리나도다ᄒᆞ니라

〔宗鏡〕調御師ㅣ親臨舍衛ᄒᆞ시니威動乾坤이로다阿羅漢이雲集祇園ᄒᆞ니輝騰日月이로다○調뗗御엉師ᄉᆞᆼㅣ舍샹衛윙예親친히臨림ᄒᆞ시니威휭嚴엄이하ᄂᆞᆯ콰ᄯᅡ쾌뮈놋다阿항羅랑漢한이祇낑園원에구룸지픠ᄃᆞᆺᄒᆞ니빗나미日싏月웛에솟나도다 調뗗御엉師ᄉᆞᆼ는如셩來링ㅅ十씹號흫엣ᄒᆞᆫ일후미시니諸졍魔망外욍道똫ᄅᆞᆯ질드리실시오阿항羅랑漢한ᄋᆞᆫ分뿐段똰生ᄉᆡᆼ을어희여人ᅀᅵᆫ天텬供공養양애맛당ᄒᆞ며無뭉明명도ᄌᆞᆨ주기니ᄅᆞᆯ닐후미阿항羅랑漢한이라

入城持鉢은良由悲愍貧窮이시고洗足收衣ᄂᆞᆫ正是宴安時節이샷다○城셩에드르샤바리디니샤ᄆᆞᆫ眞진實씷로貧삔窮꿍ᄒᆞ니ᄅᆞᆯ어엿비너기시ᄂᆞᆫ젼ᄎᆞ지고발시스시고옷가ᄃᆞ샤ᄆᆞᆫ正졍히이便뼌安한히겨신時씽節졇이샷다

若向世尊未擧已前ᄒᆞ야薦得ᄒᆞ야

도 由且不堪이어늘ᅀᅡ 開口已後에 承當ᄒᆞ면 自救도 不了
ᄒᆞ리라 ○ ᄒᆞ다가 世솅尊존人 擧경티 아니ᄒᆞ신 前젼을 向향ᄒᆞ야 아라도 오히려 ᄯᅩᄒᆞ얌직다 몯거늘
ᅀᅡ 開갱口쿻ᄒᆞ신 後흫에 알면 저 救궁홈도 아디 몯ᄒᆞ리라 ▲ 擧경는 드러 펴니ᄅᆞ실시라 宗鏡

믈읫
이 急爲提撕ᄒᆞ나 早遲八刻이어다 何故오 良馬는 已隨
鞭影去커늘 阿難은 依舊世尊前이로다 ○ 宗종鏡경이 ᄲᆞᆯ리 잡드마 불셔
여듧刻극이 더듸어다 엇던 젼ᄎᆞ오 됴ᄒᆞᆫ ᄆᆞᄅᆞᆫ 불셔 챗그름젤 조차 가거늘 阿항難난ᄋᆞᆫ 네ᄅᆞᆯ브터 世솅
尊존人 알ᄑᆡ 잇도다 ▲ 여듧刻극은 ᄒᆞᆫ 時씽라 됴ᄒᆞᆫ ᄆᆞᄅᆞᆫ 세 아니 마자셔 돈ᄂᆞᆫ 양이 上쌍根근 녯사ᄅᆞ미
말ᄉᆞᄆᆞᆯ 아니 드러셔 아로미 곤ᄒᆞ니라 阿항難난云운 云운ᄋᆞᆫ 外욍道뚬ㅣ 부텻긔 묻ᄌᆞ오ᄃᆡ 나ᄂᆞᆫ 無뭉
도 有울도 묻ᄌᆞᆸ디 아니ᄒᆞ노이다 願원ᄒᆞᆫᄃᆞᆫ 有울와 無뭉와 밧긔 指징示씽ᄒᆞ쇼셔 ᄒᆞ야ᄂᆞᆯ 世솅尊존이
良량久궁ᄒᆞ야시ᄂᆞᆯ 外욍道뚱ㅣ 直띡下향애 大땡悟옹ᄒᆞ야 세번 저ᅀᆞᆸ고 나거늘 阿항難난이 부텻 妙
묭義읭로 아디 몯ᄒᆞ야 文문殊쓩彌밍勒륵ᄭᅴ 셔부텻긔 묻ᄌᆞᆸ고라 ᄒᆞ나 이ᄂᆞᆫ 外욍道뚬ᄂᆞᆫ 블셔 아라니

거늘阿항難난이몰라녯양ᄌᆞ로
世솅尊존ㅅ알ᄑᆡ잇ᄃᆞᆺ마리라

頌 乞食歸來會給孤ᄒᆞ샤收衣敷座正安居ᄒᆞ시니 眞慈弘範이超三界ᄒᆞ샤調御人天이得自如ᅀᅧᆼᄒᆞ샷다○乞食씩ᄒᆞ시고도라오샤給급孤공애모ᄃᆞ샤옷간고座쫭시ᄅᆞ샤正졍히便뼌安한히居겅ᄒᆞ시니眞진實씷慈쫑悲빙ㅅ큰法법이三삼界갱예건나ᄢᅴ샤人신天텬질드리샤미시러自쫑如ᅀᅧᆼᄒᆞ샷다

金剛般若波羅蜜經 第一

金剛般若波羅蜜經

第二

金剛般若波羅蜜經

第二

金剛般若波羅蜜經 第二

善現起請分第二

時예 長老須菩提ㅣ 在大衆中ᄒᆞ야 卽從座起ᄒᆞ야 偏袒右肩ᄒᆞ고 右膝著地ᄒᆞ야 合掌恭敬ᄒᆞᅀᆞ와 而白佛言ᄒᆞᅀᆞ오ᄃᆡ 希有世尊하 如來ㅣ 善護念諸菩薩ᄒᆞ시며 善付囑諸菩薩ᄒᆞ시ᄂᆞ니

楊岐云ᄒᆞᄃᆡ 黃面老子ㅣ 幸自可憐生이시니 被須菩提의 出來道介希有ᄒᆞ샤 當下애 冰消瓦解ᄒᆞ샷다 ᄒᆞ니。

楊양岐낑 닐오ᄃᆡ 黃뽱面면老롷子ᄌᆞᆼ ㅣ 幸ᅘᆡᇰ히 ᄌᆞ개 可캉憐련ᄒᆞ오시니 須슝菩뽕提뗑의 나와

希힁有ᅌᅮᇢㅣ라 닐오ᄆᆞᆯ 니ᄅᆞ샤ᄃᆡ 어름 노ᄀᆞ며 디새 믓ᄃᆞᆺᄒᆞ샷다 ᄒᆞ나 ▶楊양岐낑ᄂᆞᆫ 더리니 方방會ᅘᅬᆼ禪쎤師ᄉᆞᆼ 잇던ᄃᆡ라 此老의 此說은 只要數人이 向劫外承當케ᄒᆞ니 所以大慧擧此話ᄒᆞ야 云호ᄃᆡ 黃面老子ㅣ不下一言이어시ᄂᆞᆯ ○이ᄂᆞᆫ 그ᄂᆡ 이마ᄅᆞᆫ 사ᄅᆞ미 劫겁外욍ᄅᆞᆯ 向향ᄒᆞ야 알엣고ᄒᆞ니 이런ᄃᆞ로 大땡慧뼹이 마ᄅᆞᆯ 드려 닐오ᄃᆡ 黃뽱面면老롱子ᄌᆞᆼㅣ ᄒᆞᆫ 말도 ᄒᆞ디 아니ᄒᆞ얫거시ᄂᆞᆯ ▶大땡慧뼹ᄂᆞᆫ 宗종杲공禪쎤師ᄉᆞᆼ의 諡씽號ᅘᅩᇢㅣ라 須菩提ㅣ見介甚麼道理ᄒᆞ고 便道希有ᄒᆞ오니 但向楊岐의 冰消瓦解處ᄒᆞ야 看ᄒᆞ면 自然看得破ᄒᆞ야 一生參學事ㅣ畢이라ᄒᆞ니라 ○須슝菩뽕提똉므슴 道똠理링ᄅᆞᆯ 보고 곧 希힁有ᅌᅮᇢᄒᆞ샤다 니ᄅᆞ니오 오직 楊양岐낑의 어름 노ᄀᆞ며 디새 믓ᄃᆞᆺ다 ᄒᆞᆫ 고ᄃᆞᆯ 向향ᄒᆞ야 보면 自ᄍᆞᆼ然션히 보아 시러 ᄒᆞ리러 一ᅙᅵᇙ生ᄉᆡᆼ앳 參참學ᅘᅡᆨᄒᆞ올 이리 ᄆᆞᄎᆞ리라 ᄒᆞ니라 又古德이 頌云호ᄃᆡ 四溟에 風息ᄒᆞ고 月當天

이어늘 不動波瀾ᄒᆞ야 駕鐵船ᄒᆞ샷다 賴得空生의 重漏
浅ᄒᆞ야 免同良馬의 暗窺鞭이라 ᄒᆞ니 ○ 또 古공德득이 頌쑝ᄒᆞ야 닐오ᄃᆡ
네 바ᄅᆞ래 ᄇᆞᄅᆞ미 자고 ᄂᆞ리 하ᄂᆞᆯ해 當당ᄒᆞ얫거늘 믌겨ᄅᆞᆯ 뮈우디 아니ᄒᆞ야 쇠ᄇᆡᄅᆞᆯ 메우샷다 空
콩生싱이 다시 漏룽洩셣ᄒᆞ몰 힘니버 됴ᄒᆞᆫ ᄆᆞ리 그ᄉᆞ기 채 엿우미 곤ᄒᆞ몰 免면ᄒᆞ리라 ᄒᆞ니 ▼ 古
공德득은 녜 사ᄅᆞᄆᆞᆯ 니ᄅᆞ고 쇠ᄇᆡ는 ᄆᆞ리 젓디 아니ᄒᆞᄂᆞᆫ 거시니 因인緣원 업슨 慈쫑悲빙ᄅᆞᆯ 가졸
비니라 엇뎨 因인緣원 업거뇨 ᄒᆞ란ᄃᆡ 衆즁生싱아 本본性셩이 具꿍足족ᄒᆞ야 새로브터 더 알외
욜 주리 업슬시 因인緣원 업슨 慈쫑ㅣ라 ᄒᆞ니 비ᄅᆞᆯ 닐오ᄃᆡ 사ᄅᆞᆷ ᄆᆞᆯ 건내논 ᄠᅳ디라 空콩生싱은 須
숭菩뽕提똉의 일후미라 부텨 趺붕坐쫭ᄒᆞ샤미 ᄒᆞᆫ 번 漏룽洩셣이어늘 須숭菩뽕提똉ㅣ 希힁有
옹ㅣ라 ᄒᆞ니 다시 漏룽洩셣ᄒᆞ미라 則世尊이 端坐ᄒᆞ샤 不下一言處
ㅣ 最初一句子ᄅᆞᆯ 覿面提持ᄒᆞ샤 向諸人面前ᄒᆞ샤 兩
手로 分付了也ㅣ어시ᄂᆞᆯ ○ 곧 世솅尊존이 端돤坐쫭ᄒᆞ샤 ᄒᆞᆫ 말도 ᄒᆞ디 아니ᄒᆞ샨

고디 몯처ᅀᅥᆷ 一ᅙᅵᇙ 句궁子ᄌᆞᆼᄅᆞᆯ 내야 자바디니
샤 여라 사ᄅᆞ미 ᄂᆞᆺ 알ᄑᆞᆯ 向향ᄒᆞ샤 두소ᄂᆞ로ᄂᆞᆫ 호니
거시ᄂᆞᆯ 아ᄇᆞ티 須菩提ㅣ 早知如是실ᄃᆞᆫ 出來ᄒᆞ야 道希有ᄒᆞ니
不有須菩提면 誰知暗中明ᄒᆞ리오 因憶毘耶當日
事컨댄 一聲雷震三千界ᄒᆞ도다 ○ 須슝菩뽕提뗑 곧 호ᄆᆞᆯ 알시나와
希힁有웋ㅣ라 ᄉᆞᆯ오니 須슝菩뽕提뗑옷 아니면
뉘 어드운 가온ᄃᆡ 불고ᄆᆞᆯ 알리오 因힌ᄒᆞ야 毗삥
耶양ㅅ 그 낤 이ᄅᆞᆯ 상각ᄒᆞ건댄 ᄒᆞᆫ 소
릿 울에 三삼千쳔界갱ᄅᆞᆯ 뮈우도다

冶父 如來ㅣ 不措一言이시어ᄂᆞᆯ 須菩提ㅣ 便興讚歎ᄒᆞ니
具眼勝流ᄂᆞᆫ 試著眼看ᄒᆞ라 ○ 如셩來ᄅᆡᆼ ᄒᆞᆫ 말도 두디 아니ᄒᆞ얫거시ᄂᆞᆯ 須슝菩
뽕提뗑 곧 니러나 讚잔歎탄ᄒᆞᅀᆞ오니 눈
ᄀᆞᄌᆞᆫ 어딘 무리 아마커나 누ᄂᆞᆯ 두어 보라
相逢不拈出ᄒᆞ야도 擧意예 便知有ᄒᆞ니 是何境界오
同道ㅣ사 方知ᄒᆞᄂᆞ니라 ○ 서르 맛나 자바 내디 아니ᄒᆞ야도 ᄠᅳ드로매 곧 잇ᄂᆞᆫ ᄃᆞᆯ 아니

·이엇던境경界갱·오道똥ㅣ곤 ᄒᆞ·나·사 비르:서:아ᄂᆞ니:라

頌 隔墻見角ᄒᆞ고 便知是牛ᄒᆞ며 隔山見煙ᄒᆞ고 便知是火

ᄒᆞ도다 ○ 담 隔격ᄒᆞ야셔 ᄲᅳᆯ 보고 곧 이 쇤ᄃᆞᆯ 알·며 山산ᄋᆞᆯ 隔격ᄒᆞ야셔 ᄂᆡ롤 보·고 ·곧 ·이 ·브린ᄃᆞᆯ ·아:도·다

知火知牛ㅣ 事希奇ᄒᆞ니 知音相見이 正如是ᄒᆞ니라 ○

블 알며 쇼 아로미 이라 ·드믈·오 奇끵特뜩ᄒᆞ·니 知딩音흠·이 서르 보:미 正졍히 ·이 ᄀᆞᆮᄒᆞ·니·라

獨坐巍巍天上天下ㅣ시어늘 南北東西ㅣ 鑽龜打瓦

ᄒᆞᄂᆞ다 咄 ᄒᆞ오·사 안자 天텬上썅天텬下향애 巍윙巍윙·커시·ᄂᆞᆯ 南남北븍東동西솅ㅣ 거부블비

·븨·며 디새롤 티ᄂᆞ·다 咄돓 [illegible] 거부블비·븨·며 디새롤 ·듀믄 占졈卜·복ᄒᆞ논:이리·니 疑잉心심ᄒᆞ요·ᄆᆞᆯ 니ᄅᆞ·니라

混虛空爲自身ᄒᆞ시며 盡大地爲坐具ᄒᆞ샤 坐斷千差

ᄒᆞ샤 不通凡聖ᄒᆞ시니 是可謂天上天下애 渾漫漫ᄒᆞ샤 更無一物이 爲等倫이로다 ○虛헝空콩ᄋᆞᆯ 모로기 ᄌᆞ갯 모ᄆᆞᆯ 사ᄆᆞ시며 大땡地띵ᄅᆞᆯ 다 안ᄌᆞᆯ 그릇 사ᄆᆞ샤 千쳔差창ᄅᆞᆯ 그치터 안ᄌᆞ샤 凡뻠과 聖셩과ᄅᆞᆯ 通통ᄐᆞᆯ 아니ᄒᆞ시니 이 어루 天텬上썅天텬下ᅘᅣᆼ애 다ᄀᆞᄃᆞᆨᄒᆞ샤 ᄂᆞ외야 ᄒᆞᆫ 거시 ᄀᆞᆯ온 ᄧᆞᆨ ᄃᆞ외리 업다 닐올디로다 ▼差창ᄂᆞᆫ 世솅間간앳 萬먼法법이 올ᄒᆞ니 외니 크니 져그니ᄒᆞ야 差창別볋이 실시라 若是過量漢이면 一見便不疑어니와 若非過量漢이면 未免暗思量ᄒᆞ리라 ○ᄒᆞ다가 이 혜아료매 너믄 사ᄅᆞ미면 ᄒᆞᆫ번 보매 곧 疑읭心심 아니ᄒᆞ려니와 ᄒᆞ다가 혜아료매 너믄 사ᄅᆞᆷ곳 아니면 그스기 思ᄉᆞᆼ量량호ᄆᆞᆯ 免면티 몯ᄒᆞ리라

世尊하 善男子善女人이 發阿耨多羅三藐三菩提心ᄒᆞ니 應云何住ᄒᆞ며 云

何降伏其心ᄒᆞ리잇고

空生이 一見世尊端坐ᄒᆞᅀᆞᆸ고 便不疑十方婆伽梵ᄒᆞ야 仍發證同諸佛之心ᄒᆞ야 直問云호ᄃᆡ 塵不得出은 由未得住ㅣ며 心不解脫은 由未降心이니○空콩生싱이 ᄒᆞᆫ번 世솅尊존端돤坐쫭ᄒᆞ샤ᄆᆞᆯ 보ᅀᆞᆸ고 곧 十씹方방婆빵伽깡梵뻠을 疑읭心심티 아니ᄒᆞ야 證징호미 諸졍佛뿛ㅅ ᄀᆞᆮᄒᆞᆫ ᄆᆞᅀᆞᄆᆞᆯ 發벓ᄒᆞ야 바ᄅᆞ 묻ᄌᆞ와 닐오ᄃᆡ 드트레 시러 나디 몯호ᄆᆞᆫ 住뜡호ᄆᆞᆯ 得득디 몯ᄒᆞᆫ다 ᄒᆞ시며 ᄆᆞᅀᆞ미 解갱脫뙁 몯호ᄆᆞᆫ ᄆᆞᅀᆞᆷ 降뺭티 몯ᄒᆞᆫ다 ᄒᆞ시니 ■ 婆빵伽깡梵뻠은 부텨를 ᄉᆞᆯ오니 德득이 하샤 至징極끅 노ᄑᆞ신 일후미라

云何得住ᄒᆞ야 不住六塵ᄒᆞ며 云何降心ᄒᆞ야 得心解脫ᄒᆞ니잇고 不言我已發心ᄒᆞ니 云何住降이잇고 ᄒᆞ고 而以善男善女로 言者ᄂᆞᆫ 諱却已悟也ㅣ로다○엇뎨 住뜡호ᄆᆞᆯ 得득ᄒᆞ야 六륙塵띤에 住뜡티 아니ᄒᆞ며 엇뎨 ᄆᆞᅀᆞᄆᆞᆯ 降

ᅘᅣᇰ히와 ᄆᆞᅀᆞ미 解갱脫톼ᄅᆞᆯ 得득ᄒᆞ리 잇고ᄒᆞ니
내ᄒᆞ마 發벓心심ᄒᆞ니 엇뎨 住뜡ᄒᆞ며 降ᅘᅣᇰᄒᆞ리
잇고ᄒᆞ야니ᄅᆞ디 아니ᄒᆞ고 善쎤男남善쎤
女녕로 ᄲᅢ닐오ᄆᆞᆫ 자내 아로ᄆᆞᆯ 곤이도다 人人
分上이 不假修治ᄒᆞ야 本自圓成논이어 空生이 以
此問者ᄂᆞᆫ 雖復本來金이라도 終以鎖로 成就ᄒᆞᄂᆞ니○
사ᄅᆞᆷ마다 分뿐우희 닷고 믈비디 아니ᄒᆞ야 本본
來ᄅᆡᆼ졔 圓원成쎵ᄒᆞ거늘 空콩生ᄉᆡᆼ이 알로 ᄲᅢ 묻ᄌᆞᆸ
ᄌᆞ오ᄆᆞᆫ 비록 ᄯᅩ 本본來ᄅᆡᆼ金금이 此ㅣ 正同善財
라도 내죵애 노교ᄆᆞ로 이ᄂᆞ니
ㅣ 於福城東畔애 初遇文殊ᄒᆞ야 頓證法界ᄒᆞ고 歷叅
五十三善知識ᄒᆞ야 於一一善知識所애 自言호ᄃᆡ 我
已先發菩提心호니 云何學菩薩道ᄒᆞ며 修菩薩行이잇
고호미니라○이 正졍히 善쎤財쨍ㅣ 福복城쎵
東동녁 ᄀᆞ새셔 文문殊쓩 맛나 法법界갱를
모로기 證징ᄒᆞ고 쉰세 善쎤知딩識식을 歷력叅
참ᄒᆞ야 낫낫 善쎤知딩識식ᄭᅴ 숣와 닐오ᄃᆡ 내ᄒᆞ

마몬저菩뽕提뗑心심을發벓ᄒᆞ니엇뎨菩뽕薩삻道똥를비ᄒᆞ며菩뽕薩삻行뼝을닷ᄀᆞ리잇고ᄒᆞ미곤ᄒᆞ니라 歷력叅참운傳뛴遞똉로다뵐시라

【治父】這一問운從甚處出來오 ○이ᄒᆞᆫ問문은어느고ᄃᆞᆯ브터나오뇨 法法이虛融ᄒᆞ야無法可住ㅣ며心心이寂滅ᄒᆞ야無心可降이니今此住降二問은從甚處出來오 ○法법法법이뷔여노가法법이어루住뜡ᄒᆞ미업스며心심心심이寂쩍滅멿ᄒᆞ야ᄆᆞᅀᆞ미어루降ᅘᆞᇰᄒᆞ욜거시업스니이제이住뜡와降ᅘᆞᇰ과두무ᄅᆞ믄어느고ᄃᆞᆯ브터나오뇨

【又】須菩提를佛稱解空第一이라ᄒᆞ시니豈不知妄心이本空ᄒᆞ며塵境이本寂이리오若果知得인댄如何輕發此問來오 ○須슝菩뽕提뗑를부텨니ᄅᆞ샤ᄃᆡ空콩아로미第뗑一힗이라ᄒᆞ시니거츤ᄆᆞᅀᆞ미本본來링뷔며드틀境경이本본來링괴외ᄒᆞᆫᄃᆞᆯ엇뎨아디몯ᄒᆞ리오ᄒᆞ다가果광然션아론딘댄엇뎨가ᄇᆡ야이아무루물

發벓ᄒᆞ야 오·나·오 又 問法ᄒᆞ야도 法이 無可問이며 修道ᄒᆞ야도
道ㅣ 無可修ㅣ니 但向未發問時ᄒᆞ야 着眼이언뎡 何須
更問住與未住降與未降이리오 如是着語ᄒᆞ니 意旨
ᄂᆞᆫ 如何오 若明今日事ㅣ면 昧却本來身일ᄉᆡ니라 ○法법을
무려도 法법·이 어루 무롤 거시 업스며 道똫ᄅᆞᆯ 닷
가도 道똫ㅣ 어루 닷골 거시 업스니 오직 ᄆᆞᄅᆞᆷ 發
벓티 아니ᄒᆞᆫ 時씽節졇을 向향ᄒᆞ야 누늘 둘디언
뎡 엇뎨 모로매 住뜡와 住뜡티 몯홈과 降ᅘᆞᆼ홈
과 降ᅘᆞᆼ티 몯홈과ᄅᆞᆯ 다시 무르리오 이 ᄀᆞ티
着땩語엉ᄒᆞ니 ᄠᅳ든 엇뎨오 ᄒᆞ다가 오ᄂᆞᆳ 날 이ᄅᆞᆯ
ᄇᆞᆯ기면 本본來링ㅅ 모미 어드울시니라

頌 俙喜도ᄒᆞ야 我不喜ᄒᆞ며 君悲도ᄒᆞ야 我不悲ᄒᆞ노라 鴈思
飛塞北ᄒᆞ고 燕憶舊巢歸ᄒᆞ다ᄂᆞᆺ 秋月春花無限意ᄅᆞᆯ 箇
中只許自家知ᄒᆞ노라 ○너ᄂᆞᆫ 깃거도 나ᄂᆞᆫ 깃디 아니ᄒᆞ며 그듸ᄂᆞᆫ 슬허도 나ᄂᆞᆫ 슬티 아

니ᄒᆞ노라그려기ᄂᆞᆫ塞싱北븍에ᄂᆞ로ᄆᆞᆯᄉᆞ랑ᄒᆞ고
져비ᄂᆞᆫ녯기세도라오ᄆᆞᆯᄉᆡᇰ각ᄒᆞ놋다ᄀᆞᅀᆞᆳ돌와봆
고지그지업슨ᄠᅳ들이가온ᄃᆡ오직ᄌᆞ개아로ᄆᆞᆯ
許헝ᄒᆞ노라 ◆ 塞싱ᄂᆞᆫ東동녁北븍녁ᄀᆞᅀᅵ라

㑌與我와 君與我ᄂᆞᆫ 本分人이 向今時人ᄒᆞ야 稱ᄒᆞ니
㑌能住降ᄒᆞ면 心生喜動ᄒᆞ고 未能住降ᄒᆞ면 心生悲憂
ᄒᆞ거니와○너와나와그듸와나와ᄒᆞᄆᆞᆫ本본分분
뿐엣사ᄅᆞ미이時씽節졇ㅅ사ᄅᆞᄆᆞᆯ向향ᄒᆞ야니
ᄅᆞ니네能능히住뜡降향ᄒᆞ면ᄆᆞᅀᆞ매깃거뮈유
ᄆᆞᆯ내오能능히住뜡降향티몯ᄒᆞ면ᄆᆞᅀᆞ매슬프
며시르믈내어니와 我此世界ᄂᆞᆫ 本自淸平ᄒᆞ야 理亂이 俱亡
ᄒᆞ거니 何傷何喜오리 如鴈之思塞北ᄒᆞ며 燕之憶舊巢
ᄒᆞ니 豈以悲喜로 爲心哉오리 只有一段空이 來去ㅣ
自由耳니라○내이世솅界갱ᄂᆞᆫ本본來ᄅᆡᆼ제ᄆᆞᆰ
고平뼝ᄒᆞ야다ᄉᆞ룜어즈러우미다업거
니므스글슬ᄒᆞ며므스글깃그리오그려기塞싱
北븍을ᄉᆞ랑ᄒᆞ며져비녯깃ᄉᆡᇰ각호미곰ᄒᆞ니어니

뎨슬호며갓구ᄆᆞ로ᄆᆞᅀᆞᆷ사ᄆᆞ리오오직ᄒᆞᆫ무적

虛형空콩이오·며:가미:제쥬변ᄒᆞᆯᄯᆞᄅᆞ미니라

空콩ᄋᆞᆫ眞진空콩이니 本본性셩을니ᄅᆞ·니라 以至春生夏長ᄒᆞ며 秋收冬

藏ᄒᆞ며 月圓月缺ᄒᆞ며 花開花落ᄒᆞ야 凡有消長盈虛著

ㅣ莫不各有無窮無盡之意ㅣ存焉ᄒᆞ니○ᄲᅧ보ᄆᆡ나며녀ᄅᆞ

매길며ᄀᆞᅀᆞᆯ히가ᄃᆞ며겨ᅀᅳ레갈ᄆᆞ며ᄃᆞ리두려우며ᄃᆞ리이즈며고지프며고지듀매니ᄅᆞ리믈

읫ᄉᆞ러디며길며ᄀᆞ득ᄒᆞ며뷔윰잇ᄂᆞᆫ거시各각各각그지업스며다옴업ᄉᆞᆫᄠᅳ디잇디아니ᄒᆞ니

업스·니 此ㅣ父不得而傳ᄒᆞ며 師不得而授ㅣ라 各自當

人이 自肯自悟ᅌᅩᇰᄒᆞ야 始得ᄒᆞ니라○이아비시러 傳뎐티몯ᄒᆞ며스스·이

시러심기디몯ᄒᆞᄂᆞᆫ디라各각各각제當당ᄒᆞᆫ사ᄅᆞ미제즐겨제아라ᅀᅡ올ᄒᆞ니라

佛言ᄒᆞ샤ᄃᆡ 善哉善哉라 須菩提야 如汝

所說ᄒᆞ야 如來ㅣ 善護念諸菩薩ᄒᆞ며 善付
囑諸菩薩ᄒᆞᄂᆞ니 汝ㅣ 今諦聽ᄒᆞ라 當爲汝
說호리라 善男子善女人이 發阿耨多羅
三藐三菩提心ᄒᆞ니 應如是住ᄒᆞ며 如是降
伏其心이니라 唯然世尊하 願樂欲聞ᄒᆞᅀᆞᆸ
노이다

當爲汝說이라ᄒᆞ시니 欲說這介事ㅣ샷다 願樂欲聞이라
ᄒᆞ니 欲聞這介事ㅣ로다 ○반ᄃᆞ기 너를 爲윙ᄒᆞ야 닐오리라 ᄒᆞ시니 ·이 :이를 닐오려
ᄒᆞ샷다 즐겨 듣ᄌᆞᆸ고져 願원ᄒᆞ노이다 ᄒᆞ니 ·이 :이를 듣고져 ᄒᆞ미로다

〔冶父〕 往往애 事ㅣ 因叮囑生ᄒᆞᄂᆞ니라 ○므리므리예 :이리 丁뎡寧녕히 付

붕囑쑉호ᄆᆞᆯ因힌ᄒᆞ야·나·ᄂᆞ·니·라

只這介事ㅣ要因叮囑而現ᄒᆞᄂᆞ니라○오직 이 :이·리 모로매 丁뎡寧녕히 付붕囑쑉호ᄆᆞᆯ因힌ᄒᆞ야·ᅀᅡ 現현ᄒᆞᄂᆞ니라

頌 七手八脚이오 神頭鬼面이로소니 棒打不開ᄒᆞ며 刀割不斷이로다 閻浮에 踔躑이 幾千迴오 頭頭ㅣ 不離空王殿이로다○닐굽 손 여듧 바리오 神씬靈령의 머리며 귓거·싀 ᄂᆞᆾ·치로소·니 매로 텨·도 여·디 아·니ᄒᆞ·며 갈ᄒᆞ·로 베·혀도 긋·디 아·니ᄒᆞ·놋다 閻염浮뿡에 ᄇᆞᆯ·와ᄃᆞᆫ·뇨미 ·몃 千쳔을 도라오나·뇨 頭뚷頭뚷ㅣ 空콩王왕殿뎐에 여희·디 아·니ᄒᆞ도다 ▶ 空콩王왕殿뎐은 人신人신分뿐上썅애 本본覺각妙묭心심이라

神用이 自由ᄒᆞ며 妙體難觀이로소니 動彈不得이며 堅固難壞로다 生死路애 幾度往返고 脚跟은 元來清淨如空ᄒᆞ니라○神씬ᄒᆞᆫ 用용이 쥬변ᄃᆞ외며 微밍妙묭ᄒᆞᆫ 體뎽 보미 어렵도소·니 뮈우믈 몯ᄒᆞ

며구ᄃᆡ허로미어렵도다살며주ᄂᆞᆫ길헤몃번을가며도라오나뇨ᄇᆞᆰ귀머리ᄂᆞᆫ본ᄃᆡ淸쳥淨쪙ᄒᆞ야虛헝空콩곧ᄒᆞ니라

宗鏡 昔奇哉之善現이 讚希有之慈尊ᄒᆞᅀᆞᆸ고 悲憐濁世衆生ᄒᆞ야 諮決菩提心要ᄒᆞ니 ○ 녜奇끵特ᄠᅳᆨᄒᆞᆫ善쎤現현이希힁有ᅌᅮᇢᄒᆞ신慈쫑尊존을讚잔歎탄ᄒᆞᅀᆞᆸ고濁딱世셍衆즁生싱을어엿비너겨菩뽕提뗑心심要ᅙᅭᇢ를묻ᄌᆞ와決궗斷돤ᄒᆞ니 ■ 善쎤現현은須슝菩뽕提뗑의各각別뼗ᄒᆞᆫ일후미오濁딱世셍ᄂᆞᆫ五옹濁딱世셍라

可謂一經正眼이며 三藏絕詮이라 千聖이 不傳ᄒᆞ시며 諸祖ㅣ不說이어늘 如是降伏이라ᄒᆞ시니 扁舟ㅣ 已過洞庭湖ㅣ로다 護念丁寧이라ᄒᆞ시니 何啻白雲千萬里리오 ○ 어루닐오ᄃᆡᄒᆞᆫ經경ㅅ正졍ᄒᆞᆫ누니며三삼藏짱엣노ᄑᆞᆫ마리라千쳔聖셩이傳뗜티몯ᄒᆞ시며여러祖종師ᄉᆞᆼㅣ니ᄅᆞ디몯ᄒᆞ거늘이ᄀᆞ티降ᅘᅡᇰ伏뽁ᄒᆞ라ᄒᆞ시니ᄒᆞᆫᄡᅡᆨ비ᄒᆞ마洞똥庭뗭湖ᅘᅩᆼ애디나도다護ᅘᅩᆼ念념丁뎡

寧녕이라ᄒᆞ시니 엇뎨 白ᄇᆡᆨ雲운千쳔萬먼里링ᄯᆞᄅᆞ미리오 爲甚麼如此오 毗婆

尸佛에 早留心호ᄃᆡ 直至而今ᄒᆞ야도 不得妙ᄒᆞ도다 ○ 므스글 爲웡ᄒᆞ야 이곤ᄒᆞ뇨 毗삥婆빵尸싱佛뿛에 일즉 留륳心심호ᄃᆡ 바ᄅᆞ 이제 니르러도 妙묭ᄅᆞᆯ 得득디 몯ᄒᆞ도다

善現之所以奇哉者ᄂᆞᆫ 以其不待聲教ᄒᆞ야 而信無疑也ㅣ오 慈尊之所以希有者ᄂᆞᆫ 以其不現聲教ᄒᆞ샤 而開覺人天也ㅣ니라 ○ 善쎤現뼌이 奇끵特뜩혼 아ᄎᆞᆫ 그 聲셩教공ᄅᆞᆯ 기드리디 아니ᄒᆞ야 信신ᄒᆞ야 疑읭心심 아니호몰 빼오 慈쯍尊존이 希힁有웋ᄒᆞ샨 아ᄎᆞᆫ 그 聲셩教공ᄅᆞᆯ 나토디 아니ᄒᆞ샤 人신天텬을 여러 알외샤몰 빼니라 ■ 聲셩教공ᄂᆞᆫ 부텻 說쉃法법ᄒᆞ시ᄂᆞᆫ 소리라

無言演化ᄂᆞᆫ 爲上根上智ᄒᆞ얀 即得거시니와 中下之機ᄂᆞᆫ 如盲이 處日ᄒᆞ야 不知玄化所在ᄒᆞ며 ○ 말ᄉᆞᆷ업시 教공化황펴

샤ᄆᆞᆫ上쌍根ᄀᆞᆫ上쌍智딩ᄅᆞᆯ爲윙ᄒᆞ얀곤올ᄒᆡ시니와中듕下ᅘᆞᆼ앳機긩ᄂᆞᆫ盲밍眼안이ᄒᆡ예잇ᄃᆞᆺ
ᄒᆞ야ᄀᆞᄅᆞ친敎공化황:겨신바ᄅᆞᆯ아디몯ᄒᆞ며 又末世衆生이 尚未遇玄
化ᄒᆞ야 爲二障之所礙ᄒᆞ야 昧菩提之知見ᄒᆞᆯ시○또末맗世솅
衆중生싱이오히려ᄀᆞᄅᆞ친敎공化황ᄅᆞᆯ맛나디몯ᄒᆞ야二싱障쟝ᄋᆡ마ᄀᆞᆫ배ᄃᆞ외야菩뽕提뗑ㅅ知
딩見견을어듭게ᄒᆞᆯ시 二싱障쟝ᄋᆞᆫ法법數숭에잇ᄂᆞ니라 須假語言方便ᄒᆞ야
사 開示菩提心要ᄒᆞᄂᆞ니 以故로 空生이 爲之諮決
ᄒᆞ니라○모로매語엉言언方방便뼌을브터사菩뽕提뗑心심要ᅙᅭᇢᄅᆞᆯ여러뵈ᄂᆞ니이런젼ᄎᆞ로
空콩生싱이爲윙ᄒᆞ야:묻ᄌᆞ와決굃斷돤ᄒᆞ니라 只此菩提心要는 可謂
一經正眼이며 三藏絶詮이라 千聖이 不傳ᄒᆞ시며 諸祖
ㅣ不說이어늘 如是降伏護念丁寧이라ᄒᆞ니○오직이菩뽕提뗑
心심要ᅙᅭᇢᄂᆞᆫ어루닐오ᄃᆡᄒᆞᆫ經경ㅅ正졍ᄒᆞᆫ누니며三삼藏짱앳노ᄑᆞᆫ마리라千쳔聖셩이傳뜐티

몯ᄒᆞ시며 여러 祖종師ᄉᆞᆼㅣ 니ᄅᆞ디 몯ᄒᆞ거늘 이ᄀᆞ티 降항伏뽁護ᅘᅩᆼ念념丁뎡寧녕이라 ᄒᆞ니

謂之如標月指면 即得ᄒᆞ려니와 謂之一經正眼이라 ᄒᆞ면 扁舟ㅣ 已過洞庭湖ㅣ며 何啻白雲千萬里리오 為甚如此오 多劫留心ᄒᆞ야도 尚茫然ᄒᆞ도다

○ ᄃᆞᆯ ᄀᆞᄅᆞ치ᄂᆞᆫ 솏가락 곧다 니ᄅᆞ면 곧 올커니와 ᄒᆞᆫ 經경ㅅ 正졍ᄒᆞᆫ 누니라 니ᄅᆞ면 扁편舟쥬ㅣ 불셔 洞똥庭뗭湖ᅘᅩᆼᄅᆞᆯ 디나며 엇뎨 白ᄇᆡᆨ雲운千쳔萬먼里링ᄯᆞᄅᆞ미리오 ᄆᆞᄉᆞ글 為윙ᄒᆞ야 이 곧ᄒᆞ뇨 한 劫겁에 留륳心심ᄒᆞ야도 오히려 어즐ᄒᆞ도다

頌 問處ㅣ 孤高ᄒᆞ고 荅處ㅣ 深ᄒᆞ시니 妙圓眞淨을 不須尋이로다 瞥然如是知端的ᄒᆞ면 默契菩提大道心ᄒᆞ리라

○ 묻ᄌᆞ온 고디 외ᄅᆞ외며 놉고 對됭荅답ᄒᆞ샨 고디 기프시니 妙묠히 두려우며 眞진實씷ㅅ 조호ᄆᆞᆯ 모로매 推췽尋씸티 마롤디로다 믄득 이ᄀᆞ티 端돤的뎍을 알면 菩뽕提뗑ㅅ 大땡道똥心심에 ᄌᆞᆷᄌᆞᆷ히 마ᄌᆞ

리·라

一問一荅애 妙理斯在ᄒᆞ니 妙圓眞淨올 不須別處

에 尋覓이니라 ○ ᄒᆞᆫ번 묻ᄌᆞ오며 ᄒᆞᆫ번 對됭荅답 ·ᄒᆞ샤·매 妙묳理링:이 ·에 잇ᄂᆞ·니 妙묳·히 두

·려우·며 眞진實씷ㅅ 조ᄒᆞᆫ 몰 모로매 各각別 ·뼗ᄒᆞᆫ 고·대 推췽尋씸ᄒᆞ야 :얻디 마·롤 ·디나·라 寒山

指頭에 月團團ᄒᆞ거늘 多少傍觀이 眼如盲ᄒᆞ야뇨 但

向指頭ᄒᆞ야 開拓眼ᄒᆞ면 滿目寒光이 無處藏ᄒᆞ리라 ○ 寒한

山산ㅅ 곶가락 그·테 ᄃᆞ·리 누렫ᄒᆞ거늘 멋맛겨 티 셔 ·보ᄂᆞ·니 ·누니 盲뮝 眼·안·이 ·곤ᄒᆞ야 ·뇨 ·오·직 곶가

락 ·그 ·ᄃᆞᆯ 向향ᄒᆞ야 :산 누늘 ·열면 누·내 ᄀᆞ득ᄒᆞᆫ ᄎᆞᆫ 光 광明명 ·이 갈·몯 ·고 디 :엽 ·ㅅ 리 ·라 寒한 山산은 文

문殊쓩 ㅣ·라

大乘正宗分第三

佛告須菩提ᄒᆞ샤ᄃᆡ 諸菩薩摩訶薩이 應

如是降伏其心이니 所有一切衆生之
類ㅣ 若卵生若胎生若濕生若化生
若有色若無色若有想若無想若非
有想非無想을 我皆令入無餘涅槃ᄒᆞ야
而滅度之ᄒᆞ노니 如是滅度無量無數
無邊衆生ᄒᆞ오ᄃᆡ 實無衆生이 得滅度者ᄒᆞ니
何以故오 須菩提야 若菩薩이 有我相
人相衆生相壽者相ᄒᆞ면 即非菩薩이라

悲化含生ᄒᆞ사 入無餘ᄒᆞ시나 智冥眞際ᄒᆞ사 絕能所ㅣ샷
다 見有可度ᄒᆞ면 即乖眞ᄒᆞ리니 我人不生이 名菩薩

이라○慈ᄍᆞᆼ悲빙로衆쯍生ᄉᆡᆼᄋᆞᆯ敎공化황ᄒᆞ사 無뭉餘영에들에ᄒᆞ시나智딩慧휑ㅣ眞진實씷

ㅅᄀᆞ새마ᄌᆞ샤能능과所송왜그ᄎᆞ샷다어루度 똥ᄒᆞᆷ이쇼ᄆᆞᆯ보면곧眞진에어그리니我앙와人

신괘나디아니호미일후미菩뽕薩삻이라 能능ᄋᆞᆫ보ᄂᆞᆫ거시오所송ᄂᆞᆫ뵈ᄂᆞᆫ거시라

冶父 頂天立地ᄒᆞ며鼻直眼橫ᄒᆞ도다○하ᄂᆞᆯ홀이고 ᄯᅡ해셔며고하곧고누 니빗도다

從一法界ᄒᆞ야形分九類ᄒᆞ니形形이皆具一法界ᄒᆞ니 라○ᄒᆞᆫ法법界갱ᄅᆞᆯ從쭁ᄒᆞ야얼구리아홉類륑 예分분ᄒᆞ니얼굴마다다ᄒᆞᆫ法법界갱ᄀᆞᄌᆞ니라

九궁類륑ᄂᆞᆫ法법 數숭에잇ᄂᆞ니라 所以一一頭指天ᄒᆞ고脚踏地ᄒᆞ며一一鼻直向下垂ᄒᆞ고眼橫在上方ᄒᆞ니라○이 런ᄃᆞ로낫나 치머리하ᄂᆞᆯ홀ᄀᆞᄅᆞ치고바리ᄯᅡ홀ᄇᆞᆯ오며낫나 치고하고다아래ᄅᆞᆯ向향ᄒᆞ야드리오누니빗거 上썅方방애 잇ᄂᆞ니라

頌 堂堂大道ㅣ 赫赫分明ᄒᆞ야 人人이 本具ᄒᆞ며 箇箇圓成ᄒᆞ니 ○큰 大땡道똫ㅣ 빗내 分분明명ᄒᆞ야 사ᄅᆞᆷ마다 本본來ᄅᆡᆼ ᄀᆞᄌᆞ며 낫나치 두려이 이니

堂堂大道ㅣ 廓周沙界ᄒᆞ야 赫赫分明ᄒᆞ야 光呑萬像이로다 ○큰 大땡道똫ㅣ 훤히 沙상界갱예 ᄀᆞᄃᆞᆨ어 빗내 分분明명ᄒᆞ야 光광이 萬먼象썅ᄋᆞᆯ 머겟도다 ■世솅界갱 하ᄆᆞᆯ 닐오ᄃᆡ 沙상界갱라 ᄒᆞ니라

人人이 本具ᄒᆞ야 著衣喫飯ᄒᆞ며 彈指揚眉ᄒᆞᄆᆞᆯ 不要別人ᄒᆞᄂᆞ니라 ○사ᄅᆞᆷ마다 本본來ᄅᆡᆼ ᄀᆞ자 옷 닙고 밥 머그며 가락 ᄠᅧ며 눈섭 펴ᄆᆞᆯ 다ᄅᆞᆫ 사ᄅᆞᄆᆡ게 求꿈티 아니ᄒᆞᄂᆞ니라

介介圓成ᄒᆞ야 折旋俯仰ᄒᆞ며 謦欬ᄒᆞᄆᆞᆯ 不借他力ᄒᆞᄂᆞ니라 ○낫나치 두려이 이러 모 것거 돌며 구브며 울월며 하외욤ᄒᆞ며 기지게ᄒᆞ며 기춤호ᄆᆞᆯ 다ᄅᆞᆫ ᄂᆡ 히믈 비디 아니ᄒᆞᄂᆞ나라

祇因差一念ᄒᆞ야 現出萬般形ᄒᆞ니라 ○오직 ᄒᆞᆫ 念념의 差창호ᄆᆞᆯ 因ᄒᆞᆫ

ᄒᆞ야 萬먼가짓 얼구리 現현ᄒᆞ야 나니라

春色은 無高下ᄒᆞ거늘 花枝ㅣ 自短長이로다 自短長

이 也不妨ᄒᆞ니 ○ 봆비ᄎᆞᆫ 노ᄑᆞᆫᄃᆡ ᄂᆞᆺ가온ᄃᆡ 업거늘 곳가지 제 뎌르며 기도다 제 뎌르며

기로미 막디 아니ᄒᆞ니 九類ㅣ 同居一法界ᄒᆞ니 紫羅帳裏예

撒眞珠ㅣ로다 ○ 아홉 類륭ㅣ ᄒᆞᆫ 法법界갱예 ᄒᆞᆫᄃᆡ 사로미 紫ᄌᆞᆼ羅랑帳댱 소배 眞진珠쥬

를 ᄒᆞ텟도다 眞진實씷ㅅ 境경界갱옌 九귷聖셩이며 衆즁生ᄉᆡᆼ이 다 平뼝等ᄃᆼᄒᆞ야 ᄒᆞᆫ가짓 佛

뿛性셩일ᄉᆡ 眞진珠쥬 혜튠ᄃᆞᆺᄒᆞ니라 雖然如是나 若但伊麼商量

이면 盡十方世界都盧是無孔鐵鎚ㅣ라 畜生은 氷作

畜生ᄒᆞ고 餓鬼는 氷作餓鬼ᄒᆞ야 無有一介發眞歸源

이로다 ○ 비록 이 곤ᄒᆞ나 ᄒᆞ다가 오직 이리 商샹量량ᄒᆞ면 十씹方방世솅界갱 오ᄋᆞ로 다 이 구무

업슨 쇠마치라 畜휵生ᄉᆡᆼ은 기리 畜휵生ᄉᆡᆼ이ᄃᆞ외오 餓앙鬼귕는 기리 餓앙鬼귕ᄃᆞ외야 ᄒᆞᆫ낫도

眞진을 發벓ᄒᆞ야 根근源원에 도라가리 업스리로다 ◆쇠마치 ᄌᆞᄅᆞ 들 굼기 업스면 ᄡᅳᆯ ᄃᆡ 업스니라

우희 닐온 ᄭᅡ리 本본體톙ᄅᆞᆯ브터 니ᄅᆞ고 用용애 맛디 몯ᄒᆞᆯᄊᆡ 가ᄌᆞᆯ비니라

既然如是ᄒᆞ니 畢竟에 作麽生고 風和ᄒᆞ야ᅀᅡ 花織地ᄒᆞ고 雲淨ᄒᆞ야ᅀᅡ 月滿天ᄒᆞᄂᆞ니라 ○ ᄒᆞ마 이 곧ᄒᆞ니 ᄆᆞᄎᆞ매 엇뎨오 ᄇᆞᄅᆞ미 和ᅘᅪᆼᄒᆞ야ᅀᅡ 고지 ᄯᅡ해 ᄭᅮ미고 구루미 조하ᅀᅡ ᄃᆞ리 하ᄂᆞᆯ해 ᄀᆞᄃᆞᆨᄒᆞᄂᆞ니라

宗鏡 涅槃清淨에 盡令含識이 依歸케ᄒᆞ나 四相을 俱忘ᄒᆞ야 實無衆生이 滅度ㅣ니 ○ 涅넗槃빤清청淨쪙에 다 含ᅘᅡᆷ識식이 브터 가게 ᄒᆞ나 四ᄉᆞᆼ相샹ᄋᆞᆯ 다 니저 實씷로 衆즁生ᄉᆡᆼ이 滅멿度똥ᄒᆞ미 업스니 ◆含ᅘᅡᆷ識식은 衆즁生ᄉᆡᆼᄋᆞᆯ 니ᄅᆞ니라 如斯了悟ᄒᆞ면 便能脫死超生이어니와 其或未然인댄 依舊迷封滯殼ᄒᆞ리니 ○ 이 ᄀᆞ티 ᄉᆞᄆᆞᆺ 알면 곧 能ᄂᆞᆼ히 주구매 버스며 사로매 건나ᄠᅱ리어니와 시혹 그러티 몯ᄒᆞᆯ딘댄 녜ᄅᆞᆯ 브터 封봉애 미혹ᄒᆞ며 대가리예 겨리 ᄢᅵ리니 會麽아 生死

涅槃이 本平等ᄒᆞ야 妄心盡處ㅣ 即菩提니라 ○아란 다 生ᄉᆡᆼ死ᄉᆞᆼ와 涅넗槃빤괘 本본來ᄅᆡᆼ 平뼝等ᄃᆼᄒᆞ야 妄망心심 다ᄋᆞᆫ ᄯᅡ히 곧 菩뽕提뗑니라

悲化含生이 即不無ㅣ나 爭乃能所ㅣ 歷然커니와 智

冥眞際ᄒᆞ야 平等無有高下ᄒᆞ리라 ○ 悲빙로 含ᅘᆞᆷ生ᄉᆡᆼ을 教공化황ᄒᆞ샤미 곧 업디 아니ᄒᆞ시나 건마ᄅᆞᆫ 能ᄂᆼ과 所송왜 반ᄃᆞᆨᄒᆞ거니와 智딩慧ᅘᅰᆼㅣ 眞진際졩예 마자 平뼝等ᄃᆼᄒᆞ야 노ᄑᆞ며 ᄂᆞᆺ가오미 업스리라 ▲ 衆즁生ᄉᆡᆼ 濟졩度똥ᄒᆞ노랏 ᄆᆞᅀᆞ미 이시면 能ᄂᆼ 所송ㅣ 이시리라

如斯了悟ᄒᆞ면 便能超生脫死ㅣ어니와 其或

未然ᄒᆞᆫ댄 依舊ᄒᆞ야 迷無明之封蔀ᄒᆞ며 滯有漏之形殼ᄒᆞ리라 ○ 이 ᄀᆞ티 ᄉᆞᄆᆞᆺ 알면 곧 能ᄂᆼ히 사로ᄆᆡ 건내ᄠᅱ며 주구매 버서리어니와 시혹 그러티 몯ᄒᆞᆯ딘댄 녜를 브터 無뭉明명ㅅ 封봉蔀뽕애 미혹ᄒᆞ며 漏룽 잇ᄂᆞᆫ 얼굴 대가리예 거리씨리라 ▲ 封봉蔀뽕ᄂᆞᆫ 몯내 와다 ᄲᅥ옛ᄂᆞᆫ ᄠᅳ디라

頌 頂門에 具眼ᄒᆞ야 辨來端ᄒᆞ니 衆類ㅣ 何曾入涅槃이리오 絶後再甦ᄒᆞ야 無一物ᄒᆞ면 了知生死ㅣ 不相干ᄒᆞ리라 ○ 뎡바깃門몬에 누니 ᄀᆞ자 오ᄂᆞᆫ 그틀 ᄀᆞᆯᄒᆡ니 衆즁類륭ㅣ 엇뎨 잠간인ᄃᆞᆯ 涅녏槃빤애 들리오 그ᄎᆞᆫ 後ᅘᅮᇢ에 다시 사라 ᄒᆞᆫ 것도 업스면 살며 주구미 서르 븓디 아니ᄒᆞᆫ ᄃᆞᆯ ᄉᆞᆺ 몯 알리라 ▲ 올ᄒᆞᆫ녁 누ᄂᆞᆫ 體뎽오 왼녁 누ᄂᆞᆫ 用용이오 뎡바깃 누ᄂᆞᆫ 體뎽用용 ᄀᆞᄌᆞ니라 그ᄎᆞᆫ 後ᅘᅮᇢ에 다시 사다 ᄒᆞ몬 空콩ᄋᆞᆯ 아라 잇다가 空콩ᄋᆞᆯ 뻐러ᄇᆞ릴시라

有智無悲ᄒᆞ야도 亦只是一隻眼이며 有悲無智ᄒᆞ야도 亦只是一隻眼이니 悲智ᄅᆞᆯ 雙運ᄒᆞ야 出入이 自在ᄒᆞ야ᅀᅡ 方得名爲頂門具眼이니라 ○ 智딩 잇고 悲빙 업서도 ᄯᅩ 오직 이 ᄒᆞᆫ ᄧᅡᆨ 누니며 悲빙 잇고 智딩 업서도 ᄯᅩ 오직 이 ᄒᆞᆫ ᄧᅡᆨ 누니니 悲빙와 智딩와 둘흘 뮈워 나며 드루미 自ᄍᆞᆼ在ᄍᆡᆼᄒᆞ야ᅀᅡ 시러 일후믈 뎡바깃 門몬애 누니 잇다 ᄒᆞᆯ디니라

來端者ᄂᆞᆫ 生佛平

等之一源이며 悲智不二之一體니 唯有具眼ᄒᆞ야사

辨得有分ᄒᆞ리라○來ᄅᆡᆼ端돤ᄋᆞᆫ衆즁生ᄉᆡᆼ과부텨왜平ᄈᆡᆼ等ᄃᆼᆼᄒᆞᆫ根ᄀᆞᆫ源원이며悲빙와智딩왜둘아닌ᄒᆞᆫ體뎽니오직눈ᄀᆞᆫᄌᆞ니사ᄀᆞᆯᄒᆡ야得득홀分분뿐이이시리라

來端을 既已辨得ᄒᆞ면 何更見有能度所度ㅣ리오 衆生을 滅盡이나 而無滅ᄒᆞ야 生佛이 都盧眼裏花ㅣ로다○來ᄅᆡᆼ端돤을ᄒᆞ마ᄀᆞᆯᄒᆡ면엇뎨다시能능度똥所송度똥ㅣ이쇼믈보리오衆즁生ᄉᆡᆼ滅멿度똥ᄒᆞ몰다ᄒᆞ나滅멿度똥ᄒᆞ미업서衆즁生ᄉᆡᆼ과부텨왜다눉소뱃고지로다

滅멿ᄋᆞᆫ업술시오度똥ᄂᆞᆫ건날시니뷔여ᄒᆞᆫ것도업서世솅間간밧긔건나날시라

妙行無住分第四

復次須菩提야 菩薩이 於法에 應無所

住ᄒᆞ야 行於布施니 所謂不住色布施와 不住聲香味觸法布施니 須菩提야 菩薩이 應如是布施ᄒᆞ고 不住於相이니 何以故오 若菩薩이 不住相布施ᄒᆞ면 其福德이 不可思量이니라

以智로 起行ᄒᆞ면 獲福이 無邊ᄒᆞ리라 ○ 智딩慧쀙로 行ᅘᅢᇰᄋᆞᆯ 니ᄅᆞ와ᄃᆞ면 福복어두미 ᄀᆞᆺ업스리라

冶父 若要天下行인댄 無過一藝強이니라 ○ ᄒᆞ다가 天텬下ᅘᅧᇰ애 ᄒᆞ니고져 ᄒᆞᆯ딘댄 ᄒᆞᆫ ᄌᆡ조強깡ᄒᆞ매 더으니 업스니라 無才者ㅣ 行天下ᄒᆞ면 則脚頭到處에 無與立談者

ᄒᆞ리니 其窮을 可知로다 ○ 지조 업슨 사ᄅᆞ미 天텬下ᅘᅡᆼ애 ᄒᆞ나면 곤 ᄇᆞᆰ근다 ᄃᆞ론
ᄯᅡ해 더브러셔 셔 말ᄒᆞ리 업스리니 그 窮꿍迫ᄇᆡᆨᄒᆞᆫ 몰 어루 알리로다 有才者ㅣ行
天下ᄒᆞ면 則無所往而不自得ᄒᆞ리니 其樂을 不可言
이로다 ○ 지조 뒷ᄂᆞᆫ 사ᄅᆞ미 天텬下ᅘᅡᆼ애 ᄒᆞ니면 곤 간 ᄃᆡ마다 自ᄍᆞᆼ得득디 몯ᄒᆞ미 업스리니 그 즐
거오ᄆᆞᆯ 어루 니ᄅᆞ디 몯ᄒᆞ리로다 無慧眼者ㅣ妄加功行ᄒᆞ면 則行
行이 有著ᄒᆞ야 去道ㅣ轉遠ᄒᆞ려니와 ○ 慧ᅘᅰᆼ眼안 업슨 사ᄅᆞ미 거츠리 功
공行ᅘᆡᆼᄋᆞᆯ 더으면 곤 行ᅘᆡᆼ마다 著딱이 이셔 道ᄯᅩᇢ애 벙으로미 더욱 멀려니와 ■ 慧ᅘᅰᆼ眼안ᄋᆞᆫ 어린
ᄆᆞᅀᆞᆷ 나디 아니ᄒᆞᆯ시라 有慧眼者ㅣ入於行海ᄒᆞ면 則心心이
清淨ᄒᆞ야 經與本地로 相應ᄒᆞ리라 ○ 慧ᅘᅰᆼ眼안 뒷ᄂᆞᆫ 사ᄅᆞ미 行ᅘᆡᆼ海ᄒᆡᆼ예 既與本地로
들면 곧 ᄆᆞᅀᆞᆷ마다 清청淨쪙ᄒᆞ야 바ᄅᆞᆯ 本본地띵와로 서르 應ᅙᅳᆼᄒᆞ리라
相應ᄒᆞ면 塵沙德用과 無量妙義ㅣ元自具足ᄒᆞ야 不

從他得ᄒᆞ리라 ○ ᄒᆞ마 本본地띵와로 서르 應ᅙᅳᆼᄒᆞ면 塵띤沙상德득用용과 그지 업슨 微밍妙몽ᄒᆞᆫ ᄠᅳ디 본ᄃᆡ 제 ᄀᆞ자ᄂᆞᆫ 몬 브터 得득디 아니ᄒᆞ리라 ▶ 塵띤沙상ᄂᆞᆫ 할시니 塵띤 곧 沙상 곧ᄃᆞᆺ마리라

頌 西川十樸錦에 添花ᄒᆞ나 色轉鮮ᄒᆞ도다 欲知端的意ᄂᆞᆫ댄 北斗로 面南看ᄒᆞ라 虛空애 不關絲毫念ᄒᆞᆯᄉᆡ 作頭毫所以ᄉ 彰名大覺仙ᄒᆞ시니라 ○ 西솅川쳔ㅅ 열가짓 錦금에 고ᄌᆞᆯ 더으니 비치 더욱 빗나도다 端돤的뎍ᄒᆞᆫ ᄠᅳ들 알오져 ᄒᆞᆯ딘댄 北븍斗둫로 南남녁 도라 보라 虛헝空콩애 絲ᄉᆞ毫ᅘᅩᇢ 만ᄒᆞᆫ 念념도 막디 아니ᄒᆞᆯᄉᆡ 이런ᄃᆞ로 大땡覺각仙션이랏 일후미 나ᄐᆞ사니라 ▶ 絲ᄉᆞ毫ᅘᅩᇢ 念념은 中듕을 나ᄐᆞ나 中듕을 아ᅀᆞᄫᆞ리다 ᄒᆞᆫ ᄠᅳ디라

般若智로 以ᄉ為質ᄒᆞ고 萬行花로 以ᄉ為文ᄒᆞ니 智行이 相資ᄒᆞ야 文質이 彬彬이로다 ○ 般반若샹智딩로 ᄢᅵ 얼굴 삼고 萬먼行ᅘᆡᇰ 고ᄌᆞ로

로ᄡᅧ文문을 사ᄆᆞ니 智딩와 行ᅘᆡᆼ괘 서르 도와 文문과 質짏왜 고ᄅᆞ도다 【又】 文문은 文문彩ᄎᆡᆼ오 質짏은 얼구리라

伊麼則以智起行ᄒᆞ야 智愈明ᄒᆞ니 錦上애 添花ᄒᆞ야 色轉鮮ᄒᆞ도다 ○ 그러면 智딩로 行ᅘᆡᆼ올 니르와다 智딩 더욱 ᄇᆞᆯᄀᆞ니 錦금 우희 고ᄌᆞᆯ 더어 비치 더욱 빗나도다

【又】 行施ᄒᆞ미 固已偉然이어늘ᅀᅡ 更能無住ᄒᆞ니 其施益大로다 所以道西川十樣錦에 添花色轉鮮이라 ᄒᆞ니라 ○ ᄯᅩ 布봉施싱行ᅘᆡᆼᄒᆞ미 眞진實씷로 ᄒᆞ마 크거늘ᅀᅡ ᄯᅩ 能ᄂᆞᆼ히 住뜡 업스니 그 布봉施싱ᄒᆞ미 더욱 크도다 이런ᄃᆞ로 닐오ᄃᆡ 西솅川쳔ㅅ 열가짓 錦금에 고ᄌᆞᆯ 더으니 비치 더욱 빗나다 ᄒᆞ니라

欲知端的意ㄴ댄 北斗ᄅᆞᆯ 面南看이라 ᄒᆞ니 北斗南星이 位不別이어늘 言南言北이 也由情이니라 ○ 端돤的뎍ᄒᆞᆫ ᄠᅳ들 알오져 홀딘댄 北븍斗둫ᄅᆞᆯ 南남녁 도라보라 ᄒᆞ니 北븍斗둫와 南남星솅괘 位윙 다ᄅᆞ디 아니커늘 南남이라 니ᄅᆞ며 北븍이라 닐오미 ᄠᅳ들 브테니라

伊麼則行施

ㅣ卽無住ㅣ라 一時無前後ᄒᆞ야 逈出有無之境ᄒᆞ고 不坐格外之機ᄒᆞ야 蕭然無寄ᄒᆞ야 量同大虛ᄒᆞ니 大覺之名이 於是乎彰ᄒᆞ며 無量福聚ㅣ 於是乎成이로다 ○ 그러면 布봉施싱行ᅘᆡᆼ호미 곧 住뜡 업소미라 혼 ᄢᅵ라 前쪈後ᅘᅮᇢㅣ 업서 有ᅌᅮᇢ無뭉境경에 머리나고 格ᄀᆡᆨ 밧긧 機긩예 안ᄶᅵ 아니ᄒᆞ야 蕭송然션ᄒᆞ야 브토미 업서 量량이 큰 虛헝空콩 곧ᄒᆞ니 大땡覺각이랏 일후미 이에 나ᄐᆞ시며 그지업슨 福복聚쯍ㅣ 이에 이도다 ▼格ᄀᆡᆨ 밧긧 機긩는 中듕을 니ᄅᆞ니라

須菩提야 於意云何오 東方虛空을 可思量가 不아 不也ㅣ이다 世尊하 須菩提야 南西北方四維上下虛空을 可思量가 不아 不也世尊하 須菩提야 菩薩無

住相布施福德도 亦復如是ᄒᆞ야 不可思量이니

菩薩萬行ᄋᆞᆫ 無念이 爲宗이니 一得其宗ᄒᆞ면 無所施而不可ᄒᆞ야 其所獲福이 寬廣이 如空ᄒᆞ리라 ○ 菩뽕薩삻ㅅ 萬먼行ᄒᆡᇰᄋᆞᆫ 念념 업소미 ᄆᆞ리니 ᄒᆞᆫ번 그 ᄆᆞᄅᆞᆯ 得득ᄒᆞ면 施싱ᄒᆞᆯ 배 可캉티 아니호미 업서 그 福복 얻논 배 어위며 너부미 虛헝空콩 ᄀᆞᆮᄒᆞ리라

須菩提야 菩薩ᄋᆞᆫ 但應如所教住ㅣ니라

治父 可知禮也ㅣ니라 ○ 禮롕 아로미 올ᄒᆞ니라

無住者ᄂᆞᆫ 萬行之大本也ㅣ오 萬行者ᄂᆞᆫ 無住之大用也ㅣ라 ○ 住뜡 업소ᄆᆞᆫ 萬먼行ᄒᆡᇰ앳 큰 根곤本본이오 萬먼行ᄒᆡᇰᄋᆞᆫ 住뜡 업소ᄆᆡ 큰 用용이

라 慈尊이 敎以無住로 爲住ᄒᆞ시니 大本이 已明ᄒᆞ고

而大用을 亦不可不知也ㅣ로다 ○慈쫑尊존이 住뜡업소ᄆᆞ로 住ᇢ사

모ᄆᆞᆯ ᄀᆞᄅᆞ치시니 큰 根ᄀᆞᆫ本본이 ᄒᆞ마 ᄇᆞᆰ고 큰 用용을 ᄯᅩ 아디 몯ᄒᆞ미 올티 몯ᄒᆞ도다 權也者

는 人間世之大用也ㅣ며 存亡之所繫며 禍福之所

由興也ㅣ니 ○禮롕라 혼 거슨 人신間간世솅옛 키 ᄡᅳ논 거시며 이시며 업소미 ᄆᆡ옛논 배

며 禍황福복의 브터 나논 배니 人이 知禮ᄒᆞ면 則進退可觀이며 擧措

ㅣ得宜ᄒᆞ야 無施不可ㅣ어니와 ○사ᄅᆞ미 禮롕ᄅᆞᆯ 알면 곤 나ᅀᆞ며 믈로미 보암

직ᄒᆞ며 들며 두며 호미 맛당호ᄆᆞᆯ 得득ᄒᆞ야 施싱호미 可강티 아니호미 업스려니와 苟不

知禮ᄒᆞ면 則雖曰無事於心ᄒᆞ야도 動輒違規ᄒᆞ면 豈有

進退升降之可觀乎ㅣ리오 由是로 禮也者는 可知

而不可不知也ㅣ니라 ○ᄒᆞ다가 禮롕ᄅᆞᆯ 아디 몯ᄒᆞ면 곤 비록 닐오ᄃᆡ ᄆᆞᅀᆞ매 일업

다ᄒᆞ야도 뮌다마다 法법에 어긔면 엇뎨 나ᅀᆞ며 므르며 오ᄅᆞ며 ᄂᆞ료미 보ᅀᆞᆷ 직ᄒᆞ미 이시리오 이런 젼ᄎᆞ로 禮례라 혼 거ᄉᆞᆫ 이로미 올코 아다 몯호미 올티 아니ᄒᆞ나라

頌 虛空境界ᄂᆞᆫ 豈思量이리오 大道ㅣ 清幽ᄒᆞ야 理更長ᄒᆞ도다 但得五湖風月이 在ᄒᆞ면 春來예 依舊百花香ᄒᆞ리라 ○ 虛헝空콩境경界갱ᄂᆞᆫ 엇뎨 思ᄉᆞ量량ᄒᆞ리오 큰 道ᄹᅩᇢ理링 ᄆᆞᆯᄀᆞ며 기퍼 理링 ᄯᅩ 기도다 오직 五ᅌᅩᆼ湖ᅘᅩᆼ風봉月ᅌᅯᇙ이 쇼ᄆᆞᆯ 得득ᄒᆞ면 봄오매 녜를 브터 온가짓 고지 옷곳ᄒᆞ리라 ▲ 湖ᅘᅩᆼᄂᆞᆫ 므리니 다ᄉᆞᆺ 가ᄅᆞᆯ로 흐를ᄉᆡ 五ᅌᅩᆼ湖ᅘᅩᆼㅣ라 ᄒᆞ니라

無住로 爲住ᄒᆞ니 廓然如空이로다 雖然如是ᄒᆞ나 大道ᄂᆞᆫ 不屬有住無住ᄒᆞ니 ○ 住뜡 업소ᄆᆞ로 住뜡 사ᄆᆞ니 훤ᄒᆞ야 虛헝空콩 ᄀᆞᆮ도다 비록 이 ᄀᆞᆮᄒᆞ나 큰 道ᄹᅩᇢ理링ᄂᆞᆫ 住뜡 이사며 住뜡 업소매 븓디 아니ᄒᆞ니 方之海印이오 越彼大虛ᄒᆞ니라 大虛中에 不妨有五湖風月ᄒᆞ며 無

住中에 亦不妨繁興大用ᄒᆞ니○海힝印힌에가ᄌᆞᆯ비고더大땡虛헝에

너므니라大땡虛헝ㅅ가온ᄃᆡ五옹湖홍風봉月ᄋᆞᆶ아쇼미막다아니ᄒᆞ며住뜡업슨가온ᄃᆡ큰用

용ᄋᆞᆯ어즈러이니ᄅᆞ와도미ᄯᅩ막디아니ᄒᆞ니[illegible]閻염浮뿡萬먼像쌍이다海힝中듕에現현ᄒᆞᆯ시

일후믈海힝印힌이라ᄒᆞ니海힝印힌은萬먼像쌍이나타나니用용이라조ᄎᆞ시大땡道뜡애가ᄌᆞᆯ

비고大땡虛헝ᄂᆞᆫ虛헝空공ᄲᅮ니라用용이업슬시大땡道뜡애몯가ᄌᆞᆯ비니라古人이

道호ᄃᆡ莫把無心ᄒᆞ야云是道ㅣ라ᄒᆞ라無心이猶隔一重

關이라ᄒᆞ니無心이正是無住之義니○녯사ᄅᆞ미닐오ᄃᆡᄆᆞᅀᆞᆷ업소ᄆᆞᆯ

자바이道뜡理링라니ᄅᆞ디말라ᄆᆞᅀᆞᆷ업소미오히려ᄒᆞᆫᄇᆞᆯ關관이隔격다ᄒᆞ나ᄆᆞᅀᆞᆷ업소미正졍

히이住뜡업ᄉᆞᆫᄠᅳ디니要向無住中ᄒᆞ야繁興大用ᄒᆞ야圓具萬

德ᄒᆞ야ᅀᅡ方與大道로相應去在ᄒᆞ리라○모로매住뜡업슨가온ᄃᆡ

ᄅᆞᆯ向향ᄒᆞ야큰用용ᄋᆞᆯ어즈러이니ᄅᆞ와다萬먼德득이두려이ᄀᆞ자ᅀᅡ바ᄅᆞ서큰道뜡와로서르

應흥ᄒᆞ리라 到這裏ᄒᆞ야 見聞覺知ㅣ 依前受用家風이며 色香味觸이 元是遊戲之場이니라 ○ 이에 다ᄃᆞ란 見견과 聞문과 覺각 知딩왜 아리브터 바다 ᄡᅳ논 家강風봉이며 色식과 香향과 味밍와 觸쵹괘 본ᄃᆡ 이 노니논 바탕이니라

宗鏡 住相布施는 猶日月之有窮ᄒᆞ고 不著六塵은 若虛空之無際ᄒᆞ니 自他ㅣ 俱利ᄒᆞ야 福德이 難量이니 豁然運用이 靈通ᄒᆞ며 廓爾縱橫이 自在ᄒᆞ도다 ○ 相샹개 住뜽ᄒᆞ야 布봉施싱ᄒᆞ논 日일月웛이 다ᄋᆞᇝ 이쇼미 곧ᄒᆞ고 六륙塵띤에 著딱디 아니ᄒᆞ논 虛헝空콩이 ᄀᆞᆺ 업소미 곧ᄒᆞ니 저와 ᄂᆞᆷ괘 다 利링ᄒᆞ야 福복과 德득괘 量량호미 어려우니 훤히 뷔워 ᄡᅳ미 靈령히 ᄉᆞᄆᆞᄎᆞ며 훤히 기리와 너븨왜 自쯩在찡ᄒᆞ도다 且道還有住著處麽아 妙體는 本來無處所ᄒᆞ니 通身이 何更有蹤由ㅣ리오 ○ ᄯᅩ 니ᄅᆞ라 도ᄅᆞ혀 住뜽著딱홀 고ᄃᆡ 잇ᄂᆞ

녀 妙묳體톙ᄂᆞᆫ 本본來ᄅᆡᆼ處청所송ㅣ 업스니오 ᄋᆞᆫ모미 엇뎨 ᄯᅩ 자최 이시리오

住相布施ᄂᆞᆫ 徒眩人之耳目ᄒᆞ야 違於無住大道ᄒᆞᆯᄉᆡ

但感有漏之報ᄒᆞ야 失於無邊大利ᄒᆞ미 猶彼日月이

但能代明ᄒᆞ고 而不能通乎晝夜ᄐᆞᆺᄒᆞ니라 ○ 相샹애 住뜡ᄒᆞ야 布봉

施싱ᄒᆞ문 ᄒᆞᆫ갓 사ᄅᆞ미 귀누네 즐케ᄒᆞ야 住뜡 업슨 큰 道똫애 어글ᄊᆡ 오직 漏롱 잇ᄂᆞᆫ 報봉ᄅᆞᆯ 感

감ᄒᆞ야 ᄀᆞᆺ 업슨 큰 利링ᄅᆞᆯ 일호미 뎌 日ᅀᅵᇙ月ᅌᅯᇙ이 오직 能능히 서르 ᄇᆞᆯ기고 能능히 나재 바매 ᄉᆞᄆᆞᆺ디 몯

ᄐᆞᆺᄒᆞ니라 無住行施ᄂᆞᆫ 身心이 澹寂ᄒᆞ야 內外一如ᄒᆞᆯᄉᆡ 契

乎無住大道ᄒᆞ야 終獲無邊大利ᄒᆞ미 如彼大虛ㅣ 廓

然無際ᄐᆞᆺᄒᆞ니 ○ 住뜡 업시 布봉施싱行ᅘᆡᆼᄒᆞ문 몸과 ᄆᆞᅀᆞᆷ괘 ᄆᆞᆯ가 괴외ᄒᆞ야 안팟기 ᄒᆞᆫ가

질ᄊᆡ 住뜡 업슨 큰 道똫애 마자 내죵애 ᄀᆞᆺ 업슨 큰 利링ᄅᆞᆯ 어두미 뎌 큰 虛헝空콩이 훤히 ᄀᆞᆺ 업ᄉᆞᆫ ᄐᆞᆺᄒᆞ

니 以之處己ᄒᆞ고 推以及人ᄒᆞ면 其爲福德이 實爲難

量이리니 福德難量으란 且置어니와○일로ᄡᅥ모매가지고미라ᄡᅥᄂᆞ·ᄆᆡ게·매미츠면그福복과德득괘實씷로量량호미어려·우라·니福복·과德득과難난量량호·마·어·려우·므란아직둘·디어·나와 怎生是無住底道理오 豁然運用이 靈通ᄒᆞ며 廓介縱橫이 自在로다 且道還有住著處麼아

妙體ᄂᆞᆫ 無處所ᄒᆞ야 通身히 沒蹤由ᄒᆞ도다○어느·이住뜡·업슨道ᄯᅩᇢ理링오훤히뮈워ᄡᅮ미靈령히ᄉᆞᄆᆞ·차며훤히기·릐와너·븨·왜自ᄍᆞᆼ在·ᄍᆡᆼᄒᆞ·도·다·또니ᄅᆞ·라도ᄅᆞ허住뜡著딱ᄒᆞᆯ고디이시려妙묭體뎽ᄂᆞᆫ處·쳥所송ㅣ·업서오·ᄋᆞᆫ·모미자·최브·튜·미·업도다

頌 運力檀度ㅣ 契眞常ᄒᆞ면 福等虛空ᄒᆞ야 不可量이리라

無影樹頭에 花爛熳ᄒᆞ니 從他採獻法中王호리라○·히ᄅᆞᆯ·ᄡᅥ布봉施싱로濟졩度똥호미眞진常썅애마ᄌᆞ면福복·이虛헝空콩ᄀᆞᆫᄒᆞ야어·루量량티·몯ᄒᆞ·리라그ᄅᆞ·메업슨즘겟머리예고지너르드르니뎌를조·차·킈야法법中듕王왕·ᄭᅴ받ᄌᆞ·오리·라

無住行施ᄂᆞᆫ 施契性空ᄒᆞ니 性空이 無邊ᄒᆞᆯᄉᆡ 福亦無
際ᄒᆞ니라 ○ 住뜡 업시 布봉施싱 行뼹ᄒᆞᄆᆞᆫ 施싱ᄒᆞ미 性셩空콩애 마ᄌᆞ니 性셩空콩이 ᄀᆞᆺ업슬
ᄉᆡ 福복이 ᄯᅩ ᄀᆞᆺ업스니라 因無住ᄒᆞ야 而萬行이 俱沉ᄒᆞ야 果ㅣ 闕
圓常ᄒᆞ면 則無住之於行果애 固有妨矣어니와 ○ 住뜡 업소
몰 因힌ᄒᆞ야 萬먼行뼹이 다ᄌᆞ마 果광ㅣ 圓원常쌍이 闕퀑ᄒᆞ면 곧 住뜡 업소미 行뼹果광애 眞진
實씷로 마고미 잇거니와 ◆行뼹ᄋᆞᆫ 學ᅘᅡᆨ人신의 行뼹ᄒᆞᆯ 시오 果광ᄂᆞᆫ 行뼹ᄒᆞ야 證징得득ᄒᆞᆫ 果광
ㅣ라 因無住ᄒᆞ야 而萬行이 爰起ᄒᆞ야 得福이 無邊ᄒᆞ면 則
無住之於行果애 大有益焉ᄒᆞ야 而固無妨矣리라 ○ 住라
住뜡 업소몰 因힌ᄒᆞ야 萬먼行뼹이 이에 니러 福복 어두미 ᄀᆞᆺ업스면 곧 住뜡 업소미 行뼹果광애 키
有윻益ᅙᅧᆨᄒᆞ야 眞진實씷로 마고미 업스리라 既無妨矣면 則行行이 無
著ᄒᆞ며 福亦不受ᄒᆞ미 固其宜矣로다 ○ ᄒᆞ마 마고미 업스면 곧 行뼹마다

著ᄯᅡᆨ이 업스며 福복도 ᄯᅩ 받디 아니ᄒᆞ마 眞진實씷로 맛당ᄒᆞ도다 爲甚如此오 有

樹ㅣ 元無影ᄒᆞ야 生長劫外春ᄒᆞ니 靈根이 密密蟠沙

界ᄒᆞ듸 寒枝無影ᄒᆞ야 鳥不栖ㅣ로다 莫謂栽培何有鄕

ᄒᆞ라 ○ 므스글 爲윙ᄒᆞ야 이곤ᄒᆞ뇨 즘게 본듸 그르메 업서 劫겁 밧긧 보미 나아기나 靈령ᄒᆞᆫ 불휘

칙칙ㅣ 沙상界갱예서 료듸 ᄎᆞᆫ 가지 그르메 업서 새 깃깃디 아니ᄒᆞ놋다 何ᅘᅧᆼ有ᅌᅮᇢㅅ ᄀᆞ올ᄒᆡ 시므

다 니ᄅᆞ디 말라 何ᅘᅧᆼ有ᅌᅮᇢ鄕향ᄋᆞᆫ 아ᄆᆞ라타 몯홀 ᄃᆞ니 無뭉住뜡를 니ᄅᆞ니라 劫外春

風에 花爛熳ᄒᆞ다 도 花爛熳ᄒᆞ니 從他採獻法中王ᄒᆞ리

라 ○ 劫겁 밧긧 봆 ᄇᆞᄅᆞ매 고지 너르 드도다 고지 너르 드르니 뎌를 조차 키야 法법中듕王왕씌 받

ᄌᆞ오리라

如理實見分第五

須菩提야 於意云何오 可以身相으로 見

如來아 不아 不也世尊하 不可以身相으로 得見如來니 何以故ㅣ어뇨 如來所說身相이 卽非身相이니이다

佛이 擧身相ᄒᆞ샤 問空生ᄒᆞ샤ᄆᆞᆫ 欲明妙圓無相身이어시ᄂᆞᆯ 空生은 本是獅子兒ㄹᄉᆡ 不曾逐塊ᄒᆞ고 能咬人이로다 ○부톄 身신相샹ᄋᆞᆯ 드러 空콩生ᄉᆡᆼᄃᆞ려 무르샤ᄆᆞᆫ 微밍妙묠히 두려워 얼굴 업슨 모ᄆᆞᆯ ᄇᆞᆯ교려 ᄒᆞ거시ᄂᆞᆯ 空콩生ᄉᆡᆼ은 本본來링 獅ᄉᆞᆼ子ᄌᆞᆼㅣ샷길ᄉᆡ 잢간도 무저글 좃ᄃᆞᆯ 아니ᄒᆞ고 能능히 사ᄅᆞᄆᆞᆯ 므너ᄒᆞᄂᆞ다 【가히ᄂᆞᆫ 사ᄅᆞ미 ᄒᆞᆰ무저그로 텨ᄃᆞᆫ ᄒᆞᆰ무저글 므너ᄒᆞ오 獅ᄉᆞᆼ子ᄌᆞᆼᄂᆞᆫ 사ᄅᆞ미 ᄒᆞᆰ무저그로 텨ᄃᆞᆫ ᄒᆞᆰ무저글 ᄇᆞ리고 사ᄅᆞᄆᆞᆯ 므너ᄒᆞᄂᆞ니 空콩生ᄉᆡᆼ이 부텻 ᄠᅳ들 아라 對됭答답ᄒᆞᄉᆞ오ᄆᆞᆯ 가ᄌᆞᆯ비니라 莫以無相ᄋᆞ로 云是斷이라ᄒᆞ라 非形이 終不外

於形ᄒᆞ니라○얼굴업소므로이斷돤滅멿이라니ᄅᆞ디말라形형아니로마내죵애形형밧기아니나라

治父 且道卽今에 行住坐臥ᄂᆞᆫ 是甚麼相고 休瞌睡ᄒᆞ라○또니ᄅᆞ라곧이제ᄃᆞᆫ니며머믈며안ᄌᆞ며누우믄이므슴相샹고ᄌᆞ오디말라

吾今色身이 卽是常身法身이니 不得離却色身ᄒᆞ고 別求常身法身이니라○내이젯色식身신이곧이常쌍身신法법身신이니色식身신ᄋᆞᆯ여희오各각別뼗히常쌍身신法법身신求꿓ᄒᆞ미올티아니ᄒᆞ니라 ▼常쌍身신法법身신ᄋᆞᆫ眞진常쌍ᄒᆞᆫ法법身신이라

若也離却色身ᄒᆞ고 別求常身法身ᄒᆞ면 慈氏宮中에 願生兜率ᄒᆞ며 含元殿裏예 更覓長安이니라○ᄒᆞ다가色식身신ᄋᆞᆯ여희오各각別뼗히常쌍身신法법身신ᄋᆞᆯ求꿓ᄒᆞ면慈쭝氏씽宮궁中듕에셔兜듷率솛애나고져願원ᄒᆞ며含함元원殿뎐ᄉᆞ배셔다시長땽安안ᄋᆞᆯ어

두미니라 所以道卽今行住坐臥ㅣ是什麼相고ᄒᆞ니 要

見常身法身인댄 直須向行住坐臥處ᄒᆞ야 覷破ᄒᆞ야사

始得다 ○이런ᄃᆞ로 닐오ᄃᆡ 곧 이제 行ᅘᆡᇰ住뜡坐쫭臥왕ㅣ 이 므슴 相샹고 ᄒᆞ니 常쌍身신法

법身신을 보고져 ᄒᆞᇙ딘댄 바ᄅᆞ모로매 行ᅘᆡᇰ住뜡坐쫭臥왕處쳥ᄅᆞᆯ 向ᅘᅣᇰᄒᆞ야 보아ᅀᅡ 올타 離

却日用ᄒᆞ고 別求常身法身ᄒᆞ면 便是鬼窟裏예 作活

計니 所以道休瞌睡ㅣ라 ᄒᆞ니라 ○日ᅀᅵᇙ用용ᄋᆞᆯ 여희오 各각別볋히 常쌍身

신法법身신을 求꿓ᄒᆞ면 곧 이 鬼귕窟콣소배 사ᄅᆞᆯ 혜몰지수미니 이런ᄃᆞ로 닐오ᄃᆡ 조오다 말라

ᄒᆞ니라 日ᅀᅵᇙ用용 ᄇᆞ리고 各각別볋히 法법身신 求꿓호미 그운 업슨 空콩寂쪅일ᄉᆡ 귓거싀 窟

콣을 가ᄌᆞᆯ비고 ᄌᆞ오로미 그운 업소ᄆᆞᆯ 니ᄅᆞ니 그 鬼귕窟콣裏링예 作작活ᅘᅪᇙ計곙ᄒᆞ미라

頌 身在海中ᄒᆞ니 休覓水며 日行嶺上ᄒᆞᄂᆞ니 嶺上 一作山嶺 莫

尋山ᄒᆞ라 鶯吟燕語ㅣ 皆相似ᄒᆞ니 莫問前三與後三이니

라○·모미바룴가온ᄃᆡ잇ᄂᆞ·니믈어듬말며날:마다
嶺:령우·희돈·나ᄂᆞ·나:뫼·어둠:말·라곳고·리·우·룸·과:져
비:말·왜·다서르곧ᄒᆞ·니前쪈三삼·과後ᅘᅮᇢ三삼·과·로
:묻디마·롤·디니·라
【】前쪈後ᅘᅮᇢ三삼三삼·ᄋᆞᆫ一:ᅙᅵᇙ萬
·면이니六·륙六륙·이元원來ᄅᆡᆼ三삼十씹六·륙·이라
·홈과·곧ᄒᆞ·나無뭉著·땩·이淸쳥凉량山산·ᄋᆡ·가文문
殊쓩·보와무로ᄃᆡ이·에:즁·이:언매나ᄒᆞ니잇·고文문
殊쓩ㅣ닐·오ᄃᆡ前쪈三삼三삼後ᅘᅮᇢ三삼三삼·이라
ᄒᆞ·니라

淸淸水中에 遊魚ㅣ 自迷ᄒᆞ며 赫赫日中에 盲者ㅣ

不覩ᄒᆞᄂᆞ니○믈·ᄀᆞ며믈·ᄀᆞᆫ묽가·온ᄃᆡ:노ᄂᆞᆫ고·기:졔모ᄅᆞ며빗나·며빗난·힛가·온ᄃᆡ盲밍眼:한이·보·디:몯ᄒᆞᄂᆞ·니

常在於其中ᄒᆞ야 經行及坐臥ᄒᆞ되 而人이

自迷ᄒᆞ야 向外空尋ᄒᆞᄂᆞ니라○샹녜그가온ᄃᆡ이·셔두루돋니며안ᄌᆞ며누으며ᄒᆞ되사ᄅᆞ·미:제몰라밧글向·향ᄒᆞ야:속절업·시ᄎᆞᆺᄂᆞ·니·라

身在海中ᄒᆞ니거 何勞

覓水며 日行山嶺ᄒᆞ니거 豈用尋山이리오○·모미바룴가·온ᄃᆡ잇

거니엇뎨잇비므를어드며날마다山산嶺령에든니거니엇뎨뻐뫼홀어드리오 鶯與鶯

吟이 聲莫二ᄒᆞ며 燕與燕語ㅣ 語一般이로다 但知物

物이 非他物이언뎡 莫問千差與萬別ᄒᆞ라○곳고리와곳고리우루미소리둘아니며져비와져비매리마리ᄒᆞᆫ가지로다物믈마다다ᄅᆞᆫ物믈아닌돌오직아롤디언뎡千쳔差창와萬먼別볋을묻디말라千쳔差창萬먼別볋은萬먼法법을니ᄅᆞ니라

佛告須菩提ᄒᆞ샤ᄃᆡ 凡所有相이 皆是虛

妄이니 若見諸相의 非相ᄒᆞ면 即見如來리라

目前에 無法ᄒᆞ야 觸目이 皆如ㅣ니 但知如是ᄒᆞ면 即爲

見佛이니라○눈알ᄑᆡ法법이업서눈다ᄃᆞᄅᆞᆫᄃᆡ다如셩ㅣ니오직이곧ᄒᆞᆫ돌알면곧부텨보ᄉᆞ오미니라

說誼 山是山이오 水是水니 佛이 在甚麽處오○뫼히이뫼히오

므리 ·이 므리니 두텨 어·느 고·대 ·겨시·뇨

若一向佛身이 無相ᄒᆞ야 相外에 必有佛身이라ᄒᆞ면 即
今에 見山이 即是山이며 見水ㅣ 即是水ㅣ니 佛在甚
麽處오 ○ᄒᆞ다가 ᄒᆞᆫ갓 부텻 모미 相샹 업서 相샹 밧긔 반ᄃᆞ기 부텻 모미 겨시다 ᄒᆞ면 곧 이제
보논 뫼히 곧 이 뫼히며 보논 므리 곧 이 므리니 부텨 어느 고대 겨시뇨

頌 有相有求ㅣ 俱是妄이며 無形無見이라도 墮偏枯ᄒᆞ리라

堂堂密密이 何曾間이리오 一道寒光이 爍太虛ᄒᆞ도다 ○ 相샹 이시며 求꿓 이쇼미 다 이 妄망ᄋᆡ며 얼굴 업스며 봄 업다 ᄒᆞ야도 기우러 이운 ᄃᆡ 뻐러디리라
크며 칙칙ᄒᆞ미 어듸 쎤즈슴 ᄎᆞ리오 ᄒᆞᆫ 긼 ᄎᆞᆫ 光광明명이 太탱虛헝에 빗나도다

執有執無ㅣ 俱成邪見ᄒᆞᄂᆞ니 有無ㅣ 無二ᄒᆞ면 一味
常現ᄒᆞ리라 ○ 有옿ᄅᆞᆯ 자ᄇᆞ며 無뭉ᄅᆞᆯ 자보미 다 邪썅見견이 이ᄂᆞ니 有옿와 無뭉왜 둘 업스

면ᄒᆞ마시샹녜現현ᄒᆞ리라

【宗鏡】金身이顯煥ᄒᆞ시니 巍巍海上孤峯이시고 妙相ᄋᆞ로
莊嚴ᄒᆞ시니 皎皎星中圓月이샷다 雖然如是나 畢竟엔
非眞이니○金금身신이顯현ᄒᆞ야빗나시니巍욍巍욍ᄒᆞ야바ᄅᆞᆳ우흿외ᄅᆞ왼峯봉이시고妙묘
相샹ᄋᆞ로莊장嚴엄ᄒᆞ시니皎굠皎굠ᄒᆞ야별가온ᄃᆡ두려운ᄃᆞ리샷다비록이ᄀᆞᆮᄒᆞ나ᄆᆞᄎᆞ맨眞진이
아니니▶皎굠皎굠ᄂᆞᆫᄆᆞᆯᄀᆞᆯ지라 經云ᄒᆞ샤ᄃᆡ 眞非眞ᄋᆞᆯ 恐迷ᄒᆞ야 我常
不開演이라ᄒᆞ시니 且道意在於何오 一月이 普現一切
水ᄒᆞ고 一切水月ᄋᆞᆯ 一月이 攝ᄒᆞ니라○經경에니ᄅᆞ샤ᄃᆡ眞진과非빙眞진
과ᄅᆞᆯ모ᄅᆞᆯ가저허내샹녜여러펴디아니ᄒᆞ노라ᄒᆞ시니ᄯᅩ니ᄅᆞ라ᄠᅳ디어듸잇ᄂᆞ뇨ᄒᆞᆫᄃᆞ리一ᇙ切쳉
ㅅ므레너비現현ᄒᆞ고一ᇙ切쳉므렛ᄃᆞᄅᆞᆯᄒᆞᆫᄃᆞ리모도자뱃ᄂᆞ니라
報化ㅣ 高大ᄒᆞ시니 一似海岳之嵬嵬ᄒᆞ시고 妙相이

端嚴ᄒᆞ시니 猶如江月之皎皎ᄒᆞ샷다 ○ 報봉身신 化황身신이 놉고 크신
시니 海힝岳악ᄋᆡ 嵬욍嵬욍호미 ᄀᆞᆮᄒᆞ시고 妙묠ᄒᆞᆫ 相샹이 端돤正졍코 싁싁ᄒᆞ시니 江강月ᅌᅯᇙ의
ᄆᆞᆯ고미 ᄀᆞᆮᄒᆞ샷다 然이나 此身此相은 遇緣即現ᄒᆞ고 緣盡則
隱ᄒᆞᄂᆞ니 任它報化ㅣ 隱現ᄒᆞ고 寂光眞身은 常湛湛
ᄒᆞ며 從敎水月의 有無ᄒᆞ고 天上一輪은 常皎皎ᄒᆞ니 ○ 그
러나 이 몸이 相샹ᄋᆞᆫ 緣원을 맛나면 곧 現현ᄒᆞ고 緣원이 다ᄋᆞ면 곧 숨ᄂᆞ니 뎌 報봉身신 化황身신
이 수므며 現현호ᄆᆞᆯ 더뎌 두고 괴외ᄒᆞᆫ 光광明명 眞진實씷ㅅ 모ᄆᆞᆫ 샹녜 ᄆᆞᆯ가시며 므렛 ᄃᆞ리 이
시며 업소ᄆᆞᆯ란 ᄒᆞ욘 조초ᄒᆞ고 天텬上썅앳 ᄒᆞᆫ 輪륜은 샹녜 ᄆᆞᆯᄀᆞ니 一身이 應爲千
百億이오 千百億身을 一身이 攝이니라 ○ ᄒᆞᆫ 모미 반ᄃᆞ기 千쳔百빅
億흑이 ᄃᆞ외시고 千쳔百빅億흑 모ᄆᆞᆯ ᄒᆞᆫ 모미 모도자바 겨사니라

頌 報化는 非眞이라 了妄緣이니 法身은 清淨ᄒᆞ야 廣無邊

ᄒᆞ니라 千江애 有水ᄒᆞ면 千江月이오 萬里예 無雲ᄒᆞ면 萬里

天이니라 ○ 報봉身신化황身신은 眞진아니라 妄망緣원을 아롤디니 法법身신은 淸청淨쨩ᄒᆞ야 너비 긋업스니라 즈믄 ᄀᆞᄅᆞᆷ애 ᄆᆞ리 이시면 즈믄 ᄀᆞᄅᆞᆷ앳 ᄃᆞ리오 萬먼里링예 구루미 업스면 萬먼里링옛 하ᄂᆞᆯ하니라

看取棚頭에 弄傀儡ᄒᆞ라 抽牽어 全借裏頭人이니라

裏頭人이 量恢恢ᄒᆞ니 瑩若淸空애 絶點霞ᄒᆞ도다 ○ 棚뼝ㅅ 그테 곡도 놀요ᄆᆞᆯ 보라 ᄲᅡ혀며 잇구미 젼혀 소뱃사ᄅᆞᄆᆞᆯ 假강借쟝ᄒᆞᄂᆞ니라 소뱃사ᄅᆞ미 氣킹量량이 크니 조호미 몯ᄒᆞᆫ 虛헝空콩애 죠고맛ᄒᆞ린 것도 업소미 ᄀᆞᆮ도다 【棚뼝은 더기라】 絶點

霞ᄒᆞ나 隨機普現百億身ᄒᆞᄂᆞ니 刹塵에 有機ᄒᆞ면 刹

塵身이오 刹塵에 無感ᄒᆞ면 但眞身이니라 ○ 죠고맛ᄒᆞ린 것도 업스나 機깅롤 조차 百ᄇᆡᆨ億ᅙᅳᆨ 모미 너비 現현ᄒᆞᄂᆞ니 刹찷塵띤에 機깅이시면 刹찷塵띤 모마오 刹찷塵띤

에感감이업스면오직眞진身신이니라 刹찰은나라히오塵띤은드트리니刹찰도하고塵띤도한거ᄉᆡᆯ한數ᄉᆞᆼ를니ᄅᆞ니라

次下ᄂᆞᆫ顯示悟修證門ᄒᆞ니雖末世衆生이라도亦自有分也ㅣ니能信此經은悟也ㅣ오無我人等은修也ㅣ오得無量福德은證也ㅣ라是知法無古今ᄒᆞ며悟無先後也ㅣ로다 ○ 버근아래ᄂᆞᆫ아ᄅᆞᆷ과닷곰과證징홀門몬을顯현ᄒᆞ야뵈시니비록末맗世솅衆즁生ᄉᆡᆼ이라도ᄯᅩ제分뿐이잇ᄂᆞ니라 이經경을能능히信신ᄒᆞ논아ᄅᆞ미오我앙와人신과업숨돌ᄒᆞᆫ닷고미오그지업슨福복德득어두믄證징이라 이에알리로다法법이녜이제업스며아로미先션後ᅘᅮᇢㅣ업도다

正信希有分第六

須菩提ㅣ白佛言ᄒᆞᅀᆞ오ᄃᆡ世尊하頗有衆

生이 得聞如是言說章句ᄒᆞᅀᆞᆸ고 生實信

不ㅣ잇가 佛告須菩提ᄒᆞ샤ᄃᆡ 莫作是說ᄒᆞ라 如

來滅後後五百歲예 有持戒修福者

ㅣ면 於此章句에 能生信心ᄒᆞ리니 以此爲

實ᄒᆞ라

上來問答은 只明得無住無相之義ᄒᆞ니 若是無住

無相之義ᄂᆞᆫ 甚深難解라 不近人情ᄒᆞ니 去聖이 愈

遠ᄒᆞ면 容有不信故로 問也ᄒᆞ니라 ○우흿 問문答답은 오직 無뭉住뜡 無뭉相샹得득ᄒᆞᆫ ᄠᅳ들 ᄇᆞᆯ기니 ᄒᆞ다가 이 無뭉住뜡 無뭉相샹ᄒᆞᆫ ᄠᅳ든 甚씸히 기퍼 아로미 어려운다라 人ᅀᅵᆫ情쪙에 갓갑디 아니ᄒᆞ니 聖셩人ᅀᅵᆫ씌 벙으로미 더욱 멀면 시혹 不붏信신ᄒᆞ리 이실션 ᄎᆞ

로몯ᄌᆞ·오니·라 然此ᄂᆞᆫ 固不外乎衆生日用이며 亦乃該通
過現未來ᄒᆞ니 由是로 雖是末世라도 如有勝機ᄒᆞ면 必
當生信ᄒᆞ야 以此無住無相之義로 以爲實然也ᄒᆞ리
라 ○ 그·러나·이ᄂᆞᆫ 眞진實씷로 衆즁生싱·이 日싏用·용·애 서·나·디 아·니ᄒᆞ·며 ·ᄯᅩ 過광去컹現·현在·찡
未밍來링·예 ·ᄀᆞ·초 ᄉᆞᄆᆞᆺ·ᄎᆞ니 ·이런 젼ᄎᆞ로 비록 ·이: 末·맗世·솅라·도 ·ᄒᆞ다·가 ·어딘 機깅이시면 반ᄃᆞ기
信신心심·을 ·내·야 ·이 無뭉住·뜡 無뭉相·샹ᄒᆞᆫ ·ᄠᅳ·드·로 眞진實씷·사ᄆᆞ·리·라 無相은 是虛
玄妙道ㅣ오 無住ᄂᆞᆫ 是無著眞宗이니 若是眞宗妙道
ᄂᆞᆫ 直是法身向上이라 非干向下ᄒᆞ니라 ○ 無뭉相·샹ᄋᆞᆫ ·이 虛헝ᄒᆞᆫ 기
ᄠᅳᆫ 道·ᄯᅩᇢ理링오 無뭉住·뜡ᄂᆞᆫ ·이 着딱 업ᄉᆞᆫ 眞진宗종·이니 ᄒᆞ다:가 ·이 眞진宗종 妙·묳道·ᄯᅩᇢᄂᆞᆫ ·곧 ·이 法
·법身신·ᄋᆞᆫ 롯우·히·라 向·향下:ᅘᅡᆼ·애 븐·디 아·니ᄒᆞ·니·라 恁麼則以此爲實者ᄂᆞᆫ
法身向上ᄋᆞ로 以爲實也ㅣ로다 法身向上ᄋᆞ로 爲實ᄒᆞ면

則三身은皆屬向下ᄒᆞ야是權이라非實이明矣로다

러면·일로實씷사모ᄆᆞᆫ法법身신向향上쌍ᄋᆞ로實씷삼도·다法법身신向향上쌍ᄋᆞ로實씷사·모

면곤三삼身신ᄋᆞᆫ다向향下ᅘᅣᆼ·애屬쑉ᄒᆞ야·이爲權꿘·이라實씷아·니·로·미明명白ᄈᆡᆨᄒᆞ도·다

甚如此오三身은皆是對機示現이라畢竟엔非眞

故也ㅣ라○므스·글爲윙ᄒᆞ야·이곧ᄒᆞ뇨三삼身신ᄋᆞᆫ:다·이機긩·를對됭ᄒᆞ야·나토와:뵈·샤미

·라ᄆᆞᆺ太탱眞진實·씷아·니론젼·ᄎᆡ라

趙州ㅣ道호ᄃᆡ金佛은不度爐ᄒᆞ며

木佛은不度火ᄒᆞ며泥佛은不度水어니와眞佛은內

裏坐ㅣ라ᄒᆞ니眞佛이豈不是向上人也ㅣ며三佛이

豈不是三身也ㅣ리오○趙뚷州쥽ㅣ닐·오ᄃᆡ·쇠부텨·ᄂᆞᆫ爐롱·ᄅᆞᆯ:건내·디:말며나모

부텨·ᄂᆞᆫ브·를:건내·디:말며ᄒᆞᆰ부텨·ᄂᆞᆫ·므·를:건내·디마·롤·디어·니와:眞진實씷ㅅ부텨·ᄂᆞᆫ안·해안:잿ᄂᆞ·니

·니라ᄒᆞ·니眞진佛뿛·이:엇뎨·이向향上쌍ㅅ사ᄅᆞᆷ아·니·며三삼佛뿛·이:엇뎨·이三삼身신아·니·리·오

【爐롱 붊기라】ᄂᆞᆫ 臨濟道ᄒᆞᄃᆡ 入淨妙國土中ᄒᆞ야 著淨妙衣ᄒᆞ고 說法身佛ᄒᆞ며 入無差別國土中ᄒᆞ야 著無差別衣ᄒᆞ고 說報身佛ᄒᆞ며 入解脫國土中ᄒᆞ야 著解脫衣ᄒᆞ고 說化身佛이라 ᄒᆞ야ᄂᆞᆯ ○臨림濟졩 닐오ᄃᆡ 淨쪙妙묳國귁土통中듕에 드러 淨쪙妙묳ᄒᆞᆫ 오ᄉᆞᆯ 닙고 法법身신佛뿛 니ᄅᆞ며 差창別볋 업슨 國귁土통中듕에 드러 差창別볋 업슨 오ᄉᆞᆯ 닙고 報봉身신佛뿛 니ᄅᆞ며 解갱脫퇋國귁土통中듕에 드러 解갱脫퇋 오ᄉᆞᆯ 닙고 化황身신佛뿛 니ᄅᆞᄂᆞ니라 ᄒᆞ야ᄂᆞᆯ 大惠拈云ᄒᆞᄃᆡ 要識臨濟老漢麼아 法身報身化身이 咄哉魍魎妖精이로다 ○大땡惠휑拈념ᄒᆞ야 닐오ᄃᆡ 臨림濟졩老롱漢한ᄋᆞᆯ 알오져 ᄒᆞᄂᆞᆫ다 法법身신報봉身신化황身신이 咄돓魍망魎량이 妖횽怪괭ᄅᆞ왼 精졍이로다 【拈념】ᄋᆞᆫ 드러 니ᄅᆞᆯ시라 魍망魎량ᄋᆞᆫ 나모와 돌ᄒᆡ 快쾡變변ᄒᆞ야 妖횽怪괭ᄃᆞ왼 거시니 또 닐오ᄃᆡ 水쉉神씬이라도 ᄒᆞᄂᆞ니라 三眼國中에 逢著ᄒᆞ면 笑殺無

位眞人이로다ᄒᆞ니 則向上ᄋᆞᆫ是實이오 三身ᄋᆞᆫ是權이론
디 灼然灼然ᄒᆞ도다○세눈나랏가온ᄃᆡ맛나면位윙업슨眞진人ᅀᅵᆫ을우ᇫ이리로다
ᄒᆞ니곧向향上쌍ᄋᆞᆫ이實씷이오三삼身신ᄋᆞᆫ이權꿘이론ᄃᆞᆫ반ᄃᆞᆨ반ᄃᆞᆨᄒᆞ도다 **又** 經顯
法身ᄒᆞ시니 以此爲實者ᄂᆞᆫ 法身ᄋᆞ로 以爲實也ㅣ로다
法身이 是實이면 則報化ㅣ是權이라 非實이明矣로다
○經경에法법身신을나토시니일로實씷사ᄆᆞ라ᄒᆞ샤ᄆᆞᆫ法법身신ᄋᆞ로實씷사ᄆᆞ라ᄒᆞ시도다
法법身신이實씷이면곧報봉와化황왜이權꿘이라實씷아니로미明명白ᄈᆡᆨᄒᆞ도다
當知是人ᄋᆞᆫ 不於一佛二佛三四五
佛에 而種善根이라 已於無量千萬佛所
애 種諸善根ᄒᆞ야 聞是章句ᄒᆞ고 乃至一念

이나 生淨信者ㅣ니라

【冶父】金佛은 不度爐ᄒᆞ며 木佛은 不度火ᄒᆞ며 泥佛은 不度水니라 ○ 쇠부텨는 爐롱ᄅᆞᆯ 건나디 말며 나모부텨는 브를 건나디 말며 ᄒᆞᆰ부텨는 므를 건나디 마롤디니라

三佛이 從來未免有壞니 三身도 亦然ᄒᆞ야 畢竟엔 非眞이니 以三佛로 配於三身ᄒᆞ니 意旨ᄂᆞᆫ 如何오 ○ 세 부톄 本본來ᄅᆡᆼ로 허룸이 免면티 몯ᄒᆞ니 三삼身신도 ᄯᅩ 그러ᄒᆞ야 ᄆᆞᄎᆞᆷ내 眞진이 아니니라 三삼佛뿛로 三삼身신에 마초니 ᄠᅳ든 엇뎨오

法身은 堅固不動ᄒᆞ고 報身은 上冥下應ᄒᆞ고 化身은 曲順機宜ᄒᆞᄂᆞ니 金은 剛而不柔ᄒᆞ고 木은 能柔能剛ᄒᆞ고 泥ᄂᆞᆫ 柔而不剛ᄒᆞ니 以三佛로 配於三身ᄒᆞ미 其意以此ㅣ니라 ○ 法법身신은 구더 뮈디 아

니ᄒᆞ고 報봉身신ᄋᆞᆫ 우ᄒᆞ로 맛고 아래로 應ᅙᅳᆼᄒᆞ고 化황身신ᄋᆞᆫ 機긩의 맛당호ᄆᆞᆯ 구펴 좃ᄂᆞ니 쇠ᄂᆞᆫ 剛강ᄒᆞ야 부드럽디 아니ᄒᆞ고 남ᄀᆞᆫ 能능히 부드러우며 能능히 剛강ᄒᆞ고 ᄒᆞᆰ은 부드러워 剛강티 아니ᄒᆞ니 세 부텨로 三삼身신에 마초오미 그 ᄠᅳ디 이ᄅᆞᆯ ᄲᅢ니라 우ᄒᆞ로 眞진際졩예 맛고 아래로 衆즁生ᄉᆡᆼᄋᆞᆯ 應ᅙᅳᆼᄒᆞ시니 ᄂᆞᆯ온 能능히 柔슝ᄒᆞ며 能능히 剛강호미라

又 金之氣ᄂᆞᆫ 爲秋之涼이라 其質이 在地ᄒᆞ야 則確然其堅ᄒᆞᄂᆞ니 是ᄂᆞᆫ 體句也ㅣ라 木之氣ᄂᆞᆫ 爲春之暖이라 其質이 在地ᄒᆞ야 則蒼然其青ᄒᆞᄂᆞ니 是ᄂᆞᆫ 用句也ㅣ라 土則旺於四季ᄒᆞ야 爲金木等之所依ᄒᆞᄂᆞ니 是ᄂᆞᆫ 中間句也ㅣ라

○쇠의 긔운은 ᄀᆞᅀᆞᆳ 서느러우미 ᄃᆞ외논디라 그 얼구리 ᄡᅡ해 이셔 곧 던더디 곤ᄂᆞ니 이ᄂᆞᆫ 體톙옛 句궁ㅣ라 남기 긔운은 봆 더우미 ᄃᆞ외논디라 그 얼구리 ᄡᅡ해 이셔 곧 蒼창然션히 퍼러ᄒᆞᄂᆞ니 이ᄂᆞᆫ 用용앳 句궁ㅣ라 ᄒᆞᆰ은 四ᄉᆞᆼ季귕예 盛쎵ᄒᆞ야 쇠와 나모ᄃᆞᆯ히 브ᄐᆞᆯ 배ᄃᆞ외ᄂᆞ니 이ᄂᆞᆫ 中듕間간

ㅅ句궁ㅣ라 【蒼창然연은 퍼러ᄒᆞᆫ 양·치라 四ᄉᆞᆼ季귕는 四ᄉᆞᆼ節졇ㅅ 그티라】 〔文〕 金佛은
一鑄便成ᄒᆞᄂᆞ니 是는 中間句也ㅣ라 木佛은 減減而
成ᄒᆞᄂᆞ니 是는 無句也ㅣ라 泥佛은 加加而就ᄒᆞᄂᆞ니 是
는 有句也ㅣ라 ○쇠부터는 ᄒᆞᆫ번 디여곰 이ᄂᆞ·니 이는 中듕間간ㅅ 句궁ㅣ라 나모부
터는 덜며 더러 이ᄂᆞ니 이는 無뭉엣 句궁ㅣ라 ᄒᆞᆰ부터는 더으며 더어 아ᄂᆞ니 이는 有웋엣 句궁ㅣ라
金佛은 不可以度爐ᄒᆞ리니 度爐則鎔却去ᄒᆞ리라 木
佛은 不可以度火ᄒᆞ리니 度火則燒却去ᄒᆞ리라 泥佛
은 不可以度水ᄒᆞ리니 度水則爛却去ᄒᆞ리라 ○쇠부터는 어루
·ᄲᅧ 爐롱ᄅᆞᆯ 건나디 몯ᄒᆞ리니 爐롱ᄅᆞᆯ 건나면 노가 가리라 나모부터는 어루 ·ᄲᅧ ·브를 건나디 몯ᄒᆞ리
니 ·브를 건나면 ᄉᆞ라가리라 ᄒᆞᆰ부터는 어루 ·ᄲᅧ 므를 건나디 몯ᄒᆞ리니 므를 건나면 믈어디여 가
라 此則三句ㅣ一一非實이니 伊麽則以此爲實者

논 三句外一句로 以爲實也ㅣ로다 ○ 이논 三삼句궁ㅣ 낫나치 實씷 아니니 그러면 일로 實씷 사모ᄆᆞᆫ 三삼句궁 밧긧 ᄒᆞᆫ 句궁로 實씷 사ᄆᆞ리로다 又 金佛은 不須度爐ㅣ며 木佛은 不須度火ㅣ며 泥佛은 不須度水ㅣ니 此則三句ㅣ 一一惣不動著이로다 ○ 쇠부텨는 모로매 爐롱ᄅᆞᆯ 건내디 말며 나모부텨는 모로매 브ᄅᆞᆯ 건내디 말며 ᄒᆞᆰ부텨는 모로매 므를 건내디 마ᄅᆞᆯ디니 이논 三삼句궁ㅣ 낫나치 다 뮈디 아니ᄒᆞ도다 伊麽則有句也ㅣ 端端的的ᄒᆞ며 無句也ㅣ 端端的的ᄒᆞ며 中間句也ㅣ 端端的的ᄒᆞ니 體用等이 亦然ᄒᆞ니라 ○ 그러면 有웋句궁ㅣ 端돤端돤的뎍的뎍ᄒᆞ며 無뭉句궁ㅣ 端돤端돤的뎍的뎍ᄒᆞ며 中듕間간句궁ㅣ 端돤端돤的뎍的뎍ᄒᆞ니 體텡와 用용과 等등이 또 그러ᄒᆞ니라 又 法身은 以畢竟空寂ᄋᆞ로 爲栖止ᄒᆞ거니 何聲之可聞이며 何相之可觀ㅣ리오 非金木等의

所能模邈也ㅣ니라 ○ 法법身신은 太태空콩 寂쩍ᄒᆞ요ᄆᆞ로 棲솅止징를 삼거니 어느 소리를 어루 ᄃᆞ르며 어느 相샹ᄋᆞᆯ 어루 보리오 쇠와 나모ᄃᆞᆯ히 能능히 模몽邈막ᄒᆞ욜 배 아니니라 【棲솅止징ᄂᆞᆫ 깃기서 이실시니 住뜡홀 ᄃᆡ를 니ᄅᆞ고 模몽邈막ᄋᆞᆫ 곧게 ᄒᆞ다 ᄒᆞ논 마리라】

唯有報化ᄂᆞᆫ 妙相이 端嚴ᄒᆞ샤 令人ᄋᆞ로 樂見ᄒᆞ시며 音聲이 清雅ᄒᆞ샤 令人ᄋᆞ로 樂聞ᄒᆞ실ᄊᆡ ○ 오직 報봉身신 化황身신ᄋᆞᆫ 妙묭相샹이 端돤嚴엄ᄒᆞ샤 사ᄅᆞᄆᆞ로 즐겨 보게 ᄒᆞ시며 소리 清청雅앙ᄒᆞ샤 사ᄅᆞᄆᆞ로 즐겨 듣게 ᄒᆞ실ᄊᆡ

及其示滅也ᄒᆞ야 人之像之ᄒᆞᄂᆞ니 或鑄以金ᄒᆞ며 或彫以木ᄒᆞ며 或塑以泥ᄒᆞ니ᄂᆞᆫ 伊麼則現前金佛木佛泥佛이 皆從報化中來也ㅣ로다 ○ 그 寂쩍滅멿 뵈샤매 미처 사ᄅᆞ미 像썅호ᄃᆡ 시혹 쇠로 디며 시혹 남ᄀᆞ로 사기며 시혹 ᄒᆞᆰᄀᆞ로 밍ᄀᆞ니 그러면 알ᄑᆡ 現현ᄒᆞᆫ 金금佛뿛 木목佛뿛 泥녱佛뿛이 다 報봉化황ㅅ 가온ᄃᆡ를 조차 오도다

不度爐ᄒᆞ며 不度火ᄒᆞ며 不

度水라ᄒᆞ문 明報化ㅣ 非實也ᄒᆞ니라○爐롱ᄅᆞᆯ 건나디 말며 브를 건나디 말며 므를 건나디 말라 ᄒᆞ문 報봉身신 化황身신이 實씷 업스샨ᄃᆞᆯ ᄇᆞᆯ기니라

頌 三佛形儀ㅣ 摠不眞ᄒᆞ니 眼中瞳子ㅣ 面前人이니라

若能信得家中寶ᄒᆞ면 啼鳥山花ㅣ 一樣春이리라○세 부텻 얼굴 威휭儀읭ㅣ 다 眞진이 아니니 눈 가온ᄃᆡ 瞳똥子종ㅣ ᄂᆞᆺ 알핏 사ᄅᆞ미니라 ᄒᆞ다가 能능히 집 가온ᄃᆡ 보ᄇᆡᄅᆞᆯ 信신ᄒᆞ면 우는 새와 뫼ᄭᅩ지 ᄒᆞᆫ양ᄌᆞᆺ 보미리라

三身이 只是那人影이니 悟來옌 影影이 不是他ㅣ리라○세 모미 오직 이 뎌 사ᄅᆞ미 그르메니 아라ᄂᆞᆫ 그르메마다 이 다ᄅᆞᆫ 거시 아니리라

又 三句ㅣ 但從一句來ᄒᆞ니 一句悟來예 三則一이리라○三삼句궁ㅣ 오직 一ᄒᆞᇙ 句궁ᄅᆞᆯ 브터 오니 ᄒᆞᇙ 句궁 아로매 세히 곧 ᄒᆞ나히리라

又 報化ㅣ 非眞이라 全是影이니 眞若悟來옌 影非他ㅣ리라○報봉와 化

·황·왜 眞진 아니라 오ᄋᆞ로 이 그르메니 眞진을 ᄒᆞ다·가 아·라·ᄂᆞᆫ 그르·메 다ᄅᆞ·니 아·니리라

須菩提야 如來ㅣ 悉知悉見ᄒᆞᄂᆞ니 是諸衆生이 得如是無量福德ᄒᆞ리니

諸佛所證이 只證此法이시며 是人所信이 亦信此法이니 信由宿熏이라 不是無因이며 信必有證이라 當成兩足ᄒᆞ리라

○諸졍佛뿛證징ᄒᆞ샨 ·배 오·직 ·이 法·법·을 證·징ᄒᆞ시·며 ·이 :사ᄅᆞᆷ 信·신ᄒᆞ논 ·배 ·ᄯᅩ ·이 法·법·을 信·신ᄒᆞᄂᆞ·니 信·신·이 宿·슉熏훈·을 브·논 ·디·라 ·이 因ᅙᅵᆫ :업·슨 ·디 아·니·며 信·신ᄒᆞ·면 반·ᄃᆞ·기 證·징·이 잇·논 디·리 반·ᄃᆞ·기 兩·량足·족·이 :일·리라 ■宿·슉熏훈·은 :아·ᄅᆡᆺ 生ᄉᆡᆼ·애 니·길 :지·라 兩·량足·족·ᄋᆞᆫ 福·복足·족·과 慧·ᅘᆡᇰ足·족괘·나 부:톄 ᄀᆞᄌᆞ·시니·라

冶父 種瓜得瓜ㅣ오 種果得果ㅣ로다 ○ :외ᄅᆞᆯ 심·거 :외ᄅᆞᆯ 得·득·고 果:광ᄅᆞᆯ 심·거·

果광를得득ᄒᆞ노다
昔年所學이即今日所信이며因地所習이即果上
所證이니라○녯히예비혼배곧오ᄂᆞᆳ날信신ᄒᆞ논배며因인地띵예니기던배곧果광上썅
애證징ᄒᆞ논배니라

頌 一佛二佛千萬佛이各各眼橫兼鼻直ᄒᆞ샷다昔年
에親種善根來ᄒᆞᆯᄉᆡ今日에依前得渠力ᄒᆞ도다○ᄒᆞᆫ부텨두부텨
千천萬먼부톄各각各각누니빗고ᄯᅩ고히고ᄃᆞ샷다녯히예親친히善쎤根근을시므고오ᄂᆞᆳ나
래녜를브터제히믈得득ᄒᆞ도다
須菩提須菩提야著衣喫飯이尋
常事ㅣ어늘何須特地却生疑오○須슝菩뽕提똉須슝菩뽕提똉야옷니브
며밥머구미샹녯이리어늘엇뎨모로매各각別뼗히疑읭心심을내니오
諸佛이同證眼橫鼻直ᄒᆞ시니承事諸佛도只要學

得眼橫鼻直이니 眼橫鼻直身이 非但千萬佛이라 張三李四ㅣ 皆同有ᄒᆞ니 ○ 諸졍佛뿛이 ᄒᆞᆫ가지로 누니 빗고 고히 고ᄃᆞᆫ 몸 證징ᄒᆞ시니 諸졍佛뿛을 받ᄌᆞ와 셤기ᅀᆞ옴도 오직 누니 빗고 고히 고ᄃᆞᆫ 몸 ᄇᆡ화 得득ᄒᆞ려 ᄒᆞ미니 누나 빗고 고히 고ᄃᆞᆫ 모미 千쳔萬먼佛뿛ᄯᆞᄅᆞ미 아니라 張댱三삼과 李링四ᄉᆞᆼ 왜 다 ᄒᆞᆫ가지로 뒷ᄂᆞ니[illegible] 張댱三삼 李링四ᄉᆞᆼᄂᆞᆫ 張댱姓셩엣 세찻 사ᄅᆞ미며 李링姓셩엣 네찻 사ᄅᆞ미라 ᄒᆞ논 마리니 張댱개여 李링개여 ᄒᆞᆫ보로다 닐온 마리라 普巳學得ᄒᆞᆯᄉᆡ 令能生信ᄒᆞ도다 須菩提須菩提야 卽日用이 便是어니 有甚難會리오 ○네 ᄒᆞ마 ᄇᆡ화 得득ᄒᆞᆯᄉᆡ 이제 能능히 信신을 내도다 須슝菩뽕提뗑 須슝菩뽕提뗑야 곧 日ᅀᅵᇙ用용이 곧 이어니 므슴 어려이 아ᄅᆞ미 이시리오

何以故오 是諸衆生이 無復我相人

相衆生相壽者相ᄒᆞ며 無法相ᄒᆞ며 亦無非法相ᄒᆞ리라

麤細垢ㅣ 盡ᄒᆞ야 圓明體露ᄒᆞ도다 ○ 굵그며 ᄀᆞᄂᆞᆫ ᄠᅴ 다아 두려이 ᄇᆞᆯᄀᆞᆫ 體톙 낟도다

治父 圓同大虛ᄒᆞ야 無欠無餘ㅣ로다 ○ 두려우미 큰 虛헝空콩 ᄀᆞᆮᄒᆞ야 모ᄌᆞ란 ᄃᆡ 업스며 나ᄆᆞᆫ ᄃᆡ 업도다

人아 有身ᄒᆞ니 圓滿空寂者ㅣ 是며 人이 有心ᄒᆞ니 廣大靈通者ㅣ 是라 ○ 사ᄅᆞ미 모몰 뒷ᄂᆞ니 두려이 ᄀᆞᄃᆞᆨᄒᆞ야 뷔여 괴외ᄒᆞᆫ 거시 이며 사ᄅᆞ미 ᄆᆞᅀᆞᆷ 뒷ᄂᆞ니 어위커 靈령ᄒᆞ야 通통ᄒᆞᆫ 거시 이라 此身此心ᄋᆞᆫ 阿誰ㅣ 獨無ㅣ리오 但以無明不了ᄒᆞ야 妄認四大ᄒᆞ야 爲自

身相ᄒᆞ고 六塵緣影으로 爲自心相ᄒᆞᆯᄉᆡ ○이 몸과 이 ᄆᆞᅀᆞᄆᆞᆫ 뉘 ᄒᆞ오ᅀᅡ
업스리오 오직 無뭉明명ᄒᆞ야 아디 몯ᄒᆞ믈ᄡᅥ 四
ᄉᆞᆼ大땡ᄅᆞᆯ 거츠리 그르 아라 제 ᄆᆞᇝ 얼구를 삼고 六
륙塵띤緣원影영으로 제 ᄆᆞᅀᆞᇝ 얼구를 사ᄆᆞᆯ시 ■
無뭉明명은 覺각性셩이 本본來링 ᄇᆞᆰ거늘 妄망
念념이 ᄆᆞᆫ득 니러 ᄇᆞᆯᄀᆞᆫ 거슬 어듭게 ᄒᆞᆯ시 일후미
無뭉明명이라 緣원은 六륙塵띤에 버믈 시니 六
륙塵띤에 버므논 ᄆᆞᅀᆞᄆᆞᆫ 그르메 곧ᄒᆞ야 實씷티 아니ᄒᆞᆯ시라 由是로 身이 以圓
滿之體로 隱於形殼之中ᄒᆞ고 心이 以靈通之用으로
匿於緣慮之內ᄒᆞ거 脫或知非라도 亦成斷見ᄒᆞᄂᆞ니 ○이런
젼ᄎᆞ로 모미 圓원滿만ᄒᆞᆫ 體뎽로 얼굸 대가릿 소
배 수멋고 ᄆᆞᅀᆞ미 靈령코 ᄉᆞᄆᆞᄎᆞᆫ 用용ᄋᆞ로 緣원
慮령ᄉ 안해 수므며 ᄒᆞ다가 시혹 왼 ᄃᆞᆯ 아라도 ᄯᅩ
斷돤見견 올 일우ᄂᆞ니 ■ 緣원慮령ᄂᆞᆫ 이ᄅᆞᆯ 緣원
ᄒᆞ야 혜미 ᄒᆞᆯ시라 由滯二邊ᄒᆞ야 圓滿之體와 靈通之用괘
不能顯現ᄒᆞᄂᆞ니라 ○두 ᄀᆞᆺ새 거리ᄭᅧ믈 브터 圓원滿만ᄒᆞᆫ 體뎽와 靈령通통ᄒᆞᆫ 用용괘

能능히顯현히난디몯ᄒᆞᄂᆞ니라 如今에 我法이 雙忘ᄒᆞ고 其忘이

亦忘ᄒᆞ면 圓滿之體와 靈通之用괘 豁尒現前ᄒᆞ야 初

無欠剩ᄒᆞ리라 ○ 이제 我앙와 法법괘 둘ᄒᆞᆯ 닛고 그 니주몰 또 니ᄌᆞ면 圓원滿만ᄒᆞᆫ 體톙와

靈령通통ᄒᆞᆫ 用용괘 훤히 알ᄑᆡ 現현ᄒᆞ야 ᄌᆞᆷ간도 모ᄌᆞ라며 나모미 업스리라

頌 法相과 非法相이 開拳ᄒᆞ니 復成掌이로다 浮雲이 散

碧空ᄒᆞ면 萬里예 天一樣이리라 ○ 法법相샹과 非빙法법相샹이 주머귀ᄅᆞᆯ 펴니

또 손바당이 ᄃᆞ외도다 ᄠᅳᆫ 구루미 ᄑᆞ라ᄒᆞᆫ 虛헝空콩애 ᄒᆞ트면 萬먼里링예 하ᄂᆞᆯ히 ᄒᆞᆫ 樣양이리라

是法非法이 一常一斷이니 斷常이 雖異ᄒᆞ나 爲病은

是同ᄒᆞ니 爲病이 是同이라 開拳成掌ᄒᆞᄂᆞ니 開拳成掌

이 何必不必이로다 斷常이 俱亾ᄒᆞ야ᅀᅡ 一味方現ᄒᆞ리

라 ○ 이 法법과 非빙法법괘 ᄒᆞ나ᄒᆞᆫ 常썅이오 ᄒᆞ나ᄒᆞᆫ 斷똰이니 斷똰과 常썅괘 비록 다ᄅᆞ나 病뼝

ᄃᆞ외요ᄆᆞᆫ 이ᄒᆞᆫ가지니 病뼝ᄃᆞ외요미 이ᄒᆞᆫ가지라 주머귀를 펴 솏바당이 ᄃᆞ외ᄂᆞ니 주머귀를 펴 솏바당ᄃᆞ외요미 何행必빓와 不붏必빓왜로다 斷똰과 常썅괘 다 업서ᅀᅡ ᄒᆞ마 시비르서 現현ᄒᆞ리라 ▲何행必빓와 不붏必빓왜 ᄒᆞᆫ가짓 마리니 斷똰病뼝에 디나 常썅病뼝에 디나 病뼝은 ᄒᆞᆫ가지오 주머귀나 솏바당이나 ᄒᆞᆫ가지라 ᄒᆞ논 마리라

何以故오 是諸衆生이 若心取相ᄒᆞ면 即為著我人衆生壽者ㅣ며 若取法相ᄒᆞ면 即著我人衆生壽者ㅣ니 何以故오 若取非法相ᄒᆞ면 即著我人衆生壽者ㅣ리니 是故로 不應取法이며 不應取非法이니

取法은 只由不知法이 即非法이오 取非法은 只由

不知非法이 即法이라나 一眞法界는 無是無非ᄒᆞ고 此無도 亦無ᄒᆞ니○法법을 取츙ᄒᆞ면 오직 法법이곤 法법 아닌 ᄃᆞᆯ 아디 몯ᄒᆞᄂᆞᆫ 젼ᄎᆞ오 法법 아닌 ᄃᆞᆯ 取츙ᄒᆞ면 오직 法법 아니로미 곤 法법인 ᄃᆞᆯ 아디 몯ᄒᆞᄂᆞᆫ 젼ᄎᆞ니라 一읋 眞진 法법界갱ᄂᆞᆫ 올홈도 업스며 외욤도 업고 이 업솜도 ᄯᅩ 업스니 所以道何於一法中에 有法有不法이리오 ᄒᆞ니라 脫或分別是法非法ᄒᆞ면 拈一放一이어니 有甚了期리오○이런ᄃᆞ로 닐오ᄃᆡ 엇뎨 ᄒᆞᆫ 法법中듕에 法법이 이시며 不블法법이 이시리오 ᄒᆞ니라 ᄒᆞ다가 사혹 이 法법과 法법 아니로ᄆᆞᆯ 골ᄒᆡ면 ᄒᆞ나ᄒᆞᆯ 잡고 ᄒᆞ나ᄒᆞᆯ ᄇᆞ리거니 어느 아ᄅᆞᆯ 期끵約략이 시리오

冶父 金不博金ᄒᆞ며 水不洗水ᄒᆞᄂᆞ니라○金금이 金금을 사디 몯ᄒᆞ며 므리 므를 싯디 몯ᄒᆞᄂᆞ니라

只是一般金이에니 豈分能博所博이며 只是一般水

어니 豈分能洗所洗리오 ○오직 이 ᄒᆞᆫ 가짓 金금이어니 엇뎨 能능縛박所송縛박

올 ᄂᆞᆫ호며 오직 이 ᄒᆞᆫ 가짓 므리어니 엇뎨 能능洗셍所송洗셍를 ᄂᆞᆫ호리오 恁麽則法

則一味어늘 見有二取로다 二取相이 亡ᄒᆞ야ᅀᅡ 一味方

現ᄒᆞ리라 ○이러면 法법은 ᄒᆞᆫ 마시어늘 보미 두 가지로 取츙ᄒᆞ미 잇도다 두 가지로 取츙ᄒᆞ논

相샹이 업서ᅀᅡ ᄒᆞᆫ 마시 비르서 現현ᄒᆞ리라

頌 得樹攀枝ᄒᆞ미 未足奇니 攀枝ᄂᆞᆫ 一本에 作攀高 懸崖예 撒手ᄒᆞ야ᅀᅡ

丈夫兒ㅣ니라 ○즘게를 어더 가지 자보미 足족히 奇끵特뜩디 아니ᄒᆞ니 노ᄑᆞᆫ 빙애예 소ᄂᆞᆯ 펴

ᄇᆞ려ᅀᅡ 丈땅夫붕兒싕ㅣ니라 水寒夜冷ᄒᆞ야 魚難覓일시 留得空船ᄒᆞ야

載月歸로다 ○므리 ᄎᆞ고 바미 冷링ᄒᆞ야 고기 어두미 어려울시 빈 비를 留륭ᄒᆞ야 ᄃᆞᄅᆞᆯ 시라 도

라가 놋다

得一心이 存이면 未是奇니 一處ㅣ 亦亡ᄒᆞ야ᅀᅡ 是丈

夫ㅣ니라 到這裏ᄒᆞ야 凡情이 脫盡ᄒᆞ고 聖解亦亡ᄒᆞᄂᆞ니

但將無私照ᄒᆞ야 却來是非場이로다 ○ᄒᆞ나 得·득ᄒᆞᆫ ᄆᆞᅀᆞ·미 이시·면 ·이

奇끵特뜩ᄒᆞ·미 아·니니ᄒᆞᆫ·고ᄃᆡ ·또 :업서·ᅀᅡ ·이 文:ᄯᅳᆮ

夫붕ㅣ니·라 이에 다ᄃᆞ·라 凡뻠情쪙·이 버·서·디·여

다ᄋᆞ·고 聖·셩解·ᄒᆡᆼ ·또 :업ᄂᆞ·니 오·직 私ᄉᆞᆼ情쪙 :업슨

비·취·요·ᄆᆞᆯ 가·져·곤 是·ᄊᆞᆼ非빙場땅·애 ·오도·다 闕 是

ᄊᆞᆼ非빙場땅ᄋᆞᆫ 世·솅

間간ᄋᆞᆯ ·니ᄅᆞ·니·라

以是義故로 如來ㅣ 常說ᄒᆞ되 汝等比丘

知我說法이 如筏喩者ㅣ면 法尚應捨

ㅣ어니 何況非法이여

佛所說法은 只是入道方便이시니 依方便而入道

則可커니와 守方便而不捨則不可ᄒᆞ니라 方便도 尚

應捨離온 此離亦何所存이리오○부텨說쉻法법ᄒᆞ샨바ᄂᆞᆫ오직이道ᄠᅳᆮ애들方방便뼌이시니方방便뼌을브터道ᄠᅳᆮ애드로ᄆᆞᆫ올커니와方방便뼌을守슣ᄒᆞ야ᄇᆞ리디아니ᄒᆞᄆᆞᆫ올티아니ᄒᆞ니라方방便뼌도오히려ᄇᆞ려여희요미맛당ᄒᆞ곤이여희요미또어느이실배리오

治父 水到渠成ᄒᆞᄂᆞ니라 一作成渠○므리다ᄃᆞ라거리이ᄂᆞ니라

佛所說法이 即眞即俗이니 即俗故로 解脫이 即文字니 四十九年에 東說西說ᄒᆞ시니라○부텨니ᄅᆞ시ᄂᆞᆫ밧法법이眞진에나ᅀᅡ가며俗쑉애나ᅀᅡ가ᄂᆞ니俗쑉애나ᅀᅡ가ᄂᆞᆫ젼ᄎᆞ로解갱脫퇋이곧文문字ᄍᆞᆼㅣ니마ᄅᆞᆫ아홉ᄒᆡ예東동녀그로니ᄅᆞ시며西솅ㅅ녀그로니ᄅᆞ시니라 即眞故로 文字ㅣ 即解脫이니 三百餘會예 未曾說一字ᄒᆞ시니라○眞진에나ᅀᅡ간젼ᄎᆞ로文문字ᄍᆞᆼㅣ곧解갱脫퇋이니三삼百ᄇᆡᆨ나ᄆᆞᆫ會횡예잠간도ᄒᆞᆫ字ᄍᆞᆼ도니ᄅᆞ디아니ᄒᆞ

지니라 若著文字ᄒᆞ면 見派迷源ᄒᆞ고 若捨文字ᄒᆞ면 望源迷派ᄒᆞ리니 源派ᄅᆞᆯ 俱不迷ᄒᆞ야ᅀᅡ 方入法性海ᄒᆞ리니○ᄒᆞ다가 文문字ᄍᆞᆼ애 著ᄯᅡᆨᄒᆞ면 派팽ᄅᆞᆯ 보고 源원을 모ᄅᆞ고 ᄒᆞ다가 文문字ᄍᆞᆼᄅᆞᆯ ᄇᆞ리면 源원을 ᄇᆞ라고 派팽ᄅᆞᆯ 모ᄅᆞ리니 源원과 派팽와ᄅᆞᆯ 다 모ᄅᆞ디 아니ᄒᆞ야ᅀᅡ 비르서 法법性셩海ᄒᆡᆼ예 들리니

【解】派팽ᄂᆞᆫ 믈 ᄂᆞᆫ화 흘러가ᄂᆞᆫ ᄃᆡ오 源원은 ᄀᆞ왯ᄂᆞᆫ 根근源원이라 既入法性海ᄒᆞ면 無念智ㅣ現前ᄒᆞ리니 無念智ㅣ現前ᄒᆞ면 所向이 無礙ᄒᆞ야 觸處ㅣ皆通ᄒᆞ리라○ᄒᆞ마 法법性셩海ᄒᆡᆼ예 들면 念념업슨 智딩 알ᄑᆡ 現ᅘᅧᆫᄒᆞ리니 念념업슨 智딩 알ᄑᆡ 現ᅘᅧᆫᄒᆞ면 向향ᄒᆞᆫ 배 마ᄀᆞᆫ ᄃᆡ 업서 觸쵹ᄒᆞᆫ 고대 다 ᄉᆞᄆᆞᄎᆞ리라

【頌】終日忙忙ᄒᆞ야도 那事ㅣ無妨ᄒᆞ니 不求解脫ᄒᆞ며 不樂天堂이로다○나리 ᄆᆞᆺᄃᆞ록 뵈왓바도 뎌 이리 마ᄀᆞᆫ ᄃᆡ 업스니 解갱脫톼ᇙ 求꿓티 아니ᄒᆞ며 天텬堂땅 즐기디 아니ᄒᆞ놋다 但能一念이 歸無念ᄒᆞ면 高步毗盧頂上

行ᄒᆞ리라 ○ 오직 能ᄂᆞᆼ히 ᄒᆞᆫ 念념이 念념업소매 가면 毗삥盧롱뎡바기 우희 노피 거러 ᄃᆞᆫ니리라

無念智ㅣ現ᄒᆞ면 這邊那邊이 打成一片ᄒᆞ야 縛脫이

無二ᄒᆞ며 升沉이 一際ᄒᆞ니 ○ 念념업슨 智딩 現현ᄒᆞ면 이 ᄀᆞᆺ 뎌 ᄀᆞᆺ ᄉᆞᆯ터 ᄒᆞᆫ 무저기 ᄃᆞ외야 미욤괴 버숨괘 둘 업스며 오ᄅᆞ며 ᄌᆞ모미 ᄒᆞᆫ ᄀᆞᅀᆞ시니

既得正因ᄒᆞ고 但不認著ᄒᆞ면 高步毗盧頂ᄒᆞ야 自成眞快活ᄒᆞ리라 ○ ᄒᆞ마 正정因힌을 得득ᄒᆞ고 오직 아라 著딱디 아니ᄒᆞ면 毗삥盧롱ㅅ 뎡바기예 노피 거러 제 眞진實씷ㅅ 快쾡活활이 일리라

宗鏡 因勝果勝ᄒᆞ야 信心이 明了無疑로다 人空法空ᄒᆞ야 眞性이 本來平等ᄒᆞ도다 ○ 因힌이 勝싱ᄒᆞ고 果광ㅣ 勝싱ᄒᆞ야 信신心심이 불가疑잉心심이 업도다 人신이 뷔오 法법이 뷔여 眞진性셩이 本본來링平뼝等등ᄒᆞ도다

直饒名相이 雙泯ᄒᆞ며 取捨를 兩忘ᄒᆞ야도 要且猶筏見이니라 咦

彈指예 已超生死海ᄒᆞ니 何須更覓度人舟ㅣ리오 ○ 현마 일훔과 얼굴왜 둘히 업스며 가지며 ᄇᆞ룜 ᄆᆞᆯ 둘흘 니저도 ᄯᅩ ᄢᅦ보미니라 咦힝 彈딴指징예 ᄒᆞ마 生ᄉᆡᆼ死ᄉᆞᆼ海힝ᄅᆞᆯ 건나ᄢᅧ니 엇뎨 모로매 사ᄅᆞᆷ 건낼 ᄇᆡᄅᆞᆯ 다시 어드리오

【頌】善根이 成熟ᄒᆞ야 信無疑ᄒᆞ니 取相求玄ᄒᆞ면 轉背馳ᄒᆞ리라 ○ 善쎤根ᄀᆞᆫ이 니거 信신ᄒᆞ야 疑읭心심 업스니 相샹ᄋᆞᆯ 取츙ᄒᆞ야 玄현ᄋᆞᆯ 求꿓ᄒᆞ면 더옥 뒤ᄒᆞ로 ᄃᆞᄅᆞ리라 一念에 頓超空劫外ᄒᆞ면 元來不許老胡知ᄒᆞᄂᆞ니라 ○ ᄒᆞᆫ 念념에 空콩劫겁 밧긔 믄득 건내ᄠᅱ면 본ᄃᆡ 老롷胡홍의 아로ᄆᆞᆯ 許헝티 아니ᄒᆞᄂᆞ니라 空콩ᄋᆞᆫ 뷜시오 劫겁은 時씽니 天텬地띵 混ᅘᅩᆫ沌뚠ᄒᆞ야 뷘 저긔니ᄅᆞ니라 老롷胡홍ᄂᆞᆫ 부텨ᄅᆞᆯ ᄉᆞᆯ오니라

無得無說分第七

須菩提야 於意云何오 如來得阿耨多

羅三藐三菩提耶아 如來有所說法耶아 須菩提ㅣ 言ᄒᆞᅀᆞ오ᄃᆡ 如我解佛所說義ᄂᆞᆫ 無有定法이 名阿耨多羅三藐三菩提며 亦無有定法이 如來可說이니

眞如ᄂᆞᆫ佛性菩提涅槃ᄋᆞ로 以至六度諦緣等一切名言히 皆是對機ᄒᆞ샤 不得已之施設이시니○眞진如ᅀᅧᆼ와佛뿛性셩과菩뽕提똉와涅녏槃빤과로六륙度똥諦뎽緣원等등一힗切쳉일훔지ᅀᅥ니ᄅᆞ샤매나ᄅᆞ리다이機긩ᄅᆞᆯ對됭ᄒᆞ샤시러마디몯ᄒᆞ샤베프샤미시니 就實而觀권댄 初無伊麼事ᄒᆞ며 又乘時有說이라 無實法與人ᄒᆞ시니라○實씷에나ᅀᅡ가보건댄잢간도이런이리업스며또時씽ᄅᆞᆯ브터마리잇논디라實씷ᄒᆞᆫ法법이사ᄅᆞᆷ주샤마업

ᄉᆞ시니라

冶父 寒即言寒ᄒᆞ고 熱即言熱ᄒᆞᄂᆞ니라○칩거든 곧 칩다 니ᄅᆞ고 덥거든 곧 덥다 니ᄅᆞᄂᆞ니라

以有二乘ᄒᆞ야 說二乘ᄒᆞ시고 以有大乘ᄒᆞ야 說大乘ᄒᆞ시ᄂᆞ니 應物行權이라 無定法ᄒᆞ시니 隨緣立理ᄒᆞ샤 脫羅籠ᄒᆞ시니라 二乘이 이쇼ᄆᆞᆯ ᄲᅢ 二乘니ᄅᆞ시고 大땡乘씽이 이쇼ᄆᆞᆯ ᄲᅢ 大땡乘씽 니ᄅᆞ시ᄂᆞ니 物믏을 應흥ᄒᆞ야 權꿘을 行ᅘᆡᇰᄒᆞ샤미라 一힗定뗭ᄒᆞᆫ 法법 업스시니 緣원을 조차 理링ᄅᆞᆯ 세샤 羅랑籠롱ᄋᆞᆯ 벗기시놋다 【羅】랑籠롱ᄋᆞᆫ ᄢᅳ려실 시라

頌 雲起南山ᄒᆞ더니 雨北山ᄒᆞᄂᆞ니 驢名馬字ㅣ 幾多般이어뇨 請看浩渺無情水ᄒᆞ라 幾處隨方ᄒᆞ며 幾處圓이어뇨○구루미 南남山산애 니더니 北븍山산애 비오ᄂᆞ니 라귀 일훔과 ᄆᆞᆯ 일훔괘 몃 가지어뇨 請청ᄒᆞ노니 넙

고아ᄉᆞ라ᄒᆞᆫ情쪙업슨므를보라몃고
돌조차方방ᄒᆞ며몃고돌두렵거뇨

依佛說諦緣ᄒᆞ더시니 更爲談六度ᄒᆞ샷다 以機不同ᄋᆞ로
法亦無定ᄒᆞ니 從此分開萬種名ᄒᆞ도다○依핑佛 힝히諦뎽緣원니
ᄅᆞ더시니다시爲윙ᄒᆞ야六륙度똥니ᄅᆞ샷다機
긩ㅣ곤ᄃᆞ디아니ᄒᆞᆫᄃᆞ로法법이ᄯᅩ一힗定뗭ᄒᆞ미
업스니어를從쭁ᄒᆞ야萬먼가짓일후미ᄂᆞᆫ호아
여도다○依핑佛힝ᄂᆞᆫ얼미여흘시라六륙度똥
ᄂᆞᆫ法법數숭에잇ᄂᆞ니라 以無念智로 應群機ᄒᆞ시니 半滿偏圓
이어시뇨 多少說이 曾無一字ㅣ落言詮이시
니라○念념업슨智딩로量機긩를應ᅙᅳᆼᄒᆞ시니
半반과滿만과偏편과圓원괘몃맛說쉃이어시뇨
뇨몃맛說쉃이잢간도ᄒᆞᆫ字쫑ㅣ言언詮쳔에듀
미업스시니라○半반은小숗乘씽半반字쫑敎
공ㅣ오滿만은大땡乘씽滿만字쫑敎공ㅣ니半
반을對됭ᄒᆞ야滿만이라니ᄅᆞ고圓원은圓원敎
공ㅣ니圓원을對됭ᄒᆞᆫ
偏편이라니ᄅᆞ니라

何以故ㅣ어뇨 如來所說法이 皆不可取며 不可說이며 非法이며 非非法이니

佛所說法은 若說有相ᄒᆞ시며 若說無相ᄒᆞ샤 圓話ㅣ 自在ᄒᆞ샤 終不滯於一邊ᄒᆞ실ᄉᆡ 所以不可取說이라○ 부텨 니ᄅᆞ샨 밧 法법은 ᄒᆞ다가 相샹이 쇼ᄆᆞᆯ 니ᄅᆞ시며 ᄒᆞ다가 相샹 업소ᄆᆞᆯ 니ᄅᆞ샤 두려운 말ᄉᆞ미 自ᄍᆞᆼ在ᄍᆡᆼᄒᆞ샤 내종내 ᄒᆞᆫ ᄀᆞ새 븓디 아니ᄒᆞ실ᄉᆡ 이런ᄃᆞ로 取츙와 說쉃왜 아니시니라

文 佛所說法은 謂是法이라도 亦不是ᄒᆞ며 謂非法이라도 亦不是ᄒᆞ니 若定非法이나 渡河앤 須用筏이며 若定是法이나 到岸앤 不須船이니라○ 부텨 니ᄅᆞ샨 밧 法법은 이 法법이라 닐어도 또 올티 몯ᄒᆞ며 法법 아니라 닐어도 또 올티 몯ᄒᆞ니 ᄒᆞ다가 一힗定뗭ᄒᆞ야 法법 아니나 ᄀᆞᄅᆞᆷ 건나맨 모ᄅᆞ매 ᄠᅦ

를 ᄡᅳ며 ᄒᆞ다가 一ᅙᅵᇙ 定뗭ᄒᆞ야 이 法법이 나 ᄀᆞ새 다ᄃᆞ란 ᄇᆡ를 求꿓티 마롤디니라 所以有時예 道ᄒᆞ되 至理一言이 革凡成聖이라 ᄒᆞ며 有時예 道ᄒᆞ되 三乘十二分教ᄂᆞᆫ 是什麼熱椀鳴聲고 ᄒᆞᄂᆞ니 金屎之論이 亦以此也ㅣ니라 ○ 이런ᄃᆞ로 잇다감 닐오ᄃᆡ 至징極끅ᄒᆞᆫ 理링옛 ᄒᆞᆫ 마리 凡뻠을 고텨 聖셩을 일우ᄂᆞ니라 ᄒᆞ며 잇다감 닐오ᄃᆡ 三삼乘씽과 十씹二싱分뿐教꾱ᄂᆞᆫ 이 므슴 더운 사바래 우ᄂᆞᆫ 소리오 ᄒᆞᄂᆞ니 金금이라 ᄒᆞ며 ᄯᅩᆼ이라 ᄒᆞ논 議읭論론이 ᄯᅩ 이를 ᄡᅳ니라 ▮ 더운 사바랫 소리ᄂᆞᆫ ᄡᅳᆯ ᄃᆡ 업슨 소릴ᄊᆡ 가ᄌᆞᆯ비니라 녯 사ᄅᆞ미 佛뿛說쉃을 黃황金금이라 니ᄅᆞ나도 이시며 ᄆᆞᄅᆞᆫ ᄯᅩᆼ이라 니ᄅᆞ니도 잇ᄂᆞ니라 三삼乘씽 十씹二싱分뿐教꾱ᄂᆞᆫ 法법華ᅘᅪᇰ애 사겻ᄂᆞ니라

冶父 是甚麼오 ○ 이 므스고

佛所說法이 如水上애 按胡蘆相似ᄒᆞ니 觸著便轉

ᄒᆞ야 無定法可取ㅣ며 無定法可說이니 ○부텨 니ᄅᆞ샨 밧 法법이 믈우희 박눌룸과 서르 곤ᄒᆞ니 觸쵹ᄒᆞ면 믄득 올마 一힗定뗭ᄒᆞᆫ 法법이 어루 取츙ᄒᆞ미 업스며 一힗定뗭ᄒᆞᆫ 法법이 어루 닐오미 업스니 若定說有ᄂᆞᆫ댄 爭奈非有오ㅣ 若定說無ᄂᆞᆫ댄 爭奈非無ㅣ니 既非有無法인댄 畢竟에 是甚麽오 ○ᄒᆞ다가 一힗定뗭ᄒᆞ야 잇다 닐올딘댄 컨마ᄅᆞᆫ 아숌 아니오 ᄒᆞ다가 一힗定뗭ᄒᆞ야 업다 닐올딘댄 컨마ᄅᆞᆫ 업숌 아니니 ᄒᆞ마 有웋無뭉法법이 아니롤딘댄 ᄆᆞᄎᆞ매 이 므스고

又 謂法謂非法이 既皆不是ᄒᆞ니 畢竟에 是甚麽오 ○法법이라 니ᄅᆞ며 非빙法법이라 닐오미 ᄒᆞ마 다 올티 몯ᄒᆞ니 ᄆᆞᄎᆞ매 이 므스고

頌 恁麽也도 不得이며 不恁麽也도 不得이니 廓落大虛空애 烏飛無影跡ᄒᆞ도다 咄 이러타 홈도 올티 몯ᄒᆞ며 이러티 아니타 홈도 올티 몯ᄒᆞ니 훤ᄒᆞᆫ 큰 虛헝空콩애 새 ᄂᆞᄅᆞ미 그르메와 자최왜 업도다 咄돓 撥轉機輪ᄒᆞ야 却

倒迴ᄒᆞ야ᅀᅡ 南北東西예 任往來ᄒᆞ리라 ○ 機긩輪륜을 옮겨 갓ᄀᆞ로 도라샤

南남北븍東동西솅예 ᄆᆞᅀᆞᆷ조ᄎᆞ 가며 오며 ᄒᆞ리라

定有定無ㅣ 俱不是ᄒᆞ니 莫向四句ᄒᆞ야 覓黃老ᄒᆞ라 黃

老ㅣ 不坐四句中ᄒᆞ시니라 ○ 一ᅙᅵᇙ定뗭ᄒᆞ야 잇다 ᄒᆞ며 一ᅙᅵᇙ定뗭ᄒᆞ야 업다 ᄒᆞ

미 다 올타 몯ᄒᆞ니 四ᅀᆞᆼ句궁로 向향ᄒᆞ야 黃ᅘᅪᇰ老롱롤 ᄯᅳᆯ엳ᄌᆞᆸ디 말라 黃ᅘᅪᇰ老롱ㅣ 四ᅀᆞᆼ句궁ㅅ 가온

ᄃᆡ 안잿디 아니ᄒᆞ시니라 不坐四句中ᄒᆞ시니 鳥飛空中無影跡

이로다 咄 更須向鳥道裏ᄒᆞ야 轉身ᄒᆞ야ᅀᅡ 始得ᄒᆞ리라 ○ 四ᅀᆞᆼ

句궁ㅅ 가온ᄃᆡ 안잿디 아니ᄒᆞ시니 새 空콩中듕에 ᄂᆞ니 그르메와 자최왜 업도다 咄돓 다시 모ᄅᆞ

매 새 긼 소ᄫᆡᆯ 向향ᄒᆞ야 모 몸 두르혀ᅀᅡ 올ᄒᆞ리라 南北東西ㅣ 一天地니

莫分疆界ᄒᆞ고 任往來ᄒᆞ라 ○ 南남北븍東동西솅ㅣ ᄒᆞᆫ 天텬地띵니 ᄀᆞᅀᆞᆯ 논호

디 말오 ᄆᆞᅀᆞᆷ조ᄎᆞ 가며 오며 ᄒᆞ라 又 法與非法이 二俱不是ᄒᆞ니 二

見이 皆非佛本心이니 誰向空中ᄒᆞ야 覓鳥跡고 咄 法법과 非빙法법괘 둘히 다 올티 몯ᄒᆞ니 두 보미 다 부텻 本본心심 아니니 뉘 空콩中듕을 向향ᄒᆞ야 새 자최ᄅᆞᆯ 얻ᄂᆞ뇨 咄돌 縱然伊麼去ㅣ나 亦非佛本心이니 若也眞知佛本心인댄 謂是法이 亦不妨ᄒᆞ며 謂非法이 亦不妨ᄒᆞ니라 ○비록 이리 가나 ᄯᅩ 부텻 本본心심 아니니 ᄒᆞ다가 부텻 本본心심을 眞진實씷로 알린댄 이 法법이라 닐오미 ᄯᅩ 막디 아니ᄒᆞ며 非빙法법이라 닐오미 ᄯᅩ 막디 아니ᄒᆞ니라

所以者何ㅣ어뇨 一切賢聖이 皆以無爲法으로 而有差別이시니 이다

一切賢聖所證法이 皆以無爲로 有差別ᄒᆞ니 而此差別이 即無爲라 逈出中間與二邊ᄒᆞ니라 ○一ᅙᅵᇙ切쳉賢현

聖셩證징ᄒᆞ샨 밧 法법이 다 無무爲윙로 差창別볋이 잇ᄂᆞ니 이 差창別볋이 곧 無무爲윙라 中듕

閒간과 두 ᄀᆞᆺ과애 머리 나니라 伊麼則一味無爲法이 在聲聞則

名四諦오 在緣覺則名因緣이오 在菩薩則名六度ㅣ니

六度因緣與四諦ㅣ 一一無取ㅣ며 不可說이니라 ○

그러면 ᄒᆞᆫ 맛 無무爲윙法법이 聲셩聞문에 이시면 곧 일후미 四ᄉᆞᆼ諦뎽오 緣원覺각애 이시면 곧

일후미 因힌緣원이오 菩뽕薩삻애 이시면 곧 일후미 六륙度똥ㅣ니 六륙度똥와 因힌緣원과 四

ᄉᆞᆼ諦뎽왜 낫나치 取층업스며 어루 닐옴 업스니라

冶父 毫釐有差ᄒᆞ면 天地懸隔ᄒᆞ리라 ○ 터럭만 글우미 이시면 하ᄂᆞᆯ콰 ᄯᅡ쾌

어머리 隔격ᄒᆞ리라

法雖一味나 見有千差ᄒᆞ니 所以千差ㅣ 只在一念

이니 一念之差ㅣ 隔同天地ᄒᆞ니라 ○ 法법이 비록 ᄒᆞᆫ 마시나 보미 千쳔差

창ㅣ잇ᄂᆞ니이런ᄃᆞ로千쳔差창ㅣ오직ᄒᆞᆫ念념에잇ᄂᆞ니ᄒᆞᆫ念념差창ᄒᆞ매隔격ᄒᆞ미天텬地ᄄᆞᆼᄀᆞᆮᄒᆞ니라 **雖然如是**나 **天地一統**이니 **伊麼則金爲千器**나 **器器皆金**이며 **栴檀萬片**이나 **片片**이 **皆香**이니라 ○비록이ᄀᆞᆮᄒᆞ나天텬地ᄄᆞᆼᄒᆞᆫ統통이니그러면金금이一ᄒᆞᆯ千쳔그르시ᄃᆞ외나그르ᄉᆞ마다다金금이며栴젼檀딴이一ᄒᆞᆯ萬먼조각이나조각마다다香향이니라

頌 **正人**이 **說邪法**ᄒᆞ면 **邪法**이 **悉歸正**ᄒᆞ고 **邪人**이 **說正法**ᄒᆞ면 **正法**이 **悉歸邪**ᄒᆞᄂᆞ니歸邪一作皆邪 **江北**엔 **成枳**ᄒᆞ고 **江南**엔 **橘**이나 **春來**예 **都放一般花**ᄒᆞᄂᆞ니라 ○正정ᄒᆞᆫ사ᄅᆞ미邪쌍ᄒᆞᆫ法법을니ᄅᆞ면邪쌍ᄒᆞᆫ法법이다正정에가고邪쌍ᄒᆞᆫ사ᄅᆞ미正정ᄒᆞᆫ法법을니ᄅᆞ면正정ᄒᆞᆫ法법에다邪쌍애가ᄂᆞ니江강北븍엔ᄐᆡᆼ지ᄃᆞ외오江강南남앤橘귤이ᄃᆞ외나봄오매다ᄒᆞᆫ가짓고ᄌᆞᆯ프ᄂᆞ니라

一味無爲法이 **能正亦能邪**ᄒᆞᄂᆞ니 **一種**이 **分南北**

ᄒᆞ나 南北에 一般花ㅣ니라 ○ ᄒᆞᆫ맛 無뭉爲윙法법이 能능히 正졍ᄒᆞ고 또 能능히 邪쌍ᄒᆞᄂᆞ니 ᄒᆞᆫ 빼 南남北븍이 다ᄅᆞ나 南남北븍에 ᄒᆞᆫ 가짓 고지니라

宗鏡 得亦非며 說亦非라ᄒᆞ시니 能仁機輪이 電掣샷다 取不可ᄒᆞ며 捨不可ㅣ라ᄒᆞ니 空生이 舌本이 瀾翻이로다 ○ 得득홈도 또 외다ᄒᆞ며 닐옴도 또 외다ᄒᆞ시니 能능仁신ㅅ 機긩輪륜이 번게 ᄯᅳᆺᄒᆞ샷다 取츙홈도 올티 몯ᄒᆞ며 ᄇᆞ룜도 올티 몯다ᄒᆞ니 空공生ᄉᆡᆼ이 혓 미티 믌결 드위잇ᄃᆞᆺᄒᆞ도다 **釋** 釋셕迦강ᄅᆞᆯ 예셔 닐오매 能능仁신이라 機긩輪륜은 說셣法법이라

且道無爲法은 爲甚麼有差別오 萬古碧潭엣 空界月을 再三撈漉ᄒᆞ야사 始應知ᄒᆞ리라 ○ 또 니ᄅᆞ라 無뭉爲윙法법은 므스글 爲윙ᄒᆞ야 差창別볋이 잇ᄂᆞ뇨 萬먼古공애 파란 모샛 空콩界갱옛 ᄃᆞᄅᆞᆯ 두서 번 거려사 바ᄅᆞ서 당다이 알리라

得而無得ᄒᆞ며 說而無說이라ᄒᆞ시니 神妙其機ㅣ 電光

이라 難能入手ㅣ로다 ○得득ᄒᆞ야도 得득호미 업ᄉᆞ며 說쉃ᄒᆞ야도 說쉃이 업다 ᄒᆞ샤

니 神씬妙묭ᄒᆞᆫ 그 機긩ㅣ 번겟 光광明명 아니라 能능히 손ᄃᆞ리와도 미 어렵도다 取之不

可取ᄒᆞ며 捨之不可捨ㅣᄒᆞ니라 快然其舌이 勇浪애 能

爲高下ㅣ로다 ○取츙ᄒᆞ야도 어루 取츙티 몯ᄒᆞ며 ᄇᆞ려도 어루 ᄇᆞ리디 몯ᄒᆞ리라 ᄒᆞ니 훤

ᄒᆞᆫ 그 혜 勇용猛ᄆᆡᆼᄒᆞᆫ 믌겨리 能능히 노ᄑᆞ며 ᄂᆞᆺ갑도다 此則且置어니와 只如

無爲法은 爲甚麼有差別오 君今에 欲識無爲理

ㄴ댄 不離千差萬別中ᄒᆞ니라 ○이ᄂᆞᆫ 곧 아직 ᄃᆞᆯ디어니와 오직 無뭉爲윙法법

은 므스글 爲윙ᄒᆞ야 差창別볋이 잇ᄂᆞ뇨 그듸 이제 無뭉爲윙理링를 알오져 ᄒᆞᆯ딘댄 千쳔差창萬

먼別볋ㅅ 가온ᄃᆡ 여희디 아니ᄒᆞ니라 雖然如是나 但知空月이 落

潭心이언뎡 爭似癡猿의 枉勞形이리오 ○비록 이 곧ᄒᆞ나 오직 虛헝

空콩앳 ᄃᆞ리 못 가온ᄃᆡ 디옛ᄂᆞᆫ ᄃᆞᆯ 아롤 디언뎡 엇뎨 어린 나ᄇᆡ 쇽절업시 몸 ᄀᆞᆺ비호ᄆᆞᆯ ᄒᆞ리오

頌 雲捲秋空애 月印潭ᄒᆞ니 寒光이 無際ᄒᆞ니 與誰談고

豁開透地通天眼ᄒᆞ면 大道ㅣ 分明ᄒᆞ니 不用參이니라 ○구룸 거츤 ᄀᆞᅀᆞᆳ 虛헝空콩애 ᄃᆞ리 모새 나ᄐᆞ니 ᄎᆞᆫ 光광明명이 ᄀᆞᆺ업스니 ᄂᆞᆯ ᄃᆞ려 니ᄅᆞ료 ᄯᅡ해 ᄉᆞᄆᆞᄎᆞ며 하ᄂᆞᆯ해 ᄉᆞᄆᆞᄎᆞᆫ 누ᄂᆞᆯ 훤히 열면 큰 道ᄯᅩᇢㅣ 分분明명ᄒᆞ니 參참호ᄆᆞᆯ ᄡᅳ디 아니ᄒᆞᆯ디니라 ■ 參참ᄋᆞᆫ 다시곰 ᄉᆞᆲ펴 볼ᄉᆡ라

若使空月로 不印潭ᄒᆞ면 豈謂寒光이 廣無邊이리오

照天照地含萬像ᄒᆞ니 無窮此味를 與誰談고 ○ᄒᆞ다가 虛헝空콩앳 ᄃᆞᆯ로 모새 나디 아니ᄒᆞ면 엇뎨 ᄎᆞᆫ 光광明명이 너비 ᄀᆞᆺ업다 니ᄅᆞ리오 하ᄂᆞᆯ ᄒᆞᆯ 비취며 ᄯᅡ ᄒᆞᆯ 비취여 萬먼像썅ᄋᆞᆯ 머구므니 다ᄋᆞᆳ 업슨 이 마ᄉᆞᆯ ᄂᆞᆯ ᄃᆞ려 니ᄅᆞ리오

但於頂門에 能具眼ᄒᆞ면 更向何處ᄒᆞ야 覓玄宗이리오 ○오직 頂뎡門몬에 能능히 누니 ᄀᆞᄌᆞ면 다시 어느 고ᄃᆞᆯ 向향ᄒᆞ야 玄휀妙묘ᄒᆞᆫ 宗종ᄋᆞᆯ 어드리오

依法出生分第八

須菩提야 於意云何오 若人이 滿三千

大千世界七寶ᄒᆞ야 以用布施ᄒᆞ면 是人所

得福德이 寧爲多아 不아 須菩提ㅣ 言

ᄒᆞᄉᆞ오ᄃᆡ 甚多ᄒᆞ이다 世尊하 何以故ㅣ어뇨 是福

德이 即非福德性일ᄉᆡ 是故로 如來ㅣ 說

福德多ㅣ시니이다 若復有人이 於此經中

에 受持乃至四句偈等ᄒᆞ야 爲他人說ᄒᆞ면

其福이 勝彼ᄒᆞ리니

福德性者ᄂᆞᆫ 離能所ᄒᆞ며 絶是非ᄒᆞ며 泯存亡ᄒᆞ며 無得

失ᄒᆞ야 眞淨無漏者ㅣ是라○福복德득性셩은能능所송ᄅᆞᆯ여희며是씽非방ᄅᆞᆯ그ᄎᆞ며存쫀亡망이업스며得득失싫이업서眞진實씷ㅅ조ᄒᆞᆫ漏롱업슨거시라 如是福德은 等空難量이라 絶對無倫ᄒᆞ야 不應以多少待對之言으로 稱之니○이곧ᄒᆞᆫ福복德득은虛헝空콩곧ᄒᆞ야혜아료미어려운디라對됭그ᄎᆞ며ᄣᅡ기업서하며져그며對됭기ᄃᆞ린말로닐오미맛당티몯ᄒᆞ니 今則反是ᄒᆞᆯᄉᆡ 只可說名爲多당ㅣ언 不應以無量無邊으로 稱之니라○이제ᄂᆞᆫ이에ᄃᆞ위혈ᄊᆡ오직어루하다일훔지허니ᄅᆞᆯ쓰니언뎡無뭉量량無뭉邊변으로닐오미맛당티몯ᄒᆞ니라 若能持經悟理ᄒᆞ야 行無住行ᄒᆞ면 則所作어 出於無心ᄒᆞ야 行行이 一一淸淨ᄒᆞᆯᄉᆡ 所感福德이 宜其眞淨無漏ᄒᆞ야 而終無有極也ㅣ니라○ᄒᆞ다가能능히經경을디녀理링ᄅᆞᆯ아라無뭉住뜡行ᅘᆡᆼ을行ᅘᆡᆼᄒᆞ면곧ᄒᆞᆫ논배ᄆᆞᅀᆞᆷ업소매나行ᅘᆡᆼ마다낫나치 淸청淨쪙ᄒᆞᆯ시 感감ᄒᆞᆫ 밧 福복德득이 그 眞진實씷로 조하 漏룽ㅣ 업서 내죵애 그지 업소미 맛당ᄒᆞ니라

故로 前에 讚云ᄒᆞ샤ᄃᆡ 若菩薩이 不住相布施ᄒᆞ면 其福德이 不可思量이라 ᄒᆞ시니라 ○ 이런 젼ᄎᆞ로 알ᄑᆡ 讚잔ᄒᆞ야 니ᄅᆞ샤ᄃᆡ ᄒᆞ다가 菩뽕薩삻이 相샹애 住뜡티 아니ᄒᆞ야 布봉施싱ᄒᆞ면 그 福복德득이 어루 思ᄉᆞᆼ量량티 몯ᄒᆞ리라 ᄒᆞ시니라

冶父 事向無心得이니라 ○ 이리 ᄆᆞᅀᆞᆷ 업소ᄆᆞᆯ 向향ᄒᆞ야 得득ᄒᆞᄂᆞ니라

信此經ᄒᆞ면 則無我理顯ᄒᆞ리니 知無我ᄒᆞ면 則心無異緣ᄒᆞ고 心無異緣ᄒᆞ면 則胸中이 灑落ᄒᆞ야 淸淨如空ᄒᆞ리니 ○ 이 經경을 信신ᄒᆞ면 곧 나 업슨 理링 나타나리니 나 업슨 돌 알면 곧 ᄆᆞᅀᆞ매 다ᄅᆞᆫ 緣원이 업고 ᄆᆞᅀᆞ매 다ᄅᆞᆫ 緣원이 업스면 곧 가ᅀᆞᆷ 가온ᄃᆡ 조ᄒᆞ야 淸청淨쪙ᄒᆞ미 虛헝空콩 ᄀᆞᆮᄒᆞ리니 心旣淸淨ᄒᆞ면 則諸佛祖의 神通機用과 自餘無量妙義

와 前所未獲을 皆從斯得ᄒᆞ리라 ○ ᄆᆞᅀᆞ미 ᄒᆞ마 淸청淨쪙ᄒᆞ면 곧 여러 佛뿛祖종ㅅ 神씬通통과 機긩用용과 이 브터 나ᄆᆞᆫ 그지업슨 妙묳義읭와 아ᄅᆡ 몯 어뎃던 바ᄅᆞᆯ 다 이ᄅᆞᆯ 조차 得득ᄒᆞ리라

頌 寶滿三千及大千ᄒᆞ야도 福緣이 應不離人天이니라

若知福德이 元無性ᄒᆞ면 買得風光호ᄃᆡ 不用錢ᄒᆞ리라 ○ 보ᄇᆡ 三삼千천과 大땡千천에 ᄀᆞᄃᆞᆨᄒᆞ야도 福복緣원이 반ᄃᆞ기 人신天텬에 여희디 몯ᄒᆞ니라 ᄒᆞ다가 福복德득이 본ᄃᆡ 性셩 업슨 ᄃᆞᆯ 알면 風봉光광ᄋᆞᆯ 사ᄃᆡ 돈 ᄡᅳ디 아니ᄒᆞ리라

七寶ᄂᆞᆫ 人世之所重也ㅣ오 捨施ᄂᆞᆫ 人情之所難也ㅣ어ᄂᆞᆯ 今以七寶로 滿三千而施之ᄒᆞ니 可謂能所難能也ㅣ로다 ○ 七칧寶봉ᄂᆞᆫ 人신世솅예 重뜡히 너기논 배오 ᄇᆞ려주믄 人신情쪙의 어려이 너기논 배어ᄂᆞᆯ 이제 七칧寶봉로 三삼千천에 ᄀᆞᄃᆞᆨ기 布봉施싱ᄒᆞ니 어루 能ᄂᆞᆼ히 홈 어려운 바ᄅᆞᆯ

能ᄂᆞᆼ히 ᄒᆞ다 닐올디로다 然其行施也ㅣ 如未契於無念眞宗ᄒᆞ면 則其感果也ㅣ 但是人天有漏之報而已어니와 ○ 그러나 그 布봉施싱行ᅘᆡᇰᄒᆞ미 ᄒᆞ다가 念념업슨 眞진宗종애 맛디 몯ᄒᆞ면 곧 그 果광感감호미 오직 이 人신天텬漏룸잇ᄂᆞᆫ 報봉ᄯᆞᄅᆞ미어니와 若依此經ᄒᆞ야 知福性이 空ᄒᆞ면 則不因施功ᄒᆞ야도 本地風光이 自然呈露ᄒᆞ리라 ○ ᄒᆞ다가 이 經경을 브터 福복性셩이 뷘 ᄃᆞᆯ 알면 곧 施싱ᄒᆞᆫ 功공ᄋᆞᆯ 因힌티 아니ᄒᆞ야도 本본地띵옛 風봉光광이 自ᄍᆞᆼ然션 나타나리라

何以故오 須菩提야 一切諸佛와 及諸佛阿耨多羅三藐三菩提法이 皆從此經出ᄒᆞᄂᆞ니라

祇這一卷經이 量包大虛ᄒᆞ고 體徧一切ᄒᆞ니 佛之與法의 玄根이 在茲ᄒᆞ니라 ○오직 이 一ᅙᅵᇙ卷권ㅅ 經경이 量량이 大땡虛헝를 ᄢᅳ리고 體톙ㅣ 一ᅙᅵᇙ切쳉예 ᄀᆞ독ᄒᆞ니 부텨와 法법과의 기픈 불휘 이에 잇ᄂᆞ니라

又三身之佛이 人性中에 固有ㅣ언마ᄅᆞᆫ 但以無明所覆로 不能顯現이러니 ○또 三삼身신ㅅ 부텨 사ᄅᆞᄆᆡ 性셩中듕에 眞진實씷로 잇건마ᄅᆞᆫ 오직 無뭉明명의 두푼 바로 能ᄂᆼ히 現현ᄒᆞ야 나ᄐᆞ디 몯더니

今以智慧鑰로 啄破無明殼ᄒᆞ니 三身之佛이 當處現前ᄒᆞ도다 ○이제 智딩慧쀙ㅅ 부리로 無뭉明명ㅅ 대가리ᄅᆞᆯ 디거 허니 三삼身신ㅅ 부텨 當당ᄒᆞᆫ 고대 알ᄑᆡ 現현ᄒᆞ도다

治父 且道此經은 從甚麼處出오 須彌頂上과 大海波心괘로다 ○또 니ᄅᆞ라 이 經경은 어느 고ᄃᆞᆯ브터 나니오 須숭彌밍ㅅ 뎡바기ㅅ우콰 大땡海ᄒᆡᆼㅅ 믌겴가온ᄃᆡ왜로다

人이 但知有子ᄒᆞ고 不知有父ᄒᆞ며 雖知有父ᄒᆞ나 亦不
知有祖ㅣ 在ᄒᆞᄂᆞ니〇사ᄅᆞ미 오직 子ᄌᆞᆼ息식 이쇼ᄆᆞᆯ 알오 아비 이쇼ᄃᆞᆯ 아디 몯ᄒᆞ며
비록 아비 이쇼ᄆᆞᆯ 아나 ᄯᅩ 한아바 잇ᄂᆞᆫ ᄃᆞᆯ 아디 몯ᄒᆞᄂᆞ니 須彌頂上大海波心
이 豈不是祖之面目이리오 須彌頂上앤 形名이 不
到ᄒᆞ고 大海波心엔 凝然千差ㅣ로다〇須슝彌밍 뎡바깃 우콰 大땡海
힝ㅅ 믌결 가온ᄃᆡ 엇뎨 이 祖종의 面면目목이 아나리오 須슝彌밍 뎡바깃 우흰 얼굴와 일훔과 니
르디 몯ᄒᆞ고 大땡海힝ㅅ 믌결 가온ᄃᆡᄂᆞᆫ 凝읭然션히 千쳔差창ㅣ로다 凝읭然션은 큰 양지라
凝然千差ㅣ 浩浩沒涯岸이며 形名이 不到ᄒᆞ니 嵬嵬
杳難攀이로다 到這裏ᄒᆞ얀 佛佛祖祖ㅣ 計較不成ᄒᆞ며
一切物類ㅣ 比況不及ᄒᆞᄂᆞ니라〇凝읭然션ᄒᆞᆫ 千쳔差창ㅣ니 너비 ᄀᆞ시
업스며 얼굴과 일훔괘 니르디 몯ᄒᆞ니 노파 가독ᄒᆞ야 더위잡디 어렵도다 이에 다ᄃᆞ란 佛뿛佛뿛

와 祖종祖종왜 計겡較굥ᄅᆞᆯ 일우디 몯ᄒᆞ며 一읧切쳉物믏의 類륑ㅣ 가졸ᄫᆞ미 맛디 몯ᄒᆞᄂᆞ니라

頌 佛祖ㅣ 垂慈ᄒᆞ샤 實有權ᄒᆞ시니 言言이 不離此經宣이샷다

此經出處ᄅᆞᆯ 還相委댄 便向空中ᄒᆞ야 駕鐵船이니라 空中他 本作雲中 切忌錯會어다 ○佛뿛祖종ㅣ 慈쭝ᄅᆞᆯ 드리우샤 實씷로 權뀐ᄋᆞᆯ 두시니 말ᄉᆞᆷ마다 이 經경을 여희디 아니ᄒᆞ야 펴샷다 이 經경 난 고ᄃᆞᆯ 도ᄅᆞ혀 서르 아ᄅᆞᆫ딘댄 곤 空콩中듕을 向향ᄒᆞ야 쇠비ᄅᆞᆯ 메울디니라 그르 아로ᄆᆞᆯ ᄀᆞ장 아쳐ᄅᆞᆯ디어다

頓獲大事了ᄒᆞ시고 灰頭土面伊麽來ᄒᆞ샤 爲霑枯槁ᄒᆞ야 灑甘露ᄒᆞ시니 滴滴이 皆從此經出이니라 ○큰 이ᄅᆞᆯ 모로기 어두믈 ᄆᆞᄎᆞ시고 머리예 ᄌᆡ 무티고 ᄂᆞᄎᆡ ᄒᆞᆰ 무텨 이리 오샤 이운 나모 저리 쥬믈 爲윙ᄒᆞ야 甘감露롱ᄅᆞᆯ ᄲᅳ리시니 ᄎᆞᆺ 드르니마다 다 이 經경을 브터 나ᄂᆞ니라

知得此經出處已ᄒᆞ야ᄃᆞᆫ 好向芳草岸頭行이니라 切忌錯會라ᄒᆞ니 有甚錯

會오○이經경난고돌아과ᄃᆞᆫ芳팡草ᄎᆞᇢㅅ두듥머리ᄅᆞᆯ됴히向:향ᄒᆞ야行ᅘᆡᆼᄒᆞᆯ디니라:그르아로ᄆᆞᆯᄀᆞ장아쳐ᄅᆞᆯ디어다ᄒᆞ니므스글그르아로마잇ᄂᆞ뇨[illegible]芳팡草ᄎᆞᇢ岸안ᄋᆞᆫ此ᄎᆞᆼ岸안이니衆즁生ᄉᆡᆼ잇ᄂᆞᆫᄃᆡ라

無雲이生嶺上ᄒᆞ고有月이落波心ᄒᆞ도다

有月이落波心ᄒᆞ나上界옌光不歇ᄒᆞ고無雲이生嶺上ᄒᆞ나舒卷이也尋常이로다○구루미嶺령上썅애나미업고ᄃᆞ리믌겴가온ᄃᆡ듀미잇도다ᄃᆞ리믌겴가온ᄃᆡ듀미이시나上썅界갱옌光광明명이歇헗티아니ᄒᆞ고구루미嶺령上썅애나미업스나펴며거두미당상이로다

須菩提야所謂佛法者ㅣ即非佛法이라

眞性이不礙緣起ㄹᄉᆡ經能出生佛法ᄒᆞ고緣起不礙

眞性열ᄉᆡ佛法이即非佛法이니라○眞진性셩이緣원起킝ᄅᆞᆯ막디아나ᄒᆞᆯᄉᆡ經경이能ᄂᆞᆼ히佛뿛法법을내오緣원起킝ㅣ眞진性셩을막디아니ᄒᆞᆯᄉᆡ佛뿛法법이곤佛

뿛法법이아니니라 緣원은브틀시오 起킹는 닐시니 ᄂᆞ터나니ᄃᆞᆺ마리니 六륙趣츙는 染셤緣원을브터나고 四ᄉᆞᆼ聖셩은 淨쪙緣원을브터나다ᄒᆞᄃᆞᆺᄒᆞᆫ마리라

冶父 能將蜜果子ᄒᆞ야 換汝苦胡蘆ᄒᆞ도다 ○能능히 ᄃᆞᆫ果광子ᄌᆞᆼ가져 네의ᄡᅳᆫ바골 밧고도다

佛法也ㅣ 如彼蜜果子ᄒᆞ고 非佛法也ㅣ 如彼苦胡蘆ᄒᆞ니 佛非佛이며 法非法이라ᄒᆞ시니 ○佛뿛法법이 ᄃᆞᆫ果광子ᄌᆞᆼᄀᆞᆮ고 非빙佛뿛法법이 뎌ᄡᅳᆫ박ᄀᆞᆮᄒᆞ니 부톄 부텨아니며 法법이 法법아니라ᄒᆞ샤니 如將蜜果ᄒᆞ야 換苦胡蘆ㅣ로다 更知道호리니 甜果는 徹蔕甜ᄒᆞ고 苦胡는 連根苦ᄒᆞ니라 ○蜜밀果광ᄅᆞᆯ가져셔 ᄡᅳᆫ박밧고ᄃᆞᆺᄒᆞ도다 ᄯᅩ 닐온ᄃᆞᆯ 아로리니 ᄃᆞᆫ果광ᄂᆞᆫ 고고리예ᄉᆞᄆᆞᆺᄃᆞᆯ오 ᄡᅳᆫ바ᄀᆞᆫ 불휘조사ᄡᅳ니라

頌 佛法非法이 能縱能奪ᄒᆞ며 有放有收ᄒᆞ며 有生有殺

ᄒᆞᄂᆞ니 眉間애 常放白毫光ᄒᆞ시거ᄂᆞᆯ 癡人ᄋᆞᆫ 猶待問菩薩

ᄒᆞᄂᆞ다○佛뿛法법과 非빙法법괘 能능히 두며 能능히 아ᅀᆞ며 노ᄒᆞ미 아시며 가도미 이시며 살오미 이시며 주규미 잇ᄂᆞ니 眉밍間간애 샹녜 白ᄈᆡᆨ毫ᅘᅩᇢ光광ᄋᆞᆯ 펴시거ᄂᆞᆯ 미혹ᄒᆞᆫ 사ᄅᆞᄆᆞᆫ 오히려 菩뽕薩삻ᄋᆡ 무로ᄆᆞᆯ 기드리ᄂᆞ다

左之右之ᄒᆞ며 能方能圓ᄒᆞᄂᆞ니 鷺鷥立雪이 非同色

이오 崐崙騎象이 稍依俙로다○왼녀그로 ᄒᆞ며 올ᄒᆞᆫ녀그로 ᄒᆞ며 能능히 方방ᄒᆞ며 能능히 두렫ᄂᆞ니 하야로비 누네 셔미 ᄒᆞᆫ가짓 비치 아니오 崐곤崙론ᄋᆡ 象쌍토미 져기 이셧ᄒᆞ도다 崐곤崙론ᄋᆞᆫ 묏 일후미니 崐곤崙론山산미 뒷 사ᄅᆞᄆᆞᆯ 다 崐곤崙론이라 ᄒᆞᄂᆞ니 비치 다 거므니라

人人이 盡有一雙眉ᄒᆞ니 一雙眉際예 放毫光ᄒᆞᄂᆞᆺ다 放毫光이 本現成커니 何須向外ᄒᆞ야 空尋覓

이리오○사ᄅᆞᆷ마다 다 ᄒᆞᆫ 雙쌍 눈섭 뒷ᄂᆞ니 ᄒᆞᆫ 雙쌍 눈섭 ᄀᆞᅀᆡ 毫ᅘᅩᇢ光광ᄋᆞᆯ 펴ᄂᆞᆺ다 毫ᅘᅩᇢ光광 펴미

本본來ᄅᆡᆼ現ᅘᅧᆫᄒᆡ 이럿거니 엇뎨 밧골 向향ᄒᆞ야 소ᇫ곡 절업시 ᄎᆞ자 어드리오 毫ᅘᅉ光광ᄋᆞᆫ 부텻니 마ᄒᆡ 겨신 白ᄈᆡᆨ毫ᅘᅉ光광明명이라

宗鏡 寶滿三千ᄒᆞ나 財施ᄂᆞᆫ 有盡와커니 偈宣四句ᄒᆞ면 法施ᄂᆞᆫ 無窮ᄒᆞ니 發生智慧光明ᄒᆞ며 流出眞如妙道ᄒᆞᄂᆞ니 ○ 보ᄇᆡ 三삼千쳔에 ᄀᆞ득ᄒᆞ나 쳔량布봉施싱ᄂᆞᆫ 다오미 잇거니와 偈꼥를 四ᄉᆞᆼ句궁를 펴면 法법布봉施싱ᄂᆞᆫ 다ᄋᆞᇝ 업스니 智딩慧ᅘᅰᆼ光광明명을 發벓ᄒᆞ야 내며 眞진如셩妙묭道똫로 흘려 내ᄂᆞ니 所以 稱揚德勝ᄒᆞ샤 了達性空ᄒᆞ샤 徹諸佛之本源ᄒᆞ시며 豁一經之眼目ᄒᆞ시니 ○ 이런ᄃᆞ로 德득이 勝싱타 일ᄏᆞ라 펴샤 性셩의 뷔유믈 ᄉᆞ뭇아ᄅᆞ샤 諸졍佛뿛ᄉ 本본來ᄅᆡᆼ根근源원을 ᄉᆞᄆᆞᄎᆞ시며 ᄒᆞᆫ 經경엣 眼ᅌᅡᆫ目목올 현케 ᄒᆞ시니 還見四句親切處麽아 眞性洞明이 依般若ᄂᆞ니 不勞彈指ᄒᆞ야 證菩提니라 ○ 도ᄅᆞ혀 四ᄉᆞᆼ句궁 親친切쳻ᄒᆞᆫ 고ᄃᆞᆯ 본다 眞진性셩 ᄉᆞ뭇 보고미 般반若샹를 븓ᄂᆞ니

彈딴指징호몰잇비아니ᄒᆞ야 善쎤提뗴ᄅᆞᆯ證징ᄒᆞᄂᆞ니라

頌 徒將七寶ᄒᆞ야施三千이로다 四句ᄅᆞᆯ親聞ᄒᆞ야了ᄒᆞ면上根이니라 無量劫來諸佛祖ㅣ從玆超出涅槃門ᄒᆞ시니라

○ᄒᆞᆫ갓七칧寶봉ᄅᆞᆯ가져三삼千쳔에施싱ᄒᆞ도다 四ᄉᆞᆼ句궁ᄅᆞᆯ親친히드러알면上썅根근이니라 無뭉量량劫겁브터오시ᄂᆞᆫ諸졍佛뿛祖종ㅣ이ᄅᆞᆯ조차涅녏槃빤門몬에건나ᄲᅧ여나시니라

徒將七寶ᄒᆞ야施三千호미但是人天有漏因이니 四句ᄅᆞᆯ親聞ᄒᆞ야了ᄒᆞ면上根이라當證無餘大涅槃ᄒᆞ리니 ○ᄒᆞᆫ갓七칧寶봉ᄅᆞᆯ가져三삼千쳔에施싱호미오직이人신天텬ㅅ漏릏잇ᄂᆞᆫ因ᅙᅵᆫ이니라 四ᄉᆞᆼ句궁ᄅᆞᆯ親친히드러알면上썅根근이라반ᄃᆞ기淸淨기나ᄆᆞᆫ것업슨큰涅녏槃빤ᄋᆞᆯ證징ᄒᆞ리니라

無餘大涅槃ᄋᆞᆫ佛祖ㅣ皆因四句證ᄒᆞ시니라 ○淸쳥淨쪙ᄒᆞ야나ᄆᆞᆫ것업슨큰涅녏槃빤ᄋᆞᆫ佛뿛祖종ㅣ다四ᄉᆞᆼ句궁ᄅᆞᆯ因ᅙᅵᆫᄒᆞ야證징ᄒᆞ시니라

一相無相分第九

須菩提야 於意云何오 須陀洹이 能作是念호ᄃᆡ 我ㅣ得須陀洹果아 不아 須菩提ㅣ言ᄒᆞᅀᆞ오ᄃᆡ 不也世尊하 何以故ㅣ어뇨 須陀洹은 名爲入流ㅣ로ᄃᆡ 而無所入ᄒᆞ니 不入色聲香味觸法이어 是名須陀洹이ᅌᅵ다

須菩提야 於意云何오 斯陀含이 能作是念호ᄃᆡ 我ㅣ得斯陀含果아 不아 須菩提言不也世尊하 何以故ㅣ어뇨 斯陀含은

名一往来로ᄃᆡ而實無往來홀시是名斯
陀含여이다 須菩提야 於意云何오 阿那
含이 能作是念호ᄃᆡ 我ㅣ得阿那含果不
아 須菩提言不也世尊하 何以故ㅣ어뇨
阿那含을 名爲不来로ᄃᆡ 而實無不来
홀시 是故로 名阿那含이이다 此本元無無不之不字今稽川蜀本加
之

一切佛法이 皆從此經出이라ᄒᆞ시며 一切賢聖이 皆
以無爲法으로 而有差別이라ᄒᆞ시니 ○一ᅙᅵᇙ切쳉佛뿛法법이 다 이 經경을

從쭁ᄒᆞ야나ᄂᆞ니라ᄒᆞ시며一ᅙᅵᇙ切쳉賢뼌聖셩이다無뭉爲윙法법으로差창別볋잇ᄂᆞ니라ᄒᆞ시니

佛法이 既非佛法이어니 差別聖果ᄃᆞᆯᆫ 亦何有實이리오

伊麼則若佛若法若僧寶ㅣ畢竟엔 冥然合一機로다 ○佛뿛法법이ᄒᆞ마佛뿛法법이아니어니差창別볋ᄒᆞᆫ聖셩果광ᄂᆞᆫᄃᆞᆯᄯᅩ엇뎨實씷이어시리오그러면부텨와法법과僧승寶봉왜ᄆᆞᄎᆞᆷ내마치ᄒᆞᆫ機긩예어우도다

冶父 諸行이 無常ᄒᆞ야 一切皆苦ᄒᆞ니라 皆苦他本作皆空空字近是○여러行ᅘᆡᇰ이無뭉常쌍ᄒᆞ야一ᅙᅵᇙ切쳉다苦콩ㅣ니라

四果ㅣ 無果ᄒᆞ야 歸一妙空ᄒᆞ니라 ○四ᄉᆞᆼ果광ㅣ果광ㅣ업서ᄒᆞᆫ妙묳空콩애가ᄂᆞ니라

頌 三位聲聞이 已出塵ᄒᆞ나 往來求靜이 有踈親ᄒᆞ도다

明明四果ㅣ 元無果ᄒᆞ니 幻化空身이 卽法身이니라 ○세位

윙 옛 聲셩聞문이 ᄒᆞ마 드트레 나 나 가며 오며 ᄒᆞ야
靜쪙을 求꿓ᄒᆞ미 跡송ᄒᆞ며 親친ᄒᆞ미 잇도다 불ᄀ
며 불ᄀᆞᆫ 네 果광ㅣ 본ᄃᆡ 果광ㅣ 업스니 곡도 變변
化황ᄒᆞᄂᆞᆫ 솩졀 업슨 모미 곧 法법身신이니라

六塵境內예 齊得出ᄒᆞ나 涅槃城裏예 有跡親ᄒᆞ다 ᄒᆞ도
有跡親ᄒᆞ야 分四果ᄒᆞ니 ○ 六륙塵띤境경 안해 ᄀᆞᄌᆞ기 시러 나나 涅넗槃빤城쎵 소배 跡송ᄒᆞ며 親친ᄒᆞ미 잇도다 跡송 親친이 이셔 四ᄉᆞᆼ果광ㅣ ᄂᆞᆫ호니 四果ㅣ 無果
ᄒᆞ야 幻空身이니라 幻空身이 即法身이니 混融平等ᄒᆞ야
勿跡親ᄒᆞ니라 ○ 四ᄉᆞᆼ果광ㅣ 果광 업서 幻뾘空콩身신이니라 幻뾘空콩身신이 곧 法법身신이 나 섯거 노가 平뼝等등ᄒᆞ야 跡송 親친이 업스니라

須菩提야 於意云何오 阿羅漢이 能作
是念호ᄃᆡ 我ㅣ 得阿羅漢道不아 須菩提

言不也世尊하 何以故ㅣ어뇨 實無有法
이 名阿羅漢이니 世尊하 若阿羅漢이 作
是念호ᄃᆡ 我ㅣ 得阿羅漢道ㅣ라ᄒᆞ면 即為著
我人衆生壽者ㅣ니이다 世尊하 佛說我를
得無諍三昧ᄒᆞ야 人中에 最為第一이라ᄒᆞ시
ᄂᆞ니 是第一離欲阿羅漢이니

內不被見聞의 使殺ᄒᆞ고 外不被聲色의 染汚ᄒᆞ야 內
外淸淨ᄒᆞ야 曠然虛閑ᄒᆞᆯ시 是名無諍이며 亦名離欲이니
라 ○안ᄒᆞ로 見견聞문의 브료믈 닙디 아니ᄒᆞ고
밧ᄀᆞ로 聲셩色ᄉᆡᆨ의 더러유믈 닙디 아니ᄒᆞ야 안
팟기 淸쳥淨쪙ᄒᆞ야 훤히 뷔며 겨르ᄅᆞ욀ᄊᆡ 이 일
후믈 無뭉諍징이라 ᄒᆞ며 ᄯᅩ 일후믈 離링欲욕이

라ᄒᆞᄂᆞ니라

冶父 把定ᄒᆞ면 則雲橫谷口ᄒᆞ고 放下也ᅟᅵᆫ댄 月落寒潭이로다 ○ 자바 定뎡ᄒᆞ면 구루미 곬이 ᄢᅦ빗고 노ᄒᆞ맨 ᄃᆞ리 ᄎᆞᆫ 모새 디도다

不爲有邊所動ᄒᆞ야 根境法中에 無影迹ᄒᆞ고 不爲無邊所寂ᄒᆞ야 這邊那邊에 應無虧ㅣ로다 ○ 有웋邊변의 뮈울배 ᄃᆞ외디 아니ᄒᆞ야 根ᄀᆫ境경法법中듕에 그르메와 자최 왜 업고 無뭉邊변의 寂쩍홀배 ᄃᆞ외디 아니ᄒᆞ야 이 ᄀᆞᆺ 뎌 ᄀᆞᆺ새 應ᅙᅳᆼᄒᆞ마 이즌ᄃᆡ 업도다

應無虧ᄒᆞ니 月落寒潭이오 無影迹ᄒᆞ니 雲橫谷口ㅣ로다 把定이 是ㅣ아 放行이 是아 把定放行이 俱不是ᄒᆞ니 一掃애 掃向三千外니라 ○ 應ᅙᅳᆼᄒᆞ미 이즌ᄃᆡ 업스니 ᄃᆞ리 ᄎᆞᆫ 모새 듀미오 그르메와 자최 왜 업스니 구루미 곬이 ᄢᅦ빗구미로다 자바 定뎡호미 올ᄒᆞ녀 노하 行ᅘᆡᇰ호미 올ᄒᆞ녀 자바 定뎡ᄒᆞ며 노하 行ᅘᆡᇰ호미 다 올티 몯ᄒᆞ니 ᄒᆞᆫ번 ᄡᅳ로

매三삼千천外외횡롤向향ᄒᆞ야ᄡᅳ롤디니라

【頌】喚馬ᄒᆞᆫ들何曾馬ㅣ리오呼牛ᄒᆞ야도未必牛ㅣ니라兩頭롤都放下ᄒᆞ고中道롤一時休ㅣ니○ᄆᆞ리라브른ᄂᆞᆯ어뒷던ᄆᆞ라리오쇼라블러도반ᄃᆞ기쇼아니니라두그틀다노하ᄇᆞ리고中듕道똥롤一ᅙᅵᇙ時씽예마롤디니六門에

迸出遼天鶻이獨步ᄒᆞ니乾坤이摠不收ㅣ로다○六륙門몬에소사난遼룡天텬鶻ᅘᅩᇙ이ᄒᆞ오ᅀᅡ거르니하ᄂᆞᆯ콰ᄯᅡ쾌다ᄀᆞᆫ디몯ᄒᆞᄂᆞᆺ다【人】遼룡天텬鶻ᅘᅩᇙᄋᆞᆫ하ᄂᆞᆯ해며리볏ᄂᆞᆫ매라

喚馬呼牛ㅣ摠不然ᄒᆞ니放行把定이俱不是ᄒᆞ도다

旣不涉於明暗兩頭ᄒᆞ고亦不坐於毗盧頂𩕳ᄒᆞ니○ᄆᆞᆯ브르며쇼블로미다올티아니ᄒᆞ니노하行ᅘᆡᆼᄒᆞ며자바定뗭ᄒᆞ요미다올티몯ᄒᆞ도다ᄒᆞ마ᄇᆞᆯᄀᆞ며어드운두그테븓디아니ᄒᆞ고ᄯᅩ毗삥盧롱頂뎡𩕳녕에앉디아니ᄒᆞ니【人】頂뎡𩕳녕은ᄆᆞᆺ노ᄑᆞᆫ뎡

·바기·라

六根門頭에 沒蹤由고ᄒᆞ 三千里外예 閑獨步

ㅣ로다 ○ 六륙根ᄀᆞᆫ門몬머리예 자최 업고 三삼千쳔里링 밧그 겨르ᄅᆞ이 ᄒᆞ오ᅀᅡ 걷놋다

閑獨步ᄒᆞ니 快如遼天鶴ᄒᆞ야 乾坤이 收不得이어니 宇宙

ㅣ 豈能藏이리오 ○ 겨르ᄅᆞ이 ᄒᆞ오ᅀᅡ 거르니 훤ᄒᆞ미 遼룡天텬鶴ᅘᅡᆨ이 곧ᄒᆞ야 하ᄂᆞᆯ콰 ᄯᅡ쾌 가도ᄆᆞᆯ 몯거니 宇웅宙듛ㅣ 엇뎨 能능히 갈ᄆᆞ리오 ■ 宇웅ᄂᆞᆫ 하ᄂᆞᆯ콰 ᄯᅡ콰ᄅᆞᆯ 모도아 니ᄅᆞ시오 宙듛ᄂᆞᆫ 녜와 이제와ᄅᆞᆯ ᄉᆞᄆᆞᄎᆞ시라

我ㅣ 不作是念ᄒᆞ되 我ㅣ 是離欲阿羅漢이로라ᄒᆞ노이다 世尊하 我ㅣ 若作是念ᄒᆞ되 我ㅣ 得阿羅漢道호라ᄒᆞ면 世尊이 即不說須菩提ㅣ 是樂阿蘭那行者ㅣ라ᄒᆞ시려늘 以須菩

提ㅣ實無所行ᄒᆞᆯᄊᆡ 而名須菩提ᄒᆞ샤ᄃᆡ 是

樂阿蘭那行이라ᄒᆞ시ᄂᆞ니이다

離欲無諍을 已稱第一이라ᄒᆞ시니 又不作念ᄒᆞ니 善不可加ㅣ로다 反是則豈得名爲無諍이리오 ○ 離링欲욕無뭉諍징을 ᄒᆞ마 第뗑一힗이라 일ᄏᆞᄅᆞ시니 ᄯᅩ 念념을 짓디 아니ᄒᆞ니 善쎤이 어루 더으디 몯ᄒᆞ리로다 이에 드위혀면 엇데 無뭉諍징이라 일후믈 得득ᄒᆞ리오

冶父 認著ᄒᆞ면 依前還不是ᄒᆞ리라 ○ 아노라ᄒᆞ면 알ᄑᆞᆯ브터 도ᄅᆞ혀 올티 몯ᄒᆞ리라

以有無諍之實ᄒᆞ야 故有無諍之名ᄒᆞ니 名實을 更須忘却ᄒᆞ야사 始得ᄒᆞ리라 若也未忘却ᄒᆞ면 依前還不是

ᄒᆞ리라 ○ 無뭉諍징ᄒᆞᆫ 寶봉이 쇼ᄆᆞᆯ ᄢᅥ 그럴ᄊᆡ 無
뭉諍징일후미 잇ᄂᆞ니 名명寶봉ᄋᆞᆯ 다시 모ᄅᆞ매
니저ᅀᅡ 비르서 올ᄒᆞ리라 ᄒᆞ다가 닛디 몯
ᄒᆞ면 알ᄑᆞᆯ 브터 도ᄅᆞ혀 올티 몯ᄒᆞ리라

頌 蚌腹애 隱明珠ᄒᆞ며 石中에 藏碧玉이로다 有麝ㅣ면 自
然香ᄒᆞ리어니 何用當風立이리오 當一作臨 ○ 조개비예 ᄆᆞᆯᄀᆞᆫ 구스리 수머시며 돐
가온ᄃᆡ 파란 玉옥이 갈맛도다 麝쌍옷이 시면 自ᄍᆞᆼ然션히 香향이 어니 엇데 ᄇᆞᄅᆞᆷ 當당ᄒᆞ야 셔 ᄆᆞᆯ ᄇᆞ리
오 活計를 看來예 恰似無ᄒᆞ나 應用이 頭頭에 皆具足
ᄒᆞ니라 ○ 사ᄅᆞᆷ 헤아료ᄆᆞᆯ 보매 곧 업슨 ᄃᆞᆺᄒᆞ나 應ᅙᅳᆼᄒᆞ야 ᄡᅮ미 頭뚷頭뚷에 다 ᄀᆞᆺᄌᆞ니라
明珠碧玉이 隱不露ᄒᆞᄂᆞ니 大智如愚ᄒᆞ야 看似癡ᄒᆞ니
라 道存乎己ᄒᆞ면 自發外ᄒᆞᄂᆞ니 何用區區逆人知오라
○ 明명珠쥬와 碧벽玉옥괘 수머 낟디 아니ᄒᆞᄂᆞ니 큰 智딩ᄂᆞᆫ 어린 ᄃᆞᆺᄒᆞ야 보ᄃᆡ 미혹ᄒᆞᆫ ᄃᆞᆺᄒᆞ니라
道뜰理링 모매 이시면 自ᄍᆞᆼ然션히 밧긔 發벓ᄒᆞᄂᆞ니 므슴 區쿵區쿵히 사ᄅᆞᆷᄋᆞ로 ᄆᆞᆯ 마ᄌᆞ리오

區쿵區쿵ᄂᆞᆫ 혀근 양이라 莫謂渠無活計在ᄒᆞ라 應用이 頭頭에

皆具足ᄒᆞ니라 ○ 제 活활計계 업다 니ᄅᆞ디 말라 應흥ᄒᆞ야 ᄡᅮ미 頭뚷頭뚷에 다 ᄀᆞᄌᆞ니라

宗鏡 人天往返앤 諸漏ㅣ 未除니라 道果ᄅᆞᆯ 雙忘ᄒᆞ니 無諍이 第一이로다 超凡入聖ᄒᆞ미 從頭勘證將來어니와 ○ 人신閑간과 하ᄂᆞᆯ콰애 가며 도라오맨 여러 漏룽ㅣ 더디 몯ᄒᆞ얫더니 道뜰와 果광와ᄅᆞᆯ 둘흘 니ᄌᆞ니 無뭉諍징이 第뗑一힗이로다 凡뻠에 건내뛰여 聖셩에 드로미 처ᅀᅥᆷ브터 마초ᄢᅧ 證징ᄒᆞ야 가져오나니와

轉位迴機ᅀᆞᄒᆞ야 透底盡令徹去케ᄒᆞ리니 委悉麼아 勿謂無心이 云是道ㅣ라ᄒᆞ라 無心이 猶隔一重關ᄒᆞ니라 ○ 位윙예 올마 機깅ᄅᆞᆯ 도ᄅᆞ혀 ᅀᅡ미 ᄐᆡᄉᆞᄆᆞ차 다ᄉᆞᄆᆞᆺ게 ᄒᆞ리니 아란다 ᄆᆞᅀᆞᆷ 업소미 이 道뜰ㅣ라 ᄒᆞ야 니ᄅᆞ디 말라 ᄆᆞᅀᆞᆷ 업소미 오히려 ᄒᆞᆫ 볼 關관이 ᄀᆞ리니라

超凡入聖ᄒᆞ미 從頭ᄒᆞ야 勘證將來어니와 爭奈死水예

沉潛이니 要須死水裏예 轉身ᄒᆞ야 迴機ᄒᆞ야 向此來ᄒᆞ야

ᅀᅡ ○凡뻠에 건내ᄠᅱ여 聖셩에 드로미 처섬브터 마·초·ᄲᅧ 證징ᄒᆞ야 가·져·오·나·니와 건마ᄅᆞᆫ 주그므

려 ᄌᆞ·모미니 모로매 주근 믈소배 모ᄆᆞᆯ 옮·겨 機긩ᄅᆞᆯ 두르혀 ·이ᄅᆞᆯ 向·향ᄒᆞ·야·와·ᅀᅡ 令於大

寂滅海예 透底深入ᄒᆞ야 徹證無餘케ᄒᆞ리니 還相委悉

此意麼아 莫以滅定으로 爲究竟ᄒᆞ라 於道애 猶未達

一間ᄒᆞ니라 ○큰 寂쪅滅몛海힝예 미틔 ᄉᆞᄆᆞᆺ기 ·피 ·드러 ᄉᆞᄆᆞᆺ 證징ᄒᆞ야 나ᄆᆞᆫ 것 업게 ᄒᆞ리니

도ᄅᆞ혀 서르 ·이 ᄠᅳ들 아·란다 滅몛定뗭으로 究궁竟경을 삼디 말라 道똥애 오히려 ᄒᆞᆫ 間간이 ᄉᆞᄆᆞᆺ

디 몯ᄒᆞ니라 滅몛定뗭은 意힁根ᄀᆞᆫ을 滅몛ᄒᆞ·야 法법塵띤을 緣원티 아니ᄒᆞ야 生싱滅몛 업슬

시라

頌 果位聲聞이 獨善身ᄒᆞ나 寂然常定이 本非眞이니 迴

心頓入如來海ᄒᆞ야 倒駕慈航ᄒᆞ야 逆渡人이니라 ○果·광位윙옛 聲

셩聞문이ᄒᆞ오ᅀᅡ모ᄆᆞᆯ善쎤케ᄒᆞ나괴외히샹녜定뗭ᄒᆞ미本본來ᄅᆡᆼ眞진이아니니ᄆᆞᅀᆞᄆᆞᆯ두르혀모로기如셩來ᄅᆡᆼㅅ海ᄒᆡᆼ예드러慈ᄍᆞᆼ悲빙ㅅ비롤갓ᄀᆞ로메워거ᅀᅡ사ᄅᆞᆷ믈건내욜디니라

聲聞獨善이 不是仁人이니 若是仁人인댄 兼善天下ᄒᆞᄂᆞ니라 寂然常定은 死水예 沉潛이니 若是眞龍인댄 不藏死水ᄒᆞᄂᆞ니라○聲셩聞문의ᄒᆞ오ᅀᅡ善쎤호미이仁ᅀᅵᆫ人ᅀᅵᆫ이아니니ᄒᆞ다가이仁ᅀᅵᆫ人ᅀᅵᆫ인댄天텬下ᅘᆡᆼ를조쳐善쎤케ᄒᆞᄂᆞ니라괴외히샹녜定뗭호ᄆᆞᆫ주근므레ᄌᆞ모미니ᄒᆞ다가이眞진龍룡인댄주근므레ᄌᆞᆷ디아니ᄒᆞᄂᆞ니라

要須死水裏예 轉身ᄒᆞ야 迴入大寂滅海ᄒᆞ야 與悲度生ᄒᆞ야ᅀᅡ 始得ᄒᆞ리라○모ᄅᆞ매주근믌소배모ᄆᆞᆯ옮겨大땡寂쩍滅멿海ᄒᆡᆼ예두르혀드러悲빙ᄅᆞᆯ니르와다衆즁生ᄉᆡᆼ올濟졩度똥ᄒᆞ야ᅀᅡ올ᄒᆞ리라

莊嚴淨土分第十

佛告須菩提ᄒᆞ샤ᄃᆡ 於意云何오 如來ㅣ
昔在然燈佛所ᄒᆞ야 於法에 有所得가 不아
不也世尊하 如來ㅣ 在然燈佛所ᄒᆞ샤 於
法에 實無所得ᄒᆞ시니이다

已明聲聞의 無取了ᄒᆞ시고 將現菩薩의 亦無取ᄒᆞ샤
先擧自己因地上애 師亦無言ᄒᆞ며 己無聞이어시ᄂᆞᆯ ○聲
셩聞문의 取츙업소ᄆᆞᆯ ᄒᆞ마 ᄇᆞᆯ기시고 쟝ᄎᆞᆺ 菩뽕薩삻의 ᄯᅩ 取츙업소ᄆᆞᆯ 나토오려 ᄒᆞ샤 ᄌᆞ걋 모미
因힌地띵우희 스승도 ᄯᅩ 말업스며 ᄌᆞ개 드롬업슨 ᄃᆞᆯ 몬져 드러사ᄂᆞᆯ 空生이 知佛
의 明無得ᄒᆞ고 果能答以無所得ᄒᆞ니라 ○ 空콩生싱이 부톄 得득업
솜 ᄇᆞᆯ기시ᄂᆞᆫ ᄃᆞᆯ 아ᄉᆞᆸ고 果광然션 能능히 得득ᄒᆞ샨 바 업소ᄆᆞᆯᄇᆡ 對됭答답ᄒᆞᅀᆞ오니라 因甚

道無所得고 以迹論之컨댄 則釋迦ㅣ 彼時예 因聞然燈所說法要ᄒᆞ샤ᅀᅡ 熏成正覺ᄒᆞ시니 豈是無得이리오 ○므·스글 因ᄒᆞ·야 得·혼 바ㅣ 업다 니ᄅᆞ·료 자·최로 議읭論론컨댄 ·곧 釋·셕迦강ㅣ ·뎌 然연燈등 니ᄅᆞ샨 ·밧 法법要ᅙᅧᇹ 드르·샤ᄆᆞᆯ 因힌ᄒᆞ·샤·아 熏훈習씹ᄒᆞ·야 正졍覺각·ᄋᆞᆯ 일우시니 엇뎨 ·이 得·득홈 업·스·시리·오 然此ᄂᆞᆫ 但以借緣見道로 爲得耳니 以實言之컨댄 則釋迦ᄂᆞᆫ 本是天上天下애 獨尊獨貴底人이샤 ○그·러나 ·이ᄂᆞᆫ 오·직 緣원·을 假강借쟝ᄒᆞ야 道똫 ·보ᄆᆞ·로 得득·을 사·ᄆᆞᆯ ᄯᆞᄅᆞ·미니:實씷·을 뻐 니ᄅᆞ건댄 ·곧 釋·셕迦강ᄂᆞᆫ 本본來링 ·이 天텬上:썅 天텬下:뺳·애 ᄒᆞ오·ᅀᅡ 尊존ᄒᆞ·며 ᄒᆞ오·ᅀᅡ 貴궁ᄒᆞ·신 :사ᄅᆞ·미·샤 位過諸佛ᄒᆞ시고 富有萬德ᄒᆞ시니 何曾受它點眼이시며 何容有法更得이시리오 所以道謂得然燈記ᄂᆞᆫ댄 寧知是舊身이리오ᄒᆞ니라 ○位윙ㅣ 諸졍佛뿛·에 ·더 ·나시·고 가ᅀᆞ·며·로ᄆᆞᆫ

萬먼德득을 두겨시니 어딋던 ᄂᆞ미 點뎜眼안ᄋᆞᆯ 受쓩ᄒᆞ시며 엇뎨 法법이 다시 得득호미 겨시리오 이런ᄃᆞ로 닐오ᄃᆡ 然션燈등記긩ᄅᆞᆯ 得득ᄒᆞ시다 닐올딘댄 엇뎨 이 녯 모ᄆᆞᆯ 알리오 ᄒᆞ니라 入點뎜眼안ᄋᆞᆫ ᅀᆞᄉᆞ이 弟뗑子ᄌᆞᆼᄋᆡ 누늘 ᄣᅳ긔 홀 시라

冶父 古之今之샷다 ○ 녜며 이제샷다

非但昔年에 無所得이라 至今出世예도 亦無得이니 伊麼則古亦只如是며 今亦只如是샷다 ○ ᄒᆞᆫ갓 녯 ᄒᆡ예 得득ᄒᆞ산 배 업ᄉᆞᆫ ᄯᆞᄅᆞᆷ 아니라 이제 世솅間간애 나샤매 니르러도 ᄯᅩ 得득호미 업스시니 그러면 녜도 ᄯᅩ 오직 이 ᄀᆞᆮᄒᆞ시며 이제도 ᄯᅩ 오직 이 ᄀᆞᆮᄒᆞ샷다

頌 一手로 指天ᄒᆞ시고 一手로 指地ᄒᆞ시니 南北東西예 秋毫不視샷다 生來예 心膽이 大如天ᄒᆞ시니 無限群魔ㅣ 倒赤幡ᄒᆞ니라 ○ ᄒᆞᆫ 소ᄂᆞ로 하ᄂᆞᆯ ᄀᆞᄅᆞ치시고 ᄒᆞᆫ 소ᄂᆞ로 ᄯᅡ ᄀᆞᄅᆞ치시니 南남北븍東동西

셩·예 ᄀᆞᇫ 터럭마도 보디 몯ᄒᆞ샷다 나오샤·매 心심膽·담 크미 하ᄂᆞᆯ 곧ᄒᆞ시·니 그·지 :업스·ᄉᆞᆫ 魔망ㅣ 븓근 幡편·을 갓고로 디니·라 世솅界갱예 ᄒᆞᆫ 것도 ·업서 ᄌᆞᆺ 몸 ·ᄲᅡ니 사·ᄆᆞᆺ :마리·라 膽:담·ᄋᆞᆫ ᄇᆞᆯ게·라

指天指地를 會也아 未아 南北東西예 一釋迦ㅣ샷다○ 하ᄂᆞᆯ ᄀᆞᄅᆞ치시며 ·ᄯᅡ ᄀᆞᄅᆞ치샤ᄆᆞᆯ 아란다 모·ᄅᆞᄂᆞᆫ·다 南남北븍東동西솅예 ᄒᆞᆫ 釋셕迦강ㅣ샷·다

一釋迦를 誰籠罩오ㅣ리 心膽이 恢恢大如天ᄒᆞ샤 一口로 呑盡諸佛祖ㅣ샷다○ᄒᆞᆫ 釋셕迦강ᄅᆞᆯ 뉘 ᄢᅵ리오 心심膽:담·이 크며 ·어위쿠미 하ᄂᆞᆯ 곧ᄒᆞ샤 ᄒᆞᆫ 이브로 모·ᄃᆞᆫ 佛뿛祖종ᄅᆞᆯ 다 머구므샷·다

佛祖도 尙被渠呑却이어니 魔外如何得不降이리오○佛뿛祖종도 ·오히려 ·뎌의 머구무믈 니버니 魔망外욍 :엇뎨 시·러 降향티 아니ᄒᆞ·리오

須菩提야 於意云何오 菩薩이 莊嚴佛

土아 不아 不也世尊하 何以故오 莊嚴

佛土者ㅣ 卽非莊嚴이라 是名莊嚴이니다

內而根身外而器界皆是清淨智境이며 一一無爲

佛土ㅣ니 根身器界를 因甚ᄒᆞ야 喚作清淨智境無爲

佛土오 ○안ᄒᆞ로 根근身신과 밧ᄀᆞ로 器킝界갱왜 다 이 清청淨쪙ᄒᆞᆫ 智딩慧휑ㅅ 境경이며 낫나치 無뭉爲윙ᄒᆞᆫ 佛뿛土통ㅣ니 根근身신 器킝界갱ᄅᆞᆯ 므스글 因힌ᄒᆞ야 清청淨쪙智딩境경無뭉爲윙佛뿛土통ㅣ라 블러 니ᄅᆞ뇨 根근身신ᄋᆞᆫ 正졍報봉ㅣ니 모미오 器킝界갱ᄂᆞᆫ 依힁報봉ㅣ니 사ᄂᆞᆫ ᄯᅡ히라

捏目ᄒᆞ면 空花ㅣ 亂墜ᄒᆞ고 不然이면 滿目蒼蒼이리라 作麽生莊嚴고 情忘ᄒᆞ면 勿踈親이오 見盡ᄒᆞ면 無內外ᄒᆞ니라 ○누늘 비븨면 虛헝空콩애 고지 어즈러이 듣고 그러티 아니면 누네 ᄀᆞᄃᆞᆨ

기 펴려 ᄒᆞ리라 므스기 莊장嚴엄고 情쪙을 니ᄌᆞ면 跡송ᄒᆞ며 親친ᄒᆞ미 업고 보미 다ᄋᆞ면 안팟기 업스니라

作麽生是非莊嚴고 情見忘處에 不留蹤ᄒᆞ야 見佛見祖호ᄃᆡ 若寃讎ㅣ니라 ○ 므스기 非빙莊장嚴엄고 情쪙과 見견과 니존 고대 자최롤 두디 아니ᄒᆞ야 부텨롤 보며 祖종師ᄉᆞᆼ롤 보ᄃᆡ 寃훤讎쓩 ᄀᆞᆮᄒᆞ니라

治父 孃生袴子ㅣ오 青州布衫이로다 ○ 어미나ᄒᆞᆫ ᄀᆞ외오 青청州쥬ㅅ 뵈젹삼이로다

孃生袴子는 純而無雜ᄒᆞ니 然唯古ㅣ라 非今이며 青州布衫은 儉而無華ᄒᆞ니 然但質이라 無文ᄒᆞ도다 ○ 어미나ᄒᆞᆫ ᄀᆞ외는 純쓘ᄒᆞ야 섯근 것 업스니 그러나 오직 녜라 이제 아니며 青청州쥬ㅅ 뵈젹삼은 검박ᄒᆞ고 빗업스니 그러나 오직 質짏이라 文문彩ᄎᆡᆼ 업도다 質짏은 ᄭᅮ뮴 업슨 믿얼구리라

本始合體ᄒᆞ야 文質이 彬彬ᄒᆞ야ᅀᅡ 始可名爲十成莊嚴이라 ○ 니

本본과 始싱왜 體톙예 合햅ᄒᆞ야 文문과 質짏왜 골아ᄫᅡ 비르서 어루 일훔ᄀᆞ장ᄒᆞᆫ 왼 莊장嚴엄이라 홀디니라 ▼本본ᄋᆞᆫ 本본覺각이오 始싱ᄂᆞᆫ 始싱覺각이라

頌 抖擻ᄒᆞ야 運身이 白勝霜ᄒᆞ니 蘆花雪月로 轉爭光이로다 幸有九皐애 翶足勢ᄒᆞ니 更添朱頂호미 又何妨이리오 ○ 抖둫擻숳ᄒᆞ야 오ᄋᆞᆫ 모미 희요미 서리두고 더으니 ᄀᆞᆯ곳과 누넷 ᄃᆞᆯ와로 더욱 비츨 ᄃᆞ토ᄂᆞ다 幸ᅘᆼ히 九궁皐공애 발고ᄎᆞ 드된 勢솅ㅣ 잇ᄂᆞ니 다시 뎡바기 블고ᄆᆞᆯ 더오미 ᄯᅩ 엇뎨 마ᄀᆞ리오 ▼抖둫擻숳ᄂᆞᆫ ᄠᅥ러ᄇᆞ리다 ᄒᆞᄂᆞᆫ 마리라 九궁皐공ᄂᆞᆫ 아ᄒᆞᆸ 고ᄇᆡ 옛 모시니 鶴ᅘᅡᆨ이 잇ᄂᆞᆫ ᄃᆡ라

功中ᄋᆞ로 就位ᄒᆞ야 脫盡廉纖ᄒᆞ니 位裏예 轉身ᄒᆞ야ᅀᅡ 更添光彩ᄒᆞ리라 ○ 功공夫붕ㅅ 가온ᄃᆡ로 位윙예 나ᅀᅡ가 廉렴纖셤을 비서다ᄋᆞ나 位윙ㅅ소배 도ᄅᆞ 몸두르혀ᅀᅡ 다시 光광彩칭 더으리라 ▼廉렴은 조ᄒᆞᆯ시오 纖셤은 ᄀᆞᄂᆞᆯ시라

是故로 須菩提야 諸菩薩摩訶薩이 應

如是生清淨心이니 不應住色生心ᄒᆞ며

不應住聲香味觸法生心이니

何謂清淨心고 無取無著이 是라 若欲無取著인댄

須開智慧眼이니라 ○ 어늬 닐온 淸청淨쪙ᄒᆞᆫ ᄆᆞ숨고 取츙 업숨과 著딱 업소미이라

ᄒᆞ다가 取츙著딱 업고져 ᄒᆞᆯ딘댄 모로매 智딩慧쀙眼안ᄋᆞᆯ 여롤디니라 一切賢聖이

以開智慧眼故로 善能分別諸根境界ᄒᆞ되 於中無

著ᄒᆞ야 而得自在ᄒᆞ시ᄂᆞ니 ○ 一切賢현聖셩이 智딩慧쀙眼안ᄋᆞᆯ 여ᄅᆞ샤 ᄃᆞᆯ ᄡᅳ시

논 젼ᄎᆞ로 이대 能능히 諸졍根근境경界갱ᄅᆞᆯ 논호아 ᄀᆞᆯᄒᆡ요ᄃᆡ 가온ᄃᆡ 著딱 업서 시러 自ᄍᆞ在찡

ᄒᆞ시ᄂᆞ니 ■ 諸셩根근은 六륙根근이라 由是로 根塵識界ㅣ 廓達無

礙ᄒᆞ야 一一明妙ᄒᆞ며 一一清淨이 如虛空ᄒᆞ니 是可謂

天水相連爲一色이오 更無纖靄隔淸光이로다 ○ 이런 젼ᄎᆞ로 根곤과 塵띤과 識식界갱왜 현히 ᄉᆞᄆᆞ차 ᄀᆞ린 ᄃᆡ 업서 낫나치 ᄇᆞᆰ고 이ᄃᆞ며 낫나치 淸청淨쩡ᄒᆞ야 虛헝空콩ᄀᆞᆮᄒᆞ니 이 어루 하ᄂᆞᆯ콰 믈왜 서르 니ᅀᅥ ᄒᆞᆫ 비치 ᄃᆞ외오 ᄂᆞ외야 죠고맛 ᄀᆞᄅᆞᆫ도 淸청光광애 ᄀᆞ룜 업다 닐올 디로다 【】 根곤은 六륙根곤이오 塵띤은 六륙塵띤이니 누니 色ᄉᆡᆨ塵띤을 보아 ᄀᆞᆯᄒᆡᆯ 시 識식이니 그 나ᄆᆞᆫ 다ᄉᆞᆺ 根곤도 이 ᄀᆞᆮᄒᆞ야 두루 뫼화 十씹八밣界갱라 般若利用이 如是甚深ᄒᆞ며 如是自在ᄒᆞ니 須開慧眼ᄒᆞ야 普應根門ᄒᆞ가 念念淸淨ᄒᆞ며 塵塵解脫댕이언 不應無智ᄒᆞ아 染著諸境이니라 ○ 般반若상利링ᄒᆞᆫ 用용이 이 ᄀᆞ티 甚씸히 기프며 이 ᄀᆞ티 自ᄍᆞᆼ在ᄍᆡᆼᄒᆞ니 모로매 慧휑眼안ᄋᆞᆯ 여러 너비 根곤門몬ᄋᆞᆯ 應흥ᄒᆞ야 念념念념이 淸청淨쩡ᄒᆞ며 塵띤塵띤이 解갱脫탏ᄒᆞᆯ 디언뎡 智딩 업서 여러 境경에 믈드러 著땩다 마롤 디니라

【說】 雖然恁麼ㅣ나 爭奈目前이어니 何오 ○ 비록 그리나 권마ᄅᆞᆫ 눈 알

피어니엇뎌ᄒᆞ료

雖然不應住於色聲이라ᄒᆞ나 色聲이 爭奈目前이어니

何오 ○비록色ᄉᆡᆨ聲셩에住뜡ᄒᆞ미올티몯다ᄒᆞ나色ᄉᆡᆨ聲셩이권마ᄅᆞᆫ目목前쪈이어니엇뎌ᄒᆞ료

頌 見色이 非干色이며 聞聲이 不是聲이니 色聲不礙處ㅣ 親到法王城이니라○色ᄉᆡᆨ보미色ᄉᆡᆨ애븓디아니ᄒᆞ며소리드루미어소리아나니色ᄉᆡᆨ聲셩막디아니ᄒᆞᆫ고디法법王왕城쎵에親친히다ᄃᆞ로미니라

目前諸法이 鏡裏看形이니 鏡裏看形이 不礙我ᄒᆞ야 眉目이 分明ᄒᆞ니 非別人이니라○目목前쪈엣어러法법이거우룻소배얼굴보미니거우룻소배얼굴보미내게막디아니ᄒᆞ야눈섭과눈괘分분明명ᄒᆞ니各각别뼗ᄒᆞᆫ사ᄅᆞᆷ아니니라

非別人이라 此是相見法王處니 所以道鏡

裏예 見誰形고 谷中에 聞自聲이니 見聞而不惑ᄒᆞ면

何處ㅣ 匪通程이리오ᄒᆞ니라○各각別볋ᄒᆞᆫ 사ᄅᆞ미 아니라 이 法법王왕 서르 보ᄂᆞᆫ 고디니라 이런ᄃᆞ로 닐오ᄃᆡ 거우룻 소배 뉘 얼구ᄅᆞᆯ 보ᄂᆞ뇨 곬 가온ᄃᆡ 제 소리 드로미니 보며 드로매 惑혹디 아니ᄒᆞ면 어느 고디 通통ᄒᆞᆫ 길히 아니리오ᄒᆞ니라

應無所住ᄒᆞ야 而生其心이니라

不須空然逐風波ᄒᆞ고 常在滅定ᄒᆞ야 應諸根이니 是可謂暗中有明이니라○구틔여 쇽절업시 風봉波방 좃디 말오 샹녜 滅멿定뗭에 이셔 諸졍根근을 應흥ᄒᆞᆯ디니 이 어루 닐오ᄃᆡ 어드운 가온ᄃᆡ ᄇᆞᆯ고미 이쇼미니라

又 無所住者ᄂᆞᆫ 了無內外ᄒᆞ고 中虛無物ᄒᆞ미 如鑑空衡平ᄒᆞ야 而不以善惡是非로 介於胷中也ㅣ라 生其心者ᄂᆞᆫ 以無住之心ᄋᆞ로 應之於事而不爲物累也ㅣ라○住뜡ᄒᆞᆫ바 업

소ᄆᆞᆫᄌᆞᇝ간도안팟기업고가온ᄃᆡ뷔여物믈업소
미거우뤼뷔며저우리平뼝ᄒᆞᆷ곤ᄒᆞ야善쎤惡악
是씽非빙로胸훙中듕에두디아니ᄒᆞᆯ시라그ᄅᆞᆺ
ᄉᆞᆷ내요ᄆᆞᆫ任뜽업ᄉᆞᆫᄆᆞᅀᆞᄆᆞ로이레應흥ᄒᆞ야物
믌의더레욤ᄃᆞ외디아니ᄒᆞᆯ시라 孔夫子ㅣ云ᄒᆞ샤ᄃᆡ君子之於天
下也애無適也無莫也ᄒᆞ야義之與比라ᄒᆞ시니此ᄂᆞᆫ言
心無所倚ᄒᆞ야而當事以義也ㅣ니○孔콩夫붕子ᄌᆞᆼㅣ니ᄅᆞ샤ᄃᆡ君군
子ᄌᆞᆼㅣ天텬下ᄒᆡᆼ애올ᄒᆞᆷ업스며외욤업서義읭로졷다ᄒᆞ시니이ᄂᆞᆫ닐오ᄃᆡᄆᆞᅀᆞ미비균배업서
이ᄅᆞᆯ當당ᄒᆞ야義읭ᄅᆞᆯᄡᅥᄒᆞᆯ사니 當事以義ᄒᆞ면則必不爲物累矣
며 不爲物累면則必不失其宜矣리라聖人이時異
而道同ᄒᆞ시녀 語異而相須ᄒᆞ샤ᄆᆞᆯ於斯애可見也已
로ᄃᆡ○이ᄅᆞᆯ當당ᄒᆞ야義읭ᄅᆞᆯᄡᅳ면곧반ᄃᆞ기物믌의더러욤ᄃᆞ외디아니ᄒᆞ며物믌의더러욤ᄃᆞ
외디아니ᄒᆞ면곧반ᄃᆞ기그맛당ᄒᆞ몰일티아니ᄒᆞ리라聖셩人신이時씽節졇이다ᄅᆞ샤ᄃᆡ道ᄯᅩᇢ

ㅣ곤ᄒᆞ시며마리다ᄅᆞ샤ᄃᆡ서르 기ᄂᆞ리사ᄆᆞᆯ이ᄂᆞ에어루보리로다 謝氏於無適莫

註中에 引經此句ᄒᆞ야 以爲猖狂自恣而卒得罪於

聖人이라ᄒᆞ니 何其言之不審이 至於如是之甚耶오

謝썅氏씽無뭉適뎍莫막註즁中듕에經경엣이 句궁ᄅᆞᆯ혀아ᄢᅧ미치며제放방恣ᄌᆞᆼᄒᆞ야내죵애

聖셩人신씌罪쬥ᄅᆞᆯ得득ᄒᆞ다ᄒᆞ니엇뎨말ᄉᆞᄆᆞᆯ ᄉᆞᆯ피디아니호미이ᄀᆞ티甚씸호매니르니오

昔者盧能이 於五祖忍大師處에 聞說此經ᄒᆞ다가

到此ᄒᆞ야 心花ㅣ 頓發ᄒᆞ야 得傳衣盂ᄒᆞ야 爲第六祖ᄒᆞ니

○녜盧롱能능이五옹祖종忍신大땡師ᄉᆞㅅ고 ᄃᆡ이經경니ᄅᆞ거ᄂᆞᆯ듣다가이에니르러ᄆᆞᅀᆞᆷ고

지ᄆᆞ로기發벓ᄒᆞ야옷과바리와ᄅᆞᆯ傳뛴得득ᄒᆞ 야第뗑六륙祖종ㅣᄃᆞ외니▲盧롱ᄂᆞᆫ六륙祖종

ㅅ姓셩이오能능은일 후미나惠휑能능이라 自爾五葉結菓ᄒᆞ야 芬芳天

下ᄒᆞ니 故知只此一句ㅣ 出生無盡人天師也ㅣ로다

嗚呼ㅣ라 謝氏ᄂᆞᆫ 何將管見ᄒᆞ야 擬謗蒼蒼乎오 ○ 그ᄅᆞᆯ브터
다ᄉᆞᆺ 니ᄑᆡ 여름 ᄆᆡ자 天텬下ᅘᅣᆼ애 곳답게 ᄒᆞ니 그렬ᄉᆡ 오직 이 ᄒᆞᆫ 句궁ㅣ 그지업슨 人신天텬師ᄉᆞ승
로 내ᄂᆞᆫ 돌 알리로다 嗚홍呼홍ㅣ라 謝쌍氏씽ᄂᆞᆫ 엇뎨 管관見견 가져셔 蒼창蒼창ᄋᆞᆯ 견추워 謗방
ᄒᆞ니오 五옹葉엽은 達땋磨망 아래 二싱祖종 三삼祖종 四ᄉᆞᆼ祖종 五옹祖종 六륙祖종ㅣ
라 管관見견은 멧 굼기로 여서 볼 시니 죠고맛 보ᄆᆞᆯ 가ᄌᆞᆯ비니라 蒼창蒼창은 하ᄂᆞᆯ히라

治父 退後退後ᄒᆞ라 看看ᄒᆞ라 頑石이 動也ㅣ니라 ○ 뒤ᄒᆞ로 므르며
뒤ᄒᆞ로 므르라 보며 보라 어린 돌히 뮈니라

明中에 莫留蹤ᄒᆞ고 却向暗中歸니 看看ᄒᆞ라 可不動
底如今動也ᄒᆞ니 動還無動ᄒᆞ야ᅀᅡ 始得ᄒᆞ리라 ○ ᄇᆞᆯᄀᆞᆫ 가온ᄃᆡ 자
최ᄅᆞᆯ 두디 마오 도ᄅᆞ혀 어드운 가온ᄃᆡ 向향ᄒᆞ야 갈 디니 보며 보라 뮈디 아니홀 거시 아제 뮈니 뮈
유미 도ᄅᆞ혀 뮈욤 업서ᅀᅡ 올ᄒᆞ리라

頌 山堂靜夜애 坐無言ᄒᆞ니 寂寂寥寥ᄒᆞ야 本自然이로다 何事로 西風이 動林野ᄒᆞ야 一聲寒鴈이 唳長天고 ○ 山산堂땅寂쩍靜쪙ᄒᆞᆫ 바미 안자 말 업스니 寂쩍寂쩍寥룡寥룡ᄒᆞ야 本본來ᄅᆡᆼ自ᄍᆞᆼ然션ᄒᆞ도다 므슷 일로 西솅風봉이 수플 미ᄒᆞᆯ 뮈워ᄒᆞᆫ 소릿 ᄎᆞᆫ 그려기 긴 하ᄂᆞᆯ해 우ᄂᆞ니오

本自無動이어니 何須動也ㅣ리오 須信道四海예 浪靜커ᄂᆞᆯ 龍穩睡ᄒᆞ고 九天에 雲淨커ᄂᆞᆯ 鶴飛高ㅣ니라 ○ 本본來ᄅᆡᆼ 제 뮈윰 업거니 엇뎨 모로매 뮈리오 四ᄉᆞᆼ海ᄒᆡᆼ예 믌겨리 자거늘 龍룡이 ᄌᆞ미 便뼌安안ᄒᆞ고 九궁天텬에 구루미 조커늘 鶴ᅘᅡᆨ이 ᄂᆞ로미 놉다 닐오ᄆᆞᆯ 모로매 信신ᄒᆞᆯ디니라

須菩提야 譬如有人이 身如須彌山王ᄒᆞ면 於意云何오 是身이 爲大아 不아 須菩

提ㅣ言ᄒᆞᅀᆞ오ᄃᆡ甚大ᄒᆞ이다世尊하何以故ㅣ어
뇨佛說이非身이라是名大身이니이다
放下根塵識ᄒᆞ고清淨至無餘ᄒᆞ니圓滿空寂體ㅣ豁
尒於焉現이로다體同龜毛ᄒᆞᄃᆡ像嵬嵬ᄒᆞ니須彌ㅣ橫
海ᄒᆞ야落群峯ᄒᆞ도다○根ᄀᆞᆫ塵띤識식을노하ᄇᆞ리고清청淨쪙ᄒᆞ야無뭉餘영에니
르니圓원滿만ᄒᆞ며空콩寂쩍ᄒᆞᆫ體톙훤히이에現현ᄒᆞ도다體톙거부븨터리ᄀᆞᆮᄒᆞᄃᆡ像썅이노
ᄑᆞᆫ니須슝彌밍ㅣ바ᄅᆞ래빗거群꾼峯퐁이업도다擧問空生ᄒᆞ샤미深有以
ᄒᆞ니恐人이於斯애生認著이어시ᄂᆞᆯ空生이果能知佛
意ᄒᆞ고答以非身ᄒᆞ니好知音이로다○空콩生싱의게드러무르샤미기피
ᄡᅳ샤미잇ᄂᆞ니사ᄅᆞ미이에아라著딱ᄋᆞᆯ낼가저허ᄒᆞ거시ᄂᆞᆯ空콩生싱이果광然션能ᄂᆞᆼ히부텻

ᄡᅳ들 아ᅀᆞᆸ고 몸 아니라 호모로 對됭答답ᄒᆞᅀᆞ오나 ᄃᆞ혼 知딩音흠이로다 只如非身底道理ᄂᆞᆫ 作麽生道오 未曾暫有호ᄃᆡ 像宛然ᄒᆞ니 像雖宛然ᄒᆞ나 同兎角ᄒᆞ니라 ○오직 몸 아닌 道똫理링ᄂᆞᆫ 엇뎨 니ᄅᆞ리오 아리잇간 도 잇디 아니호ᄃᆡ 像쌍이 번득ᄒᆞ니 像쌍이 비록 번득ᄒᆞ나 톳긔 ᄡᅳ리 곤ᄒᆞ니라

冶父 設有ᄒᆞ나 向甚麽處著이리오 ○비록 잇다 ᄒᆞ나 어느 고ᄃᆡ 向향ᄒᆞ야 著따ᄒᆞ리오

賴同兎角다이ᄅᆞᆫ 設有ᄒᆞᆫᄃᆞᆯ 向什麽處著이리오 大烘焰裏옌 難停物이니라 ○ 몃다 톳긔 ᄡᅳᆯ곤도다 비록 이신ᄃᆞᆯ 어느 고ᄃᆞᆯ 向향ᄒᆞ야 著따ᄒᆞ리오 큰 블 ᄉᆞ뱬 物믈 머므로미 어려우니라

頌 擬把須彌ᄒᆞ야 作幻軀ᄒᆞ니 饒君의 膽大ᄒᆞ고 更心麤ᄒᆞ노라 目前에 指出千般有ㅣ라도 我道其中에 一也無ㅣ라

ᄒᆞ리라 便從這裏入ᄒᆞ라○須슝彌밍ᄅᆞᆯ 가ᄌᆞᆯ벼 자바 幻환軀구ᄅᆞᆯ 지ᅀᆞ니 그ᄃᆡ의 膽담 크고 ᄯᅩ ᄆᆞᅀᆞᆷ 큰 ᄃᆞᆯ 足족히 너기노라 눈 알ᄑᆡ 즈믄가짓 잇ᄂᆞᆫ 거슬 ᄀᆞᄅᆞ쳐 내야도 내 닐오ᄃᆡ 그 가온ᄃᆡ ᄒᆞ나토 업다 ᄒᆞ리라 곧 이 고ᄃᆞᆯ 조차 ᄃᆞᆯ라 【】 幻환ᄋᆞᆫ 곡되오 軀구ᄂᆞᆫ 모미라

大身ᄋᆞᆯ 說非身이라 ᄒᆞ니 心膽이 大麤生ᄒᆞ도다 幸而喚作非身ᄒᆞ니 設使喚作是身이라도 我道龜毛ㅣ滿目前이라 ᄒᆞ리라 伏請諸人ᄋᆞᆫ 須從這裏入ᄒᆞ라○큰 모ᄆᆞᆯ 몸 아니라 니ᄅᆞ니 ᄆᆞᅀᆞᆷ과 膽담괘 크고 굵도다 幸ᅘᅧᆼ히 몸 가 니라 ᄒᆞ니 비록 이 모미라 ᄒᆞ야도 나ᄂᆞᆫ 닐오ᄃᆡ 거부븨 터리 눈 알ᄑᆡ ᄀᆞ독다 ᄒᆞ리라 굿브러 請청ᄒᆞ노니 모ᄃᆞᆫ 사ᄅᆞᄆᆞᆫ 모로매 이 고ᄃᆞᆯ 조차 ᄃᆞᆯ라

【宗鏡】 如來ㅣ續焰然燈ᄒᆞ시나 實無可得之法ᄒᆞ시며 菩薩이 莊嚴佛土ᄒᆞ나 應無所住之心ᄒᆞ니 諸妄이 消亡ᄒᆞ면 一眞이 淸淨ᄒᆞᄂᆞ니라○如셩來ᄅᆡᆼㅣ 然션燈등씌 브를 니ᅀᆞ시나 實씷엔 어루 得득ᄒᆞᇙ 法

·법:업·ᄉᆞ시·며菩뽕薩·삻·이佛뿛土통ᄅᆞᆯ莊장嚴엄ᄒᆞ
·나住:뜡·ᄒᆞᆫ밧·ᄆᆞᄉᆞ·미반·ᄃᆞ·기:업ᄉᆞ·니:여·러妄·망·이·ᄉᆞ
러:업ᄉᆞ·면一·힗眞진·이清청淨쪙ᄒᆞ·ᄂᆞ니·라 普究法華妙旨ᄒᆞ다가 親感普
賢誨言ᄒᆞ야 清淨身心ᄒᆞ야 安居求實ᄒᆞ야 冥符奥義ᄒᆞ야 豁
悟前因ᄒᆞ야 直得心法兩忘ᄒᆞ며 根塵이 俱泯ᄒᆞ니○:네法·법華ᅘᅪᇰ
妙·묭旨:징ᄅᆞᆯ窮꿍究궁ᄒᆞ다·가普:퐁賢현ㅅᄀᆞᄅᆞ·치
샨:마ᄅᆞᆯ親친·히感:감動:똥ᄒᆞ야·몸·과ᄆᆞᅀᆞᆷ·과ᄅᆞᆯ清청
淨·쪙ᄒᆞ야便뼌安ᅙᅡᆫ·히사·라實씷·을求꿍ᄒᆞ야·기·픈
ᄠᅳ·데·그ᅀᅳ·기마·자:아·릿因힌·을ᅘᅯᆫ·히·아·라·곤ᄆᆞᅀᆞᆷ·과
法·법·과:둘흘니ᄌᆞ·며根ᄀᆫ·과塵띤·과:다:업소·몰得·득ᄒᆞ·나 且道莊嚴箇什麽오 彈
指예 圓成八萬門ᄒᆞ며 刹那애 滅却三祇劫이니라○·ᄯᅩ니ᄅᆞ·라
莊장嚴엄·이·므ᄉᆞ·고彈딴指:징·예八·밣萬·먼門몬·이
두·려·이:일·며刹·찷那낭·애三삼祇끵劫·겁·을滅·멿ᄒᆞ
·ᄂᆞ·니·라【刹·찷那낭·ᄂᆞᆫ·힘:센:사ᄅᆞ·미蓮련ㅅ줄·기·옛
:실그·츨ᄉᆞ·ᅀᅵ·ᄅᆞᆯ刹·찷那낭ㅣ·오祇끵·ᄂᆞᆫ:다닐·올·뎬阿
항僧승祇끵·니·예·셔닐·오·매·그·지:업·슨數
·숭ㅣ·니그·지:업·슨數·숭:세·히三삼祇끵·라

雖曰續焰然燈이나 傳介什麽ㅣ며 得介什麽오 雖曰
莊嚴佛土ㅣ나 所嚴은 何土ㅣ며 能嚴은 何人고 ○비·록 닐·오
ᄃᆡ 然연燈등ᄢᅴ 브를 니ᅀᆞ시·다 ᄒᆞ나 傳뎐ᄒᆞ샤·미 므스기·며 得득ᄒᆞ샤·미 므스·고 비·록 닐·오ᄃᆡ 佛뿛
土통ᄅᆞᆯ 莊장嚴엄타 ᄒᆞ나 所송嚴엄은 어·느 ·ᄯᅡ히·며 能능嚴엄은 어·느 사ᄅᆞᆷ·고 能所ㅣ既
無ᄒᆞ니 心應無住ㅣ로다 心既無住ᄒᆞ니 諸妄이 消ᄒᆞ도다
妄既消亡ᄒᆞ니 一眞이 現ᄒᆞ도다 普究法華妙旨ᄒᆞ다가
感驗契實ᄒᆞ야 直得心法이 兩亡ᄒᆞ며 根塵이 俱泯ᄒᆞ니
○能능과 所송·왜 ᄒᆞ·마 업스니 므ᅀᆞ·미 반ᄃᆞ·기 住뜡ㅣ :업·도·다 ᄆᆞᅀᆞ·미 ᄒᆞ·마 住뜡 :업스·니 여·러 妄망
·이 ·스도·다 妄망·이 ᄒᆞ·마 스러 :업스니 一읧眞진·이 낟·도·다 ·네 法법華황妙·묘旨:징ᄅᆞᆯ 窮꿍究·궁ᄒᆞ다
가 效ᅘᅭᇢ驗·엄을 感:감得·득ᄒᆞ야 實씷에 마자 곧 ᄆᆞ ᅀᆞᆷ·과 法·법·과 ᄃᆞᆯ히 :업스·며 根ᄀᆞᆫ·과 塵띤·괘 :다 :업소
믈 得·득ᄒᆞ·니 且道莊嚴介什麽오 一彈指間애 無法不

圓ᄒᆞ며 一刹那際예 無罪不滅이로다 莊嚴淨土ㅣ事如是ᄒᆞ야 而與實相과로 不違背ᄒᆞ도다 ○ ᄯᅩ 니ᄅᆞ라 莊장嚴엄을 엇뎨ᄒᆞ료 ᄒᆞᆫ 彈딴指징ᄒᆞᆯ ᄉᆞᅀᅵ예 法법이 두렵디 아니ᄒᆞ나 업스며 ᄒᆞᆫ 刹찰那낭ㅅ ᄉᆞᅀᅵ예 罪쬥 滅멿티 아니ᄒᆞ니 업도다 淨쪙土통ᄅᆞᆯ 莊장嚴엄호미 이리 아곤 ᄒᆞ야 實씷相샹과로 어긔여 背빙叛빤티 아니ᄒᆞ도다

頌 正法眼中엔 無所得이니 涅槃心外예 謾莊嚴이로다 六塵空寂을 無人會ᄒᆞᆯᄉᆡ 推倒須彌ᄒᆞ야 浸玉蟾ᄒᆞ도 ○ 正졍法법眼안ㅅ 가온ᄃᆡ 得득ᄒᆞᆫ 바 업스니 涅녈槃빤ᄆᆞᅀᆞᆷ 밧긔 속졀업시 莊장嚴엄ᄒᆞ도다 六륙塵ᄂᆞᆫ 이 뷔여 괴외호ᄆᆞᆯ 사ᄅᆞ미 알리 업슬ᄉᆡ 須슝彌밍ᄅᆞᆯ 미러 그우리와다 玉옥蟾쎰ᄋᆞᆯ ᄌᆞᆷ도다 ■ 正졍法법眼안ᄋᆞᆫ 正졍ᄒᆞᆫ 法법眼안이랏 마리니 智딩慧ᅘᅰᆼㅅ 누니라 玉옥蟾쎰ᄋᆞᆫ ᄃᆞ리라

莊嚴淨土ㅣ事如何오 得正法眼이 眞宗要ㅣ니라

何謂正法眼고 了法無所有ㅣ니라 ○淨쪙土통ᄅᆞᆯ 莊장嚴엄ᄒᆞ미 이

리 엇뎨오 正졍法법眼안ᄋᆞᆯ 得득ᄒᆞ미 眞진實씷ㅅ 宗종要ᅙᅭᇢㅣ니라 어느ᄅᆞᆯ 닐온 正졍法법眼안

고 法법이 잇논 바ㅣ 업소ᄆᆞᆯ ᄉᆞᄆᆞᆺ 알시니라 法既無所有ᄒᆞᆯᄊᆡ 一切心亦無

ᄒᆞ니 無心無所得이 是謂涅槃心이니 ○法법이 ᄒᆞ마 잇논 바 업슬ᄊᆡ

一切쳉 ᄆᆞᅀᆞ미 또 업스니 ᄆᆞᅀᆞᆷ 업스며 得득혼 바 업소미 아니 온 涅녏槃빤 ᄆᆞᅀᆞ미니 此ㅣ

眞莊嚴이어ᄂᆞᆯ 人不會ᄒᆞ야 取相身上ᄒᆞ야 謾莊嚴ᄒᆞᄂᆞ다

故號大身ᄋᆞᆯ 說非身ᄒᆞ야 致令知見ᄋᆞ로 無所寄케ᄒᆞ니라

○이 眞진實씷ㅅ 莊장嚴엄이어늘 시ᄅᆞ미 아디 몯ᄒᆞ야 身신土통앳 相샹ᄋᆞᆯ 取츙ᄒᆞ야 쇽졀업시

莊장嚴엄ᄒᆞᄂᆞ다 그럴ᄊᆡ 큰 모몰 몸 아니라 닐어 일훔ᄒᆞ야 知딩見견ᄋᆞ로 브튤 배 업게 ᄒᆞ니라

身신土통ᄂᆞᆫ 모몰 니ᄅᆞ니라

無爲福勝分第十一

須菩提야 如恒河中所有沙數ᄒᆞ야 如是沙等恒河를 於意云何오 是諸恒河沙ㅣ 寧爲多아 不아 須菩提ㅣ 言ᄒᆞᅀᆞ오ᄃᆡ 甚多ᄒᆞ이다 世尊하 但諸恒河도 尙多無數ㅣ온 何況其沙ㅣ잇가

一恒河沙ㅣ 數無窮ᄒᆞ니 沙等恒河ㅣ 亦無盡ᄒᆞ도 一性中에 有恒沙用ᄒᆞ니 如恒沙用ᄒᆞ야 法無盡ᄒᆞ도다 ○ ᄒᆞᆫ 恒ᅘᅳᇰ河ᅘᅡᇰㅅ 몰애 數ᄉᆞᆼㅣ 그지업스니 沙상等등 恒ᅘᅳᇰ河ᅘᅡᇰㅣ 또 다오미 업도다 ᄒᆞᆫ 性셩ㅅ 가온ᄃᆡ 恒ᅘᅳᇰ沙상 用용이 잇ᄂᆞ니 恒ᅘᅳᇰ沙상 用용이 곧ᄒᆞ야 法법이 다오미 업도다 一一恒沙ㅣ 亦無盡ᄒᆞ니 一一法有恒沙用ᄒᆞ니라 ○ 낫낫 恒ᅘᅳᇰ沙상ㅣ 또 다오

미 업스니 낫낫 法법에 恒ᅘᆞᆼ沙상用용이 잇ᄂᆞ니라

治父 前三三後三三이로다 ○ 앒 三삼三삼이오 뒤헤 三삼三삼이로다

天地日月와 萬像森羅와 性相空有와 明暗殺活와 凡聖因果와 凡諸名數를 一句에 都說破다ᄒᆞ도 ○ 하ᄂᆞᆯ콰 ᄯᅡ콰 ᄒᆡ와 ᄃᆞᆯ와 萬먼像쌍과 森숨羅랑와 性셩과 相샹과 空콩과 有웋와 ᄇᆞᆯ곰과 어드움과 주굼과 사롬과 凡뻠과 聖셩과 因힌과 果광와 믈읫 도ᄂᆞᆫ 名명數숭를 ᄒᆞᆫ 句궁에 다 니ᄅᆞ도다

頌 一二三四로 數河沙ᄒᆞ아 沙等恒河ㅣ 數更多다ᄒᆞ도 筭盡ᄒᆞ야 目前에 無一法사ᄒᆞ야 方能靜處薩婆訶ㅣ리라 ○ 一ᅙᅵᇙ 二싱 三삼 四ᄉᆞᆼ로 河ᅘᆞᆼ沙상ᄅᆞᆯ 혜여 沙상 等등 恒ᅘᆞᆼ河ᅘᆞᆼㅣ 數숭ㅣ ᄯᅩ 하도다 筭솬이 다아 눈 알ᄑᆡ ᄒᆞᆫ 法법도 업서사 비르서 能능히 薩삻婆빵訶항애 靜쪙히 處청ᄒᆞ리라

一二三四等恒河를 一恒河沙로 以爲數니ᄒᆞ 一恒

河沙ㅣ猶未足ᄒᆞ야 沙等恒河ㅣ數更多ᄒᆞ도다○一ᅙᅵᇙ二ᅀᅵᆼ三삼四ᄉᆞᆼ等등恒ᅘᅳᆼ河ᅘᅡᆼᄅᆞᆯ ᄒᆞᆫ 恒ᅘᅳᆼ河ᅘᅡᆼ沙상로 ᄢᅢ 數숭ᄅᆞᆯ 사ᄆᆞ니 ᄒᆞᆫ 恒ᅘᅳᆼ河ᅘᅡᆼ沙상ㅣ 오히려 足족디 몯ᄒᆞ야 沙상等등恒ᅘᅳᆼ河ᅘᅡᆼㅣ 數숭ㅣ 또 하도다

諸法이 無邊ᄒᆞ야 數難窮이니 窮盡諸法ᄒᆞ야도 無異法ᄒᆞ니라 了得法法이 無異法ᄒᆞ야사 方能靜處薩婆訶ㅣ리라○諸졍法법이 ᄀᆞᆺ업서 數숭ㅣ 다오미 어려우니 諸졍法법을 다아도 다ᄅᆞᆫ 法법이 업스니라 法법法법이 다ᄅᆞᆫ 法법 업소ᄆᆞᆯ ᄉᆞᄆᆞᆺ아라사 비르서 能능히 薩삻婆빵訶항ㅣ애 靜쪙히 處쳥ᄒᆞ리라

須菩提야 我今實言告汝ᄒᆞ노니 若有善男子善女人이 以七寶로 滿爾所恒河沙數三千大千世界ᄒᆞ야 以用布施

ᄒᆞ면 得福이 多아 不아 須菩提言甚多世尊하 佛告須菩提ᄒᆞ샤ᄃᆡ 若善男子善女人이 於此經中에 乃至受持四句偈等ᄒᆞ야 爲他人說ᄒᆞ면 而此福德이 勝前福德ᄒᆞ니라

施寶ᄂᆞᆫ 終感生死ᄒᆞᆯ시 所以爲劣이오 持經은 當趣菩提ㄹ시 所以爲勝ᄒᆞ니라 ○ 보ᄇᆡ로 布봉施싱호ᄆᆞᆫ 내죵애 生ᄉᆡᆼ死ᄉᆞᆼ를 感감ᄒᆞᆯ시 이런ᄃᆞ로 사오나오미오 經경 디뉴믄 반ᄃᆞ기 菩뽕提뗑예 가릴시 이런ᄃᆞ로 勝싱ᄒᆞ니라

冶父 眞鍮ㅣ라도 不換金이니라 ○ 眞진實씷ㅅ 듀셕이라도 金금을 밧고디 몯ᄒᆞᄂᆞ니라

眞鍮ㅣ 雖眞이나 比之精金컨댄 猶是僞寶ㅣ며 施福이
雖勝ᄒᆞ나 比之經福건댄 猶是劣福이니라 ○眞진實씷ㅅ 듀셕이 비록
眞진이나 精정ᄒᆞᆫ 金금에 가ᄌᆞᆯ비건댄 오히려 이
거즛 보비며 布봉施싱ㅅ 福복이 비록 勝싱ᄒᆞ나
經경福복애 가ᄌᆞᆯ비건댄 오히
려 이 사오나온 福복이니라

頌 入海筭沙호미 徒費力이니 區區ᄒᆞ야도 未免走紅塵이리
라 紅一作埃 爭如運出家珍寶ㅣ리오 枯木애 生花ᄒᆞ야ᅀᅡ 別
是春이니라 ○바ᄅᆞ래 드러 몰애 혜요미 ᄒᆞᆫ갓 힘 ᄡᅳᆯ ᄲᅮ니니 區쿠區쿠ᄒᆞ야도 紅ᅘᅩᆼ塵띤에 ᄃᆞᆫ뇨ᄆᆞᆯ
免면티 몯ᄒᆞ리라 어느 지빗 보ᄇᆡᄅᆞᆯ 뮈워 내요미 곤ᄒᆞ리오 이운 남ᄀᆡ 고지 나아ᅀᅡ 各각 別뼗ᄒᆞᆫ 이 보미
니라

棄本逐風波ᄒᆞ면 終成有漏因ᄒᆞ리라 有漏因이 爭如
直下明自己리오 ○根근源원을 ᄇᆞ리고 ᄇᆞᄅᆞᇝ 겨를 조ᄎᆞ면 내종애 漏룽 잇ᄂᆞᆫ 因인

올일우리라漏룰잇ᄂᆞᆫ因인이어ᄂᆞ바ᄅᆞ제몸볼교미곤ᄒᆞ리오 因甚要須明自

己오 人人脚跟下ㅣ清淨本解脫이니 更明今日事

ᄒᆞ야ᅀᅡ 別有一春光 이리라○므ᄉᆞ글因인ᄒᆞ야묘·로매제·모몰볼·기료:사ᄅᆞᆷ:마다

밝귀머리아래清청淨쪙ᄒᆞ야本본來ᄅᆡᆼ解갱脫·ᄃᆞᆶ·이·니다·시오ᄂᆞᆳ·날:이·ᄅᆞᆯᄇᆞᆯ겨ᅀᅡ各각別ᄈᆡᇙ하:ᄒᆞᆫ

ᄇᆞᆳ비·치이사·라라

宗鏡 滿積恒沙七寶로 周迴布施三千ᄒᆞ니 福德이 分

明ᄒᆞ며 果因이 不昧로다마ᄅᆞᆫ○恒ᅘᆼ沙상아ᄀᆞᄃᆞ기사ᄒᆞᆫ七칧寶봄·로두루三삼千쳔

에布봉施싱ᄒᆞ니福복德득이分분明명ᄒᆞ·며果광와因힌果괘어·ᄃᆞᆸ디아·니ᄒᆞ도·다마·ᄅᆞᆫ 能宣四

句之偈ᄒᆞ면 勝前萬倍之功이라리 用眞智以照愚ᄒᆞ미 如

急流而勇退니○能능히四ᄉᆞᆼ句궁偈꼥ᄅᆞᆯ펴면알·피셔더오미萬먼倍뻥ᄒᆞᆫ功공·이리·라

眞진智딩ᄅᆞᆯᄡᅧ愚웅ᄅᆞᆯ비취요·미·ᄲᆞᆯ·리흘·러므드므ᄅᆞ·ᄃᆞᆺᄒᆞ·니 且道退後如何오 象

踏恒河ᄂᆞᆫ 徹底過ᄒᆞᄂᆞ니 大千沙界ᄅᆞᆯ 百雜碎로다○ᄡᅩ니ᄅᆞ라 믈러간 後ᅘᅮᆼ엔 엇뎨 오 象쌍이 恒ᅘᅳᆼ河ᅘᅡᆼᄫᅮᆫ 오ᄆᆞᆫ 미ᄐᆞᆯ ᄉᆞ믄차 디나ᄂᆞᆫ니 大땡千쳔沙상界갱ᄅᆞᆯ 온 조가개 ᄡᅳ리도다

七寶施來예 福德果因이 分明ᄒᆞ나 四句宣來예 勝前施功이 萬倍로다○七칧寶봄로 布봉施싱ᄒᆞ매 福복德득과 果광因힌괘 分분明명ᄒᆞ나 四ᄉᆞᆼ句궁ᄅᆞᆯ 펴매 알ᄑᆡ 布봉施싱功공애 더우미 萬먼倍뼁ᄒᆞ도다

持說此經은 因甚勝前福德고 前則智眼이 未明ᄒᆞ며 癡心이 未除어니와 此則智以照愚ᄒᆞ야 愚不得住ㅣ니라○이 經경디녀 닐오ᄆᆞᆫ 므ᄉᆞ글 因힌ᄒᆞ야 알ᄑᆡᆺ 福복德득에 더으ᄂᆞᆫ 알ᄑᆡᆫ 智딩慧ᅘᅰᆼㅅ 누니 ᄇᆞᆰ디 몯ᄒᆞ며 어린 ᄆᆞᅀᆞ미 더디 몯ᄒᆞ얫거니와 이엔 智딩로 어류믈 비취여 어류미 시러 잇디 몯ᄒᆞ나라

且道爾後엔 如何오 利根은 依經解義ᄒᆞ야 洞明此道淵源

ᄒᆞᄂᆞ니 ○ ᄯᅩ 니ᄅᆞ라 그리ᄒᆞᆫ 後ᅘᅮᇢ에 엇뎨 오ᄂᆞᆯ 카 온 根근은 經경을 브터 ᄠᅳ들 아라 이 道ᄯᅩᇢ의 기ᄑᆞᆫ 根근源원을 훤히 ᄇᆞᆯ기ᄂᆞ니

淵源을 **既已洞明**ᄒᆞ면 **曠劫無明**이 **當下灰**ᄒᆞ리라 **無明**이 **既已灰**면 **目前境界何有**ㅣ리 오 ○ 기픈 根근源원을 ᄒᆞ마 훤히 ᄇᆞᆯ기면 오란 劫겁엣 無뭉明명이 고대 ᄌᆡ ᄃᆞ외리라 無뭉明명이 ᄒᆞ마 ᄌᆡ ᄃᆞ외면 눈 앏 境경界갱 엇뎨 이시리오

(頌) **重增七寶**ᄒᆞ야 **滿恒沙**ᄒᆞ니 **如棄甜瓜**ᄒᆞ고 **覓苦瓜**ㅣ로다

悟眞空이 **元不壞**ᄒᆞ면 **百千三昧惚虛花**ㅣ리라 ○ 七칧寶봉ᄅᆞᆯ 다시 곰 더어 恒ᅘᆼ沙상애 ᄀᆞ독게 ᄒᆞ니 ᄃᆞᆫ 외ᄅᆞᆯ ᄇᆞ리고 ᄡᅳᆫ 외 어두미 곧도다 眞진空콩이 본ᄃᆡ ᄒᆞ야디 아니ᄒᆞᆫ ᄃᆞᆯ 훤히 알면 百ᄇᆡᆨ千쳔三삼昧밍다 虛헝空콩엣 고지리라

甜瓜服來예 **心自悅**ᄒᆞ고 **苦果服來**예 **氣未便**ᄒᆞᄂᆞ니라

持經ᄒᆞ면 **當受無生樂**이어니와 **布施**ᄒᆞ면 **終成有漏因**ᄒᆞ리

金剛般若波羅蜜經 第二

라 ○ ᄃᆞ외머 고매 ᄆᆞᅀᆞ미 제 즐기고 ᄲᅳᆫ 果광實씷
머 고매 ᄀᆞᆨ운이 便뼌安한티 몯ᄒᆞᄂᆞ니라 經경을
디니면 반ᄃᆞ기 無뭉生싱樂락ᄋᆞᆯ 受쓯ᄒᆞ려니와
布봉施싱ᄒᆞ면 내죵애 漏롱 얻ᄂᆞᆫ 因ᅙᆫ을 일우리
라 **布施**ᄂᆞᆫ **因甚終成有漏**ㅣ며 **持經**은 **因甚受樂無**
窮고 **持經**ᄒᆞ면 **豁悟眞空**ᄒᆞ려니와 **布施**ᄒᆞ면 **空然住相**이니
라 ○ 布봉施싱ᄂᆞᆫ ᄆᆞᅀᆞᆷ 因ᅙᆫᄒᆞ야 내죵애 有웋
漏롱ᄅᆞᆯ 일우며 經경 디뉴믄 ᄆᆞᅀᆞᆷ 因ᅙᆫᄒᆞ야 樂
락ᄋᆞᆯ 受쓯호ᄆᆞᆯ 다오미 업스뇨 經경 디니면 眞진
空콩ᄋᆞᆯ 훤히 알려니와 布봉施싱ᄒᆞ면 쇽절업시
相샹애 住뜡ᄒᆞᄂᆞ니라 **住相布施**ᄂᆞᆫ **生天福**이니 **猶如仰箭射**
虛空ᄒᆞ니라 **豁悟眞空**이 **元不壞**ᄒᆞ면 **百千三昧惣虛花**
ㅣ리라 ○ 相샹애 住뜡혼 布봉施싱ᄂᆞᆫ 하ᄂᆞᆯ해 날
福복이니 사ᄅᆞᆯ 울 위려 虛헝空콩ᄋᆞᆯ 소미 곤ᄒᆞ니
라 眞진空콩이 본ᄃᆡ ᄒᆞ야디디 아니ᄒᆞᆫ ᄃᆞᆯ 훤히 알면
百빅千쳔三삼昧밍 다 虛헝空콩엣 고지리라

金剛般若波羅蜜經

第三

金剛般若波羅蜜經

第三

金剛般若波羅蜜經 第三

尊重正教分第十二

復次須菩提야 隨說是經ᄒᆞ야 乃至四句偈等히 當知此處는 一切世間天人阿修羅ㅣ 皆應供養ᄒᆞᄃᆡ 如佛塔廟니 何況有人이 盡能受持讀誦ᄒᆞ여미 須菩提야 當知是人이 成就冣上第一希有之法이니

四句偈者는 對全經ᄒᆞ야 而言其小分也ㅣ라 雖是小分이라도 隨所說處ᄒᆞ야 皆應供養ᄒᆞᄃᆡ 如塔이니 小分

도 尚尒온 況盡能持說全經者乎ㅣ여 ○ 四ᄉᆞᆼ句궁偈겡ᄂᆞᆫ 오ᄋᆞᆫ 經경을 對됭ᄒᆞ야셔 그저 근分뿐을 니ᄅᆞ시니라 비록 이저근分뿐이라도 니ᄅᆞᄂᆞᆫ 고ᄃᆞᆯ 조차 다 供공養양호ᄃᆡ 塔탑ᄀᆞ티 ᄒᆞ라니 저근分뿐도 오히려 그러콘 ᄒᆞ물며 다 能능히 오ᄋᆞᆫ 經경을 다 녀니ᄅᆞᆯ 사ᄅᆞ미ᄯᆞ녀 此則不當如塔廟尊崇이라 當知是人이 決定成就最上無上第一無比希有難得之法也ㅣ로다 ○ 이ᄂᆞᆫ 塔탑廟묭ᄀᆞ티 尊존崇쓩ᄒᆞᆯᄯᆞᄅᆞ미 아니라 어 사ᄅᆞ미 一힗定뗭ᄒᆞ야 몯노파 우업스며 第뗑一힗이며 가ᄌᆞᆯ봄업스며 어쇼미노라 得득ᄒᆞ미 어려운 法법일ᄋᆞᆯᄃᆞᆯ 반ᄃᆞ기 알리로다

若是經典所在之處ᄂᆞᆫ 即為有佛若尊重弟子ㅣ니라

前明經勝ᄒᆞ시고 次教尊重人法ᄒᆞ시고 此顯經勝之

所以ᄒᆞ시니○알핀經경의勝싱ᄒᆞᄆᆞᆯ ᄇᆞᆯ기시고 버거 사ᄅᆞᆷ과 法법과이 尊존ᄒᆞ며 重뜽ᄒᆞᄆᆞᆯ
ᄀᆞᄅᆞ치시고 이엔 經경의 勝싱ᄒᆞᆫ아ᄎᆞᆯ 나토시니 人間世之所尊重者ᄂᆞᆫ
賢聖也ㅣ오 賢聖之所宗者ᄂᆞᆫ 佛也ㅣ오 佛之所宗者
ᄂᆞᆫ 經也ㅣ니○人신間간世솅옛 尊존히ᄒᆞ며 重뜽히 너기ᄂᆞᆫ 바ᄂᆞᆫ 賢현聖셩이오 賢현聖
셩의 ᄆᆞᄅᆞ 삼논 바ᄂᆞᆫ 부톄시고 부텻 ᄆᆞᄅᆞ 사ᄆᆞ시논 바ᄂᆞᆫ 經경이니 此經은 佛及賢
聖이 尚以爲宗ᄒᆞ시니 其勝은 可知로다○이 經경은 부텨와 賢현
聖셩이 오히려 ᄡᅥ ᄆᆞᄅᆞ 사ᄆᆞ시니 그 勝싱ᄒᆞᄆᆞᆫ 어루 아롤디로다 前明佛法僧三
이 皆從一經流出ᄒᆞ야 而言一切佛法이 皆從此經
出이라 ᄒᆞ시며 一切賢聖이 皆以無爲法ᄒᆞ야 而有差別
이라 ᄒᆞ시고○알핀 佛뿛와 法법과 僧숭과 세히 다 ᄒᆞᆫ 經경을 조차 흘러나ᄆᆞᆯ ᄇᆞᆯ겨 一힗切쳉佛뿛
法법이 다 이 經경을 조차 나ᄂᆞ니라 니ᄅᆞ시며 一힗切쳉賢현聖셩이 다 無뭉爲윙法법을 ᄡᅥ 差창

別뿛잇ᄂᆞ·니라ᄒᆞ시·고此明佛法僧三이會歸一經ᄒᆞ야而言

經典所在之處ᄂᆞᆫ即爲有佛와若尊重弟子ㅣ라ᄒᆞ시

니前則從體起用이오此則攝用歸體也ㅣ로다○이엔부터

와法·법과僧숭과세히ᄒᆞᆫ經경에모·다가몯볼·겨나ᄅᆞ·샤ᄃᆡ經경典뎐:잇ᄂᆞᆫᄃᆡᄂᆞᆫ곧부텨·와:尊존重

뜡弟뗑子ᄌᆞᆼㅣ잇ᄂᆞᆫᄃᆡ·라ᄒᆞ시니알핀體뎽ᄅᆞᆯ조차用·용ᄋᆞᆯ나ᄅᆞ완·고·이엔用·용ᄋᆞᆯ자·바體뎽·예·가

도·다【又】前明佛法僧三이一一泯迹ᄒᆞ야而言佛法이

非法이며四果ㅣ無果ㅣ라ᄒᆞ시며以至嚴非嚴이며身非

身이라ᄒᆞ시고○알핀부텨와法법과僧숭과세하낫·나치자·최·업소·몰볼·겨니ᄅᆞ·샤ᄃᆡ佛뿛法:

법·이法법아·니며四ᄉᆞᆼ果·광ㅣ果광:업스니·라ᄒᆞ·며莊장嚴엄·이莊장嚴엄아:니며·모:미몸아니·라

호매니르라ᄒᆞ시·고此明佛法僧三이却向一處活ᄒᆞ야而言

經典所在之處ᄂᆞᆫ則爲有佛와若尊重弟子ㅣ라ᄒᆞ시

니 前則把定ᄒᆞ면 乾坤이 黑이오 此則放開ᄒᆞ면 日月이

明이로다 ○ 이엔 부텨와 法법과 僧승과 세히도
ᄅᆞ혀 ᄒᆞᆫ고ᄃᆞᆯ 向향ᄒᆞ야 사ᄂᆞᆫ ᄃᆞᆯ ᄇᆞᆯ겨 니ᄅᆞ샤ᄃᆡ
經경典뎐 잇ᄂᆞᆫ 고ᄃᆞᆫ 곧 부텨와 尊존重뜡 弟뗑子ᄌᆞ
ㅣ 잇ᄂᆞᆫ ᄃᆡ라 ᄒᆞ시니 알퓐 자바 定뗭ᄒᆞ면 乾껀
坤콘이 검고 이엔 노하
열면 ᄒᆡ와 ᄃᆞᆯ왜 ᄇᆞᆰ도다

伊麼則此一行文은 亦可

謂之全體句也ㅣ며 亦可謂之全用句也ㅣ로다 是可

謂之雙明雙暗이며 是可謂之雙放雙收ㅣ로다 ○ 그러면 이
ᄒᆞᆫ 줈 그른 ᄯᅩ 어루 全쭨體텡句궁ㅣ라 닐올디며
ᄯᅩ 어루 全쭨用용句궁ㅣ라 닐올디로다 이 어루
ᄃᆞᆯ히 ᄇᆞᆰᄀᆞ며 ᄃᆞᆯ히 어드ᇝ다 닐올디며 이 어루
ᄃᆞᆯ홀 노호미며 ᄃᆞᆯ홀 가도미라 닐올디로다

治父 合如是니라 ○ 이 곧ᄒᆞ
미 맛당ᄒᆞ니라

舒卷을 自由ᄒᆞ야 隱現이 無礙ᄒᆞ니 理合如是ᄒᆞ니라 ○ 펴며
거도믈 쥬변ᄒᆞ야 수므며 나토미 마곰
업스니 理링이 곧ᄒᆞ미 맛당ᄒᆞ니라

又 白雲은

只合在青山ᄒᆞ고山舍白雲이也相宜로다○白ᄈᆡᆨ雲운은오직
青쳥山산애이쇼미맛당ᄒᆞ고뫼히白ᄈᆡᆨ雲운을머구모미서르맛당ᄒᆞ도다

頌 似海之深이며如山之固ㅣ니左旋右轉에不去不住
ㅣ로다○바ᄅᆞ리기픔ᄀᆞᆮᄒᆞ며뫼히구둠ᄀᆞᆮᄒᆞ니左:장ㅅ녀고로돌며右:욿ㅅ녀고로올모매가디아니
ᄒᆞ며잇디아니ᄒᆞ도다 出窟金毛師子兒ㅣ全威哮吼ᄒᆞ니衆狐
ㅣ疑ᄒᆞ다ᄂᆞ 深思不動千戈處ᄒᆞᆫ댄直攝天魔外道歸로다
○窟굴에난金금터릿師ᄉᆞ子ᄌᆞᆼ삿기오ᄋᆞᆫ威윙嚴엄으로우르니모ᄃᆞᆫ여ᇫ이疑읭心심ᄒᆞᄂᆞ다干간戈
광ㅣ:뮈디아니ᄒᆞᄂᆞᆫ고ᄃᆞᆯ기피思ᄉᆞ量량ᄒᆞᆫ댄바ᄅᆞ天텬魔망와外욍道:똥ᄯᆞ와ᄅᆞᆯ자바가도다
日月이雖明ᄒᆞ나明不到ᄒᆞ며劫火ㅣ壞時예도瀑不壞
로다○ᄒᆡ와ᄃᆞᆯ왜비록ᄇᆞᆯᄀᆞ나ᄇᆞᆯ고미니르디:몯ᄒᆞ며劫겁火황ㅣᄒᆞ야ᄇᆞ릴제도저ᄂᆞᆫᄒᆞ야디디
아니ᄒᆞ도다 然亦賓主ㅣ交參ᄒᆞ야善能迴互ᄒᆞ야轉身無

滯ᄒᆞ야 大用이 全彰ᄒᆞ야 群邪ㅣ 自伏ᄒᆞᄂᆞ니 端拱九重이어ᄃᆞᆫ 四海朝宗이로다 ○ 그러나 ᄯᅩ 손과 主쥬人신괘 서르 叅참ᄒᆞ야 이대 能능히 횟도라 몸 옮교매 걸ᄲᅭ미 업서 큰 用용이 오ᄋᆞ로 나타 모ᄃᆞᆫ 邪썅ㅣ 제 降향伏뽁ᄒᆞᄂᆞ니 九궁重뜡에 블 ᄃᆞᆼ고 잿거든 四ᄉᆞᆼ海힝朝뜡宗종ᄒᆞ놋다 보미 와 뵐시 朝뜡ㅣ오 녀ᄅᆞ메 와 뵐시 宗종이라

宗鏡 慈愍三根ᄒᆞ야 隨說ᄒᆞ면 乃人天이 敬仰ᄒᆞᄂᆞ니 受持四句ᄒᆞ면 皆應如塔廟尊崇ᄒᆞ리라 ○ 慈쫑悲빙로 三삼根근ᄋᆞᆯ 어엿비 너겨 조차 니ᄅᆞ면 사ᄅᆞᆷ과 하ᄂᆞᆯ괘 恭공敬경ᄒᆞ야 울워ᅀᆞᄂᆞ니 四ᄉᆞᆼ句궁ᄅᆞᆯ 바다 디니면 다 塔탑廟묭 尊존崇쓩홈 ᄀᆞ티 ᄒᆞ라라 常行無念之心ᄒᆞ미 即爲希有之法이니 如何是最上第一句오 非但我今에 獨達了ㅣ라 恒沙諸佛이 體皆同ᄒᆞ시니라 ○ 샹녜 念념 업슨 ᄆᆞᅀᆞᆷ 行ᅘᆡᆼᄒᆞ미 곧 希힁有ᅌᅮᇢᄒᆞᆫ 法법이 ᄃᆞ외ᄂᆞ니 어늬아 ᄆᆞᆺ 노ᄑᆞᆫ 第뗑一ᅙᅵᇙ句궁오 내 이제ᄒᆞ오ᅀᅡ 알ᄯᆞᄅᆞ미 아니라 恒ᅘᅳᆼ沙상諸졍佛뿛이 體톙 다 ᄒᆞᆫ가지시니라

頌 說處에 隨宜ᄒᆞ야 不滯空ᄒᆞ니 勸持四句ㅣ 爲流通이니라 天龍이 覆護ᄒᆞ야 尊如塔ᄒᆞ리니 功德이 無邊ᄒᆞ야 讚莫窮이니라 ○ 니ᄅᆞ논 고대 맛당호ᄆᆞᆯ 조차 空콩애 걸셰디 아니ᄒᆞ니 勸권ᄒᆞ야 四ᄉᆞᆼ句궁 디뉴미 流륳通통호ᄆᆞᆯ 爲윙ᄒᆞ니라 天텬龍룡이 두펴 護홍持띵ᄒᆞ야 尊존호ᄆᆞᆯ 塔탑ᄀᆞ티 ᄒᆞ리니 功공德득이 ᄀᆞᇫ업서 기류미 다ᄋᆞᆳ 업스니라

如法受持分第十三

爾時須菩提ㅣ 白佛言ᄒᆞᅀᆞ오ᄃᆡ 世尊하 當何名此經ᄒᆞ며 我等이 云何奉持ᄒᆞ리잇고 佛告須菩提ᄒᆞ샤ᄃᆡ 是經이 名爲金剛般若波羅蜜이니 以是名字로 汝當奉持니라

從初數座ᄒᆞ야極至於此히一經體備ᄒᆞ고說義已周ᄒᆞ니○처ᅀᅥᆷ數숭座쫭ᄒᆞ샤ᄆᆞᆯ브터이에니를ᄀᆞ장히ᄒᆞᆫ經경體뎽ᄀᆞᆺ고니ᄅᆞ샨ᄠᅳ디ᄒᆞ마ᄀᆞᄌᆞ니

由是로空生이請安經名ᄒᆞ야以求奉持어늘如來ㅣ於是예叩其兩端ᄒᆞ야兩手分付ᄒᆞ시니라○이런젼ᄎᆞ로空콩生싱이經경일훔지호ᄆᆞᆯ請쳥ᄒᆞ야奉뽕持띵호ᄆᆞᆯ求꿍ᄒᆞ거늘如셩來링ㅣ이에두그틀두드려두소ᄂᆞ로ᄂᆞᆫ호아브티시니라

冶父 今日에小出大遇ᄒᆞ도다○오ᄂᆞᆳ나래져기내오크게맛나도다

一問經名ᄒᆞ야求奉持어늘和槃托出ᄒᆞ샤親分付ᄒᆞ시니可不謂之大遇乎아○ᄒᆞᆫ번經경일훔묻ᄌᆞ와奉뽕持띵호ᄆᆞᆯ求꿍ᄒᆞ거늘槃빤조쳐자바내샤親친히ᄂᆞᆫ호아브티시니어루크게맛나다아니닐어리여

頌 火不能燒ᄒᆞ며水不能溺ᄒᆞ며風不能飄ᄒᆞ며刀不能劈

ᄒᆞ며 軟似兜羅ᄒᆞ며 硬如鐵壁ᄒᆞ니 天上人間애 古今이 不
識ᄒᆞᄂᆞ다 咦 브리 能능히 ᄉᆞᆺ디 몯ᄒᆞ며 므리 能능히 ᄌᆞᆷ디 몯ᄒᆞ며 ᄇᆞᄅᆞ미 能능히 부디 몯ᄒᆞ며 갈
히 能능히 ᄢᅵ디 몯ᄒᆞ며 보ᄃᆞ라오미 兜둥羅랑 곤ᄒᆞ며 구두미 鐵텰壁벽 ᄀᆞᆮᄒᆞ니 天텬上쌍과 人신間간
과애 古공今금이 아다 몯ᄒᆞᄂᆞ다 咦ᅙᅵᆼ
般若波羅蜜은 千變ᄒᆞ야도 變不去ㅣ로다 雖然變不
去ᄒᆞ나 物來即應이로다 ○般반若샹波방羅랑蜜밀은 즈믄 디위 變변ᄒᆞ야도 變변
ᄒᆞ야 가디 아니ᄒᆞᄂᆞ다 비록 變변ᄒᆞ야 가디 아니ᄒᆞ나 物믈이 오면 곧 應ᅙᅳᆼᄒᆞᄂᆞ다 雖然應
物ᄒᆞ나 亦不變去ㅣ로다 非情識到ㅣ어니 那容思慮ㅣ리
오 ○비록 物믈을 應ᅙᅳᆼᄒᆞ나 ᄯᅩ 變변ᄒᆞ야 가디 아니ᄒᆞᄂᆞ다 情쪙과 識식괘 니르디 몯거니 엇뎨 思
ᅀᅳᆼ慮령를 容용納납ᄒᆞ리오
所以者何오 須菩提야 佛說般若波羅

蜜이 即非般若波羅蜜이라

說經安名ᄒᆞ샤 分付了ᄒᆞ시고 且恐依語生知解ᄒᆞ샤 故說般若를 非般若ㅣ라ᄒᆞ샤 令知文字性이 本空케ᄒᆞ시니라○經경 니ᄅᆞ시며 일훔 지ᄒᆞ샤ᄂᆞᆫ 호아 맛됴ᄆᆞᆯ ᄆᆞᄎᆞ시고 ᄯᅩ 마ᄅᆞᆯ브터 知딩解행ᄅᆞᆯ 낼가 저ᄒᆞ샤 그럴ᄊᆡ 般반若샹ᄅᆞᆯ 般반若샹 아니라 니ᄅᆞ샤 文문字ᄍᆞᆼ性셩이 本본空콩ᄒᆞ몰 알에 ᄒᆞ시니라

冶父 猶較些子ㅣ로다○오히려 져기 병으도다

般若를 說非般若ㅣ시니라ᄒᆞ 是則固是나 猶隔一線道ㅣ로다○般반若샹ᄅᆞᆯ 般반若샹 아니라 니ᄅᆞ시니 올호ᄆᆞᆫ 實씷로 올ᄒᆞ나 오히려 ᄒᆞᆫ 슰 길히 ᄀᆞ리엿도다

頌 一手로 擡ᄒᆞ고 一手로 搦ᄒᆞ며 左邊吹ᄒᆞ며 右邊拍이로다○ᄒᆞᆫ 소ᄂᆞ로 들오 ᄒᆞᆫ 소ᄂᆞ로 누르며 왼녀ᄀᆞ로 불며 올ᄒᆞᆫ 녀ᄀᆞ로 티ᄂᆞ다 無絃에 彈出無

生樂ᄒᆞ야ᅀᅡ 不屬宮商ᄒᆞ야 律調ㅣ新ᄒᆞ리니 律一作格 知音知後ㅣ라 徒名邈이로다○시울 업슨 게 無뭉生ᄉᆡᆼ樂락을 ᄲᅢ내야ᅀᅡ 宮궁商샹애 屬쏙디 아니ᄒᆞ야 律률調뚕ㅣ 새ᄅᆞ외리니 知딩音흠의 아롬도 後ᅘᅮᆼㅣ라 ᄒᆞᆫ갓 名명邈막이로다 ▶律률은 法법이오 調뚕ᄂᆞᆫ 曲콕調뚕ㅣ라 名명은 일훔ᄒᆞᆯ 시오 邈막ᄋᆞᆫ 머다 ᄒᆞᆫ논 마리라

般若ᄅᆞᆯ 即非般若ㅣ라 ᄒᆞ시니 一擡一搦이며 左吹右拍이ᄀᆞᆮ다○般반若샹ᄅᆞᆯ 곧 般반若샹 아니라 ᄒᆞ시니 ᄒᆞᆫ녀그로 들며 ᄒᆞᆫ녀그로 누르며 왼녀그로 불며 올ᄒᆞᆫ녀그로 티놋다 擡搦吹拍이 善則善矣나 尙非好手ㅣ어니와 無絃琴上애 彈出無生曲子ᄒᆞ야ᅀᅡ 始可名爲好手ㅣ니○들며 누르며 불며 ᄐᆞ미 善쎤ᄒᆞ몬 善쎤ᄒᆞ나 오히려 됴ᄒᆞᆫ 소니 아니어니와 시울 업슨 거믄곳 우희 無뭉生ᄉᆡᆼ曲콕子ᄌᆞᆼ를 ᄲᅢ내야ᅀᅡ 비르서 어루 됴ᄒᆞᆫ 소니라 일훔ᄒᆞᆯ디니 若是無生曲子ᄂᆞᆫ 不屬擡搦與吹拍라ᄒᆞ니 雖然不屬

彼宮商ᄒᆞ나 格調ㅣ 清新ᄒᆞ야 別宮商이니라 ○ᄒᆞ다가 無뭉生싱曲콕子ᄌᆞᆼᄂᆞᆫ 드롬과 ᄂᆞᆯ롬과 :블며 ·ᄃᆞᆷ과 ·애 屬쑉디 아·니ᄒᆞ·니라 비·록 ·더 宮궁商샹·애 屬쑉디 아·니ᄒᆞ·나 格긱調뜡ㅣ ᄆᆞᆯᄀᆞ며 새로외·야 各각別뼗ᄒᆞᆫ 宮궁商샹·이니라

此曲이 從來和者ㅣ 稀ᄒᆞ니 子期之聽도 尚茫然ᄒᆞ도다 ○이 曲콕이 本본來링로 和ᅘᅪᆼᄒᆞᆯ 사ᄅᆞ미 드므니 子ᄌᆞᆼ期끵의 聽총明명·으로·도 ·오히·려 ·어즐ᄒᆞ도·다

須菩提야 於意云何오 如來ㅣ 有所說法가 不아 須菩提ㅣ 白佛言ᄒᆞᅀᆞ오ᄃᆡ 世尊하 如來ㅣ 無所說ᄒᆞ시니이다

佛稱空生을 善解空이라 ᄒᆞ시니 果能知佛이 本無言ᄒᆞ도다 ○부텨 空콩生싱을 空콩을 이대 아다 일ᄏᆞᄅᆞ시니 果광然션能능히 부텨 本본來링 :말ᄉᆞᆷ

업스샤·ᄆᆞᆯ :아·도·다 然雖如是나 自從阿難結集來로 名句

文身差別言詞ㅣ 布在方策ᄒᆞ야 溢于西乾ᄒᆞ고 盈于

東震ᄒᆞ야 迄至于今ᄒᆞ니○비·록 ·이 :곤ᄒᆞ나 阿항難난結·겷集·찝ᄒᆞ욤브·터 :오ᄆᆞ로

名명句궁文문身신·엣差창別·뼗ᄒᆞᆫ言언詞쑹ㅣ

方방策칙·애 ·펴이·셔 西솅乾껀·에 :넘·ᄢᅵ·고 東동震

진·애 ᄀᆞ·독ᄒᆞ·야 ·이:제 니르니 ○名명은 일후미니

제性·셩을 나·토ᄂᆞᆫ 거·시·오 句궁ᄂᆞᆫ 구:단·이니 差창·

別·뼗·을 나·토ᄂᆞᆫ 거·시·오 文문·은 ·글·와리·니 ᄡᅳ데 :말

ᄉᆞ·ᄆᆞᆯ 나·토ᄂᆞᆫ 거·시라 身신은 位·윙라 ᄒᆞᆫ ·ᄃᆞᆺᄒᆞᆫ :마리

·라 方방·ᄋᆞᆫ 남·ᄀᆞ로 ·밍·ᄀᆞ라 ·글·ᄉᆞᆫ 거·시·오 策칙·ᄋᆞᆫ ·대

로 밍·ᄀᆞ라 ·글·ᄉᆞᆫ 거·시라 西솅乾껀·은 西솅天·텬乾

껀竺뚝國귁·이라 東동震진·은 東동土·통震진旦·단·이라 黃面老子ㅣ 若都無

說이시면 如是法藏은 大誰ㅣ說來오 須信道有言

이 皆成謗이오 無言도 亦不容이니라○黃황面면老롷子ᄌᆞᆼㅣ ᄒᆞ다가

:다 닐·움 :업스시면 ·이 ·곤ᄒᆞᆫ 法법藏·짱ᄋᆞᆫ ·뉘 닐·어오

·뇨 :말ᄉᆞᆷ 이·쇼·미 :다 謗·방·이 :일·오 ·말ᄉᆞᆷ :업ᄉᆞᆷ·도 :ᄯᅩ 容

용納납디아니ᄒᆞ리라 닐오ᄆᆞᆯ모로매信신홀디니라 [凡]謗방ᄋᆞᆫ헐시라

[冶父] 低聲低聲ᄒᆞ라 ○소리ᄂᆞᄌᆞ기ᄒᆞ며 소리ᄂᆞᄌᆞ기ᄒᆞ라

佛無所說이 是則固是나 無言도 亦非佛本心이시니 故云低聲低聲ᄒᆞ니라 ○부텨 니ᄅᆞ샨 바 업소미 올호ᄆᆞᆫ 實씷로 올ᄒᆞ나 말ᄉᆞᆷ 업슴도 ᄯᅩ 부텻 本본心심 아니시니 그럴ᄉᆡ 닐오ᄃᆡ 소리ᄂᆞᄌᆞ기ᄒᆞ며 소리ᄂᆞᄌᆞ기ᄒᆞ라 ᄒᆞ니라

[又] 莫謂一向無所說이라ᄒᆞ라 人天耳裏예 鬧浩浩ㅣ로다 鬧浩浩ᄒᆞ니 伏請低聲低聲이어다 ○ᄒᆞᆫ갓 니ᄅᆞ샨 바 업다 니ᄅᆞ디 말라 人신天텬ㅅ 귓소배 숬우미 浩ᅘᅡᇢ浩ᅘᅡᇢᄒᆞ도다 숬우미 浩ᅘᅡᇢ浩ᅘᅡᇢᄒᆞ니 伏뽁請청ᄒᆞ노니 소리ᄂᆞᄌᆞ기ᄒᆞ며 소리ᄂᆞᄌᆞ기 홀디어다 [凡]浩ᅘᅡᇢ浩ᅘᅡᇢᄂᆞᆫ 어위큰 양ᄌᆞ라

[頌] 入草求人을 不奈何ᄒᆞ야 利刀로 所了코 手摩挲ᄒᆞᄂᆞ다 雖然出入에 無蹤跡ᄒᆞ나 紋彩全彰ᄒᆞ니 見也麼아 ○프레

드러사ᄅᆞᆷ求꾸ᇢ호ᄆᆞᆯ아ᄆᆞ리호ᄆᆞᆯ몯ᄒᆞ야ᄂᆞᆯ카온갈ᄒᆞ로버히고소ᄂᆞᆫ로뎌듬ᄂᆞ다비록나며드로매자최업스나紋문彩ᄎᆡᆼ오ᄋᆞ로나ᄐᆞᆺᄂᆞ니보ᄂᆞᆫ다몯보ᄂᆞᆫ다

要識黃面老麼아 此老ᄂᆞᆫ 本不愛草ᄒᆞ며 亦不猒草ᄒᆞ시ᄂᆞ니라○黃ᅘᅪᇰ面면老로ᄅᆞᆯ알오져ᄒᆞᄂᆞᆫ다이老로ᄂᆞᆫ本본來ᄅᆡᆼ프ᄅᆞᆯᄉᆞᆺ다아니ᄒᆞ며ᄯᅩ프ᄅᆞᆯ아쳗디아니ᄒᆞ시ᄂᆞ니라 不愛草故로 入草ᄒᆞ야 見此老不得며이 不猒草故로 出草ᄒᆞ야 覓此老不得이리라○프ᄅᆞᆯᄉᆞᆺ다아니ᄒᆞ시논젼ᄎᆞ로프레드러이老로ᄅᆞᆯ보ᅀᆞ오ᄆᆞᆯ得득디몯ᄒᆞ며프ᄅᆞᆯ아쳗디아니ᄒᆞ시논젼ᄎᆞ로프레나이老로ᄅᆞᆯ어두ᄆᆞᆯ得득디몯ᄒᆞ리라 所以道雖復不依言語道ㅣ나 亦復不著無言說이라ᄒᆞ니 看看ᄒᆞ라 黃面老子ㅣ現也ᄒᆞ시니 摩醯眼前엔 藏身無地니라○이런ᄃᆞ로닐오ᄃᆡ비록ᄯᅩ言언語엉道도ᄠᅳ·애븐디아니ᄒᆞ나ᄯᅩ言언說셣업소매븐디아니타ᄒᆞ니보며보라黃ᅘᅪᇰ面면老로子ᄌᆞᆼㅣ나ᄐᆞ시니

摩망醯혱ㅅ 눈 알핀 몸 갈ᄆᆞᆯ ᄡᅡ 업스니라 〇摩망醯혱首슐羅랑天텬王왕이 누니 세히라

須菩提야 於意云何오 三千大千世界옛 所有微塵이 是為多아 不아 須菩提ㅣ 言ᄒᆞᅀᆞ오ᄃᆡ 甚多ᄒᆞ이다 世尊하 須菩提야 諸微塵을 如來說이 非微塵이라 是名微塵이며 如來說世界ㅣ 非世界라 是名世界니라

此ᄂᆞᆫ 擧塵界之喻ᄒᆞ샤 以明無所說也ᄒᆞ시니라 於一大地예 有三千ᄒᆞ니 三千界塵이 數難窮이로다 〇이ᄂᆞᆫ 塵ᄯᅵᆫ界갱로 가ᄌᆞᆯ뵤ᄆᆞᆯ 드르샤 뼈 닐온 바 업소ᄆᆞᆯ ᄇᆞᆯ기시니라 ᄒᆞᆫ 大땡地띵예 三삼千천이 잇ᄂᆞ니 三삼千천

界갱ㅅ塵띤이數숭ㅣ다오미어렵도다 離却本有一大地ᄒᆞ면 世界微
塵이 揔皆空ᄒᆞ니라 於一佛乘에 說三乘ᄒᆞ시니 無盡
法門이 從茲始ᄒᆞᄂᆞ니라○本본來링잇ᄂᆞᆫ一ᅙᅵᇙ大땡地띵를여희면世솅界갱微
밍塵띤이다뷔니라ᄒᆞᆫ佛뿛乘씽에三삼乘씽을니ᄅᆞ시니다옴업슨法법門몬이이를브터비릇
ᄂᆞ니라 離却本有一佛乘ᄒᆞ면 法法이 皆空ᄒᆞ야 無所有
ᄒᆞ니라 伊麼則從初轉四諦ᄒᆞ야 至今談般若히○本본來링
잇ᄂᆞᆫ一ᅙᅵᇙ佛뿛乘씽을여희면法법法법이다뷔여잇ᄂᆞᆫ배업스니라그러면처섬四ᄉᆞᆼ諦뎽轉둰
ᄒᆞ샤ᄆᆞᆯ브터이제般반若ᅀᅣᇰ니ᄅᆞ시매니르리 可謂有法可示며 有言可
宣이나 以實而觀권댄 理本亡言이라 無法可示며 佛本
無心이샤 無言可宣이시니라○法법을어루뵈요미이시며말ᄉᆞ미어루베푸미
잇다어루닐올디나實씷로ᄡᅥ보건댄理링ㅣ本본來링말ᄉᆞᆷ업손디라法법이어루뵈요미업스

며 부톄 本본來ᄅᆡᆼ ᄆᆞᄉᆞ미 업스샤 塵非塵則名數ㅣ 即非名數며 ㅣ 界非界則三乘이 即非三乘이니 會三ᄋᆞᆯ 何待靈山會리오 祇園座上애 早歸一ᄒᆞ샷다 ○塵띤이 塵띤 아니면 名명數숭ㅣ 곧 名명數숭 아니며 界갱ㅣ 界갱 아니면 三삼乘씽이 곧 三삼乘씽 아니니 三삼 모도오ᄆᆞᆯ 엇뎨 靈령山산會쾽ᄅᆞᆯ 기드리리오 祇낑園원座쫭우희셔 歸귕一ᅙᅵᇙᄒᆞ샷다

말ᄉᆞᆷ 어루 베푸미 업스시니라

訣 南瞻部洲ㅣ오 北鬱單越이로다 ○南남ᄋᆞᆫ 瞻쎰部뽕洲즁ㅣ오 北븍ᄋᆞᆫ 鬱ᅙᅮᇙ單단越월이로다

令師ㅣ 直取塵界ᄒᆞ야 以明平常不動也ᄒᆞ니 塵非塵則塵塵이 淨妙身이며 界ㅣ 非界則界界黃金國이로다 ○이제 師ᄉᆞᆼㅣ 바ᄅᆞ 塵띤界갱ᄅᆞᆯ 取츙ᄒᆞ야 ᄡᅧ 平뼝常썅不붏動똥ᄋᆞᆯ ᄇᆞᆯ기니 塵띤이 塵띤 아니

면 곧 드틀마다 淨쪙妙묭身신이며 界갱ㅣ 界갱 아니면 곧 界갱마다 黃황金금國귁이로다 界
界既知黃金國이면 則更說什麼非世界며 塵塵이
既知淨妙身이면 則更說什麼非微塵이리오 只可喚
作南贍部洲北鬱單越이로다 ○ 界갱마다 ᄒᆞ마 黃황金금國귁인ᄃᆞᆯ 알면
곧 또 므슴 世솅界갱 아니라 니ᄅᆞ며 드틀마다 ᄒᆞ마 淨쪙妙묭身신인ᄃᆞᆯ 알면 곧 또 므슴 微밍塵띤
아니라 니ᄅᆞ리오 오직 어루 南남ᄋᆞᆫ 贍쎰部뽕洲즁ㅣ오 北븍ᄋᆞᆫ 鬱욿單단越웛이라 ᄒᆞᆯ디로다
頌 頭指天ᄒᆞ고 脚踏地ᄒᆞ며 饑則飡ᄒᆞ고 困則睡ㅣ로다 ○ 머리ᄂᆞᆫ 하
ᄂᆞᆯ로 指징向향ᄒᆞ고 바ᄅᆞᆫ ᄯᅡ ᄇᆞᆯ오며 주으리면 먹고 困콘ᄒᆞ면 조오ᄂᆞ다 此土ㅣ 西天이며
西天이 此土ㅣ니라 到處에 元正이 便是年이니 南北東
西예 祇者是로다 ○ 이 ᄯᅡ히 西솅天텬이며 西솅天텬이 이 ᄯᅡ히니라 간 고대 元원正졍이
곧 이 ᄒᆡ니 南남北븍東동西솅예 오직 이로다

指天踏地ㅣ人所同이니 飢飡困睡를 孰不能이리오 只這眞消息은 彼此애 無兩般ᄒᆞ니라 ○하ᄂᆞᆯ ᄀᆞᄅᆞ차며 ᄯᅡ 불오미 사ᄅᆞᆷ이 ᄒᆞᆫ가지니 주으리면 먹고 困콘ᄒᆞ면 ᄌᆞ오로ᄆᆞᆯ 뉘 能능히 몯ᄒᆞ리오 오직 아 眞진實씷ㅅ 消쇼ᇢ息식은 뎌와 이와애 두 가지 업스니라 只如無兩般底道理는 作麼生道오 梅枝片白애 足知天下春이며 梧桐一葉에 可知天下秋ㅣ니라 ○오직 두 가지 업슨 道똥理링는 엇뎨 니ᄅᆞ료 梅밍花황ㅅ 가지 져기 하야호매 天텬下햐ᇰㅣ 보민 ᄃᆞᆯ 足족히 알며 머귀 ᄒᆞᆫ 니페 天텬下햐ᇰㅣ ᄀᆞᅀᆞᆯ힌 ᄃᆞᆯ 어루 아ᄅᆞᆯ 디니라 從此不疑天下事ㅣ니 天下人皆應似我ᄒᆞ니라 應似我ᄒᆞ니 久旱逢甘雨ᄒᆞ면 何人이 獨不喜리오 ○이ᄅᆞᆯ브터 天텬下햐ᇰㅅ 이ᄅᆞᆯ 疑읭心심 아니 ᄒᆞᆯ 디니 天텬下햐ᇰㅅ 사ᄅᆞ미 다 당다이 나 ᄀᆞᆮᄒᆞ니라 당다여 나 ᄀᆞᆮᄒᆞ니 오란 ᄀᆞ므래 ᄃᆞᆫ 비ᄅᆞᆯ 맛나면 어느 사ᄅᆞ미 ᄒᆞ오ᅀᅡ 깃디 아니ᄒᆞ리오

又 頭指云云

ᄋᆞᆫ 平常揔不動이오 此土云云ᄋᆞᆫ 彼此無兩般이오 到

處云云ᄋᆞᆫ 無私一著子ㅣ全該一切處ㅣ니라○ 頭ᄄᆕᇢ指징

云운云운ᄋᆞᆫ 平뼝常쌍ᄒᆞ야 ᄃᆞ뮈디 아니ᄒᆞ미오 此ᄎᆞᆼ土통云운云운ᄋᆞᆫ 뎌와 이와애 두 가지 업소미오 到됴ᇢ處쳥云운云운ᄋᆞᆫ 아ᄅᆞᆷ업슨 一힗著땩子ᄌᆞᆼㅣ 오ᄋᆞ로 一힗切촁處쳥에 ᄀᆞᄌᆞ니라

須菩提야 於意云何오 可以三十二相으로 見如來아 不아 不也世尊하 不可以三十二相으로 得見如來ᄒᆞᅀᆞ오리니 何以故ㅣ어뇨 如來說三十二相이 即是非相이라 是名三十二相이시니이다

是相非相이 皆非佛이어니와 相即非相이라ᅀᅡ 乃爲眞

이니라 若能如是知端的이면 天眞面目을 更何疑리오

○이 相샹과 相샹 아니왜 다 부텨 아니어니와 相샹 아곤 相샹 아나라사 眞진이 ᄃ외ᄂ니라 ᄒ다가 能능히 이ᄀ티 端돤的뎍히 알면 天텬眞진面면目목을 ᄯ 엇데 疑읭心심ᄒ리오

冶父 借婆衫子ᄒ야 拜婆年이로다 ○할미 젹삼 비러 할미나홀 절ᄒ도다

佛이 欲明無相이어시놀 果能答相非ᄒ니 若使佛問相이러시든 亦能答以相ᄒ리라 ○부톄 相샹 업소믈 볼교려커시놀 果광然연 能능히 相샹 아니라 對됭答답ᄒᄉ오니 ᄒ다가 부톄 相샹올 믇더시든 ᄯ 能능히 相샹ᄋ로 對됭答답ᄒᄉ오리라

頌 你有ᄒ면 我亦有ᄒ고 君無ᄒ면 我亦無ᄒ리니 有無를 俱不立ᄒ야 相對ᄒ야 當盧都ㅣ로다 ○네 잇다ᄒ면 나도 ᄯ 잇다ᄒ고 그듸 업다ᄒ면 나도 ᄯ 업다ᄒ리니 有웅와 無뭉와롤 다 세디 아니ᄒ야 서르 對됭ᄒ야 부리롤 盧롱都동ᄒ도다

盧

롱都동ᄂᆞᆫ ᄡᅳ롤 다ᄒᆞ논 마리니 말ᄉᆞ몬 ᄒᆞᆫ사라

承問有荅이 不參差ᄒᆞ야 你有你無에 我亦然ᄒᆞ니 有無ᄅᆞᆯ 俱不立ᄒᆞ야 相對默無言이로다 ○무ᄅᆞ샤ᄆᆞᆯ 받ᄌᆞ와 對됭荅답호ᄆᆡ 어그르디 아니ᄒᆞ야 네 잇다ᄒᆞ며 네 업다ᄒᆞ매 나도 ᄯᅩ 그리호려 ᄒᆞ니 有울와 無뭉와ᄅᆞᆯ 다 세디 아니ᄒᆞ야 서르 對됭ᄒᆞ야 좀좀ᄒᆞ야 말ᄉᆞᆷ 업도다 有無ᄅᆞᆯ 不立ᄒᆞ야 無言以對ᄂᆞᆫ 外道ㅣ 問佛ᄒᆞᅀᆞᆫ와 世尊이 良久ᄒᆞ샤 其勢ㅣ 然也ᄒᆞ니 彼ᄂᆞᆫ 可謂騎賊馬ᄒᆞ야 趕賊이오 此ᄂᆞᆫ 可謂借婆衫ᄒᆞ야 拜婆年이로다 ○有울와 無뭉와ᄅᆞᆯ 세디 아니ᄒᆞ야 말ᄉᆞᆷ 업소므로ᄡᅥ 對됭호ᄆᆞᆫ 外욍道ᄃᆞᆼㅣ 부텨ᄭᅴ 묻ᄌᆞ와ᄂᆞᆯ 世솅尊존이 良량久궁ᄒᆞ샤미 그 勢솅ㅣ 그러ᄒᆞ니 뎌ᄂᆞᆫ 어루 도ᄌᆞᄀᆡ ᄆᆞᄅᆞᆯ 타 도ᄌᆞᄀᆞᆯ ᄧᅩᆺ다 닐올 디오 이ᄂᆞᆫ 어루 할미 젹삼 비러 할미ᄅᆞᆯ 절ᄒᆞ다 닐올 디로다

須菩提야 若有善男子善女人이 以

恒河沙等身命으로 布施ᄒᆞ야도 若復有人이 於此經中에 乃至受持四句偈等ᄒᆞ야 爲他人說ᄒᆞ면 其福이 甚多ᄒᆞ니라

無智慧眼ᄒᆞ야 空然捨施ᄒᆞ면 此非菩提正路ㅣ라 反招生死苦輪이어니와 ○智딩慧휑眼안ㆍ이 업서 쇽절업시 ᄇᆞ려 布봉施싱ᄒᆞ면 어 菩뽕提뗭 正졍路롱ㅣ 아니라 도ᄅᆞ혀 生싱死ᄉᆞᆼ 苦콩輪륜을 브르려니와 受持四句ᄒᆞ야 開得慧眼ᄒᆞ면 此ㅣ 眞菩提正路ㅣ라 當證涅槃眞常ᄒᆞ리니 有爲無爲優劣이 皎然ᄒᆞ도다 ○四ᄉᆞᆼ句궁를 受쓯持띵ᄒᆞ야 慧휑眼안을 열면 이 眞진實씷ㅅ 菩뽕提뗭ㅅ 正졍ᄒᆞᆫ 길히라 반ᄃᆞ기 涅넗槃빤 眞진常썅을 證징ᄒᆞ리니 有ᇢ爲윙와 無뭉爲윙 優ᇢ劣ᄅᆞᇙ이 ᄆᆞᆰ도다

【冶父】兩彩ᄅᆞᆯ 一賽■로다○두바ᄎᆞᆯ ᄒᆞᆫ번에 賽ᄉᆡᆼᄒᆞ도다■〈賽ᄉᆡᆼᄂᆞᆫ 마ᄀᆞᆯ시나 가졸·바건댄 바도기 여러 소니어든 ᄒᆞᆫ소 내 막다 ᄒᆞ듯ᄒᆞ니라

優劣皎然이 卽不無ᄒᆞ나 然皆未免修斷功勳이어니와 ○優훙와 劣룅왜 몯고미 곧 업디 아니ᄒᆞ나 그러나 다 ᄀᆞᆺ논 功공을 다 免면티 몯거니와 若是本分納僧은 動靜이 皆行施어니 何勞捨身命이며 語默이 皆轉經이어니 何煩讀文字ㅣ리오 伊麼則持經行施ㅣ 不故兼而自兼이로다 ○ᄒᆞ다가 이 本본分뿐엣 누비즁은 動똥靜쪙이 다 布봉施싱行ᅘᆡᇰᄒᆞ미어니 므슴 身신命명과ᄅᆞᆯ 잇비리며 語엉默믁이 다 經경을 轉뒨ᄒᆞ미어니 므슴 文문字쫑ᄅᆞᆯ 어즈러이 닐그리오 그러면 經경 디니며 布봉施싱行ᅘᆡᇰᄒᆞ미 부러 兼겸티 아니ᄒᆞ야도 제 兼겸ᄒᆞ리로다

【頌】伏手滑槌로 不換劍ᄒᆞ야도 善使之人은 皆總便이니

라皆總便他本作能穩便不用安排ᄒᆞ야本現成ᄒᆞ니箇中에須是英

靈漢이니라○어푼손과밋믜즌마치로갈ᄒᆞᆯ밧고디아니ᄒᆞ야도됴히브리ᄂᆞᆫ사ᄅᆞᄆᆞᆫ다쉽ᄂᆞ니

라安한排ᄈᆡᆼ를ᄡᅳ디아니ᄒᆞ야本본來ᄅᆡᆼ現ᅘᅧᆫ히이니이中듕에모로매이英영靈령ᄒᆞᆫ漢한이니라

安한排ᄈᆡᆼᄂᆞᆫ사ᄅᆞᄆᆡ힘ᄃᆞ려ᄒᆞᆯᄉᆡ라囉囉哩哩囉囉山花ㅣ笑ᄒᆞ며野鳥

ㅣ歌ᄒᆞᄂᆞ다此時예如得意ᄒᆞ면隨處ᄒᆞ야薩婆訶ㅣ리라○囉랑

囉랑哩링哩링囉랑囉랑뫼헷고지우ᅀᅮ며ᄆᆡ햇새ᄂᆞᆯ애브르ᄂᆞ다이ᄣᅦᄒᆞ다가ᄠᅳ들得득ᄒᆞ면고ᄃᆞᆯ조

차薩삻婆빵訶항ㅣ리라

若是本分人은即日用이便是妙用이어니何須更

借修斷方便이리오不用今日安排ᄒᆞ야도妙用이本

自現成어니○ᄒᆞ다가이本본分분ᄲᅮᆫ옛사ᄅᆞᄆᆞᆫ곧日싏用용이곧이妙묳用용이어니엇뎨

모로매닷가그츨方방便뼌을다시假강借장ᄒᆞ리오오ᄂᆞᆳ날安한排ᄈᆡᆼ를ᄡᅳ디아니ᄒᆞ야도妙묳

用용이本본來링제現현하이이렛ᄂᆞ니 此非劣機境界라 須是過量
人ᅀᅡ이라 始得다 只如過量人境界는 作麼生道오○
이ᄂᆞᆫ사오나온根근機긩의境경界갱아니라모로매이量량애너믄사ᄅᆞ미라ᅀᅡ올타오직過광
量량ᄒᆞᆫ사ᄅᆞ미境경界갱ᄂᆞᆫ엇뎨니ᄅᆞ리오 海晏河清風月이 好ᄒᆞ니 人
人이 齊唱大平歌ㅣ로다 何獨人人이 如是리오○바ᄅᆞ리
便뼌安한ᄒᆞ며ᄀᆞᄅᆞ미ᄆᆞᆰ고ᄇᆞᄅᆞᆷ과ᄃᆞᆯ왜됴ᄒᆞ니사ᄅᆞᆷ마다大땡平뼝歌강ᄅᆞᆯ골오브르ᄂᆞᆺ다엇뎨
사ᄅᆞᆷ마다어곤ᄒᆞᆯᄲᅮ나리오 花笑山前ᄒᆞ야 洩天機ᄒᆞ고 鳥歌林外
ᄒᆞ야 話無生ᄒᆞ놋다 頭頭에 自有無窮意ᄒᆞ니 得來無處
ㅣ 不逢原이니라○고지山산알ᄑᆡ우ᅀᅥ天텬機긩ᄅᆞᆯ나토고새수플밧가놀애블러無
뭉生싱ᄋᆞᆯ니ᄅᆞ놋다頭뚷頭뚷ㅣ제無뭉窮꿍ᄒᆞᆫᄠᅳ디잇ᄂᆞ니得득ᄒᆞ얀根근源원맛나디아니ᄒᆞᆯ
고디업스니라

宗鏡 大覺尊이 本來不立一字ᄒᆞ샤 而直指人心이어시ᄂᆞᆯ
須菩提ㅣ 無端히 特請標名ᄒᆞᅀᆞ와 而強生枝節ᄒᆞ도다 ○大땡
覺각尊존이 本본來ᄅᆡᆼ ᄒᆞᆫ 字ᄍᆞᆼ도 세디 아니ᄒᆞ샤 人
신心심을 바ᄅᆞ ᄀᆞᄅᆞ치거시ᄂᆞᆯ 須슝菩뽕提똉 ᄀᆞ 업
시 特뜩別볋히 일훔 지ᅀᅮ믈 請쳥ᄒᆞ
ᅀᆞ와 強깡히 가지 ᄆᆞᄃᆡ를 내도다 縱使析微塵如
世界ᄒᆞ야도 無相可求ㅣ며 施身命等河沙ᄒᆞ야도 無法可
說이니 且道奉持个什麽오 咄 金剛寶劍이 倚天寒
ᄒᆞ니 外道邪魔ㅣ 俱腦裂이로다 ○비록 微밍塵띤올 ᄲᆡ야 世솅界갱ᄀᆞᆫ게 ᄒᆞ야도
相샹올 어루 求꿓ᄒᆞ미 업스며 身신命명 布봉施싱
ᄒᆞ몰 河ᅘᅡᆼ沙상ᄀᆞᆫ게 ᄒᆞ야도 法법을 어루 니ᄅᆞ미 업
스니 ᄯᅩ 니ᄅᆞ라 므스글 奉뽕持띵ᄒᆞ료 咄돓 金금
剛강寶봉劍검이 하ᄂᆞᆯ ᄒᆞᆯ 비겨셔 ᄂᆞᆯᄒᆞ니 外욍道똫
와 邪쌰魔망왜 다 頭뚷腦놓ㅣ 뼈야디ᄂᆞ다
咄 不須向外ᄒᆞ야 謾馳求ㅣ니 馳求ᄒᆞ면 未免作兩段ᄒᆞ리

라○ᄯᆞᄅᆞᆷ구틔여밧글向향ᄒᆞ야쇽졀업시ᄃᆞᆫ녀求꾸ᇰ티마ᄅᆞᆯ디니ᄃᆞᆫ녀求꾸ᇰᄒᆞ면兩량段돤지소몯免면티몯ᄒᆞ리라■兩량段돤ᄋᆞᆫ法법과相샹괘라

頌 箇裏옌本無元字脚ᄒᆞ니空中에誰肯强安名고等閑히點出金剛眼ᄒᆞ면照破魔王의八萬城이리라○이엔本본來ᄅᆡᆼ字ᄍᆞᆼ脚각이업스니空공中듕에뉘즐겨强깡히일훔지ᄒᆞ뇨넌즈시金금剛강眼안ᄋᆞᆯ點뎜ᄒᆞ야내면魔망王왕의八밣萬먼城쎵을비취여헐리라■字ᄍᆞᆼᄂᆞᆫ글워리오脚각ᄋᆞᆫ긄註즁ㅣ라

此事ᄂᆞᆫ從來無註脚ᄒᆞ니誰向空中ᄒᆞ야强安名고不須向外ᄒᆞ야謾馳求ㅣ오只要點出金剛眼이니라○이ᄅᆞᆫ녜브터오ᄆᆞ로註즁脚각이업스니뉘空콩中듕을向향ᄒᆞ야强깡히일훔지ᄒᆞ뇨구틔여밧글向향ᄒᆞ야쇽졀업시ᄃᆞᆫ녀求꾸ᇰᄒᆞ요ᄆᆞᆯ말오오직모로매金금剛강眼안ᄋᆞᆯ點뎜ᄒᆞ야내욜디니라

等閑點出金剛眼ᄒᆞ면滿目虛空이當撲落ᄒᆞ리라虛空이

旣撲落ᄒᆞ면 魔宮이 無所寄리라 ○넌즈시 金금剛강眼안ᄋᆞᆯ 點뎜ᄒᆞ야 내면 누네 ᄀᆞ득ᄒᆞᆫ 虛헝空공이 반ᄃᆞ기 ᄢᅥ러디리라 虛헝空공이 ᄒᆞ마 ᄢᅥ러디면 魔망宮궁이 브ᄐᆞᆯ 배 업스리라

離相寂滅分第十四

爾時須菩提ㅣ 聞說是經ᄒᆞᅀᆞᆸ고 深解義趣ᄒᆞ야 涕淚悲泣ᄒᆞ야 而白佛言ᄒᆞᅀᆞ오ᄃᆡ 希有ᄒᆞ신 世尊하 佛說如是甚深經典을 我從昔來예 所得慧眼ᄋᆞ로 未曾得聞如是之經ᄒᆞᅀᆞ왯다니

經初엔 以上根ᄋᆞ로 悟入故로 不動悲欣ᄒᆞ야 直讚希

有ᄒᆞᅀᆞᆸ고 此앤 迹同中容ᄒᆞ야 權示悟入故로 悲欣이

交集然後에ᅀᅡ 讚佛希有ᄒᆞ니라 ○經경 처ᅀᅥᆷ믜 上쌍根근ᄋᆞ로 아라든 젼ᄎᆞ로 ᄉᆞᆯᄒᆞ며 깃구믈 뮈우디 아니ᄒᆞ야 곧 希힁有웅ㅣ라 讚잔嘆탄ᄒᆞᅀᆞᆸ고 이엔 ᄌᆞ최ᄅᆞᆯ 中듕根근ᄋᆡ 양ᄌᆞ ᄀᆞ티ᄒᆞ야 權권ᄋᆞ로 아라드로ᄆᆞᆯ 뵈ᄂᆞᆫ 젼ᄎᆞ로 ᄉᆞᆯᄒᆞ며 깃구믈 모도온 後흫에ᅀᅡ 부텨ᄅᆞᆯ 希힁有웅ᄒᆞ시다 讚잔嘆탄ᄒᆞᅀᆞ오니라

【治父】 好笑ㅣ어ᄂᆞᆯ 當面諱了ᄒᆞ도다 ○ 우수미 됴커ᄂᆞᆯ 面면ᄋᆞᆯ 當당ᄒᆞ야 諱휭ᄒᆞ도다

喜事ㅣ 現前ᄒᆞ란ᄃᆡ 也好吐笑ㅣ어ᄂᆞᆯ 滂淚悲泣ᄒᆞ니 只要諱却이로다 ○ 깃븐 이리 알ᄑᆡ 나ᄐᆞ란ᄃᆡ 우ᅀᅮᆷ 맛통ᄒᆞ미 됴커ᄂᆞᆯ 눈믈 내야 슬피 우니오 직 諱휭ᄒᆞ려 ᄒᆞ도다

【又】 深悟佛意ᄒᆞᅀᆞᆸ고 忍不云喜ᄒᆞ야 內悅外悲ᄒᆞ니 所以堪笑ㅣ로다 ○ 부텻 ᄠᅳ들 기피 아ᅀᆞᆸ고 ᄎᆞ마 깃브다 니ᄅᆞ디 아니ᄒᆞ야 안

ᄒᆞ로 깃고 밧고로 슬ᄒᆞ니 이런ᄃᆞ로 우섬직ᄒᆞ도다

頌 自少來來慣遠方ᄒᆞ야 幾迴衡岳ᄒᆞ며 渡瀟湘ᄒᆞ야뇨 一朝애 踏著家鄉路ᄒᆞ야사 始覺途中에 日月長ᄒᆞ도다 ○ 져믄제브터 오ᄆᆞ로 遠원方방애 니거 몃마 衡ᅘᆡᆼ岳악ᄋᆞᆯ 돌며 瀟쇼湘샹ᄋᆞᆯ 건나아뇨 ᄒᆞᄅᆞᆺ아ᄎᆞ미 家강鄉향ㅅ 길ᄒᆞᆯ ᄇᆞᆯ와사 긼 가온ᄃᆡ 日ᅀᅵᇙ月웛 기던 돌 비르서 아도다 ◆ 衡ᅘᆡᆼ岳악ᄋᆞᆫ 뫼히오 瀟숗湘샹ᄋᆞᆫ ᄆᆞ리라

因小利養ᄒᆞ야 捨父逃逝ᄒᆞ야 流落天涯ᄒᆞ니 幾度往返我人山下ᄒᆞ며 幾度出沒恩愛河中ᄒᆞ야뇨 ○ 져고맛 利링養양ᄋᆞᆯ 因ᅙᅵᆫᄒᆞ야 아비ᄇᆞ리고 逃뜰亡망ᄒᆞ야 가하ᇝ ᄀᆞ새 流륳落락ᄒᆞ니 몃디위 我앙人ᅀᅵᆫ山산下향애 가며 도라오며 몃디위 恩ᅙᅳᆫ愛ᅙᆡᆼ河ᅘᅡᆼ中듕에 나며 들며 ᄒᆞ야뇨 ◆ 流륳는 흐를시오 落락ᄋᆞᆫ 딜시니 어려이 ᄃᆞᆫ닐시라

忽逢良友의 指示ᄒᆞ야 踏得常樂家鄉ᄒᆞ니 始知昔年生死路애 虛送百千閑日月이로다 ○ 忽홇然션

히어딘버ᄃᆡᄀᆞᄅᆞ처뵈요ᄆᆞᆯ맛나아샹녜즐거운家강鄕향ᄋᆞᆯᄇᆞᆯ오나昔셕年년生ᄉᆡᆼ死ᄉᆞᆼㅅ길헤百ᄇᆡᆨ千쳔겨르ᄅᆞ왼ㅂ싫月웛을虛헝히보내던ᄃᆞᆯ비르서아도다

世尊하若復有人이得聞是經ᄒᆞᅀᆞᆸ고信心清淨ᄒᆞ면即生實相ᄒᆞ리니當知是人은成就第一希有功德이로소이다世尊하是實相者ㅣ即是非相일ᄉᆡ是故로如來ㅣ說名實相ᄒᆞ시ᄂᆞ니이다

經顯眞常妙體ᄒᆞ니聞經生信ᄒᆞ면妙體實相이當處現前ᄒᆞᆯᄉᆡ故云ᄒᆞ오ᄃᆡ信心이清淨ᄒᆞ면即生實相이라ᄒᆞ니라○經경에眞진常썅妙묘體톙ᄅᆞᆯ나토니經경을드러고信신을내면微밍妙묘ᄒᆞᆫ體톙와眞진實씷ᄒᆞᆫ

相샹괘當당ᄒᆞᆫ고대알ᄯᅵ現현ᄒᆞᆯ시그런ᄃᆞ로닐·오ᄃᆡ·信신心심·이淸청淨쪙ᄒᆞ면곤實씷相샹·이나·리라ᄒᆞ·니라

此實相者ᄂᆞᆫ 不可以見聞覺知求ㅣ며 不可以色香味觸覓일ᄉᆡ 故云是實相者ㅣ 卽是非相이니 是故로 如來說名實相이라ᄒᆞ시다ᄒᆞ니라○이實씷相샹ᄋᆞᆫ어루見견聞문覺각知딩로求꾸티몯ᄒᆞ며어루色식香향味·밍觸쵹ᄋᆞ로얻디몯ᄒᆞ릴ᄉᆡ그럴ᄉᆡ닐오ᄃᆡ이實씷相샹·이곤·이相샹아니니·이런젼ᄎᆞ로如셩來링니ᄅᆞ샤ᄃᆡ일후·미實씷相샹·이라ᄒᆞ시다ᄒᆞ니라

又 是實相者ᄂᆞᆫ 非有相이며 非無相이며 非非有相이며 非非無相이니 是故로 如來說名實相이라ᄒᆞ시니라○이實씷相샹ᄋᆞᆫ有웋相샹아니며無뭉相샹아니며非빙有웋相샹아니며非빙無뭉相샹아·니니·이런젼ᄎᆞ로如셩來링니ᄅᆞ샤ᄃᆡ일후미實씷相샹·이라ᄒᆞ·시니라

治父 山河大地ᄂᆞᆫ 甚處得來오○山산河ᅘᆼ大땡地·띵ᄂᆞᆫ어느고ᄃᆞ로·시러

오·뇨

若謂一向非相이면 即今山河大地는 顯然是相이니 甚處得來오 ○ ᄒᆞ다·가 ᄒᆞᆫᄀᆞᆺ 相샹 아·니·라 니ᄅᆞ·면 곧 이젯 山산河ᅘᅡᆼ 大땡地띵ᄂᆞᆫ 顯현然션히 이 相샹이어시니 어·느 고ᄃᆞ로 ·사·려·오·뇨

頌 遠觀ᄒᆞ니 山有色ᄒᆞ고 近聽ᄒᆞ니 水無聲ᄒᆞ도다 春去ᄒᆞ고도 花猶在ᄒᆞ고 人來ᄒᆞ야도 鳥不驚이로다 ○ 머리셔 보니 ·뫼·히 ·비·치 잇·고 ᄀᆞᆺ·가·이·셔 드르·니 므·리 소·리 :업·도·다 보·ᄆᆡ 가·고·도 고·지 ·오히·려 잇·고 ·사ᄅᆞ·미 ·와·도 :새 놀·라·디 아·니ᄒᆞ·놋·다

頭頭에 皆顯露ᄒᆞ며 物物에 體元平ᄒᆞ니 如何言不會오 祇爲太分明일ᄉᆡ니라 ○ 頭뚷頭뚷에 다 顯현히 나ᄐᆞ며 物믏物믏에 體텡ㅣ 본·ᄃᆡ 平뼝ᄒᆞ·니 :엇뎨 아·디 몯ᄒᆞ노·라 니ᄅᆞ·뇨 오직 ᄏᆡ 分분明명홀·ᄊᆡ니·라

迷之則目前에 有法ᄒᆞ니 所以違於道也ㅣ오 悟之則

耳畔애 無聲ᄒᆞ니 所以近於道也ㅣ니라 ○ 모ᄅᆞ면 곤 눈알ᄑᆡ 法법이

잇ᄂᆞ니 이런ᄃᆞ로 道ᄯᅳᇹ애 멀오 알면 곤 귓ᄀᆞᆺ 새 소리 업스니 이런ᄃᆞ로 道ᄯᅳᇹ애 갓가오니라 所

以道以衆生妄見則種種紛紜커니와 以如來實見

則一切眞寂이라 ᄒᆞ니라 ○ 이런ᄃᆞ로 닐오ᄃᆡ 衆중生ᄉᆡᇰ이 妄망見견ᄋᆞ로ᄂᆞᆫ 곤 種종種

죵 어즈럽거니와 如ᅀᅧᇰ來ᄅᆡᇰㅅ 實씷見견ᄋᆞ로ᄂᆞᆫ 곤 一ᅙᅵᇙ切쳉 眞진寂쩍이라 ᄒᆞ니라 雖云無

色聲이나 相相이 常宛然ᄒᆞ고 雖云常宛然ᄒᆞ나 相相이

不可得이니 所以道無相無空無不空ᄒᆞ니 即是如來

眞實相이라 ᄒᆞ니 ○ 비록 色ᄉᆡᆨ聲셩이 업다 니ᄅᆞ나 相샹마다 샹녜 반ᄃᆞᆨᄒᆞ고 비록 샹녜 반

ᄃᆞᆨᄒᆞ다 니ᄅᆞ나 相샹마다 어루 得득디 몯ᄒᆞ리니 이런ᄃᆞ로 닐오ᄃᆡ 相샹 업스며 空공 업스며 不붏空

콩 업스니 곤 이 如ᅀᅧᇰ來ᄅᆡᇰㅅ 眞진實씷ㅅ 相샹이라 ᄒᆞ니 此眞實相이 頭頭上

顯ᄒᆞ며 物物上明ᄒᆞ야 無時無處而不明顯也ᄒᆞ니 既頭

頭上顯ᄒᆞ며 物物上明ᄒᆞ거늘 ○ 이 眞진實씷ㅅ相샹이 頭뚷頭뚷우희 나ᄐᆞ며
物믏物믏우희 ᄇᆞᆯ가ᄢᅵ니며 고디며 ᄇᆞᆯ가 낟다 아니ᄒᆞᆫᄃᆡ 업스니 ᄒᆞ마 頭뚷頭뚷우희 나ᄐᆞ며 物믏
物믏우희 ᄇᆞᆰ거늘 老盧ᄂᆞᆫ 因甚道不會佛法이라ᄒᆞ뇨 眉底兩
眼이 極分明ᄒᆞ니 反觀眸子ᄒᆞ라 作何樣고 ○ 老롱盧롱ᄂᆞᆫ 므스글
因ᅙᅵᆫᄒᆞ야 佛뿛法법을 아디 몯ᄒᆞ노라 니ᄅᆞ뇨 눈섭 미틧 두 누니 ᄀᆞ장 分분明명ᄒᆞ니 도ᄅᆞ혀 眸뭏
子ᄌᆞᆼᄅᆞᆯ 보라 엇던 양ᄋᆞᆯ 지ᅀᅦᄂᆞ뇨 ▼ 老롱盧롱ᄂᆞᆫ 六륙祖조ㅣ라 眸뭏子ᄌᆞᆼᄂᆞᆫ 눈ᄌᆞᅀᆞㅣ니 제 양ᄌᆞᄅᆞᆯ
도라 몯보미 實씷相샹 몯보미 곤ᄒᆞ니라

世尊하 我今得聞如是經典ᄒᆞᅀᆞᆸ고 信解
受持사 不足爲難이어니와

冶父 若不得後語ㅣ면 前話ㅣ 也難圓ᄒᆞ리라 ○ ᄒᆞ다가 後ᅘᅮᇢㅅ 말옷
아니ᄒᆞ면 몬졋 마리 圓원ᄒᆞ미 어려우리라

若使空生ᄋᆞ로 但說其易ᄒᆞ고 不言其難ᄒᆞ더든 話不得圓이러니 如今에 難易를 俱說ᄒᆞ니 話得爲圓ᄒᆞ도다 ○ ᄒᆞ다가 空콩生싱ᄋᆞ로 오직 그 쉬우믈 니ᄅᆞ고 그 어려우믈 니ᄅᆞ디 아니ᄒᆞ더든 말ᄉᆞ미 시러 圓원티 몯ᄒᆞ리러니 이제 어려우며 쉬우믈 다 니ᄅᆞ니 말ᄉᆞ미 시러 圓원ᄒᆞ도다

頌 難難은 難如平地上青天이오 易易는 易似和衣一覺睡ㅣ니라 行船이 盡在把梢人ᄒᆞ니 誰道波濤ㅣ從地起리오 ○ 어려우며 어려우믄 어려우미 平뼝地띵예셔 青청天텬에 올옴 ᄀᆞᆮ고 쉬우며 쉬우믄 쉬우미 옷 니버 ᄒᆞᆫ번 ᄌᆞᆷ 셰요미 ᄀᆞᆮᄒᆞ니라 ᄇᆡ 녀유미 다 빗자ᄇᆞᆫ 사ᄅᆞ미게 잇ᄂᆞ니 뉘 波방濤똫ㅣ ᄯᅡᄒᆞᆯ 브터 니ᄂᆞ다 니ᄅᆞ리오 ▲ 波방濤똫ㅣ ᄯᅡᄒᆞᆯ 브터 니논디 아니라 사ᄅᆞ미 다시라 ᄒᆞ논 마리라

言其難也앤 五目不能覩ᄒᆞ며 二耳不能聞이어니와 言其易也앤 開眼便見ᄒᆞ고 側耳便聞ᄒᆞ며 開口則頭頭

說破ᄒᆞㅣ 擧足則步步踏著닐이리라 ○ 그 어려우믈 닐오맨 다 ᄉᆞᆺ누ᄂᆞ로 能
능히 보디 몯ᄒᆞ며 두 귀로 能능히 듣디 몯거니와
그 쉬우믈 닐오맨 누ᄂᆞᆯ ᄠᅳ면 곧 보고 귀ᄅᆞᆯ 기우리
면 곧 드르며 이블 열면 頭뚱頭뚱ㅣ니 平地上天
ᄅᆞ고 바ᄅᆞᆯ 들면 거름마다 블오리라
이 誠不易ᄒᆞ나 和衣覺睡ㅣ 豈爲難이리오 看看ᄒᆞ라 難
易ᄂᆞᆫ 只是一人機變이니라 ○ 平뼝地띵예셔 하ᄂᆞᆯ해 올오미 眞진實씷로 쉽
디 아니ᄒᆞ나 옷 니버 ᄌᆞᆷ 셰요미 엇뎨 어려우리오
보며 보라 어려우며 쉬우믄 곧 이 ᄒᆞᆫ 사ᄅᆞᄆᆡ 機깅
變변ᄒᆞ미니라

若當來世後五百歲예 其有衆生이
得聞是經ᄒᆞ고 信解受持ᄒᆞ면 是人은 卽爲
第一希有ㅣ니

經顯人人의本有ᄒᆞ니此本有底一著子ᄂᆞᆫ硬如鐵
壁ᄒᆞ고軟似兜羅ᄒᆞ니○經경에사ᄅᆞᆷ마다本본來링이쇼ᄆᆞᆯ나토니이本본來링잇
ᄂᆞᆫ一힗著딱子ᄌᆞᆼᄂᆞᆫ구두미鐵텷壁벽곧고보ᄃᆞ라오미兜둫羅랑곧ᄒᆞ니

軟似兜羅
故로受持即易ᄒᆞ고硬如鐵壁故로受持即難ᄒᆞ니空
生이左扣右擊ᄒᆞ야以現其中ᄒᆞ도다○보ᄃᆞ라오미兜둫羅랑곧ᄒᆞᆫ젼
ᄎᆞ로受쓯持띵호미곧쉽고구두미鐵텷壁벽곧ᄒᆞᆫ젼ᄎᆞ로受쓯持띵호미곧어려우니空콩生싱
이왼녀그로두드리며올ᄒᆞᆫ녀그로텨ᄡᅥ그中듕을나토도다

冶父 行住坐臥著衣喫飯애更有甚麽事오○行ᅘᆡᆼ住뜡坐쫭
臥왕ᄒᆞ며옷니브며밥머구매ᄯᅩ므슷이리잇ᄂᆞ뇨

佛法이只在日用ᄒᆞ니行住坐臥處와著衣喫飯時
예一切時一切處에一一呈露靡遺ᄒᆞ니○佛뿛法법이오직

日ᅀᅵᇙ用용애 잇ᄂᆞ니 行ᅘᆡᇰ住뜡坐쫘臥왕ᄒᆞᄂᆞᆫ 곧과 옷 니브며 밥 머글 ᄢᅴ 一ᅙᅵᇙ切쳉時씽 一ᅙᅵᇙ切쳉處쳥에 낫나치 나타가 투미 업스니 既然如是ᄒᆞ니 信解受持ᄒᆞ미 何難之有ㅣ며 雖然信解ᄒᆞᆫ ᄃᆞᆯ 亦何希有ㅣ리오 ○ ᄒᆞ마 이 ᄀᆞᆮᄒᆞ니 信신解ᅘᆡᆼ受쓯持띵호미 므스기 어려우미 이시며 비록 信신解ᅘᆡᆼᄒᆞᆫ ᄃᆞᆯ ᄯᅩ 엇뎨 希흥有ᅌᅮᇢᄒᆞ리오

頌 冰不熱ᄒᆞ며 火不寒ᄒᆞ며 土不濕ᄒᆞ며 水不乾ᄒᆞ며 金剛은 脚踏地ᄒᆞ고 幡竿은 頭指天ᄒᆞ니 若人이 信得及ᄒᆞ면 北斗ᄅᆞᆯ 面南看ᄒᆞ리라 ○ 어르미 덥디 아니ᄒᆞ며 브리 ᄎᆞ디 아니ᄒᆞ며 홀기 젓디 아니ᄒᆞ며 므리 ᄆᆞᄅᆞ디 아니ᄒᆞ며 金금剛강ᄋᆞᆫ 바ᄅᆞᆯ ᄡᆞᆲ고 幡펀ㅅ 대ᄂᆞᆫ 머리 하ᄂᆞᆯ ᄀᆞᄅᆞ치ᄂᆞ니라 ᄒᆞ다가 사ᄅᆞ미 아로미 미ᄎᆞ면 北븍斗둫ᄅᆞᆯ 南남녀글 向향ᄒᆞ야 보리라

冰不熱로 至頭指天히 平常搖不動著이니 只如平常底道理ᄂᆞᆫ 作麼生道오 ○ 冰빙不불熱ᅀᅧᇙ로 頭똫指징天텬에 니르리라 平

뼝常쌍ᄒᆞ야 다 動ᄯᅩᇰ티 아니ᄒᆞ미니 오직 平뼝常쌍ᄒᆞᆫ 道ᄯᅡᇢ理링ᄂᆞᆫ 므스가라 나ᄅᆞ료

行船은 宜擧棹ㅣ오 走馬ᄂᆞᆫ 即加鞭이며 若遇飢來飯이오 還因困即眠이니라 ○ 비 녀유믄 빗 드루미 맛당ᄒᆞ고 ᄆᆞᆯ ᄃᆞᆯ요ᄆᆞᆫ 곧 채를 더으며 ᄒᆞ다가 주으륨 맛나아 밥 먹고 ᄯᅩ 困콘ᄒᆞ몰 因힌ᄒᆞ야 곧 ᄌᆞ오ᄂᆞ니라

君今에 欲識平常道ㅣᆫ댄 北斗南星이 位不別ᄒᆞ니 只如不別底道理ᄂᆞᆫ 且作麼生道오 ○ 그듸 이제 平뼝常쌍道ᄯᅡᇢ를 알오져 ᄒᆞ린댄 北븍斗ᄃᆖᇢ와 南남星셩괘 位윙 다ᄅᆞ디 아니ᄒᆞ니 오직 다ᄅᆞ디 아니ᄒᆞᆫ 道ᄯᅡᇢ理링ᄂᆞᆫ ᄯᅩ 엇뎨 니ᄅᆞ료

雨中에 看好月ᄒᆞ고 火裏에 汲清泉ᄒᆞ며 直立ᄒᆞ야도 頭垂地ᄒᆞ고 橫眠ᄒᆞ야도 脚指天이니라 ○ 빗 가온ᄃᆡ 됴ᄒᆞᆫ ᄃᆞᄅᆞᆯ 보고 븘소배 ᄆᆞᆯᄀᆞᆫ ᄉᆡᆷ믈 기르며 고디 셔도 머리 ᄯᅡ해 드리고 빗기 ᄌᆞ오라도 바리 하ᄂᆞᆯ ᄀᆞᄅᆞ치ᄂᆞ니라

何以故ㅣ어뇨 此人이 無我相ᄒᆞ며 無人相

ᄒᆞ며 無衆生相ᄒᆞ며 無壽者相이니 所以者何ㅣ어뇨 我相이 即是非相이며 人相衆生相壽者相이 即是非相이니 何以故ㅣ어뇨 離一切相이 即名諸佛이니이다

聞經信受를 何名第一希有오 以離四相ᄒᆞ야 超然獨步故也ㅣ라 四相遠離爲難ᄒᆞ니 因甚却能遠離오 以開智慧眼ᄒᆞ야 了四相이 本空故也ㅣ라 ○經경 든고 信신受쓩ᄒᆞ몰 엇뎨 일후믈 第뗑一힗 希힁有웅ㅣ라 ᄒᆞ뇨 四ᄉᆞᆼ相샹ᄋᆞᆯ 여희여 超툥然션히 ᄒᆞ오사 건논 젼ᄎᆞ로 ᄲᅦ니라 四ᄉᆞᆼ相샹ᄋᆞᆯ 머리 여희유미 어려우니 므스글 因힌ᄒᆞ야 能능히 머리 여희뇨 智딩慧ᅘᅰᆼ眼안ᄋᆞᆯ 여러 四ᄉᆞᆼ相샹이 本본空콩ᄒᆞ몰 ᄉᆞᄆᆞᆺ 안 젼ᄎᆞ로 ᄲᅦ니라 了相本空ᄒᆞ야

而能遠離ᄒᆞ몰何名第一希有오離一切相ᄒᆞ면即名

諸佛故也ㅣ라○相샹이本본空공ᄒᆞ몰ᄉᆞ못아 라能능히머리여희요몰엇뎨第뗑一

홂希힁有웅ㅣ라일훔ᄒᆞ뇨一힗切쳉相샹ᄋᆞᆯ 여희면곧일후믈諸졍佛뿛이라ᄒᆞᄂᆞᆫ젼ᄎᆞ라

冶父 心不負人ᄒᆞ면面無慚色ᄒᆞ리라○ᄆᆞᅀᆞ매사ᄅᆞᆷ 몰지여ᄇᆞ리디아니ᄒᆞ

면ᄂᆞᆺ치붓그러운 바치업스리라

佛有三身ᄒᆞ시니是는法身耶아報身耶아化身耶

아 看彼毗盧老漢住處ᄒᆞ라非三非一이로되而三而

一이니若使文殊ㅣ不來途中ᄒᆞ고普賢이忘却青山

ᄒᆞ면○부톄三삼身신이겨시니이ᄂᆞᆫ法법身신 가報봉身신가化황身신가뎌毗뼁盧롱老롷漢

한住뜡處청를보라세아니며ᄒᆞ나아니로ᄃᆡ세 히며ᄒᆞ나히니ᄒᆞ다가文문殊쓩ㅣ途똥中듕에

오디아니ᄒᆞ고普퐁賢현 이青청山산ᄋᆞᆯ니ᄌᆞ면 早已辜負毗盧老漢ᄒᆞ리라

니 辜負毗盧ᄒᆞ면 則心有歉然ᄒᆞ야 面有慚色ᄒᆞ리니 ○ 블서 毗뼝盧롱老롷漢한ᄋᆞᆯ 지여ᄇᆞ리리니 毗뼝盧롱ᄅᆞᆯ 지여ᄇᆞ리면 곤 ᄆᆞᅀᆞ매 난보미 이셔 ᄂᆞᆾ치 붓그러운 비치 이시리니 如今不然ᄒᆞ야 寒山이 忘却來時路ㅣ어늘 拾得이 相將携手歸ᄒᆞ니 所以心無歉然ᄒᆞ야 面無慚色ᄒᆞ리라 ○ 이젠 그러티 아니ᄒᆞ야 寒ᄒᆞᆫ山산이 올 時씽節졇ㅅ 길흘 니저늘 拾씹得득이 서르 ᄃᆞ려 소ᄂᆞᆯ 자바 도라가니 이런ᄃᆞ로 ᄆᆞᅀᆞ매 난보미 업서 ᄂᆞᆾ치 붓그러운 비치 업스리라 ▲ 拾씹得득ᄋᆞᆫ 普퐁賢현이라

頌 舊竹에 生新筍ᄒᆞ며 新花ㅣ 長舊枝ᄒᆞ다 雨催行客路ㅣ어늘 風送片帆歸ᄒᆞᄂᆞ다 竹密ᄒᆞ야도 不妨流水過ᄒᆞ고 山高ᄒᆞᆫ돌 豈礙白雲飛리오 ○ 녯대에 새 竹죽筍순이 나며 새고지 녯가지예 기도다 비 녀ᄂᆞᆫ 소ᄂᆡ 길흘 뵈아거늘 ᄇᆞᄅᆞ미 片편帆뻠의 도라ᄀᆞ믈 보내ᄂᆞ다 대 칙칙ᄒᆞ야도 흐를 믈 디나ᄆᆞᆯ 막

디아니ᄒᆞ고 뫼히 노ᄑᆞᆫ ᄃᆞᆯ 엇뎨 白ᄇᆡᆨ雲운의 ᄂᆞ로ᄆᆞᆯ
마ᄀᆞ리오 片편은 져글 시오 帆뻠은 ᄇᆡ옛 돗기라
本始雙成ᄒᆞ야 父子ㅣ 同業이로다 既然同業ᄒᆞ니 莫戀
家裏事ᄒᆞ고 好作途中客ᄒᆞ며 亦莫戀途中ᄒᆞ고 却向家
裏歸니라 ○ 本본覺각과 始싱覺각괘 다 이러 父
뿡子ᄌᆞㅣ 業업이 ᄒᆞᆫ가지로다 ᄒᆞᆫ마 業업이
ᄒᆞᆫ가지니 집 소뱃 이ᄅᆞᆯ ᄉᆞᆯ디 말오 途똥中듕엣 客
킥ᄃᆞ외요ᄆᆞᆯ 즐기며 ᄯᅩ 途똥中듕을 ᄉᆞᆯ디 말오 곤
家강裏링ᄅᆞᆯ 向향ᄒᆞ 雖然如是나 途中에 不礙家
야 도라갈디니라
裏事ᄒᆞ며 家裏예 不礙途中事ᄒᆞ니 看看ᄒᆞ라 文殊普賢
이 左旋右轉이어늘 毗盧ㅣ 滿面笑春風ᄒᆞᄂᆞ다 ○ 비록 어곤
ᄒᆞ나 途똥中듕에 家강裏링ㅅ 머리 막디 아나ᄒᆞ
며 家강裏링예 途똥中듕ㅅ 이리 막디 아니ᄒᆞ니
보며 보라 文문殊쓩普퐁賢현이 왼녀그로 돌며
을 ᄒᆞᆫ녀그로 옮거늘 毗삐盧롱ㅣ ᄂᆞᆺ 최 ᄀᆞ독히 春
츈風봉을
웃ᄂᆞ다

佛告須菩提ᄒᆞ샤ᄃᆡ 如是如是타 若復有人이 得聞是經ᄒᆞ고 不驚不怖不畏ᄒᆞ면 當知是人은 甚爲希有ㅣ니

空生의 希有之說이 妙契於理故로 讚言如是如是라ᄒᆞ시니라 衆生이 違背覺王ᄒᆞ미 其來久矣ㄹᄉᆡ ○ 空콩生싱ᄋᆡ 希힁有웋ㅣ라 ᄒᆞᆫ 마리 微밍妙묭히 理링예 마ᄌᆞᆫ 젼ᄎᆞ로 기려 니ᄅᆞ샤ᄃᆡ 如셩是씽如셩是씽라ᄒᆞ시니라 衆즁生싱이 覺각王왕ᄋᆞᆯ 背뷩叛빤ᄒᆞ미 그 오미 오랄ᄊᆡ 聞佛開示ᄒᆞᅀᆞᆸ고 多生驚怖ᄒᆞᄂᆞ니 苟不驚怖ᄒᆞ면 甚爲希有ㅣ니라 比之窮子ㅣ 竛竮孤露ᄒᆞ야 爲日이 已久ㅣ러니 得見父王ᄒᆞ미 實爲天幸이언마ᄅᆞᆫ ○ 부텻 여러 뵈샤ᄆᆞᆯ 듣ᄌᆞᆸ고 해 놀라 저푸믈 내ᄂᆞ니 眞진

實씷로 놀라 저티 아니ᄒᆞ면 甚씸히 希힁有읗ᄒᆞ니라 가줄비건댄 窮꿍子ᄌᆞᆼㅣ 뷔ᄃᆞ러 외로이 나가ᄃᆞᆫ녀 나리 ᄒᆞ마 오라더니 父뿡王왕ᄋᆞᆯ 사라 보미 實씷로 天텬幸ᄒᆡᆼ이언마ᄅᆞᆫ 然其父의 門庭이 高峻거늘 窮子ㅣ 志意下劣ᄒᆞᆯᄉᆡ 見已ᄒᆞ고 未免驚怖去在ᄒᆞ니 見已不驚怖者ㅣ 甚爲希有ㅣ로다 ○ 그러나 그 아비 門몬庭뗭이 놉거늘 窮꿍子ᄌᆞᆼㅣ ᄠᅳ디 ᄂᆞᆺ갑고 사오나올ᄉᆡ 보고 놀라 저포ᄆᆞᆯ 免면티 몯ᄒᆞ니 보고 놀라 저티 아니ᄒᆞ미 甚씸히 希힁有읗ᄒᆞ도다

治父 秖是自家底니라 ○ 오직 이 제 지비니라

不生驚怖를 說爲希有ᄒᆞ미 是則是矣나 而父子ᄂᆞᆫ 本自同氣며 亦自同家ㅣ어니 何曾驚怖ㅣ리오 雖不驚怖ᄒᆞᆫᄃᆞᆯ 亦何希有ㅣ리오 ○ 놀라 저품 내디 아니호ᄆᆞᆯ 希힁有읗ㅣ라 닐오미 올ᄒᆞ나 ᄒᆞ믈 올ᄒᆞ나 父뿡子ᄌᆞᆼᄂᆞᆫ 本본來링 제 긔운이 ᄒᆞᆫ가지며 ᄯᅩ 제 지비 ᄒᆞᆫ가지어니 엇데 잢간인ᄃᆞᆯ 놀

라저ᄒᆞ리오비록ᄂᆞᆯ라저티아니ᄒᆞᆫ돌ᄯᅩ엇뎨希힝有ᇢᄒᆞ리오

頌 毛呑巨海水ᄒᆞ며芥子애納須彌ᄒᆞᄂᆞ니碧漢애一輪이滿ᄒᆞ니清光이六合애輝ᄒᆞ도다踏得故鄕田地穩ᄒᆞ면鄕一作關更無南北與東西ᄒᆞ리라○터리예큰바ᄅᆞᆳ므를머그며芥갱子ᄌᆞᆼ애須슝彌밍ㅣ드ᄂᆞ니파란하ᄂᆞᆯ해ᄒᆞᆫ輪륜이ᄀᆞ독ᄒᆞ니ᄆᆞᆯᄀᆞᆫ비치六륙合합애빗나도다녯本본鄕향앳田뎐地띵便뼌安안ᄒᆞᆫ덜블오면ᄂᆞ외야南남北븍과東동西솅왜업스리라

塵毛芥子ᄂᆞᆫ物之最微者也ㅣ오巨海須彌ᄂᆞᆫ物之最大者也ㅣ니○드틀와터럭과芥갱子ᄌᆞᆼ와ᄂᆞᆫ物믈의ᄆᆞᆺ微밍ᄒᆞᆫ거시오큰바ᄅᆞᆯ와須슝彌밍와ᄂᆞᆫ物믈의ᄆᆞᆺ큰거시니以最微로攝最大ᄒᆞ미非情識之所到ㅣ니然智以照之ᄒᆞ면則塵毛芥子ㅣ不曾小ᄒᆞ며巨海須彌不曾大ᄒᆞ야○ᄆᆞᆺ微밍ᄒᆞᆫ거스로ᄆᆞᆺ큰거슬攝셥호미情쪙識식의니

르롤배아니나그러나智딩로ᄡᅥ비취면곧塵띤 毛몽·와芥갱子종·왜잀간·도·젹디아·니ᄒᆞ며·큰바
·롤·와須슝彌밍·왜잀 간·도·크디아·니ᄒᆞ야 容巨海於毛端ᄒᆞ며納須彌於
芥子ᄒᆞ미 是吾輩之常分이라 非假於他術이니라〇 큰바ᄅᆞᄅᆞᆯ
터·럭그·테드리며須슝彌밍·ᄅᆞᆯ芥갱子종애·드류 ·미·이·우리·무리·샹·녯分분뿐·이·라·ᄂᆞᄆᆡ術쓣·ᄋᆞᆯ·비·ᄅᆞᆯ
디아·니 니·라 因甚如此오 性天覺月이 虛徹靈明ᄒᆞ야 輝
騰六合ᄒᆞ며 光被萬像ᄒᆞ야 洪纖巨細ㅣ 無一이 不容
其光焉 ᄒᆞ니〇므스글因인ᄒᆞ야이곤ᄒᆞ뇨性셩 天텬과覺각月웛·왜虛헝·히ᄉᆞᄆᆞᄎᆞ며靈
령·히·블·가비치六륙合합·애솟나며光광明명·이 萬먼像쌍·애니·펴너·브며:져그·며·크며·ᄀᆞᄂᆞᆫ거·시
ᄒᆞ나·히그光광·ᄋᆞᆯ받디아·니ᄒᆞ니·업스·니 性·셩天텬·ᄋᆞᆫ理링·오覺각月웛·ᄋᆞᆫ智딩·라 踏得
這般境界ᄒᆞ야 見得這般消息ᄒᆞ면 更說甚麼ㅣ 是東
是西是南是北 이리오〇·이境경界갱ᄅᆞᆯᄇᆞᆯ와·이 消숑息·식·을보·면·ᄯᅩ므·스기·어東

동이며 西셰며 南남이며 아北븍이라 니르리오 南北東西ㅣ 皆吾化ㅣ니 一切由我ᄒᆞ야 惣無妨이니라 恁麽則建立이 亦在我ᄒᆞ며 掃蕩도 亦在我ᄒᆞ니라 ○ 南남北븍東동西셰ㅣ 다 내의 化황혼 거시니 一ᅙᅵᇙ切쳉 나ᄅᆞᆯ 브터 다 마고미 업스니라 그러면 닐어 세요미 ᄯᅩ 내게 이시며 ᄡᅳ러 ᄇᆞ룜도 ᄯᅩ 내게 잇ᄂᆞ니라

何以故오 須菩提야 如來說第一波羅蜜어 非第一波羅蜜이니 是名第一波羅蜜이라

聞經不怖를 因甚道甚爲希有오 此法은 物無與等이로ᄃᆡ 而能與物로 爲等ᄒᆞ야 ○ 經경 듣고 저티 아니호ᄆᆞᆯ 므스글 因인

ᄒᆞ야 甚씸히 希힁有ᅌᅮᇰᄒᆞ다 니ᄅᆞ쇼 이 法법은 深物믏이 ᄀᆞᆯ오리 업소ᄃᆡ 能ᄂᆞᆼ히 物믏와로 ᄀᆞᆯ와

玄幽奧ᄒᆞ야 不近人情ᄒᆞ실ᄊᆡ 聞者ㅣ 多生驚怖ᄒᆞ며 信解者ㅣ 誠難이어늘 ○ 기프며 깁ᄉᆞ위여 人신情쪙에 갓갑디 아니ᄒᆞ실ᄊᆡ 드르ᄉᆞᄅᆞ미 해 놀라 저프믈 내며 信신解갱ᄒᆞᇙ사ᄅᆞ미 眞진實씷로 어렵거늘 如今에 能生淨信ᄒᆞ야 不生驚怖ᄒᆞ니 所以希有ㅣ니라 ○ 이제 能ᄂᆞᆼ히 淨쪙信신을 내야 놀라 저프믈 내디 아니ᄒᆞ니 이런ᄃᆞ로 希힁有ᅌᅮᇰᄒᆞ나니라

【冶父】 八字를 打開ᄒᆞ야 兩手로 分付ᄒᆞ샷다 ○ 八밣字ᄍᆞᆼ를 터 여러 두소ᄂᆞ로ᄂᆞᆫ 호아 브티샷다 【八】 八밣字ᄍᆞᆼ 여다호ᄆᆞᆫ 門몬 여ᄂᆞᆺ 마리라

第一波羅蜜이라 ᄒᆞ시니 更無向上이로다 非第一波羅蜜이라 ᄒᆞ시니 不異向下ㅣ로다 ○ 第뗑一ᅙᅵᇙ波방羅랑蜜밇이라 ᄒᆞ시니 ᄂᆞ외야 向향上쌍이 업도다 第뗑一ᅙᅵᇙ波방羅랑蜜밇이 아니라 ᄒᆞ시니 向향下ᅘᅡᆼ애 다ᄅᆞ디 아니토다

是名第一波羅蜜이시니라ᄒᆞ 是向上耶아 向下耶아

向上向下ᄅᆞᆯ 都說示ᄒᆞ샤 兩手로 分付了也ᄒᆞ샷다 ○ 이 일후미 第뎽一힗波방羅랑蜜밇이라 ᄒᆞ시니 이 向향上쌍가 向향下쌍아 向향上쌍과 向향下쌍와ᄅᆞᆯ 다 닐어 뵈샤 두소ᄂᆞ로 논호아 브티샷다

頌 是名第一波羅蜜은 萬別千差ㅣ 從此出ᄒᆞᄂᆞ니 鬼面神頭ㅣ 對面來어든 此時예 莫道不相識이라 ᄒᆞ라 ○ 是씽名명第뎽一힗波방羅랑蜜밇은 萬먼別쁋와 千쳔差창왜 이ᄅᆞᆯ 브터 나ᄂᆞ니 鬼귓 거싀 ᄂᆞᆾ과 神씬靈령의 머리ᄂᆞᆫ 對됭ᄒᆞ야 오거든 이 ᄢᅴ셔 르아디 몯ᄒᆞ노라 니ᄅᆞ디 말라

第一波羅蜜이 差別所從出어니 窅然幽奧ᄒᆞ야 深難測이나 爭奈頭頭에 常現露ᄒᆞ니라 常現露ᄒᆞ야 別無眞ᄒᆞ니 此時예 莫道不相識이라ᄒᆞ라 ○ 第뎽一힗波방羅랑蜜밇이 差창別뼗

의브터나논배니아독히幽흫奧홓ᄒᆞ야기펴闡측量량ᄒᆞ미어려우나권마ᄅᆞᆫ頭뚷頭뚷에샹녜現현露롱ᄒᆞ니라상녜現현露롱ᄒᆞ야各각別뼗히眞진이업스니이ᄢᅴ서르아디몯ᄒᆞ노라니르디말라

須菩提야 忍辱波羅蜜이 如来說이 非忍辱波羅蜜이라 何以故오 須菩提야 如我ㅣ 昔為歌利王의 割截身體ᄒᆞ야 我於爾時예 無我相無人相無衆生相無壽者相ᄒᆞ다니 何以故오 我於往昔節節支解時예 若有我相人相衆生相壽者相ᄒᆞ던댄 應生瞋恨ᄒᆞ리러니라

上讚信解ᄒᆞ야 令發心竟ᄒᆞ시고 將勸菩薩ᄋᆡ 離相發心호리라 ᄒᆞ샤 先擧自已行菩薩道時예 逢難安忍ᄒᆞ샤 離相之迹ᄒᆞ시니라 ○우희 信신解행ᄅᆞᆯ 기려 發벓心심케 ᄒᆞ야 ᄆᆞᄎᆞ시고 쟝ᄎᆞ 菩뽕薩삻ᄋᆡ 相샹 여희여 發벓心심호ᄆᆞᆯ 勸권호리라 ᄒᆞ샤 몬져 ᄌᆞ개 菩뽕薩삻道ᄯᅩᇢ行ᅘᆡᇰᄒᆞ실 제 難난ᄋᆞᆯ 맛나 便뼌安한히 ᄎᆞᄆᆞ샤 相샹 여희샨 자최ᄅᆞᆯ 드르시니라

忍辱波羅蜜者ᄂᆞᆫ 逢難安忍ᄒᆞ야 求到彼岸也ㅣ오 非忍辱波羅蜜者ᄂᆞᆫ 辱境이 本空ᄒᆞ며 忍心이 本寂ᄒᆞ야 無彼岸可到也ㅣ니라 ○忍신辱욕波방羅랑蜜밇ᄋᆞᆫ 難난ᄋᆞᆯ 맛나 便뼌安한히 ᄎᆞ마 뎌 ᄀᆞᅀᅢ 다ᄃᆞᄅᆞᄆᆞᆯ 求꿓호미오 非빙忍신辱욕波방羅랑蜜밇ᄋᆞᆫ 辱욕境경이 本본來링 뷔며 ᄎᆞᆷᄂᆞᆫ ᄆᆞᅀᆞ미 本본來링 괴외ᄒᆞ야 뎌 ᄀᆞᅀᅢ 어루 다ᄃᆞᄅᆞ미 업스니라

爲甚如此오 如我ㅣ 昔爲歌利의 割截ᄒᆞ야 不見有辱境이 當情ᄒᆞ며 亦不見有身心이 當

彼의 所害ᄒᆞ야 初無我人之相호니○므스글 爲윙ᄒᆞ야 이러ᄐᆞ 내 歌강利링의 버효미 ᄃᆞ외욤 ᄀᆞᆫᄒᆞ야 辱쇽境경이 ᄠᅳ뎨 當당홈이 쇼몰 보디 몯ᄒᆞ녀 ᄯᅩ 몸과 ᄆᆞᅀᆞᆷ괘 뎌의 害행호매 當당홈이 쇼몰 보디 몯ᄒᆞ야 ᅏᆞᆷ간도 我앙人신相샹 업소니 尚不見有辱境身心이어니 何更見有彼岸可到也ㅣ리오○오히려 辱쇽境경과 몸과 ᄆᆞᅀᆞᆷ과이 쇼몰 보디 몯거니 엇뎨 ᄯᅩ 뎌 ᄀᆞᆺ새 어루 다ᄃᆞᄅᆞᆷ이 쇼몰 보리오 因甚知無我相고 我ㅣ於彼時예 若有我相이러든 應生瞋恨이라 ᄒᆞ시니 既不生瞋ᄒᆞ실ᄉᆡ 故知無相也ㅣ로다○므스글 因인ᄒᆞ야 我앙相샹 업소몰 알리오 내 뎌 ᄢᅴ ᄒᆞ다가 我앙相샹이 잇더든 당다이 瞋친恨ᄒᆞᆫ ᄆᆞᅀᆞᆷ 내리러니라 ᄒᆞ시니 ᄒᆞ마 瞋친을 내디 아니ᄒᆞ실ᄉᆡ 그런ᄃᆞ로 無뭉相샹ᄒᆞᆫ ᄃᆞᆯ 아ᄅᆞᆯ디로다

冶父 智不責愚ㅣ니라○智딩慧ᅘᅰᆼ 어리니ᄅᆞᆯ 責ᄌᆡᆨ디 아니ᄒᆞᄂᆞ니라

仙人이 逢難不動이어시ᄂᆞᆯ 歌利ㅣ 昧仙證空ᄒᆞ니 愚智

皎然이로다 逢難不動이 是不責愚ㅣ니라 ○ 仙션人신이 難난ᄋᆞᆯ 맛나 動ᄯᅩᆼ티 아니커시ᄂᆞᆯ 歌강利링ㅣ 仙션人신의 證징空공ᄒᆞᆫ ᄃᆞᆯ 모ᄅᆞ니 어ᄅᆞᆷ과 智딩慧휑 왜ᄅᆞᆫ도다 難난ᄋᆞᆯ 맛나 動ᄯᅩᆼ티 아니ᄒᆞ미 어리닐 責직다 아니ᄒᆞ미니라

頌 如刀斷水ᄒᆞ며 似火吹光이로다 明來暗去에 那事ㅣ 無妨이로다 歌利王歌利王이여 誰知遠煙浪에 別有好商量이리오 商一作思 ○ 갈ᄒᆞ로 믈 그추미 ᄀᆞᆮᄒᆞ며 ᄇᆞ레 光광 부루미 ᄀᆞᆮ도다 ᄇᆞᆯ곰 오고 어드움 가ᄆᆞᆯ매 뎌 이리 마고미 업도다 歌강利링王왕 歌강利링王왕이여 여ᄂᆞᆫ 믌겨레 各각別볋ᄒᆞᆫ 됴ᄒᆞᆫ 商샹量량 잇ᄂᆞᆫ ᄃᆞᆯ 뉘 알리오

靈源이 湛寂ᄒᆞ야 攙之不可動이며 靈焰이 烜赫ᄒᆞ야 吹之不可滅이니 任他八風의 交馳ᄒᆞ야 內智湛然常凝ᄒᆞ니 ○ 靈령ᄒᆞᆫ 根근源원이 ᄆᆞᆯ기며 괴외ᄒᆞ야 저ᅀᅥ도 어루 뮈우디 몯ᄒᆞ며 靈령ᄒᆞᆫ 블 나오라 빗나

부려도 어루 ᄢᅴ디 몯ᄒᆞ리니 뎌 八밣風봉의 섯듣
뇨ᄆᆞᆯ 모ᄃᆞᆫ 허너겨 앗 智딩 慧휑ᄅᆞᆯ 가ᄉᆡ네 얼의니
■ 八밣風봉은 法법
數숭애 잇ᄂᆞ니라
歌利之患로 焉知逢難之中
에 具無限好消息也 미리오 ○ 歌강利링의 어류ᄅᆞ로 엇뎨 難난 맛난 가온ᄃᆡ
그 지업슨 됴ᄒᆞᆫ 消숑息식이 ᄀᆞ존 ᄃᆞᆯ 알리오

須菩提야 又念過去於五百世예 作忍辱仙人ᄒᆞ야 於爾所世예 無我相無人相無衆生相無壽者相ᄒᆞ다니

非但一生을 安忍無相이라 五百生中에 頻遭此苦ᄒᆞ샤 悉皆無相ᄒᆞ시니라 ○ 一힗生싱올 安한忍신ᄒᆞ야 相샹업슬ᄯᆞᄅᆞ미 아니라 五옹百ᄇᆡᆨ生싱中듕에 ᄌᆞ조 이 苦콩ᄅᆞᆯ 맛나샤 다 相샹업스시니라

治父 目前에 無法ᄒᆞ니 從敎柳綠花紅이오 耳畔애 無聞ᄒᆞ니 一任鶯吟燕語ㅣ로다 ○ 눈 알ᄑᆡ 法법 업스니 버들 ᄑᆞ라라 ᄒᆞ며 곳 블구믈 ᄒᆞ욘 조초ᄒᆞ고 귓ᄀᆞ새 드룸 업스니 곳고리소리와 져븨 말ᄉᆞᄆᆞᆯ 므더니 너기놋다

深達法性空ᄒᆞ면 塗割애 兩無心이니 達性空ᄒᆞ면 則根塵이 無礙ᄒᆞ며 得無心ᄒᆞ면 則事事ㅣ 無妨ᄒᆞ리라 ○ 法법性셩의 뷔유믈 기피 알면 ᄇᆞᄅᆞ며 버효매 다ᄆᆞᄉᆞ미 업ᄂᆞ니라 性셩의 뷔유믈 알면 곧 根근과 塵띤괘 마고미 업스며 無뭉心심을 得득ᄒᆞ면 곧 事ᄊᆞᆼ事ᄊᆞᆼㅣ 마곰 업스리라 所以道智明ᄒᆞ면 頭頭ㅣ 明ᄒᆞ고 心閑ᄒᆞ면 事事ㅣ 閑이라 ᄒᆞ니라 ○ 이런ᄃᆞ로 닐오ᄃᆡ 智딩 ᄇᆞᆯᄀᆞ면 頭뚱頭뚱ㅣ ᄇᆞᆰ고 ᄆᆞᅀᆞ미 겨ᄅᆞᄅᆞ외면 事ᄊᆞᆼ事ᄊᆞᆼㅣ 겨ᄅᆞᄅᆞ외리라 ᄒᆞ니라

頌 四大元無我ᄒᆞ고 五蘊이 悉皆空ᄒᆞ다 도 廓落虛無理ㅣ 乾坤萬古애 同ᄒᆞ다 도 妙峯이 嶷嶷ᄒᆞ야 常如故ᄒᆞ니 誰

管顚號括地風ᄒᆞ고○四ᄉᆞᆼ大땡 본ᄃᆡ 나 업고 五옹蘊이 다 뷔도다 훤히 뷔여 업슨 理링ㅣ 하ᄂᆞᆯ콰 ᄯᅡ콰 萬먼古공애 ᄒᆞᆫ가지로다 妙묳峯퐁이 노파 댱샹 녜 곧ᄒᆞ니 어려이 울어 ᄯᅡ홀 거두부ᄂᆞᆫ ᄇᆞᄅᆞᆷ을 뉘 ᄀᆞᅀᆞᆷ알료

四大五蘊이 同鏡像ᄒᆞ야 空空無我ᄒᆞ며 亦無人ᄒᆞ도다

無我無人性常住ᄒᆞ니 同地同天ᄒᆞ야 古到今ᄒᆞ도다○四ᄉᆞᆼ大땡와 五옹蘊괘 거우루엣 像썅이 곧ᄒᆞ야 뷔며 뷔여 나 업스며 ᄯᅩ 사ᄅᆞ미 업도다 나 업고 사ᄅᆞᆷ 업슨 性셩이 샹녜 住뜡ᄒᆞ니 ᄯᅡ 곧ᄒᆞ며 하ᄂᆞᆯ 곧ᄒᆞ야 녜로셔 이제 니르도다

古到今ᄒᆞ야 無變異ᄒᆞ니 從敎八風의 來彭彭이로다○녜로셔 이제 니르러 變변ᄒᆞ야 달옴 업스니 八밣風봉이 오미 하 ᄆᆞᆯ 므던히 너기ᄂᆞ다

是故로 須菩提야 菩薩이 應離一切相

ᄒᆞ야 發阿耨多羅三藐三菩提心이니
既悟自心이 與佛無殊ᄒᆞ고도 更能塵塵無著ᄒᆞ며 念
念無生ᄒᆞ야ᅀᅡ 是眞發心이며 名眞菩薩이니라 ○ ᄒᆞ마 제 ᄆᆞᅀᆞ미
부텨와 달옴 업소ᄆᆞᆯ 알오 ᄯᅩ 다시 能능히 드틀마다 着딱 업스며 念념마다 나미 업서ᅀᅡ 이 眞진實
씷ㅅ 發벓心심이며 일후미 眞진實씷ㅅ 菩뽕薩삻이니라
由是로 凡有發心
者ᄂᆞᆫ 要應離相也ㅣ니 此ㅣ 正勸離相發心也ㅣ시니라
○ 이런 젼ᄎᆞ로 므읫 發벓心심ᄒᆞᇙ 사ᄅᆞᄆᆞᆫ 모로매 相샹ᄋᆞᆯ 여희여ᅀᅡ ᄒᆞ리니 이 正졍히 相샹 여희여
發벓心심호ᄆᆞᆯ 勸권ᄒᆞ샤미시니라 又離相發心者ᄂᆞᆫ 是非人我ㅣ
俱是虛妄이라 悉應遠離ᄒᆞ곡 但發無上菩提之心也
ㅣ니 ○ ᄯᅩ 相샹 여희여 發벓心심호ᄆᆞᆫ 是씽와 非빙와 人ᅀᅵᆫ과 我앙왜 다 이 虛헝妄망이라 다 모로
매 머리 여희옥 오직 無뭉上쌍菩뽕提똉心심을 發벓홀디니 然所謂離相은 但

了相이虛妄ᄒᆞ야能所ㅣ不生호ᄆᆞᆯ即名爲離니非別

有相이爲可離也ㅣ니라 ○그·러나 닐·온 밧 相샹 여·희요ᄆᆞᆫ 오·직 相샹·이 虛헝妄·망ᄋᆞᆯ 아·라 能능과 所·송ㅣ 왜·나·디 아·니·호·ᄆᆞᆯ ·곧 일·후미·여·희요·미·니 各·각 別·별히 相샹·이 어·루 여·흴 거·시 잇ᄂᆞᆫ·디 아·니·니·라

治父 是ᄂᆞᆫ即此用가離此用가 ○이ᄂᆞᆫ 이 用용ᄋᆞᆯ 即·즉ᄒᆞ녀 ·이 用용ᄋᆞᆯ 여·희녀

既云離相發心이라ᄒᆞ시니 心與相과相去ᄂᆞᆫ多少오

冲虛妙粹ᄒᆞ며廣大靈明ᄒᆞ야離諸幻妄이名之爲心이오 ○ᄒᆞ·마 니ᄅᆞ·샤ᄃᆡ 相·샹 여·희여 發벓心심ᄒᆞ·라ᄒᆞ시·니 ᄆᆞᅀᆞᆷ·과 相·샹·괘 서르 벙·으·로·ᄆᆞᆫ 언머·고

기프며 ·뷔며 妙·묘ᄒᆞ며 粹·쉉ᄒᆞ며 너·브며 ·크며 靈령ᄒᆞ며 ᄇᆞᆯ·가 여·러 幻·환妄·망ᄋᆞᆯ 여·희요·미 일·후믈 ᄆᆞᅀᆞ미라 ᄒᆞ고 粹·쉉ᄂᆞᆫ 섯근 것 ·업슬 ·시·라

日用是非人我와現前色

香味觸은 俱是虛妄이니 皆名爲相이라 ᄒᆞ니 然相非

外來라 全是自心起用이니 ○曰 ·싫用·용엣 是:씽 非빙人신我:앙와 알·ᄑᆡ 現

현ᄒᆞᆫ 色·ᄉᆡᆨ香향味밍觸·쵹ᄋᆞᆫ 다 이 虛헝妄망이니 :다 일·후믈 相·샹이라 ᄒᆞᄂᆞ·니 그:러·나 相·샹·이 밧·고

로·셔 ·오논 디 아·니라 젼·혀 ·이 제 ᄆᆞᅀᆞ·미 起:킝用·용이니 伊麼則此心은 即此

用이어늘 離此用가 若道即此用인댄 爭奈絶相離名이며

若道離此用인댄 爭奈不礙諸相ᄒᆞ니 ○그·러·면 ·이 ᄆᆞᅀᆞ·ᄆᆞᆫ ·이 用·용ᄋᆞᆯ

即·즉ᄒᆞ·녀 ·이 用·용ᄋᆞᆯ 여·희·녀 ᄒᆞ다·가 닐·오·듸 ·이 用·용ᄋᆞᆯ 即·즉·다 ·홀 딘·댄 권마ᄅᆞᆫ 相·샹 긋·고 일·훔 여·희

며 ᄒᆞ다·가 닐·오·듸 ·이 用·용ᄋᆞᆯ 여·희·다 ·홀 딘·댄 권마ᄅᆞᆫ 諸졍相·샹ᄋᆞᆯ 막·디 아·니ᄒᆞ·니 畢竟엔

作麼生道오 若人이 識得心ᄒᆞ면 大地無寸土라 ᄒᆞ리

所以道於一毛端애 現寶王刹ᄒᆞ며 坐微塵裏ᄒᆞ야 轉

大法輪이라 ᄒᆞ도다 ○ᄆᆞᄎᆞᆷ맨 엇뎨 니ᄅᆞ료 ᄒᆞ다·가 :사ᄅᆞ·미 ᄆᆞᅀᆞ·ᄆᆞᆯ 알·면 大:땡地·띵ㅣ 寸·촌

土통도업스리라이런ᄃᆞ로닐오ᄃᆡ흔터럭그테寶봉王왕刹찰이나ᄐᆞ며微밍塵띤소배안자큰法법輪륜을옮기다ᄒᆞ도다 寶봉王왕은부톄오刹찰은나라히라

頌 得之在心ᄒᆞ면應之在手ᄒᆞᄂᆞ니라 在一作於 雪月風花ㅣ天長地久ㅣ로다 朝朝애雞向五更啼ᄒᆞ고春來ᄒᆞ면處處에山花ㅣ秀ㅣ로다○得득호미ᄆᆞᅀᆞ매이시면應ᅙᅳᆼ호미소내잇ᄂᆞ니라눈과ᄃᆞᆯ와ᄇᆞᄅᆞᆷ과곳괘며하ᄂᆞᆯ히길며ᄯᅡ히오라도다아ᄎᆞᆷ마다ᄃᆞᆰ기五ᅌᅩᆼ更ᄀᆡᆼ을向향ᄒᆞ야울오보미오면곧곧대뫼햇고지프도다

失其旨也ᄒᆞ면離却日用ᄒᆞ고別求生涯어니와 得其源也ᄒᆞ면機境上애把得便用ᄒᆞᄂᆞ니○그ᄠᅳ들일흐면日ᅀᅵᇙ用용ᄋᆞᆯ여희오各각別뼗히사ᄅᆞᄆᆞᆯ이ᄅᆞᆯ求꿓ᄒᆞ거니와그根근源원을得득ᄒᆞ면機긩境경우희자바곧ᄡᅳᄂᆞ니

伊麼則頭頭ㅣ淨妙國土ㅣ며物物이常住眞身이라

一切聲이 是佛聲이며 一切色이 是佛色이라 ○ 그러면 頭뚷頭뚷ㅣ 淨쪙妙묭ᄒᆞᆫ 國귁土통ㅣ며 物믏物믏이 常썅住뜡ᄒᆞᆫ 眞진身신이라 一ᅙᅵᇙ切쳉聲셩이 이 부텻聲셩이며 一ᅙᅵᇙ切쳉色ᄉᆡᆨ이 이 부텻色ᄉᆡᆨ이라

觸處ㅣ 天眞ᄒᆞ야 雌黃無分이니 雞向五更啼ᄒᆞ며 處處山花秀를 可得雌黃麼아 ○ 다ᄒᆞᆫ 듸마다 天텬眞진ᄒᆞ야 雌ᄎᆞᆼ黃ᅘᅪᇰᄒᆞ미 分뿐이 업스니 ᄃᆞᆯ기 五ᅌᅩᆼ更깅을 向향ᄒᆞ야 우러며 곧고대 山산花황ㅣ 푸몰 어루 시러 雌ᄎᆞᆼ黃ᅘᅪᇰᄒᆞ려 ■ 雌ᄎᆞᆼ黃ᅘᅪᇰᄋᆞᆫ 고ᄐᆞᆯ시라

不應住色生心ᄒᆞ며 不應住聲香味觸法生心이니 應生無所住心이니라 若心이 有住ᄒᆞ면 即為非住ㅣ니 是故로 佛說菩薩心은 不應住色布施니 須菩提야 菩薩

이 爲利益一切衆生應如是布施니라

識浪애 內湧ᄒᆞ면 則境風이 作而常動ᄒᆞ고 智水ㅣ 內凝ᄒᆞ면 則風塵이 息而常靜ᄒᆞ니 靜無靜相이라 眞明이 自照ᄒᆞ리니 ○ 識식 믌겨리 안ᄒᆞ로 소ᄉᆞ면 곧 境경 ᄇᆞᄅᆞ미 니러 샹녜 뮈오 智딩水슁ㅣ 안ᄒᆞ로 얼의면 곧 ᄇᆞᄅᆞᆷ과 드틀왜 자아 샹녜 괴외ᄒᆞᄂᆞ니 靜쪙ᄒᆞ되 靜쪙ᄒᆞᆫ 相샹 업서ᅀᅡ 眞진實씷ㅅ ᄇᆞᆯ고미 제 비취라나 是謂無住生心이며 是眞菩薩住處ㅣ니라 由是로 發心之者ᄂᆞᆫ 凡於應用之際예 但當無念而應이언뎡 不應着意攀緣이니 着意ᄒᆞ면 墮魔坑ᄒᆞ야 非眞菩薩住處也ㅣ니라 ○ 이ᄅᆞᆯ 닐온 住뜡 업슨 ᄆᆞᅀᆞᆷ 나미며 이 眞진實씷ㅅ 菩뽕薩삻의 住뜡ᄒᆞᇙ 고디니라 이런젼ᄎᆞ로 發벓心심ᄒᆞᆫ 사ᄅᆞᄆᆞᆫ 믈읫 應ᅙᅳᆼ用용ᄒᆞᄂᆞᆫ ᄉᆞᅀᅵ예 오직 반ᄃᆞ기 念념업시 應ᅙᅳᆼᄒᆞᇙ디언뎡 ᄠᅳᆮ 두어 緣원 더위자보미 맛당티 아니ᄒᆞ니 ᄠᅳᆮ 두면 魔망ㅅ 구

데ᄇᆞ려디여 眞진實씷ㅅ 菩뽕薩삻ᄋᆡ 住뜡홀 고디 아니니라 所以然者ᄂᆞᆫ 菩薩發心ᄋᆞᆫ 只爲益生이니 自若有住ㅣ면 豈能令它無住ㅣ리오 ○ 그러ᄒᆞᆫ 아ᄎᆞᆫ 菩뽕薩삻 發벓心심ᄋᆞᆫ 오직 衆중生싱 利링益력ᄋᆞᆯ 爲윙ᄒᆞᄂᆞ니 제 ᄒᆞ다가 住뜡호미 이시면 엇뎨 能능히 ᄂᆞᄆᆞ로 住뜡업게 ᄒᆞ리오 所謂有諸己然後에ᅀᅡ 求諸人이며 無諸己然後에ᅀᅡ 非諸人이 是也ㅣ라 所謂無念無住ᄂᆞᆫ 正似秋天野水예 森羅ㅣ 自顯이니 豈同寒灰枯木ᄒᆞ야 一於忘懷者哉리오 忘懷ᄒᆞ면 沉思窟ᄒᆞ야 亦非菩薩住處也ㅣ니라 ○ 닐온 밧 모매 이신 後뿧에ᅀᅡ ᄂᆞᄆᆞ게 求꿓ᄒᆞ며 모매 업슨 後뿧에ᅀᅡ ᄂᆞᄆᆞᆯ 외다 호미라 닐온 밧 念념 업스며 住뜡 업소ᄆᆞᆫ 正정히 ᄀᆞᅀᆞᆶ 하ᄂᆞᆯ ᄆᆡ햇 므레 森삼羅랑ㅣ 제 나토미 ᄀᆞᆮᄒᆞ니 엇뎨 ᄎᆞᆫ ᄌᆡ와 이운 남기 ᄀᆞᆮᄒᆞ야 ᄒᆞᆫ갓 ᄆᆞᅀᆞᆷ 니ᄌᆞ리오 ᄆᆞᅀᆞᄆᆞᆯ 니ᄌᆞ면 귓거싀 窟콣에 ᄃᆞ마 ᄯᅩ 菩뽕薩삻ᄋᆡ 住뜡홀 고디 아니니라 若眞住處ㄴ댄 不

依有住而住ㅣ며 不依無住而住ㅣ며 亦不依中道而住ᄒᆞ야 如是而住也ㅣ니라 ○ ᄒᆞ다가 眞진實씷ㅅ 住뜡ᄒᆞᆯ고 단댄 住뜡이 쇼매 브터 住뜡티 아니ᄒᆞ며 住뜡업소매 브터 住뜡티 아니ᄒᆞ며 ᄯᅩ 中듕道똫애 브터 住뜡티 아니ᄒᆞ야 이 곤히 住뜡ᄒᆞᆯ디니라

冶父 有佛處에 不得住ᄒᆞ고 無佛處에 急走過ᄒᆞ야 三十年後에 莫言不道ᄒᆞ라 ○ 부텨 겨신 ᄯᅡ해 시러 住뜡티 아니코 부텨 업스신 ᄯᅡ해 ᄲᆞᆯ리 ᄃᆞ라 디나아 셜흔 힛 後흫에 아니 니ᄅᆞ다 니ᄅᆞ디 말라

有佛處엔 有敎可遵이오 無佛處엔 無敎可効ㅣ니 然有敎無敎ㅣ 盡令人ᄋᆞ로 不得洒洒落落라 게ᄒᆞᄂᆞ니 ㄱ 부텨 겨신 ᄯᅡ핸 敎ᇴ ㅣ 어루 본바도미 잇고 부텨 업스신 ᄯᅡ핸 敎ᇴ ㅣ 어루 비호미 업스니 그러나 敎ᇴ 아시며 敎ᇴ 업소미 다 사ᄅᆞ므로 洒생洒생落락落락디 몯게 ᄒᆞᄂᆞ니라 洒생洒생落락落락ᄋᆞᆫ

조타 ᄒᆞ논 마리라 旣不坐於兩邊ᄒᆞ고 亦不滯於中道ᄒᆞ야 透

過三關已ᄒᆞ고 亦復不留蹤이니라 ○ᄒᆞ마 兩량邊변에 앉디 아니ᄒᆞ고 ᄯᅩ 中듕道도애 머므디 아니ᄒᆞ야 三삼關관ᄋᆞᆯ ᄉᆞᄆᆞ차 디나고 ᄯᅩ 자최ᄅᆞᆯ 머믈우디 마ᄅᆞᆯ디니라

頌 朝遊南岳ᄒᆞ고 暮往天台ᄒᆞ니 追而不及이러니 忽然

自來로다 獨行獨坐ᄒᆞ야 無拘繫ᄒᆞ니 得寬懷處에 且寬懷ᄒᆞᆫ다 ○아ᄎᆞᄆᆡ 南남岳악애 노니고 나조ᄒᆡ 天텬台ᄐᆡ여 가ᄂᆞ니 조차도 밋디 몯ᄒᆞ리러니 忽홀然연제 오놋다 ᄒᆞ오ᅀᅡ 녀며 ᄒᆞ오ᅀᅡ 안자 거리ᄭᅵ요미 업스니 시러 ᄆᆞᅀᆞᆷ 훤ᄒᆞᆫ 고ᄃᆡ ᄯᅩ ᄆᆞᅀᆞᆷ 훤ᄒᆞ도다

彼此에 無所止ᄒᆞ고 中間에 亦無蹤ᄒᆞ야 蕭然獨脫無

拘繫ᄒᆞ니 雲蹤鶴態喩難齊로다 ○뎌와 이와애 교징ᄒᆞᆫ 배 업고 中듕間간애 ᄯᅩ 자최 업서 蕭쇼然연히 ᄒᆞ오ᅀᅡ 버서 거리ᄭᅵ요미 업스니 구룸 자최와 鶴학의 즈ᅀᅦ 가ᄌᆞᆯ비도 ᄀᆞᆫ호미 어렵도다

旣不坐於三千里內ᄒᆞ고 亦不立於三千

里外ᄒᆞ니 是可謂逸驥之於春風廣野ㅣ며 神龍之於

月明滄海로다 ○ᄒᆞᆫ마 三삼千쳔里링內뇡예 앗·디 아·니ᄒᆞ고 ᄯᅩ 三삼千쳔里링 밧·긔셔

·디 아니ᄒᆞ니 이어루 逸잃驥긩의 春츈風봉 너븐 ᄃᆞᄅᆞ히·며 神씬龍룡의 ᄆᆞᆯᄀᆞᆫ 滄창海힝라 닐올

·디로다 逸잃은 逸ᄠᅳᆮ ᄒᆞᆯ 망ᄒᆞᆯ·시·오 驥긩ᄂᆞᆫ ᄆᆞ리라

如來說一切諸相이 即是非相이며 又

說一切衆生이 即非衆生이라

諸相이 本空ᄒᆞ야 無相可住ㅣ며 衆生이 本寂ᄒᆞ야 無生

可度也ㅣ니 此ㅣ 所以勸離相發心也ㅣ니라 ○ 諸졍相샹이 本

본來링 뷔여 相샹이 어루 住뜡호미 업스며 衆즁生싱이 本본來링 괴외ᄒᆞ야 生싱ᄋᆞᆯ 어루 度똥ᄒᆞᆯ

미 업스니 이 相샹ᄋᆞᆯ 여희여 發벓心심호몰 勸퀀ᄒᆞ샨 이치니라

治父 別有長處ᄒᆞ니 不妨拈出ᄒᆞ니라 ○ 各각別ᄇᆑᇙ히 ·긷·고디 잇ᄂᆞ·니 ·자·바·내요·미 막·디 아·니ᄒᆞ·니라

相即非相이며 生即非生이라ᄒᆞ시니 只說得一半ᄒᆞ시고 說不及一半이시니 一半을 更須拈出ᄒᆞ야ᅀᅡ 始得다 ○ 相샹·이 곧 相샹 아·니며 生싱·이 곧 生싱 아·니라 ᄒᆞ시·니 ·오·직 ᄒᆞᆫ 半반ᄋᆞᆯ 니ᄅᆞ·시·고 ·ᄂᆞᆯ·오몰ᄒᆞᆫ 半·반ᄋᆞᆯ 밋·디 몯ᄒᆞ·시·니 ᄒᆞᆫ 半반ᄋᆞᆯ 다·시 모·로매 자·바·내야·ᅀᅡ 올타

頌 不是衆生이며 不是相이라ᄒᆞ시니 春暖黃鶯이 啼柳上이로다 說盡山雲海月情이어늘 依前不會ᄒᆞ야 空惆悵ᄒᆞᄂᆞ다 休惆悵ᄒᆞ라 萬里無雲天一樣이니라 ○ ·이 衆즁生싱 아·니며 ·이 相샹 아·니라 ᄒᆞ시·니 봄 ·더·운 ·ᄃᆡ ·누른 곳·고·리 버·들 우·희 우·놋·다 뫼햇 구룸과 바ᄅᆞ랫 ᄃᆞᆯ ᄠᅳ들 다 니ᄅᆞ·거·늘 알ᄑᆞᆯ브·터 아·디 몯ᄒᆞ·야 쇽졀업·시 惆뜡悵댱ᄒᆞᄂᆞ·다 惆뜡悵댱 ·말·라 萬먼里·링·예 ·구루·미 ·업서 하ᄂᆞᆯ히 ᄒᆞᆫ 樣·양·기

니라 ◯惆튱帳댱은 ᄠᅳ
일흔 양지니 애ᄃᆞᆯ시라
纖毫不掛處ㅣ萬像頓彰時다로 山頂白雲이 封不
開ᄒᆞ니 海天明月이 正蕭然ᄒᆞ도다 ○ᄀᆞᄂᆞᆫ 터럭도 :거디 아니ᄒᆞᆫ 고디 萬먼
像쌍이 모로기 나ᄐᆞᆫ 저기로다 묏 뎡바기예 白ᄇᆡᆨ
雲운이 封봉ᄒᆞ야 :여디 아니ᄒᆞ니 바ᄅᆞᆺ 하ᄂᆞᆯ ᄇᆞᆯᄀᆞᆫ
ᄃᆞ리 正졍히 蕭숑然션ᄒᆞ도다 見巳ᄒᆞ고 情自悅ᄒᆞ니 此情을 說向誰
오 傍有遠鄕客作夢이어늘 扶起分明說此情ᄒᆞ라 ○보
고 ᄠᅳ데 내 깃고 니이 ᄠᅳ들 누를 向향ᄒᆞ야 니ᄅᆞ료
겨틔 먼 스ᄀᆞ올 소나ᄒᆡ ᄭᅮ믈 ᄭᅮ엣거늘 자바 니ᄅᆞ완
고 이 ᄠᅳ들 分분明명히 닐오라 睡初起ᄒᆞ니 眼昏昏ᄒᆞ야 依前不會ᄒᆞ야
空惆悵ᄒᆞᄂᆞ다 休惆悵ᄒᆞ라 一道寒光이 滿目前이니라 ○
ᄌᆞ몰처 ᄭᅥᆷ니니 누니 昏혼昏혼ᄒᆞ야 알ᄑᆞᆯ 브터 아
디 몯ᄒᆞ야 속절업시 惆튱帳댱ᄒᆞᄂᆞ다 惆튱帳댱
말라 ᄒᆞᆫ 갌ᄎᆞᆫ 비치 눈
알ᄑᆡ ᄀᆞᄃᆞᆨᄒᆞ니라

須菩提야 如來는 是眞語者ㅣ며 實語者ㅣ며
如語者ㅣ며 不誑語者ㅣ며 不異語者ㅣ니라

諸法實相올 說也說盡고ᄒᆞ샤 乃云我所說法은 眞
不僞ᄒᆞ며 實不虛ᄒᆞ며 上不違如理ᄒᆞ고 下不誑衆生이니
佛佛이 皆然ᄒᆞ샤 初無異說ᄒᆞ시니라 ○ 諸졍法법 實씷相샹올 닐어니ᄅᆞ
샤 몯다ᄒᆞ시고 니ᄅᆞ샤ᄃᆡ 내 닐온 밧 法법은 眞진
ᄒᆞ야 거츠디 아니ᄒᆞ며 實씷ᄒᆞ야 虛헝티 아니ᄒᆞ
며 우ᄒᆞ로 如셩理링예 어긔디 아니ᄒᆞ고 아래로
衆즁生ᄉᆡᆼ올 소기디 아니ᄒᆞ니 佛뿛佛뿛이 다 그
러ᄒᆞ샤 ᄌᆞᆷ간도 다ᄅᆞᆫ
마리 업스시니라

冶父 知恩者ㅣ 少ᄒᆞ고 負恩者ㅣ 多ᄒᆞ도다 ○ 恩ᄒᆞᆫ올 알리 젹고 恩ᄒᆞᆫ올
지여ᄇᆞ리 리하도다

諄諄之慈ㅣ靡所不至어시ᄂᆞᆯ 隨語生解者ㅣ衆ᄒᆞ고 承言會旨者ㅣ鮮ᄒᆞ니 承言會旨ᄂᆞᆫ 所以知恩이오 隨語生解ᄂᆞᆫ 所以負恩이니라 ○ 브즐우즐ᄒᆞ신 慈ᄍᆞᆼ悲빙 니르디 아니ᄒᆞᆫ ᄃᆡ 업거시ᄂᆞᆯ 마ᄅᆞᆯ 조차 아ᄅᆞᆷ 내리하고 말ᄊᆞᆷ 바다 ᄠᅳᆮ 알리 :저그니 말ᄊᆞᆷ 바다 ᄠᅳᆮ 아로ᄆᆞᆫ 恩ᅙᅳᆫ을 아ᄂᆞᆫ 아치오 :말ᄊᆞᆷ 조차 아ᄅᆞᆷ 내요ᄆᆞᆫ 恩ᅙᅳᆫ을 :지여ᄇᆞ리ᄂᆞᆫ 아치라

頌 兩箇五百이 是一貫이니 阿爺ㅣ元是丈夫漢이니라

分明對面ᄒᆞ야 向渠言ᄒᆞ나 向一作報 爭奈好心에 無好報ㅣ로다

眞語者實語者여 呵呵呵喏喏喏ㅣ로다 ○ 두 五ᅌᅩᆼ百ᄇᆡᆨ이 야ᄒᆞᆫ 貫관이니 아비 본ᄃᆡ 이 丈땽夫붕漢한이니라 分분明명히 ᄂᆞᆺ 對됭ᄒᆞ야 저를 向향ᄒᆞ야 니르나 권마ᄅᆞᆫ 됴ᄒᆞᆫ ᄆᆞᅀᆞ매 됴ᄒᆞᆫ 가포미 업도다 眞진語ᅌᅥᆼ와 實씨ᇙ語ᅌᅥᆼ왜여 呵항呵항呵항 喏ᅀᅣᆼ喏ᅀᅣᆼ喏ᅀᅣᆼㅣ로다

天下애 無二道ᄒᆞ며 聖人이 無兩心ᄒᆞ시니 如來眞實

說온 只說這介法이시니라 ○ 天텬下향애 두 道 ᄠᅳ디 업스며 聖셩人신이 두ᄆᆞ

숨 업스시니 如셩來링人 眞진實씷ㅅ 말ᄉᆞᄆᆞᆫ 오직 이 法법을 니ᄅᆞ시니라 琴上애 分

明彈報知어ᄂᆞᆯ 一曲無生ᄋᆞᆯ 和者ㅣ 稀ᄒᆞ니 邈然天地

間애 唯師ㅣ 獨知恩ᄒᆞ도다 ○ 琴끔 우희 分분明명히 ᄇᆡ알외어ᄂᆞᆯ ᄒᆞᆫ 놀앳 無

뭉生싱ᄋᆞᆯ 和ᅘᅪᆼᄒᆞ리 드므니 아ᄃᆞᆨᄒᆞᆫ 하ᄂᆞᆯ콰 ᄯᅡ콰ᄉᆞ시예 오직 師ᄉᆞᆼㅣ ᄒᆞ오ᅀᅡ 恩ᄒᆞᆫ을 아도다 忍

俊不禁ᄒᆞ야 笑呵呵ᄒᆞ고 肯心自許ᄒᆞ야 云喏喏ᄒᆞ도다 且

喜瞿曇이 逢此老ᄒᆞ노니 白雲千載예 一知音이로다

連下三聲을 字細看ᄒᆞ라 亦與忠老로 作知音이로다 ○ 俊쥰을 ᄎᆞᆷ다가 禁금止징 몯ᄒᆞ야 우수믈 呵항呵

항ᄒᆞ고 ᄆᆞᅀᆞ매 즐겨 자내 許헝ᄒᆞ야 닐오ᄃᆡ 喏샹喏샹ᄒᆞ도다 ᄯᅩ 瞿꿍曇땀이 이 ᄂᆞᆯ그니 맛나 몯 깃

노니 白ᄈᆡᆨ雲운 千쳔載징예 ᄒᆞᆫ 知딩音흠이로다 니ᅀᅥ 세 소리 두몰 字쭝 細솅히 보라 ᄯᅩ 忠듕老롱

와로 知딩音흠을 짓도다 【 俊쥰은 어딜시라 아

에세소리니뎌둠과忠듕國귁師ᄉᆞᆼ의세번블러놀세번對됭答답호ᄆᆞᆯ과맛ᄃᆞᆺ마라라

須菩提야 如來所得法이 此法이 無實無虛ᄒᆞ니라

前明所說ᄒᆞ시고 此明所得ᄒᆞ시니 所說ᄋᆞᆫ 亦只是不二法이며 所得이 亦只是不二法이니 無實無虛ᄒᆞ샤미 是言不二시니라 ○ 알ᄑᆡᆫ 닐온 바ᄅᆞᆯ 블기시고 이엔 得득혼 바ᄅᆞᆯ 블기시니 니ᄅᆞ산 배 ᄯᅩ 오직 어둘 아닌 法법이며 得득혼 배 ᄯᅩ 오직 이 둘 아닌 法법이니 實씷 업스며 虛헝 업다 ᄒᆞ샤미 이 不블二ᅀᅵᆼ ᄅᆞᆯ 니ᄅᆞ시니라

冶父 水中醎味며 色裏膠淸이로다 ○ 水슁中듕엣 ᄧᆞᆫ마시며 彩ᄎᆡᆼ色ᄉᆡᆨ소ᄇᆡᆺ 갓블 믈ᄀᆞ니로다

是有아 是無아 是實아 是虛아 ○ 이 이숨가 이 업숨가 이 實씷ᄒᆞ녀 이

處형ᄒᆞ녀

頌 硬似鐵ᄒᆞ며 軟如酥ᄒᆞ니 看時有ㅣ러니 覓還無ㅣ로다 雖然 步步애 常相守ᄒᆞ나 要且無人이 識得渠ㅣ로다 咦 구두

미 쇠곧ᄒᆞ며 보ᄃᆞ라오미 酥송곧ᄒᆞ니 볼 時씽節졇엔 잇더니 아ᄃᆞ니 도로 업도다 비록 步뽕步뽕애 샹녜 서르 守슣ᄒᆞ나 求꿓권댄 사ᄅᆞ미 저 알리 업도다 咦힝 酥송ᄂᆞᆫ 저ᄌᆞ로 밍ᄀᆞᄅᆞᆫ 거시니 ᅀᅪ게셔 나나 저지 오저ᄌᆞ로 밍ᄀᆞ로니 酪락이오 酪락ᄋᆞ로 밍ᄀᆞ로니 酥송ㅣ라

且強且柔ᄒᆞ니 易見難曉ㅣ로다 雖一切處에 披露分明ᄒᆞ나 乃一切處에 摸擦不著다이로 更知道十聖三賢이 不知處ㅣ 有時예 閑掛寺門前이로다 ○ 또

ᄃᆞ러우니 수이 보ᄃᆡ 아로미 어렵도다 비록 一힗切쳉ㅅ 고대 헤혀 나토미 分분明명ᄒᆞ나 一힗切쳉ㅅ 고대 어두믈 著땩디 몯ᄒᆞ리로다 十씹聖셩과 三삼賢현괘 아디 몯ᄒᆞᆫ 고디 여잇다감 겨르

ᄅᆞ이 덦門몬 알씌거렛다 닐온ᄃᆞᆯ ᄯᅩ 아ᄅᆞᆯ디로다 ■十씹聖셩三삼賢현ᄋᆞᆫ 法법數숭에 잇ᄂᆞ니라

須菩提야 若菩薩이 心住於法ᄒᆞ야 而行布施ᄒᆞ면 如人이 入暗ᄒᆞ야 即無所見이어니와 若菩薩이 心不住法ᄒᆞ야 而行布施ᄒᆞ면 如人이 有目거든 日光이 明照ᄒᆞ야 見種種色ᄃᆞᆺᄒᆞ니라 須菩提야 當來之世예 若有善男子善女人이 能於此經에 受持讀誦ᄒᆞ면 即為如来ㅣ 以佛智慧로 悉知是人ᄒᆞ며 悉見是人ᄒᆞᄂᆞ니 皆得成就無量無邊

功德ᄒᆞ리라

前明無住所以ᄒᆞ시고 此喩明無住ᄒᆞ시니라 法本無實ᄒᆞ야 不應住於有ㅣ며 法本無虛ᄒᆞ야 不應住於無ㅣ니 ○ 알펀住뜡업슨아촐볼기시고이엔住뜡업소몰가졸벼볼기시나라法법이本본來링實씷업서有옹에住뜡ᄒᆞ미올티아니ᄒᆞ며法법이本본來랑虛헝업서無뭉에住뜡ᄒᆞ미올티아니ᄒᆞ니住於有則違於空寂之本體ᄒᆞ고 住於無則違彼靈明之本用이리라 既與本體本用과로 相違ᄒᆞ면 則性上萬德이 無由顯發ᄒᆞ리니 ○ 有옹에이시면곤空콩寂쩍ᄒᆞᆫ本본來랑ㅅ體뎽예어그오無뭉에이시면곤뎌靈령ᄒᆞ며ᄇᆞᆯᄀᆞᆫ本본來랑ㅅ用용애어그리리라ᄒᆞ마本본來링ㅅ體뎽와本본來링ㅅ用용과로서르어긔면곤性셩우희萬먼德득이나다펴딜젼챠업스리니 如人이 入闇ᄒᆞ야 即無所見이니 是可謂盲者ㅣ 不知光所

在ᄒᆞ야 低頭冷坐ᄒᆞ야 暗思量이니라 ○ 사ᄅᆞ미 어드운ᄃᆡ 드려 곤 보논 바 업
소미 곧ᄒᆞ니 이 어루 盲밍眼안이 光광明명 잇논 ᄃᆡ로ᄫᅡ디 몯ᄒᆞ야 머리 수기고 冷링히 안자 ᄀᆞᅀᆞ
기 思ᄉᆞ量량호미라 닐올디니라 不住有則契乎本體ᄒᆞ고 不住無
則契乎本用ᄒᆞ리니 既與本體本用과 相契ᄒᆞ면 則性
上萬德이 當處現前ᄒᆞ야 ○ 有웅에 住뜡티 아니ᄒᆞ면 本본體톙예 맛고 無뭉
에 住뜡티 아니ᄒᆞ면 本본用용애 마ᄌᆞ리니 ᄒᆞ마 本본體톙 本본用용과 서르 마ᄌᆞ면 곧 性셩 우흿
萬먼德득이 當당ᄒᆞᆫ 곧 알ᄑᆡ 나타 如人이 有目ᄒᆞ야 當陽見色ᄒᆞ니 是
可謂決散浮雲ᄒᆞ고 孤月이 上ᄒᆞ니 大千沙界一時明
이니라 ○ 사ᄅᆞ미 누니 이셔 벼틀 當당ᄒᆞ야 빗보미 곤ᄒᆞ니 이 어루 ᄠᅳᆫ 구루믈 헤텨 흗고 외ᄅᆞ왼 ᄃᆞ
리 도ᄃᆞ니 大땡千천沙상界갱 ᄒᆞᆫ ᄢᅵ ᄇᆞᆯ고미라 닐올디니라

冶父 因地而倒ᄒᆞ고 因地而起ᄒᆞ니 地向你ᄒᆞ야 道什麼

오○ᄡᅡᄒᆞᆯ 因인ᄒᆞ야 그우러디고 ᄡᅡᄒᆞᆯ 因인ᄒᆞ야 :니ᄂᆞ니 ·ᄡᅡ히 너·ᄅᆞᆯ 向향ᄒᆞ야·ᄆᆞᄉᆞ·기·라 니ᄅᆞᄂᆞ·뇨

地不令人倒며ㅣ 亦不令人起니· 起倒ᄂᆞᆫ 由人이라 不

關於地며 法不令人悟며ㅣ 亦不令人迷니 迷悟ᄂᆞᆫ

在人이라 不關於法ᄒᆞ며○ᄡᅡ히 :사ᄅᆞ·ᄆᆞᆯ 그우러디 게 ᄒᆞ논·디 아·니·며 ·또 :사ᄅᆞ·ᄆᆞᆯ :닐

에 ᄒᆞ논·디 아·니니 닐·며 그우·러:듀ᄆᆞᆫ :사ᄅᆞ·미 젼·치 라 ᄡᅡ·해 븓·디 아·니ᄒᆞ·며 法법·이 :사ᄅᆞ·ᄆᆞᆯ :알·에 ᄒᆞ논

·디 아·니·며 ·또 :사ᄅᆞ·ᄆᆞᆯ 모ᄅᆞ·게 ᄒᆞ논·디 아·니·니 모ᄅᆞ 며 아·로·ᄆᆞᆫ :사ᄅᆞ·믜게 잇·논·디·라 法법·에 븓·디 아·니

ᄒᆞ·며 法不令人取며ㅣ 亦不令人捨니ㅣ 取捨ᄂᆞᆫ 由人이라

不在於法ᄒᆞ니라○法법·이 :사ᄅᆞ·ᄆᆞᆯ 取츙케 ᄒᆞ논 ·디 아·니·며 ·또 :사ᄅᆞ·ᄆᆞᆯ ᄇᆞ·리·게 ᄒᆞ논·디 아

니니 取츙ᄒᆞ·며 捨샹호·ᄆᆞᆫ :사ᄅᆞ·미 젼·치라 法·법에 잇·디 아·니ᄒᆞ니라

頌 世間萬事ㅣ不如常ᄒᆞ니 不如常 他本作總如常 又不驚人ᄒᆞ며

又久長ᄒᆞ니 각 如常이 恰似秋風至ᄒᆞ야 無意涼人호ᄃᆡ 人

自涼ᄒᆞᄂᆞ니라 ○ 世솅間간萬먼事ᄊᆞᆼㅣ常썅곧디몯ᄒᆞ니 ᄯᅩ 사ᄅᆞᄆᆞᆯ 놀래디 아니ᄒᆞ며 ᄯᅩ 오라며

기ᄂᆞ니라 常썅곧ᄒᆞ미 마치 ᄀᆞᅀᆞᆳ ᄇᆞᄅᆞᆷ 니르롬 곧ᄒᆞ야 사ᄅᆞᆷ 서늘케 ᄒᆞᆯ ᄠᅳ디 업소ᄃᆡ 사ᄅᆞ미 제 서늘ᄒᆞᄂᆞ

니라

世間萬事ㅣ不過常與不常ᄒᆞ니 言其常也앤 頂天

立地ᄒᆞ며 饑飡渴飲이니 又不驚人ᄒᆞ며 亦乃久長ᄒᆞᄂᆞ니라

○ 世솅間간萬먼事ᄊᆞᆼㅣ常썅과 不붏常썅과애 넘디 아니ᄒᆞ니 그 常썅ᄋᆞᆯ 닐오맨 하ᄂᆞᆯᄒᆞᆯ 이고 ᄯᅡ

해 셔며 비골ᄑᆞ거든 밥 머그며 渴캃커든 마슈미 나 ᄯᅩ 사ᄅᆞᄆᆞᆯ 놀래디 아니ᄒᆞ며 ᄯᅩ 오라며 기ᄂᆞ니

라 言其不常也앤 身上애 出水ᄒᆞ며 身下애 出火ᄒᆞᄂᆞ

니 此則驚動人心ᄒᆞ며 又不久長ᄒᆞᄂᆞ니 雖云奇特이나

就實而觀컨댄 不如常也ᄒᆞ니라 ○ 그 常썅 아니로ᄆᆞᆯ 닐오맨 몸 우희 믈 내며

몸 아래 블 내ᄂᆞ니 이ᄂᆞᆫ 사ᄅᆞ미 ᄆᆞᅀᆞᄆᆞᆯ 놀래여 뮈우며 ᄯᅩ 오라며 기다 몯ᄒᆞᄂᆞ니 비록 奇끵特ᄠᅳᆨ다

니ᄅᆞ나 實씷에 나ᅀᅡ가 보건댄 常쌍곤 디 몯ᄒᆞ나라 伊麼則觸目이 皆道ㅣ라

是平常이니 平常어 何以使人驚이리오 不以有相ᄋᆞ로

驚於人ᄒᆞ며 不以無相ᄋᆞ로 驚於人이어늘 人於其間에

自生障碍ᄒᆞ야 ○ 그러면 눈 다ᄒᆞᆫ 듸마다 다 道똫ㅣ라 이 平뼝常썅이니 平뼝常썅이 엇

뎨 ᄡᅥ 사ᄅᆞᄆᆞᆯ 놀라게 ᄒᆞ리오 相샹이 슈ᄆᆞ로 사ᄅᆞᄆᆞᆯ 놀래디 아니ᄒᆞ며 相샹 업소ᄆᆞ로 사ᄅᆞᄆᆞᆯ 놀래

디 아니ᄒᆞ거늘 사ᄅᆞ미 그 ᄉᆞᅀᅵ예 제 ᄀᆞ리며 마ᄀᆞᄆᆞᆯ 내야 或以爲有相이라 ᄒᆞ야 著

於有而落於常見之坑ᄒᆞ며 或以爲無相이라 ᄒᆞ야 著於

無而落於斷見之坑ᄒᆞᄂᆞ니 正似秋風이 無心이어늘

而人이 自涼ᄃᆞᆺᄒᆞ니 迷悟도 亦無ᄒᆞ니라 ○ 시혹 ᄡᅥ 相샹이 잇ᄂᆞ니라

ᄒᆞ야 有웋에 著딱ᄒᆞ야 常쌍見견ㅅ 구데 디며 시혹 ᄡᅥ 相샹이 업스니라 ᄒᆞ야 無뭉에 著딱ᄒᆞ야 斷

똰見견ㅅ 구데 디ᄂᆞ니 正졍히 ᄀᆞᅀᆞᆳ ᄇᆞᄅᆞ미 無뭉心심ᄒᆞ거늘 사ᄅᆞ미 제 서늘흠 ᄀᆞᆮᄒᆞ니 모ᄅᆞ며 아

롬도 또 그러ᄒᆞ니라

宗鏡 空生이 聞說是經ᄒᆞ고 解義趣而悲流雨淚ᄒᆞ며 仙人이 垂慈弘忍ᄒᆞ샤 笑雪刃而謾斬虛空ᄒᆞ니 如是印可其詞ᄒᆞ시니 能離一切諸相이니라 ○空콩生싱이 이 經경 니ᄅᆞ샤믈 듣ᄌᆞᆸ고 ᄠᅳ들 아라 슬허 비 곤ᄒᆞᆫ 눉므를 흘리며 仙션人신이 慈쫑ᄅᆞᆯ 드리오시며 忍ᅀᅵᆫ을 너피샤 눈 곤ᄒᆞᆫ ᄂᆞᆯ홀 웃거시 ᄂᆞᆯ 솟절업시 虛헝空콩ᄋᆞᆯ 버히니 如ᅀᅧᆼ是씽라 ᄒᆞ샤 그 마ᄅᆞᆯ 印힌可캉ᄒᆞ시니 能능히 一힗切쳉諸졍相샹ᄋᆞᆯ 여희시니라

印 未審感悟處ㅣ 有何奇特고 豁開慧眼明如日ᄒᆞ야 返照微塵世界空이로다 ○아디 몯ᄒᆞ리로다 感감動똥ᄒᆞ야 아ᄅᆞᆫ 고디 엇던 奇끵特뜩이 잇ᄂᆞ뇨 慧쀙眼안ᄋᆞᆯ 훤히 여니 ᄇᆞᆯ고미 ᄒᆡ 곧ᄒᆞ야 微밍塵띤世솅界갱ᄅᆞᆯ 도ᄅᆞ혀 비취여 뷔도다

空生의 離相之言이 妙契於理ᄒᆞ실ᄉᆡ 佛稱如是ᄒᆞ샤 印

可其詞ᄒᆞ시니라 ○ 空콩生싱의 相샹여희다혼 마리 微밍妙묘히 理링예 마ᄌᆞᆯ시 부톄 如셩是씽라 일ᄏᆞᄅᆞ샤 그 말ᄉᆞ믈 印힌可캉ᄒᆞ시니라

頌 善吉이 親聞ᄒᆞ야 徹見源ᄒᆞ고 悲欣을 交集ᄒᆞ야 讚慈尊ᄒᆞ니 心空法朗ᄒᆞ야 超眞際ᄒᆞ니 堪報從前엣 不報恩이로다 ○ 善쎤吉긿이 親친히 듣ᄌᆞ와 根근源원을 ᄉᆞᄆᆞᆺ 보고 ᄉᆞᆯ프며 깃부믈 모도와 慈ᄍᆞᆼ尊존ᄋᆞᆯ 기리ᅀᆞ오니라 ᄆᆞᅀᆞ미 뷔오 法법이 ᄆᆞᆯ가 眞진實씷ㅅ ᄀᆞ새 건내ᄠᅱ니 아릿 갑디 몯ᄒᆞᆫ 恩ᅙᅳᆫ을 어루 갑도다 ▮ 善쎤吉긿은 須슝菩뽕提뗑의 各각別볋ᄒᆞᆫ 일후미라

持經功德分第十五

須菩提야 若有善男子善女人이 初日分에 以恒河沙等身으로 布施ᄒᆞ고 中日分

에復以恒河沙等身으로布施ᄒᆞ고後日分에亦以恒河沙等身으로布施ᄒᆞ야如是無量百千萬億劫에以身布施ᄒᆞ야도若復有人이聞此經典ᄒᆞ고信心不逆ᄒᆞ면其福이勝彼ᄒᆞ리니何況書寫受持讀誦ᄒᆞ야爲人解說이여

世人慳貪이厚於已ᄒᆞ야寸絲施人도尚爲難ᄒᆞᄂᆞ니況捨身命ᄒᆞ야而行施를誰肯一念生其心ᄒᆞ리오 ○世솅間간ㅅ사ᄅᆞ미앗기며貪탐호미ᄡᅡ해셔두터워ᄒᆞᆫ寸촌ㅅ실로ᄂᆞᆷ줌도오히려어려이ᄒᆞᄂᆞ니ᄒᆞᄆᆞᆯ며몸과命명을ᄇᆞ려布봉施싱行ᅘᆼ호ᄆᆞᆯ뉘즐겨ᄒᆞᆫ念념인ᄃᆞᆯ그ᄆᆞᅀᆞᄆᆞᆯ내리오今捨身

命을 日三時ᄒᆞ야 施經多劫ᄒᆞ되 尙無厭ᄒᆞ며 此事ㅣ 希
奇ᄒᆞ야 絶無倫ᄒᆞ니 聞之使人竪寒毛ᄒᆞᄂᆞ다 ○이제 몸과 命명ᄇᆞ료
ᄆᆞᆯ 날로 세 ᄢᅵ ᄒᆞ야 布봉施싱호ᄆᆞᆯ 한 劫겁을 디내
요ᄃᆡ 오히려 슬믜욤 업소미 이리 드므러 奇끵
特ᄯᅳᆨᄒᆞ야 ᄠᅡ로 ᄧᅡᆨ 업스니 드르면 사
ᄅᆞ미 ᄉᆞᄂᆞᆯᄒᆞ야 터리를 셔게 ᄒᆞᄂᆞ다 今讚持經福
勝彼ᄒᆞ시니라 信知此經이 爲無上이로다 佛訶布施ᄒᆞ샤
言爲劣ᄒᆞ시니 以其不能無所著이시니라 ○이제 기리샤ᄃᆡ 經경디
ᄂᆞᆫ 福복이 뎌에셔 더으니라 ᄒᆞ시니 眞진實씷로 이 經경이 우 업슨 ᄃᆞᆯ 알리로다 부톄 布봉施싱를
나ᄆᆞ라샤 사오납다 니ᄅᆞ시니 能능히 着ᄯᅡᆨ혼 배 업디 아니혼 ᄃᆞᆯ ᄡᅳ시니라 但能布施
예 心無住ᄒᆞ면 只此ㅣ 便是菩薩行이니라 ○오직 能능히 布봉施
싱ᄒᆞ매 ᄆᆞᅀᆞ미 住뜡 업스면 오직 이 곧 菩뽕薩삻行ᅘᆡᆼ이니라

冶父 人天福報ㅣ 即不無커니와 佛法은 未夢見在로다

ᄃᆞ사ᄅᆞᆷ과 하ᄂᆞᇙ 福복이 報봉ㅣ ᄉᆞ곰 업디 아니
커니와 佛뿛法법은 ᄆᆞ메도 보디 몯ᄒᆞ도다

捨身時事ㅣ 兩不輕ᄒᆞ니 人天福報ㅣ 孰敢先이리오
然所作이 出於迷情ᄒᆞ실ᄉᆡ 終感不如意事ᄒᆞ리니 若將
經福ᄒᆞ야 論相去ᄂᆞᆫ댄 十萬八千이 未是遠이니라○ 몸ᄇᆞ료미
時씽節졇와 일왜 ᄃᆞᆯ히 가ᄇᆡ얍디 아니ᄒᆞ니 사ᄅᆞᆷ
과 하ᄂᆞᇙ 福복이 報봉ㅣ 뉘 몬제리오 그러나 짓
논 배 迷몡ᄒᆞᆫ ᄠᅳ데셔 날ᄉᆡ 내죵애 ᄠᅳ곤 디 몯ᄒᆞᆫ 이
ᄅᆞᆯ 어ᄃᆞ리니 ᄒᆞ다가 經경人福복을 가져셔 서르
벙으로 믈 議읭論론ᄒᆞᆯ딘댄 十씹萬
먼 八밣千쳔이 머디 아니ᄒᆞ니라

頌 初中後發施心이 同ᄒᆞ야 功德이 無邊ᄒᆞ야 筭莫窮ᄒᆞ나
爭似信心에 心不立ᄒᆞ야 一拳打透大虛空이리오○ 初총와 中
듕과 後뿔엣 施싱ᄒᆞ논 ᄆᆞᅀᆞᆷ 發벓호미 ᄒᆞᆫ가지라 功
공德득이 ᄀᆞᆺ업서 혜요ᄆᆞᆯ 다ᄋᆞ디 몯ᄒᆞ나 어느 信신
ᄒᆞ논 ᄆᆞᅀᆞᆷ애 ᄆᆞᅀᆞᆷ 미셔디 아니ᄒᆞ야 ᄒᆞᆫ 주머
귀로 큰 虛헝空콩을 텨 ᄉᆞᄆᆞᆺ 촘곤ᄒᆞ리오

三時捨身이 福無邊ᄒᆞ나 爭似聞經一念信이리오 一念에 了達無生佛ᄒᆞ면 其量이 恢恢大如空ᄒᆞ리니

○ 세 ᄢᅳ로 몸 ᄇᆞ료미 福복이 ᄀᆞᇫ업스나 어느 經경 듣고 ᄒᆞᆫ 念념 信신홈과 ᄀᆞᆮᄒᆞ리오 ᄒᆞᆫ 念념에 無뭉生ᄉᆡᆼ佛뿛을 ᄉᆞᄆᆞᆺ 알면 그 量량이 어위여 크미 虛헝空콩 ᄀᆞᆮᄒᆞ리니 ■ 無뭉生ᄉᆡᆼ佛뿛은 죽사리 업슨 自ᄍᆞᆼ性셩佛뿛이라

更把虛空ᄒᆞ야 令粉碎ᄒᆞ면 人天福報ㅣ 不堪論이리라

○ 다시 虛헝空콩ᄋᆞᆯ 자바 ᄇᆞᄉᆞ아 디게 ᄒᆞ면 사ᄅᆞᆷ과 하ᄂᆞᆳ 福복의 報봉ㅣ ᅀᅡ 어루 議읭論론 몯ᄒᆞ리라

須菩提야 以要言之컨댄 是經이 有不可思議不可稱量無邊功德ᄒᆞ니 如來爲發大乘者ᄒᆞ야 說ᄒᆞ며 爲發最上乘者ᄒᆞ야 說

ᄒᆞᄂᆞ니

是經德이 難量이니 獨爲上智說이시니라 ○이 經ㅅ 德이 혜아료미 어려우니 오직 上쌍智딩ᄅᆞᆯ 爲윙ᄒᆞ야 니ᄅᆞ시니라

說誼 如斬一握絲ᄒᆞ야 一斬애 一切斷이니라 ○ᄒᆞᆫ 줈 실 버흠 곧ᄒᆞ야 ᄒᆞᆫ 번 버효매 一ᄭᅴ 切쳉 긋ᄂᆞ니라

此經이 令人斷障은 則如斬一握絲ᄒᆞ야 一斬애 一切斷ᄒᆞ고 令人成德은 則如染一縷絲ᄒᆞ야 一染에 一切染이니라 ○이 經경이 사ᄅᆞ미 障장 긋게 호ᄆᆞᆫ 곧 ᄒᆞᆫ 줈 실 버흠 곧ᄒᆞ야 ᄒᆞᆫ 번 버효매 一ᄭᅴ 切쳉 긋고 사ᄅᆞ미 德득 일우게 호ᄆᆞᆫ 곧 ᄒᆞᆫ 마리 실 믈드룜 곧ᄒᆞ야 ᄒᆞᆫ 번 믈드류매 一ᄭᅴ 切쳉 믈드ᄂᆞ니라

頌 一拳ᄋᆞ로 打倒化城關ᄒᆞ고 一脚ᄋᆞ로 趯翻玄妙寨다로 南

北東西예 信步行ᄒᆞ니 休覓大悲觀自在니라 ○ ᄒᆞᆫ 주머귀로 化황城셩關관ᄋᆞᆯ 터그우리완고 ᄒᆞᆫ 발로 玄현妙묘寨ᄉᆡᆼ를 ᄎᆞ 드위혀ᄇᆞ리도다 南남北북東동西셰예 거름 조초 行ᅘᆡᇰᄒᆞ니 大땡悲빙觀관自ᄍᆞᆼ在ᄶᆡᆼ를 얻디 마롤디니라 ■ 化황城셩ᄋᆞᆫ 空콩애 著딱ᄒᆞᆫ 聲셩聞문의 잇ᄂᆞᆫ ᄃᆡ라 寨ᄉᆡᆼᄂᆞᆫ 羊양의 깃기 서 자ᄂᆞᆫ ᄃᆡ라 大乘說와 最上說이 一棒애 一條痕이오 一掌애 一握血이니라 ○ 大땡乘씽說쉃와 最쬥上썅說쉃이 ᄒᆞᆫ 막다히예 ᄒᆞᆫ 줈 허믈이오 ᄒᆞᆫ 손바당애 ᄒᆞᆫ 줈 피니라

摑倒化城ᄒᆞ야 踏玄關ᄒᆞ고 闊步如來廣大刹ᄒᆞ야 既能與佛同活計니 大悲提接을 更何求ㅣ리오 ○ 化황城셩을 터 그우리와다 玄현關관ᄋᆞᆯ ᄇᆞᆲ고 如셩來링ㅅ 廣광大땡ᄒᆞᆫ 나라해 어위에 거ᇋ 마 能능히 부텨와 活활計겡ᄒᆞᆫ 가지어니 大땡悲빙 잡드러 接졉引인호ᄆᆞᆯ ᄯᅩ 엇데 求꿍ᄒᆞ리오

大乘說最上說이 一棒애 可當五千部ㅣ며 一掌애 擊盡八萬

門이리니○大땡乘씽說쉃最죙上썅說쉃이 ᄒᆞᆫ 막다히예어루五옹千쳔部뽕ㅣ마ᄌᆞ며ᄒᆞᆫ 솘
바당애八밣萬먼門몬ᄋᆞᆯ터다ᄋᆞ리니 五옹千쳔部뽕ᄂᆞᆫ大땡藏짱이오八밣萬먼門몬ᄋᆞᆫ法법
門몬의하 믈 니ᄅᆞ니라 只此도ㅣ라 已成多事在어니 何更喃喃
話葛藤이리오 一條痕一握血이 乾坤이 失色ᄒᆞ며 日
月이 無光이로다○오직이라도ᄒᆞ마한일이쇼미일어니엇뎨ᄯᅩ喃남喃남ᄒᆞ야葛갏
藤뜽ᄋᆞᆯ니ᄅᆞ리오ᄒᆞᆫ ᄀᆞᆳ 허믈와ᄒᆞᆫ ᄌᆞᆳ 피하ᄂᆞᆯ콰ᄯᅡ쾡·비쵸얼ᄒᆞ며히와ᄃᆞᆯ왜光광明명이업도다
喃남喃남ᄋᆞᆫ 말ᄒᆞ논 양ᄌᆡ라

若有人이 能受持讀誦ᄒᆞ야 廣為人說ᄒᆞ면
如來ㅣ 悉知是人ᄒᆞ며 悉見是人ᄒᆞᄂᆞ니 皆
得成就不可量不可稱無有邊不可

思議功德ᄒᆞ니라 如是人等은 即爲荷擔如來阿耨多羅三藐三菩提니

此經이 旣爲上智ᄒᆞ야 說來ᄒᆞ시니 若人이 持說ᄒᆞ면 此必上智라 得佛知見ᄒᆞ야 荷擔菩提호미 必無疑矣리이라○

經경이 ᄒᆞ마 上쌍智딩ᄅᆞᆯ 爲윙ᄒᆞ야 니ᄅᆞ시니 ᄒᆞ다가 사ᄅᆞ미 디녀 니ᄅᆞ면 이 반ᄃᆞ기 上쌍智딩라 부텻 知딩見견을 得득ᄒᆞ야 菩뽕提뗑ᄅᆞᆯ 머유미 반ᄃᆞ기 疑읭心심 업스리라

冶父 擘開泰華手ᄂᆞᆫ 須是巨靈神이니라○

泰탱山산과 華쫭山산ᄋᆞᆯ 뻐혀 여ᄂᆞᆯ 소ᄂᆞᆫ 모로매 이 큰 靈령ᄒᆞᆫ 神씬이니라

荷擔佛菩提ᄂᆞᆫ 須是介中人이니라○

佛뿛菩뽕提뗑ᄅᆞᆯ 머유믄 모로매 이 介강中듕옛 사ᄅᆞ미니라

〔宣〕堆山積岳來예 一一盡塵埃로다 眼裏옌 瞳人이 碧ᄒᆞ고 胷中엔 氣若雷ᄒᆞ도다 出邊沙塞靜ᄒᆞ고 入國貫英才로다 一片寸心이 如海大ᄒᆞ니 波濤ᄅᆞᆯ 幾見去還來오 ○뫼ᄒᆞᆯ 사ᄒᆞ며 岳악ᄋᆞᆯ 무러오매 낫나치 다 드트리로다 눈 소밴 瞳동人ᅀᅵᆫ이 파라코 가ᅀᆞᆷ 가온ᄃᆡ 긔우니 울에 ᄀᆞᆮ도다 ᄀᆞᅀᆡ 나거든 沙상塞ᄉᆡᆨ과 괴외ᄒᆞ고 나라해 들어든 英형才ᄍᆡ예 ᄢᅦ도다 ᄒᆞᆫ 무적 寸촌心심이 바ᄅᆞᆯ ᄏᆞᆷ ᄀᆞᆮᄒᆞ니 믌결 가며 도로 오ᄆᆞᆯ 몃 번 보아뇨 沙상塞ᄉᆡᆨᄂᆞᆫ 北븍녁 ᄀᆞᅀᆡ 프ᅀᅥᆼ귀 업시 몰애 ᄲᅮᆫ 잇ᄂᆞᆫ ᄯᅡ히니 다ᄃᆡ 나라히라

若是介中人은 無理不窮ᄒᆞ며 無事不通ᄒᆞ야 直令虛空이 粉碎ᄒᆞ며 大地平沉케 ᄒᆞᄂᆞ니 ○ᄒᆞ다가 이 介강中듕엣 사ᄅᆞᄆᆞᆫ 理링ᄅᆞᆯ 다 ᄋᆞ디 아니ᄒᆞ니 업스며 이ᄅᆞᆯ ᄉᆞᄆᆞᆺ디 아니ᄒᆞ니 업서 바ᄅᆞ 虛헝空콩이 ᄇᆞᅀᆞ아디며 大땡地띵 平뼝ᄒᆞ야 ᄃᆞᆷ게 ᄒᆞᄂᆞ니 假使十方諸佛이 同時興現種種神變

ᄒᆞ샤도 此人面前엔 盡成塵埃리라 ○ 비록 十씹方방 諸졍佛뿛이 ᄒᆞᆫᄢᅴ
種죵種죵神씬變변을 니르와다 나토샤도 이 사ᄅᆞ미 ᄂᆞᆺ알ᄑᆡ 다 드트리 ᄃᆞ외리라 爲甚如
此오 拈槌竪拂ᄒᆞ야도 他亦不顧ᄒᆞ며 語言三昧도 他
亦不聞ᄒᆞ고 眼光이 爍破三千界ᄒᆞ니 裏有瞳睛碧眸
丨寒ᄒᆞ도다 ○ 므ᄉᆞ글 爲윙ᄒᆞ야 이 곧ᄒᆞᆫ 마치ᄅᆞᆯ 자ᄇᆞ며 拂뿛子ᄌᆞᆼᄅᆞᆯ 세야도 뎌 ᄯᅩ 도라 보
디 아니ᄒᆞ며 말ᄉᆞᆷ 三삼昧밍도 뎌 ᄯᅩ 듣디 아니ᄒᆞ고 ᄂᆞᆫ 光광이 三삼千쳔界갱ᄅᆞᆯ ᄢᅢ니 소배 잇ᄂᆞᆫ 瞳
동睛졍 파란 ᄌᆞᅀᆞ ᄎᆞ도다 瞳동睛졍은 ᄂᆞᆫᄌᆞᅀᆞ라 胷次丨洒落ᄒᆞ야 渾忘世
ᄒᆞ니 中有雷霆氣宇丨新ᄒᆞ도다 外應衆緣ᄒᆞ되 隨處寂
ᄒᆞ고 內冥一寂ᄒᆞ되 應無虧ᄒᆞ도다 肚裏恢恢如海大ᄒᆞ니
一任千差의 有與無丨니라 ○ 가ᄉᆞ미 洒생落락ᄒᆞ야 世솅ᄅᆞᆯ 모로기 니ᄌᆞ니
가온ᄃᆡ 잇ᄂᆞᆫ 雷뢰霆뎡氣킝宇웋丨 새롭도다 밧ᄀᆞ로 여러 가짓 緣원을 應ᅙᅳᆼᄒᆞ되 고ᄃᆞᆯ 조차 괴외

ᄒᆞ고안ᄒᆞ로ᄒᆞᆫ괴외ᄒᆞ메마조ᄃᆡ應ᅙᅳᆼᄒᆞ미이주미업도다빗소비어위어바ᄅᆞᆯ쿰곤ᄒᆞ니千쳔差창의이시며업소ᄆᆞᆯ므던히너기ᄂᆞ니라 ■ 宇ᅌᅮᆼᄂᆞᆫ그운의큰얼구리라

何以故오 須菩提야 若樂小法者ᄂᆞᆫ 著我見人見衆生見壽者見ᄒᆞᆯ시 卽於此經에 不能聽受讀誦ᄒᆞ야 爲人解說ᄒᆞᄂᆞ니라

因甚道此經은 爲發大乘者說ᄒᆞ며 爲發最上乘者說ᄒᆞ며 乃至云如是人等은 卽爲荷擔阿耨菩提오

므스글因ᅙᅵᆫᄒᆞ야니ᄅᆞ샤ᄃᆡ이經겨ᇰ은大땡乘씽發벓ᄒᆞᆫ사ᄅᆞᆷ爲윙ᄒᆞ야니ᄅᆞ며最죙上썅乘씽發벓ᄒᆞᆫ사ᄅᆞᆷ爲윙ᄒᆞ야니ᄅᆞ며이곤ᄒᆞᆫ사ᄅᆞᆷ돌ᄒᆞᆫ곤阿항耨녹菩뽕提뗑ᄅᆞᆯ머유미ᄃᆞ외ᄂᆞ니라니ᄅᆞ샤매니ᄅᆞ시뇨

此經은 直示大人境界라 非是小根小

智의所能堪任故也ㅣ신니라○이經경은大땡人境경界갱ᄅᆞᆯ바ᄅᆞ:뵈샨·디

라이져근根근과:져근智딩의能능·히아·갸:여맛·ᄃᆞᆯ·배아:니론젼·ᄎᆡ니·라

治文 仁者ᄂᆞᆫ見之ᄒᆞ고謂之仁이라ᄒᆞ며智者ᄂᆞᆫ見之ᄒᆞ고謂

之智라ᄒᆞᄂᆞ니라○仁신ᄒᆞᆫ사ᄅᆞᄆᆞᆫ보고仁신이라너기며智딩ᄒᆞᆫ:사ᄅᆞᄆᆞᆫ보:고智딩라너기ᄂᆞ·니

라

此經은以智로立體ᄒᆞ야念念無生ᄒᆞ고以行ᄋᆞ로起用

ᄒᆞ야繁興無際ᄒᆞ니此ㅣ乃文殊普賢大人境界라非

小根小智의所能掛懷니○이經경은智딩로體텡ᄅᆞᆯ세·여念념마다남:업

고行ᅘᆡᇰᄋᆞ로用용ᄋᆞᆯ니ᄅᆞ와·다·어즈러·이니ᄅᆞ와:·도미ᄀᆞᆺ:업스·니·이文문殊쓩普퐁賢현大·땡人신

境경界갱·라:져근根근·과:져근智·딩·의能능·히ᄆᆞᄉᆞᆷ거ᄅᆞᆯ배아·니니 然則非智면無

以窮其體며非仁이면無以盡其用이니依此而修者

는 可謂行悲ᄒᆞ야 悲廣大며 用智ᄒᆞ야 智能深이로다 ○그러
면 智딩 아니면 그 體뎽를 다ᄋᆞ디 몯ᄒᆞ며 仁신 아
니면 그 用용을 다ᄋᆞ디 몯ᄒᆞ리니 이를 브터 닷곰
사ᄅᆞ미 어루 悲빙를 行ᄒᆡᆼᄒᆞ야 悲빙ㅣ 넙고 크
며 智딩를 ᄡᅥ 智딩ㅣ 能능히 깁다 닐올디로다

頌 不學英雄不讀書ᄒᆞ야 波波役役走長途ㅣ로다 娘生
寶藏을 無心用ᄒᆞ야 甘作無知餓死夫ᄒᆞᄂᆞ니 爭恠得別
人 이리오 ○英영雄ᅘᆼ을 비호디 아니ᄒᆞ며 그를 닑
디 아니ᄒᆞ야 波방波방ᄒᆞ며 役웍役웍ᄒᆞ야 간 길
헤 ᄃᆞᆫ니ᄂᆞ다 어미 나혼 보ᄇᆡᆺ 藏짱ᄋᆞᆯ ᄡᅳᆯ ᄆᆞᅀᆞᆷ 업서 無
뭉知딩ᄒᆞ야 주으려 주글 사ᄅᆞᆷ ᄃᆞ외요ᄆᆞᆯ ᄃᆞᆯ히 너기
ᄂᆞ니 엇뎨 다ᄅᆞᆫ 사ᄅᆞᄆᆞᆯ 외오 너기리오 波
방波방役웍役웍ᄋᆞᆫ 곳비 ᄃᆞᆫ니ᄂᆞᆫ 양이라

能文能武ㅣ 世第一이라 免見人間앳 貧賤苦ᄒᆞᄂᆞ니
仁智도 於人에 亦如然ᄒᆞ야 習來옌 能得免沉淪ᄒᆞᄂᆞ
니라 ○文문을 能능히 ᄒᆞ며 武뭉를 能능히 호미
世솅옛 第뗑一ᅙᅵᇙ이라 人신間간앳 ᄇᆞᄅᆞ며 賤쪈

혼菩콩보몰免면ᄒᆞᄂᆞ니仁신과智딩와도사ᄅᆞ
ᄆᆞ게ᄯᅩ그러ᄒᆞ야바라면能능히시리ᄃᆞ마ᄡᅳ類
몰免면ᄒᆞ
ᄂᆞ니라 如今仁智를 兩不習ᄒᆞ실ᄉᆡ 故於迷途애 長
顚倒아 다로 德性寶藏이 雖然在ᄒᆞ나 不解用ᄒᆞ야 自取
伶俜苦ᄒᆞᄂᆞ니 既然自取ㅣ니어 歸咎何人이리오 이제仁신
과智딩와둘흘바라디아니ᄒᆞ실ᄉᆡ그런ᄃᆞ로어즐
ᄒᆞᆫ길헤당샹애긔ᄂᆞᆺ다德득性셩寶봉藏쨩이비
록이시나ᄡᅮ믈아디몯ᄒᆞ야伶령俜평苦콩를제
얻ᄂᆞ니ᄒᆞ마제얻거니어느사ᄅᆞ믜게허믈보
내리오

須菩提야 在在處處에 若有此經ᄒᆞ면 一
切世間天人阿修羅의 所應供養이니
當知此處ㅣ 即為是塔이라 皆應恭敬

作禮圍繞ᄒᆞ야 以諸華香으로 而散其處ㅣ니라

此經은 從來로 無處不在언마ᄅᆞᆫ 只因埋塵不顯ᄒᆞ야 人不得知러니 唯有大智人이 破塵擎來ᄒᆞ야 廣爲人說ᄒᆞᄂᆞ니 此ㅣ 有此經之處也ㅣ니 此是人天眼이라 人天所應供이니라 ○이 經경은 本본來ᄅᆡᆼ로 잇디 아니ᄒᆞᆫᄃᆡ 업건마ᄅᆞᆫ 오직 드트레 무텨 顯현티 몯ᄒᆞ몰 因인ᄒᆞ야 사ᄅᆞ미 시러 아디 몯ᄒᆞ더니 오직 大땡智딩옛 사ᄅᆞ미 드트를 헐오 바다와 너비 사ᄅᆞᆷ 爲윙ᄒᆞ야 니ᄅᆞᄂᆞ니 이 經경 잇ᄂᆞᆫ 싸히니 이 人ᅀᅵᆫ天텬의 누니라 사ᄅᆞᆷ과 하ᄂᆞᆯ쾌 供공養양ᄒᆞ미 맛당ᄒᆞᆫ 배니라

治父 鎭州蘿蔔과 雲門胡餠이로다 ○鎭딘州즇엣 蘿랑蔔뽁과 雲운門몬의 胡홍餠병이로다 ▶雲운門몬은 文문偃헌禪쎤師ᄉᆞᆼ의 사던 ᄃᆡ러리오 胡홍餠병은 ᄎᆞᆷ떡이오 蘿랑蔔

뻑ᄋᆞᆫ 뭀·이·라

供養此經호ᄃᆡ 以何로 爲供養具오 鎭州蘿蔔과 雲

門胡餠이로다 僧이 問雲門호ᄃᆡ 如何是超佛越祖之

談고 門이 云호ᄃᆡ 胡餠이니라○이經경을供공養양호ᄃᆡ므·스거·스로供공養

양ᄒᆞᇙ ᄀᆞᄉᆞᆷ 사ᄆᆞ리오 鎭딘州즇 옛 蘿랑蔔뽁과 雲운門몬·의 胡홍餠병·이로·다 즁·이 雲운門몬ᄃᆞ[illegible]

무로ᄃᆡ 므·스기·이 부텨·셰 :건나며 祖종師ᄉᆞᆼ·애 너믈 :말ᄉᆞᆷ·이·고 門몬·이 닐·오ᄃᆡ 胡홍餠병·이니·라 開

先遲和尙이 擧此話云호ᄃᆡ 如今에 二百貧納子ㅣ

東京西洛에 出一叢林ᄒᆞ야 入一道場ᄒᆞ야 到處에 嫌

冷愛熱ᄒᆞ야 喫却多少了也오마ᄅᆞᆫ 還有一人이 識得

雲門의 胡餠也아 未아○開갱先션옛遲셤和황尙쌍·이 ·이 :마ᄅᆞᆯ 드·러 닐·오ᄃᆡ

이제 二ᅀᅵᆼ百ᄇᆡᆨ貧삔納납子ᄌᆞᆼㅣ 東동京경과 西생洛락·과·애 ᄒᆞᆫ 더·레·나 아 ᄒᆞᆫ 道:뜰場땽·애 ·드·러 :간

ᄃᆡ마다 ᄎᆞᆫ 것슬 히너기고 더운 것도 ᅀᅡ 머구믈 그만텨 만ᄒᆞ야뇨 마ᄅᆞᆫ ᄯᅩ ᄒᆞᆫ 사ᄅᆞ미 나 雲운門몬의 胡홍餅병을 아ᄂᆞ녀 모ᄅᆞᄂᆞ녀 開갱先션은 뎘일 ᄒᆞ미라

山僧이 不是歷良爲賤이언마ᄅᆞᆫ 敢道ᄒᆞ노니 未識得在라 ᄒᆞ노라 何故오 山僧이 二十年前에 藏在衣鉢下ᄒᆞ니 鬼神도 亦不能知ᄒᆞ더니 你這一隊漢이 向甚麼處ᄒᆞ야 摸摞고 若也不信인댄 今日에 普將供養大衆호리라 ᄒᆞ고 遂拈起柱杖ᄒᆞ야 畫一圓相ᄒᆞ고 云호ᄃᆡ 好手底는 拈取ᄒᆞ라 復云호ᄃᆡ 收ㅣ라 ᄒᆞ니

○ 山산僧승이 良량人ᅀᅵᆫ을 우기 눌러 賤쪈人ᅀᅵᆫ 삼ᄂᆞᆫ 디 아니언마ᄅᆞᆫ 구틔여 니ᄅᆞ노니 아디 몯ᄒᆞᄂᆞ니라 ᄒᆞ노라 엇던 젼ᄎᆞ오 山산僧승이 스믈 힛 前쪈에 옷과 바릿 아래 ᄀᆞ초와 두니 鬼귕神씬도 ᄯᅩ 能능히 아디 몯ᄒᆞ더니 너희 이 ᄒᆞᆫ 뭀 사ᄅᆞ미 어느 고ᄃᆞᆯ 向향ᄒᆞ야 어드료 ᄒᆞ다가 信신티 아니ᄒᆞ린댄 오ᄂᆞᆳ 나래 너비 가져 大땡衆즁 供공養양호리라 ᄒᆞ고 곧 디ᄑᆞᆫ 막다히ᄅᆞᆯ 자바 ᄒᆞᆫ 圓

원相샹을그리고닐오ᄃᆡ됴ᄒᆞᆫ소ᄂᆞᆫ자바아ᅀᆞ라또닐오ᄃᆡ곤노라ᄒᆞ니須知所以爲

供養具ᄒᆞ야사始得다此一枚胡餅은非但可以供

養一衆이라亦可以供養十方諸佛이며亦可以供養

六途含靈이니○모로매供공養양홀ᄭᆞ미론아촐아라ᅀᆞ올타이ᄒᆞᆫ낫胡홍餅병은

어루ᄲᅥᄒᆞᆫ衆즁을供공養양홀ᄯᆞᄅᆞᆷ아니라또어루ᄲᅥ十씹方방諸졍佛뿛을供공養양ᄒᆞ리며또

어루ᄲᅥ六륙途똥含ᅘᅡᆷ靈령을供공養양ᄒᆞ리니作麼生供養고鎭州一

頭蘿蔔은天下老和尙이呑吐來呑吐去ᄒᆞ며雲門

一枚胡餅은天下納僧이咬嚼來咬嚼去ᄒᆞᄂᆞ니苟

知呑吐咬嚼ᄒᆞ면早已供養了也ᄒᆞ리라○엇뎨供공養양ᄒᆞ리오鎭

딘州즁ㅅᄒᆞᆫ머릿蘿랑蔔뽁ᄋᆞᆫ天텬下ᅘᅧᆼ옛늘근和ᅘᅪᆼ尙썅이머구므며비와타오고머구므며비

와타가며雲운門몬의ᄒᆞᆫ낫胡홍餅병은天텬下ᅘᅧᆼ옛누비즁이시버오며시버가ᄂᆞ니머구므며

:비와 ·ᄐᆞ며 시보ᄆᆞᆯ 眞진實씷로 :ᄡᅳᆯ ·면 블·서 供공養:양ᄒᆞ몰 ᄆᆞᆺ ·太리·라

頌 與君同步ᄒᆞ고 又同行ᄒᆞ야 起坐애 相將ᄒᆞ야 歲月아 長ᄒᆞ도다 渴飮飢飡애 常對面이니 不須回首ᄒᆞ야 更思量이니라 ○ 그듸·와 ᄒᆞᆫ가지로 :건고 또 ᄒᆞᆫ가지로 行ᄒᆡᇰᄒᆞ야 :ᄂᆞᆯ며 안·조매 서르 잡드·러 ·ᄒᆡ·ᄃᆞ리 :기도다 목ᄆᆞᄅᆞ거든 마·시며 ·비골ᄑᆞ거든 머·고매 샹·녜 ᄂᆞᄎᆞᆯ 對됭ᄒᆞ얫ᄂᆞ니 구·ᄐᆡ여 머·리ᄅᆞᆯ 도ᄅᆞ·혀 다·시 思ᄉᆞᆼ量랑·티 마ᄅᆞᆯ·디니·라

只如供養底一卷經은 向什麼處看고 一切時處에 覿面相呈이니 擬議思量ᄒᆞ면 對面千里리라 ○ 오·직 供공養:양ᄒᆞ논 一ᅙᅵᇙ 卷권經경은 어느 고ᄃᆞᆯ 向·햐ᇰᄒᆞ야 보·리·오 一·ᅙᅵᇙ 切쳉 ·時씽·와 ·곧과·애 ᄂᆞᄎᆞᆯ ·보아 서르 나·ᄐᆞᆺᄂᆞ니 擬읭議:읭ᄒᆞ야 思ᄉᆞᆼ量랑ᄒᆞ·면 ᄂᆞᄎᆞᆯ 對됭ᄒᆞ·미 千쳔里:링·리·라

宗鏡 布施千萬億劫之身ᄒᆞ니 福深於海로다 爲發最上

乘者說ᄒᆞ시니 擔重如山이로다 慶快擻起便行이언마ᄅᆞᆫ 且
請依然放下ㅣ니라(然當作前) 何故오 大力量人ᄋᆞᆫ 元不動
ᄒᆞ야 等閑抹過上頭關이니라 ○ 千쳔萬먼億ᅙᅳᆨ劫·겁 ·모ᄆᆞᆯ 布봉施·싱ᄒᆞ·나 福·복이 바
ᄅᆞ래·셔 감도·다 最·죵上·쌍乘씽發·벓ᄒᆞᆫ 사ᄅᆞᆷ 爲·윙ᄒᆞ야 니ᄅᆞ·시·나 :쪤 것 ·ᄆᆞ거우·미 :뫼 ·ᄀᆞᆮ도·다 더:위자·바니
러·ᄀᆞᆫ 行ᅘᆡᇰ호·미 ᄀᆞᆺ비 快·쾡컨마ᄅᆞᆫ ·ᄯᅩ 請:쳥ᄒᆞ노·니 依ᅙᅴᆼ然ᅀᅧᆫ·히 노·하ᄇᆞ·룔·디니·라 :엇던 젼ᄎᆞ오 ·힘 ·큰 :사ᄅᆞᆷ
ᄋᆞᆫ 본ᄃᆡ :뮈디 아니ᄒᆞ야 넌즈·시 웃머·리옛 關관·ᄋᆞᆯ ·ᄒᆞ야ᄇᆞ리·고 :디·나ᄂᆞ·니라
捨身之福이 深則深矣나 於此上乘엔 了沒交涉
이니라 菩提重擔ᄋᆞᆯ 擻起便行ᄒᆞ미 快則快矣나 且請
依前放下ㅣ니라 ○ 몸ᄇᆞ룐 福·복이 기프믄 기프나 이 上:쌍乘씽·엔 :현마 ·셧버·므로·미 :업
스니라 菩뽕提똉 머·음 ·므거우믈 더·위자바 니·러 ·ᄀᆞᆫ 行ᅘᆡᇰ·호미 快·쾡·호ᄆᆞᆫ 快·쾡ᄒᆞ·나 ·ᄯᅩ 請:쳥·ᄒᆞ노·니
알ᄑᆞᆯ 브터 노·하ᄇᆞ·룔·디니·라 爲甚如此오 若是大力量人ᄋᆞᆫ 不

肯聽他最上乘說ᄒᆞ고 踏斷千差ᄒᆞ야 直過那邊ᄒᆞᄂᆞ니라

○ᄆᆞᅀᆞᄆᆞᆯ 爲윙ᄒᆞ야 이곤ᄒᆞᆫ 뇨ᄒᆞ다가 이 힘 큰 사ᄅᆞᄆᆞᆫ ·더 最죙上썅乘씽說쉃을 즐겨 드·디 아·니ᄒᆞ·고 千쳔差창ᄅᆞᆯ 볼와 ᄀᆞ처 바ᄅᆞ ·뎌 ᄀᆞ새 ·디나ᄂᆞ니라

頌 倒握吹毛ᄒᆞ야 掃異蹤ᄒᆞ니 頓令心地盡開通이로다 鋒芒이 獨露毘盧頂ᄒᆞ니 凡聖이 齊敎立下風이로다

○吹취毛몽ᄅᆞᆯ 갓ᄀᆞ로 자바 다ᄅᆞᆫ 자최ᄅᆞᆯ ᄡᅳ러 ᄇᆞ리니 모로기 心심地띵 다 開캥通통케 ᄒᆞ도·다 갈ᄂᆞᆯ 하 毗삥盧롱ㅅ ·뎡바기예 ᄒᆞ오ᅀᅡ 나ᄐᆞ니 凡뻠과 聖셩괘 다 ᄇᆞᄅᆞᆷ 아래 셔도·다 ▲ 터리ᄅᆞᆯ 부러도 버·는 갈ᄒᆞᆯ 吹췡毛몽ㅣ·라 ᄒᆞᄂᆞ니·라

倒握一柄吹毛ᄒᆞ야 掃盡千差萬別ᄒᆞ야 頓令心地豁然開通케 ᄒᆞ니 毘盧頂上애 鋒芒이 獨露ᄒᆞ야 威光이 赫赫ᄒᆞ야 寓目皆喪ᄒᆞ니 所以凡聖이 立在下風이로

다 ○ ᄒᆞᆫ ᄌᆞᄅᆞᆺ 吹췽毛뫃ᄅᆞᆯ 갓고로 자바 千쳔差창
萬먼別뼗ᄋᆞᆯ 다 ᄡᅳ러모로기 心심地띵 훤히 開캥
通통케 ᄒᆞ니 毗삥盧롱頂뎡上썅애 갌ᄂᆞᆯ히 ᄒᆞ오
ᅀᅡ 나타 져ᄠᅳ비 치빗나 아ᄂᆞᆯ ᄇᆞ티면 다 일ᄂᆞ니
이런ᄃᆞ로 凡뻠과 聖셩
괘 ᄇᆞᄅᆞᆷ 아래셔리로다

能淨業障分第十六

復次須菩提야 善男子善女人이 受
持讀誦此經호ᄃᆡ 若爲人輕賤ᄒᆞ면 是人의
先世罪業이 應墮惡道ㅣ언마ᄅᆞᆫ 以今世人
輕賤故로 先世罪業이 即爲消滅ᄒᆞ야 當
得阿耨多羅三藐三菩提ᄒᆞ리라
爲人輕賤ᄋᆞᆫ 明無我人이니라 大率有我人者ᄂᆞᆫ 只

欲爲人之上ᄒᆞ고 不欲爲人之下ㅣ어니와 達無我人者

ᄂᆞᆫ 貴之不喜ᄒᆞ며 賤之不怒ᄒᆞ고 ○ ᄂᆞ미 가비야이 ᄂᆞᆯ아이 너교미 ᄃᆞ외요

ᄆᆞᆫ 我앙와 人ᅀᅵᆫ과 업소ᄆᆞᆯ 볼기니라 大땡率솔ᄒᆞᆫ ᄃᆡ 我앙와 人ᅀᅵᆫ괘 잇ᄂᆞ닌 오직 사ᄅᆞ미 우히 ᄃᆞ외

오져ᄒᆞ고 사ᄅᆞ미 아래 ᄃᆞ외오져 아니ᄒᆞ거니와 我앙와 人ᅀᅵᆫ괘 업수ᄆᆞᆯ ᄉᆞᄆᆞᄎᆞ닌 貴귕ᄒᆞ야도 깃

ᄃᆡ 아니ᄒᆞ며 賤쪈ᄒᆞ야도 怒농티 아니ᄒᆞ고 能下心於一切衆生ᄒᆞ야 甘

爲人之下也ᄒᆞᄂᆞ니 由是로 昔年에 忍辱仙人이 爲

歌利의 割截ᄒᆞ며 不輕菩薩이 爲四衆의 打罵ᄒᆞ시니 ○

能능히 一힗切쳉衆중生싱의게 ᄆᆞᅀᆞᄆᆞᆯ ᄂᆞ조기 ᄒᆞ야 사ᄅᆞ미 아래 ᄃᆞ외요ᄆᆞᆯ 돌히 너기ᄂᆞ니 이런

젼ᄎᆞ로 녜 忍ᅀᅵᆫ辱쇽仙선人ᅀᅵᆫ이 歌강利링의 버휴미 ᄃᆞ외며 不불輕경菩뽕薩삻이 四ᄉᆞᆼ衆중의

티며 구지조마 ᄃᆞ외시니 此ㅣ 皆輕賤之事ㅣ어ᄂᆞᆯ 初無瞋恨之

心ᄒᆞ실ᄉᆡ 故知爲人輕賤之事ㅣ 乃達無我人者之

所爲也ㅣ니 苟達無我ᄒᆞ면 則爲人輕賤이 猶爲法樂이리라 ○ 이 다 輕경賤쪈히 너기논 이리어늘 잢간도 瞋친心심ᄒᆞ며 애ᄃᆞᆯ온 ᄆᆞᅀᆞᆷ 업스실ᄉᆡ 그런ᄃᆞ로 사ᄅᆞᄆᆡ 輕경賤쪈히 너굠 ᄃᆞ외논 이리 我앙人ᅀᅵᆫ 업소ᄆᆞᆯ ᄉᆞᄆᆞ ᄎᆞ 사ᄅᆞᄆᆡ ᄒᆞ논 배 ᄃᆞ외ᄋᆞ롤 디나 眞진實씷로 나 업소ᄆᆞᆯ ᄉᆞᄆᆞ ᄎᆞ면 곧 사ᄅᆞᄆᆡ 輕경賤쪈히 너굠 ᄃᆞ외요ᄆᆞ로 오히려 法법樂락 ᄃᆞ외리라

法無彼此ㅣ어늘 見起我人ᄒᆞ니 因有我人ᄒᆞ야 起業造罪ᄒᆞ고 罪業이 相形ᄒᆞ야 障菩提路ᄒᆞ니 欲成菩提ㄴ댄 先除罪業ᄒᆞ고 欲除罪業ㄴ댄 先斷我人이니라 ○ 法법은 뎌와 이왜 업거늘 보미 我앙人신ᄋᆞᆯ 니르왇ᄂᆞ니 我앙人신ᄋᆞᆯ 쇼ᄆᆞᆯ 因ᅙᅵᆫᄒᆞ야 業업을 니르와다 罪쬥ᄅᆞᆯ 짓고 罪쬥와 業업괘 서르 나타 菩뽕提똉ㅅ 길ᄒᆞᆯ ᄀᆞ리오ᄂᆞ니 菩뽕提똉ᄅᆞᆯ 일우려 ᄒᆞᆯ딘댄 몬져 罪쬥業업을 덜오 罪쬥業업을 더로려 ᄒᆞᆯ딘댄 몬져 我앙人신ᄋᆞᆯ 그츨디니라

若聞經解義ᄒᆞ야 達無我理ᄒᆞ고 又能修行無我之行ᄒᆞ야 更不

造生死之業ᄒᆞ면 則罪根이 求除故로 縱有先世無量罪業ᄒᆞ야도 即同冰消瓦解ᄒᆞ야 當成無上佛果菩提ᄒᆞ리니○ᄒᆞ다가 經경을 듣고 ᄠᅳ들 아라 나 업슨 理링ᄅᆞᆯ 알오 ᄯᅩ 能ᄂᆞᆼ히 나 업슨 行ᅘᆡᇰ을 修슣行ᅘᆡᇰᄒᆞ야 ᄂᆞ외야 生ᄉᆡᇰ死ᄉᆞᆼ業업을 짓디 아니ᄒᆞ면 罪쬥의 불휘 永ᄋᆑᆼ히 덜인 젼ᄎᆞ로 비록 先션世생예 그지업슨 罪쬥業업이 셔도 곧 어름 노ᄀᆞ며 디새 글희야ᄃᆞᆷ 곧ᄒᆞ야 반ᄃᆞ기 無뭉上썅佛뿛果광菩뽕提똉ᄅᆞᆯ 일우리니 故云若善男子善女人이 受持讀誦此經호ᄃᆡ 若爲人輕賤ᄒᆞ면 是人이 先世罪業이 即爲消滅ᄒᆞ야 當得阿耨多羅三藐三菩提라 ᄒᆞ시니라○그런ᄃᆞ로 니ᄅᆞ샤ᄃᆡ ᄒᆞ다가 善쎤男남子ᄌᆞᆼ善쎤女녕人신이 이 經경을 바다 디녀 닐그며 외오ᄃᆡ ᄒᆞ다가 사ᄅᆞ미 輕경賤쪈히 너곰 ᄃᆞ외면 이 사ᄅᆞ미 先션世생 녯 罪쬥業업이 곧 스러 업서 반ᄃᆞ기 阿항耨녹多당羅랑三삼藐막三삼菩뽕提똉ᄅᆞᆯ 得득ᄒᆞ리라 ᄒᆞ시니라 雖然受持讀誦此

經ᄒᆞ나若貪名聞利養ᄒᆞ야不能生淨信心ᄒᆞ며亦不能知無我理ᄒᆞ야行無我行ᄒᆞ면則塵勞業用이依舊熾然ᄒᆞ리니○비록이經경을바다디녀닐그며외오나ᄒᆞ다가일홈들움과利링養양을貪탐ᄒᆞ야能능히조ᄒᆞᆫ信신心심을내디몯ᄒᆞ며또能능히無뭉我앙理링ᄅᆞᆯ아라無뭉我앙行ᅘᆡᆼ을行ᅘᆡᆼᄒᆞ디몯ᄒᆞ면곧塵띤勞롱앳業업의用용이녜ᄅᆞᆯ브터熾칭然션ᄒᆞ리니非唯不能轉罪成佛이라亦乃未免當墮惡途ᄒᆞ리라○能능히罪쬥ᄅᆞᆯ옮겨부텨ᄃᆞ외디몯ᄒᆞᆯᄯᆞᄅᆞᆷ아니라또반ᄃᆞ기모딘길헤ᄠᅥ듀믈免면티몯ᄒᆞ리라

冶父 不因一事ᄒᆞ면不長一智ᄒᆞ리라○ᄒᆞᆫ이ᄅᆞᆯ因힌티아니ᄒᆞ면ᄒᆞᆫ智딩ᄅᆞᆯ길오디몯ᄒᆞ라라

無我ᄒᆞ야不造業ᄒᆞ고斷障ᄒᆞ야成菩提ᄂᆞᆫ全承受持經力이니라伊麼則不因了得一大事ᄒᆞ면不能證之一

切智ᄒᆞ리라○我앙ㅣ업서業업을짓디아니ᄒᆞ
고障쟝ᄋᆞᆯ그처菩뽕提뗑ᄅᆞᆯ일우오ᄆᆞᆫ젼ᄎᆞ經
경受쓯持띵ᄒᆞᆫ히ᄃᆞᆯ니베니라그러면一ᅙᅵᇙ大땡
事쑹了룡得득호ᄆᆞᆯ因힌티아니ᄒᆞ면能능히一
ᅙᅵᇙ切쳉智딩ᄅᆞᆯ證
징티몯ᄒᆞ라라

頌 讚不及ᄒᆞ며毀不及ᄒᆞᄂᆞ니若了一ᄒᆞ면萬事ㅣ畢ᄒᆞ야無
欠無餘ᄒᆞ야若大虛ᄒᆞ니爲君題作波羅蜜ᄒᆞ시니라○기료마니맛디
몯ᄒᆞ며할아오미맛디몯ᄒᆞᄂᆞ니ᄒᆞ다가ᄒᆞ나홀알
면萬먼事쑹ㅣᄆᆞ차난봄업스며나몸업서大땡虛
헝ㅣ곤ᄒᆞ니그듸ᄅᆞᆯ爲윙ᄒᆞ야波
방羅랑蜜밇ᄋᆞᆯ서지ᅀᆞ시니라

此一大事ᄅᆞᆯ釋梵諸天이稱讚不及ᄒᆞ며天魔外道
ㅣ毀謗無門이니若能了得一大事ᄒᆞ면諸佛祖神通
機用과百千三昧와無量妙義ᄅᆞᆯ只向一念間ᄒᆞ야
了畢無餘ᄒᆞ리니○이一ᅙᅵᇙ大땡事쑹ᄅᆞᆯ釋셕
梵뻠과여러天텬이일ᄏᆞ라기료미맛

디몯ᄒᆞ며天텬魔망와外욍道ᄯᅙᆷ왜할아며비우솘門몬이업스니ᄒᆞ다가能능히一ᅙᅵᇙ大땡事ᄊᆞᆼ

를了룧得득ᄒᆞ면여러佛뿛祖종人神씬通통機긩와用용과百ᄇᆡᆨ千쳔三삼昧ᄆᆡᆼ와그지업슨妙

묳義ᅌᅴᆼᄅᆞᆯ오직ᄒᆞᆫ念념ᄉᆞᅀᅵᄅᆞᆯ向향ᄒᆞ야다ᄆᆞ차나모미업스리니■機긩ᄂᆞᆫ大땡機긩니智딩오

用용ᄋᆞᆫ大땡用용이나慧ᅘᅰᆼ라 此一大事ᄂᆞᆫ無名字相ᄒᆞ며無迷悟ᄒᆞ야

相ᄒᆞ야圓同大虛ᄒᆞ야無欠無餘ᄒᆞ니只爲未了底人ᄒᆞ야

施設文字言詞ᄒᆞ시니라○이一ᅙᅵᇙ大땡事ᄊᆞᆼᄂᆞᆫ名명字ᄍᆞᆼ相샹업스며모ᄅᆞ며아

ᄂᆞᆫ相샹업서두려우미大땡虛헝ᄀᆞᆮᄒᆞ야난봄업스며ᄂᆞᄆᆞᆷ업스나오직아디몯ᄒᆞᆫ사ᄅᆞᆷ爲윙ᄒᆞ야

文문字ᄍᆞᆼ와말ᄉᆞᄆᆞᆯ펴사니라

須菩提야 我念過去無量阿僧祇劫에

於然燈佛前에 得値八百四千萬億

那由他諸佛와ᄒᆞᅀᆞ 悉皆供養承事ᄒᆞ야 無
空過者ᄒᆞ니 若復有人이 於後末世예 能
受持讀誦此經ᄒᆞ면 所得功德이 於我
所供養諸佛功德에 百分에 不及一ᄒᆞ며
千萬億分이며 乃至算數譬喩의 所不
能及이리라

佛不外求ㅣ라 只向心覔이니 若欲見佛인댄 唯須內照
ㅣ니라 承事諸佛은 福則不無나 然亦未免向外馳
求ㅣ어니와 부텨ᄅᆞᆯ 밧긔 求꿍ᄒᆞᇙ디 아니라 오
직 ᄆᆞᅀᆞᄆᆞᆯ 向향ᄒᆞ야 어ᄃᆞᆯ디니 ᄒᆞ다가 부텨ᄅᆞᆯ
보고져 ᄒᆞᇙ딘댄 오직 모ᄅᆞ매 안ᄒᆞ로 비취욜디니
라 諸졍佛뿛을 받ᄌᆞ와 셤기ᅀᆞ오ᄆᆞᆫ 福복이 ᅀᅡ 곤

업디 아니ᄒᆞ나 그러나 ᄯᅩ 밧글 向향ᄒᆞ야 든녀 求꾸홇 호ᄆᆞᆯ 免면티 몯ᄒᆞ리어니와 一念間

經ᄒᆞ고 能生淨信ᄒᆞ면 即自見性ᄒᆞ야 直了成佛ᄒᆞ리니 所以供佛이 不及持經이니라 ○ ᄒᆞᆫ 念념으로 經경을 듣고 能능히 淨쪙信신을 내면 곧 제 性셩을 보아 바ᄅᆞ 아라 부텨 ᄃᆞ외리니 이런ᄃᆞ로 부텨 供공養양ᄒᆞᅀᆞ오미 經경 디뉴믈 밋디 몯ᄒᆞᄂᆞ니라

冶父 功不浪施ᄒᆞ도다 ○ 功공을 쇽절업시 施싱티 아니ᄒᆞ도다

持經ᄒᆞ면 一念圓證ᄒᆞ야 直了成佛ᄒᆞ리니 所以功不浪施라 ᄒᆞ니라 ○ 經경을 디니면 ᄒᆞᆫ 念념에 圓원히 證징ᄒᆞ야 바ᄅᆞ 아라 부텨 ᄃᆞ외리니 이런ᄃᆞ로 功공을 쇽절업시 施싱티 아니타 ᄒᆞ니라

頌 億千供佛이 福無邊ᄒᆞ나 爭似常將古教看ᄒᆞ리오 白紙上邊에 書黑字ᄒᆞ니 請君기 開眼ᄒᆞ야 目前觀ᄒᆞ라 風寂

寂ᄒᆞ고 水漣漣ᄒᆞ니 謝家人이 祗在魚船이니라 他本謝家人在釣魚船

○億ᄒᆞᆨ千쳔ᄋᆞ로부터 供공養양ᄒᆞᅀᆞ오미 福복이 ᄀᆞᆺ업스나 어느 샹녜 古공敎ᄭᅣᇢ롤 가져셔 보미 곧ᄒᆞ리오 흰 죠ᄒᆡ 우희 거믄 字ᄍᆞᆼ롤 셰ᄂᆞ니 請쳥ᄒᆞ노니 그ᄃᆡ 누ᄂᆞᆯ 여러 눈 알ᄑᆡ 보라 ᄇᆞᄅᆞ미 과외ᄒᆞ고 ᄆᆞ리니 漣련漣련ᄒᆞ니 謝쌰家강 옛 사ᄅᆞ미 오직 고깃 비예 잇ᄂᆞ니라 ■漣련漣련ᄋᆞᆫ ᄆᆞ리 ᄇᆞᄅᆞ매 결 잇ᄂᆞᆫ 양ᄌᆡ라 고기 잡ᄂᆞᆫ 지블 謝쌰家강ㅣ라 ᄒᆞᄂᆞ니라

要識古教在處麼아 似海之深ᄒᆞ며 如山之高ᄒᆞ니 要識古教文彩麼아 煦日이 發生鋪地錦ᄒᆞ고 無紋印字ㅣ 錦上애 舒ᄒᆞ도다 ○古공敎ᄭᅣᇢ 잇ᄂᆞᆫ ᄃᆡ 알오져 ᄒᆞᄂᆞᆫ다 바ᄅᆞ릐 기품 곧ᄒᆞ며 뫼히 노폼 곧ᄒᆞ니라 古공敎ᄭᅣᇢ의 文문彩ᄎᆡ롤 알오져 ᄒᆞᄂᆞᆫ다 ᄧᅬᄂᆞᆫ ᄒᆡ ᄣᅡ해 ᄭᆞᆯ 錦금을 펴내오 紋문 업슨 印인字ᄍᆞᆼㅣ 錦금 우희 ᄑᆡ옛도다 請君이 大開娘生眼ᄒᆞ야 十二時中에 常照了ᄒᆞ라 常照了ᄒᆞ면 內外無倰ᄒᆞ야 眞境이

現ᄒᆞ리니 一人이 獨擅其中事ㅣ니라 ○ 請청ᄒᆞ노 그ᄃᆡ 어미 나ᄒᆞᆫ 누
늘 키 여러 十씹二싱時씽中듕에 당샹 비취라 당
샹 비취면 안콰 밧괘 侵침勞롱호미 업서 眞진實
씷ㅅ 境경이 나ᄐᆞ리니 ᄒᆞᆫ 사ᄅᆞ미 그
가온ᄃᆡ 이ᄅᆞᆯ ᄒᆞ오ᅀᅡ 쥬변ᄒᆞᄂᆞ니라 **又** 古教者ᄂᆞᆫ
以迹ᄋᆞ로 言之댄 則古佛ㅅ 能詮之教也ㅣ오 以理로
言之댄 則學人의 一卷經也ㅣ라 此一卷經이 佛祖
의 相傳底法印이며 衆生의 本有底一著子ㅣ니 其來
無始故로 云古教ㅣ라ᄒᆞ니라 ○ 古공教굥ᄂᆞᆫ 자
최로 ᄲᅧ 니ᄅᆞ건댄 곧 녯 부텻 能
능히 니ᄅᆞ샨 教굥ㅣ오 理링로 ᄲᅧ 니ᄅᆞ건댄 곧 ᄇᆡ
홀 사ᄅᆞ미 一힗卷권經경이라 이 一힗卷권經경
ᄋᆞᆫ 부텨와 祖종師ᄉᆞᆼᄋᆡ 서르 傳뎐ᄒᆞᆫ 法법印힌
이며 衆즁生ᄉᆡᆼ의 本본來ᄅᆡᆼ 뒷ᄂᆞᆫ 一힗著ᄯᅣᆨ子ᄌᆞᆼ
ㅣ니 그 오미 비롯 업슨 젼ᄎᆞ로
닐오ᄃᆡ 古공教굥ㅣ라 ᄒᆞ니라 白紙上邊書黑字
者ᄂᆞᆫ 經卷에 本具文彩也ㅣ니 白ᄋᆞᆫ 屬偏ᄒᆞ니 自性隨

緣二用也ㅣ오 黑은 屬正ᄒᆞ니 寂滅一體也ㅣ라 죠ᄒᆡ 우희 ᄒᆞᆫ 거믄 字ᄍᆞᆼ수ᄂᆞᆫ 經경卷권에 本본來ᄅᆡᆼ ᄀᆞ존 文문彩ᄎᆡᆼ니 ᄒᆡ요ᄆᆞᆫ 偏편에 屬쑉ᄒᆞ니 自ᄍᆞᆼ性셩과 隨쒸ᇰ緣원과 두 用용이오 거무ᄆᆞᆫ 正졍에 屬쑉ᄒᆞ니 寂쪅滅멿ᄒᆞᆫ 一ᅙᅵᇙ體톙라 請君開眼 目前觀者는 勸令諸人이 不離日用ᄒᆞ야 轉一大經卷也ㅣ라 ○ 請청ᄒᆞ노니 그듸 누늘 여러 눈 알ᄑᆡ 보라 ᄒᆞ모ᄆᆞᆫ 勸권ᄒᆞ야 모ᄃᆞᆫ 사ᄅᆞ미 日ᅀᅵᇙ用용ᄋᆞᆯ 여ᄒᆡ디 아니ᄒᆞ야 一ᅙᅵᇙ大땡經경卷권을 轉둰케 ᄒᆞ미라 風寂寂云云은 若轉得一大經卷ᄒᆞ면 則外而境風이 自寂ᄒᆞ고 內而智水ㅣ澄清ᄒᆞ야 隨緣任眞ᄒᆞ야 遂處逍遙ᄒᆞ미 一似虛舟ㅣ駕浪ᄒᆞ야 自東自西ᄒᆞ며 隨高隨下也ㅣ니라 ○ 風봉寂쪅寂쪅云운云운ᄋᆞᆫ ᄒᆞᆫ다가 一ᅙᅵᇙ大땡經경卷권을 轉둰ᄒᆞ면 곧 밧ᄀᆞ로 境경風봉이 제 괴외ᄒᆞ고 안ᄒᆞ로 智딩慧쀙ㅅ 므리 ᄆᆞᆯ가 緣원을 조차 眞진을 맛뎌 고 ᄃᆞᆯ 조차 노뇨미 뷘 ᄇᆡ 믌겨를 타 제 東동ᄋᆞ로 가

며·제西솅로 가·며 노ᄑᆞᆫ 될 조ᄎᆞ·여 ·ᄂᆞᆺ가·온 될 조초·미 곤ᄒᆞ니라

又 風寂寂云云은

謂釣得錦鱗時옌 也合風停而水面이 連連ᄒᆞ며 觀照實相時옌 也宜情忘而智水ㅣ 澄澄이로다○風봉寂쩍寂쩍云운云운은 닐오ᄃᆡ 錦금鱗린올 낛·ᄀᆞᆯ 時씽節졇·엔 ᄇᆞᄅᆞ·미 긋·고 믈우·희 連련連련ᄒᆞ·야·ᅀᅡ 맛당ᄒᆞ·며 實씷相샹올 ᄇᆞ·아 비췰 時씽節졇·엔 ᄠᅳ·들 니·저 智띵慧쀙ㅅ 므·리 ᄆᆞᆰ·고·미 맛당ᄒᆞ도·다

船爲釣魚之具ㅣ오 教爲悟眞之法이니 悟眞者ㅣ 專心悟眞之法ᄒᆞ며 則必有悟眞之期ᄒᆞ며 釣魚者ㅣ 只在釣魚之船ᄒᆞ면 則必有釣魚之時也ㅣ리라○ᄇᆡᄂᆞᆫ 고기낛ᄂᆞᆫ 그·르·시 ᄃᆞ외·얏·고 ·ᄀᆞᄅᆞ쵸ᄆᆞᆫ 眞진아·ᄅᆞᆯ 法법이 ᄃᆞ외·얏ᄂᆞ·니 眞진·알 사ᄅᆞ·미 眞진아·ᄅᆞᆯ 法법·에 ᄆᆞᅀᆞᆷ 오·ᄋᆞᆯ오·면 곧 반ᄃᆞ·기 眞진아·ᄅᆞᆯ 期끵約약이 시·며 고·기 낛·ᄀᆞᆯ 사ᄅᆞ·미 오직 고·기 낛ᄂᆞᆫ ·비예 이시·면 곧 반ᄃᆞ·기 ·고·기 낛·ᄀᆞᆯ 時씽節졇·이 이·시리·라

須菩提야 若善男子善女人이 於後末世예 有受持讀誦此經ᄒᆞ야 所得功德을 我若具說者ㅣ면 或有人이 聞ᄒᆞ면 心即狂亂ᄒᆞ야 狐疑不信ᄒᆞ리라 須菩提야 當知是經義ㅣ 不可思議며 果報ㅣ 亦不可思議니라

廣讚持經說經之功德이 不可得而思議라ᄒᆞ시고 乃云ᄒᆞ샤ᄃᆡ 所得功德을 我若具說者ㅣᆫ댄 或有人聞ᄒᆞ고 心則狂亂ᄒᆞ야 狐疑不信이라ᄒᆞ시며 ○經경 디니며 經경 닐온 功공德득·아 어루 시러 思ᄉᆞᆼ量량ᄒᆞ며 議읭論론 몯ᄒᆞ리라ᄒᆞ샤 너비 기리시고 니ᄅᆞ샤ᄃᆡ 得득혼 밧 功공德득

을 내ᄒᆞ다가 다ᄂᆞᆯ올딘댄 시혹 사ᄅᆞ미 듣고 ᄆᆞᅀᆞ매 곰미처 어즈러워 狐홍疑ᅌᅵᆼᄒᆞ야 信신티 아니ᄒᆞ리라 ᄒᆞ시며 狐홍ᄂᆞᆫ 여ᅀᆞ이나 疑ᅌᅵᆼ心심ᄒᆞᆫ 거시라

乃至云果報ㅣ亦不可思議시라ᄒᆞ니

聞經不信受ᄂᆞᆫ 良藥이 現前이어늘 不知服이오 果報ㅣ不思議ᄂᆞᆫ 服來면 平地예 便升仙이로다 ○ 果광報봉ㅣ 또 어루 思ᄉᆞᆼ量량ᄒᆞ며 議읭論론 몯ᄒᆞ리라 ᄒᆞ야 니ᄅᆞ샤매 니ᄅᆞ르시니 經경 듣고 信신受쓯티 아니ᄒᆞᄆᆞᆫ 됴ᄒᆞᆫ 藥약이 알ᄑᆡ 나탯거늘 머골 돌아디 몯ᄒᆞ미오 果광報봉ㅣ 思ᄉᆞᆼ量량ᄒᆞ며 議읭論론 몯ᄒᆞᄆᆞᆫ 머그면 平뼝ᄒᆞᆫ 짜해셔 곧 仙션間간애 오ᄅᆞ리로다

治父 各各眉毛ㅣ眼上애 横ᄒᆞ니라 ○ 各각各각 눈섭터리라 눈우희 빗겟ᄂᆞ니라

佛所說法이 只說得眼上眉毛ㅣ니시 若是眼上眉毛ㅣᆫ댄 生而固有ㅣ니 誰獨且無ㅣ리오 ○ 부텨 니ᄅᆞ샨 밧 法법이 오직 눈

우흿 눈섭터리를 니ᄅᆞ시니 ᄒᆞ다가 이 눈 우흿 눈
섭터린댄 날 제 뎐 더 더 잇ᄂᆞ니 뉘 ᄒᆞ오ᅀᅡ 업스리오

頌 良藥이 苦口ᄒᆞ고 忠言이 逆耳ᄒᆞᄂᆞ니 冷暖을 自知ᄒᆞ면
如魚ㅣ 飮水ᄒᆞ니 何須他日에 待龍華ㅣ리오 今朝애 先
授菩提記ᄒᆞ리라 ○ 됴ᄒᆞᆫ 藥약이 이비 ᄡᅳ고 忠듕言
언이 귀예 거스ᄂᆞ니 ᄎᆞ며 더우믈 제 알면
고기 믈 마쇼미 ᄀᆞᆮᄒᆞ니 엇뎨 모로매 다ᄅᆞᆫ 나래 龍룡
華ᅘᅪᆼ를 기드리리오 오ᄂᆞᆳ 아ᄎᆞ미 몬져 菩뽕提뗑記
긩를 授쓯
ᄒᆞ리라

旣皆同有ᄒᆞ딘 聞不信受ᄂᆞᆫ 怎麽오 只爲大近難曉
ㅣ니 雖然如是나 飮啄이 隨時ᄒᆞ며 飢飽를 自知○니
라
ᄒᆞ마 다 ᄒᆞᆫ가지로 이쇼ᄃᆡ 듣고 信신受쓯 아니ᄒᆞ
ᄆᆞᆫ 엇뎨오 오직 키 갓가와 아로미 어려우믈 爲윙ᄒᆞ
ᄒᆞ애니라 비록 이 ᄀᆞᆮᄒᆞ나 마시며 딕머구미
ᄠᆞᆯ 조ᄎᆞ며 주으리며 비블오ᄆᆞᆯ 제 아ᄂᆞ니 伊麽
則人人이 位同毗盧ᄒᆞ야 一一同居寂光이니 何待龍

華記莂이리오 舉足이 即是寂場이니라 ○그러면
사ᄅᆞᆷ마다 位윙ㅣ
毗뼝盧롱ㅣ 곧ᄒᆞ야 낫나치 ᄒᆞᆫ가지로 寂쩍光광
·애 ·사ᄂᆞ·니 ·엇뎨 龍룡華황ㅅ 記긩莂·볋·을 ·기드·리
리·오 ·발ᄃᆞ로·미 ·곧 ·이 寂쩍場땽·이니·라 ○寂쩍·은
·곧 解갱脫·탏·이 나·아 ·숨·어·희·며 :업슴·어·희·요·미·오
光광·ᄋᆞᆫ ·곧 般반若샹ㅣ니 俗쑉 비:취며 眞진 비·취
·요·미·나 毗뼝盧롱遮쟈那낭:ㅣ·신 ·ᄃᆡ·ᄅᆞᆯ 寂쩍光광
土·통ㅣ라 ᄒᆞᄂᆞ니라 莂·볋·은 ·ᄲᅡ·혀 ·내·야 ·보·람 ·ᄒᆞᆯ
·시·라 寂쩍場땽·ᄋᆞᆫ 寂쩍光광·과 ᄒᆞᆫ 가·지 ·ᄯᅳ·디·라 以

本分으로 論之컨댄 則理合如斯커니와 若據今時ᄒᆞ야 論之컨댄 則此經이 如良藥ᄒᆞ야 服來예 萬病이 消ᄒᆞ야 超然作金仙이언마ᄅᆞᆫ 只是不肯下口ㅣ니라 ○本본分뿐ᄋᆞ로 讓·잉論론
컨·댄 ·곤 理링·이 ·곧ᄒᆞ·미 맛당커·나·와 ᄒᆞ다·가 ·이젯
時씽節·졇·을 ·보·터 讓·잉論론컨·댄 ·곰·아 經경·이 :됴
ᄒᆞᆫ 藥·약 ·곧ᄒᆞ·야 머·구·매 萬먼病뼝·이 ·스·러·디어 :건
·내ᄲᅧ·여 金금仙션·이 ᄃᆞ외·리·언마·ᄅᆞᆫ ·오·직 ·이 ·ᄇᆡ
숨·쇼·몰 즐기·디
아·니 ᄒᆞᆯ시니·라
亦如忠言ᄒᆞ야 信受ᄒᆞ면 自知非ᄒᆞ야 能

爲衆中尊이언마ᄅᆞᆫ 只是不肯信受ㅣ니라 ○ 또 忠ᄃᆞᇰ 言언이라 ᄒᆞ곤 ᄒᆞ야 信신受쓩ᄒᆞ·면 :제·왼 ᄃᆞᆯ 아·라 能능·히 모·ᄃᆞᆫ 中듀ᇰ엣 尊존·이 ᄃᆞ외·리·언마·ᄅᆞᆫ 오·직·이 信신受쓩호·물 즐·기·디 아·니ᄒᆞᆯ·ᄊᆞ·니·라 唯有利根人은 言下애 自知非ᄒᆞ야 一聞에 能揔持호미 鯤鯨이 飮海水라 位同大覺已커니 極果ᄅᆞᆯ 更何疑리오 果報ㅣ 不思議라ᄒᆞ시니 識哉라 佛所說이여 ○ 오·직 根근·ᄂᆞᆯ카온 ·새ᄅᆞ·ᄆᆞᆫ 말ᄉᆞᆷ 아·래 :제 ·왼 ᄃᆞᆯ 아·라 ᄒᆞᆫ 번 드·로·매 能능·히 모·도·와 디·뇨·미 鯤곤과 鯨경괘 바ᄅᆞᆯ 믈 머구·미·라 位윙ㅣ 大땡覺·각과 ᄒᆞ·마 ᄒᆞᆫ가·지어·니 至징極극ᄒᆞᆫ 果광ᄅᆞᆯ ·또 ·엇뎨 疑읭心심ᄒᆞ리·오 果광報볼ㅣ 思ᄉᆞᆼ量량ᄒᆞ·며 議읭論론 ·몯ᄒᆞ·리·라 ᄒᆞ·시·니 :올ᄒᆞ·시·다 부텨 니ᄅᆞ·샨 배·여 ○ 鯤곤·은 北·북녁 바·ᄅᆞ랫 ·큰 고·기·오 鯨경·은 고·래·라

宗鏡 宿業緣이 墮惡報ㅣ언마ᄅᆞᆫ 今에 人賤而罪即消ᄒᆞ고 供諸佛ᄒᆞ며 誦此經호미 功德이 勝而喩莫及이로다 ○ :아·릿 業·업

녯 緣연이 모딘 報봉애 ᄠᅥ러디리언마ᄅᆞᆫ 이제 사ᄅᆞ
마ᄂᆞᆯ아 어너 길ᄉᆡ 罪쬥 곤ᄉᆞ러 ᄃᆞ고 諸졍佛뿛을 供
공養양ᄒᆞᅀᆞ오며 이 經경을 외오ᅀᆞ오미 功공德
득이 勝싱ᄒᆞ야 가ᄌᆞᆯ뵬 미 맛디 몯ᄒᆞ리로다 只如

無著無相底ᄂᆞᆫ 還有果報也아 無아 妄心이 滅盡ᄒᆞ야

業還空ᄒᆞ니 直證菩提ᄒᆞ야 超等級이로다 ○ 오직 著딱 업스며 相샹 업소ᄆᆞᆫ
도ᄅᆞ혀 果광報봉ㅣ 잇ᄂᆞ녀 업스녀 거츤 ᄆᆞᅀᆞ미 滅
멿ᄒᆞ야다 아 業업이 도ᄅᆞ혀 뷔니 菩뽕提똉ᄅᆞᆯ 바ᄅᆞ
證징ᄒᆞ야 等등級급을 걷나도다 等등
級급은 서흐레 層쯩이라 ᄒᆞᆫ ᄃᆞᆺᄒᆞᆫ 마리라

頌 惡因誰作이며 罪誰招오 眞性은 如空이라 不動搖ㅣ니
라 曠劫無明이 俱蕩盡ᄒᆞ니 先天後地라 寂寥寥ㅣ로다 ○
모딘 因힌을 뉘 지ᅀᅳ며 罪쬥ᄅᆞᆯ 뉘 브르ᄂᆞ뇨 眞진性셩
은 虛헝空공 ᄀᆞᆮᄒᆞ야 뮈워 이어디 몯ᄒᆞᄂᆞ니라 오란
劫겁엣 無뭉明명이 다 업스니 하ᄂᆞᆯ 몬제며
ᄯᅡ ᄒᆞᆫ 後흫ㅣ라 괴외ᄒᆞ야 寥룧寥룧ᄒᆞ도다

金剛般若波羅蜜經

第四

金剛般若波羅蜜經

第四

金剛般若波羅蜜經 第四

究竟無我分第十七

爾時須菩提ㅣ白佛言ᄒᆞᅀᆞ오ᄃᆡ世尊하善男子善女人이發阿耨多羅三藐三菩提心인댄云何應住ㅣ며云何降伏其心이리잇고佛告須菩提ᄒᆞ샤ᄃᆡ若善男子善女人이發阿耨多羅三藐三菩提心者ᄂᆞᆫ當生如是心호리니我應滅度一切衆生ᄒᆞ며滅度一切衆生已호ᄃᆡ而無有

一衆生이 實滅度者ㅣ니

滅度一切衆生은 不同二乘ᄒᆞ야 悲化舍生이오 無一衆生滅度는 智冥眞際ᄒᆞ야 不生於化ㅣ니 此는 當安住降心也ㅣ라 ○ 一잃切쳉衆즁生싱을 滅멿度똥호ᄆᆞᆫ 二싱乘씽과 ᄀᆞᆮ디 아니ᄒᆞ야 舍샹生싱ᄋᆞᆯ 慈쫑悲빙로 化황ᄒᆞ미오 ᄒᆞᆫ 衆즁生싱도 滅멿度똥홈 업소ᄆᆞᆫ 智딩慧휑ㅣ 眞진際졩예 마자 化황애 나디 아니호미니 이ᄂᆞᆫ 반ᄃᆞ기 便뼌安한히 住뜡ᄒᆞ며 ᄆᆞᅀᆞᆷ 降향히오미라

冶父 有時에 因好月ᄒᆞ야 不覺過滄洲ㅣ로다 ○ 잇다감 됴ᄒᆞᆫ ᄃᆞᆯ로 因인ᄒᆞ야 滄창洲즁ᄃᆡ 나ᄆᆞᆯ 아디 몯ᄒᆞ도다

駕起鐵船ᄒᆞ야 入海來ᄒᆞ니 釣竿揮處에 月正明이로다
性愛蟾光의 寒照影ᄒᆞ야 滄溟을 過來에 渾不覺이로다
更知道途中에 却憶靑山事ᄒᆞ야 終日行行애 不

知行이니라○쇠비ᄅᆞᆯ메여니르와다바ᄅᆞ래드러오니낫대두르ᄂᆞᆫ고대ᄃᆞ리正졍히ᄇᆞᆯ려도다性셩이蟾섬光광ᄋᆡ ᄎᆞ긔비취ᄂᆞᆫ그르메ᄅᆞᆯᄃᆞᅀᅡ滄창溟명을디나오매모로기아디몯ᄒᆞ도다깂가온ᄃᆡ青청山산앳이ᄅᆞᆯ도ᄅᆞ혀ᄉᆡᆼ각ᄒᆞ야니리ᄆᆞᆺᄃᆞ록녀며녀매녀ᄂᆞᆫᄃᆞᆯ아디몯다닐오ᄆᆞᆯ다시아ᄅᆞᆯ디니라

頌 若問云何住ㅣᆫ댄 非中及有無ㅣ니 頭無纖草蓋ᄒᆞ고 足不履閻浮ㅣ로다○ᄒᆞ다가어듸住뜡ᄒᆞ료무르린댄中듕과有웅와無뭉왜아니니머리예ᄀᆞᄂᆞᆫ플도더푸미업고발로閻염浮뿡ᄅᆞᆯᄇᆞᆲ디아니ᄒᆞᄂᆞ다

細似隣虛析ᄒᆞ고 輕如蝶舞初ᄒᆞ도다 衆生ᄋᆞᆯ 滅盡호ᄃᆡ 知無滅호미 此是隨流大丈夫ㅣ니라○ᄀᆞᄂᆞ로ᄆᆞᆫ隣린虛헝의ᄈᆡ혀미곧고가ᄇᆡ야오ᄆᆞᆫ나비ᄎᆞᆷ츠ᄂᆞᆫ처ᅀᅥᆷ곧도다衆중生ᄉᆡᆼᄋᆞᆯ滅멿度똥호ᄆᆞᆯ다호ᄃᆡ滅멿업소ᄆᆞᆯ아로미이므를좃ᄂᆞᆫ大땡丈땽夫붕ㅣ니라

要識眞住處ㅣᆫ댄 非中及有無ㅣ니라 脫然無所托ᄒᆞ니

麤重이 淨無痕ᄒᆞ도다 ○ 眞진實씷人住뜡ᄒᆞᆯ·고 돌아로려ᄒᆞᆯ딘댄 中둥과 有웋와

無뭉·왜아니니라 버서브·룐배 :업스니 ·멀·터우·며 므·거우미 ·조하 허·므리 :업·도·다 青山이

留不得이어니 紫陌이 豈能容이리오 化生而無化ᄒᆞ미

隨流大丈夫ㅣ니라 ○ 青청山산이 留륳호ᄆᆞᆯ 몯거니 紫ᄌᆞᆼ陌뫽이어 엇뎨 能능히 容용

納남ᄒᆞ·리오 生싱ᄋᆞᆯ 化황호ᄃᆡ 化황홈 :업소·미 ·무·를 조ᄎᆞᆫ 大땡丈땽夫붕ㅣ·니·라 [大] 紫ᄌᆞᆼ陌뫽·ᄋᆞᆫ ·잣

았·길히·라

何以故오 若菩薩이 有我相人相衆

生相壽者相ᄒᆞ면 即非菩薩이니 所以者

何오 須菩提야 實無有法ᄒᆞ야 發阿耨多

羅三藐三菩提心者ᄒᆞ니라

因甚道要須不生於化오 若謂我能度生ᄒᆞ며我是發心者ㅣ로라ᄒᆞ린댄我人이競作ᄒᆞ야能所ㅣ紛然ᄒᆞ라이即非菩薩이니라○므스글因힌ᄒᆞ야닐오ᄃᆡ모로매化황호매나디아니홈고ᄒᆞ다가내能능히衆중生싱ᄋᆞᆯ度똥ᄒᆞ노라ᄒᆞ며내이發벓心심ᄒᆞᆫ사ᄅᆞ미로라ᄒᆞ야니ᄅᆞ린댄나와ᄂᆞᆷ괘ᄃᆞ토아니러能능과所송왜어즈러워곤菩뽕薩삻이아니니라

我能我是로因甚道非菩薩오實際理地엔曾無伊麽事ㅣ니我人이頓盡코能所ㅣ俱寂ᄒᆞ야ᅀᅡ方與實際로相應去在ᄒᆞ리라○내能능ᄒᆞ라ᄒᆞ며내이로라ᄒᆞᄆᆞᆯ므스글因힌ᄒᆞ야菩뽕薩삻이아니라니ᄅᆞ시뇨實씷際젱理링ㅅ따해ᄂᆞᆫᄌᆞᇝ간도이런이리업ᄉᆞ니나와ᄂᆞᆷ괘다업고能능과所송왜다괴외ᄒᆞ야ᅀᅡ비르서實씷際젱와로서르應흥ᄒᆞ리라

答 少他一分ᄒᆞᆫ돌又爭得이리오○더ᄒᆞᆫ分뿐이업ᄉᆞᆫ돌ᄯᅩ어듸ᄡᅧᆫ得득ᄒᆞ리

오ㅣ ᄒᆞᆫ 分뿐은 四송相샹ᄋᆞᆯ 니ᄅᆞ니라

我人이 頓盡ᄒᆞ며 能所ㅣ 俱寂ᄒᆞ미 功極則不無커나와 以實而觀권댄 又爭得也ㅣ리오 ○나와 ᄂᆞᆷ괘 다 업ᄉᆞ며 能능과 所송왜 다 과외ᄒᆞ미 功공이 至징極끅ᄒᆞ면 곧 업디 아니커니와 實씷ᄋᆞᆯ ᄡᅥ 보건댄 ᄯᅩ 어듸 ᄡᅥ 得득ᄒᆞ리오

頌 獨坐翛然一室이 空ᄒᆞ니 更無南北與西東ᄒᆞ도다 雖然不借陽和力ᄒᆞ나 爭奈桃花一樣紅이니라 ○ᄒᆞ오ᅀᅡ 안자셔 翛숗然션ᄒᆞ야 ᄒᆞᆫ 지비 뷔니 ᄂᆞ외야 南남과 北븍과 西솅와 東동괘 업도다 비록 陽양和뽱의 히믈 비디 아니ᄒᆞ나 권마ᄅᆞᆫ 桃똥花황ㅣ ᄒᆞᆫ 양ᄌᆞ로 블그니라

脫然物外ᄒᆞ야 更無栖泊處ᄒᆞ니 莫把此境ᄒᆞ야 云究竟이라 ᄒᆞ라 敢道此亦猶未在라 ᄒᆞ노라 雖然不用苦鍛鍊이나 自有本地風光이 爛ᄒᆞ니라 ○物뭃밧긔 버서 ᄂᆞ외야 깃기서 브툴 고디 업스

니이境경을자바究궁竟경이라니ᄅᆞ디말라이 ᄯᅩ오히려잇디아니타구틔여니ᄅᆞ노라비록ᄎᆞᆷ
공로이鍛똰鍊련호ᄆᆞᆯᄡᅳ디아니ᄒᆞ나제本본地띵옛風봉光광이빗나미잇ᄂᆞ니라

須菩提야 於意云何오 如來ㅣ 於然燈佛所애 有法ᄒᆞ야 得阿耨多羅三藐三菩提아 不아 不也世尊하 如我解佛所說義는 佛이 於然燈佛所애 無有法ᄒᆞ야 得阿耨多羅三藐三菩提시니이다 佛言 如是如是타

上明菩薩이 無我之意ᄒᆞ시고 今擧自己無所得ᄒᆞ샤 重明無我之意ᄒᆞ시니라 ○ 우ᄒᆡᆫ 菩뽕薩삻이 無몽我앙ᄒᆞᆫ ᄠᅳ들 ᄇᆞᆯ기시고 이젠 ᄌᆞ

갯모매 得득혼 바 업슨 ᄃᆞᆯ 드르샤다시 無뭉我앙혼 ᄠᅳ들 ᄇᆞᆯ기시니라 佛이 欲明無得ᄒᆞ샤 假以有得ᄋᆞ로 問也ᄒᆞ야시ᄂᆞᆯ 空生이 善契佛意ᄒᆞ야 荅以無得ᄒᆞ니 可謂好知音也ㅣ로다 ○부톄 得득 업소ᄆᆞᆯ ᄇᆞᆯ교려 ᄒᆞ샤 得득 이쇼ᄆᆞ로 假강借쟝ᄒᆞ야 무러시ᄂᆞᆯ 空콩生ᄉᆡᆼ이 부텻 ᄠᅳ데 이대 마자 得득홈 업소ᄆᆞ로 對됭荅답ᄒᆞᄉᆞ오니 어루 됴ᄒᆞᆫ 知딩音흠이라 닐올 디로다

再歎如是ᄅᆞᆯ 須著眼ᄒᆞ라 滿口許他ㅣ 見家風이시니라 ○如셩是씽라 다시곰 嗟쟝歎탄ᄒᆞ샤ᄆᆞᆯ 모로매 눈 두라 뎌의 家강風봉 본ᄃᆞᆯ 이베 ᄀᆞᄃᆞ기 許헝ᄒᆞ시니라

冶父 若不同床睡ᄒᆞ면 爭知紙被의 穿ᄒᆞ리오 ○ᄒᆞ다가 ᄒᆞᆫ 平뼝床쌍애 ᄌᆞᆷ자디 아니ᄒᆞ면 엇뎨 죠ᄒᆡ 니브릐 ᄃᆞᆯ온 ᄃᆞᆯ 알리오

同聲이 相應ᄒᆞ며 同氣相求ㅣ로다 ○ᄒᆞᆫ 가짓 소리 서르 應훙ᄒᆞ며 ᄒᆞᆫ 가짓 긔운이 서르 求꿍ᄒᆞᄂᆞ다

〔頌〕打鼓와 弄琵琶ㅣ 相逢ᄒᆞ야 兩會家ㅣ로다 君行楊柳岸ᄒᆞ거든 我宿渡頭沙ㅣ라ᄒᆞ다 江上晩來예 疎雨ㅣ過ᄒᆞ니 疎一作初 數峯蒼翠接天霞ㅣ로다 ○붑 티ᄂᆞ니와 琵삥琶빵 ᄐᆞᄂᆞ니 왜 서르 맛나 둘히 ᄒᆞᆫ 지비 몯도다 그듸ᄂᆞᆫ 버듨 두듥에 녀거든 나ᄂᆞᆫ 渡똥頭뚷ㅅ 몰애예 자다라 ᄀᆞᄅᆞᆷ 우희 나조ᄒᆡ 드믄 비 디나니 두서 峯퐁 퍼러호미 天텬霞ᅘᅡᆼ애 接졉ᄒᆞ얫도다 〔■〕渡똥頭뚷ᄂᆞᆫ ᄂᆞᄅᆞ 건나ᄂᆞᆫ ᄃᆡ로미 니ᄅᆞ니라

空生ᄋᆡ 見世尊호미 打鼓人이 逢弄琴者ㅣ로다 見來옌 歌何事오 君行楊柳ㅣ어든 我渡頭ㅣ라ᄒᆞᄂᆞ니 ○空콩生ᄉᆡᆼᄋᆡ 世솅尊존 보ᅀᆞ오미 붑 틸 사ᄅᆞ미 琴금 노ᄂᆞᆫ 사ᄅᆞᄆᆞᆯ 맛나도다 보와ᄂᆞᆫ 므스 이ᄅᆞᆯ 놀애 브르ᄂᆞ뇨 그듸ᄂᆞᆫ 楊양柳륭에 녀거든 나ᄂᆞᆫ 渡똥頭뚷ㅣ라 ᄒᆞᄂᆞ니 要識渡頭光景麽아 雨過雲收江上晩애 數峯蒼翠接天霞ᄒᆞ다도 箇中

無限清意味ᄅᆞᆯ 江上一句에 都說破ᄒᆞ도다 ○ 渡똥頭뚱엣 光광景경을 알오져 ᄒᆞᄂᆞᆫ다 비디나며 구룸 가ᄃᆞᆫ 江강上쌍 나조ᄒᆡ 두서 峯퐁 ᄑᆞᄅᆞ호미 天텬霞핳애 接접ᄒᆞ얫도다 이 가온ᄃᆡ 그지업슨 ᄆᆞᆯᄀᆞᆫ ᄠᅳ뎃 마ᄉᆞᆯ 江강上쌍 一힗句궁에 다 니ᄅᆞ도다

須菩提야 實無有法ᄒᆞ야 如來得阿耨多羅三藐三菩提니 須菩提야 若有法ᄒᆞ야 如來得阿耨多羅三藐三菩提者ㅣ면 然燈佛이 即不與我授記ᄒᆞ샤ᄃᆡ 汝於來世예 當得作佛ᄒᆞ야 號釋迦牟尼라ᄒᆞ시리어늘 以實無有法ᄒᆞ야 得阿耨多羅三藐三菩提ㄹᄉᆡ 是故然燈佛이 與我授記

ᄒᆞ샤 作是言ᄒᆞ샤ᄃᆡ 汝於來世에 當得作佛ᄒᆞ야 號釋迦牟尼리라ᄒᆞ시니

得失之言은 只緣迷悟ㅣ니 而其實則迷介什麼ㅣ며 悟介什麼오 迷悟ㅣ 既無커니 得何曾得이며 失何曾失이리오 ○得득ᄒᆞ며 失싫타ᄒᆞ논 마ᄅᆞᆫ 오직 모ᄅᆞ며 아로ᄆᆞᆯ 브테니 그 實씷ᄋᆞᆫ 곧 몰로미 므스기며 아로미 므스고 모ᄅᆞ며 아로미 ᄒᆞ마 업거니 得득이 어딧던 得득이며 失싫이 어딧던 失싫 아니리오

既然不可言有得이며 亦復不應言無得이니라 我佛見然燈을 了應如是知니라 ○ᄒᆞ마 得득이 잇다 닐오미 올티 아니ᄒᆞ며 또 得득 업다 닐오미 맛당티 아니ᄒᆞ니라 우리 부톄 然션燈등 보ᅀᆞᄫᆞ샤ᄆᆞᆯ 이ᄀᆞ티 아로미 맛당ᄒᆞ니라

冶父 貧似范丹ᄒᆞ고 氣如項羽ᄒᆞ도다 ○가난호미 范범丹단 곧고 긔운이 項ᅘᆞᆼ羽웅 곧도다

貧則貧矣나 自有衝天意氣로다 ○가난호ᄆᆞᆫ 가난ᄒᆞ나 제 하ᄂᆞᆯ해 티디ᄅᆞᆯ 意ᅙᅵᆼ氣킝 둘 ᄃᆞᆺ도다

頌 上無片瓦ᄒᆞ고 下無卓錐ᄒᆞ니 日往月來예 不知是誰오 噫라 ○우희 片편 맛디 새도 업고 아래 솔옷 세울 ᄃᆡ 업스니 ᄒᆡ 가며 ᄃᆞᆯ 오매 아디 몯ᄒᆞ리로다 이 누고 噫ᅙᅴᆼ라

清貧無所有나 意氣는 不敢籠이로다 ○몰기 가난ᄒᆞ야 잇논 배 업스나 意ᅙᅵᆼ氣킝는 ·재디 몯ᄒᆞ리로다

何以故오 如來者는 即諸法如義니라

既得如來號ㅣ면 必得菩提道ㅣ니 因甚道無所得고

得名如來ᄂᆞᆫ 無別意라 以了諸法이 是眞如ㅣ라 ○니

ᄒᆞ마 如셩來ᄅᆡᆼㅅ 號ᅘᆞᇢᄅᆞᆯ 得득ᄒᆞ면 반ᄃᆞ기 菩뽕 提뗑道똫ᄅᆞᆯ 得득ᄒᆞ리니 므스글 因ᅙᅵᆫᄒᆞ야 得득

ᄒᆞᆫ 배 업다 니ᄅᆞ뇨 如셩來ᄅᆡᆼㅅ 일ᄒᆞᆷ 得득호ᄆᆞᆫ 다 ᄅᆞᆫ ᄠᅳ디 업서 諸졍法법이 이 眞진如셩ᆫ ᄃᆞᆯ 아ᄅᆞᆫ

실ᄊᆡ 니라 眞如ᄂᆞᆫ 平等ᄒᆞ야 性淸淨ᄒᆞ니커니 所得을 何以論其

中 이리오 ○ 眞진如셩ᄂᆞᆫ 平뼝等등ᄒᆞ야 性셩이 淸쳥淨쪙커니 得득혼 바ᄅᆞᆯ 엇뎨 ᄡᅥ 그 中듕을

論론ᄒᆞ 리오

治父 ○住住ᄒᆞ라 動著則三十棒ᄒᆞ리라 ○住뜡ᄒᆞ며 住뜡ᄒᆞ라 뮈우면 곧

셜흔 棒빵ᄒᆞ리라 棒빵ᄋᆞᆫ 막다히라

只如眞如平等底道理ᄂᆞᆫ 作麼生道오 ○生佛이

幷沉ᄒᆞ고 自它ㅣ 俱泯ᄒᆞ며 天地地天이라 天地轉ᄒᆞ며 水

山山水라 水山이 空ᄒᆞ도다 ○ 오직 眞진如셩平 뼝等등ᄒᆞᆫ 道똫理링ᄂᆞᆫ 엇뎨

니ᄅᆞ료 ○ 衆쥬ᇰ生ᄉᆡᇰ과 부텨왜 다 ᄃᆞᆷ고 저와 ᄂᆞᆷ괘
다 업스며 하ᄂᆞᆯ히 ᄯᅡ히며 ᄯᅡ히 하ᄂᆞᆯ히라 하ᄂᆞᆯ콰
ᄯᅡ쾌 올ᄆᆞ며 므리 뫼히며 뫼
히 므리라 믈와 뫼쾌 ᄇᆡ도다 雖然如是나 法法이
本來安本位ᄒᆞ니 誰喚燈籠ᄒᆞ야 作露柱ㅣ리오 伊麼則
不應動著이니 動著則三十棒ᄒᆞ리라 ○ 비록 이곤ᄒᆞ나 法법法법이 本
본來ᄅᆡᆼ本본位윙예 安안ᄒᆞ니 뉘 燈등籠롱ᄋᆞᆯ 블
러 露롱柱뜡 사ᄆᆞ리오 그러면 뮈우미 맛당티 아
니ᄒᆞ니 뮈우면 셜흔 棒빵ᄒᆞ리라 燈등籠롱ᄋᆞᆫ
블혀ᄂᆞᆫ 거시오 露롱柱뜡ᄂᆞᆫ ᄇᆞ로 셰ᄂᆞᆫ 거디라

頌 上是天兮下是地며 男是男兮女是女ㅣ로다 牧童
이 撞著放牛兒ᄒᆞ야 大家齊唱囉囉哩ᄒᆞᄂᆞ니 是何曲調
오 萬年歡이로다 ○ 우흔 이 하ᄂᆞᆯ히오 아래ᄂᆞᆫ 이 ᄯᅡ
히며 남진ᄋᆞᆫ 이 남진이오 겨지븐 이 겨지
비로다 쇼머길 아ᄒᆡ 쇼 노ᄒᆞᆯ 아ᄒᆡᄅᆞᆯ 다 딜어 대가 ᄒᆞᆫ
디 ᄀᆞᄌᆞ기 囉랑囉랑哩링ᄅᆞᆯ 브르ᄂᆞ니 이 엇던 曲콕
調뚱오 萬먼年년
歡환이로다

天天地地니 何曾轉이리오 水水山山이라 各宛然이어

늘 百億活釋迦ㅣ 醉舞春風端ᄒᆞᄂᆞ다 ○ 하ᄂᆞᆯ히 하ᄂᆞᆯ히며 ᄯᅡ히 ᄯᅡ

히니 엇뎨 잢간인ᄃᆞᆯ 올ᄆᆞ리오 ᄆᆞ리 ᄆᆞ리며 뫼히 뫼하라 各각各각 반독ᄒᆞ거늘 百ᄇᆡᆨ億ᅙᅳᆨ 산 釋셕

迦강ㅣ 醉쥥ᄒᆞ야 春츈風봉ㅅ 그ᄐᆡ 춤 ᄎᆞᄂᆞ다 韻曲이 自然이어니 誰不解

和ㅣ리오 萬年歡曲은 緣何有오 人人이 自有無生

樂일시니라 ○ 韻운曲곡이 自ᄍᆞᆼ然션ᄒᆞ거니 뉘 和ᅘᅪᆼ호ᄆᆞᆯ 아디 몯ᄒᆞ리오 萬먼年년歡환놀애

는 므스글브터 잇ᄂᆞ뇨 사ᄅᆞᆷ마다 제 無뭉生ᄉᆡᆼ樂락ᄋᆞᆯ 뒤실시니라

若有人이 言호ᄃᆡ 如來ㅣ 得阿耨多羅三

藐三菩提라ᄒᆞ면 須菩提야 實無有法ᄒᆞ야

佛得阿耨多羅三藐三菩提니 須菩

提야 如來所得阿耨多羅三藐三菩提ㅣ 於是中에 無實無虛ᄒᆞ니

前言佛ᄒᆞ샤 以明無得無實ᄒᆞ시고 此言法ᄒᆞ샤 以明所得이 無虛ᄒᆞ시니 若論佛義권댄 猶如大虛ㅣ 廓然無諸相ᄒᆞ며 寂然無去住ᄒᆞ야 ○ 알ᄑᆡᆫ 부텨를 니ᄅᆞ샤 得득 업스며 實씷 업슨 ᄃᆞᆯ ᄡᅥ ᄇᆞᆯ기시고 이엔 法법을 니ᄅᆞ샤 得득ᄒᆞᆫ 배 虛헝 업슨 ᄃᆞᆯ ᄡᅥ ᄇᆞᆯ기시니 ᄒᆞ다가 佛뿛義읭를 論론권댄 큰 虛헝空콩이 훤히 諸졍相샹 업스며 괴외ᄒᆞ야 가며 住뜡홈 업숨 곤ᄒᆞ야 盡十方世界都盧是一身이라 更無二相이어니 傳介什麼ㅣ며 得介什麼오 所以道實無有法이 如來得阿耨菩提等이시니라 ○ 다 十씹方방世솅界갱 모ᄅᆞᆫ기 이 ᄒᆞᆫ 모미라 ᄂᆞ외야 두 相샹이 업거니 傳뗜호미

ᄠᅳ스기며 得득호미 므스고 이런ᄃᆞ로 니ᄅᆞ샤ᄃᆡ 實씷로 法법 아니어셔 如셩來링ㅣ 阿항耨녹菩뽕提뗑ᄅᆞᆯ 得득홈 업다 ᄒᆞ샨 等등이시니라

若論法義댄 如彼大虛옛 白日相似ᄒᆞ야 萬像森羅差別이 全身이며 見聞覺知의 應用이 無妨ᄒᆞ니 ○ ᄒᆞ다가 法법義읭ᄅᆞᆯ 論론권댄 뎌 큰 虛헝空콩앳 白뷕日싫이 서르 곧ᄒᆞ야 萬먼像썅森솜羅랑差상別볋이 오ᄋᆞᆫ 모미며 보며 드르며 아로미 應ᅙᅮᆼ用용호미 마곰 업스나

這裏옌 說聽이 亦不無ᄒᆞ며 傳得이 亦不無ᄒᆞ니 所以道無實無虛ㅣ라 ᄒᆞ시니 雖然無實이나 亦非無實也ㅣ니라 ○ 이엔 니ᄅᆞ며 드로미 ᄯᅩ 업디 아니ᄒᆞ며 傳뗜ᄒᆞ며 得득호미 ᄯᅩ 업디 아니ᄒᆞ니 이런ᄃᆞ로 니ᄅᆞ샤ᄃᆡ 實씷 업스며 虛헝 업다 ᄒᆞ시니 비록 實씷 업스나 ᄯᅩ 實씷 업순 디 아니니라

頌 富嫌千口少ᄒᆞ고 貧恨一身多ㅣ니라 ○ 가ᅀᆞ며닌 千천口쿵ㅣ 저고ᄆᆞᆯ ᄎᆞ기 너기고 가난ᄒᆞ닌 ᄒᆞᆫ 모미 하ᄆᆞᆯ 애와티ᄂᆞ니라

實而無實ᄒᆞ며 虛而無虛ᄒᆞ니라○實씷호ᄃᆡ 實씷업스며 虛헝호ᄃᆡ 虛헝업스니라

[頌] 生涯如夢若浮雲ᄒᆞ니 活計都無ᄒᆞ야 絕六親이로다 留得一雙青白眼ᄒᆞ야 笑看無限往來人ᄒᆞᄂᆞ다○生싱涯앵 ᄭᅮᆷ 곧ᄒᆞ며 ᄠᅳᆫ구룸 곧ᄒᆞ니 사롤 해미 다 업서 六륙親친이 ᄀᆞᆺ도다 ᄒᆞᆫ 雙쌍ㅅ ᄑᆞ르며 ᄒᆡᆫ 누늘 머믈워 그지업시 가며 오며 ᄒᆞᄂᆞᆫ 사ᄅᆞᄆᆞᆯ 우서 보ᄂᆞ다■六륙親친ᄋᆞᆫ 父뿡母뭏와 妻쳉子ᄌᆞᆼ와 兄훵弟뗑왜라

莫恠寥寥無一物ᄒᆞ라 伊家活計ᄂᆞᆫ 自如然ᄒᆞ니라 莫謂一向空無物ᄒᆞ라 左之右之예 應無虧ᄒᆞ니라○寥룡寥룡ᄒᆞ야 ᄒᆞᆫ 것도 업소믈 황당히 너기디 말라 이 짒 活홣計겡ᄂᆞᆫ 제 그러ᄒᆞ니라 ᄒᆞᆫ갓 뷔여 物뭃 업다 니ᄅᆞ디 말라 왼녁 올ᄒᆞᆫ 녀긔 應홍호미 이조미 업스니라

是故로 如來說一切法이 皆是佛法이라

前言無實則法法無自性ᄒᆞ야 內而根身과 外而器界왜 相相이 皆爲虛妄이라 無可指陳이오 ○알ᄑᆞᆫ 實씷 업소몰 니ᄅᆞ시니 곤 法법마다 제 性셩이 업서 안ᄒᆞ로 根곤 身신과 밧ᄀᆞ로 器킝界갱왜 相샹마다 다 虛헝妄망이 ᄃᆞ외야 어루 ᄀᆞᄅᆞ쳐 陳띤홀 거시 업고 ▣ 陳띤ᄋᆞᆫ 펴 아ᄅᆞᆯ 시라 此言無虛則法法이 依位而住ᄒᆞ야 鶴長鳧短ᄒᆞ며 松直棘曲ᄒᆞ야 相相이 元眞이라 無非實相이니라 ○이엔 虛헝 업소몰 니ᄅᆞ시니 곤 法법마다 位윙ᄅᆞᆯ 브터 住뜡ᄒᆞ야 鶴ᅘᅡᆨ이 길오 올히 뎌르며 소라곤고 가ᄉᆡ 고ᄇᆞ 相샹마다 본ᄃᆡ 眞진이라 實씷相샹 아니니 업스며 牛佛馬佛男佛女佛이 不相借借ᄒᆞ야 各受法樂이니라 ○쇼 부텨 ᄆᆞᆯ 부텨 남진 부텨 겨집 부톄 서르 빌며 비디 아니ᄒᆞ야 各각各각 法법樂락ᄋᆞᆯ 受씋ᄒᆞᄂᆞ니라

治父 明明百草頭에 明明祖師意니라 ○ ᄇᆞᆯᄀᆞ며 ᄇᆞᆯ곤 온 프셩귓 머리

예 ᄇᆞᆯᄀᆞ며 ᄇᆞᆯᄀᆞᆫ 祖종師ᄉᆞᆼㅅ ᄠᅳ디니라

祖意明明百草頭ᄒᆞ니 百草頭上애 好閑眸ㅣ어다 ○祖종師ᄉᆞᆼ ᄠᅳ디 百ᄇᆡᆨ草촣ㅅ 머리예 ᄇᆞᆯᄀᆞ며 ᄇᆞᆯᄀᆞ니 百ᄇᆡᆨ草촣ㅅ 머리 우희 누늘 됴히 ᄠᅳᆯ디어다

頌 會造逡巡酒ᄒᆞ고 能開頃刻花ᄒᆞ며 琴彈碧玉調ᄒᆞ고 爐煉白硃砂ᄒᆞᄂᆞ니 幾般伎倆을 從何得고 須信風流ㅣ出當家ㅣ니라 ○逡쥰巡쓘에 술비조ᄆᆞᆯ 알오 頃쿙刻큭애 곳픠우믈 能ᄂᆼ히 ᄒᆞ며 琴끔에 碧벽玉옥調뗠ᄅᆞᆯ ᄠᅳ고 爐롱애 白ᄇᆡᆨ硃쥬砂상ᄅᆞᆯ 닷ᄂᆞ니 여러 가짓 지조ᄅᆞᆯ 어듸ᄅᆞᆯ 조차 得득ᄒᆞ뇨 모로매 風봉流륳ㅣ 當당ᄒᆞᆫ 지비셔 나ᄂᆞᆫ ᄃᆞᆯ 아롤디니라 【逡쥰巡쓘은 머믓호ᄆᆞᆯ ᄉᆞᅀᅵ오 頃쿙刻큭은 아니한 ᄉᆞᅀᅵ오 碧벽玉옥은 녯 놀애 잘 브르던 사ᄅᆞᄆᆡ 일후미라】

造酒開花ㅣ 伎倆이 多端ᄒᆞ니 如是伎倆은 匪從他得이니라 ○술비ᄌᆞ며 곳픠우미 지조 여러 가지니 이 ᄀᆞᆮᄒᆞᆫ 지조ᄂᆞᆫ ᄂᆞᆷ조차 得득ᄒᆞᆯ디 아니니라

須菩提야 所言一切法者ㅣ 卽非一切法이라 是故로 名一切法이니라

前言無實無虛는 則捏取放開오 此言法卽非法은 則放開捏取ㅣ로다 ○ 알ᄑᆡ 實씷 업스며 虛헝 업다 니ᄅᆞ샤ᄆᆞᆫ 곧 모도아 아ᅀᆞ며 펴 여ᄅᆞ샤미오 이에 法법이 곧 法법 아니라 니ᄅᆞ샤ᄆᆞᆫ 곧 펴 열며 모도아 아ᅀᆞ샤미로다 伊麼則佛則是法이오 法則是佛이니 佛法이 無二ᄒᆞ야ᅀᅡ 道方現前ᄒᆞ리라 ○ 그러면 佛뿛이 곧 이 法법이오 法법이 곧 이 佛뿛이니 佛뿛와 法법괘 둘히 아니라ᅀᅡ 道똫ㅣ 비르서 알ᄑᆡ 現현ᄒᆞ리라

冶父 上大人丘ㅣ 乙己샷다 ○ 노ᄑᆞᆫ 大땡人신이 丘쿻ㅣ ᄒᆞᆫ 모미샷다

斯道之體는 最尊極無上ᄒᆞ며 廣博無邊表ᄒᆞ야 混空

爲體性이라 無物이 爲等倫이니 所以道上大人丘ㅣ

乙己니라 ○ 이 道ᄠᅳᆮ의 體톙ᄂᆞᆫ ᄆᆞᆺ 尊존ᄒᆞ야 ᄀᆞ장 우업스며 너비 ᄀᆞᆺ밧기 업서 虛헝空콩ᄋᆞᆯ 모로기 體톙性셩사ᄆᆞᆫ디라 物뭃이 골와 ᄡᅡᆨ업스니 이런ᄃᆞ로 닐오ᄃᆡ 上쌍大땡人신丘쿻ㅣ 乙ᅙᅵᇙ己긩라 ᄒᆞ나라

上大人之言은 世稱孔聖之談이니 然此ᄂᆞᆫ

乃天下之公名이니 豈一人之獨稱哉리오 但孔聖이

深體乎此ᄒᆞ샤 而其德之大成이 未嘗有間然故로

稱之云然ᄒᆞᄂᆞ니 ᄀ上쌍大땡人신이라 닐오ᄆᆞᆫ 世솅예셔 孔콩聖셩ᄋᆞᆯ 일ᄏᆞᆮᄌᆞᆸ논 마리니 그러나 이ᄂᆞᆫ 天텬下항앳 공번ᄒᆞᆫ 일후미니 엇뎨 ᄒᆞᆫ 사ᄅᆞᄆᆡ ᄒᆞ오ᅀᅡ 일ᄏᆞᆮ로미리오 오직 孔콩聖셩이 이 ᄆᆞᆯ 기피 體톙ᄒᆞ샤 그 德득의 키 이루미 잠관도 ᄉᆞ시 잇디 아니ᄒᆞᆫ 젼ᄎᆞ로 일ᄏᆞᆮᄌᆞ오ᄃᆡ 그리 ᄒᆞᄂᆞ니

如所謂佛者ᄂᆞᆫ 妙契天眞佛體故로 稱之爲

佛也ᄒᆞ니라 ○ 닐온 ᄇᆞᆺ무텨ᄂᆞᆫ 天텬眞진佛뿛體톙예 微밍妙묳히 마ᄌᆞ신 젼ᄎᆞ로 일ᄏᆞᆮᄌᆞ오

ᄃᆡ 부톄시다 호미 곧ᄒᆞ니라

頌 是法이 非法이라 不是法이니 死水예 藏龍이 活鱍鱍ᄒᆞᄂᆞ니라 是心이 非心이라 不是心이니 遍塞虛空ᄒᆞ야 古到今ᄒᆞ도다 ○ 이 法법이 法법 아니라 이 法법 아니니 주근 므레 ᄀᆞᆷ맷ᄂᆞᆫ 龍룡이 사라 鱍밣鱍밣ᄒᆞᄂᆞ니라 이 ᄆᆞᅀᆞ미 ᄆᆞᅀᆞᆷ 아니라 이 ᄆᆞᅀᆞᆷ 아니니 虛헝空콩애 ᄀᆞᄃᆞᆨᄒᆞ야 녜로셔 이제 니르도다 ■ 鱍밣鱍밣ᄋᆞᆫ 고기 ᄯᅬ리후ᄂᆞ ᄂᆞᆫ 양ᄌᆞ라 秖者ㅣ 是라 絶追尋ᄒᆞ니 無限野雲을 風捲盡ᄒᆞ니 一輪孤月이 照天心이로다 ○ 오직 이라 조차 ᄎᆞ조미 그ᄎᆞ니 그지업슨 ᄆᆡ햇 구루믈 ᄇᆞᄅᆞ미 거더 다ᄋᆞ니 ᄒᆞᆫ 輪륜 외ᄅᆞ왼 ᄃᆞ리 天텬心심에 비취도다

法則是心이라 不是法이니 死水예 藏龍이 活鱍鱍이로따 法既非法이라 心亦非니 非心心體ㅣ 塞天地ᄒᆞ도다 ○ 法법이 곧 이 ᄆᆞᅀᆞ미라 이 法법이 아니니 주근 므레 ᄀᆞᆷ맷ᄂᆞᆫ 龍룡이 사라 鱍밣鱍밣ᄒᆞ도다 法

법이ᄒᆞ마法법아니라ᄆᆞᅀᆞ미ᄯᅩ아니니ᄆᆞᅀᆞᆷ塞
아닌ᄆᆞᅀᆞᆷ體톙ㅣ天텬地띵예ᄀᆞ득ᄒᆞ도다
天地ᄒᆞ니今古애應無墜ᄒᆞ야分明在目前이라在目
前ᄒᆞ니何用區區謾追尋이리오 ○ 天텬地띵예ᄀᆞ득ᄒᆞ니이제와녜와애반
ᄃᆞ기ᄢᅥ듀미업서分분明명히눈알ᄑᆡ잇도다눈
알ᄑᆡ이시니엇뎨區쿵區쿵히속졀업시조차ᄎᆞ
ᄌᆞ몰ᄡᅳ리오 是非雲盡ᄒᆞ며心法雙忘ᄒᆞ니大人面目이當
陽顯赫ᄒᆞ도다 ○ 是씽와非빙왓구룸이다ᄋᆞ며
心심과法법과ᄃᆞᆯ흘니ᄌᆞ니大땡人신ᄋᆡ
面면目목이陽양ᄋᆞᆯ當
당ᄒᆞ야나타빗나도다
須菩提야譬如人身長大ᄒᆞ니라 須菩提
言ᄒᆞᄉᆞ오ᄃᆡ世尊하如來說人身長大ㅣ卽
爲非大身이라是名大身이니이다

此身은 無限量ᄒᆞ며 無邊表ㅣ라 無一物이 可等伊ᄒᆞ며 無一物이 能盡伊라 ○이 모ᄆᆞᆫ 限ᄒᆞᆫ量량 업스며 ᄀᆞᆺ ᄀᆞ업순 디라 ᄒᆞᆫ 거시 어루 ·더ᄅᆞᆯ 골오리 업스·며 ᄒᆞᆫ 거시 ·더ᄅᆞᆯ 能능히 두프리 업순 ·디라 設道大同須彌ᄒᆞ야도 早已局限他了也ㅣ며 量同大虛ㅣ라 ᄒᆞ야도 亦局限他了也ㅣ니라 ○비록 크미 須슝彌밍 ᄀᆞᆮ다 닐어도 볼셔 더ᄅᆞᆯ 에워 限한ᄒᆞ논 디며 量량이 大땡虛헝 ᄀᆞᆮ다 ᄒᆞ야도 ᄯᅩ 더ᄅᆞᆯ 에워 限한ᄒᆞ논 디니라 因甚道非身고 本是尊貴人은 不居尊貴位라 須彌頂上애 尋不遇ᄒᆞ고 芳草岸頭에 或相逢ᄒᆞᄂᆞ니 ○므스글 因힌ᄒᆞ야 몸 아니라 니ᄅᆞ뇨 本본來랭 이 尊존貴귕ᄒᆞᆫ 사ᄅᆞ믄 尊존貴귕ᄒᆞᆫ 位윙예 居겅티 아니ᄒᆞᄂᆞᆫ 디라 須슝彌밍 뎡바기 우희 ᄎᆞ자도 맛나디 몯ᄒᆞ고 곳다온 픐 두듥 머리예 시혹 相샹逢뽕ᄒᆞᄂᆞ니 是名爲大身이니 今 人特地愁ㅣ로다 摩竭애 爲之曾掩關ᄒᆞ시고 毗耶애

爲之ㄴ 掛壁ᄒᆞ니라 ○ 이 일후미 큰 모미라 ᄒᆞ시니 사ᄅᆞ미 ᄀᆞ장 사ᄅᆞᆷ케 ᄒᆞ노다 摩망

竭꼉애 일즉 關관ᄋᆞᆯ ᄀᆞ리오시고 毗삥耶양애 이블 ᄇᆞᄅᆞ매 ᄀᆞ니라 大땡身신ᄋᆞᆯ 수이 몯 어더시

ᄅᆞ미리라 부톄 摩망竭꼉國귁에 겨샤 닐웨 門 몯 다ᄃᆞ사니 부텨ᄅᆞᆯ 몯 어드리라 ᄒᆞ샨 ᄠᅳ디니라

毗삥耶양애 말아 니홈도 ᄒᆞᆫ ᄠᅳ디라 라

頌 喚作一物이라도 即不中ᄒᆞ리라 ○ ᄒᆞᆫ 거시라 ᄒᆞ야도 곧 맛디 아니ᄒᆞ리라

設道即心即佛이라도 爭奈非心非佛이며 設道一物이라도 亦非一物이니라 ○ 비록 곧 ᄆᆞᅀᆞ미며 곧 부톄라 닐어도 권마ᄅᆞᆫ ᄆᆞᅀᆞᆷ 아니며 부텨 아니며 비록 ᄒᆞᆫ 거시라 닐어도 ᄯᅩ ᄒᆞᆫ 거시 아니니라

頌 天產英靈六尺軀ᄒᆞ시니 能文能武ᄒᆞ며 善經書ᄒᆞ놋다

一朝애 識破孃生面ᄒᆞ야ㅅ 方信閑名이 滿五湖ᄒᆞ리라 ○

하ᄂᆞᆯ히英영靈령ᄒᆞᆫ예잣모ᄆᆞᆯ내시나能능히文문
ᄒᆞ며能능히武뭉ᄒᆞ며經경書셔ᄅᆞᆯ잘ᄒᆞ놋다ᄒᆞᄂᆞᆺ
아ᄎᆞ미어믜나ᄒᆞᆫᄂᆞᆺ출아라사비르서쇽절
업슨일후미五옹湖ᅘᅩᆼ애ᄀᆞ독ᄒᆞᆫ돌알리라

能文武ᄒᆞ며善經書ᄒᆞ니可謂天產之英靈이며人間之
俊傑이로다然只得雙眼圓明이오未開得頂門正眼
이니○文문武뭉ᄅᆞᆯ能능히ᄒᆞ며經경書셔ᄅᆞᆯ잘
ᄒᆞ니어루하ᄂᆞᆯ내샨英영靈령이며人신間간앳
俊쥰傑껋이라니ᄅᆞ리로다그러나오직두누니
두려이ᄇᆞᆯ고몯得득ᄒᆞ고頂뎡門몬앳正졍ᄒᆞᆫ누
늘여디몯ᄒᆞ니▲英영과傑껋와ᄂᆞᆫ智
딩慧ᅘᅰᆼㅣ萬먼人신의게소사날시라識得大人
面目然後에사許伊와開得頂門正眼ᄒᆞ리니伊麼則
日前엣所作이只是閑事ㅣ며所聞이亦只是閑名
이로다○大땡人신面면目목ᄋᆞᆯ안後ᅘᅮᇹ에사네
의頂뎡門몬앳正졍ᄒᆞᆫ눈여로ᄆᆞᆯ許헝ᄒᆞ리니그
러면오ᄂᆞᆯ롯알ᄑᆡᆺ지순배오직이쇽절업슨이리
며들이던배또오직이쇽절업슨일후미로다▲

頂뎡門몬은 無뭉見견頂뎡上쌍이오 邪썅ᄅᆞᆯ ᄀᆞᆯᄒᆡ실ᄊᆡ 正졍이오 비취실ᄊᆡ 眼안이라

須菩提야 菩薩도 亦如是ᄒᆞ야 若作是言ᄒᆞ디 我ㅣ 當滅度無量衆生이라ᄒᆞ면 即不名菩薩이니 何以故오 須菩提야 實無有法이 名爲菩薩이니 是故로 佛說一切法은 無我無人無衆生無壽者ㅣ라ᄒᆞ니

始因空生의 問住降ᄒᆞ샤 敎以滅度而無滅ᄒᆞ샤 以明無住無我之意ᄒᆞ야 令如是降心ᄒᆞ며 如是安住也ᄒᆞ게 ᄒᆞ시고 ○ 처ᅀᅥᆷ 空콩生ᄉᆡᆼ의 住뜡降ᅘᆞᆼ 묻ᄌᆞ오ᄆᆞᆯ 因힌ᄒᆞ샤 滅멿度똥호ᄃᆡ 滅멿度똥ᄒᆞᆫ 업소ᄆᆞᆯ ᄲᅥ ᄀᆞᄅᆞ치샤 住뜡 업스며 我앙 업슨 ᄠᅳ들 ᄲᅥ 볼겨 이 ᄀᆞ티 ᄆᆞᅀᆞᄆᆞᆯ 降ᅘᆞᆼ伏뽁ᄒᆡ며 이 ᄀᆞ티 安한住뜡

케ᄒᆞ시고 次言實無有法ᄒᆞ야 如來得阿耨等이라ᄒᆞ시고 又
言一切法ᄋᆞ로 以至云大身이 即非大身ᄒᆞ샤 以明佛
法道三이 皆空而無主ᄒᆞ시고 ○ 비거니ᄅᆞ샤ᄃᆡ 實씷로 法법이 이셔 如셩
來ᄅᆡᆼ 阿항耨녹等등을 得득ᄒᆞ미 업다ᄒᆞ시고 ᄯᅩ 니ᄅᆞ샤ᄃᆡ 一ᅙᅵᇙ切쳉法법ᄋᆞ로 大땡身신이 곧 大
땡身신 아니라 니ᄅᆞ샤매 니르르샤 佛뿛法법 道똫 세히 다 뷔여 主쥬ᇰ 업소ᄆᆞᆯ ᄲᅧ ᄇᆞᆯ기시고 此
言菩薩亦如是로 至實無有法이 名爲菩薩ᄒᆞ샤 重
明無住無我之意ᄒᆞ시고 ○ 이에 니ᄅᆞ샤ᄃᆡ 菩뽕薩삻도 ᄯᅩ 이 곧다ᄒᆞ샤ᄆᆞ로 實
씷로 法법이 옴 업소미 일후미 菩뽕薩삻이라ᄒᆞ샤매 니르르샤 住뜡 업스며 我앙 업순 ᄠᅳ들 다사
블기시고 乃云是故로 佛說一切法은 無我無人無衆
生無壽者ㅣ시니라ᄒᆞ 伊麼則現前天地日月와 萬像
森羅로 以至二乘諦緣과 菩薩六度와 諸佛無上

正等菩提히 ○니ᄅᆞ샤ᄃᆡ 이런젼ᄎᆞ로부터닐온 一잃切쳉法법은我앙業업ᄉᆞ며人신業업ᄉᆞ며衆즁生ᄉᆡᆼ業업ᄉᆞ며壽쓯者쟝業업ᄉᆞ니라ᄒᆞ시니그러면알ᄑᆡ現현ᄒᆞᆫ天텬地띵日ᅀᅵᇙ月웛와萬먼像썅森숨羅랑로二ᅀᅵᆼ乘씽諦뎽緣원과菩뽕薩삻六륙度똥와諸졍佛뿛無뭉上썅正졍等둥菩뽕提똉예니르리 一一無主ᄒᆞ며 一一無相ᄒᆞ며 一一淸淨ᄒᆞ며 一一寂滅ᄒᆞ야 一一如銀山鐵壁相似ᄒᆞ야 無有一法도 容思議於其間矣리라 ○낫나치主즁ㅣ업스며낫나치相샹업스며낫나치淸쳥淨쪙ᄒᆞ며낫나치寂쩍滅멿ᄒᆞ야낫나치銀은山산鐵텷壁벽이서르ᄀᆞᆮᄒᆞ야ᄒᆞᆫ法법도그ᄉᆞᅀᅵ예思ᄉᆞᆼ議읭두미업스리라

治父 喚牛ᄒᆞ면 即牛ㅣ오 呼馬ᄒᆞ면 即馬ㅣ니라 ○쇼ᄅᆞᆯ브르면곧쇠오ᄆᆞᄅᆞᆯ브르면곧ᄆᆞ리니라

既一一如銀山鐵壁相似ᄒᆞ니 作麼生出氣去오 喚

牛ᄒᆞ면 即牛ㅣ오 呼馬ᄒᆞ면 即馬ㅣ니라 ○ ᄒᆞ마 낫나치 銀은山산鐵텰壁벽이 서르 곧ᄒᆞ니 엇뎨 긔운 내료 쇼ᄅᆞᆯ 브르면 곧 쇠오 ᄆᆞᄅᆞᆯ 브르면 곧 ᄆᆞ리니라

法本是無시ᄂᆞᆫ 道無ᄒᆞ야도 亦不乘法體ᄒᆞ며 法本是有시ᄂᆞᆫ 道有ᄒᆞ야도 亦不乘法體ᄒᆞ니라 ○ 法법이 本본來ᄅᆡᆼ 업슬ᄉᆡ 업다 닐어도 ᄯᅩ 法법體톙예 그르디 아니ᄒᆞ며 法법이 本본來ᄅᆡᆼ 이실ᄉᆡ 잇다 닐어도 ᄯᅩ 法법體톙예 그르디 아니ᄒᆞ니라

頌 借婆衫子ᄒᆞ야 拜婆門ᄒᆞ니 禮數周旋이 已十分이로다

竹影이 掃階ᄒᆞ야도 塵不動ᄒᆞ고 月穿潭底ᄒᆞ야도 水無痕ᄒᆞ니라 ○ 할미 적삼 비러 할미 門몬을 절ᄒᆞ니 禮롕數숭ᄒᆞ야 횟도로미 ᄒᆞ마 十씹分분 뿐이로다 ᄆᆡᆺ그르메 버텅을 ᄡᅳ러도 드트리 뮈디 아니ᄒᆞ고 ᄃᆞ리 못 미틀 들워도 므리 허믈 업스니라

看取門前에 禮數儀ᄒᆞ니 借來堂上애 婆子衫이로다

有影이 掃階ᄒᆞ나 塵不動ᄒᆞᄂᆞ니 當軒翠竹이 舞婆娑

ㅣ로다○門몬앒뒷禮롕數숭ᄒᆞᄂᆞᆫ양ᄌᆞᄅᆞᆯ보니堂땅우ᄒᆡᆺ할미젹삼ᄋᆞᆯ비도다그르메버텅을ᄡᅳ니나드트리뮈디아니ᄒᆞᄂᆞ니軒헌ᄋᆞᆯ當당ᄒᆞ얫ᄂᆞᆫ펴런대춤추미婆빵娑상ㅣ로다 婆빵娑상ᄋᆞᆫ춤ᄎᆞᄂᆞᆫ양ᄌᆞ라 有華ㅣ透水ᄒᆞ나 水無痕ᄒᆞ니 在天明月이 光烱曜ᄒᆞ다도 空耶아 有耶아 吾不稱斷이로다○비치므를ᄉᆞᄆᆞ차나므리허믈업스니하ᄂᆞᆳ해잇ᄂᆞᆫ볼ᄀᆞᆫᄃᆞ리光광이빗나도다空콩가有웅아내ᄉᆞ일ᄏᆞ라決궗斷돤몯ᄒᆞ리로다

須菩提야 若菩薩이 作是言호ᄃᆡ 我ㅣ當莊嚴佛土ㅣ라ᄒᆞ면 是不名菩薩이니 何以故오 如來說莊嚴佛土者ㅣ 即非莊嚴이라 是名莊嚴이니라 須菩提야 若菩薩이 通

達無我法者는 如來ㅣ說名真是菩
薩이라 ᄒᆞᄂᆞ니라
前依度生ᄒᆞ야 以明無我ᄒᆞ시고 此依嚴土ᄒᆞ야 復明無
我ᄒᆞ샤 乃云ᄒᆞ샤ᄃᆡ 若菩薩이 通達無我法者는 如來
ㅣ說名真是菩薩이라 ᄒᆞ시니○알핀 衆즁生ᄉᆡᆼ 度똥호ᄆᆞᆯ 브터 나 업소ᄆᆞᆯ ᄇᆞᆯ
기시고 이엔 ᄯᅡ莊장嚴엄호ᄆᆞᆯ 브터 ᄒᆞ시나 업소ᄆᆞᆯ ᄇᆞᆯ기샤 니ᄅᆞ샤ᄃᆡ ᄒᆞ다가 菩뽕薩삻이 無뭉我
앙法법을 通통達ᄄᆞᇙᄒᆞ닌 如영來링 닐오ᄃᆡ 일후미 眞진實씷이 菩뽕薩삻이라 ᄒᆞ시니 只如
無我底道理는 作麼生道오 內不見有五蘊身ᄒᆞ야
天地萬物로 爲一己니라○오직 나 업슨 道ᄄᆞᇢ理링는 엇뎨 니ᄅᆞ료 안ᄒᆞ로 五
옹蘊혼身신이 쇼ᄆᆞᆯ 보디 아니ᄒᆞ야 하ᄂᆞᆯ콰 ᄯᅡ콰 萬먼物뭃와로 ᄒᆞᆫ 모ᄆᆞᆯ 삼ᄂᆞ니라 更有一

道理ᄒᆞ니亦名無我法이니寒山拾得이兩相隨ᄒᆞ야在
山在途애影從形ᄒᆞᄂᆞ니若使二人이如有我ㅣ러든
一在青山코一在途ᄒᆞ리라○또ᄒᆞᆫ道똥理링잇ᄂᆞ니또일후미無뭉我앙法
법이니寒한山산과拾씹得득과둘히서르조차뫼해이시며길헤이쇼매그르메얼굴졷ᄃᆞᆺᄒᆞᄂᆞ
니ᄒᆞ다가두사ᄅᆞ미我앙ᄅᆞᆯ뒷더든ᄒᆞ나ᄒᆞᆫ靑청山산애잇고ᄒᆞ나ᄒᆞᆫ길헤이시리라作麼
生通達오智窮文殊之智源ᄒᆞ야權掛始衣ᄒᆞ야伊麼
來ᄒᆞ고行窮普賢之行海ᄒᆞ야却粧珍御ᄒᆞ야伊麼去ㅣ니
라○엇뎨通통達딿오智딩慧쀙ㅣ文문殊쓩ㅅ智딩源원을다ᄒᆞ야權꿘으로ᄇᆡ무든옷거러그
리오고行ᅘᆡᇰ이普퐁賢ᅘᅧᆫㅅ行ᅘᆡᇰ海ᄒᆡᆼ를다ᄒᆞ야도ᄅᆞ혀貴귕ᄒᆞᆫ오ᄉᆞ로ᄭᅮ며그리갈시니라

治父 寒即普天寒ᄒᆞ고熱即普天熱ᄒᆞᄂᆞ니라○치우면곧너븐하ᄂᆞᆯ히
칩고더우면곧너븐하ᄂᆞᆯ히덥ᄂᆞ니라

妙造文殊之智境니ᄒᆞ 朔風이 洌洌ᄒᆞ야 霜雪이 漫天ᄒᆞ고 ○文문殊쓩ㅅ智딩境경에 微밍妙묭히 나ᅀᅡ가·니 朔삭風봉이 ·삭·삭ᄒᆞ야 서·리와 ·눈괘 하·ᄂᆞᆯ해 ·ᄀᆞ독ᄒᆞ고 ▼朔삭風봉·ᄋᆞᆫ 北븍녁 ᄇᆞᄅᆞ미라 高蹈普賢之行門니ᄒᆞ 熏風이 習習ᄒᆞ야 靑黃이 滿地로다 ○普퐁賢현ㅅ行ᅘᆡᇰ門몬ᄋᆞᆯ 노피 ᄇᆞᆯ·오니 덥듯ᄒᆞᆫ ᄇᆞᄅᆞ미 ᄃᆞᆺᄇᆞᆺᄒᆞ야 ᄑᆞ르며 누르니 ᄯᅡ해 ᄀᆞ독ᄒᆞ도다

【頌】有我ㅣ元無我ᄒᆞ니 寒時예 燒軟火ㅣ로다 無心이 似有心ᄒᆞ니 半夜애 拾金針이로다 無心無我를 分明道ᄒᆞ니 不知道者는 是何人고 呵呵 我앙이 ·쇼·미 ·본·ᄃᆡ 我앙 업스·니 ·ᄎᆞᆫ 時씽節졀에 보ᄃᆞ라·온 ·브를 ᄉᆞ·ᄂᆞᆺ다 ᄆᆞᅀᆞᆷ 업소·미 ᄆᆞᅀᆞᆷ 잇ᄂᆞᆫ ·ᄃᆞᆺᄒᆞ니 半반夜양애 金금바ᄂᆞᆯ 주ᅀᅳᆺ도다 ᄆᆞᅀᆞᆷ 업스·며 我앙 업소·ᄆᆞᆯ 分분明명히 니ᄅᆞᄂᆞ니 아·디 몯ᄒᆞ리로·다 니ᄅᆞᄂᆞᆫ ·이 엇던 ·사ᄅᆞᆷ고 呵항呵항

本是無我人이 度生權立我ᄒᆞ니 寒時옛 軟火ㅣ 不

是可猒이로다 內同枯木ᄒᆞᄃᆡ 假現威儀ᄒᆞ니 夜半拾針

이 不是無知로다 ○本본來ᄅᆡᆼ이 我앙 업슨 사ᄅᆞ미 生ᄉᆡᆼ을 度똥ᄒᆞ노라 權꿘으로 我

앙ᄅᆞᆯ 셰니 치운 저긔 軟ᅀᅯᆫᄒᆞᆫ 브리 이어루아 쳔브디 아냐ᄒᆞ도다 안ᄒᆞ로 이운 남ᄀᆞᆫ ᄒᆞ호ᄃᆡ 威ᅙᅱᆼ儀

윙ᄅᆞᆯ 빌ᄡᅮ워 나토니 夜양半반애 바ᄂᆞᆯ 주수마이 無뭉知딩혼ᄃᆡ 아니로다 分明道出

無我理ᄒᆞ니 ᄂᆞ 不知道者는 是何人고 呵呵是는 有

我아 無我아 有心가 無心가 ○分분明명히 無뭉我앙理링ᄅᆞᆯ 닐어 내ᄂᆞ

니 아디 몯ᄒᆞ리로다 니ᄅᆞᄂᆞ닌 이 엇던 사ᄅᆞᆷ고 呵

항呵항이는 有융我앙아 無뭉我앙이 有융心심

가 無뭉心심가

宗鏡 妄盡還眞ᄒᆞ니 衆生을 何曾滅度ㅣ리오 法空無我

ᄒᆞ니 菩提ㅣ 本自圓成ᄒᆞ도다 ○妄망이 다아 眞진에 도라가니 衆중生ᄉᆡᆼ을 엇뎨 잢

관인ᄃᆞᆯ 滅멿度똥ᄒᆞ리오 法법이 뷔여 我앙 업스나 菩뽕提똉ㅣ 本본來ᄅᆡᆼ 제 圓원成쎵ᄒᆞ도다 直

饒遇然燈ᄒᆞ샤 印證而不疑ᄒᆞ샤도 已隔來世어늘ᅀᅡ 況釋迦ㅣ 重審而方悟ᄒᆞ시니 轉涉途程이로다 ○현마 然연燈등 맛나샤 證징ᄋᆞᆯ 印ᅙᅵᆫᄒᆞ야 疑ᅌᅵᆼ心심 아니ᄒᆞ샤도 ᄒᆞ마 來ᄅᆡᆼ世솅 ᄀᆞ리어늘ᅀᅡ ᄒᆞ물며 釋셕迦강ㅣ 다시 ᄉᆞᆯ펴ᅀᅡ 비르서 아ᄅᆞ시니 더욱 길헤 干간涉썹ᄒᆞ도다

且道不涉途底人ᄋᆞᆫ 脚跟이 還點地麽아 丈夫ㅣ 自有衝天智ᄒᆞ니 不向如來行處行이니라 ○ᄯᅩ 니ᄅᆞ라 길헤 干간涉썹디 아니ᄒᆞᆫ 사ᄅᆞᄆᆞᆫ 밠귀머리 도ᄅᆞ혀 ᄯᅡᄒᆞᆯ ᄇᆞᆲᄂᆞ녀 丈땨ᇰ夫붕ㅣ 제 하ᄂᆞᆯ해 티디ᄅᆞᆫ 智딩慧ᅘᅰᆼᄅᆞᆯ 뒷ᄂᆞ니 如ᅀᅧᆼ來ᄅᆡᆼ 行ᅘᆡᇰᄒᆞ시논 ᄯᅡᄒᆞᆯ 向향ᄒᆞ야 行ᅘᆡᇰ티 아니ᄒᆞᄂᆞ니라

頌 直指單傳密意深ᄒᆞ시니 本來非佛이며 亦非心이니라 分明不受然燈記ᄒᆞ시니 自有靈光이 耀古今ᄒᆞ시니라 ○바ᄅᆞ ᄀᆞᄅᆞ쳐 單단傳뎐ᄒᆞ시논 秘빙密밇ᄒᆞᆫ ᄠᅳ디 기프시니 本본來ᄅᆡᆼ 부텨 아니며 ᄯᅩ ᄆᆞᅀᆞᆷ 아니니라 分분明명히 然연燈등記긩ᄅᆞᆯ 受쓰ᇢ티 아니ᄒᆞ시니 ᄌᆞ걋 靈령光광이 古공今금에 빗나시니라

密意圓成ᄒᆞ야 更無求ᄒᆞ니 自有靈光이 耀古今ᄒᆞ도다 ○

密밀ᄒᆞᆫ ᄠᅳ디 圓원히 이러 ᄯᅩ 求꾸ᇢ호미 업스니 ᄌᆞ걋 靈령光광이 古공今금에 빗나도다

一體同觀分第十八

須菩提야 於意云何오 如來ㅣ 有肉眼가 不아 如是世尊하 如來ㅣ 有肉眼ᄒᆞ시니이다 須菩提야 於意云何오 如來ㅣ 有天眼가 不아 如是世尊하 如來ㅣ 有天眼ᄒᆞ시니이다 須菩提야 於意云何오 如來ㅣ 有慧眼가 不아 如是世尊하 如來ㅣ 有慧眼ᄒᆞ시니이다 須菩提야 於意云何오 如來ㅣ 有

法眼不아 如是世尊하 如來ㅣ有法眼ᄒᆞ시니이다 須菩提야 於意云何오 如來ㅣ有佛眼不아 如是世尊하 如來ㅣ有佛眼ᄒᆞ시니이다

上明無住無我之意ᄒᆞ시고 此애 歷擧五眼ᄒᆞ샤 以明如來知見이 廣大纖悉ᄒᆞ샤 沙界衆生의 染淨善惡差別心行이 不可得而掩也ᄒᆞ시니○우ᄒᆡ 住뜡 업스며 我앙 업슨 ᄠᅳ들 블기시고 이엔 五옹眼안ᄋᆞᆯ 버려 드르샤 如영來링ㅅ 知딩見견이 넙고 크며 ᄌᆞ세ᄒᆞ샤 沙상界갱 衆즁生ᄉᆡᆼ이 더러우며 조ᄒᆞ며 善쎤ᄒᆞ며 惡학ᄒᆞᆫ 差창別뼗 心심行ᅘᆡᆼ이 어루 시러 ᄀᆞ리디 몯홀 ᄃᆞᆯ 배 블기시니 意在令捨顚倒知見ᄒᆞ고 契乎無住大道也

ㅣ시니라 若使衆生이 住無住ㅣ면 佛眼이 雖明이나 覰不見ᄒᆞ시ᄂᆞ니라 ○ ᄡᅳ디 顚뎐倒돌ᄒᆞᆫ 知딩見견을 ᄇᆞ리고 住뜡 업슨 大땡道똘애 맛게 ᄒᆞ매 겨시니라 ᄒᆞ다가 衆즁生ᄉᆡᆼ이 無뭉住뜡에 住뜡케 ᄒᆞ면 佛뿛眼안이 비록 ᄇᆞᆯᄀᆞ시나 엿와도 보디 몯ᄒᆞ시ᄂᆞ니라

冶父 盡在眉毛下ᄒᆞ도다 ○ 다 눈섭터리 아래 잇도다

如來五種眼이 盡在眉毛下ᄒᆞ며 張三의 一雙眼도 亦在眉毛下ᄒᆞ니 既然同在眉毛下ᄒᆞᆫ딘 應用이 亦應無兩般이니라 ○ 如셩來링ㅅ 다ᄉᆞᆺ 가짓 누니 다 눈섭터리 아래 이시며 張댱三삼ᄋᆡ 一힗雙솽ㅅ 눈도 ᄯᅩ 눈섭터리 아래 잇ᄂᆞ니 ᄒᆞ마 ᄒᆞᆫ가지로 눈섭터리 아래 이시란ᄃᆡ 應흥用용이 ᄯᅩ 당다이 두 가지 업스니라

頌 如來ᄂᆞᆫ 有五眼ᄒᆞ시고 張三ᄋᆞᆫ 只一雙이언마ᄅᆞᆫ 一般分

皂白ᄒᆞ고的的別青黃ᄒᆞᄂᆞ니라其間些子文訛處ㅣ六月炎天에下雪霜이로다○如영來링ㅅ五옹眼안이겨시고張댱三삼ᄋᆞᆫ오직ᄒᆞᆫ雙ᄉᆞᆼ이언마ᄅᆞᆫᄒᆞᆫ가지로거므며ᄒᆡ닐ᄂᆞᆫ호고반ᄃᆞ기프르며누르닐ᄀᆞᆯ히ᄂᆞ니라그ᄉᆞᅀᅵ쟈ᄀᆞᆫ그르ᄎᆞᆫ고디六륙月웛ㅅ더운하ᄂᆞᆯ해ᄂᆞᆫ과서리라왜오미로다

五眼一雙이名雖異ᄒᆞ나誰將皂白ᄒᆞ야謂青黃ᄒᆞ리오春來예同見芳草綠ᄒᆞ고秋來예同見黃葉彫ᄒᆞᄂᆞ니○五옹眼안과ᄒᆞᆫ雙ᄉᆞᆼ괘일후미비록다ᄅᆞ나뉘거므며ᄒᆡ닐가져셔프르며누르다니ᄅᆞ리오봄오매芳팡草촣파라ᄒᆞ몰ᄒᆞᆫ가지로보고ᄀᆞᅀᆞᆯ오매누른닙ᄠᅥ러듀믈ᄒᆞᆫ가지로보ᄂᆞ니

佛之所以異於人은熾然作用이無其蹤ᄒᆞ시니라無其蹤ᄒᆞ니六月炎天에下雪霜이로다○부텨사ᄅᆞ미게다ᄅᆞ샨아ᄎᆞᆫ熾칭然션ᄒᆞᆫ作작用용이그자최업스시니라그자최업스니六륙月웛더운하ᄂᆞᆯ해ᄂᆞᆫ과서리라왜오미로다

須菩提야 於意云何오 如恒河中所
有沙를 佛說是沙아 不아 如是世尊하
如來ㅣ說是沙ᄒᆞ시ᄂᆞ니이다 須菩提야 於意
云何오 如一恒河中所有沙애 有如
是沙等恒河ㅣ어든 是諸恒河所有沙
數를 佛世界ㅣ如是ᄒᆞ면 寧爲多아 不아
甚多ᄒᆞ리어다 世尊하 佛告須菩提ᄒᆞ샤ᄃᆡ 爾
所國土中엣 所有衆生의 若干種心을
如來ㅣ悉知ᄒᆞᄂᆞ니

如來心地月이 照臨諸刹海ᄒᆞ시니 刹海ᄂᆞᆫ 都一撮오

諸心은 一點雲이로다 ○ 如ᅀᅧᆼ來ᄅᆡᆼㅅ ᄆᆞᅀᆞᆷ ᄯᅡ햇 ᄃᆞ리 여러 刹찷海ᄒᆡᆼᄅᆞᆯ 비취여다

려겨시니 刹찷海ᄒᆡᆼᄂᆞᆫ 보ᄃᆞᆫ ᄒᆞᆫ 저부미오 여러 ᄆᆞᅀᆞᄆᆞᆫ ᄒᆞᆫ 點뎜 구루미로다

治父 曾爲蕩子ᄒᆞᆯᄉᆡ 偏憐客ᄒᆞ고 慣愛貪盃ᄒᆞᆯᄉᆡ 惜醉人ᄒᆞᄂᆞ

다 ○ 아ᄅᆡ 蕩땅子ᄌᆞᆼㅣ ᄃᆞ욀ᄉᆡ 소ᄂᆞᆯ ᄀᆞ장 어엿비너기고 盞잔 貪탐ᄒᆞ몰 니기ᄃᆞᆯ ᄉᆞᆯᄉᆡ 醉ᄌᆔᆼᄒᆞᆫ 사ᄅᆞ믈 어

엿비너기ᄂᆞ다 【蕩】 땅子ᄌᆞᆼᄂᆞᆫ 것와시라

客作他鄕ᄒᆞ니 竛竮事ㅣ 可哀로다 醉迷衣寶ᄒᆞ니 癡迷

情이 可愍이로다 循塵ᄒᆞ고 背眞覺ᄒᆞ야 枉趣輪轉ᄒᆞᄂᆞᆫ 事

ㅣ 如然ᄒᆞ니 我佛이 曾經슈故愍ᄒᆞ샤 慈眼ᄋᆞ란 普照輪

中人ᄒᆞ시ᄂᆞ니라 ○ 다ᄅᆞᆫ ᄀᆞ올 힛소니 ᄃᆞ외니 竛녕竮평ᄒᆞᆫ 이리 어루 슬프도다 醉ᄌᆔᆼᄒᆞ야 오

ᄉᆡᆺ 보비ᄅᆞᆯ 모ᄅᆞ니 어리 며미 혹ᄒᆞᆫ ᄠᅳ디 어루 어엿브도다 드트를 좇고 眞진覺각ᄋᆞᆯ 背빙叛빤ᄒᆞ야

輪륜轉뎐에 그르가논 이리 이곤ᄒᆞ니 우리 부톄 아ᄅᆡ 디내샨 ᄉᆞ이 제 어엿비 너기샤 慈ᄍᆞᆼ眼안ᄋᆞ로 그우ᄂᆞᆫ 가온ᄃᆡ 사ᄅᆞᄆᆞᆯ 너비 비취시ᄂᆞ니라

頌 眼觀東南ᄒᆞ나 意在西北이로다 將謂猴白이라니 更有猴黑이랏다 一切衆生의 一切心이 盡逐無窮聲與色ᄒᆞᄂᆞ다 喝

누ᄂᆞᆫ 東동南남ᄋᆞᆯ 보나 ᄠᅳ디 西솅北븍에 잇도다 쟝ᄎᆞ 나비 ᄒᆡ다 너기다니 ᄯᅩ 나비 거므니 잇ᄃᆞᆺ다 一힗切쳉衆즁生ᄉᆡᆼ의 一힗切쳉心심이 다 그지업슨 聲셩과 色ᄉᆡᆨ과ᄅᆞᆯ 좃ᄂᆞ다 喝할

白雲兒向萬里飄ᄒᆞ나 從來로 不忘青山父ᄒᆞᄂᆞ니라 將謂牟尼ㅣ是大悲ᄒᆞ다니 更有毗盧ㅣ最是慈ㅣ샷다 ○

白ᄈᆡᆨ雲운이 기 萬먼里링ᄅᆞᆯ 向향ᄒᆞ야 불이나가리 브터 오ᄆᆞ로 青쳥山산 아비ᄅᆞᆯ 닛디 아니ᄒᆞᄂᆞ니라 쟝ᄎᆞ 牟뭉尼닝ㅣ 大땡悲빙시다 너기다니 ᄯᅩ 毗삥盧롱ㅣ ᄆᆞᆺ 이 慈ᄍᆞᆼᄒᆞ샷다

乃何遊子ᄂᆞᆫ 不知返ᄒᆞ야 累他慈父의 送人尋고 不知還ᄒᆞ야

長在迷途ᄒᆞ야 逐風波ㅣ로다 ○ :엇뎨 노니ᄂᆞᆫ 아ᄃᆞᄅᆞᆫ 도·라:오·ᄆᆞᆯ :아디 :몯ᄒᆞ야 ·뎌
慈ᄍᆞᆼ父ᄲᅮᆼ의 :사ᄅᆞᆷ 보내야 推췽尋씸ᄒᆞ·ᄆᆞᆯ 저·치ᄂᆞ·ᄂᆞᆫ 도·라:오·ᄆᆞᆯ :아디 :몯ᄒᆞ야 당샹 ·어즐ᄒᆞᆫ 길헤 이·셔
風봉波방ᄅᆞᆯ 졷·ᄂᆞ다 喝金剛寶劒이 倚天寒ᄒᆞ니 一揮예 能摧
萬仞峯이로다 偏界魔軍이 從此落ᄒᆞ니 有何精魅鬪
其中이리오 ○ 喝핧金금剛강寶봉劒검·이 하ᄂᆞᆯ해 :지·여·서 ᄂᆞᆯᄒᆞ·니 ᄒᆞᆫ 번 돌·우메 萬먼仞신峯퐁·ᄋᆞᆯ 能능·히 것·ᄂᆞᆫ다 世솅界갱예 ᄀᆞ독ᄒᆞᆫ 魔망軍군·이 ·일로 브·터 ᄢᅥ·러디·니 :엇던 精졍魅밍 그 가·온ᄃᆡ :엿오·미 이시·리오 ■ 仞신·은 ·닐굽 자·히 ᄒᆞᆫ 仞신·이라 精졍魅밍·ᄂᆞᆫ 靈령精졍·이니 ·돗가·비 ·트렛거·시라

何以故오 如來說諸心이 皆爲非心이라
是名爲心이니

靈源이 湛寂ᄒᆞ야 本自無生이언마ᄅᆞᆫ 一念波興ᄒᆞ면 諸妄이 競作ᄒᆞᄂᆞ니 波非水性이며 妄非眞源이니 是可名爲虛妄浮心이니라 ○ 靈령ᄒᆞᆫ 根곤源원이 ᄆᆞᆯ가 괴외ᄒᆞ야 本본來ᄅᆡᆼ 제 나미 업건마ᄅᆞᆫ ᄒᆞᆫ 念념 믌겨리 닐면 여러 妄망이 ᄃᆞ토아 짓ᄂᆞ니 믌겨리 믌 性셩 아니며 妄망이 眞진의 根곤源원 아니니 이 어루 일후믈 虛헝妄망ᄒᆞᆫ ᄠᅳᆫ ᄆᆞᅀᆞ미니라

又 前念今念後念이 念念에 思無量善事ᄒᆞ며 思無量惡事ㅣ라 念念이 遷流ᄒᆞ야 起滅이 不停ᄒᆞᄂᆞ니 如是等心을 是名諸心이니 ○ 前젼念념今금念념後ᅘᅮᇢ念념이 念념念념에 그지 업슨 됴ᄒᆞᆫ 이ᄅᆞᆯ 思ᄉᆞ量량ᄒᆞ며 그지 업슨 모딘 이ᄅᆞᆯ 思ᄉᆞ量량ᄒᆞ논 디라 念념念념이 올마 흘러 닐며 업소미 머므디 아니ᄒᆞᄂᆞ니 이러ᄐᆞᆺᄒᆞᆫ ᄆᆞᅀᆞᄆᆞᆯ 이 일후미 여러 ᄆᆞᅀᆞ미니라 而此諸心은 刹那無有生相ᄒᆞ며 刹那無有滅相ᄒᆞ야 更無生滅이 可滅이니 是名非心이라 ○ 이

여러 ᄆᆞᅀᆞᆫ 刹찰那낭애 나ᄂᆞᆫ 相샹이 ᄋᆞᆷ 업스며 刹찰那낭애 滅멿ᄒᆞᆫ 相샹이 ᄋᆞᆷ 업서 다시 生ᄉᆡᆼ滅멿이 어루 滅멿ᄒᆞ미 업스니 이 일후미 非빙心심이라

旣無生滅이 **可滅**이라

唯一妙圓眞心이 **常住不滅**ᄒᆞᄂᆞ니 **是名爲心**이라 ○ ᄒᆞ마 生ᄉᆡᆼ滅멿이 어루 滅멿ᄒᆞ미 업ᄉᆞᆫ디라 오직 ᄒᆞᆫ 妙묳圓원眞진心심이 샹녜 住뜡ᄒᆞ야 업디 아니ᄒᆞᄂᆞ니 이 일후미 ᄆᆞᅀᆞ미라

所以佛頂經에 **云**ᄒᆞ샤ᄃᆡ **見與見緣**과 **幷所想相**이 **如空中花**ᄒᆞ야 **本無所有**ᄒᆞ니 **此見及緣**이 **元是菩提妙精明體**니라 ○ 이런ᄃᆞ로 佛뿛頂뎡經경에 니ᄅᆞ샤ᄃᆡ 見견과 見견緣원과 또 ᄉᆞ치논 밧 相샹이 空콩中듕엣 곳 곧ᄒᆞ야 本본來ᄅᆡᆼ 잇논 배 업스니 이 見견과 緣원괘 본ᄃᆡ 이 菩뽕提뗑 妙묳精졍明명體톙니라

冶父 **病多**ᄒᆞ면 **諳藥性**ᄒᆞ리라 ○ 病뼝이 하면 藥약ᄋᆡ 性셩을 알리라

世人이 **無病**ᄒᆞ면 **醫王**이 **拱手**ᄒᆞᄂᆞ니 **衆生**이 **無垢**ᄒᆞ면

佛自無爲ᄒᆞ시니라 ○ 世솅間간ㅅ 사ᄅᆞ미 病뼝이 업스면 醫힁王왕이 ᄉᆞ뭇 뎡 곳 ᄂᆞ니 衆쥬ᇰ生ᄉᆡᇰ이 허믈 업스면 부텨 ᄌᆞ개 ᄒᆞᆯ 일 업스시니라

頌 一波ㅣ 纔動ᄒᆞ면 萬波ㅣ 隨ᄒᆞᄂᆞ니 似蟻循環ᄒᆞ니 豈了期리오 咄 今日에 與君都割斷ᄒᆞ노니 出身ᄒᆞ야ᅀᅡ 方號丈夫見ㅣ니라 ○ ᄒᆞᆫ 믌겨리 ᄀᆞᆺ 뮈면 萬먼波방ㅣ 좃ᄂᆞ니 가야미 골회 조ᄎᆞ미 ᄀᆞᆮ거니 엇뎨 ᄆᆞᄎᆞᆯ 期끵約약이리오 咄돓 오ᄂᆞᇗ 나래 그듸와로 다 버혀 그ᄎᆞ노니 모미 나ᅀᅡ 비르서 일후미 丈땨ᇰ夫부ᇰ兒ᅀᅵᆼ니라

虛妄浮心의 其勢ㅣ 然也ᄒᆞ니 咄 妄想林이 向靈鋒斷ᄒᆞ니 於焉에 方現本來身이리라 ○ 虛헝妄망ᄒᆞᆫ ᄠᅳᆫ ᄆᆞᅀᆞ미 그 勢솅 그러ᄒᆞ니 咄돓 妄망想샹 수프리 靈령ᄒᆞᆫ 갌ᄂᆞᆯ ᄒᆞᆯ 向향ᄒᆞ야 그ᄎᆞ니 아에 비르서 本본來ᄅᆡᆼㅅ 모미 나ᄐᆞ리라

所以者何오 須菩提야 過去心不可

得이며 現在心不可得이며 未來心不可得이니라

因甚道諸心이 非諸心이니 是名常住妙圓眞心고

若定諸心이 是妄이라 非眞인댄 何者ㅣ是過去心이며 何者ㅣ是現在心이며 何者ㅣ是未來心고 ○ 므스글 因힌ᄒᆞ야 ·닐·오·ᄃᆡ 여·러 ᄆᆞᅀᆞ·미 여·러 ᄆᆞᅀᆞᆷ 아·니·니 ·이 일·후미 샹·녜 住뜡ᄒᆞᆫ 妙·묭 圓원 眞진 心심·고 ᄒᆞ·다·가 一·힗 定·뗭ᄒᆞ·야 여·러 ᄆᆞᅀᆞ·미 ·이 妄망·이·라 眞진 ·아·니·라 ·홀·딘·댄 어·늬 ·이 ·디·나간 ᄆᆞᅀᆞᆷ·이·며 어·늬 ·이 現현히 잇ᄂᆞᆫ ᄆᆞᅀᆞᆷ·이·며 어·늬 ·이 아·니 ·왯ᄂᆞᆫ ᄆᆞᅀᆞᆷ·고

過去心不可得이며 現在心不可得이며 未來心不可得이니 ○ ·디·나간 ᄆᆞᅀᆞ·ᄆᆞᆯ 어·루 得득디 몯ᄒᆞ·리·며 現현히 잇ᄂᆞᆫ ᄆᆞᅀᆞ·ᄆᆞᆯ 어·루 得득디 몯ᄒᆞ·리·며 아·니 ·왯ᄂᆞᆫ ᄆᆞᅀᆞ·ᄆᆞᆯ 어·루 得득디 몯ᄒᆞ·리·니·

旣總

不可得인댄 唯一妙圓眞心이 無去來相ᄒᆞ며 無現在相ᄒᆞ야 光通三際ᄒᆞ고 體徧十方ᄒᆞᄂᆞ니 ○ᄒᆞ마 다 어루 得득디 몯ᄒᆞᆯ딘댄 오직ᄒᆞᆫ 妙묘圓원眞진心심이 가며 오며 ᄒᆞᄂᆞᆫ 相샹 업스며 現현在ᄶᅵᆼᄒᆞᆫ 相샹 업서 光광明명이 三삼際졩예 ᄉᆞᄆᆞᆺ고 體톙ㅣ 十씹方방애 ᄀᆞᄃᆞᆨᄒᆞ니 ▲三삼際졩ᄂᆞᆫ 過광去겅와 現현在ᄶᅵᆼ와 未밍來링왜라

佛之所以言此者ᄂᆞᆫ 示現沙界衆生의 差別心行이 即是如來妙圓眞心이라 與佛無殊也ㅣ시니라 ○부톄 이리 니ᄅᆞ샨 아ᄎᆞᆫ 沙상界갱衆중生ᄉᆡᆼ의 差창別뼗心심行ᅘᆡᆼ이 곧 이 如ᅀᅧᆼ來ᄅᆡᆼㅅ 妙묘圓원眞진心심이라 부텨와로 달옴 업슨 ᄃᆞᆯ 뵈여 나토시니라

所以永嘉ㅣ 云諸行이 無常ᄒᆞ야 一切空ᄒᆞ니 即是如來大圓覺이라 ᄒᆞ니 然此ᄂᆞᆫ 但依會妄歸眞之義ᄒᆞ야 論之而已니 ○이런ᄃᆞ로 永영嘉강ㅣ 닐오ᄃᆡ 여러 行ᅘᆡᆼ이 덛덛ᄒᆞ미 업서 一ᅙᅵᇙ切쳉 뷔니 곧 이 如ᅀᅧᆼ來ᄅᆡᆼㅅ 大땡圓원覺각이라 ᄒᆞ니

그러나 이ᄂᆞᆫ 오직 妄망ᄋᆞᆯ 모도와 眞진에 가논 ᄠᅳ들 브터 議읭論론ᄒᆞᆯ ᄯᆞᄅᆞ미니 若但伊麽商量인댄 恐妨捨妄歸眞之路ᄒᆞ노라 若以捨妄歸眞之義로 論之ㄴ댄 則沙界衆生의 若干種心을 如來悉知시니 ○ ᄒᆞ다가 오직 이리 商샹量량ᄒᆞ린댄 妄망ᄋᆞᆯ ᄇᆞ리고 眞진에 갈 길ᄒᆞᆯ 마ᄀᆞᆯ가 젼노라 ᄒᆞ다가 妄망 ᄇᆞ리고 眞진에 갈 ᄠᅳ드로 議읭論론ᄒᆞᆯ딘댄 곧 沙상界갱옛 衆즁生ᄉᆡᇰ의 若ᅀᅣᆨ干간 가짓 ᄆᆞᅀᆞᄆᆞᆯ 如ᅀᅧᆼ來ᄅᆡᆼ 다 아ᄅᆞ시ᄂᆞ니 【若ᅀᅣᆨ干간ᄋᆞᆫ 一힗定뗭티 아닌 數ᄉᆞᆼㅣ나 ᄒᆞ나ᄒᆞ로셔 열헤 니르러 百ᄇᆡᆨ千쳔萬먼億ᅙᅳᆨ히 다 若ᅀᅣᆨ干간이라 ᄒᆞᄂᆞ니라 因甚得知之也오 沙界衆生이 若干種心이 即非常住眞心이라 皆爲虛妄浮心일ᄊᆡ 故得知之也ᄒᆞ시ᄂᆞ니 ○ 므스글 因힌ᄒᆞ야 아ᄅᆞ사ᄂᆞ뇨 沙상界갱옛 衆즁生ᄉᆡᇰ의 若ᅀᅣᆨ干간 가짓 ᄆᆞᅀᆞ미 곧 샹녜 잇ᄂᆞᆫ 眞진心심 아니라 다 虛헝妄망ᄒᆞ야 ᄠᅳᆫ ᄆᆞᅀᆞ밀ᄊᆡ 이런ᄃᆞ로 시러 아ᄅᆞ시ᄂᆞ니 因甚如此오 若是常住眞

心인댄 是는 過去耶아 現在耶아 未來耶아 ○므스글 因힌ᄒᆞ

야 이 곧ᄒᆞ뇨 ᄒᆞ다가 이 샹녜 잇는 眞진心심인댄 이는 過광去컹아 現현在찡아 未밍來링아 若

道過去心이라ᄒᆞ야도 過去는 已滅ᄒᆞ야 心不可得이며 若

道現在心이라ᄒᆞ야도 現在는 空寂ᄒᆞ야 心不可得이며 若

道未來心이라ᄒᆞ야도 未來는 未至ᄒᆞ야 心不可得이라 ○ᄒᆞ

다가 過광去컹엣 ᄆᆞᅀᆞ미라 닐어도 過광去컹는 ᄒᆞ마 업서 ᄆᆞᅀᆞᄆᆞᆯ 어루 得득디 몯ᄒᆞ리며 ᄒᆞ다가

現현在찡ㅅ ᄆᆞᅀᆞ미라 닐어도 現현在찡는 뷔여 괴외ᄒᆞ야 ᄆᆞᅀᆞᄆᆞᆯ 어루 得득디 몯ᄒᆞ리며 ᄒᆞ다가

未밍來링ㅅ ᄆᆞᅀᆞ미라 닐어도 未밍來링는 니르디 아니ᄒᆞ야 ᄆᆞᅀᆞᄆᆞᆯ 어루 得득디 몯ᄒᆞᆯ디라 寂

然無有去住ᄒᆞ며 廓然無有諸相ᄒᆞ야 一切時中에 不

可得而見也ㅣ며 一切法中에 亦不可得而知也ㅣ니

佛之所以言此者는 令捨虛妄浮心이오 契乎常住

眞心也ㅣ시니라 所以道妄心이 滅盡ᄒᆞ면 業還空이라 直

證菩提호ᄃᆡ 超等級이라 ᄒᆞ니라 ○ 괴외ᄒᆞ야 去컹ᄒᆞ며 住뜡호미 잇디 아니ᄒᆞ며

현ᄒᆞ야 여러 相샹이 잇디 아니ᄒᆞ야 一ᅙᅵᇙ切쳉時씽中듕에 어루 시러 보디 몯ᄒᆞ며 一ᅙᅵᇙ切쳉法법

中듕에 ᄯᅩ 어루 시러 아디 몯ᄒᆞ리니 부톄 이리니ᄅᆞ샨 아ᄎᆞᆫ 虛헝妄망ᄒᆞᆫ ᄠᅳᆮ ᄆᆞᅀᆞᆷ 브리고 샹녜 잇ᄂᆞᆫ

眞진心심에 맛게 ᄒᆞ시니라 이런ᄃᆞ로 닐오ᄃᆡ 거ᄎᆞᆫ ᄆᆞᅀᆞ미 업서다 ᄋᆞ면 業업이 도로 뷔여 바ᄅᆞ 菩

뽕提뗑ᄅᆞᆯ 證징호ᄃᆡ 等등級급에 건나 ᄡᅱ리라 ᄒᆞ니라

[治父] 低聲低聲ᄒᆞ라 直得鼻孔裏예 出氣니라 ○ 소리 ᄂᆞᄌᆞ기 ᄒᆞ며

소리 ᄂᆞᄌᆞ기 ᄒᆞ라 곧 곳구무소배 긔운을 내욜디니라

此心은 向三際求ᄒᆞ야도 求之不得이며 向十方覓ᄒᆞ야

도 覓之無蹤이라 ○ 이 ᄆᆞᅀᆞᄆᆞᆫ 三삼際졩예 向향ᄒᆞ야 求꿓ᄒᆞ야도 求꿓ᄒᆞ야 得득디

몯ᄒᆞ며 十씹方방ᄋᆞᆯ 向향ᄒᆞ야 어더도 어두미 자최 업ᄉᆞᆫ디라 進之如銀山鐵壁

이오 退之若萬丈深坑ᄒᆞ야 無有掛目處ᄒᆞ며 無有下脚處ᄒᆞ니○나ᅀᅡ가면 銀은山산鐵텰壁벽 곧고 믈러오면 萬먼丈땅인 기픈 굴헝 곧ᄒᆞ야 눈 거롤 고디 업스며 발 드되올 고디 업ᄉᆞ니 雖然如是나 若但伊麼提持ᄒᆞ면 後學이 無有進身之路ᄒᆞ야 便見陸地平沉ᄒᆞ리니 所以道 低聲低聲ᄒᆞ라 直得鼻孔裏出氣라ᄒᆞ니라○비록 이 곧ᄒᆞ나 ᄒᆞ다가 오직 이리 잡드면 後ᅘᅮ學ᅘᅡᆨ에 비호리 몸 나ᅀᅡ갈 길히 업서 곧 무틔 서ᄃᆞ모ᄅᆞᆯ 보리니 이런ᄃᆞᄅᆞᆫ 닐오ᄃᆡ 소리 ᄂᆞᄌᆞ기 ᄒᆞ며 소리 ᄂᆞᄌᆞ기 ᄒᆞ라 곧 곳구뭇 소배 긔운을 내야ᅀᅡ ᄒᆞ리라 ᄒᆞ니라

【頌】三際예 求心ᄒᆞ야도 心不見이나 兩眼이 依前ᄒᆞ야 對兩眼ᄒᆞ니라 不須遺劒ᄒᆞ고 刻舟尋ᄒᆞ라 雪月風花ㅣ常見面ᄒᆞ니라○三삼際젱예 ᄆᆞᅀᆞᆷ 求꿍ᄒᆞ야도 ᄆᆞᅀᆞᆷ 보디 몯ᄒᆞ나 두 누니 알ᄑᆞᆯ 브터 두 누ᄂᆞᆯ 對됭ᄒᆞ얫ᄂᆞ니라 갈 일코 비 刻ᄏᆞᆨᄒᆞ야 어두믈 모로매 말라 눈과 ᄃᆞᆯ와 ᄇᆞᄅᆞᆷ과 곶괘 샹녜 ᄂᆞᄎᆡ 뵈ᄂᆞ니라 刻ᄏᆞᆨ舟즁ᄂᆞᆫ 녜

楚총ㅅ 사ᄅᆞ미 ᄇᆡ 타 가다가 갈ᄃᆡ오 ᄇᆡᄅᆞᆯ 어히고 닐오ᄃᆡ 내 여긔 갈ᄒᆞᆯ 일호니 後ᅘᅮᇢ에 예 와 어두리라 ᄒᆞ야ᄂᆞᆯ 사ᄅᆞ미 미혹다 니ᄅᆞ니 말ᄉᆞᆷᄃᆞ려 言언句궁에 이셔 文문字ᄍᆞᆼᄅᆞᆯ 자불 사ᄅᆞ미 이 곧ᄒᆞ니라

作麼生出氣去오 三際求心ᄒᆞ야도 心不見이나 兩眼이 依前對兩眼ᄒᆞ니라 要識兩眼이 對兩眼麼아 看取古鏡裏影子ᄒᆞ라 ○ 엇뎨 긔운을 내리오 三삼際졩예 ᄆᆞᅀᆞᄆᆞᆯ 求꿓ᄒᆞ야도 ᄆᆞᅀᆞᄆᆞᆯ 보디 몯ᄒᆞ나 두 누니 알ᄑᆞᆯ브터 두 누늘 對됭ᄒᆞ나라 두 누니 두 누늘 對됭혼 ᄃᆞᆯ 알오져 ᄒᆞ논다 녯 거우룻 소뱃 그르멜 보라

不須求劒이어다 劒不曾失ᄒᆞ니라 不須刻舟ㅣ어다 刻舟奚爲리오 ○ 갈 어두믈 모로매 마ᄅᆞᆯ니어다 갈히 ᄶᅡᆨ간도 일티 아니ᄒᆞ니라 ᄇᆡ 刻큭호ᄆᆞᆯ 모로매 마ᄅᆞᆯ디어다 ᄇᆡ 刻큭ᄒᆞ야 엇뎨ᄒᆞ료

只如古鏡裏影子ᄂᆞᆫ 作麼生看取오 雪月風花無限事ㅣ 頭頭에 常現劒全身ᄒᆞ니라 ○ 오직 녯 거우룻 소뱃 그르메ᄂᆞᆫ 엇뎨 보아 取ᄎᆔᇰᄒᆞ료 눈과

ᄃᆞᆯ와 ᄇᆞᄅᆞᆷ과 곶과 그지업슨 이리 頭뚷頭뚷에 샹녜 갈ᄒᆡ오ᄋᆞᆫ 모ᄆᆞ나 탯ᄂᆞ니라

宗鏡 五眼이 悉圓明ᄒᆞ니 如揭日이 耀恒沙之世界며 三心을 不可得이니 似撥火ᄒᆞ야 覓滄海之浮漚ㅣ로다 縱使窮諸玄辯ᄒᆞ며 竭世樞機라도 到此ᄒᆞ야 揔須茫然이니라

다ᄉᆞᆺ 누니 다 圓원明명ᄒᆞ니 도ᄃᆞᆫ ᄒᆡ 恒ᄒᆞᇰ沙상世솅界갱ᄅᆞᆯ 비취요미 곤ᄒᆞ며 세 ᄆᆞᅀᆞᄆᆞᆯ 어루 得득디 몯ᄒᆞ리니 브를 헤혀 바ᄅᆞᆳ ᄠᅳᆫ 더품 어두미 곤도다 비록 여러 가짓 기픈 말 잘호ᄆᆞᆯ ᄀᆞ장ᄒᆞ며 世솅間간애 업슨 樞츙機긩라도 이에 다ᄃᆞ란 다 모로매 어즐ᄒᆞᄂᆞ니라 ■ 樞츙機긩ᄂᆞᆫ 發벓動ᄯᅩᇰᄒᆞᆯ 시니 말ᄉᆞᆷᄒᆞ기ᄅᆞᆯ 니ᄅᆞ니라

且道是何標格고 直饒講得千經論ᄒᆞ야도 也落禪家第二籌ᄒᆞ리라 ○ 또 니ᄅᆞ라 이 엇던 標봄格긱고 비록 즈믄 經경論론ᄋᆞᆯ 講강ᄒᆞ야도 禪쎤家강 둘찻 籌뜡애 ᄠᅥ러디리라 ■ 標봄ᄂᆞᆫ 나토아 보람 ᄒᆞᆯ 시오 格긱ᄋᆞᆫ 나토온 法법이라 籌뜡ᄂᆞᆫ 筭산이니 第뗑二ᅀᅵᆼ 籌뜡ᄂᆞᆫ 둘차히 혜리라 ᄒᆞ논 마리라

頌 心眼이 俱通法界周ᄒᆞ니 恒沙妙用이 沒蹤由ㅣ로다
雲收江湛ᄒᆞ고 天空闊ᄒᆞ니 明月蘆花ㅣ 一樣秋ㅣ로다 ○ ᄆᆞᅀᆞᆷ과 눈괘 다 ᄉᆞᄆᆞ차 法법界갱예 ᄀᆞᄃᆞᆨᄒᆞ니 恒ᅘᆼ沙상 妙묘用용이 자최 업도다 구루미 걷고 ᄀᆞᄅᆞ미 ᄆᆞᆰ고 하ᄂᆞᆯ히 뷔여 훤ᄒᆞ니 ᄇᆞᆯᄀᆞᆫ ᄃᆞᆯ와 ᄀᆞᆯ고지 ᄒᆞᆫ 양ᄌᆞ 앳 ᄀᆞᅀᆞᆯ히로다

此心이 周法界ᄒᆞ고 佛眼노 亦乃通이언마ᄅᆞᆫ 此心妙用이 沒蹤由ᄒᆞ야 佛眼이 雖明ᄒᆞ나 覷不得이니이라 伊麼則十方이 都是一眼睛이라 更無纖塵이 到此間이로다 ○ 이 ᄆᆞᅀᆞ미 法법界갱예 ᄀᆞᄃᆞᆨᄒᆞ고 佛뿛眼안이도 ᄯᅩ ᄉᆞᄆᆞᆺ거신마ᄅᆞᆫ 이 ᄆᆞᅀᆞ미 妙묘用용이 자최 업서 부텻 누니 비록 ᄇᆞᆯᄀᆞ시나 보몰 得득디 몯ᄒᆞ시ᄂᆞ니라 그러면 十씹方방이 다 ᄒᆞᆫ 눉ᄌᆞᅀᆡ라 ᄂᆞ외야 ᄀᆞᄂᆞᆫ 드트리 이 ᅀᅵ예 니르로미 업도다

法界通化分第十九

須菩提야 於意云何오 若有人이 滿三千大千世界七寶로 以用布施ᄒᆞ면 是人이 以是因緣으로 得福이 多아 不아 如是ᄒᆞ이다 世尊하 此人이 以是因緣으로 得福이 甚多ᄒᆞ리이다 須菩提야 若福德이 有實ᄒᆞ면 如來ㅣ 不說得福德이 多ㅣ언마ᄅᆞᆫ 以福德이 無故로 如來ㅣ 說得福德이 多ㅣ라ᄒᆞᄂᆞ니라

福有者ᄂᆞᆫ 取相也ㅣ오 福無者ᄂᆞᆫ 離相也ㅣ라 經中에 凡所以訶之者ᄂᆞᆫ 警其住相也ㅣ오 贊之者ᄂᆞᆫ 進其

離相也ㅣ시니라 〇 福복이 쇼ᄆᆞᆫ 相샹ᄋᆞᆯ 取츙ᄒᆞ미오 福복 업소ᄆᆞᆫ 相샹ᄋᆞᆯ 여희요미라 經경中듕에 믈읫 외다 ᄒᆞ논 아ᄎᆞᆫ 그 相샹애 住뜡호몰 警경戒갱ᄒᆞ샤미오 기리샤ᄆᆞᆫ 그 相샹ᄋᆞᆯ 여희요매 나소샤미니라

離相行施ㅣ是眞修行이니 故知凡言施者ᄂᆞᆫ 非但爲較量經勝이라 蓋責其住相也ㅣ로다 〇 相샹 여희여 布봉施싱 行ᅘᆡᆼ호미 이 眞진實씷ㅅ 修슝行ᅘᆡᆼ이니 그럴ᄊᆡ 믈읫 施싱ᄅᆞᆯ 닐오ᄆᆞᆫ 經경이 더우믈 혜아릴 ᄯᆞᄅᆞ미 아니라 그 相샹애 住뜡호몰 責직ᄒᆞ샨 ᄃᆞᆯ 알리로다

前則責其住相故로 實施福德이 皆歸世諦有漏ᄒᆞ고 此則直示無相無住故로 實施福德이 得歸眞淨無漏ᄒᆞᄂᆞ니라 〇 알ᄑᆡᆫ 그 相샹애 住뜡호몰 責직ᄒᆞ시논 젼ᄎᆞ로 보비로 布봉施싱ᄒᆞᆫ 福복德득이 다 世솅諦뎽有웋漏릉에 가고 이엔 相샹 업스며 住뜡 업소몰 바ᄅᆞᆯ 뵈시논 젼ᄎᆞ로 보비로 布봉施싱ᄒᆞ욘 福복德득이 시러 眞진淨쪙無뭉漏릉에 가ᄂᆞ니라

【冶父】 由勝別勞心ᄒᆞ니라○各각別뼈ᇙ히勞롱心심호ᄆᆞᄅᆞᆫ 더으니라

但知作福이오 不解性空ᄒᆞ면 果招象身이 七寶珍ᄒᆞ고

但觀性空ᄒᆞ고 不解作福ᄒᆞ면 果招羅漢이 應供이 薄ᄒᆞ리니

此ㅣ 與大道로 皆不相契ᄒᆞ니라○오직 福복 지ᅀᅩ몰 알오 性셩空콩ᄋᆞᆯ 아디 몯ᄒᆞ면 果광ㅣ 象쌍ᄋᆡ 모매 七칧寶봉 보ᄇᆡᄅᆞᆯ 얻고 오직 性셩空콩ᄋᆞᆯ 보고 福복 지ᅀᅩ몰 아디 몯ᄒᆞ면 果광ㅣ 羅랑漢한ᄋᆡ 供공養양 應ᅙᅳᆼᄒᆞ미 열오ᄆᆞᆯ 어드리니 이 大땡道똫와로다 서르 맛디 아니ᄒᆞ니라

然此二ᄅᆞᆯ 較量컨댄 觀空者ㅣ 差勝ᄒᆞ니

所以道莫言空打坐ㅣ라 ᄒᆞ라 猶勝別勞心이라 ᄒᆞ니라○그러나 이 둘흘 마초와 헤언댄 空콩ᄋᆞᆯ 觀관ᄒᆞᄂᆞᆫ 져기 더으니 이런ᄃᆞ로 닐오ᄃᆡ 쇽졀업시 안잿다 니ᄅᆞ디 말라 오히려 各각別뼈ᇙ히 勞롱心심호ᄆᆞᄅᆞᆫ 더으니라 ᄒᆞ니라

【頌】 羅漢ᄋᆞᆫ 應供이 薄ᄒᆞ고 象身ᄋᆞᆫ 七寶ㅣ 珍ᄒᆞ니 雖然多

獨富ㅣ나 爭似少清貧이리오 罔象은 秖因無意得ᄒᆞ고 離婁는 失在有心親ᄒᆞ니라○羅랑漢한ᄋᆞᆫ供공養양應ᅙᅮᆼᄒᆞ미엷고象쌍ᄋᆡ모ᄅᆞᆫ七칧寶봉ㅣ貴귕ᄒᆞ니비록해ᄒᆞ리시가ᄉᆞ며나엿뎨져기ᄆᆞᆯ기가난ᄒᆞ미곤ᄒᆞ리오罔망象쌍ᄋᆞᆫ오직ᄠᅳᆮ업소ᄆᆞᆯ因힌ᄒᆞ야얻고離링婁룽ᄂᆞᆫ일ᄒᆞ미ᄆᆞᅀᆞᆷ두워親친ᄒᆞ매잇ᄂᆞ니라 ▼罔망象쌍ᄋᆞᆫ눈업슨사ᄅᆞ미오離링婁룽ᄂᆞᆫ눈ᄇᆞᆯᄀᆞᆫ사ᄅᆞ미니黃ᅘᅪᇰ帝뎽구스를ᄆᆡ해가일ᄒᆞ시고어드라ᄒᆞ시나離링婁룽ㅣ몯얻거늘罔망象쌍이ᄒᆞᆫ녁세브터ᄠᅳ를다ᄇᆞ리여어드니라

因若偏修ᄒᆞ면 果ㅣ闕圓常ᄒᆞ리니 觀空作福이 二俱差過ㅣ언마ᄅᆞᆫ 然於中에 觀空이 猶勝ᄒᆞ니라○因힌ᄋᆞᆯᄒᆞ다가偏편히닷ᄀᆞ면果광ㅣ圓원常썅애闕퀋ᄒᆞ리나空콩ᄋᆞᆯ觀관ᄒᆞ며福복지수미둘히다외언마ᄅᆞᆫ그러나그中듕에空콩ᄋᆞᆯ觀관ᄒᆞ미오히려더으니라 觀空은 因甚有勝處오 罔象은 只因無意得ᄒᆞ니라 作福은 因甚有劣處오

離妻ᄂᆞᆫ 失在有心親ᄒᆞ니라○空공ᄋᆞᆯ觀관ᄒᆞᄆᆞᆫ ᄆᆞᅀᆞᄅᆞᆯ因인ᄒᆞ야더은고디 잇ᄂᆞ니罔망象쌍ᄋᆞᆫ오직ᄠᅳᆮ업소ᄆᆞᆯ因인ᄒᆞ야어 ᄃᆞ니라福복ᄋᆞᆯ지ᅀᅩᄆᆞᆫᄆᆞᅀᆞᄅᆞᆯ因인ᄒᆞ야사오나 온고디잇ᄂᆞ니離링妻쳉ᄅᆞᆯᄂᆞᆫ일호 ㅣᄆᆞᅀᆞᆷ두워親친호매잇ᄂᆞ니라

宗鏡 布施因緣이 實人天有漏之果ㅣ오 無爲福德은 超凡聖通化之功ᄒᆞ니 噫라 有爲雖僞나 棄之則功行이 不成ᄒᆞ고 無爲雖眞이나 擬之則聖果ᄅᆞᆯ 難證이니○布봉施싱ᄒᆞᆫ因인緣원이實씷로人신과天텬과애漏ᄅᆞᆯ잇ᄂᆞᆫ果광ㅣ오無뭉爲윙福복德득ᄋᆞᆫ凡뻠과聖셩과ᄋᆡ通통히化황ᄒᆞᄂᆞᆫ功공애건내ᄯᅴ니슬프다有ᅌᅮᇢ爲윙비록거츠나ᄇᆞ리면功공行ᅘᆡᇰ이이디몯ᄒᆞ고無뭉爲윙비록眞진ᄒᆞ나버그면聖셩果광ᄅᆞᆯ證징호미어려우니 且道不擬不棄時 如何是聖諦第一義오 達磨ㅣ 當機ᄒᆞ야 曾直指어늘 廓然元不識梁王ᄒᆞ니라○ᄯᅩ니ᄅᆞ라ᄇᆞ리디아니ᄒᆞ며ᄇᆞ리디아니홀ᄢᅴ어늬이聖셩諦

뎽第뗑一ᅙᅵᇙ 쁟고 遠ᅌᅯᆫ離링ㅣ 機긩ᄅᆞᆯ 當당ᄒᆞ야 아
리바ᄅᆞᆯ ᄀᆞᄅᆞ쳐늘 현ᄒᆞ몰 본ᄃᆡ 梁량王왕이 아디 몯
ᄒᆞ니라 聖셩諦뎽ᄂᆞᆫ 聖셩人ᅀᅵᆫ 證징ᄒᆞ샨
理링오 第뗑一ᅙᅵᇙ은 尊존ᄒᆞ야 우업슬시라

頌 寶施寰中福倍常ᄒᆞ니 花開錦上ᄒᆞ니 最難量이로다 就中撥到空王殿ᄒᆞ면 露柱燈籠이 盡放光ᄒᆞ리라 ○ 보ᄇᆡ로 寰ᅘᆑᆫ中듕에 布봉施싱ᄒᆞ미 福복이 샹녜예셔 倍ᄈᆡᆼᄒᆞ니 고지 錦금우희 開캥ᄒᆞ니 量량호미 몯어렵도다 아中듕에 空콩王왕殿뗜에 다와다가면 露롱柱뜡와 燈둥籠롱괘 다 放방光광ᄒᆞ리라 寰ᅘᆑᆫ中듕은 나랏 가온ᄃᆡ라 ᄒᆞᄃᆞᆺᄒᆞᆫ 마리라

寶施因緣이 福中之勝이오 無爲福德은 勝中之勝이언마ᄅᆞᆫ ○ 보ᄇᆡ로 布봉施싱ᄒᆞᆫ 因ᅙᅵᆫ緣원이 福복中듕에 勝싱ᄒᆞ고 無뭉爲윙ᄒᆞᆫ 福복德득은 勝싱ᄒᆞᆫ 中듕에 勝싱컨마ᄅᆞᆫ 寶施心有住ᄒᆞ고 無爲解ㅣ 猶存ᄒᆞ면 月入雲籠ᄒᆞ야 天下ㅣ 暗ᄒᆞ니 大地山河ㅣ 無其光이로다 ○

보비로布봉施싱혼ᄆᆞᅀᆞ미住뜡ㅣ잇고無뭉爲윙ᄒᆞᆫ解갱ㅣ오히려이시면ᄃᆞ리구룸센ᄃᆡ드러天텬下ᅘᅡᆼㅣ어드우니大땡地띵山산河ᅘᅡᆼㅣ그光광이업도다

寶施心無住ᄒᆞ고無爲解亦亡ᄒᆞ면杲日이當空ᄒᆞ야宇宙ㅣ淸ᄒᆞ니觸目이無非淸淨色이로다伊麼則智淨ᄒᆞ면影方明ᄒᆞ야事事ㅣ得無㝵ᄒᆞ리라○보비로布봉施싱혼ᄆᆞᅀᆞ미住뜡ㅣ업고無뭉爲윙ᄒᆞᆫ解갱ㅣ또업스면몰곤ᄒᆞᆫ虛헝空콩ᄋᆞᆯ當당ᄒᆞ야宇웅宙뜡ㅣ몰ᄀᆞ니눈다ᄒᆞᆫᄃᆡ마다淸쳥淨쪙色식아닌ᄃᆡ업도다그러면智딩ㅣ조ᄒᆞ면그르메비르서블가일마다시러마킐ᄃᆡ업스리라

離色離相分第二十

須菩提야於意云何오佛을可以具足色身으로見가不아不也世尊하如來를

不應以具足色身으로見이니何以故ㅣ어뇨 如來說具足色身이即非具足色身이라 是名具足色身이시니이다 須菩提야 於意云何오 如來를 可以具足諸相으로 見가 不아 不也世尊하 如來를 不應以具足諸相으로 見이니 何以故ㅣ어뇨 如來說諸相具足이 即非具足이라 是名諸相具足이시니이다

體虛ᄒᆞ야 不見一絲毫ᄒᆞᄉᆞ오나 對緣ᄒᆞ야 垂示萬般形이시니라 ○ 體텡 뷔여 ᄒᆞᆫ 실터럭만도 보디 몯ᄒᆞᄉᆞ오나 緣원ᄋᆞᆯ 對됭ᄒᆞ야 萬먼가짓 얼구를 드리워 뵈

시ᄂᆞ니라

冶父 官不容針이어니와 私通車馬ᄒᆞᄂᆞ니라 ○그위ᄂᆞᆫ 바ᄂᆞᆯ도 容용納납 몯거니와 아ᄅᆞᆷ뎌ᄂᆞᆫ 車경馬망ᄅᆞᆯ 通통ᄒᆞᄂᆞ니라

公門엔 不容私ㅣ어니와 鄕黨앤 豈無情이리오 ○그위ᄂᆞᆫ 門몬엔 아ᄅᆞ믈 容용納납 몯거니와 鄕향黨당앤 엇뎨 情쪙이 업스리오 ▼鄕향ᄋᆞᆫ ᄀᆞ올히오 黨당ᄋᆞᆫ 서르 사괴ᄂᆞᆫ 무리라

頌 請君은 仰面ᄒᆞ야 看虛空ᄒᆞ라 廓落無邊ᄒᆞ야 不見蹤이니라 若解轉身些子力ᄒᆞ면 頭頭物物에 摠相逢ᄒᆞ리라 ○請청ᄒᆞ노니 그듸ᄂᆞᆫ ᄂᆞᄎᆞᆯ 울워라 虛헝空콩ᄋᆞᆯ 보라 훤ᄒᆞ야 ᄀᆞᆺ 업서 자최ᄅᆞᆯ 보디 몯ᄒᆞᄂᆞ니라 ᄒᆞ다가 모몰 두르혈 죠고맛 히믈 알면 頭뚷頭뚷 物믏物믏에 다 서르 맛나리라

正體ᄂᆞᆫ 從來絕聲色ᄒᆞ니 覓則知君ㆍ의 不見蹤ᄒᆞ노라

妙峯頂上애 一轉身ᄒᆞ면 十方애 無處ㅣ 不逢渠리ᄒᆞ라 ○ 正졍ᄒᆞᆫ 體뎽ᄂᆞᆫ 本본來ᄅᆡᆼ 聲셩色ᄉᆡᆨ이 그ᄎᆞ니 어드면 그듸 자최 보디 몯ᄒᆞᆯ 돌 아노라 妙묳峯퐁뎡바기 우희 ᄒᆞᆫ 번 모ᄆᆞᆯ 두르혀면 十씹方방애 저를 맛나디 아니ᄒᆞᆯ 고디 업스리라

【宗鏡】 有相有身ᄒᆞ샤 如來莊嚴이 具足ᄒᆞ시거늘 分賓分主ᄒᆞ야 空生이 解辨踈親ᄒᆞ니 直得賓主를 兩忘ᄒᆞ며 色相올 俱離ᄒᆞ니 ○ 相샹이 겨시며 모미 겨샤 如셩來ᄅᆡᆼㅅ 莊장嚴엄이 ᄀᆞᆺ거시ᄂᆞᆯ 소ᄂᆞᆯ ᄂᆞᆫ호며 主쥬ᄅᆞᆯ ᄂᆞᆫᄒᆞ오아 空콩生ᄉᆡᆼ이 踈송와 親친과ᄅᆞᆯ 아라 ᄀᆞᆯᄒᆡ니 바ᄅᆞ 손과 主쥬와 둘흘 니즈며 色ᄉᆡᆨ과 相샹과ᄅᆞᆯ 다 여희니 主쥬ᄂᆞᆫ 體뎽오 賓빈은 用용이라 如何是主中主오 君臣道合無迴互ᄒᆞ니 認得分明ᄒᆞ면 不是渠ㅣ리라 ○ 어느 이 主쥬中듕엣 主쥬오 님금과 臣씬下ᄒᆡᆼ왓 道뜰ㅣ 어우러 서르 횟도로미 업스니 아로ᄆᆞᆯ 分분明명히 ᄒᆞ면 이제 아니리라 君군은 體뎽오 臣씬은 用용이라

誰將佛身ᄒᆞ야 辨踈親고 珍重空生이 分主賓ᄒᆞ도다

賓主ᄅᆞᆯ 兩忘ᄒᆞ고 色相ᄋᆞᆯ 俱離ᄒᆞ니 如何是主中主오

君臣道合ᄒᆞ야 絕踈親ᄒᆞ니 蕩蕩無依ᄒᆞ야 鳥道ㅣ玄ᄒᆞ도

다 ○ 뉘 부텻 모ᄆᆞᆯ 가져 踈송親친ᄋᆞᆯ ᄀᆞᆯᄒᆡ뇨 珍딘

重뜡ᄒᆞᆫ 空콩生ᄉᆡᇰ이 主쥬와 손과ᄅᆞᆯ 논호도다 손

과 主쥬와 ᄃᆞᆯ흘 닛고 色ᄉᆡᆨ과 相샹과ᄅᆞᆯ 다 여희니

어늬 이 主쥬中듕엣 主쥬오 君군臣씬道뜰ㅣ 合

합ᄒᆞ야 踈송親친이 그츠니 훤ᄒᆞ

야 브튼 ᄃᆡ 업서 새 길히 아ᄃᆞᆨᄒᆞ도다 只此妙中妙ᄂᆞᆫ

何更生認著이리오 生認著ᄒᆞ면 迴頭鷂子ㅣ過新羅

ᄒᆞ리라 ○ 오직 이 妙묘中듕엣 妙묘ᄂᆞᆫ 엇뎨 다시

아라 著딱호ᄆᆞᆯ 내리오 아라 著딱호ᄆᆞᆯ 내면 머리

두르혈 제 鷂욯子ᄌᆞᆼㅣ 新신羅랑ᄅᆞᆯ

디나리라 鷂욯子ᄌᆞᆼᄂᆞᆫ 도롱태라

頌 端嚴妙好ᄒᆞ신 紫金身ᄋᆞᆯ 正眼看來옌 摠不眞이로다

要會問酬親的意댄 蘊空ᄒᆞ야 無我亦無人ᄒᆞ니라 ○ 端돤正졍

히莊장嚴엄ᄒᆞ야微밍妙묘히ᄒᆞ신紫ᄌᆞᆼ金금ᄀᆞᆯ ᄆᆞᆯ正졍眼안ᄋᆞ로보맨다眞진아니로다무르며對 되ᇰ答답ᄒᆞ샨親친ᄒᆞᆫ端돤的덕ᄒᆞᆫᄠᅳ들아로려ᄒᆞᆯ딘 댄蘊ᅙᅮᆫ이뷔여나없스며ᄯᅩ사ᄅᆞᆷ업스니라【蘊ᅙᅮᆫ ᄋᆞᆫ五오ᇰ蘊ᅙᅮᆫ이라】

非說所說分第二十一

須菩提야汝ㅣ勿謂如來ㅣ作是念호ᄃᆡ我當有所說法이라ᄒᆞ라莫作是念ᄒᆞ라何以故오若人이言호ᄃᆡ如來ㅣ有所說法이라ᄒᆞ면即爲謗佛이리니不能解我所說故ㅣ니

佛說一切法ᄒᆞ시나湛然常寂滅ᄒᆞ니但信佛無言이면可稱爲子期시니라○부톄一ᅙᅵᇙ切쳉法법을니ᄅᆞ시나ᄆᆞᆯ가샹녜寂쩍滅멿ᄒᆞ시니오

직부텨ᄂᆞᆯ업스샤ᄆᆞᆯ알면어루ᄌᆞ종期끵라니ᄅᆞᆯ디니라

冶父 是則是와어니 大藏小藏이 從甚處得來오 ○ 을 호ᄃᆞᆫ올커니와大땡藏짱과小솅乘씽藏짱괘어느고ᄃᆞᆯ조차사러오뇨

佛無所說이 是則固是나 頓漸偏圓大小乘藏이 充梁溢宇ᄒᆞ야 如今天下애 無在不在ᄒᆞ니 若都無說인댄 如是法門은 其誰ㅣ說來오 ○부텨니ᄅᆞ샨바업소미올호ᄃᆞᆫ實씷로올ᄒᆞ나頓돈과漸쪔과偏편과圓원과大땡小솅乘씽엣藏짱이보히ᄀᆞ독ᄒᆞ며지비넘ᄢᅧ이제天텬下ᅘᅡᆼ애잇ᄂᆞᆫᄃᆡ잇디아니ᄒᆞ미업스니ᄒᆞ다가다닐오미업다홀딘댄이곤ᄒᆞᆫ法법門몬ᄋᆞᆫ그뉘닐어오뇨

頌 有說이 皆成謗이오 無言도 亦不容이라 ᄒᆞ리 爲君ᄒᆞ야 通一線ᄒᆞ노니 日向嶺東紅이니라 ○말이쇼미다誹빙謗방이일오ᄆᆞᆯ업솜도ᄯᅩ容

용티몯ᄒᆞ리라 그듸를 爲윙ᄒᆞ야 ᄒᆞᆫ니ᅀᅳᆷ시를
여노니ᄒᆡ 믓東동녀글 向향ᄒᆞ야 ᄇᆞᆰᄂᆞ니라

有說無說이 二俱擔板漢이로다 無念說示ᄂᆞᆫ 同谷響ᄒᆞ며 亦如日輪이 照無心ᄒᆞ니라 ○말이ᄉᆞᆷ과 말업ᄉᆞᆷ괘 둘히 다 널멘 사ᄅᆞ미로다 念념업슨 말ᄡᆞ샤ᄆᆞᆫ 묏고랫 소리 ᄒᆞᆫ가지며 ᄯᅩ 日ᅀᅵᇙ輪륜이 비취요미 無뭉心심ᄒᆞᆷ ᄀᆞᆮᄒᆞ니라 擔담板반은 ᄒᆞᆫ面면ᄋᆞᆯ 보고 ᄒᆞᆫ面면을 보디 몯ᄒᆞᆯ시라

須菩提야 說法者ㅣ 無法可說이라 是名說法이니라

法身은 本無說이라 報化ㅣ 方有說ᄒᆞ시니 有說은 非眞說이어니와 無說이ᅀᅡ 是眞說이니라 十方佛土中에 唯有一乘法ᄒᆞ니 離此一乘法ᄒᆞ면 更無可說底ᄒᆞᆯᄉᆡ 故云

無法可說이라 ᄒᆞ시고 只以一乘法ᄋᆞ로 開示諸衆生ᄒᆞᆯ시

故云是名說法이라 ᄒᆞ시니 ○ 法법身신ᄋᆞᆫ 本본來ᄅᆡᆼ 말 업서 報봉와 化황왜ᅀᅡ 비르서 말 겨시니 말이 쇼ᄆᆞᆫ 眞진實씷ㅅ 말 아니어나와 말 업소미ᅀᅡ 이 眞진實씷ㅅ 마리니라 十씹方방佛뿛土통中듕에 오직 一힗乘씽法법이 잇ᄂᆞ니 이 一힗乘씽法법 여희면 ᄂᆞ외야 어루 닐옴 업슬ᄊᆡ 그런ᄃᆞ로 니ᄅᆞ샤ᄃᆡ 法법이 어루 닐옴 업스니라 ᄒᆞ시고 오직 一힗乘씽法법ᄋᆞ로 모ᄃᆞᆫ 衆중生ᄉᆡᆼᄋᆞᆯ 여러 뵈실ᄊᆡ 그런ᄃᆞ로 니ᄅᆞ시ᄃᆡ 이 일후미 法법 닐우미라 ᄒᆞ시니

若是一乘法인댄 直是無開口處ㅣ언마ᄅᆞᆫ 然亦不離衆生日用ᄒᆞ니

라 ○ ᄒᆞ다가 이 一힗乘씽法법인댄 곧 이 입 여롤 고ᄃᆡ 업스련마ᄅᆞᆫ 그러나 ᄯᅩ 衆중生ᄉᆡᆼᄋᆡ 日싏用용애 여희디 아니ᄒᆞ니라

冶父 兔角杖과 龜毛拂이로다 ○ 톳긔 ᄲᅳᆯ 막다히와 거부븨 터리 拂뿛子ᄌᆞᆼㅣ로다

古人이 道ᄒᆞᄃᆡ 四十九年積累功이 龜毛兎角이 滿
虛空ᄒᆞ니 一冬臘雪이 垂垂下ᄒᆞ야 落在烘爐烈焰中
이로다 ᄒᆞ니 則許多年을 露胷跣足ᄒᆞ시고 拖泥帶水ᄒᆞ샤
拔濟沉淪ᄒᆞ샨 如是功能이 如夢相似ᄒᆞ야 無一毫許
ㅣ可與相許ㅣ로다 ○녯사ᄅᆞ미 닐오ᄃᆡ 마ᅀᆞᆫ아홉ᄒᆡᆺ 무러 사하겨신 功공이 거부븨
터리와 톳긔 ᄲᅳ리 虛헝空콩애 ᄀᆞ득ᄒᆞ니 ᄒᆞᆫ 겨ᅀᅳᆳ 臘랍雪ᄉᆑᇙ이 드리여 ᄂᆞ려 븘火황爐롱앳 ᄆᆡ온 븘
나옰 가온ᄃᆡ 디도다 ᄒᆞ니 곧 여러 ᄒᆡᄅᆞᆯ 가ᄉᆞᆷ 내오 발바ᄉᆞ시고 즌ᄒᆞᆰ 개그ᅀᅳ며 므를 ᄢᅥ샤 ᄌᆞ마 ᄲᅡ디
닐 ᄲᅡ혀거리샨 이 곧ᄒᆞ신 功공能능이 ᄭᅮᆷ이 서르 곧ᄒᆞ야 ᄒᆞᆫ 터럭맛 거시 어루 서르 許헝호미 업도
다 雖然如是나 畢竟엔 作麽生道오 拈起兎角杖
ᄒᆞ샤 扣開一路涅槃門ᄒᆞ시고 竪起龜毛拂ᄒᆞ샤 拂盡三
千空假中ᄒᆞ샷다 ○비록 이 곧ᄒᆞ나 ᄆᆞᄎᆞᄆᆡᆫ 므스기라 니ᄅᆞ료 톳긔 ᄲᅳᆯ 막다히ᄅᆞᆯ 자바 나

ᄅᆞ와ᄃᆞ·샤ᄒᆞᆫ ·깃涅녏槃빤門몬ᄋᆞᆯ 두드·려 :여ᄅᆞ시·고 ·거·부·븨 터·리 佛뿛子:ᄌᆞᆼ·ᄃᆞᆯ:세여 니ᄅᆞ와ᄃᆞ·샤 三삼千쳔空콩假강中듕ᄋᆞᆯ 벼·러다ᄋᆞ·샤·다 空콩假:강中듕ᄋᆞᆫ 空콩觀관·과 假:강觀관·과 中듕觀관·괘·라

頌 多年ᄋᆞᆯ 石馬로 放毫光ᄒᆞ시고 鐵牛로 哮吼ᄒᆞ샤 入長江ᄒᆞ시며 虛空ᄋᆞᆯ 一喝ᄒᆞ시니 無蹤跡ᄒᆞ야 不覺潛身北斗藏ᄒᆞ샷다 且道是說法가 不是說法가 ○여러 ᄒᆡᄅᆞᆯ 돌ᄆᆞᆯ로 毫ᄒᆞᇢ光광ᄋᆞᆯ 펴시·고 쇠쇼로 소·리ᄒᆞ·샤 긴 ᄀᆞᄅᆞ매 드·르시·며 虛헝空콩ᄋᆞᆯ ᄒᆞᆫ번 喝함ᄒᆞ시·니 자·최 :업서 ·모·ᄆᆞᆯ 숨·겨 北븍斗:둫에 갈ᄆᆞ·샤 ·몰·아디 몯ᄒᆞ샷·다 ·ᄯᅩ 니ᄅᆞ·라 ·이 說쉃法법·가 ·이 說쉃法법 아·니·아

寂滅場中에 不曾擡步ᄒᆞ샤 生死海裏예 橫身而入ᄒᆞ샤 許多年ᄋᆞᆯ 以石馬而放毫光ᄒᆞ샤 致令盲者ㅣ 得見ᄒᆞ시며 以鐵牛而作哮吼ᄒᆞ샤 致令聾者ㅣ 得聞ᄒᆞ시

고 且喝得虛空ᄒᆞ샤 今北斗裏藏身ᄒᆞ시니 ○ 寂쩍滅멿場땽中듕

에 ᄌᆞᆷ간 도ᄃᆞ려 거름 건디 아니ᄒᆞ샤 生ᄉᆡᆼ死ᄉᆞᆼ바ᄅᆞᆯ 소배 모몰 빗기 ᄃᆞᄅᆞ샤 여러 히ᄅᆞᆯ 돌몰로 毫ᅘᅩᇢ

光광ᄋᆞᆯ 펴샤 盲ᄆᆡᆼ眼ᅌᅡᆫ이 시러 보게 ᄒᆞ시며 쇠쇼로 울우믈 지ᅀᅳ샤 귀머그니 시러 드ᄅᆞ게 ᄒᆞ시고 ᄯᅩ

虛헝空콩ᄋᆞᆯ 喝할ᄒᆞ샤 北븍둥ㅅ 소배 모몰 ᄀᆞᆷ게 ᄒᆞ시니 콰 且道是ᄂᆞᆫ 說法가

不是說法가 若道是說이라ᄒᆞ야도 爭乃石馬鐵牛ㅣ어

니 有甚閑情이며 有甚閑氣리오 若道不說이라ᄒᆞ야도 爭

乃放光哮吼ᄒᆞ시며 解喝虛空ᄒᆞ시ᄂᆞ니라 ○ ᄯᅩ 니ᄅᆞ라 이 說쉃法법가

이 說쉃法법아 니아 ᄒᆞ다가 이 ᄂᆞᆯ오미라 ᄒᆞ야도 권마ᄅᆞᆫ 돌몰와 쇠쇼 어니 엇던 겨르ᄅᆞ왼 ᄡᅳ디어

시며 엇던 겨르ᄅᆞ왼 긔운이 이시리오 ᄒᆞ다가 ᄂᆞᆯ오미 아니라 ᄒᆞ야도 권마ᄅᆞᆫ 光광明명을 펴며 우

ᄅᆞ시며 能ᄂᆞᆼ히 虛헝空콩ᄋᆞᆯ 喝할ᄒᆞ시ᄂᆞ니라 又 須信四十九年說이 石

馬ㅣ 放光ᄒᆞ며 鐵牛ㅣ 吼ㅣ로다 石馬鐵牛ㅣ 竟無力

ᄒᆞ야 虛空一喝애 便無蹤ᄒᆞ도다 伊麼則虛空一喝은
大烘焰裏오 放光哮吼ᄂᆞᆫ 一冬片雪이로다 ○마ᅀᆞᆫ아홉 ᄒᆡᆺ 說
셣·이 ·돌ᄆᆞ·리 放방光광ᄒᆞ·며 ·쇠·쇠 울우믈 모·로매 미·둘·다로·다·ᄃᆞᆯ몰·와·쇠쇼·왜ᄆᆞ·ᄎᆞ매·하미:업서 虛
헝空콩ᄒᆞᆫ喝·함·애 믄득·자·최 업도·다 그·러면 虛헝 空콩ᄒᆞᆫ번喝함·호ᄆᆞᆫ ·큰火:황爐롱·앳 ·븘 나·ᄋᆞᆳ:솜·이
오 放방光광ᄒᆞ·며 울우·믄 ᄒᆞᆫ 겨ᅀᅳᆳ 片·편雪·셣·이·로·다
爾時예 慧命須菩提ㅣ 白佛言ᄒᆞᅀᆞ오ᄃᆡ 世
尊하 頗有衆生이 於未來世예 聞說是
法ᄒᆞᅀᆞᆸ고 生信心ᄒᆞ리잇가 不ㅣ잇가 佛言ᄒᆞ샤ᄃᆡ 須
菩提야 彼非衆生이며 非不衆生이니 何以
故오 須菩提야 衆生衆生者ㅣ 如來說

이

非衆生이라 是名衆生이니라

空生이 以後世예 信與不信ᄋᆞ로 發問ᄒᆞᅀᆞ와ᄂᆞᆯ 佛이 以是生非生ᄋᆞ로 答者ᄂᆞᆫ 以是生故로 困於生死ᄒᆞ야 以求出要ᄒᆞᆯᄉᆡ 應有信之理어니와 ○空콩生ᄉᆡᆼ이 後흫世솅예 信신ᄒᆞ며 信신티 아니ᄒᆞ모로 묻ᄌᆞ오ᄆᆞᆯ 내야ᄂᆞᆯ 부텨 生ᄉᆡᆼ이 生ᄉᆡᆼ 아니라 ᄒᆞ모로 對됭答답ᄒᆞ샤ᄆᆞᆫ 이 生ᄉᆡᆼ이론 젼ᄎᆞ로 生ᄉᆡᆼ死ᅀᆞᆼ애 困콘ᄒᆞ야 ᄲᅡ날 조ᅀᆞᄅᆞᆫ 왼 이ᄅᆞᆯ 求끃ᄒᆞᆯᄉᆡ 信신ᄒᆞᆯ 理링 이쇼미 맛당커니와

以非生故로 本來是佛일ᄉᆡ 不應以佛로 求佛이라 應有不信之理ᄒᆞ니 不信佛法이ᅀᅡ 是眞生信이니 以無法相故也ㅣ라 ○生ᄉᆡᆼ 아니론 젼ᄎᆞ로 本본來ᄅᆡᆼ 이 부텨실ᄉᆡ 부텨로 ᄡᅥ 부텨ᄅᆞᆯ 求끃호미 맛당티 아니ᄒᆞᆫ디라 信신티 아니ᄒᆞᆯ 理링 이쇼미 맛당ᄒᆞ니 佛뿛法법 信신티 아니호미ᅀᅡ 이 眞진實씷ㅅ 信신 내요미니 ᄡᅥ 法법相샹 업스ᄂᆞᆫ 젼ᄎᆞ라

治父 火熱風動ᄒᆞ고 水濕地堅ᄒᆞ니라 ○ 브른 덥고 ᄇᆞᄅᆞᄆᆞᆫ 뮈오 므른 젓고 ᄯᅡᄒᆞᆫ 구드니라

孺子ㅣ入井이어든 見皆憐ᄒᆞᄂᆞ니 可稱人天調御師ㅣ로다

毁聲이入耳어든 聞皆怒ᄒᆞᄂᆞ니 是則難當聖人名이로다 ○ 아ᄒᆡ 우므레 드러든 보고 다 어엿비 너기ᄂᆞ니 어루 ᅀᅵᆫ과 天텬괏 調뚕御:ᅌᅥᆼ師ᄉᆞᆼㅣ라 닐얼디로다 할아ᄂᆞᆫ 소리 귀예 드러든 듣고 다 怒농ᄒᆞᄂᆞ니 이ᄂᆞᆫ 곧 聖셩人ᅀᅵᆫㅅ 일훔 當당ᄒᆞ미 어렵도다

伊麽則面前은 驢脚이오 背後ᄂᆞᆫ 龍鱗이로소니 是凡是聖을 定當不得이로다 然雖如是나 凡住凡位ᄒᆞ고 聖住聖位ᄒᆞ니 凡聖路別이라 不可得而混也ㅣ니라 ○ 그러면 ᄂᆞᆺ 알ᄑᆞᆫ 라귀 바리오 등 뒤흔 龍룡ᄋᆡ 비ᄂᆞ리로소니 이 凡뻠이며 이 聖셩을 一ᅙᅵᇙ定뗭ᄒᆞ몰 得득디 몯ᄒᆞ리로다 비록 이 ᄀᆞᆮᄒᆞ나 凡뻠은 凡뻠位윙예 잇고 聖셩은 聖셩位윙예 잇ᄂᆞ니 凡

ᄲᅮᆫ과 聖셩괏 길히 달아 어루시러 섯디 몯ᄒᆞᄂᆞ니라

頌 指鹿ᄒᆞᆫ ᄃᆞᆯ 豈能成駿馬ㅣ며 言烏ᄒᆞᆫ ᄃᆞᆯ 誰謂是翔鸞이리오 雖然不許纖毫異ᄒᆞ나 馬字驢名이 幾百般고 ○사ᄉᆞᄆᆞᆯ ᄀᆞᄅᆞ찬 ᄃᆞᆯ 엇뎨 能ᄂᆞᆼ히 駿쥰馬망ᄃᆞ외며 가마괴ᄅᆞᆯ 니ᄅᆞᆫ ᄃᆞᆯ 뉘 이 봄뇌ᄂᆞᆫ 鸞롼이라 너기리오 비록 ᄀᆞᄂᆞᆫ 터럭만도 ᄃᆞᆯ오ᄆᆞᆯ 許헝티 아니ᄒᆞ나 ᄆᆞᆯ 일훔과 라귀 일훔괘며 몃 온 가지오 駿쥰馬망ᄂᆞᆫ ᄲᆞᆯ리 ᄃᆞᆮᄂᆞᆫ ᄆᆞ리라

盜跖ᄋᆞᆫ 不應號文湯이니 誰喚波旬ᄒᆞ야 作牟尼리오 雖然理上애 融無二ᄒᆞ나 爭奈難齊聖凡名이니라 ○盜똥跖쳑ᄋᆞᆫ 文문과 湯탕이라 일훔 몯ᄒᆞ리니 뉘 波방旬쓘ᄋᆞᆯ 블러 牟뭏尼닝ᄅᆞᆯ 지ᄉᆞ리오 비록 理링 우희 노가 둘히 업스나 권마ᄅᆞᆫ 聖셩과 凡뻠괏 일후미 ᄀᆞᆮ호미 어려우니라 盜똥跖쳑ᄋᆞᆫ 녯 도ᄌᆞᆨ이오 文문ᄋᆞᆫ 文문王왕이오 湯탕ᄋᆞᆫ 商샹ㅅ 時씽節졇 님금이라 波방旬쓘ᄋᆞᆫ 魔망王왕ᄋᆡ 일후미라

宗鏡 如來無所說ᄒᆞ시니 慈雲甘露ㅣ 洒濛濛ᄒᆞ고 慧命

이未嘗聞ᄒᆞ니明月淸風이空寂寂ᄒᆞ도다○如셩來ᄅᆡᆼ니ᄅᆞ샨배업스시니慈ᄍᆞᆼ雲운과甘감露롱왜ᄡᅳ료미濛몽濛몽ᄒᆞ고慧쀙命명이일즉듣디몯ᄒᆞ니ᄇᆞᆯᄀᆞᆫᄃᆞᆯ와ᄆᆞᆯᄀᆞᆫᄇᆞᄅᆞᆷ괘ᄲᅱ여괴외ᄒᆞ도다

◆濛몽濛몽ᄋᆞᆫ열운안개라慧쀙命명은須슝菩뽕提똉라

正恁麽時예且道是何境界오欲得不招無間業인댄莫謗如來正法輪이어다○正졍히이런時씽節졇에ᄯᅩ니ᄅᆞ라이엇던境경界갱오시러無뭉間간業업을얻디아니ᄒᆞ려ᄒᆞᆯ딘댄如셩來ᄅᆡᆼㅅ正졍法법輪륜을誹빙謗방티마ᄅᆞᆯ디어다

如來無說說은出岫雲無心이오慧命이不聞聞은風月이兩蕭然이로다○如셩來ᄅᆡᆼ말ᄊᆞᆷ업슨말ᄉᆞ문묏부리예나ᄂᆞᆫ구루미ᄆᆞᅀᆞᆷ업소미오慧쀙命명이듣디몯ᄒᆞᆫ드로ᄆᆞᆫᄇᆞᄅᆞᆷ과ᄃᆞᆯ왜ᄃᆞᆯ히蕭숗然션ᄒᆞᄀᆡ로다

頌 道本無言이라喚不醒ᄒᆞᄂᆞ니藥因救病ᄒᆞ야出金瓶ᄒᆞᄂᆞ니라可憐億萬人天衆이依舊獃獃側耳聽ᄒᆞ도다○道똫ㅣ本

본來링 말업서 블러도 셴디 아니ᄒᆞᄂᆞ니 藥약이 病
뼝 救궁ᄒᆞ몰 因힌ᄒᆞ야 金금瓶뼝에 나ᄂᆞ니라 可캉
憐련ᄒᆞ온 德득 萬먼人신天텬衆중이 녜를
브터 어리미 혹ᄒᆞ야 귀ᄅᆞᆯ 기우려 듣도다

道本無言ᄒᆞ야 常寂滅ᄒᆞ니 吉祥이 難教女子醒이니라

佛爲救生ᄒᆞ샤 出乎眞뎡이언 浩浩宣揚ᄋᆞᆫ 非本心이시

니ᄀ 道뚬ㅣ 本본來링 말업서 샹녜 寂쪅滅멿ᄒᆞ
니 吉깋祥썅이 겨지블 셰에 ᄒᆞ몰 어려이 ᄒᆞ니라
부톄 衆즁生싱 救궁호몰 爲윙ᄒᆞ샤 眞진에 나샤
ᄲᅮ니언뎡 너비 宣숸揚양ᄒᆞ샤ᄆᆞᆫ 本본來링ㅅ ᄆᆞ
ᅀᆞᆷ 아니시니 吉깋祥썅ᄋᆞᆫ 文문殊쓩ㅅ 일후미
니 文문殊쓩ㅅ 스승이 ᄒᆞᆫ 겨지비 ᄃᆞ외야 와 入ᅀᅵᆸ
定뗭ᄒᆞ얫거늘 文문殊쓩ㅣ 블러 셰오다가 몯ᄒᆞ
니 ᄆᆞᅀᆞᆷ ᄉᆞᆼ이 ᄃᆞᆫ젼ᄎᆞ로 道뚬理링ㅅ 根곤源원이
本본來링 空공寂쪅ᄒᆞ야
마리 업슬ᄊᆡ 몯 셰오니라

可憐億萬人天衆이 不

知黃葉이 竟非錢다ᄒᆞ도 若使人天이 知本心ᄃᆞᆫ이러

何用獸獸側耳聽

이리오 이 可캉憐련ᄒᆞ온 德득
萬먼人신天텬衆중아 누른 니

ᄠᆞ미太매도ᄂᆞᆫ아닌ᄃᆞᆯ아디몯ᄒᆞ도다ᄒᆞ다가ᄉᆞ신天텬이本본來ᄅᆡᆼㅅᄆᆞᅀᆞᄆᆞᆯ아뎌ᄃᆞᆫ얻뎨어리미혹ᄒᆞ야귀ᄅᆞᆯ기우려ᄃᆞ로ᄆᆞᆯᄣᅥ리오

無法可得分第二十二

須菩提ㅣ白佛言ᄒᆞᅀᆞ오ᄃᆡ世尊하佛得阿耨多羅三藐三菩提ᄒᆞ샤ᄃᆡ爲無所得耶ㅣ잇가 如是如是타須菩提야我於阿耨多羅三藐三菩提예乃至無有少法도可得이 是名阿耨多羅三藐三菩提라

上言生不生ᄒᆞ시고 此言佛無得ᄒᆞ시니 蓋菩提ᄂᆞᆫ生

佛平等之本有ㅣ라 於中에 不應分別是凡是聖이며 有得無得이니라 ○우흰 生ᄉᆡᆼ이 生ᄉᆡᆼ 아니라 니ᄅᆞ·시고 이엔 부·톄 得득 ·업소·몰 니ᄅᆞ·시니 菩뽕提똉ᄂᆞᆫ 衆즁生ᄉᆡᆼ과 부텨왜 ᄒᆞᆫ가지로 本본來ᄅᆡᆼ 뒷논 거·시라 그 가온ᄃᆡ 凡뻠·이며 ·이 聖셩·이며 得득·이시·며 得득·업소·몰 ᄀᆞᆯ·ᄒᆡ·요·미 맛·당·티 아·니ᄒᆞ·니·라

〔叅〕求人이 不如求自己ᄒᆞ니라 求自 一作 自求 ○·사ᄅᆞ·ᄆᆡ게 求꿓호미 제 모매 求꿓홈만 ·ᄀᆞᆮ디 ·몯ᄒᆞ·니라

既是平等이어니 何以遠推諸聖이며 既是本有ㅣ어니 何須向外馳求ㅣ리오 ○ᄒᆞ마 ·이 平뼝等등커니 ·엇뎨 ·ᄲᅥ 머·리 諸졍聖셩·씌 推췽尋씸ᄒᆞ며 ᄒᆞ·마 ·이 本본來ᄅᆡᆼ 뒷거니 ·엇뎨 모로매 밧ᄀᆞᆯ 向향ᄒᆞ·야 ·ᄃᆞ녀 求꿓ᄒᆞ·리·오 若能反求諸己ᄒᆞ면 驀然觸着鼻孔ᄒᆞ야 坐斷報化佛頭去在리니 所以求人이 不如求自己니라 ○ᄒᆞ다가 能능·히 도ᄅᆞ·혀 제 모·매 求

꿈ᄒᆞ면 믄득 곳굼긔 다혀 報봉化황佛뿛ㅅ 머리
롤 그쳐 안조리니 이런ᄃᆞ로 사ᄅᆞ마ᄀᆡ 求꿓ᄒᆞ미
제 모매 求꿓ᄒᆞᆫ곤디 아니니라

頌 滴水成冰이 信有之ᄒᆞ나 綠楊芳草ㅣ 色依依로다 秋
月春花無限意예 不妨閑聽鷓鴣啼로다 ○ 믈 처디여 어름 ᄃᆞ외요
미 眞진實씷로 이시나 파란 버들와 곳다온 프리 비
치 依힁依힁ᄒᆞ도다 ᄀᆞᅀᆞᆯ ᄃᆞᆯ와 봆고지 그지업슨 ᄠᅳ
데 鷓쟝鴣공이 우루믈 겨르로이 드로미 막디 아니
토다 ◆ 依힁依힁ᄂᆞᆫ 버듯 니피 드리여 늘읫늘읫ᄒᆞᆫ
양ᄌᆡ라 鷓쟝鴣공ᄂᆞᆫ 南남方방
의 잇ᄂᆞᆫ 새니 보ᄆᆡ 우ᄂᆞ니라

此事ᄂᆞᆫ 寒威威冷湫湫ᄒᆞ야 滴水滴凍ᄒᆞ야 江河ㅣ 絶
流ᄒᆞ야 纖塵이 不立ᄒᆞ며 寸草ㅣ 不生ᄒᆞᄂᆞ니 ○ 이 이ᄅᆞᆫ 서ᄂᆞᆯᄒᆞ야 싁
싁ᄒᆞ며 冷링호미 서느서늘ᄒᆞ야 처딘 므리 처딘
다마다 이러 江강河ᅘᆼㅣ 흘로미 그처디ᄂᆞᆫ ᄃᆞ토
리 서디 아니ᄒᆞ며 寸촌맛 프리 나디 아니ᄒᆞᄂᆞ니라 雖然如是나 寒暄이 不

常이라 日煖風和ᄒᆞ야 山川이 競秀ᄒᆞ며 玄黃이 可判이며

黑白이 分明ᄒᆞ니 伊麼則秋月春花無限事애 各各

自有無限意ᄒᆞ도다 ○ 비록 이 곤ᄒᆞ나 치우며 더우미 던던티 아니ᄒᆞ야 나라 더우며 ᄇᆞᄅᆞ미 和ᅘᅪᇰᄒᆞ야 뫼콰 내쾌ᄃᆞ토아 됴ᄒᆞ며 거므며 누르루미 어루 골히며 거므며 히요미 分분明명ᄒᆞ니 그러면 ᄀᆞ숤 ᄃᆞᆯ와 봆 곳 그지업슨 이레 各각各각 제 그지업슨 ᄠᅳ들 뒷도다 事事ㅣ

一一天眞이라 著著애 可以明宗이니 可以向翠竹

黃花邊ᄒᆞ야 明得此事ㅣ며 可以向鶯吟燕語邊ᄒᆞ야 明

得此事ㅣ며 ○ 일마다 낫나치 天텬眞진이라 브튼 ᄃᆡ마다 어루 宗종을 볼기리니 어루 ᄑᆞ른 대와 누른 곳 ᄀᆞ솔 向향ᄒᆞ야 이 이ᄅᆞᆯ 볼기리며 어루 곳고리 우룸과 져비 맔 ᄀᆞ솔 向향ᄒᆞ야 이 이ᄅᆞᆯ 볼기리며 以至一見一聞ᄒᆞ야도 一一皆是發機的時

節이며 一色一香이 一一開我의 活眼的物事ㅣ로다

須信道山僧이 未陞座ㅣ어늘 風鐸이 已搖舌이니라○ᄒᆞᆫ번 보며 ᄒᆞᆫ번 드로매 니르러도 낫나치 다 이 機긩를 發벓ᄒᆞᄂᆞᆫ 時씽節졇이며 ᄒᆞᆫ 빗 ᄒᆞᆫ 香향이 낫나치 내 이 산 누늘 열에 ᄒᆞᄂᆞᆫ 거시론 다닐오ᄃᆡ 山산僧승이 座쫭애 오ᄅᆞ디 아니ᄒᆞ얫거늘 ᄇᆞᄅᆞᇝ 주엽쇠 ᄒᆞ마 혀 톨 ᄒᆞᄂᆞ다 ᄒᆞ몰 모로매 미듫디니라

宗鏡 法無可得이 是名阿耨菩提며 道無可傳이 直指涅槃正眼이니 只如得而不得ᄒᆞ며 傳而不傳이 畢竟엔 是何宗旨오 三賢이 尙未明斯旨ᄒᆞ니 十聖이 那能達此宗이리오○法법이 어루 得득 업소미 이 일후미 阿항耨녹菩뽕提똉며 道똫ㅣ 어루 傳뛴 업소미 바ᄅᆞ 涅넗槃빤正졍眼안ᄋᆞᆯ ᄀᆞᄅᆞ치ᄂᆞᆫ디니 오직 得득ᄒᆞ야도 得득 아니며 傳뛴ᄒᆞ야도 傳뛴 아니로미 ᄆᆞᄎᆞᆷ매 이 엇던 宗종旨징오 三삼賢현이 오히려 이 ᄠᅳ들 ᄇᆞᆯ기디 몯ᄒᆞ니 十씹聖셩이 엇뎨 能능히 이 宗종ᄋᆞᆯ ᄉᆞᄆᆞᄎᆞ리오

【頌】從來無說ᄒᆞ며 亦無傳ᄒᆞ니 纔涉思惟ᄒᆞ면 便隔關ᄒᆞ리니 語默離微ᄅᆞᆯ 俱掃盡ᄒᆞ면 寥寥獨坐古靈山ᄒᆞ리라○ 녜브터 오ᄆᆞ로 말ᄊᆞᆷ 업스며 ᄯᅩ 傳ᄒᆞ욘 업스니 思ᄉᆞ量량ᄒᆞ매 ᄀᆞᆺ 干간涉썹ᄒᆞ면 곧 關관이 隔격ᄒᆞ리니 말ᄊᆞᆷ과 ᄌᆞᆷᄌᆞᆷ홈과 離링와 微밍와ᄅᆞᆯ 다 ᄡᅳ러 ᄇᆞ리면 괴외히 녯 靈령山산애 ᄒᆞ오ᅀᅡ 안ᄌᆞ리라 【說】 離링ᄂᆞᆫ 無뭉ㅣ오 微밍ᄂᆞᆫ 有ᅌᅮᇰㅣ라

此宗ᄋᆞᆫ 本無生ᄒᆞ니 生心ᄒᆞ면 卽差違ᄒᆞ리라 有心無心ᄋᆞᆯ 俱蕩盡ᄒᆞ면 空空唯有一靈臺로다○ 이 宗종ᄋᆞᆫ 本본來ᄅᆡᆼ 나미 업스니 ᄆᆞᅀᆞᄆᆞᆯ 내면 곧 어긔리라 ᄆᆞᅀᆞᆷ이시며 ᄆᆞᅀᆞᆷ 업소ᄆᆞᆯ 다 훤히 다ᄋᆞ면 뷔며 뷔여 오직 ᄒᆞᆫ 靈령臺ᄃᆡᆼ 잇도다

淨心行善分第二十三

復次須菩提야 是法이 平等ᄒᆞ야 無有高

下ᄒᆞ니 是名阿耨多羅三藐三菩提니 以無我無人無衆生無壽者로 修一切善法ᄒᆞ면 即得阿耨多羅三藐三菩提ᄒᆞ리라

佛因空生之問ᄒᆞ샤 答以生亦非生이며 佛亦無得이라 ᄒᆞ시고 乃云ᄒᆞ샤ᄃᆡ 是法이 平等ᄒᆞ야 無有高下ㅣ 是名阿耨菩提라 ᄒᆞ시니 ○ 부톄 空콩生싱의 묻ᄌᆞ오몰 因힌ᄒᆞ샤 對됭答답ᄒᆞ샤ᄃᆡ 生싱이 또 生싱 아니며 부톄 또 得득 업스니라 ᄒᆞ시고 니ᄅᆞ샤ᄃᆡ 이 法법이 平뼝等등ᄒᆞ야 노ᄑᆞ며 ᄂᆞᆺ가오미 업소미 이 일후미 阿항耨녹菩뽕提똉라 ᄒᆞ시니

生非生則不異於佛ᄒᆞ고 佛無得則不異於生ᄒᆞ니 是名平等ᄒᆞ야 無有高下

ㅣ니라○生싱이生싱이아니면부텨에다ᄅᆞ디아니ᄒᆞ고부톄得득業업ᄉᆞ시면衆즁生싱애다ᄅᆞ디아니ᄒᆞ시니이일후미平뼝等등ᄒᆞ야노ᄑᆞ며ᄂᆞᆺ가옴업소미라 前言無得ᄒᆞ시고

此言即得은何也오 前明本有ᄒᆞ샤 令不屈於凡下ᄒᆞ시고 此明新熏ᄒᆞ샤 使功齊於諸聖ᄒᆞ시니○알ᄑᆡᆫ得득業업소ᄃᆞᆯ니ᄅᆞ시고이엔곧得득ᄒᆞ리라니ᄅᆞ샤ᄆᆞᆫ엇뎨오알ᄑᆡᆫ本본來ᄅᆡᆼ이쇼ᄆᆞᆯᄇᆞᆯ기샤凡뻠下ᄒᆞᆼ애굽디아니케ᄒᆞ시고이엔새닷고ᄆᆞᆯᄇᆞᆯ기샤功공이모ᄃᆞᆫ聖셩人ᅀᅵᆫᄉᆞ게ᄀᆞ죽게ᄒᆞ시니 若恃其本有ᄒᆞ고 不以新熏ᄋᆞ로 熏之ᄒᆞ면 則持珠行丐ᄒᆞ야 求處輪迴ᄒᆞ리라○ᄒᆞ다가그本본來ᄅᆡᆼ이쇼ᄆᆞᆯ믿고새닷고ᄆᆞ로닷디아니ᄒᆞ면곧구스ᄅᆞᆯ디녀돈녀비러기리輪륜迴횡예이시리라

冶父 山高海深ᄒᆞ며 日生月落ᄒᆞᄂᆞᆺ다○뫼히놉고바ᄅᆞ리기프며ᄒᆡ돋고ᄃᆞ리디ᄂᆞᆺ다

所謂平等은 豈是夷岳實淵ᄒᆞ며 截鶴續鳧然後然哉리오 長者란 任其長ᄒᆞ고 短者란 任其短ᄒᆞ고 高處란 任其高ᄒᆞ고 低處란 任其低니라 ○ 닐온 바 平뼝等등은 엇데 이 뫼ᄒᆞᆯ 平뼝케 ᄒᆞ야 모ᄉᆞᆯ 메우며 鶴ᅘᅡᆨᄋᆞᆯ 버혀 올히ᄅᆞᆯ 니ᅀᅳᆫ 後ᅘᅮᇢ에ᅀᅡ 그러ᄒᆞ리오 알온 거스란 그 알오 몰므더 니너기고 뎌른 거스란 그 뎌르오 몰므더 니너기고 노ᄑᆞᆫ ᄯᅡ ᄒᆞ란 노포 몰므더 니너기고 ᄂᆞᆽ가온 ᄯᅡ ᄒᆞ란 ᄂᆞᆽ가오 몰므더 니너굴디니라

頌 僧是僧兮오 俗是俗이며 喜則笑兮ᄒᆞ고 悲則哭ᄒᆞᄂᆞ니 若能於此애 善叅詳ᄒᆞ면 六六이 從來로 三十六이라 ○ 즁은 이 즁이오 쇼ᄒᆞᆫ 이 쇼히며 깃브거든 웃고 슬프거든 우ᄂᆞ니 ᄒᆞ다가 能능히 이에 이대 ᄎᆞ리면 여ᄉᆞᆺ 여스시 네브터 오ᄆᆞ로 셜흔 여스시니라

何須喚僧作俗이리오 不必忍喜云哭이니 但能隨流

認性ᄒᆞ면 彼彼元來平等이니라 ○엇뎨 모로매 죵 을블러 쇼ᄒᆞᆯ 밍ᄀᆞᆯ라 오구 티여 깃부믈 ᄎᆞ마 우루믈 니ᄅᆞ디 아니ᄒᆞᆯ디니오 직 能능히 流륭ᄅᆞᆯ 조차 性셩을 알면 뎌마다 본ᄃᆡ 平뼝等등이니라

須菩提야 所言善法者ㅣ 如來說이 即非善法이라 是名善法이니라

了得平等理ᄒᆞ야 無我ᄒᆞ야 修善法ᄒᆞ니 善法이 非善法이라 與惡性無殊ᄒᆞ니 是名眞善法이라 不同於有漏ᄒᆞ니라 ○平뼝等등理링ᄅᆞᆯ 수 몯 得득ᄒᆞ야 나 업서 善쎤法법을 닷ᄀᆞ니 善쎤法법이 善쎤法법 아니라 惡악과 性셩이 달옴 업ᄉᆞ니 이 일후미 眞진實씷ㅅ 善쎤法법이라 有웅漏릉에 ᄀᆞᆮ디 아니ᄒᆞ니라

冶父 面上ᄋᆞᆫ 夾竹桃花ㅣ오 肚裏ᄂᆞᆫ 侵天荊棘이로다 ○面면上썅ᄋᆞᆫ 대 삔 桃뚱花황ㅣ오 빗소ᄇᆞᆫ 하ᄂᆞᆯ해 다ᄃᆞᄅᆞᆫ 가시로다

善耶아 惡耶아○善쎤ᄒᆞ녀惡학ᄒᆞ녀

頌 是惡이 非惡이며 從善이 非善이니 將逐符行ᄒᆞ며 兵隨印轉이로다 有時獨立妙高峯ᄒᆞ며 却來端坐閻羅殿이로다 見盡人間ᄒᆞ야 秖點頭ᄒᆞ나 大悲手眼이 多方便ᄒᆞ니라○이惡학이惡학아니며善쎤조초미善쎤아니니將쟝軍군아符뿡를조차行ᅘᆡᆼᄒᆞ며兵뼝이印힌을조차올모미로다잇다감妙묳高공峯퐁의ᄒᆞ오아셔며도ᄅᆞ혀와閻염羅랑殿뎐에端돤正졍히앉ᄂᆞ다보몰人ᅀᅵᆫ間간올다ᄒᆞ야오직머리를조ᅀᆞ나大땡悲빙의손과눈괘方방便뼌이하니라

惡非惡이며 善非善이라 善惡性이 無殊ᄒᆞ야 擧一ᄒᆞ면 相隨來ᄒᆞᄂᆞ니라 涅槃生死애 兩逍遙ᄒᆞᄂᆞ니 雖知無化ㅣ나 常演化ㅣ니라○惡학이惡학아니며善쎤이善쎤아니라善쎤과惡학괏性셩이달옴업서ᄒᆞ나ᄒᆞᆯ 들면서르조차오ᄂᆞ니라涅념槃빤과生싱死ᄉᆞᆼ애두고대노니ᄂᆞ니비록化황업소몰

아나샹녜化황ᄅᆞᆯ 너피ᄂᆞ니라

宗鏡 法無高下故로 諸佛心內예 衆生이 時時成道ᄒᆞ며 相離我人故로 衆生心內예 諸佛이 念念證眞ᄒᆞ시ᄂᆞ니라 ○ 法법이 노ᄑᆞ며 ᄂᆞᆺ가오미 업슨 젼ᄎᆞ로 諸졍佛뿛ㅅ ᄆᆞᅀᆞᆷ 안해 衆즁生ᄉᆡᆼ이 時씽時씽예 道뜰ᄅᆞᆯ 일우며 相샹이 我앙人신ᄋᆞᆯ 여흰 젼ᄎᆞ로 衆즁生ᄉᆡᆼ ᄆᆞᅀᆞᆷ 안해 諸졍佛뿛이 念념念념에 眞진ᄋᆞᆯ 證징ᄒᆞ시ᄂᆞ니라 所以道念佛이 不礙叅禪ᄒᆞ며 叅禪이 不礙念佛이라 ᄒᆞ니라 至於念而不念ᄒᆞ며 叅而不叅ᄒᆞ야 洞明本地風光ᄒᆞ고 了達惟心淨土ᄒᆞ면 溪山이 雖異ᄒᆞ나 雲月은 是同ᄒᆞ니 ○ 이런ᄃᆞ로 닐오ᄃᆡ 念념佛뿛이 叅참禪쎤에 막ᄃᆞ디 아니ᄒᆞ며 叅참禪쎤이 念념佛뿛에 막ᄃᆞ디 아니타 ᄒᆞ니 念념호ᄃᆡ 念념티 아니ᄒᆞ며 叅참호ᄃᆡ 叅참티 아니호매 니르러 本본地띵風봉光광ᄋᆞᆯ ᄉᆞᄆᆞᆺ 볼기고 惟윙心심淨쪙土통ᄅᆞᆯ 다ᄉᆞᄆᆞᆺ면 시내와 뫼쾌 비록 다ᄅᆞ나 구룸과 ᄃᆞᆯ와ᄂᆞᆫ ᄒᆞᆫ가지니 叅참ᄋᆞᆫ

窮궁究굼ᄒᆞᆯ시라 且道那裏不是平等之法이리오 要知縱橫
不礙處麽아 處處綠楊이 堪繫馬ㅣ오 家家有路ㅣ透
長安이로다 ○ ᄯᅩ 니ᄅᆞ라 어느 이 平뼝等등法법이 아니리오 기리며 너븨며 막디 아니ᄒᆞᆫ 고ᄃᆞᆯ 알
오저 ᄒᆞ논다 곧마다 파란 버드리 ᄆᆞᆯ ᄆᆡ얌직ᄒᆞ고 집마다 길히 長땽安한애 ᄉᆞᄆᆞᆺ도다
本來是佛이언마ᄅᆞᆫ 一念而迷ᄒᆞ니 迷不曾失ᄒᆞ야 現成受
用ᄒᆞᄂᆞ니 聞聲이 是證時며 見色이 是證時라 一見
一聞擧足下足이 一一皆是寂場이니 ○ 本본來ᄅᆡ 부톄언마
ᄅᆞᆫ ᄒᆞᆫ 念념에 모ᄅᆞ니 몰라도 잢간도 일티 아니ᄒᆞ야 現현ᄒᆡ 이러 受쓯用용ᄒᆞᄂᆞ니 소리 드로미 이
證징ᄒᆞᆯ 時씽節졇이며 色식 보미 이 證징ᄒᆞᆯ 時씽節졇이라 ᄒᆞᆫ번 보며 ᄒᆞᆫ번 드르며 발 들며 발 드듸
요미 낫나치 다 이 寂쩍場땽이니 所以道念念에 釋迦ㅣ 出世며
步步애 彌勒이 下生이라 ᄒᆞ니 既然如是ㄴ댄 何容分別

是凡是聖이리오 ○ 이런ᄃᆞ로 닐오ᄃᆡ 念념마다 釋셕迦강ㅣ 出츌世셰ᄒᆞ시며 거름마다 彌밍勒륵이 下향生ᄉᆡᆼ이라 ᄒᆞ니 ᄒᆞ마 이 곧ᄒᆞᆯᄃᆞᆫ댄 엇뎨 이 凡뻠이며 이 聖셩이라 ᄒᆞ야 ᄀᆞᆯᄒᆡ요ᄆᆞᆯ두리오 昔日而迷今日而悟ᄒᆞ니 悟無所得이라 念念無生ᄒᆞ니 雖然念念與悲ᄒᆞ나 未嘗一念離眞ᄒᆞᆯ시 ○ 녯 나랫 몰로미오 오ᄂᆞᆳ 낤 아로미니 아라도 得득ᄒᆞᆫ 배 업ᄉᆞᆫ디라 念념마다 生ᄉᆡᆼ이 업스나 비록 念념마다 悲빙ᄅᆞᆯ 니ᄅᆞ와ᄃᆞ나 잢간도 ᄒᆞᆫ 念념도 眞진을 여희디 아니ᄒᆞᆯ시 所以道終日度生호ᄃᆡ 不見生之可度ㅣ라 ᄒᆞ니 既然如是ᄒᆞ면 何曾見有能度所度ㅣ리오 所以念無念이 無礙ᄒᆞ야 究竟에 終無二致니라 ○ 이런ᄃᆞ로 닐오ᄃᆡ 나리 ᄆᆞᆺᄃᆞ록 生ᄉᆡᆼ을 度똥호ᄃᆡ 生ᄉᆡᆼ을 어루 度똥ᄒᆞᆯ 보디 몯ᄒᆞᄂᆞ다 ᄒᆞ니 ᄒᆞ마 이 곧ᄒᆞ면 엇뎨 잢간인ᄃᆞᆯ 能능度똥와 所송度똥왜 이쇼ᄆᆞᆯ 보리오 이런ᄃᆞ로 念념과 念념 업소미 마곰 업서 究궁竟경에 내죵내 두 ᄠᅳ디 업스니라 只如無二底道理

ᄂᆞᆫ 作麼生道오 溪山이 雖異ᄒᆞ나 雲月은 是同이니 要

知縱橫不礙處麼아 處處綠楊이 堪繫馬ㅣ오 家家

有路ㅣ 透長安ᄒᆞ니라 ○ 오직 ᄃᆞᆯ 업슨 道ᄄᆞᇢ理링ᄂᆞᆫ 므스기라 나ᄅᆞ료 시내와 뫼쾌

비록 다ᄅᆞ나 구룸과 ᄃᆞᆯ와ᄂᆞᆫ 이 ᄒᆞᆫ 가지니 기리와 너븨왜 막ᄃᆞ다 아니ᄒᆞᆫ고 ᄃᆞᆯ 알오져 ᄒᆞᄂᆞᆫ다 곤 마다

綠록楊양이 ᄆᆞᆯ ᄆᆡ얌직ᄒᆞ고 집마다 길히 長땽安한애 ᄉᆞᄆᆞᄎᆞ니라

頌 山花ㅣ 似錦ᄒᆞ고 水如藍ᄒᆞ니 莫問前三與後三ᄒᆞ라 心

境이 廓然ᄒᆞ야 忘彼此ᄒᆞ니 大千沙界ᄅᆞᆯ 摠包含ᄒᆞ도다 ○ 뫼햇

고지 錦금 곧고 므리 藍람 곧ᄒᆞ니 前쪈三삼과 後ᅘᅮᇢ三삼과ᄅᆞᆯ 묻디 말라 ᄆᆞᅀᆞᆷ과 境경괘 훤ᄒᆞ야 뎌와 이

와ᄅᆞᆯ 니ᄌᆞ니 大땡千쳔沙상界갱ᄅᆞᆯ 다 ᄡᅳ려 머굼도다

混融ᄒᆞ야 無有差別ᄒᆞ며 廓然ᄒᆞ야 摠含無遺ᄒᆞ도다 ○ 섯거노가

差창別뼗 업스며 훤ᄒᆞ야 다 머구머 기튼 업도다

福智無比分第二十四

須菩提야 若三千大千世界中엣 所有諸須彌山王애 如是等七寶聚로 有人이 持用布施라도 若人이 以此般若波羅蜜經으로 乃至四句偈等이나 受持讀誦ᄒᆞ야 為他人說ᄒᆞ면 於前福德에 百分에 不及一ᄒᆞ며 百千萬億分이며 乃至筭數譬喩의 所不能及이리라

持經行施功行이 不等ᄒᆞ니 所以不等은 只在頓漸ᄒᆞ니라 ○經경 디니며 布보施싱行ᅘᆡᇰ호미 功공行ᅘᆡᇰ이 ᄀᆞᆮ디 아니ᄒᆞ니 ᄀᆞᆮ디 아니혼 아ᄎᆞᆫ 오직 頓

돈과漸쪔과애 잇ᄂᆞ니라

【治父】千錐로 箚地호미 不如鈍鐅一捺ᄒᆞ니라 ○ 즈믄 솔옷ᄋᆞ로 ᄡᅡ딜오미 무딘 삷보로 ᄒᆞᆫ번 눌로미 곧디 몯ᄒᆞ니라

無明堅厚ㅣ 猶如地礙ᄒᆞ니 漸斷頓除호미 千錐一捺로다 寶施는 只度慳貪이어니와 般若는 直度無明이라 頓漸이 懸殊ᄒᆞ야 優劣이 皎然ᄒᆞ도다 ○ 無뭉明명의 구ᄃᆞ며 두터우미 ᄯᅡᄀᆞ료미 곧ᄒᆞ니 漸쪔漸쪔 그ᄎᆞ며 모로기 더로미 즈믄 솔옷과 ᄒᆞᆫ번 눌로마로다 寶보비로 布봉施싱ᄂᆞᆫ 오직 慳간貪탐ᄋᆞᆯ 度똥ᄒᆞᆯ ᄲᅮ니어니와 般반若샹ᄂᆞᆫ 바ᄅᆞ 無뭉明명ᄋᆞᆯ 度똥ᄒᆞᄂᆞᆫ디라 頓돈과 漸쪔괘 어머리 ᄃᆞᆯ아 優흫와 劣뤓왜 ᄆᆞᆰ도다

【頌】麒麟鸞鳳이 不成群ᄒᆞᄂᆞ니 尺璧寸珠ㅣ 那入市리오 逐日之馬ᄂᆞᆫ 不並馳ᄒᆞ며 倚天長劒은 人難比로다 ○ 麒끵麟

린과鸞란鳳뽕괘무리이디아니ᄒᆞᄂᆞ니자맛구슬와寸촌맛구스리엇뎨져재들리오히조촘므른驗땅와굷디아니ᄒᆞ며하ᄂᆞᆯ해비긘곤갈ᄒᆞᆫ사ᄅᆞ미가졸뵤미어렵도다

乾坤이 不覆載ᄒᆞ며 劫火ㅣ不能壞ᄒᆞᄂᆞ니 凜凜威光이 混大虛ᄒᆞ야 天上人間이 摠不如ᄒᆞ도다 噫라

○하ᄂᆞᆯ콰ᄯᅡ쾌두프며신디몯ᄒᆞ며劫겁火황ㅣ能능히허디몯ᄒᆞᄂᆞ니싁싁고저픈光광明명이大땡虛헝에ᄀᆞ독ᄒᆞ야天텬上썅人신間간이다곧디몯ᄒᆞ도다 噫힝라

麒麟之爲物은 頭戴一角ᄒᆞ고 性含仁心ᄒᆞ며 鸞鳳之爲物은 身備五彩ᄒᆞ고 聲含五音ᄒᆞ니 天下ㅣ有道則至ᄒᆞ고 無道則隱ᄒᆞᄂᆞ니

○麒끵麟린이라ᄒᆞᆫ거슨머리예ᄒᆞᆫ쁠이고性셩이라仁신心심을머구므며鸞란鳳뽕이라ᄒᆞᆫ거슨모매五옹彩칭ᄀᆞᆺ고소리五옹音흠을머구멧ᄂᆞ니天텬下향ㅣ道똥ㅣ이시면곧니를오道똥ㅣ업스면곧숨ᄂᆞ니

此事도 亦然ᄒᆞ야 本是

一道ㅣ로되 開有四心五位ᄒᆞ니 諸佛이 時乃說之시어
든 衆生도 時乃得聞ᄒᆞᄂᆞ니라 不成群則彼物이 無伴
侶ᄒᆞ니 此事ㅣ 無多字ᄒᆞ도다 ○ 이 일도 ᄯᅩ 그러ᄒᆞ야 本본來ᄅᆡᆼ 이 ᄒᆞᆫ 道ᄄᆞᇢㅣ로
되 열면 네 ᄆᆞᅀᆞᆷ 다ᄉᆞᆺ 位윙 잇ᄂᆞ니 諸졍佛뿛이 時씽ㅣ 어ᅀᅡ 니ᄅᆞ거시든 衆즁生ᄉᆡᆼ도 時씽ㅣ 어ᅀᅡ
시러 듣ᄌᆞᆸᄂᆞ니라 무리 이디 몯ᄒᆞ면 곧 뎌 거시 버디 업ᄂᆞ니 이 이리 한 字ᄍᆞᆼㅣ 업도다 ▲ 四ᄉᆞᆼ心심
ᄋᆞᆫ 廣광大땡心심과 第똉一ᅙᅵᇙ心심과 常썅心심과 不붏顚뎐倒ᄄᆞᇢ心심괘오 五ᅌᅩᆼ位윙ᄂᆞᆫ 法법數
ᄉᆞᆼ에 잇ᄂᆞ니라 尺壁寸珠ᄂᆞᆫ 體具溫閏明瑩之德ᄒᆞ고 亦有
剛強清淨之相ᄒᆞ니 此事도 亦然ᄒᆞ야 擧體隨緣而照
無遺餘ᄒᆞ며 隨緣不變而物不能汚ᄒᆞᄂᆞ니라 ○ 자맛 구슬와 寸촌
맛 구스른 體톙 ᄒᆞ웍ᄒᆞ웍ᄒᆞ며 ᄆᆞᆯᄀᆞᆫ 德득이 ᄀᆞᆽ고 ᄯᅩ 구드며 조ᄒᆞᆫ 相샹이 잇ᄂᆞ니 이 일도 ᄯᅩ 그러ᄒᆞ
야 體톙오ᄋᆞ로 緣원을 조차 비취유미 기터나ᄆᆞ니 업스며 緣원을 조초ᄃᆡ 變변티 아니ᄒᆞ야 物뭃

이能능히더러이디몯ᄒᆞᄂᆞ니라 那入市則此寶ᄂᆞᆫ人人이珍之
ᄒᆞ야 不用賤賣ᄒᆞᄂᆞ니 此事도 佛佛이 密護ᄒᆞ샤 罕爲人
說ᄒᆞ시ᄂᆞ니라○엇뎨져재들료ᄒᆞ면곤이보비ᄂᆞᆫ사ᄅᆞᆷ마다貴귕히너겨ᄡᅢ賤쪈히ᄂᆞᆺ디아니
ᄒᆞᄂᆞ니이일도부텨마다秘빙密밍히護ᅘᅩᆼ持띵ᄒᆞ샤사ᄅᆞᆷ爲윙ᄒᆞ야니ᄅᆞ샤ᄆᆞᆯ드므리ᄒᆞ시ᄂᆞ니
라 亦迅速이 如良馬ᄒᆞ야 不爲鈍根之所追ㅣ오 快然
이 如利劒ᄒᆞ야 魔外ㅣ 於是乎心寒ᄒᆞ며○ᄯᅩᄲᆞᆯ로미됴ᄒᆞᆫᄆᆞᆯ곤ᄒᆞ
야鈍똔ᄒᆞᆫ根곤의조ᄎᆞᆯ배ᄃᆞ외디아니ᄒᆞ고快쾡ᄒᆞ미ᄂᆞᆯ카온갈곤ᄒᆞ야魔망와外욍道똥왜이에
ᄆᆞᅀᆞ미서늘ᄒᆞ며 恢恢乎乾坤이 覆載不著ᄒᆞ고 確確乎劫
火ㅣ 燒壞不得ᄒᆞ야 凜凜乎光爍億萬乾坤ᄒᆞ며 嵬嵬
乎絕對天上人間ᄒᆞ니 得之者ㅣ 所以殊勝無譬니라
○커乾껀坤콘이두프며시로ᄆᆞᆯ著딱디몯ᄒᆞ고구더劫겹火황ㅣᄉᆞ라허로ᄆᆞᆯ得득디몯ᄒᆞ야ᄉᆡᆨ

식ᄒᆞ야 億ᅙᅳᆨ萬먼乾껀坤콘·애 光광明명·이 빗나
·머·노·파 天텬上·썅人신間간·애 ·마·ᄌᆞ·리:업·스·니 得
득ᄒᆞᆫ 사ᄅᆞ·미 ·이런ᄃᆞ로 殊쓩
勝싱·ᄒᆞ:야 가·ᄌᆞᆯ 봄:업·스·니·라

宗鏡 福等三千ᄒᆞ니 施須彌之七寶ᄒᆞ고 經持四句ᄒᆞ니 耀
智海之明珠ㅣ로다 能令識浪이 澄清ᄒᆞ며 頓使義天이
開朗케ᄒᆞ니 弘慈普濟ᄒᆞ야 廣利無邊이로다 ○ 福·복·이 三삼千쳔·에 곧·오
니 須슝彌밍 곧ᄒᆞᆫ 七칧寶봉ᄅᆞᆯ 布봉施싱ᄒᆞ고 經경
·의 四ᄉᆞᆼ句궁ᄅᆞᆯ 디니·니 智딩慧뼹ᄅᆞᆯ 바·ᄅᆞᆯ 明명珠즁ᄅᆞᆯ 가
비·취·오 ·도·다 能능·히 識·식ᄉᆞᆷ 겨·리 ᄆᆞᆰ·게ᄒᆞ·며 모·로·기
義읭天텬·이 여·러 ᄆᆞᆰ·게 ᄒᆞ·니 ·너·븐 慈ᄍᆞᆼ悲빙·로 너·비
濟·졩渡똥ᄒᆞ·야 너·비 利·링·호·마 :ᄀᆞᆺ:업·도·다 夜半正明은 還在何處오 三身
四智體中圓ᄒᆞ며 八解六通이 心地印이니라 ○ 夜·양半·반·이 正·졍히
ᄇᆞᆯ고ᄆᆞᆫ 도ᄅᆞ·혀 어·듸 잇ᄂᆞ·뇨 三삼身신과 四ᄉᆞᆼ智딩·왜 體:톙中듕·에 두·려우·며 八밣解·행·와 六·륙通통·괘
心심地·띵·옛 印·힌·이·니·라

施寶福無邊ᄒᆞ나 箭射虛空ᄒᆞ야 極還墜ㅣ니라 持經ᄒᆞ면

智乃明이라 驪珠ㅣ 獨耀於滄海로다 智明ᄒᆞ면 理ㅣ 旣

顯이라 弘慈利無邊ᄒᆞ니 心地옌 悲花ㅣ 秀ᄒᆞ고 霜夜앤

月正明ᄒᆞ니라 ○ 보ᄇᆡ로 布봉施싱호미 福복이 ᄀᆞᆺ업스나 사ᄅᆞᆷ 虛헝空콩애 소아 極끅ᄒᆞ

면 도로 ᄢᅥ러디ᄂᆞ니라 經경을 디니면 智딩慧쀙 불곤디라 驪링珠즁ㅣ ᄒᆞ오ᅀᅡ 滄창海ᅙᅵᆼ예 빗나

도다 智딩慧쀙 불ᄀᆞ면 理링ᄒᆞ마 나ᄐᆞᆫ디라 너븐 慈ᄍᆞᆼ悲빙로 利링ᄒᆞ샤미 ᄀᆞᆺ업스니 ᄆᆞᅀᆞᆷ ᄯᅡ핸 慈

ᄍᆞᆼ悲빙ㅅ 고지 프고 서릿 바ᄆᆡ ᄃᆞ리 正졍히 불ᄀᆞ니라 [illegible] 驪링珠즁ᄂᆞᆫ 驪링龍롱ᄋᆡ 구스리니 明명

月월珠즁ㅣ니 驪링ᄂᆞᆫ 거믄 ᄆᆞ 龍롱이라 且道夜半正明은 還在何處

오 三身四智ㅣ 體中圓ᄒᆞ며 八解六通이 心地印이니

라 只如體中圓心地印은 且作麽生道오 大虛ㅣ

寥廓ᄒᆞ야 淨無雲거늘 一輪이 高朗ᄒᆞ야 照三千ᄒᆞ도다 ○ 또 니

ᄅᆞ라 夜양半반애 正졍히 보고 ᄆᆞᆫ ᄯᅩ 어듸 잇ᄂᆞ뇨 三삼身신과 四ᄉᆞᆼ智딩왜 體톙中듀ᇰ에 두려우며 八밣解해와 六륙通통괘 ᄆᆞᅀᆞᆷ ᄡᅡ햇 印ᅙᅵᆫ이니라 오직 體톙中듀ᇰ 圓원心심地띵印ᅙᅵᆫ은 ᄯᅩ 엇뎨니라 ᄅᆞ료 큰 虛헝空콩이 훤ᄒᆞ야 조ᄒᆞ구루미 업거늘 一ᅙᅵᇙ輪륜이 노피 ᄆᆞᆯ가 三삼千쳔에 비취도다

既知夜半正明ᄒᆞ니 須知天曉不露ㅣ라니 只如天曉不露ᄂᆞᆫ 且作麽生道오 月落寒潭이 可承攬이나 展手欲捉이나 捉不得이로다 ○ ᄒᆞ마 夜양半반애 正졍히 볼고 ᄆᆞᆯ아니 모ᄅᆞ매 하ᄂᆞᆯ히 사야 도ᄂᆞᆫ디 아니ᄒᆞ몰 아ᄅᆞᆯ디니라 오직 하ᄂᆞᆯ히 사야 도ᄂᆞᆫ디 아니ᄒᆞ믄 ᄯᅩ 엇뎨니 ᄅᆞ료 ᄃᆞ리 ᄎᆞᆫ 모새 ᄃᆞ미 바다 자밤직ᄒᆞ나 소ᄂᆞᆯ 펴 자보려 ᄒᆞ나 자보ᄆᆞᆯ 得득디 몯ᄒᆞᄂᆞᆺ다

頌 寶聚山王ᄒᆞ야 筭莫窮ᄒᆞ나 還如仰箭射虛空ᄒᆞ니 洞明四句ᄒᆞ야 超三際ᄒᆞ면 絶勝僧祇萬倍功ᄒᆞ리라 ○ 보ᄇᆡ롤 山산王왕ᄀᆞ티 뫼화 혜물 다ᄋᆞ디 몯ᄒᆞ나 도ᄅᆞ혀 울워러 살로 虛헝空콩 소미 ᄀᆞᆮᄒᆞ니 四ᄉᆞᆼ句궁ᄅᆞᆯ ᄉᆞᄆᆞᆺ 불겨 三삼際

졍에 건내뛰면 僧승祇낑예 萬먼倍뻥ᄒᆞᆫ 功공애 ᄀᆞ장 더으리라

化無所化分第二十五

須菩提야 於意云何오 汝等이 勿謂如來ㅣ 作是念호ᄃᆡ 我當度衆生이라ᄒᆞ라 須菩提야 莫作是念ᄒᆞ라 何以故오 實無有衆生이 如來度者ㅣ니ᄒᆞ니 若有衆生이 如來度者ㅣ라ᄒᆞ면 如來ㅣ 即有我人衆生壽者ㅣ니라

衆生이 本成佛이라 佛不度衆生이시니라 爲甚如此오 眞如界內옌 無生佛ᄒᆞ며 平等性中엔 無自它ᄒᆞ니 見

有可度ㅣ면 成自他ㅣ니ㅣ어 豈謂如來無我人이리오 ○衆중生싱아 本본來링 부톄론디라 부톄 衆중生싱올 度똥티 아니ᄒᆞ시ᄂᆞ니라 므스글 爲윙ᄒᆞ야 이 곤ᄒᆞ뇨 眞진如영界갱內닝옌 衆중生싱과 부텨왜 업스며 平뻥等등性셩中듕엔 나와 ᄂᆞᆷ괘 업스니 어루 度똥ᄒᆞ미 잇ᄂᆞᆫ 돌 보면 나와 ᄂᆞᆷ괘 일리어니 엇데 如영來링ㅣ 我앙人신이 업스시다 니ᄅᆞ리오

治父 春蘭秋菊이 各自馨香ᄒᆞ니라 ○봆蘭란과 ᄀᆞᅀᆞᆳ菊국花황ㅣ 各각各각 각제여곰 곳다오니라

十類生과 與十方佛왜 一時成道ᄒᆞ며 十方佛와 與十類生괘 同日涅槃ᄒᆞ니 生佛相이 本寂ᄒᆞ야 能所度ㅣ 亦寂ᄒᆞ도다 ○열가짓衆중生싱과 十씹方방佛뿛왜 ᄒᆞᆫ삐 成쎵道똫ᄒᆞ며 十씹方방佛뿛와 열가짓衆중生싱괘 ᄒᆞᆫ날 涅녏槃빤ᄒᆞ니 生싱과 佛뿛왓 相샹이 本본來링 괴외ᄒᆞ야 能능과

所송왓度똥ㅣ ᄯᅩ 과외ᄒᆞ도다 能所度ㅣ 既寂이어니 我人相이 何有ㅣ리오

伊麽則釋迦ㅣ 眼橫鼻直ᄒᆞ시고 人人도 亦眼橫鼻直ᄒᆞ니 同居常寂光土ᄒᆞ야 共受無生法樂이로

다 ○能능과 所송왓 度똥ㅣ ᄒᆞ마 괴외커니 我앙人신相샹이 므스기 이시리오 그러면 釋셕迦강ㅣ 누니 빗그며 고히 고ᄃᆞ시고 사ᄅᆞᆷ마다 ᄯᅩ 누니 빗고 고히 고ᄃᆞ니 常쌍寂쩍光광土통애 ᄒᆞᆫᄃᆡ 사라 다 無뭉生싱法법樂락ᄋᆞᆯ 受쓩ᄒᆞᄂᆞ다

頌 生下東西七步行ᄒᆞ시니 人人이 鼻直ᄒᆞ고 兩眉橫ᄒᆞ니라

哆啝悲喜皆相似ᄒᆞ니 那時誰更問尊堂ᄒᆞ리오 還記得在麽아

○나시다가며 東동西셍로 닐굽 거름 녀시니 사ᄅᆞᆷ마다 고히 곧고 두 눈서비 빗그니라 哆당啝황ᄒᆞ며 슬흐며 깃구미 다 서르 ᄀᆞᆮᄒᆞ니 뎌 쁴뉘 ᄯᅩ 尊존堂땅씌 무르리오 도ᄅᆞ혀 記긩得득ᄒᆞ얀다 [illegible] 哆당啝황ᄂᆞᆫ 곳 난 아ᄒᆡ 마리니 ᄀᆞᄅᆞ치리 업시셔 哆당哆당啝황啝황ᄒᆞᄂᆞ니라 尊존堂땅ᄋᆞᆫ 어

버ᅀᅵ라 記긩得득ᄋᆞᆫ ᄆᆞᅀᆞ매 다ᄆᆞᆯ시라

釋迦ㅣ 纔生母胎ᄒᆞ샤 周行七步ᄒᆞ시니 人人도 纔生

母胎ᄒᆞ야 眼橫鼻直ᄒᆞ니라 ○ 釋셕迦강ㅣ 곧 어마님 胎팅예 나샤 닐굽 거름 두루

거ᄅᆞ시니 人신人신도 곧 어미 胎팅예 나아 누니 빗그며 고히 고ᄃᆞ니라 哆哆啝啝兼

悲喜는 人家孺子ㅣ 皆相似ᄒᆞ니 性本神解라 自如

然커니 誰向尊堂ᄒᆞ야 問何爲리오 傾心吐露ᄒᆞ야 報君知

ᄒᆞ노니 問君은 於斯애 記取아 否아 ○ 哆당哆당ᄒᆞ며 啝황啝황ᄒᆞ며

ᄯᅩ 슬ᄒᆞ며 깃구ᄆᆞᆫ 사ᄅᆞ미 잀아ᄒᆡ 다 서르 ᄀᆞᆮᄒᆞ니 性셩이 本본來ᄅᆡᆼ 神씬奇끵히 아라 제 그러커니

뉘 尊존堂땅ᄋᆞᆯ 向향ᄒᆞ야 엇뎨ᄒᆞ료 무ᄅᆞ리오 ᄆᆞᅀᆞᄆᆞᆯ 기우려 나토아 그듸ᄅᆞᆯ 알외야 알의ᄒᆞ노니

묻노니 그듸ᄂᆞᆫ 이에 記긩知딩ᄒᆞ얀다 몯ᄒᆞ얀다

須菩提야 如來說有我者ㅣ 即非有

我ㅣ어늘 而凡夫之人이 以爲有我ᄒᆞᄂᆞ니 須菩提야 凡夫者ㅣ 如來說이 即非凡夫ㅣ라

雖云有我ㅣ나 我性이 本空커늘 凡夫ㅣ 不知ᄒᆞ야 以爲有我ㅣ라 ᄒᆞ며 ○비록 내 잇다 니ᄅᆞ나 我앙性셩이 本본來ᄅᆡᆼ 뷔어늘 凡뻠夫붕ㅣ 아디 몯ᄒᆞ야 ᄡᅥ 내 잇다 ᄒᆞ며 雖曰凡夫ㅣ나 凡夫相이 寂滅ᄒᆞ니 凡夫相이 寂滅故로 說非凡夫ㅣ니라 ○비록 凡뻠夫붕ㅣ라 니ᄅᆞ나 凡뻠夫붕이 相샹이 寂쪅滅멿ᄒᆞ니 凡뻠夫붕相샹이 寂쪅滅멿ᄒᆞᆫ 젼ᄎᆞ로 니ᄅᆞ샤ᄃᆡ 凡뻠夫붕ㅣ 아니라 ᄒᆞ시니라

又前念이 不覺ᄒᆞ면 名凡夫ㅣ오 後念이 即覺ᄒᆞ면 說非凡夫ㅣ니라 ○알ᄑᆡᆺ 念념이 아디 몯ᄒᆞ면 일후미 凡뻠夫붕ㅣ오 後ᅘᅮᇢ念념이 곧 알면 닐오미 凡뻠夫붕ㅣ 아니니라

冶父 前念은 衆生이오 後念은 佛이니 佛與衆生이 是何

物오 ○알ᄑᆡᆺ念념은衆즁生ᄉᆡᆼ이오後ᅘᅮᇢㅅ念념은부톄니부텨와衆즁生ᄉᆡᆼ괘어므스것고

前念이 起妄ᄒᆞ고 後念이 即覺ᄒᆞ며 前念이 有著ᄒᆞ고 後

念이 即離ᄒᆞ야 妄還覺ᄒᆞ며 著却離ᄒᆞ니 爲聖爲凡가 是

善是惡가 定當不得이로다 ○알ᄑᆡᆺ念념이妄망을니ᄅᆞ완고後ᅘᅮᇢㅅ念념이

곤알며알ᄑᆡᆺ念념이著딱ᄒᆞ미잇고後ᅘᅮᇢㅅ念념이곤여희야妄망이도ᄅᆞ혀알며著딱이도ᄅᆞ혀

여희니聖셩가凡뻠가이善션가이惡악가一ᅙᅵᇙ定뎡호몰得득디몯ᄒᆞ리로다

頌 不現三頭六臂ᄒᆞ야도 却能拈是放節ᄒᆞᄂᆞ니 有時예

醉酒罵人ᄒᆞ다가 忽爾燒香作禮ᄒᆞ며 ○세머리와여ᄉᆞᆺᄇᆞᆯᄒᆞᆯ現현티아니

ᄒᆞ야도곤能능히숨자ᄇᆞ며저논ᄂᆞ니잇다감술醉쥥ᄒᆞ야사ᄅᆞᆷ구짓다가믄득香향퓌우고절ᄒᆞ며

手把破砂盆ᄒᆞ고 身披羅錦綺로소니 做模打擈이 百千

般이나 鷲鼻牽來ᄒᆞ면 秖是你로다 咦咦一作嗄○소내헌砂상盆뽄잡고모매羅랑와錦금綺킹ᄅᆞᆯ펫도소니얼굴지ᅀᅳ며양ᄌᆞ지수미百빅千쳔가지나ᄆᆞᆫ득고ᄒᆞᆯ잇거오면오직이네로다咦힝

非能非不能이며 非善非不善이며 非貴非不貴라 貴賤善惡能否ㅣ異ᄒᆞ나 正眼看來옌 唯一人이로다○能능아니며不블能능아니며善션아니며不블善션아니며貴귀아니며不블貴귀아니라貴귀ᄒᆞ며賤쳔ᄒᆞ며善션ᄒᆞ며惡학ᄒᆞ며能능ᄒᆞ며아니호미다ᄅᆞ나正졍ᄒᆞᆫ누ᄂᆞ로보맨오직ᄒᆞᆫ사ᄅᆞ미로다

宗鏡 無我無人ᄒᆞ야 衆生이 自成正覺ᄒᆞ고 不生不滅ᄒᆞ야 如來說非凡夫ㅣ라ᄒᆞ시니 雖然箇事分明ᄒᆞ나 爭奈當機蹉過ㅣ니라○我앙업스며人신업서衆즁生ᄉᆡᆼ이제正졍覺각ᄋᆞᆯ일우고生ᄉᆡᆼ아니며滅멿아니

라如셩來링ㅣ니ᄅᆞ샤ᄃᆡ凡뻠夫붕ㅣ아·니라ᄒᆞ시·니비·록이:이리分분明명ᄒᆞ·나권마·ᄅᆞᆫ機긩·ᄅᆞᆯ當당ᄒᆞ야글·어가·니라

昔有僧이問翠巖云호ᄃᆡ還丹一粒이點鐵成金ᄒᆞ며至理一言이轉凡成聖이라ᄒᆞ니學人이上來호니請師ㅣ一點ᄒᆞ쇼서師云不點호리라僧云호ᄃᆡ爲什麽不點이잇고師ㅣ云호ᄃᆡ恐汝ㅣ落凡聖ᄒᆞ노라ᄒᆞ니

○ 녜 즁·이翠췽巖암·씌무·러닐·오ᄃᆡ還쎤丹단ᄒᆞᆫ·나치쇠·예디·그면金금·이ᄃᆞ외·며至·징極끅ᄒᆞᆫ理링ᄒᆞᆫ:마리凡뻠을옮겨聖셩·이ᄃᆞ외ᄂᆞ·다ᄒᆞ·니學ᅘᅡᆨ人신·이올·아오·니請쳥ᄒᆞ노·나·스승·이ᄒᆞᆫ번點뎜ᄒᆞ쇼·서師ᄉᆞᆼㅣ닐·오ᄃᆡ點뎜티아·니호리·라僧승·이닐·오ᄃᆡ므·스글爲윙ᄒᆞ·야點:뎜티아·니ᄒᆞ·시ᄂᆞ·니잇·고師ᄉᆞᆼㅣ닐·오ᄃᆡ:네凡뻠聖·셩·에딜·가젼·노·라ᄒᆞ·니 還쎤丹단·ᄋᆞᆫ仙션閑간·앳藥·약·이라

且道不落凡聖底人ᄋᆞᆫ具什麽眼고直饒聖解凡情이盡ᄒᆞ야도開眼依然在夢中ᄒᆞ니라

○ ᄯᅩ니ᄅᆞ라凡뻠聖셩·에디·디아·니ᄒᆞᆫ:사ᄅᆞ·ᄆᆞᆫ므슴누·니ᄀᆞ·ᄌᆞ·뇨비·록聖셩解행

·와凡뻠情쪙괘·다아·도누늘열면:녀·브·터夢몽中·듕에잇ᄂᆞ·니라
佛不度衆生이라 衆生이 自成正覺ᄒᆞ며 衆生相이 寂
滅이라 如來說非凡夫ᄒᆞ시니 雖曰人人이 具足이나 爭
奈日用而不知니○부텨衆즁生ᄉᆡᇰ을度똥ᄒᆞ시논·디아·니:라衆·즁生ᄉᆡᇰ·이:제正·졍
覺·각·을일·우며衆즁生ᄉᆡᇰ相샹·이寂쪅滅멿·혼디·라如셩來링ㅣ니ᄅᆞ·샤ᄃᆡ凡뻠夫붕ㅣ아·니·라ᄒᆞ
시·니비·록사ᄅᆞᆷ:마다具꿍足쪽·다니ᄅᆞ·나권마·ᄅᆞᆫ日:싏用:용·애:아디:몯·ᄒᆞᄂᆞ·니 翠巖이 曾
不點은 恐落凡聖路ㅣ니라 且道不落凡聖底人은
具什麽眼고 直饒不落凡聖路ㅣ라도 敢道猶未具
眼在라ᄒᆞ노라○翠췽巖암·이·열즉點뎜티아·니·ᄒᆞ몬凡뻠聖셩ㅅ길헤·딜·가저·헤니:라·또니
ᄅᆞ·라凡뻠聖·셩·에디디아·니ᄒᆞᆫ:사ᄅᆞᄆᆞᆫ므슴누니ᄀᆞ·ᄌᆞ·뇨비·록凡뻠聖·셩ㅅ길·헤디:·디아·니·ᄒᆞ야·도
오히려ᄀᆞᄌᆞᆫ누니잇디:몯·다구·틔여니ᄅᆞ노·라

頌 到岸從來不用船이니 坦然大道ㅣ 透長安ᄒᆞ니라 了然元不因他悟ᄒᆞ니 面目이 分明ᄒᆞ야 揔一般이로다 ○ᄀᆞ새 다ᄃᆞᄅᆞ면 녜브터 오ᄆᆞ로 비를 ᄡᅳ디 아니ᄒᆞᄂᆞ니 훤ᄒᆞᆫ 큰 길히 長땽安ᅙᅡᆫ애 ᄉᆞᄆᆞᄎᆞ니라 了룡然ᅀᅧᆫᄒᆞ야 본ᄃᆡ ᄂᆞᄆᆞᆯ 因ᅙᅵᆫᄒᆞ야 아디 아니ᄒᆞᄂᆞ니 面면目목이 分분明명ᄒᆞ야 ᄒᆞᆫ가지로다

悟了ᄒᆞ면 不應守方便이니 何更從他問長安이리오 一條活路ㅣ 如絃直ᄒᆞ니 千聖이 皆從此路歸ᄒᆞ시니라 ○ᄂᆞ알면 方방便뼌을 守슝호미 맛당티 아니ᄒᆞ니 엇뎨 ᄯᅩ ᄂᆞᄆᆞᆯ조차 長땽安ᅙᅡᆫ올 무르리오 ᄒᆞᆫ 옰 산 길히 시울 고ᄃᆞᆷ ᄀᆞᆮᄒᆞ니 千쳔聖셩이 다 이 길흘 조차 가시ᄂᆞ니라

法身非相分第二十六

須菩提야 於意云何오 可以三十二相으로 觀如來아 不아 須菩提ㅣ 言ᄒᆞᄉᆞ오ᄃᆡ 如

是如是ᄒᆞ시니 以三十二相으로 觀如來ᄒᆞᄉᆞ오리이다

空生이 彼中엔 迹同中容ᄒᆞ야 權示悟入故로 言不可以三十二相으로 得見如來라ᄒᆞ고 ○空공生ᄉᆡᆼ이 뎌엔 자최를 中듀ᇰ根근의 양ᄌᆞ ᄀᆞ티ᄒᆞ야 權권으로 아라 드로ᄆᆞᆯ 뵈ᄂᆞᆫ 젼ᄎᆞ로 닐오ᄃᆡ 어루 三삼十씹二ᅀᅵᆼ相샹ᄋᆞ로 如ᅀᅧᆼ來ᄅᆡᆼ를 보디 몯ᄒᆞ리라 ᄒᆞ고 此中엔 迹同下根ᄒᆞ야 權示未悟故로 言可以三十二相으로 觀如來라ᄒᆞ니 彼中엔 言見ᄒᆞ고 此中엔 言觀ᄒᆞ미 亦有以也ㅣ니라 ○이엔 자최를 下ᅘᅡᆼ根근과 ᄀᆞ티ᄒᆞ야 權권ᄋᆞ로 아디 몯호ᄆᆞᆯ 뵈ᄂᆞᆫ 젼ᄎᆞ로 닐오ᄃᆡ 어루 三삼十씹二ᅀᅵᆼ相샹ᄋᆞ로 如ᅀᅧᆼ來ᄅᆡᆼ를 보ᅀᆞ오리라 ᄒᆞ니 뎌엔 見견이라 니ᄅᆞ고 이엔 觀관이라 닐오미 ᄯᅩ ᄠᅳ디 잇ᄂᆞ니라 [illegible]무터 보샤ᄆᆞᆫ 見견이라 ᄒᆞ고 凡뻠夫붕외 보ᄆᆞᆫ 觀관이라 ᄒᆞᄂᆞ니라

五十八

冶父 錯ᄒᆞ도다○그르ᄒᆞ도다

色身이 非是佛이며 音聲도 亦復然이어늘 而云以相ᄋᆞ로 觀如來라ᄒᆞ니 所以云錯이니라○色·ᄉᆡᆨ身신·이 부텨 아·니며 音음聲셩도 ·ᄯᅩ 그·러ᄒᆞ거늘 닐오ᄃᆡ 相·샹ᄋᆞ로 如ᅀᅧᆼ來ᄅᆡᆼᄅᆞᆯ 보·ᅀᆞ오·리라 ᄒᆞ·니 ·이런 ·ᄃᆞ로 錯·착·이라 니ᄅᆞ·니라

頌 泥塑木雕縑綵畫ᄒᆞ고 堆青抹綠ᄒᆞ고 更粧金ᄒᆞᄂᆞ니 若將此是如來相이면 笑煞南無觀世音ᄒᆞ리라○ᄒᆞᆯ·ᄀᆞ로 ᄆᆡᆼ·ᄀᆞᆯ며 남·ᄀᆞ로 사·기며 :기베 綵ᄎᆡᆼ色·ᄉᆡᆨᄋᆞ로 그리고 青쳥·ᄋᆞᆯ :ᄇᆞᆯ며 綠·록ᄋᆞᆯ ᄉᆞᆺ고 ·ᄯᅩ 金금으로 粧장飾·식ᄒᆞᄂᆞ니 ·ᄒᆞ다·가 이ᄅᆞᆯ 가·져셔 ·이 如ᅀᅧᆼ來ᄅᆡᆼ相샹·이라 ᄒᆞ면 南남無뭉觀관世·솅音음ᄋᆞᆯ 우ᅀᆞ·이리라

執相執情之見이 違於離塵復性之觀ᄒᆞ니 取笑菩薩이 其在玆焉이니라○相샹자ᄇᆞ며 情쪙잡논 보미 드트ᄅᆞᆯ 여·희오 性·셩에 도라

·가ᄂᆞᆫ·보매어긔니菩뽕薩삻씌 우ᇫ·움:어두미·아에잇ᄂᆞ·니라

佛言ᄒᆞ샤ᄃᆡ 須菩提야 若以三十二相으로

觀如來者ㄴ댄 轉輪聖王이 即是如來로다

須菩提ㅣ 白佛言ᄒᆞᅀᆞ오ᄃᆡ 世尊하 如我解

佛所說義ᄂᆞᆫ 不應以三十二相으로 觀

如來로소이다

蒙佛ㅅ 痛與針箚ᄶᅡᄒᆞ야 方得醒悟ᄒᆞ야 乃云不以相

觀이라ᄒᆞ니 是則是矣니 猶未澈見이로다 ○부텻ᄀᆞ·장針짐箚답·ᄒᆞ샤

·몰닙ᄉᆞ·와·ᄶᅡ비르서아·로몰得득·ᄒᆞ야닐·고ᄃᆡ相·샹ᄋᆞ로보·다몯ᄒᆞ·리라ᄒᆞ·니·올ᄒᆞ·문·올ᄒᆞ·나·오히

·려ᄉᆞ뭇보·디몯ᄒᆞ도·다 ◆ 針짐箚답·ᄋᆞᆫ바·ᄂᆞᆯ로·솔·홀ᄃᆡ·ᄃᆞᆯ·시라

冶父 錯ᄒᆞ도다 ○ 그르ᄒᆞ도다

亦不離色聲ᄒᆞ야 見佛神通力이어늘 而云不以相觀이라ᄒᆞ니 所以亦錯이니라 ○ 또 色ᄉᆡᆨ聲셩을 여희디 아니ᄒᆞ야 부텻 神씬通통力륵을 보ᅀᆞ올디어늘 닐오ᄃᆡ 相샹ᄋᆞ로 ᄡᅥ 보디 몯ᄒᆞ리라 ᄒᆞ니 이런ᄃᆞ로 또 錯착이니라

頌 有相身中에 無相身은 金香爐下애 鐵崐崘이로다

頭頭ㅣ 盡是吾家物이니 何必靈山問世尊ᄒᆞ리오 如王秉劒이로다 ○ 相샹 잇ᄂᆞᆫ 몺 가온ᄃᆡ 相샹 업슨 모ᄆᆞᆫ 金금香향爐롱 아래 쇠 崐곤崘론이로다 頭뚱ㅣ 다 이 내 집 거시니 엇뎨 구틔여 靈령山산애 世솅尊존ᄭᅴ 묻ᄌᆞ오리오 王왕이 갈 자보미 ᄀᆞᆮ도다

崐곤崘론ᄋᆞᆫ 나ᄐᆡ 머리니 몸 업ᄉᆞᆯ시 니ᄅᆞ니라

即相即眞이라 相外예 無眞ᄒᆞ니 頭頭ㅣ 物外家風이오

事事ㅣ 目前三昧로다 處處에 得逢渠ㅣ어니 何必向

外求ㅣ리오○곧相샹이곧眞진이라相샹밧긔眞진:업스니頭뚷頭뚷ㅣ物믏밧긧家강風봉이오事쑹事쑹ㅣ눈알ᄑᆡᆺ三삼昧밍로다곧마다자ᄇᆞᆯ맛나거니:엇뎨구틔여밧글向향ᄒᆞ야求꿍ᄒᆞ리오

如王秉劒者ᄂᆞᆫ 以有相求ㅣ라도 亦錯ᄒᆞ며 以無相求ㅣ라도 亦錯이라 有相無相이 都盧是錯이니 如王秉劒ᄒᆞ야 罪來即斬이오 一得知非어든 便令却活ᄒᆞᄂᆞ니 操縱이 在握ᄒᆞ며 殺活이 臨時ᄒᆞᄂᆞ니라○王왕이ᄀᆞᆯ자봄곧ᄒᆞᄆᆞᆫ相샹이쇼ᄆᆞ로求꿍ᄒᆞ야도ᄯᅩ錯착ᄒᆞ며相샹업소ᄆᆞ로求꿍ᄒᆞ야도ᄯᅩ錯착ᄒᆞᆫ디라相샹이시며相샹업소미다이錯착이니王왕이ᄀᆞᆯ자봄곧ᄒᆞ야罪쬥오나ᄃᆞᆫ곧버히고ᄒᆞᆫ번왼ᄃᆞᆯ아라ᄃᆞᆫ곧도ᄅᆞ혀살에ᄒᆞᄂᆞ니자ᄇᆞ며노호미주머귀예이시며주기며살오미時씽를臨림ᄒᆞ야ᄒᆞᄂᆞ니라

爾時世尊이 而說偈言ᄒᆞ샤ᄃᆡ 若以色見

我ᄒᆞ며 以音聲求我ᄒᆞ면 是人은 行邪道ㅣ라

不能見如來리라

色見聲求ㅣ 是行邪道ㅣ니 作麼生不行邪道去오

但知聲色이 本非眞이면 自然不被聲色의 惑ᄒᆞ리니

見盡ᄒᆞ면 自於玄旨會ᄒᆞ고 情忘ᄒᆞ면 能與道相親ᄒᆞ리라

色ᄉᆡᆨ으로 보며 聲셩으로 求꾸ᇢᄒᆞ미 이 邪쌰ᇰ道ᄯᅩᇢ 行ᅘᆡᇰᄒᆞ민댄 엇뎨 邪쌰ᇰ道ᄯᅩᇢ 行ᅘᆡᇰ티 아니홈고 오

직 聲셩과 色ᄉᆡᆨ괘 本본來ᄅᆡᆼ 眞진이 아닌 ᄃᆞᆯ 알면 自ᄍᆞᆼ然선 聲셩色ᄉᆡᆨ의 惑ᅘᅬᆨ을 닙디 아니ᄒᆞ리니

보미 다ᄋᆞ면 제 기픈 ᄠᅳ데 맛고 情쪄ᇰ을 니ᄌᆞ면 能ᄂᆞᆼ히 道ᄯᅩᇢ와 서르 親친ᄒᆞ리라

冶父 直饒不作聲色求ᄒᆞ야도 是亦未見如來在ᄒᆞ니리

且道如何得見고 聲至是一作聲求色見 不審不審이로다 ○ 비록 聲셩과 色ᄉᆡᆨ과로 求끃티 아니ᄒᆞ야도 이 ᄯᅩ 如셩來ᄅᆡᆼᄅᆞᆯ 보디 몯ᄒᆞ리니 ᄯᅩ 니ᄅᆞ라 엇뎨 ᄉᆞ러 보료 아디 몯ᄒᆞ며 아디

디 몯ᄒᆞ·리로·다

佛은 不在色聲ᄒᆞ며 亦不離色聲ᄒᆞ니 即色聲求佛이라도 亦不得見이며 離色聲求佛이라도 亦不得見이니라 ○부텨·는 色·ᄉᆡᆨ과 聲셩과·애 잇·디 아·니ᄒᆞ·며 ·또 色·ᄉᆡᆨ 聲셩·에 여·희·디 아·니ᄒᆞ·니 色·ᄉᆡᆨ 聲셩·에 나·ᅀᅡ가 부텨 求꾸ᇢᄒᆞ·야·도 ·또 시·러 보·디 :몯ᄒᆞ·리·며 色·ᄉᆡᆨ 聲셩·을 여·희·오 부텨 求꾸ᇢᄒᆞ·야·도 ·또 시·러 보·디 :몯ᄒᆞ·ᄂᆞ·니·라

即色離色ᄒᆞ야 兩不得見인댄 且道如何得見고 不審不審이로다 看看黃頭老ㅣ 現也ᄒᆞ시니라 ○色·ᄉᆡᆨ·애 나·ᅀᅡ가·며 色·ᄉᆡᆨ·애 여·희·여 다 보·디 :몯ᄒᆞ·린댄 ·또 니ᄅᆞ·라 ·엇·뎨 시·러 보·료 :아·디 :몯ᄒᆞ·며 :아·디 :몯ᄒᆞ·리로·다 보·며 보·라 黃ᅘᅪᇰ頭뚷老:롷ㅣ 現·현ᄒᆞ·시니·라

頌

見色聞聲이 世本常이니 一重雪上애 一重霜이로다

君今에 要見黃頭老ᅵᆫ댄 走入摩耶腹內藏ᄒᆞ라 咦此語

ㅣ 三十年後엔 擲地ᄒᆞᆫ 金聲이 在ᄒᆞ리라 ○ 色식보며 聲셩ᄃᆞ로미 世생예 本본來ᄅᆡᆼ 녜니 ᄒᆞᆫ 낤 눈 우희 ᄒᆞᆫ 낤 서리로다 그ᄃᆡ 이제 黃ᅘᅪᇰ頭뚜ᇢ老롷ᄅᆞᆯ 보ᅀᆞᆸ고져 ᄒᆞᆯ딘댄 摩망耶양人 비ᅀᅳᆷ藏짱애 ᄃᆞ라 들라 唉ᅙᅴᆼ 이 말ᄉᆞ미 三삼十씹年년後ᅘᅮᇢ에ᅀᅡ 해 더 ᄃᆞ욼 소리 이시리라

妙圓眞淨劫前身을 莫將知見ᄒᆞ야 妄踈親다이어 見色聞聲이 世本常이니 莫離色聲ᄒᆞ고 別求眞이니라 ○ 妙묳圓원ᄒᆞ며 眞진淨쪙ᄒᆞᆫ 劫겁前쪈엣 모ᄆᆞᆯ 知딩見견을 가져셔 거츠리 踈송親친마롤디어다 色식보며 聲셩드루미 世솅예 本본來ᄅᆡᆼ 녜니 色식聲셩 여희오 各각각 別뼗히 眞진 求꿓티 마롤디니라

古人이 道호ᄃᆡ 道ㅣ 不屬見聞覺知ᄒᆞ며 亦不離見聞覺知니라 ᄒᆞ니 則卽見聞覺知ᄒᆞ야 求道ㅣ 亦錯ᄒᆞ고 離見聞覺知ᄒᆞ야 求道도 亦錯ᄒᆞ며 ○ 古공人신이 닐오ᄃᆡ 道또ᇢㅣ 보며 드르며 아로매 屬쑉디 아니ᄒᆞ며 ᄯᅩ 보며 드르며 아로매 여희디 아니타 ᄒᆞ니 곧 보며 드르며 아로매 나

·사·가道똥求꿍ᄒᆞ·미·또錯착ᄒᆞ·고보·며드르·며即
아·로매여·희여道똥求꿍홈·도·또錯착ᄒᆞ·며
色聲求佛이亦錯ᄒᆞ고離色聲求佛이亦錯ᄒᆞ니將錯
就錯이雪上加霜이로다如斯見佛ᄒᆞ면終不得見ᄒᆞ리
니君令에要見黃頭老ᄂᆞᆫ댄走入摩耶腹內藏ᄒᆞ라○色
·식聲셩에나·사·가부텨求꿍ᄒᆞ·미·또錯착ᄒᆞ·고色
·식聲셩·을·희오부텨求꿍ᄒᆞ·미·또錯착ᄒᆞ·니錯·착
·을가·저錯·착·애나·사·가·미눈우·희서·리더우·미로
·다·이ᄀᆞ티부텨·보ᅀᆞ·오·면내종·내시·러보ᅀᆞᆸ·디·몯
ᄒᆞ·리니그듸·이제黃황頭뚷老·롤·를·보ᅀᆞᆸ·고
·져홀·딘·댄摩망耶양ㅅ빗ᄉᆞᆸ藏짱·애ᄃᆞ·라·들라古人
이道ᄃᆡ호摩耶肚裏堂이法界體一如ᄒᆞ니라若是
法界體ᄂᆞᆫ爲相가爲非相가非相이며非非相이라諸
佛所同歸니○古공人신이닐오ᄃᆡ摩망耶양ㅅ빗
ᄉᆞᆸ지·비法법界갱體뎽ᄒᆞᆫ가·지라ᄒᆞ·니
ᄒᆞ다가·이法법界갱體뎽·ᄂᆞᆫ相샹·가相샹아·니
相샹아·니·며非빙相샹아·니라諸졍佛뿛ᄒᆞᆫ가·지

로가시논배니 要見黃頭老댄 便向此中尋이어다 此語ㅣ

三十年前엔 未得分曉ㅣ오 三十年後엔 一似擲地

金聲在리라 ○ 黃황頭뚱老롱ᄅᆞᆯ 보ᅀᆞᆸ고져 홀딘댄 곧 이 中듕을 向향ᄒᆞ야 ᄎᆞ졸디어다 이 말ᄉᆞ미 三삼十씹年년前쪈엔 시러곰 ᄒᆡ여아디 몯ᄒᆞ고 三삼十씹年년後ᅘᅮᇢ엔 ᄯᅡ해 더듐 쇳소리 이쇼미 곧ᄒᆞ리라

宗鏡 妙相端嚴ᄒᆞ시니 聖王相이 即如來相이시고 法身이 周徧ᄒᆞ시니 如來身이 異法王身ᄒᆞ시니라 若向這裏ᄒᆞ야 見得徹去ᄒᆞ면 驚依雲巢ᄒᆞ고 鬼棲月殿이어니와 其或未然인댄 石火ㅣ 一揮天外去커늘 癡人은 猶看月邊星ᄒᆞ리라 ○ 妙묘相샹이 端돤正졍히 莊장嚴엄ᄒᆞ시니 聖셩王왕相샹이 곧 如셩來ᄅᆡᆼㅅ 相샹이시고 法법身신이 周쥬徧편ᄒᆞ시니 如셩來ᄅᆡᆼㅅ 모미 法법王왕ㅅ 모ᄆᆡ 다ᄅᆞ시니라 ᄒᆞ다가 이 ᄃᆡᄅᆞᆯ 向향ᄒᆞ야 보ᄆᆞᆯ 시러

ᄉᆞᄆᆞᄎᆞ면 하야로비ᄂᆞᆫ 기세 븓고 톳기 月월殿뎐에 깃기 수미어니와 그 시혹 그러티 몯홀딘댄 돌브리 ᄒᆞᆫ번 돌우메 天텬外욍예 니거늘 어린 사ᄅᆞᄆᆞᆫ ᄃᆞᆯ ᄀᆞᆺ 뼈로 ᄉᆞᆫ지 보리라 [illegible] 돌브른 流륳星셩이라

如來與聖王이 以其相則毫釐無差ㅣ니와 以其證則天地何遠이리오 若向這裏ᄒᆞ야 見得徹去ᄒᆞ면 鷲依雪巢ᄒᆞ고 兎棲月殿이니와 其或未然인댄 火飛天外어늘 目送星邊ᄒᆞ리라 ○ 如셩來링와 聖셩王왕괘 그 相샹ᄋᆞ론 곧 毫호釐링마도 어긔요미 업스시거니와 그 證징으론 天텬地띵 므스기 멀리오 ᄒᆞ다가 이고ᄃᆡ 向향ᄒᆞ야 보몰 ᄉᆞᄆᆞᆺᄎᆞ면 하야로비ᄂᆞᆫ 기세 븓고 톳기 月월殿뎐에 깃기 수미어니와 그 시혹 그러티 몯홀딘댄 브리 하ᄂᆞᆯ 밧긔 ᄂᆞᆯ어늘 누ᄂᆞᆯ 별ᄀᆞᆺ새 보내리라

頌 公案이 現成커늘 重審問ᄒᆞ시니 愛情에 翻款ᄒᆞ야 錯承當ᄒᆞ다도 不應聲色ᄋᆞ로 行邪道ㅣ니 結罪련 無因見法王

이니라 ○ 公공案한이 나타 닐어늘 다시 ᄉᆞᆯ펴 무르
시니 ᄃᆞ외온 ᄠᅳ디 도ᄅᆞ혀 至징極끅ᄒᆞ야 와 오ᄋᆞ아 도다
聲셩色ᄉᆡᆨ으로 邪쌍道똥 行ᅘᆡᆼᄒᆞ미 맛당티 아니
ᄒᆞ니 罪쬥 미치면 法법王왕 볼 저 치 업스니라

如來ㅣ 重審問ᄒᆞ시야ᄂᆞᆯ 空生이 錯承當ᄒᆞ니 適來예 雷
天大壯이러니 今日엔 地下明夷로다 法王은 體寂滅
ᄒᆞ야 從來非色聲이니 色見聲求ㅣ면 應結罪ᄒᆞ리니 結
罪면 無因見法王이니라 ○ 如셩來링ㅣ 다시 ᄉᆞᆯ펴 무르시거늘 空콩生싱이 외오 아ᄉᆞ
아니 녜는 雷뢰天텬大땡壯장이러니 오ᄂᆞᆳ나랜
地띵下ᅘᆞᆼ明명夷잉로다 法법王왕ᄋᆞᆫ 體톙寂쩍
滅멿ᄒᆞ야 本본來랭 色ᄉᆡᆨ聲셩이 아니니라 色ᄉᆡᆨ
ᄋᆞ로 보며 聲셩ᄋᆞ로 求끃ᄒᆞ면 당다이 罪쬥 미ᄌᆞ
리니 罪쬥 미치면 法법王왕 볼 저 치 업스니라 ■
雷뢰天텬大땡壯장ᄋᆞᆫ 吉길ᄒᆞᆫ 卦괭니 須슝菩뽕
提뗑ㅣ 前쪈에 對됭答답호ᄃᆡ 不불可캉以잉三
삼十씹二싱相샹ᄋᆞ로 如셩來링를 보ᅀᆞᆸ디 몯ᄒᆞ
리이다 ᄒᆞ니 이는 잘 對됭答답ᄒᆞᅀᆞ오ᄆᆞᆯ 가ᄌᆞᆯ비
나라 地띵下ᅘᆞᆼ明명夷잉ᄂᆞᆫ 凶흉ᄒᆞᆫ 卦괭니 須슝

善뽕提똉의이에ᄀ로對
됭荅답호몯가졀세니라

金剛般若波羅蜜經 第四

金剛般若波羅蜜經

第五

金剛般若波羅蜜經

五卷

金剛般若波羅蜜經 五卷

無斷無滅分第二十七

須菩提야 汝ㅣ 若作是念호ᄃᆡ 如來ㅣ 不以具足相故로 得阿耨多羅三藐三菩提아 須菩提야 莫作是念호ᄃᆡ 如來ㅣ 不以具足相故로 得阿耨多羅三藐三菩提라ᄒᆞ라 須菩提야 汝ㅣ 若作是念호ᄃᆡ 發阿耨多羅三藐三菩提心者ᄂᆞᆫ 說諸法斷滅아 莫作是念ᄒᆞ라 何以故오

發阿耨多羅三藐三菩提心者는 於
法에 不說斷滅相ᄒᆞᄂᆞ니라
訶相與非相은 恐伊의 落斷常이시니 若謂佛無相
이면 早已成斷滅ᄒᆞ리라○相샹과 非빙相샹과ᄅᆞᆯ 외다 ᄒᆞ샤ᄆᆞᆫ 뎌의 斷똰常썅애 딜
가 저헤시니 ᄒᆞ다가 부톄 無뭉相샹ᄒᆞ시다 너기면 ᄇᆞᆯ셔 斷똰滅멿이 일리라
治父 剪不齊兮ᄒᆞ고 理還亂ᄒᆞ며 拽起頭來割不斷이로다○
버혀도 ᄀᆞ죽디 아니ᄒᆞ고 다ᄉᆞ려도 도로 어즈러오며 그틀 ᄀᆞᇫ어 니ᄅᆞ혀 버혀도 긋디 아니ᄒᆞ놋다
剪欲其齊나 不能使之齊ᄒᆞ며 理欲無亂이나 不能使
之無亂ᄒᆞ며 拽來割欲斷이나 不能使之斷ᄒᆞ니 伊麼則
雖云無色聲이나 亦不碍色聲이니라○버혀 ᄀᆞ죽게 코져ᄒᆞ나 能눙히

ᄀᆞ족게 몯ᄒᆞ며 다ᄉᆞ려 어즈러옴 업게 코져ᄒᆞ나 能능히 어즈러옴 업게 몯ᄒᆞ며 ᄀᆞᇫ어 버혀 긋고져 ᄒᆞ나 能능히 긋게 몯ᄒᆞ니 그러면 비록 色ᄉᆡᆨ聲셩이 업다 니ᄅᆞ나 ᄯᅩ 色ᄉᆡᆨ聲셩에 막디 아니ᄒᆞ니라

頌 不知誰解巧安排오 捏聚依前又放開로다 莫謂如來ᄅᆞᆯ 成斷滅이라ᄒᆞ라 一聲이 還續一聲來샷다 ○ 아디 몯ᄒᆞ리로다 뉘 工공巧쿙히 安안排뺑ᄒᆞ몰 아ᄂᆞ뇨 모토고 알ᄑᆞᆯ 브터 ᄯᅩ 노토다 如셩來링ᄅᆞᆯ 斷똰滅멿이 아다 니ᄅᆞ디 말라 ᄒᆞᆫ 소리 도로 ᄒᆞᆫ 소리ᄅᆞᆯ 니ᅀᅥ 오샷다

既言非諸相이라ᄒᆞ시고 又道是具足이라ᄒᆞ시니 恐人이 生斷見ᄒᆞ샤 再言莫作念이라ᄒᆞ시니라 ○ ᄒᆞ마 諸졍相샹 아니라 니ᄅᆞ시고 ᄯᅩ 니ᄅᆞ샤ᄃᆡ 이 具꾸足죡이라 ᄒᆞ시니 사ᄅᆞ미 斷똰見견을 내가 저ᄒᆞ샤 念념 짓디 말라 다시곰 니ᄅᆞ시니라

宗鏡 相非具而本具ᄒᆞ샤 常自莊嚴ᄒᆞ시며 法雖傳而不

傳이어니 何曾斷滅이리오 昔世尊이 於靈山會上애 人
天衆前에 云ᄒᆞ샤ᄃᆡ 吾有清淨法眼涅槃妙心ᄒᆞ니 付囑
飮光ᄒᆞ야 廣令傳化ᄒᆞ노라ᄒᆞ시니 ○相샹·이 깃디 아·니ᄒᆞ샤·ᄃᆡ 本본來ᄅᆡᆼ ᄀᆞᄌᆞ·샤 샹·녜
·ᄌᆞ개 莊장嚴엄ᄒᆞ시·며 法법이 비록 傳뎐ᄒᆞ·나 傳뎐·티 아·니커·니 ·엇뎨 ·잢간·인ᄃᆞᆯ 斷·된滅·멿ᄒᆞ리오 ·녜 世
솅尊존이 靈령山산會횅上썅애 人신天텬衆즁알ᄑᆡ 니ᄅᆞ·샤ᄃᆡ ·내 清쳥淨쪙ᄒᆞᆫ 法·법眼안·과 涅녏槃빤
ᄒᆞᆫ 妙묠心심·을 뒷노니 飮흠光광·을 付붕囑쵹ᄒᆞ야 너비 敎·굥化황·를 傳뎐케 ᄒᆞ노·라 ᄒᆞ시니 ▼ 飮흠光
광ᄋᆞᆫ 迦강葉셥·의 일·후미·라 且道當時에 付箇甚麽오 青蓮目顧
人天衆ᄒᆞ시니 金色頭陀ㅣ 獨破顔ᄒᆞ니라 ○ 또 니ᄅᆞ·라 當당時씽예 므
ᄉᆞ글 브·티시·뇨 青쳥蓮련 ·누ᄂᆞ·로 人신天텬衆즁·ᄋᆞᆯ 도라·보시·니 金금色식頭뚷陀땅ㅣ ᄒᆞ오·ᅀᅡ 破팡顔
안ᄒᆞ·니·라 ▼ 金금色식頭뚷陀땅ᄂᆞᆫ 迦강葉셥·이·라

頌 一燈이 能續百千燈ᄒᆞᄂᆞ니 心印光通ᄒᆞ야 法令이 行

ᄒᆞᄂᆞ니라 千聖이 不傳ᄒᆞ샤 吹不滅ᄒᆞ니 聯輝列焰이 轉分明ᄒᆞ도다 ○ᄒᆞᆫ 燈등이 能능히 百ᄇᆡᆨ千쳔燈등ᄋᆞᆯ 닛ᄂᆞ·니 心심印·인ㅅ 光광明명·이 ᄉᆞᄆᆞ·차 法·법令·령·이 行ᅘᆡᆼᄒᆞᄂᆞ니라 千쳔聖·셩·이 傳뛴·티 아·니ᄒᆞ샤 부·러도 滅·멿·티 아·니ᄒᆞ·니 니ᅀᅳᆫ 光광明명·과 버·렛ᄂᆞᆫ ·븘나·오리 더·욱 分분明명ᄒᆞ도다

一燈이 能然百千燈ᄒᆞᄂᆞ니 靈焰이 緜緜ᄒᆞ야 到如今ᄒᆞ도다 千聖不傳이 作狂風ᄒᆞ야 吹滅此燈ᄒᆞ되 燈不滅ᄒᆞᄂᆞ다 燈不滅ᄒᆞ니 聯輝列焰이 轉分明ᄒᆞ도다 ○ᄒᆞᆫ 燈등이 能능·히 百ᄇᆡᆨ千쳔燈등ᄋᆞᆯ 브·티ᄂᆞ·니 靈령ᄒᆞᆫ ·븘나·오리 니·ᅀᅥ ·이제 니르·도·다 千쳔聖·셩·이 傳뛴·티 아·니ᄒᆞ샤 ·미狂꾕ᄒᆞᆫ ᄇᆞᄅᆞ·미 ᄃᆞ외·야 ·이 燈등ᄋᆞᆯ 부·러 ᄢᅳ·듸 燈등·이 ·ᄢᅳ디 아·니ᄒᆞᄂᆞ·다 燈등·이 ·ᄢᅳ디 아·니ᄒᆞ·니 니ᅀᅳᆫ 光광明명·과 버·렛ᄂᆞᆫ ·븘나·오리 더·욱 分분明명ᄒᆞ도·다

不受不貪分第二十八

須菩提야 若菩薩이 以滿恒河沙等世界七寶로 布施라도 若復有人이 知一切法의 無我ᄒᆞ야 得成於忍ᄒᆞ면 此菩薩이 勝前菩薩所得功德ᄒᆞ리니

布施不住於相을 前讚福等十方虛空어라ᄒᆞ시고 知法無我ᄒᆞ야 得成於忍을 今讚福勝河沙布施라ᄒᆞ시니 今此一言이 可以攝前住降等意ᄒᆞ니 所謂不貪不受ㅣ 蓋是住修降心之意也ㅣ로다 ○布봉施싱호ᄃᆡ 相샹애 住뜡티 아니호ᄆᆞᆯ 알펀 기리샤ᄃᆡ 福복이 十씹方방虛헝空콩애 곧오리라 ᄒᆞ시고 法법이 無뭉我앙혼 ᄃᆞᆯ 아라 시러 忍신에 일우오ᄆᆞᆯ 이젼 기리샤ᄃᆡ 福복이 河항沙상布봉施싱예 더으다 ᄒᆞ시니 이제 이

ᄒᆞᆫ 말ᄉᆞ미 어루 ᄢᅢ알ᄑᆡ 住뜡 降ᅘᅡᇰ 等등 ᄠᅳ들 攝셥ᄒᆞ니 니ᄅᆞ샨 밧 貪탐티 아니ᄒᆞ야 受쓩티 아니ᄒᆞ미 이 住뜡ᄒᆞ야 닷ᄀᆞ며 ᄆᆞᅀᆞᆷ 降ᅘᅡᇰ伏뽁ᄒᆞᆫ ᄠᅳ디로다

冶父 耳聽如聾ᄒᆞ고 口說如啞ᄒᆞ도다 ○귀로 드루미 귀머근 ᄃᆞᆺᄒᆞ고 이브로 닐오미 입버운 ᄃᆞᆺᄒᆞ도다

知法無我ᄒᆞ면 則彼我相이 泯ᄒᆞ고 得成於忍ᄒᆞ면 則能所情이 忘이리라 能所情이 忘ᄒᆞ면 則無念智ㅣ 現ᄒᆞ고 彼我相이 泯ᄒᆞ면 則平等理ㅣ 現ᄒᆞ리니 ○法법이 더와 나왓 相샹이 업고 시러 忍ᅀᅵᆫ에 일면 곧 能능과 所송왓 ᄠᅳ디니ᄌᆞ리라 能능과 所송왓 ᄠᅳ디 니ᄌᆞ면 곧 念념업슨 智딩 낟고 뎌와 나왓 相샹이 업스면 平뼝等등ᄒᆞᆫ 理링 나ᄐᆞ리니 到伊麼時ᄒᆞ야ᄂᆞᆫ 眼見耳聞에 分別이 不生ᄒᆞ며 開口動舌에 分別이 不生이리라 不生이 不生ᄒᆞ면 何啻如聾若啞

ㅣ리오○그런時씽節졇에니르러ᄂᆞᆫ누ᄂᆞ로보
며귀로드르매ᄀᆞᆯ히요미나디아니ᄒᆞ며입열며
혀뮈우매ᄀᆞᆯ히요미나디아니ᄒᆞ리라不블生ᄉᆡᆼ
이나디아니ᄒᆞ면엇뎨구머굼ᄀᆞᆮᄒᆞ며입버움ᄀᆞᆮ
ᄒᆞᆯᄯᆞᄅᆞ미리오 直如明鏡이照物ᄒᆞ며空谷이應聲이라熾然
照應ᄒᆞ되而無照應ᄒᆞ리라 所以道常應諸根用ᄒᆞ되而
不起用想ᄒᆞ며劫火ㅣ燒海底ᄒᆞ며風鼓山相擊ᄒᆞᄂᆞ니
眞常寂滅樂涅槃相이如是니라○곧ᄆᆞᆯᄀᆞᆫ거우뤼物믈비취며뵌고
리소리맛ᄀᆞᆯ몸ᄀᆞᆮᄒᆞᆫ디라熾칭然션히비취며맛
ᄀᆞᆯ모ᄃᆡ비취며맛ᄀᆞᆯ모미업스리라이런ᄃᆞ로닐
오ᄃᆡ샹녜諸졍根ᄀᆞᆫ에應ᅙᅳᆼᄒᆞ야ᄡᅮᄃᆡᄡᅳ논想샹
ᄋᆞᆯ니ᄅᆞ왇디아니ᄒᆞ며劫겁火황ㅣ바ᄅᆞᆳ미틀ᄉᆞᆯ
며ᄇᆞᄅᆞ미부처뫼히서르티ᄂᆞ니眞진常쌍과寂
쪅滅멿樂락과涅녏槃빤相샹이이ᄀᆞᆮᄒᆞ니라

頌 馬下人이因馬上君ᄒᆞ야有高有下有疎親ᄒᆞ니라 一
朝애馬死人歸去ᄒᆞ면親者ㅣ如同陌路人ᄒᆞ니秪是舊

時人이 改却舊時行履處ㅣ로다○ᄆᆞᆯ아랫:사ᄅᆞ·미 ᄆᆞᆯ우·흿:사ᄅᆞ·ᄆᆞᆯ因ᅙᅵᆫᄒᆞ·야
노·ᄑᆞ미 이시며 ᄂᆞᆽ가오미 이시며 疎송親친·이 잇ᄂᆞ·니라 ᄒᆞᄅᆞᆺ아ᄎᆞ미 ᄆᆞᆯ 죽고 :사ᄅᆞᆷ도 ·라가·면 親친ᄒᆞᆫ :사
ᄅᆞ·미 길헷 :사ᄅᆞᆷ 곧ᄒᆞ니 오직 이 :녯 時씽節졇ㅅ :사ᄅᆞ·미 :녯 時씽節졇ㅅ ᄒᆞ나·단 고:ᄃᆞᆯ 고티도·다

窮寒淸苦拙郎君이 本來無馬ᄒᆞ며 亦無人ᄒᆞ니 더 自
有馬人ᄒᆞ야 分高下ᄒᆞ니 親反成疎ᄒᆞ고 疎反親ᄒᆞ니 이러 一
朝애 馬死人歸去ᄒᆞ니 親者ㅣ 如同陌路人이ᄅᆞᆫ다 馬
死人歸ᄒᆞ고 親亦疎ᄒᆞ니 依舊窮寒拙郎君이로다○가난ᄒᆞᆫ ᄆᆞᆯ

ᄀᆞᆫ 사오나온 郎랑君군이 本본來ᄅᆡᆼ ᄆᆞᆯ 업스며 ᄯᅩ
:사ᄅᆞᆷ 업더·니 ᄆᆞᆯ·와 :사ᄅᆞᆷ과 이쇼ᄆᆞᆯ 브·터 노:ᄑᆞ며 ᄂᆞᆽ
가·오ᄆᆞᆯ ·논호니 親친·이 도ᄅᆞ·혀 疎송ㅣ ᄃᆞ외·오 疎송
ㅣ 도ᄅᆞ·혀 親친ᄒᆞ·더·니 ᄒᆞᄅᆞᆺ아ᄎᆞ미 ᄆᆞᆯ 죽고 :사
ᄅᆞᆷ도 ·라가·니 親친ᄒᆞᆫ :사ᄅᆞ·미 길헷 :사ᄅᆞᆷ 곧도·다 ᄆᆞᆯ
주·그며 :사ᄅᆞᆷ 가·고 親친·이 ᄯᅩ 疎송ᄒᆞ·니 :네 ᄃᆞᆯ브·터
가난ᄒᆞᆫ 사오나온 郎랑君군·이로·다

文 淸淨本解脫ᄒᆞ야 我人相이 元

無ᄒᆞ니더 自有我人相ᄋᆞ로 高下執情이 生ᄒᆞ다도 高

下情生ᄒᆞ니 與道로 疎ᄒᆞ고 無明三毒ᄋᆞ로 以爲親ᄒᆞ다도

我人山向一念摧ᄒᆞ니 所親三毒이 反成疎ᄒᆞ다도 反

成疎ᄒᆞ니 依舊淸淨本解脫이로다 ○ 조하 本본來링解갱脫탏ᄒᆞ야 나와

사ᄅᆞᆷ괏 相샹이 본ᄃᆡ 업더니 我앙人신相샹이 쇼

ᄆᆞᆯ 브토ᄆᆞ로 노ᄑᆞ며 ᄂᆞᆺ가온 잡논 ᄠᅳ디 나도다 노

ᄑᆞ며 ᄂᆞᆺ가온 ᄠᅳ디 나니 道ᄯᅩᆼ와로 벙을오 無뭉明

명三삼毒똑ᄋᆞ로 ᄡᅥ 親친을 삼도다 我앙人신山

산이 ᄒᆞᆫ 念념을 向향ᄒᆞ야 믈어디니 親친ᄒᆞᆫ 밧 三

삼毒똑이 도ᄅᆞ혀 疎송ㅣ ᄃᆞ외도다 도ᄅᆞ혀 疎송

ㅣ ᄃᆞ외니 녜로브터 조ᄒᆞᆫ 本

본來ᄅᆡᆼ解갱脫탏이로다

須菩提야 以諸菩薩이 不受福德故ㅣ라

知法無我ᄒᆞ야 得成於忍이 何勝布施之福耶오 布

施ᄂᆞᆫ 但住相ᄒᆞ야 福德이 爲究竟이어니와 ○ 法법이 이 업소믈 아라

忍신에 시러 어로미 엇뎨 布봉施싱혼 福복애 더으뇨 布봉施싱ᄂᆞᆫ 오직 相샹애 住뜡ᄒᆞ야 福복德득이 ᄆᆞ초미 ᄃᆞ외리어니와 菩薩ᄋᆞᆫ 則不然ᄒᆞ야 通達法性空ᄒᆞ야 福德ᄋᆞᆯ 尙不受ᄒᆞᄂᆞ니 所以爲勝也ㅣ라 ○菩뽕薩삻ᄋᆞᆫ 곧 그러티 아니ᄒᆞ야 法법性셩이 뷘 ᄃᆞᆯ ᄉᆞᄆᆞᆺ 아라 福복德득ᄋᆞᆯ 오히려 受ᄊᆞᇢ티 아니ᄒᆞᄂᆞ니 이런ᄃᆞ로 더으니라

須菩提ㅣ 白佛言ᄒᆞᅀᆞ오ᄃᆡ 世尊하 云何菩薩이 不受福德이니잇고 須菩提야 菩薩所作福德은 不應貪着이니 是故로 說不受福德ㅣ니라

了知福德이 元無性ᄒᆞᆯᄉᆡ 不應於中에 生染着이니라

貪求ㅣ已泯ᄒᆞ야徹底空이라日入萬金ᄒᆞ되運不知로다

○福복德득이본ᄃᆡ性셩업손ᄃᆞᆯᄉᆞᄆᆞᆺ알ᄉᆡ가온ᄃᆡ染셤着딱내요미맛당티아니ᄒᆞ니라貪탐求꿓ᄒᆞ미ᄒᆞ마업서미티ᄉᆞᄆᆞᆺ뷔온디라날로萬먼金금을드료ᄃᆡ모로기아디몯ᄒᆞ놋다

冶父 裙無腰ᄒᆞ며袴無口ᄒᆞ도다○裙꾼에허리업스며ᄀᆞ외예고하업도다

裙袴ㅣ雖然在ᄒᆞ나與無却一般ᄒᆞ니經云不受福이라ᄒᆞ시니其旨正如斯ㅣ샷다○裙꾼과袴광왜비록이시나업숨과로도ᄅᆞ혀ᄒᆞᆫ가지니經경에니ᄅᆞ샤ᄃᆡ福복을受쓩티아니ᄒᆞ미라ᄒᆞ시니그ᄠᅳ디正졍히이곧ᄒᆞ샷다

頌 似水如雲ᄒᆞᆫ一夢身이不知此外예更何親고箇中에不許容他物ᄒᆞᄂᆞ니分付黃梅路上人ᄒᆞ니라○믈곧ᄒᆞ며구룸곧ᄒᆞᆫᄒᆞᆫᄭᅮᆷ멧모미아디몯ᄒᆞ리로다이밧긔ᄯᅩ어느親친ᄒᆞ료이가온ᄃᆡ다ᄅᆞᆫ것두믈許헝티아니ᄒᆞᄂᆞ니黃ᅘᅪᇰ梅밍ㅅ길우흿사ᄅᆞᄆᆞᆯ맛디니라

只此一夢身이 似水無情ᄒᆞ야 逐處方圓ᄒᆞ며 如雲이 無心ᄒᆞ야 捲舒ㅣ 自由ㅣ로다 此外예 別無親ᄒᆞ니 何物이 此中歸리오 ○오직 이 ᄒᆞᆫ ᄭᅮ멧 모미 므리 情졍 업서 고ᄃᆞᆯ 조차 方방ᄒᆞ며 圓원홈 곧ᄒᆞ며 구루미 ᄆᆞᅀᆞᆷ 업서 가ᄃᆞ며 펴믈 쥬변홈 곧도다 이 밧긔 다ᄅᆞᆫ 親친이 업스니 어느 거시 이 가온ᄃᆡ 가리오

曠然無人縛ᄒᆞ거니 解脫ᄋᆞᆯ 更何求ㅣ리오 信老ㅣ 曾將此消息ᄒᆞ야 分付黃梅路上人ᄒᆞ니라 ○머려 사ᄅᆞ미 얽미리 업거니 解갱脫톼ᇙᄋᆞᆯ ᄯᅩ 엇뎨 求끃ᄒᆞ리오 信신老롷ㅣ 아래 이 消숗息식을 가져 黃ᅘᅪᇰ梅ᄆᆡᆼ人 길우흿 사ᄅᆞᄆᆞᆯ 맛디니라 信신老롷ᄂᆞᆫ 四ᄉᆞᆼ祖종 道ᄠᆞᇢ信신 大땡師ᄉᆞᆼㅣ라

宗鏡 有求有苦ᄒᆞ면 八風五欲이 交煎ᄒᆞ고 無著無貪ᄒᆞ면 三明六通이 自在ᄒᆞ리라 ○求끃홈이 시며 苦콩ㅣ 이시면 八밣風봉과 五옹欲욕괘 서르 글탈코 著딱 업스며 貪탐 업스면 三삼明명과 六륙通통괘 自쭝在찡ᄒᆞ리라 三삼明명六륙通

통은 法법數숭에 잇ᄂ니라 便恁麼去ᄒ면 水邊林下애 月冷風清
ᄒ고 不恁麼去ᄒ면 橋斷路窮ᄒ딕 別通消息ᄒ리라 還委
悉麽아 老僧이 笑指猿啼處ᄒ니 更有靈蹤이 在上方
ᄒ도다 ○곤 이리 가면 믌ᄀᆺ과 수플 아래 ᄃᆞ리 ᄎᆞ며 ᄇᆞᄅᆞ미 ᄆᆞᆰ고 이리 아니 가면 ᄃᆞ리 그ᄎᆞ며 길히 다ᄋᆞ
란ᄃᆡ 다ᄅᆞᆫ 消숑息식을 通통호리라 도ᄅᆞ혀 아란다 ᄂᆞᆯ근 즁이 납 우ᄂᆞᆫ ᄃᆡᆯ 우서 ᄀᆞᄅᆞ치니 ᄯᅩ 靈령ᄒᆞᆫ 자최
上썅方방애 잇도다
有心은 嘗苦ㅣ니 無心이라ᅀᅡ 乃樂이니라 一得其樂이며
消息이 分明ᄒ니 樂亦不存ᄒ면 沒通消息ᄒ리라 ○ᄆᆞᅀᆞᆷ 이쇼
ᄆᆞᆫ 다 苦콩ㅣ니 ᄆᆞᅀᆞᆷ 업서ᅀᅡ 樂락이니라 ᄒᆞᆫ번 그 樂락ᄋᆞᆯ 得득ᄒ면 消송息식이 分분明명ᄒ니 樂락
이 ᄯᅩ 잇디 아니ᄒ면 消송息식이 通통티 몯ᄒ리라 作麽生是別通消息고
行到路窮ᄒ야 好轉身이면 十方애 無處ㅣ 匪通程이리

라 是通程이 鴈點靑天코 猿掛樹ㅣ로다 ○ 므스 息식 通통홈고 너미 길다 오매 니르러 모돌됴히 두르혀면 十씹方방애 ᄉᆞᄆᆞᆺ ᄎᆞᆫ 길 아닌 고디 업스리라 이 ᄉᆞᄆᆞᆺ ᄎᆞᆫ 길히 그려기 펴런하ᄒᆞᆫ 해 별오 나비 즘게 남기 거렛도다

頌 數行梵字ᄂᆞᆫ 雲中鴈이오 一曲無生ᄋᆞᆫ 澗底琴이로다 德勝河沙運不用ᄒᆞ니 淸風明月이 是知音이로다 ○ 두서 ᄌᆞᆶ 梵뻠字ᄍᆞᆼᄂᆞᆫ 구룸 가온ᄃᆡᆺ 그려기오 ᄒᆞᆫ 놀옛 無뭉生ᄉᆡᆼᄋᆞᆫ 시내 미틧 琴끔이로다 德득이 河ᅘᅡᆼ沙상애 너우ᄃᆡ 모로기 ᄡᅳ디 아니ᄒᆞ니 ᄆᆞᆯᄀᆞᆫ ᄇᆞᄅᆞᆷ과 ᄇᆞᆯᄀᆞᆫ ᄃᆞ리 이 知딩音ᅙᅳᆷ이로다

雲中鴈寫數行字ᄒᆞ고 澗底琴彈一曲歌ᄒᆞᄂᆞ다 此中엔 無德이 爲可用이니 自有風月이 是知音이로다 ○ 구룸 가온ᄃᆡᆺ 그려긴 두서 ᄌᆞᆶ 글字ᄍᆞᆼ롤 스고 시내 미틧 琴끔은 一ᅙᅵᇙ 曲콕 놀애롤 ᄩᆞᄂᆞ다 이 中듕엔 德득이 어루 ᄡᅮ미 업스니 절로 잇ᄂᆞᆫ ᄇᆞᄅᆞᆷ과 ᄃᆞᆯ왜 이 知딩音흠이로다

威儀寂靜分第二十九

須菩提야 若有人이 言호ᄃᆡ 如來ㅣ 若來若去若坐若臥ᄒᆞ면 是人ᄋᆞᆫ 不解我所說義니 何以故오 如來者ᄂᆞᆫ 無所從來ᄒᆞ며 亦無所去ᄒᆞᆯᅀᅵ 故名如來라

前言不可以身相ᄋᆞ로 得見如來라ᄒᆞ시며 不可以三十二相ᄋᆞ로 得見如來라ᄒᆞ시며 佛ᄋᆞᆫ 不應以具足色身ᄋᆞ로 見이라ᄒᆞ시며 不應以三十二相ᄋᆞ로 觀如來라ᄒᆞ시니 此ᄂᆞᆫ 皆明佛非有相ᄒᆞ시니라 ○ 알ᄑᆡᆫ 니ᄅᆞ샤ᄃᆡ 어루 身신相상ᄋᆞ로 如ᅌᅧᆼ來ᄅᆡᆼᄅᆞᆯ 시러 보디 몯ᄒᆞ리라 ᄒᆞ시며 어루 三삼十씹二ᅀᅵᆼ相샹ᄋᆞ로 시러 如ᅌᅧᆼ來ᄅᆡᆼᄅᆞᆯ 보디 몯ᄒᆞ리라 ᄒᆞ시며 부

더·ᄂᆞᆫ 具궁足죡ᄒᆞᆫ 色·식身신·ᄋᆞ로 :보·미 ·맛·당·티 아·니ᄒᆞ·니·라 ᄒᆞ·시·며 三삼十·씹二·ᅀᅵᆼ 相:샹·ᄋᆞ로 如셩來ᄅᆡᆼ·ᄅᆞᆯ :보·미 ·맛·당·티 아·니ᄒᆞ·니·라 ᄒᆞ·시·니 ·이 ·ᄂᆞᆫ ·다 무 :돼 相샹·이 ·쇼·디 아·닌 ·ᄃᆞᆯ ᄇᆞᆯ·기·시·니·라 次言

莫作是念 ᄒᆞ디 如來ㅣ 不以具足相故로 得阿耨菩提 라ᄒᆞ시니 此ᄂᆞᆫ 明佛非無相 ᄒᆞ시니라 ○ 버·거 니ᄅᆞ샤·ᄃᆡ ·이 念념·을 :지·소·ᄃᆡ 如셩來ᄅᆡᆼㅣ 具궁足죡ᄒᆞᆫ 相샹 젼ᄎᆞ로 阿항耨녹菩뽕提뗑·ᄅᆞᆯ 得·득디 아·니·타 :말·라 ᄒᆞ·시·니 ·이ᄂᆞᆫ 부·텨 相샹 :업·디 아·니ᄒᆞ·ᄆᆞᆯ ᄇᆞᆯ·기·시·니·라

此애 言無所從來며 亦無所去ㅣ라 ᄒᆞ시니 此ᄂᆞᆫ 明佛無去來 ᄒᆞ시니라 ○ 이엔 니ᄅᆞ샤·ᄃᆡ 브·터 :온 ·배 :업스·며 ·또 ·가·ᄂᆞᆫ ·배 :업·스·니·라 ᄒᆞ·시·니 ·이ᄂᆞᆫ 부·텨 가·며 :오·미 :업·소·ᄆᆞᆯ ᄇᆞᆯ·기·시·니·라

伊麽則眞法性身ᄋᆞᆫ 非相이며 非非相이라 性相이 相融ᄒᆞ며 無去亦無來라 動靜이 一如ㅣ샷다 ○ 그·러면 眞진實씷 法·법性·셩·엣 ·모ᄆᆞᆫ 相·샹 아·니며 非빙相샹 아·니·라 性·셩·과 相샹·괘 서르 노·ᄀᆞ며 :가·미 :업스·며 ·또 :오·미 :업서 :뮈·며 괴외·ᄒᆞ·미 ᄒᆞᆫ가·지

·다샷

冶父 山門頭에 合掌ᄒᆞ고 佛殿裏예 燒香ᄒᆞ놋다 ○ 묏門몬ㅅ머·리예 合ᄒᆞᆸ掌쟝ᄒᆞ고 佛뿛殿뗜ㅅ:소배 香향ᄋᆞᆯ 퓌·우놋·다

雖云無去來나 山門殿裏예 進止從容ᄒᆞ며 合掌燒香애 威儀炳著ᄒᆞ도다 ○ 비·록 닐오ᄃᆡ 가·며 오미 :업다 ᄒᆞ·나 :묏門몬·과 殿뗜ㅅ:소배 나ᅀᅡ·며 머·므로·미 ᄌᆞᄂᆞᆨᄌᆞᄂᆞᆨᄒᆞ·며 合ᄒᆞᆸ掌:쟝ᄒᆞ·며 香향 퓌·오매 威휭儀읭 ·빗·나·도·다

頌 衲捲秋雲ᄒᆞ야 去復來ᄒᆞᄂᆞ니 幾迴南岳與天台어뇨 寒山拾得을 相逢笑ᄒᆞᄂᆞ니 且道笑箇甚麼오 笑道同行ᄒᆞ야 步不擡ᄒᆞᄂᆞ다 ○ 누비예 ᄀᆞᅀᆞᆳ구루믈 거·더가·락 ·ᄯᅩ오·락ᄒᆞ·ᄂᆞ·니 ·멧마 南남岳·악·과 天·텬台틩·예 :도녀뇨 寒ᅘᅡᆫ山산·과 拾씹得득·과·ᄅᆞᆯ 서르 맛·나 :웃ᄂᆞ·니 :ᄯᅩ ·니ᄅᆞ·라 ·므·스글 :웃ᄂᆞ·뇨 ᄒᆞᆫ·ᄃᆡ ·ᄒᆞ녀 거·르믈 ᄃᆞ·디 :몯ᄒᆞ논·ᄃᆞᆯ 우·ᄡᅥ ·나ᄅᆞᄂᆞ·다

飄然一條衲이 來去ㅣ 雲無心이로다 大千을 寄脚

底ᄒᆞ야 台岳애 經幾迴오 撞著寒山與拾得ᄒᆞ야 笑道

同行ᄒᆞ야 步不擡ᄒᆞᄂᆞ다 ○ 飄푱然ᅀᅧᆫᄒᆞᆫ ᄒᆞᆫ 옰 누비 오며 가미 구룸이 ᄆᆞᅀᆞᆷ 업듯ᄒᆞ도

다 大땡千쳔을 발 아래 브텨 台ᄐᆡᆼ와 岳ᅌᅡᆨ과애 몃 번 디내야뇨 寒ᅘᅡᆫ山산과 拾씹得득을 맛ᄃᆞ라 ᄒᆞᆫ

ᄃᆡ ᄒᆞᆫ 녀거르믈 ᄃᆞ디 몯ᄒᆞ논ᄃᆞᆯ 우ᅀᅥ 니르ᄂᆞ다 怎生是同行步不擡오 寒

山은 也宜去ㅣ오 拾得은 也宜來어늘 寒山之與拾得

은 來而不知去ᄒᆞ고 拾得之與寒山은 去而不知來

ᄒᆞ야 相緣不自由ᄒᆞ니 取笑ㅣ 於焉在ᄒᆞ도다 ○ 엇더 호미 이ᄒᆞᆫ ᄃᆡ ᄃᆞᆫ

녀거름 ᄃᆞ디 몯ᄒᆞ옴고 寒ᅘᅡᆫ山산ᄋᆞᆫ 가미 올코 拾씹得득ᄋᆞᆫ 오미 올커늘 寒ᅘᅡᆫ山산이 拾씹得득더

브러 오고 가ᄆᆞᆯ 아디 몯ᄒᆞ고 拾씹得득이 寒ᅘᅡᆫ山산ᄋᆞᆯ 더브러 가고 오ᄆᆞᆯ 아디 몯ᄒᆞ야 서르 버므러 쥬

변 몯ᄒᆞ니 웃ᅀᅮᆷ 유믈 取츙호미 이어긔 잇도다 寒ᅘᅡᆫ山산ᄋᆞᆫ 家강裏링事ᄊᆞᆼᄅᆞᆯ 맛다 이실ᄉᆡ 拾씹得

득보고 途똥中듕에 잇디 말오 家강裏링예 가아 사올코 拾씹得득은 途똥中듕엣 이를 맛다 이실시 寒한山산을 보고 家강裏링예 잇디 말오 途똥中듕에 오미 올ᄒᆞ니라 寒한山산이 拾씹得득조차 途똥中듕에 와 家강裏링예 가 몰아디 몯ᄒᆞ고 拾씹得득이 寒한山산조차 家강裏링예 가아 途똥中듕에 오ᄃᆞᆯ 아디 몯ᄒᆞ나니라 此衲은 不如彼ᄒᆞ야 來去에 自從容ᄒᆞ도다 ○ 이 누비는 뎌 ᄀᆞᆮ디 아니ᄒᆞ야 오며 가매 제 ᄌᆞ녹ᄌᆞ녹ᄒᆞ도다

宗鏡 坐臥經行이 本自無來無去ᄒᆞ며 威儀不動ᄒᆞ야 寂然非靜非搖ㅣ니 ○ 안ᄌᆞ며 누으며 ᄒᆞ뇨미 本본來 제 오며 가미 업스며 威윙儀읭 뮈디 아니ᄒᆞ야 괴외ᄒᆞ야 靜쪙이 아니며 뮈욤 아니니 要解如來所說義아 否아 隨緣赴感이 靡不周ᄒᆞ나 而常處此菩提座ㅣ로다 如셩來링 니ᄅᆞ샨 ᄠᅳ들 알오져 ᄒᆞᄂᆞ다 아니ᄒᆞᄂᆞ다 緣원을 조ᄎᆞ며 感감애 브트샤미 두루 아니ᄒᆞᆫ 아니ᄒᆞ시나 샹녜 이 菩뽕提똉座쫭애 겨시도다

頌 巍巍不動法中王이 那有獼猴ㅣ跳六窓이리오 笑
指眞空의 無面目ᄒᆞ고 連雲推月下千江이로다 ○ 노파 뮈디 아니
ᄒᆞᄂᆞᆫ 法법中듕엣 王왕이 엇뎨 나비 여슷 窓창의 ᄠᅱ
노ᄅᆞ미 이시리오 眞진空공의 ᄂᆞᆺ과 눈과 업소ᄆᆞᆯ 우
ᅀᅥ ᄀᆞᄅᆞ치고 구루믈 니ᅀᅳ며 ᄃᆞᄅᆞᆯ 미러 즈믄 ᄀᆞᄅᆞ매
ᄂᆞ리도다 六륙窓창ᄋᆞᆫ 六륙根근ᄋᆞᆯ 니ᄅᆞ니라
巍巍不動尊을 號爲法中王이니라 古殿이 寥寥ᄒᆞ되
常放光ᄒᆞᄂᆞ니 六窓이 虛靜ᄒᆞ야 絶喧煩ᄒᆞ도다 ○ 巍윙巍윙不블
動똥ᄒᆞᄂᆞᆫ 尊존ᄋᆞᆯ 일후미 法법中듕王왕이니라
녯 지비 괴외ᄒᆞᄃᆡ 샹녜 光광明명ᄋᆞᆯ 펴ᄂᆞ니 여슷
窓창이 뷔여 괴외ᄒᆞ야 숫
어어 즈러오미 긋도다 眞淨界中에 留不住ᄒᆞ고
興悲運智ᄒᆞ야 爲機來ᄒᆞᄂᆞ다 爲機來ᄒᆞ니 綠楊芳草岸
애 無處不稱尊이로다 ○ 眞진淨쩡界갱中듕에 머므러 잇디 아니ᄒᆞ고 悲빙ᄅᆞᆯ 니
ᄅᆞ와ᄃᆞ며 智딩ᄅᆞᆯ 뮈워 機긩ᄅᆞᆯ 爲윙ᄒᆞ야 오ᄂᆞ다
機긩ᄅᆞᆯ 爲윙ᄒᆞ야 오니 파란 버들와 곳다온 픐두

듣긔에 尊존올 일콛디 아니ᄒᆞᆯ 고디 업도다

一合相理分第三十

須菩提야 若善男子善女人이 以三千大千世界로 碎為微塵ᄒᆞ면 於意云何오 是微塵衆이 寧為多아 不아 甚多ᄒᆞ이다 世尊하 何以故ㅣ어뇨 若是微塵衆이 實有者ㅣ면 佛이 即不說是微塵衆ᄒᆞ시리니 所以者何ㅣ어뇨 佛說微塵衆이 即非微塵衆이라 是名微塵衆이니이다

前現如來之身이 非眞假無去來ᄒᆞ시고 此擧微塵

이 非微塵이며 世界ㅣ 非世界ᄒᆞ샤ᄂᆞᆯ 以明法相이 卽

非法相ᄒᆞ시니 何也오 ○ 알ᄑᆡᆫ 如ᅀᅧᆼ來ᄅᆡᆼㅅ 모미 眞진과 假강왜 아니며 去컹來ᄅᆡᆼ

업슨 ᄃᆞᆯ 나토시고 이엔 微밍塵띤이 微밍塵띤 아니며 世솅界갱ㅣ 世솅界갱 아닌 ᄃᆞᆯ ᄃᆞᄅᆞ샤 法법

相샹이 곧 法법相샹 아닌 ᄃᆞᆯ ᄡᅧ ᄇᆞᆯ기시니 엇뎨오 前則現佛眞體也ㅣ시니

所悟도 亦此也ㅣ며 所證도 亦此也ㅣ라 此則現法眞

體也ㅣ시니 收言拂迹ᄒᆞ야 示返眞源也ㅣ시니라 ○ 알ᄑᆡᆫ 부텻 眞

진實씷ㅅ 體톙ᄅᆞᆯ 나토시니 아ᄅᆞ샨 바도 ᄯᅩ 이며 證징ᄒᆞ샨 바도 ᄯᅩ 이라 이엔 法법의 眞진實씷ㅅ

體톙ᄅᆞᆯ 나토시니 말ᄊᆞᆷ 믈리ᄃᆞ며 자최ᄅᆞᆯ ᄡᅳ러 眞진實씷ㅅ 根근源원에 도라가ᄆᆞᆯ 뵈시니라 佛

身이 本無爲어신마ᄅᆞᆫ 隨機ᄒᆞ야 有眞應去來ᄒᆞ시며 法性

이 本無生이언마ᄅᆞᆫ 對機ᄒᆞ야 有權實頓漸ᄒᆞ니 ○ 부텻 모미 本본來

ᄅᆡᆼ ᄒᆞ욤 업거신마ᄅᆞᆫ 機긩ᄅᆞᆯ 조차 眞진과 應ᅙᅳᆼ과 去컹와 來ᄅᆡᆼ왜 겨시며 法법性셩이 本본來ᄅᆡᆼ 生

싱업건마론機긩를對됭ᄒᆞ야權뀬과實씷와頓돈과漸쪔괘잇ᄂᆞ니 故於一身에

現三身ᄒᆞ시고 於三身에 現微塵數身ᄒᆞ시며 於一法

에 演三乘ᄒᆞ시고 於三乘에 演微塵數法ᄒᆞ시니라 ○그럴ᄊᆡ

ᄒᆞᆫ 모매 세 모ᄆᆞᆯ 나토시고 세 모매 微밍塵뗜數숭ㅅ 모ᄆᆞᆯ 나토시며 ᄒᆞᆫ 法법에 三삼乘씽을 부르시

고 三삼乘씽에 微밍塵뗜數숭法법을 부르시니라 如實而觀컨댄 佛無眞應

去來之跡ᄒᆞ시며 法無權實頓漸之異커늘 不辭義者

는 以爲佛身이 實有如是差別이로다ᄒᆞ며 法門이 實

有如是名數ㅣ로다ᄒᆞᄂᆞ니 ○實씷다히 보건댄 부텨는 眞진과 應ᅙᅳᆼ과 去컹와 來링

왓 달옴 업스시며 法법이 權뀬과 實씷와 頓돈과 漸쪔과 달옴 업거늘 義읭를 아디 몯ᄒᆞᆯ 사ᄅᆞᄆᆞᆫ 부

텨 모미 實씷로 이 ᄀᆞᆮᄒᆞᆫ 差창別볋이 겨시도다 ᄒᆞ며 法법門몬이 實씷로 이 ᄀᆞᆮᄒᆞᆫ 일훔과 數숭왜 잇

ᄂᆞ다 ᄒᆞᄂᆞ니 如淨摩尼隨方各現ᄒᆞ야 映於五色이어늘 諸

愚癡者ㅣ說淨摩尼ㅣ實有五色이라ᄒᆞ니○조ᄒᆞᆫ摩망尼닝ㅣ方방ᄋᆞᆯ조차各각各각現현ᄒᆞ야다ᄉᆞᆺ가짓비체비취어늘모ᄃᆞᆫ어린사ᄅᆞ미조ᄒᆞᆫ摩망尼닝ㅣ實
씷로五옹色ᄉᆡᆨ이잇ᄂᆞ니라닐옴곤ᄒᆞ니故說佛則云ᄒᆞ샤ᄃᆡ若以色見
聲求ㅣ면是行邪道ㅣ라ᄒᆞ시며乃至云若言來去ㄴ댄是
不解義라ᄒᆞ시니此ᄂᆞᆫ現佛眞體也ㅣ시니라○그럴ᄉᆡ부텨를니ᄅᆞ샤
맨곤니ᄅᆞ샤ᄃᆡᄒᆞ다가비ᄎᆞ로보며소리로求꿍ᄒᆞ면이ᄂᆞᆫ邪썅道똫ᄅᆞᆯ行ᅘᆡᇰᄒᆞ미라ᄒᆞ시며니ᄅᆞ
샤ᄃᆡᄒᆞ다가오며가며니ᄅᆞ린댄이ᄂᆞᆫ義읭ᄅᆞᆯ아디몯ᄒᆞᄂᆞ니라ᄒᆞ샤매니르르시니이ᄂᆞᆫ부텻眞
진體뎽ᄅᆞᆯ나토시니라說法則云ᄒᆞ샤ᄃᆡ若言佛說四見이라ᄒᆞ린
댄是不解義라ᄒᆞ시고乃至云所言法相者ㅣ卽非法
相이라ᄒᆞ시니此ᄂᆞᆫ現法眞體也ㅣ시니라○法법니ᄅᆞ샤맨곤니ᄅᆞ샤ᄃᆡ
ᄒᆞ다가부텻네보ᄆᆞᆯ니ᄅᆞ니라ᄒᆞ린댄이ᄂᆞᆫ義읭ᄅᆞᆯ아디몯ᄒᆞᄂᆞ니라ᄒᆞ시고니ᄅᆞ샤ᄃᆡ나ᄅᆞᆫ밧

法법相샹이 곧 法법相샹 아니라 ᄒᆞ매 니르르 嘗
시니 이ᄂᆞᆫ 法법의 眞진體뎽ᄅᆞᆯ 나토시니라
觀說來之意ᄒᆞ니 佛身은 無爲라 即二邊而離二邊
ᄒᆞ며 法性은 無生이라 即名數而超名數ᄒᆞ니 ○ 닐어온 ᄠᅳ들 일즉
보니 佛뿛身신은 ᄒᆞ욤 업스샨디라 두ᄀᆞ새 나사
가 두ᄀᆞᆯ 여희며 法법性셩은 生ᄉᆡᆼ 업슨디라 일
홈과 數숭에 나사가 일
홈과 數숭에 건나ᄠᅱ니 今此二義ᄂᆞᆫ 上來예도 亦有
其文ᄒᆞ니 所謂不可以身相ᄋᆞ로 得見如來며 ᄒᆞ 所謂
不可以三十二相ᄋᆞ로 得見如來며 ᄒᆞ 所謂佛은 不
應以具足色身ᄋᆞ로 見이니라 此等諸文은 現佛眞體
也ㅣ라 ○ 이제 이 두 ᄠᅳ든 우희도 ᄯᅩ 그 文문이 잇
ᄂᆞ니 닐온 밧 어루 身신相샹ᄋᆞ로 如셩來링ᄅᆞᆯ
시러 보ᅀᆞᆸ디 몯ᄒᆞ리라 ᄒᆞ며 닐온 밧 어루 三삼十
씹二싱相샹ᄋᆞ로 如셩來링ᄅᆞᆯ 시러 보ᅀᆞᆸ디 몯ᄒᆞ
리라 ᄒᆞ며 닐온 밧 부텨ᄂᆞᆫ 具꿍足족色식身신으
로 보미 맛당티 몯ᄒᆞ니라 ᄒᆞ니 이 트렛 여러 文문

은부텨眞진體톙ᄅᆞᆯ나토니라 所謂無有定法이如來可說이라ᄒᆞ며 所謂如來ᄂᆞᆫ無所說이라ᄒᆞ며 所謂汝ㅣ勿謂如來作是念호ᄃᆡ我當有所說法이시니라ᄒᆞᆫ 此等諸文은 現法眞體也ㅣ시니라 ○ 닐온밧一힗定뗑ᄒᆞᆫ法법이如셩來링ㅣ어루니ᄅᆞ샤미업스시니라 ᄒᆞ며닐온밧如셩來링ᄂᆞᆫ니ᄅᆞ샨배업스시니라 ᄒᆞ며니ᄅᆞ샨밧네如셩來링이念념을지ᅀᅩᄃᆡ내 반ᄃᆞ기法법닐온배잇다너기디말라ᄒᆞ시니이 트렛여러가짓文문은法법의眞진體톙ᄅᆞᆯ나토시니라 佛之所以言此者ᄂᆞᆫ 皆爲廣闢人之邪見이오 大開佛之知見이시니 下文所謂如是知見信解者ㅣ 夫是之謂歟ᅟᆞᆫ뎌 ○ 부톄이ᄅᆞᆯ니ᄅᆞ샤아ᄎᆞᆫ다 사ᄅᆞᄆᆡ邪썅見견을너비헤티시다 고부텨知딩見견ᄋᆞᆯ키여ᄅᆞ샤ᄆᆞᆯ爲윙ᄒᆞ시니下 ᅘᅡᆼ文문에닐온밧이ᄀᆞ티알며보며信신解ᅘᆡᆼᄒᆞ 라ᄒᆞ샤미이 ᄅᆞᆯ닐오닌뎌 世界ᄅᆞᆯ 碎爲微塵等者ᄂᆞᆫ 何也오 大

千ㅣ同爲一地로ᄃᆡ而有三千之異名ᄒᆞ니以比一心
이開爲三智ᄒᆞ며一境이開爲三諦ᄒᆞ며一念이開爲
三惑ᄒᆞ며一法이開爲三乘이니體雖是一이나開有三
名ᄒᆞ니라○世솅界갱ᄅᆞᆯ보ᅀᅡ微밍塵띤ᄃᆞ외에ᄒᆞᆫ等등ᄋᆞᆫ엇뎨오大땡千쳔이ᄒᆞᆫ가지로ᄒᆞᆫᄯᅡ
히로ᄃᆡ三삼千쳔ㅅ다ᄅᆞᆫ일후미잇ᄂᆞ니ᄲᅧᄒᆞᆫᄆᆞᅀᆞ미여러세智딩ᄃᆞ외며ᄒᆞᆫ境경이여러三삼諦
뎽ᄃᆞ외며ᄒᆞᆫ念념이여러三삼惑획이ᄃᆞ외며ᄒᆞᆫ法법이여러三삼乘씽이ᄃᆞ외요몸ᄲᅧ가ᄌᆞᆯ비시
니體텡비록이ᄒᆞ나히나여루미세일후미잇ᄂᆞ니라 復以三千으로碎爲微
塵等者ᄂᆞᆫ以比三智ㅣ開爲無邊觀智ᄒᆞ며三諦ㅣ
開爲無邊諦境ᄒᆞ며三惑이開爲無盡塵勞門ᄒᆞ며三
乘이開爲無盡修多羅門ᄒᆞ니本雖是三이나開爲無
量이니라○ᄯᅩ三삼千천ᄋᆞ로보ᅀᅡ微밍塵띤ᄃᆞ외에호ᄆᆞᆫ三삼智딩ㅣ여러無뭉邊변觀관智

딩ᄃᆞ외며 三삼諦뎽 여러 無뭉邊변諦뎽境경이 ᄃᆞ외며 三삼惑획이 여러 無뭉盡진塵띤勞롱門몬이 ᄃᆞ외며 三삼乘씽이 여러 無뭉盡진修슝多당羅랑門몬이 ᄃᆞ외요ᄆᆞᆯ ᄲᅢ가 ᄌᆞᆯ비시니 本본來ᄅᆡ 비록 이 세히나 여러 無뭉量량이 ᄃᆞ외ᄂᆞ니라

佛擧塵界ᄒᆞ샤 問空生ᄒᆞ샤ᄆᆞᆫ 欲明諸法이 無體性이어시ᄂᆞᆯ 果能答以非實有ᄒᆞ니 善知黃葉이 竟非錢ᄒᆞ도다 ○ 부톄 塵띤界갱ᄅᆞᆯ 드르샤 空콩生ᄉᆡᆼᄃᆞ려 무르샤ᄆᆞᆫ 諸졍法법이 體톙性셩 업소ᄆᆞᆯ ᄇᆞᆯ교려 커시ᄂᆞᆯ 果광然션 能능히 實씷로 잇디 아니호ᄆᆞ로 對됭答답ᄒᆞᅀᆞ오니 누른 니ᄑᆡ 내죵애 돈 아니론 ᄃᆞᆯ 이대 아ᄅᆞ도다

冶父 若不入水ᄒᆞ면 爭見長人이리오 ○ ᄒᆞ다가 므레 드디 아니ᄒᆞ면 긴 사ᄅᆞᄆᆞᆯ 엇뎨 보리오

黃葉非錢이 是則固是나 理非言外라 卽言卽理어니 何須拂去文字ᄒᆞ고 別求忘言之旨ㅣ리오 ○ 누른 니ᄑᆡ

돈아니라ᄒᆞ미올ᄒᆞᄆᆞᆫ實씷로올ᄒᆞ나理링말ᄉᆞᆷ
밧기아니라곤마리곤理링어니엇뎨구틔여文
문字쫑ᄅᆞᆯ벼러ᄇᆞ리고各각別뼗ᄒᆞ야 教海裏예得大
히말ᄉᆞᆷ업슨ᄠᅳ들求꿓ᄒᆞ리오
解脫ᄒᆞ며知解上애建大法幢ᄒᆞ야乃可謂寬腸沒
量大人也ㅣ니라○教꾷海힝ㅅ소배큰解갱脫
갊ᄋᆞᆯ得득ᄒᆞ며知딩解갱우희큰法법
幢땅ᄋᆞᆯ세여ᅀᅡ어루腸땽이어위며量
량업슨大땡人신이라닐ᄋᆞᆯ디니라
又 令師ㅣ
直取塵界ᄒᆞ야以明納僧의不斷煩惱ᄒᆞ야而入涅槃
之義也ᄒᆞ니라 伊麼則所謂微塵은塵勞業用이識
然競作之謂也ㅣ라○이제師ᄉᆞᆼㅣ곧塵띤界갱
ᄅᆞᆯ取충ᄒᆞ야納납僧ᄉᆞᆼ의煩뻔惱
능긋디아니ᄒᆞ야涅념槃빤애드논ᄠᅳ들ᄇᆞᆯ기
나라그러면닐온밧微밍塵띤은塵띤勞롷ㅅ業
업用용이識칭然션히ᄃᆞᆺ 若向塵勞中ᄒᆞ야任性浮
토아니로몰나ᄅᆞ니라
沈ᄒᆞ야而得自在ᄒᆞ면則可謂寬腸沒量大人也ㅣ니라

須信道霜天에 知勁草ᄒᆞ고 火裏예 見精金이니라○ᄒᆞ다

가塵띤勞롱中듕올向향ᄒᆞ야性셩의혼조초ᄡᅳ머ᄌᆞ마시러自ᄍᆞ在ᄍᆡᄒᆞ면곧어루暢땽이어위며量량업슨大땡人신이라닐올디니라서릿하ᄂᆞᆯ해센프를알오블소배精정ᄒᆞᆫ金금을보리라닐오ᄆᆞᆯ모로매미돌디니라

頌 一塵이纔起ᄒᆞ면翳磨空ᄒᆞᄂᆞ니 碎抹三千ᄒᆞ니數莫窮이로다

ᄒᆞᆫ드트리곳닐면ᄀᆞ리여虛헝空콩을ᄀᆞᄂᆞ니三삼千천을ᄇᆞᅀᆞ니數숭를다ᄋᆞ디몯ᄒᆞ리로다

野老ㅣ不能收拾得ᄒᆞ야任教隨雨又隨風ᄒᆞᄂᆞ다○

野양老롱ㅣ能능히거두워줏디몯ᄒᆞ야비를조ᄎᆞ며ᄯᅩᄇᆞᄅᆞᆷ조초ᄆᆞᆯ므더니너기ᄂᆞ다

名數之於靈覺애猶微塵之於大清ᄒᆞ니微塵은不勝數ㅣ니名數도亦如然ᄒᆞ니라納僧은自知無一字ᄒᆞ야從教名數ㅣ亂縱橫이로다○일훔과數숭왜靈령覺각애微밍塵띤이

大땡清청에 곧ᄒᆞ니 微밍塵띤은 이긔여 헤디 몯ᄒᆞ라니 名명數숭도 ᄯᅩ 그러ᄒᆞ니라 衲납僧숭은

ᄒᆞᆫ 字쫑도 업슨 ᄃᆞᆯ 절로 아라 名명數숭ㅣ 어즈러이 縱죵橫ᅘᅬᆼᄒᆞ논 ᄃᆞᆯ 므더니 너기ᄂᆞ다 [■] 大땡清

청은 하ᄂᆞᆯ히라 [又] 箇裏는 從來로 無一物ᄒᆞ야 瑩若淸空애

絶點霞ᄒᆞ도다 一念이 纔起ᄒᆞ면 性空이 暗ᄒᆞᄂᆞ니 諸妄

이 競作ᄒᆞ니 浩無邊이로다 ○ 이 고ᄃᆞᆫ 本본來ᄅᆡᆼ로 ᄒᆞᆫ 것도 업서 ᄆᆞᆰ고 ᄆᆞᆯᄀᆞᆫ 虛헝

空콩애 죠고맛ᄒᆞ린 것도 업소미 곧도다 ᄒᆞᆫ 念념이 ᄀᆞᆺ 닐면 性셩空콩이 어듭ᄂᆞ니 여러 妄망이 ᄃᆞ

토아 나니 너버 ᄀᆞᆺ 업도다 衲僧은 自知妄元無ᄒᆞ야 無心除斷ᄒᆞ고

任浮沉ᄒᆞᄂᆞ니 休笑此衲의 不斷妄ᄒᆞ라 火裏生蓮이ᅀᅡ

終不壞ᄒᆞ니라 ○ 衲납僧숭은 妄망이 본ᄃᆡ 업슨 ᄃᆞᆯ 절로 아라 덜며 그츓 ᄆᆞᅀᆞᆷ 업고 ᄠᅳ며 ᄌᆞ모

ᄆᆞᆯ 므더니 너기ᄂᆞ니 이 衲납의 妄망 긋디 아니호ᄆᆞᆯ 웃디 말라 블 가온ᄃᆡ 난 蓮련이ᅀᅡ 내죵내 하디

아니ᄒᆞᄂᆞ니라

世尊하 如來所說三千大千世界ㅣ
即非世界라 是名世界니 何以故ㅣ어
若世界ㅣ 實有者ㅣ면 即是一合相이니 如
來說一合相이 即非一合相이라 是名
一合相이니이다 須菩提야 一合相者는 即
是不可說이어늘 但凡夫之人이 貪著其
事ᄒᆞᄂᆞ니라

微塵이 既非實有ㅣ라 三千도 亦非實有ㅣ니 三千이
非實이어늘 而有三千之名者는 但假其名ᄒᆞ야 以分
其界而已언뎡○微밍ᄒᆞᆫ 드트리 ᄒᆞ마 實씷로 이쇼미 아니라 三삼千천도 ᄯᅩ 實씷로 이

·쇼미 아·니니 三삼千천어 實씷이 아·니어늘 三삼千천 入일홈이 ·쇼문 오·직 그 일·홈 假강借·쟝ᄒᆞ야

그 界갱를 논 ·홀 ᄯᆞᄅᆞ·미언·뎡 而其實則豈有三千之異乎ㅣ리오

何以故然고 一地ᄂᆞᆫ 是實이오 三千ᄋᆞᆫ 是假ㅣ니 一地

是實故로 爲一合相也ㅣ오 三千ᄋᆞᆫ 是假故로 非一

合相也ㅣ니라 ○그 實씷은 :엇뎨 三삼千천·이 달·오미 이시·리오 :엇던 젼·ᄎᆞ로 그·러뇨 一·힗

地띵ᄂᆞᆫ 이 實씷이오 三삼千천ᄋᆞᆫ ·이 :거즛거·시니 一·힗 地띵·이 實씷·인 젼·ᄎᆞ로 ᄒᆞᆫ 어·운 相샹·이 ᄃᆞ외

·오 三삼千천ᄋᆞᆫ ·이 :거즛거·시론 젼·ᄎᆞ로 ᄒᆞᆫ 어·운 相샹·이 아·니니·라 三千이 若實인댄

即是一合相이라 而非異相이언마ᄅᆞᆫ 但是異相이라 而非

一合相일ᄉᆡ 所以三千이 即非實有ㅣ니라 ○三삼千천·이 ·ᄒᆞ다가

實씷·홀딘·댄 ·곧 ·이 一·힗合햅相샹·이라 다ᄅᆞᆫ 相샹·이 아·니·언마ᄅᆞᆫ 오·직 ·이 다ᄅᆞᆫ 相·샹·이라 一·힗合햅

相샹이 아·닐·ᄊᆡ 이런 ᄃᆞ로 三삼千천·이 ·곧 實씷로 잇·ᄂᆞᆫ ·디 아·니니·라 三千이 既非實

有ㅣ라 一地도 亦非實有니 何則고 三千이 不外乎
一地ᄒᆞ며 一地도 亦不外乎三千일ᄉᆡ니○三삼千쳔이ᄒᆞ마實씷로
잇ᄂᆞᆫ디아니라一힗地띵도ᄯᅩ實씷로잇ᄂᆞᆫ디아니니·엇뎨오三삼千쳔이一힗地띵밧기아니며
一힗地띵도ᄯᅩ三삼千쳔밧기아닐ᄊᆡ니 是眞一合相이라 言詞相이 寂
滅커ᄂᆞᆯ 但諸凡夫人이 不解其所以ᄒᆞ야 語三千而取
三千之名ᄒᆞ며 語一地而生一地之解ᄒᆞᄂᆞ니○이 眞진實씷ㅅ
一힗合햅相샹이라말ᄉᆞᆷ相샹이寂쩍滅몷커ᄂᆞᆯ 오직모ᄃᆞᆫ凡뻠夫붕人ᅀᅵᆫ이그런아ᄎᆞᆯ아디몯ᄒᆞ
야三삼千쳔ᄋᆞᆯ닐어ᄃᆞᆫ三삼千쳔일훔ᄋᆞᆯ取츙ᄒᆞ 며一힗地띵ᄅᆞᆯ닐어ᄃᆞᆫ一힗地띵라아로ᄆᆞᆯ내ᄂᆞ
·니 以明名數ㅣ 既非實有ㅣ라 三乘이 亦非實有니
三乘이 非實이로ᄃᆡ 而有三乘之名者ᄂᆞᆫ 但假其名
ᄒᆞ야 以接其根而已언뎡○名명數숭ㅣᄒᆞ마實씷로잇ᄂᆞᆫ디아니라三삼乘씽이

또 實씷로 잇논디 아닌ᄃᆞᆯ 빼 ᄇᆞᆯ기시니 三삼乘씽이 實씷 아니로ᄃᆡ 三삼乘씽ㅅ 일홈 이쇼ᄆᆞᆫ 오직 그 일후믈 假강借쟝ᄒᆞ야 빼 그 根근ᄋᆞᆯ 待ᄯᆡᆼ接졉ᄒᆞᆯ ᄯᆞᄅᆞ미언뎡 而其實則豈有三乘之異乎ㅣ리오 何以故然고 一乘은 是實이오 三乘은 是權이니 一乘이 是實故로 爲一合相也ㅣ오 三乘은 是權故로 非一合相也ㅣ라 ○ 그 實씷은 엇뎨 三삼乘씽 달오미 이시리오 엇던 젼ᄎᆞ로 그러뇨 一힗乘씽은 이 實씷이오 三삼乘씽은 이 權꿘이니 一힗乘씽이 이 實씷인 젼ᄎᆞ로 一힗合햅相샹이 ᄃᆞ외오 三삼乘씽은 이 權꿘이론 젼ᄎᆞ로 一힗合햅相샹이 아니라 三乘이 若實인댄 即是一合相이라 而非異相이언마론 但是異相이라 而非一合相일ᄊᆡ 所以三乘이 即非實有ㅣ니라 ○ 三삼乘씽이 ᄒᆞ다가 實씷홀딘댄 곧 이 一힗合햅相샹이라 다ᄅᆞᆫ 相샹 아니언마ᄅᆞᆫ 오직 이 다ᄅᆞᆫ 相샹이라 一힗合햅相샹 아닐ᄊᆡ 이런ᄃᆞ로 三삼乘씽이 實씷로 이쇼미 아니니라

三乘이 既非實有ㅣ라 一乘도 亦非實有ㅣ니 何則고 三乘이 不外乎一乘ᄒᆞ며 一乘도 亦不外乎三乘실ᄊᆡ니○三삼乘씽이 ᄒᆞ마 實씷로 이옴 아니라 一힗乘씽도 ᄯᅩ 實씷로 이옴 아니니 엇뎨오 三삼乘씽이 一힗乘씽 밧기 아니며 一힗乘씽도 ᄯᅩ 三삼乘씽 밧기 아닐ᄊᆡ니 是眞一合相이라 言詞相이 寂滅ᄒᆞ거늘 但諸凡夫人이 不解其所以ᄒᆞ야 語三乘而取三乘之名ᄒᆞ며 語一乘而生一乘之解ᄒᆞᄂᆞ니 所謂錯認何曾解方便者ㅣ 是已니라○眞진實씷ㅅ 一힗合햅相샹이라 말ᄊᆞᆷ相샹이 寂쩍滅멿ᄒᆞ거늘 오직 모ᄃᆞᆫ 凡뻠夫붕人ᅀᅵᆫ이 그런 아ᄎᆞᆯ 아디 몯ᄒᆞ야 三삼乘씽을 닐어든 三삼乘씽 일훔을 取충ᄒᆞ며 一힗乘씽을 닐어든 一힗乘씽이라 아로ᄆᆞᆯ 내ᄂᆞ니 닐온 밧 그르 알어니 엇뎨 方방便뼌을 알료 호미 이라 只如一合相은 且作麼生道오 諦緣六度幷一乘이 混然一味라 難

分析이니라 非一合相은 又作麼生道오 一河ㅣ雖然不可分이나 象馬兎三이 爭奈異ᄒᆞ니 ○오직 一읤 合햡相샹은 또 엇뎨 니ᄅᆞ료 諦뎽緣원과 六륙度똥와 一읤乘씽괘 섯거 ᄒᆞ마 시라 ᄀᆞᆯᄒᆡ요미 어려우니라 一읤 合햡相샹 아니로ᄆᆞᆫ 또 엇뎨 니ᄅᆞ료 ᄒᆞᆫ 河빵ㅣ 비록 ᄂᆞᆫ호디 몯ᄒᆞ나 象쌍과 ᄆᆞᆯ와 톳기와 세히 권마ᄅᆞᆫ 다ᄅᆞ니 ▲一읤 河빵ᄂᆞᆫ 一읤 理링ᄅᆞᆯ 니ᄅᆞ니라 象쌍ᄋᆞᆫ 大땡乘씽이오 馬망ᄂᆞᆫ 中듕乘씽이오 兎통ᄂᆞᆫ 小숗乘씽이라 伊麼則非但異相을 不應執이라 一合相을 亦不可守ㅣ니라 ○그러면 다ᄅᆞᆫ 相샹ᄋᆞᆯ 자보미 맛당티 몯홀 ᄲᅮᆫ 아니라 一읤 合햡相샹ᄋᆞᆯ 또 守슣호미 올티 몯ᄒᆞ리라

冶父 捏聚放開ᄒᆞ미 兵隨印轉이로다 ○자바 아ᅀᆞ며 노하 여로미 兵뼝馬망ㅣ 印힌을 조차 올모미로다

有時開三ᄒᆞ고 有時合一ᄒᆞᄂᆞ니 合一이 即三이며 開三

이 即一이라 三一이 相離ᄒᆞ며 三一이 相即ᄒᆞᄂᆞ니라 ○ 잇다감

세헤 열오 잇다감 ᄒᆞ나해 어우ᄂᆞ니 모ᄃᆞᆫ ᄒᆞ나히 곧 세히며 여론 세히 곧 ᄒᆞ나히라 세콰 ᄒᆞ나쾌 서

르 여희며 세콰 ᄒᆞ나쾌 서르 即즉ᄒᆞᄂᆞ니라 非三而三이며 非一而一이라

三一이 俱非ᄒᆞ며 三一이 俱是ᄒᆞ니 伊麼則殺活이 臨

時ᄒᆞ며 收放이 自由ㅣ로다 ○ 세히 아니로ᄃᆡ 세히며 ᄒᆞ나히 아니로ᄃᆡ ᄒᆞ나히라

세과 ᄒᆞ나쾌 다 외며 세콰 ᄒᆞ나쾌 다 올ᄒᆞ니 그러면 주기며 살오미 時씽節졇을 조차 ᄒᆞ며 가ᄃᆞ며

노호미 쥬변ᄃᆞ외도다

頌 渾圖도이라 成兩片ᄒᆞ고 擘破ᄒᆞ야도 却團圓이로다 細嚼

ᄒᆞ야도 莫咬破ᄒᆞ야ᅀᅡ 咬破 他本作空碎 方知滋味의 全ᄒᆞ리라 ○ 두려우니

라 ᄒᆞ야도 두 조가기 일오 ᄈᆡ혀도 도ᄅᆞ혀 두렵도다 ᄀᆞᄂᆞ리 시버도 므러 허디 아니ᄒᆞ야ᅀᅡ 滋ᄌᆞᆼ味밍의

오ᄋᆞ로 믈비 크서 알리라

欲言非異나 爭奈異며 欲言非一이나 爭奈一오 欲

空三一이나 還三一이니 三一이 方知本圓成이니라 ○다ᄅᆞ

디 아니타 니ᄅᆞ고져 ᄒᆞ나 권마ᄅᆞᆫ 다ᄅᆞ며 ᄒᆞ나히 아니라 니ᄅᆞ고져 ᄒᆞ나 권마ᄅᆞᆫ ᄒᆞ나히오 세콰 ᄒᆞᆫ

나 쾌 空콩이라 코져 ᄒᆞ나 도ᄅᆞ혀 세콰 ᄒᆞ나히니 세콰 ᄒᆞ나 쾌 本본來링圓원成쎵ᄒᆞᆫ 돌 비르서 아

ᄅᆞᆯ디나라

又 一本애 云細嚼莫空碎라 ᄒᆞ니 理之極致는

要須著意精詳이언뎡 不應偶尒念過ㅣ니라 ○ᄒᆞᆫ 本본애 닐오

뎌 ᄀᆞᄂᆞ리 십고 솝절업시 ᄇᆞᅀᆞ디 말라 ᄒᆞ니 理링의 至징極끅ᄒᆞᆫ 그ᄐᆞᆫ 모로매 ᄠᅳ들 두어 精졍詳썅

히 홀디언뎡 우연히 念념ᄒᆞ야 디내요미 맛당티 아니ᄒᆞ니라 古人이 道호ᄃᆡ 知有

底人은 細嚼來嚥이어든 不知有底人은 一似渾圖

呑可棗ㅣ라 ᄒᆞ니 末後圓成處는 精詳ᄒᆞ야ᅀᅡ 始應知니라

○녜 사ᄅᆞ미 닐오ᄃᆡ 이 쇼ᄆᆞᆯ 아ᄂᆞᆫ 사ᄅᆞᄆᆞᆫ ᄀᆞᄂᆞ리 시버 ᅀᆞᆷ기거든 이 쇼ᄆᆞᆯ 아디 몯ᄒᆞᄂᆞᆫ 사ᄅᆞᄆᆞᆫ 두려

이 大땡乘씽敎교ㅣ 甚씸히 곧다ᄒᆞ니 末맗後ᅘᅮᇢ에 圓원成쎵ᄒᆞᆫ 고ᄃᆞᆫ 精졍詳썅ᄒᆞ야·ᅀᅡ 비르서:ᅀᅡ ᄂᆞ니라

宗鏡 以世界로 碎如微塵이라ᄒᆞ시니 慈尊喩ㅣ 巧而玄要ᄒᆞ샷다 立權名ᄒᆞ야 談其實相ᄒᆞ시니 凡夫意絕於貪求ㅣ로다 ○ 世솅界갱로 보아 微밍塵띤 곧다ᄒᆞ시니 慈쫑尊존가ᄌᆞᆯ비샤·미 工공巧쿙ᄒᆞ·며 깁·고 조ᅀᆞᄅᆞ외샷다 權권일후믈 세어 그 實씷相샹ᄋᆞᆯ 니ᄅᆞ시니 凡뻠夫붕의 ᄠᅳ디 貪탐ᄒᆞ야 求꿓호미 긋·도다

與麼會得ᄒᆞ면 返本還源ᄒᆞ야 背覺合塵ᄒᆞ고 不與麼會ᄒᆞ면 智同諸佛ᄒᆞ야 非合衆生이오 ○ 이리 알면 本본애 도라가·며 根곤源원에 도라·가 覺각ᄋᆞᆯ 背빙ᄒᆞ야 塵띤에 合빱ᄒᆞ고 이리 아디 아니ᄒᆞ면 智딩ㅣ 諸졍佛뿛와 ᄒᆞᆫ가지라 非빙로 衆즁生싱·의게 맛·고

摠不與麼ㅣ면 巨靈이 擡手無多子ᄒᆞ야 分破華山千萬重ᄒᆞ리라 ○ 다 이리 아니ᄒᆞ면 큰 神씬靈령이 소ᄂᆞᆯ 드로ᄃᆡ 한일 업시ᄒᆞ야 華ᅘᅪᆼ山산 千천

萬먼ᄇᆞᄅᆞᆯ ᄢᅢ야 헐라라

碎界爲塵ᄒᆞ시니 喩巧意玄이로다 依權顯實ᄒᆞ시니 凡

絶追求ㅣ로다 顯實相則智境이 全彰ᄒᆞ고 絶追求則

塵勞ㅣ頓息ᄒᆞ니○世솅界갱ᄅᆞᆯ ᄇᆞᅀᆞ아 드트를 사ᄆᆞ시니 가ᄌᆞᆯ뵤미 工공巧쿙ᄒᆞ시고 ᄡᅳ디 기프시도다 權뭔을 브터 實씷을 나토시니 凡뻠夫붕ㅣ 조차 求꿀호미 ᄀᆞᆺ도다 實씷相샹ᄋᆞᆯ 나토면 곧 智딩境경이오 ᄋᆞ로ᄂᆞᆫ 고 조차 求꿀ᄒᆞ미 그츠면 곧 塵띤勞롱ㅣ 모로기 업스니

息

塵勞則智日이 高懸ᄒᆞ야 昏衢ㅣ大朗ᄒᆞ야 上同諸佛이오 順塵勞則慈雲이 廣布ᄒᆞ야 甘露ㅣ普閏ᄒᆞ야 下合衆生ᄒᆞ리니○塵띤勞롱ㅣ 업스면 곧 智딩日싏이 노피 ᄃᆞᆯ여 어드운 길히 키 ᄇᆞᆯ가 우ᄒᆞ로 諸졍佛뿛와 ᄒᆞᆫ가지오 塵띤勞롱ᄅᆞᆯ 順쓘ᄒᆞ면 곧 慈ᅏᆼ悲빙ㅅ 구루미 너비 펴 甘감露롱ㅣ 너비 閏슌ᄒᆞ야 아래로 衆쥬ᇰ生싱애 마ᄌᆞ리나 亦不息塵勞ᄒᆞ며 亦不順塵勞ᄒᆞ면

巨靈擡手애 威動地ᄒᆞ야 萬重山向一擲開ᄒᆞᄂᆞ니 ᄯᅩ 塵띤勞롱ᄅᆞᆯ 업게 아니ᄒᆞ며 ᄯᅩ 塵띤勞롱ᄅᆞᆯ 順쓘티 아니ᄒᆞ면 큰 神씬靈령이 손ᄃᆞ로 매 威휭嚴엄이 ᄡᅡ ᄒᆞᆯ 뮈워 萬먼重뜡인 山산이 ᄒᆞᆫ 주머귀 向향ᄒᆞ야 여ᄂᆞ니라

(頌) 一段生涯ᄂᆞᆫ 六不收ᄒᆞᄂᆞ니 (六 當作本) 從前萬[illegible]이 [illegible]非儔ㅣ라 니

輕輕擘破三千界ᄒᆞ니 直得恒河水逆流ㅣ로

ᄒᆞᆫ 근 生ᄉᆡᆼ涯ᅌᅢᆼ ᄂᆞᆫ 本본來ᄅᆡᆼ 곤ᄃᆡ 몯ᄒᆞᄂᆞ니 아[illegible]보 터 萬먼法법이 다 ᄲᅡ가 아니니라 三삼千천世[illegible]界갱ᄅᆞᆯ 가비야이 ᄢᅢ니 恒ᅘᅳᇰ河ᅘᅡᆼㅅ 므리 거스리 흘로ᄆᆞᆯ 바ᄅᆞ 得득ᄒᆞ도다

一法은 本有ᄒᆞ야 不可收ㅣ니 와어 萬法은 無根ᄒᆞ야 摠非眞이니 라 法法을 會來歸本源ᄒᆞ니 免敎人人이 逐風波ㅣ로다

ᄒᆞᆫ 法법은 本본來ᄅᆡᆼ 이셔 어루 곤ᄃᆡ 몯ᄒᆞ려니와 萬먼法법은 根근源원이 업서다 眞진 아니니라 法법과 法법과ᄅᆞᆯ 아라 ᄂᆞᆫ 本본來ᄅᆡᆼㅅ 根근源원에 도라가나 사ᄅᆞᆷ마다 ᄇᆞᄅᆞᆷ 믌결

조ᄎᆞ 몰벗게 ᄒᆞ도다

知見不生分第三十一

須菩提야 若人이 言호ᄃᆡ 佛說我見人見衆生見壽者見이라ᄒᆞᄂᆞ니 須菩提야 於意云何오 是人이 解我所說義아 不아 世尊하 是人이 不解如來所說義니 何以故ㅣ어뇨 世尊說我見人見衆生見壽者見이 卽非我見人見衆生見壽者見이라 是名我見人見衆生見壽者見이시니이다 須菩提야 發阿耨多羅三藐三

菩提心者는 於一切法에 應如是知ᄒᆞ며 如是見ᄒᆞ며 如是信解ᄒᆞ야 不生法相이니 須菩提야 所言法相者ㅣ 如來說이 卽非法相이라 是名法相이니라

正顯法相이 卽非法相ᄒᆞ샤 合上塵界ㅣ 非塵界之喩也ᄒᆞ시니라 所說이 無量이어늘 特擧四見者는 此ㅣ是三乘所斷麤細惑之總名이며 八萬四千諸妄染之頭數ㅣ니 ○正졍히 法법相샹이 곧 法법相샹 아니론 ᄃᆞᆯ 나토샤 우흿 塵띤界갱ㅣ 塵띤界갱 아닌 가ᄌᆞᆯ뵤매 마ᄌᆞ시니라 니ᄅᆞ샨 배 그지 업거늘 特뜩別볋히 네 보ᄆᆞᆯ 드르샤ᄆᆞᆫ 이 三삼乘씽의 긋논 밧굴 그ᄀᆞᄂᆞᆫ 惑획의 모ᄃᆞᆫ 일후미며 八밣萬먼四ᄉᆞᆼ千쳔 모ᄃᆞᆫ 妄망染셤의 數숭ㅣ니

故上來예 頻說之ᄒᆞ시고 於此애 特擧問耳시니 意는
通明能治所治一切諸法이 皆非實有也ㅣ시니라 ○ 그
럴ᄊᆡ 우희 ᄌᆞ조 니ᄅᆞ시고 이에 特뜩別볋히 드러 무르실 ᄯᆞᄅᆞ미시니 ᄠᅳ든 能ᄂᆼ治띵와 所송治띵
왓 一힗切쳉諸졍法법이 다 眞진實씷로 이쇼미 아닌 ᄃᆞᆯ ᄉᆞᄆᆞᆺ ᄇᆞᆯ기시니라 【 境경 괴외호미 所송
治띵오 ᄆᆞᅀᆞᆷ 뷔요미 能ᄂᆼ治띵라 佛說我見人見衆生見壽者見
이 即非我見人見衆生見壽者見이라 ᄒᆞ니 ○ 부텨 니ᄅᆞ샨 我앙
見견人신見견衆즁生싱見견壽쓩者쟝見견이 곧 我앙見견人신見견衆즁生싱見견壽쓩者쟝
見견이 아니라 ᄒᆞ니 以此로 例之則佛說四聖諦 即非四聖
諦며 佛說十八不共法이 即非十八不共法이며 乃
至八萬四千多羅尼門이 即非八萬四千多羅尼
門이로다 ○ 일로 例롕ᄒᆞ건댄 부텨 니ᄅᆞ샨 四송聖셩諦뎽 곧 四송聖셩諦뎽 아니며 부텨 니

ᄅᆞ샨 열여듧 ᄀᆞ디 몯ᄒᆞᆫ 法법이 곧 十씹八밣不붏共꽁法법이 아니며 八밣萬먼四ᄉᆞᆼ千쳔多당羅랑尼닝門몬에 니ᄅᆞ리 곧 八밣萬먼四ᄉᆞᆼ千쳔多당羅랑尼닝門몬이 아니로다 【十씹八밣不붏共꽁法법은 法법數ᄉᆞᆼ에 잇ᄂᆞ니라】

伊麼則從初轉四諦ᄒᆞ야 至今談般若히 所說諸法이 無一字ㅣ 可以掛在目前이며 無一言이 可以記在胷中이니 ○ 그러면 처섬 四ᄉᆞᆼ諦뎽轉둰ᄒᆞ샤ᄆᆞ로브터 이제 般반若샹 니ᄅᆞ샤매 니르리 니ᄅᆞ샨 밧 諸졍法법이 ᄒᆞᆫ 字ᄍᆞᆼㅣ 어루 뼈 눈 알ᄑᆡ 거러 이시리 업스며 ᄒᆞᆫ 말ᄉᆞ미 어루 뼈 胷흉中듕에 記긩錄록ᄒᆞ야 두미 업스니

所謂一相一味究竟涅槃常寂滅相이 於是乎現ᄒᆞ니 於此애 可以悟佛知見ᄒᆞ며 入佛知見ᄒᆞ며 於此애 可以發眞正信心ᄒᆞ야 得眞正妙解也ㅣ니 어 豈可泥言教而爲究竟ᄒᆞ야 墮在名數之中也ㅣ리오 ○ 닐온 밧ᄒᆞᆫ 相샹 ᄒᆞᆫ 맛 究궁竟경涅녏槃빤

眞진常쌍寂쩍滅멿ᄒᆞᆫ相샹이이에나ᄐᆞ니이에
어루ᄢᅦ부텻知딩見견을알며부텻知딩見견에
들며이에어루ᄢᅦ眞진實씷人正졍ᄒᆞᆫ信신心심
을發벓ᄒᆞ야眞진實씷人正졍ᄒᆞᆫ妙묳解갱行ᅘᆡᇰᄅᆞᆯ이어
드리어니엇뎨어루言언敎골애브터究굼竟경所
경을사마名명數숭中듕에ᄢᅧ디여이시리오

以云發菩提心者ᄂᆞᆫ於一切法에應如是知見ᄒᆞ며
如是信解ᄒᆞ야不生法相이라ᄒᆞ시며以至云所言法相
者ㅣ即非法相이니是名法相이라ᄒᆞ시니○이런ᄃᆞ로니ᄅᆞ샤ᄃᆡ菩뽕
提뗑心심發벓ᄒᆞᆫ사ᄅᆞᄆᆞᆫ一ᅙᅵᇙ切쳉法법에반ᄃᆞ
기이ᄀᆞ티知딩見견ᄒᆞ며이ᄀᆞ티아라法법相샹
을내디말라ᄒᆞ시며닐온밧法법相샹이곧法법
相샹아니니아일후미法법相샹이라니ᄅᆞ샤매
니ᄅᆞᄅᆞᆫ시나一切法三字ᄂᆞᆫ惣該大小乘法이오非法相
三字ᄂᆞᆫ通明所說諸法이皆歸實相妙空ᄒᆞ시니라○一ᅙᅵᇙ切쳉法법세字쫑ᄂᆞᆫ大땡小숗乘씽人法법을
다ᄢᅳ리고非빙法법相샹세字쫑ᄂᆞᆫ닐온밧諸졍

法법·이 :다 實씷相샹 妙묳空콩·애 ·가·ᄂᆞᆫ :ᄃᆞᆯ ᄉᆞ 몯 ·ᄇᆞᆯ·기 시·니·라 怎生是皆歸實相

妙空고 千重百匝이 無迴互ᄒᆞ야 大家靜處薩婆訶

ㅣ니라 ○ 엇뎨 이 :다 實씷相샹 妙묳空콩·애 ·가·ᄂᆞ·뇨 ·즈·믄 블·온 :ᄃᆞᆯ·에 ·횟·도·라 ·서르 ·호미 :업서 :대·가·히

薩삻婆빵訶항·애 :靜쪙히 處·쳥ᄒᆞᄂᆞ니라

冶父 飯來開口ᄒᆞ고 睡來合眼ᄒᆞᄂᆞ니라 ○ 밥 오·나ᄃᆞᆫ ·입 버·리·고 ᄌᆞᆷ ·오·나ᄃᆞᆫ ·눈 ·ᄀᆞᆷᄂᆞ·니·라

黃面老子ㅣ 從寂滅場ᄒᆞ샤 入生死海ᄒᆞ샤 張大敎網

ᄒᆞ샤 漉人天魚ᄒᆞ사ᄃᆡ 無一衆生이 入彼網中ᄒᆞ니 ○ 黃황面·면 老롱子:쯩ㅣ 寂·쩍滅·멿場땽ᄋᆞᆯ 브트·샤 生싱死:ᄉᆞᆼ海:ᄒᆡᆼ·예 ᄃᆞ르·샤 큰 敎:굥網:망ᄋᆞᆯ ·펴·샤 人신天텬

·고·기ᄅᆞᆯ 거·리·샤·ᄃᆡ ᄒᆞᆫ 衆즁生싱·이 ·뎌 ·그므·레 ·들·리 :업스·니 何以故然고 人人이

有脚ᄒᆞ야 要行卽行ᄒᆞ며 要住卽住ㅣ라 不要別人ᄒᆞ며 介

介有手ᄒᆞ야要捉即捉ᄒᆞ며要放即放ᄒᆞ며不借他力이라
以至飯來開口ᄒᆞ고睡來合眼히一切自由ㅣ라不借
他能이이니라○엇뎐젼ᄎᆞ로그러뇨사ᄅᆞᆷ마다발셔녀고져ᄒᆞ면곧녀며住뜡코져ᄒᆞ면곧
住뜡ᄒᆞᄂᆞᆫ디라다ᄅᆞᆫ사ᄅᆞᄆᆡ게求끃티아니ᄒᆞ며저마다손이셔자보려ᄒᆞ면곧자ᄇᆞ며노호려ᄒᆞ
면곧ᄂᆞᆫᄂᆞᆫ디라ᄂᆞᄆᆡ히믈비디아니ᄒᆞ며밥오나ᄃᆞᆫ입버리고ᄌᆞᆷ오나ᄃᆞᆫ눈ᄀᆞ모매니르리一힗切
쳉쥬변ᄒᆞᄂᆞᆫ디라ᄂᆞᄆᆡ能능을비디아니ᄒᆞᄂᆞ니라既然如是니커何有衆生
이爲佛所度ㅣ리오伊麼則四十九年을伊麼來ᄒᆞ샤
終無得物ᄒᆞ샤空手廻ᄒᆞ샷다○ᄒᆞ마이곧거니어ᄂᆞᆫ衆즁生싱이부텻度똥ᄒᆞ
샬배ᄃᆞ외리이시리오그러면마ᅀᆞᆫ아홉ᄒᆡᄅᆞᆯ그리오샤내죵내得득ᄒᆞ샨것업스샤소ᄂᆞᆯ뷔워도
라가샷다

頌 千尺絲綸ᄋᆞᆯ直下垂ᄒᆞ니一波ㅣ纔動ᄒᆞ면萬波ㅣ隨

ᄒᆞ다 矣 夜靜水寒魚不食ᄒᆞᆯᄉᆡ 滿船空載月明歸ᄒᆞ도다 ○ ᄌᆞ믄 잣 노ᄒᆞᆯ 바ᄅᆞᄂᆞ리 드리오니 ᄒᆞᆫ 믌겨리 ᄀᆞᆺ 닐면 一ᇙ萬먼 믌겨리 좃ᄂᆞ다 바미 괴외코 므리 차 고기 먹디 아니ᄒᆞᆯᄉᆡ 비예 ᄒᆞᆫ갓 ᄃᆞᆯ빗ᄀ닐 ᄀᆞᄃᆞ가 시러 도라가도다

錦鱗은 正在深深處ᄒᆞ니 千尺絲綸을 也須垂ㅣ니라

佛性은 深在五蘊海ᄒᆞ니 要以大悲로사 能引出이니라

一開大悲門ᄒᆞ면 無盡法門이 從茲始ᄒᆞᄂᆞ니 ○ 錦금鱗린은 正졍히 기프며 기픈 고대 잇ᄂᆞ니 ᄌᆞ믄 잣 노ᄒᆞᆯ 모ᄅᆞ매 드리울디니라 佛뿛性셩은 기픈 五옹蘊운 바ᄅᆞ래 잇ᄂᆞ니 모로매 큰 悲빙로사 能ᄂᆞᇰ히 혀내욜디니라 ᄒᆞᆫ 번 大땡悲빙門몬을 열면 다옴 업슨 法법門몬이 일로브터 비릇ᄂᆞ니 無明長夜ㅣ 靜ᄒᆞ며 心水ㅣ 本淸涼이라

淸淨妙覺性은 不受大悲化ㅣ니 生旣不受化ㅣ라 佛亦不住世시니 ○ 無뭉明명 긴 바미 괴외ᄒᆞ며 ᄆᆞᅀᆞᆷ 므리 本본來ᄅᆡᆼ ᄆᆞᆰ고 서늘ᄒᆞᆫ디

라淸쳥淨쪙ᄒᆞᆫ妙묠覺각性셩은大땡悲빙人化
·황·ᄒᆞ ᄆᆞᆯ 받ᄃᆞ·ᄃᆞ 아·니·ᄒᆞᄂᆞ·니生ᄉᆡᆼ·이ᄒᆞ·마化·황ᄅᆞᆯ 받
디아·니ᄒᆞ논·디라·부텨·ᄯᅩ世·셰·예住뜡티아·니·ᄒᆞ·시ᄂᆞ·니無底船留大智月ᄒᆞ야
却向靑山更那邊이로다雖然伊麼ㅣ나恐人이錯會
ᄒᆞ노라莫謂多時ᄅᆞᆯ空下釣ㅣ라ᄒᆞ라如今에釣得ᄒᆞ야滿
船歸ᄒᆞ도다○믿업슨·비·예大땡智딩月·웛을·머믈·워도ᄅᆞ·혀靑쳥山산ᄋᆞ·ᄅᆞᆯ向·향ᄒᆞ·시
도다비·록그·러나사ᄅᆞ·미그르알·가저노·라여·러·ᄢᅳᆯ·쇽졀:업시낛·ᄂᆞ·리오·다니ᄅᆞ·디:말라·이제낛
가·비예ᄀᆞᄃᆞ기ᄒᆞ야·도·라·가도·다
宗鏡 若著見聞覺知ᄒᆞ면不解如來妙義ᄒᆞ리니悟無我
人壽命이라도還同陽燄空花ᄒᆞ리라楞嚴에云ᄒᆞ샤ᄃᆡ知
見에立知ᄒᆞ면卽無明本이오知見에無見ᄒᆞ면斯卽涅槃
이라ᄒᆞ시니○ᄒᆞ다가見견聞문覺각知딩·예著딱
ᄒᆞ·면如셩來링ㅅ妙묠義읭ᄅᆞᆯ:아디:몯ᄒᆞ·리니我앙

와人신과壽쓩命명이업손ᄃᆞᆯ아라도도ᄅᆞ혀陽양
燄염과空콩花황왜곤ᄒᆞ리라楞릉嚴엄에니ᄅᆞ샤
ᄃᆡ知딩見견에知딩ᄅᆞᆯ세면곧無뭉明명ㅅ根곤本
본이오知딩見견에見견업스면이곧涅넗槃빤이
라ᄒᆞ시니 陽양燄염은陽양氣
킝섬섬노ᄂᆞᆫ거시니기ᄌᆞᆺ거시라 只如法相不生時
는 還信解麼아 大千沙界ㅣ海中漚ㅣ오 一切聖賢은
如電拂이로다 ○오직法법相샹나디아닌時씽節졂은도ᄅᆞ혀아란다大땡千쳔沙상界갱바
ᄅᆞᆳ가온ᄃᆡ더푸미오一잃切쳉聖셩賢현은번게ᄢᅥ롬곤ᄃᆞ니라
取法이 元是迷니 悟空도 亦非眞이니 悟心斯亡
處ㅣ 是得涅槃時라니 只如法相不生은 作麼生道
오 目前에 絶纖塵이어니 號誰ᄒᆞ야 爲聖賢이리오 ○法법取츙호미
본ᄃᆡ이몰로미니空콩아롬도ᄯᅩ眞진아니니라
아론ᄀᆞᅀᆞᆷ업슨고ᄃᆡᅀᅡ이涅넗槃빤得득ᄒᆞᆫᄢᅵ니라
라오직法법相샹나디아니호문엇뎨니ᄅᆞ료ᄂᆞᆫ
알ᄑᆡᄀᆞᄂᆞᆫᄐᆡ끌도업거니누를일훔지허聖셩賢

현이라 ᄒᆞ리오

頌 法空非我ㅣ며 道非親ᄒᆞ니 樹倒藤枯ᄒᆞ야 笑轉新이로다

風掃止啼黃葉盡ᄒᆞ니 千林全體露天眞ᄒᆞ도다 ○法법이 뷔여 내
아니며 道ᄯᅳᇢㅣ 親친티 아니ᄒᆞ니 남기 갓ᄀᆞ라디며
藤ᄯᅳᆼ이 이우러 우수미 더욱 새ᄅᆞ외도다 ᄇᆞᄅᆞ미 우
ᄅᆞᆷ자치는 누른 니플 ᄡᅳ러 업게 ᄒᆞ니 즈믄
수픐 오ᄋᆞᆫ 體톙ㅣ 天텬眞진이 나탓도다

空有ㅣ 已兩亡ᄒᆞ고 一亦不掛懷ᄒᆞ니 大千을 爲自身
이라 所以笑轉新이니라 快然ᄒᆞ야 不爲方便惑ᄒᆞ니 本地
風光이 觸處彰ᄒᆞ도다 ○空콩과 有ᅌᅮᇢ왜 ᄒᆞ마 둘히 업고 ᄒᆞ나토 ᄯᅩ ᄆᆞᅀᆞ매 걸이디
아니ᄒᆞ니 大땡千쳔을 제 몸 사ᄆᆞᆫ디라 이런ᄃᆞ로
우수미 ᄀᆞ장 새ᄅᆞ외니라 快쾡然션ᄒᆞ야 方방便
뼌의 惑ᅘᅪᆨ이 ᄃᆞ외디 아니ᄒᆞ니 本본地
띵ㅅ 風봉光광이 다 ᄃᆞᄅᆞᆫ ᄃᆡ 나탓도다

應化非眞分第三十二

須菩提야 若有人이 滿無量阿僧祇世界七寶로 持用布施도라 若有善男子善女人이 發菩薩心者ㅣ 持於此經ᄒᆞ되 乃至四句偈等이나 受持讀誦ᄒᆞ야 爲人演說ᄒᆞ면 其福勝彼ᄒᆞ리니 云何爲人演說오

冶父 要說인댄 有甚難이리오 即今便請ᄒᆞ노니 諦聽諦聽ᄒᆞ라○닐오려홀딘댄므스기어려오미이시료곤이제請쳥ᄒᆞ노니ᄌᆞ세히드르며ᄌᆞ세히드르라

只如四句ᄂᆞᆫ 要說인댄 有甚難이리오 即今便請ᄒᆞ노니 諦聽諦聽ᄒᆞ라○오직四ᄉᆞ句구ᄂᆞᆫ닐오려홀딘댄므스기어려오미이시료곤이제請

청ᄒᆞ노니 ᄌᆞ세히 드르며 ᄌᆞ세히 드르라

頌 行住坐臥是非人我와 忽喜忽嗔이 不離這箇ᄒᆞ니 祇這箇라ᄒᆞ면 驀面唾호리라 平生肝膽을 一時예 傾ᄒᆞ야 四句妙門을 都說破ᄒᆞ노라 ○ 行ᅘᆡᇰᄒᆞ며 住뜡ᄒᆞ며 坐쫭ᄒᆞ며 臥왕ᄒᆞ며 是씽와 非빙와 人신과 我앙와 ᄆᆞᆫ득 깃그며 ᄆᆞᆫ득 嗔친心심ᄒᆞ미 이에 여희디 아니ᄒᆞ나 오직 이라 ᄒᆞ면 ᄆᆞᆫ득 ᄂᆞᆺ치 춤바토리라 平뼝生싱앳 肝간膽담ᄋᆞᆯ ᄒᆞᆫ쁴 기우려 四ᄉᆞᆼ句궁의 妙묭門몬ᄋᆞᆯ 다 니ᄅᆞ노라 肝간ᄋᆞᆫ 간이라

日用行住坐臥嗔喜是非ᄂᆞᆫ 畢竟에 承誰恩力고 要之컨댄 惣不離這介니ᄒᆞ 只這介ᄂᆞᆫ 堂堂覿面ᄒᆞ야 露規模ᄒᆞᄂᆞ니 了了圓成ᄒᆞ야 無比格ᄒᆞ도다 ○ 日싏用용애 行ᅘᆡᇰᄒᆞ며 住뜡ᄒᆞ며 坐쫭ᄒᆞ며 臥왕ᄒᆞ며 嗔친心심ᄒᆞ며 깃그며 올ᄒᆞ며 외요ᄆᆞᆫ ᄆᆞᄎᆞᆷ매 뉘 힘을 닙ᄂᆞ뇨 求꿍ᄒᆞ

아보건댄다이룰여희디아니ᄒᆞ니오직이거슨堂ᄯᅡᆼ堂ᄯᅡᆼ이ᄂᆞᆺ초보아規귀模모ㅣ나ᄂᆞ니몰곳

몰ᄀᆞ시두려이이러가졸볼格격이업도다 然雖如是나 莫作這介會

ᄒᆞ라 若作這介會면 便是眼中屑이니 不作這介會ᄒᆞ야

ᅀᅡ 方得契如如ᄒᆞ리라○비록이ᄀᆞᆮᄒᆞ나이리아로몰짓디말라ᄒᆞ다가이라아로

몰지ᅀᅳ면곧이눈가온ᄃᆡ골이니이리아로몰짓디마라ᅀᅡ반ᄃᆞ기시러如셩如셩에마ᄌᆞ리라

比如清涼池四面이 皆可入이며 亦如猛火聚四面

이 不可入이니라 妙門이 諒斯在ᄒᆞ니 如今에 都說破

ᄒᆞ노라○가ᄌᆞᆯ비건댄清쳥涼량ᄒᆞᆫ모ᄉᆡ四ᄉᆞᆼ面면이다어루ᄃᆞ럼직호미ᄀᆞᆮᄒᆞ며ᄯᅩᄆᆡ온블무디

四ᄉᆞᆼ面면이어루ᄃᆞ디몯ᄒᆞᆷᄀᆞᆮᄒᆞ니라妙묘ᄒᆞᆫ門몬이眞진實씷로아에잇ᄂᆞ니이제다니ᄅᆞ노라

不取於相ᄒᆞ야 如如不動이니

法界ᄂᆞᆫ 本無說ᄒᆞ야 對緣而有說ᄒᆞ고 說法이 無自性

ᄒᆞ야 終不離法界ᄒᆞ니 若是法界體ᄂᆞᆫ 爲有아 爲空가 爲非空有아 有空이라 不空이며 空有ㅣ라 不有ㅣ니○ 法법界갱ᄂᆞᆫ 本본來링 마리 업서 緣원을 對됭ᄒᆞ야 마리 잇고 法법 닐오미 제 性셩이 업서 내죵내 法법界갱ᄅᆞᆯ 여희디 아니ᄒᆞ니 ᄒᆞ다가 이 法법界갱體텡ᄂᆞᆫ 有웅ㅣ라 ᄒᆞ려 空콩이라 ᄒᆞ려 空콩과 有웅왜 아니라 ᄒᆞ려 有웅ㅣᆫ 空콩이라 空콩이 아니며 空콩인 有웅ㅣ라 有웅ㅣ 아니니 既非空有ㅣ라 中亦非中이니 是知法界體上앤 三相이 元來空寂이로다 云何演說이 得與法界와 相應去在오 說理而卽事ㅣ라 不取於空ᄒᆞ며 說事而卽理라 不取於有ᄒᆞ며 說中而卽邊이라 不取於中이니 故云不應取法이며 不應取非法이라 ᄒᆞ시니라○ ᄒᆞ마 空콩과 有웅왜 아니라 中듕도 ᄯᅩ 中듕 이 아니니 이 法법界갱體텡우흰 三삼相샹이 본ᄃᆡ 空콩寂쩍ᄒᆞᆫ ᄃᆞᆯ 아ᄅᆞᆯ디로다 엇뎨 블어닐오미

시러法법界갱와서르應ᅙᅳᆼᄒᆞ료理링ᄅᆞᆯ닐오ᄃᆡ事ᄊᆞᆼ애나ᅀᅡ가논ᄃᆡ라空콩ᄋᆞᆯ取츙티아니ᄒᆞ며

事ᄊᆞᆼᄅᆞᆯ닐오ᄃᆡ理링예나ᅀᅡ가논ᄃᆡ라有ᅌᅮᇢᄅᆞᆯ取츙티아니ᄒᆞ며中듕ᄋᆞᆯ닐오ᄃᆡ그새나ᅀᅡ가논ᄃᆡ

라中듕ᄋᆞᆯ取츙티아니홀디니그럴ᄊᆡ니ᄅᆞ샤ᄃᆡ法법을取츙호미맛당티아니ᄒᆞ며非빙法법을

取츙호미맛당티아니타ᄒᆞ시니라 合即法非法之二相이오開即有

無中之三相이니離三相而安住實際ᄒᆞ며坐一如而

曾不動搖ㅣ니說是經者ㅣ妙造乎此ᄒᆞ면則不見有

我ㅣ爲能度ㅣ며有生이爲所度ㅣ며不見有法이爲

可說이며有人이爲能說이니라○어울면法법과法법아닌두相샹이오열

면有ᅌᅮᇢ와無뭉와中듕괏세相샹이니세相샹ᄋᆞᆫ여희여實씷際졩예便뼌安한히住뜡ᄒᆞ며一ᅙᅵᇙ

如셩에안자잢간도動똥搖ᅌᅭᇢ티아니홀디니이經경니ᄅᆞᆯ사ᄅᆞ미이에妙묳히나ᅀᅡ가면곧내能

능히度똥홈ᄃᆞ외리이시며生ᄉᆡᆼ이度똥홀바ᄃᆞ외ᄃᆡ잇논ᄃᆞᆯ보디몯ᄒᆞ며法법이어루말ᄃᆞ외리

이 지며 사ᄅᆞ미 能능히 니ᄅᆞ리ᄃᆞ 외 음이 쇼몰 보디 몯ᄒᆞᄂᆞ니라 所以道 始從鹿野苑ᄒᆞ야 終至跋提河히 於是二中間애 未曾說一字ㅣ라 ᄒᆞ시니 ○ 이런ᄃᆞ로 닐오ᄃᆡ 처ᅀᅥᆷ 鹿록野양苑훤을 브터 내죵애 跋빯提뗑河항애 니르리 이 두ᄉᆞ시예 ᄌᆞᆷ간도 ᄒᆞᆫ 字ᄍᆞᆼ도 니ᄅᆞ디 아니호라 ᄒᆞ시니 伊麼則內絕己躬ᄒᆞ고 外無可化ㅣ라 終日度生ᄒᆞ되 未曾度生ᄒᆞ며 舌頭에 無骨ᄒᆞ고 語下애 無迹이라 終日說示ᄒᆞ되 未曾說示ㄹᄉᆡ 雖彌天教海와 滿地葛藤이라도 如紅爐上一點殘雪ᄒᆞ니 如是解者ㅣᅀᅡ 是眞正解며 如是說者ㅣᅀᅡ 是眞實說이니라 ○ 그러면 안ᄒᆞ로 모ᄆᆞᆯ 긋고 밧ᄀᆞ로 어루 化황ᄒᆞ미 업손ᄃᆞ라 나리 못ᄃᆞ록 生ᄉᆡᆼᄋᆞᆯ 度똥ᄒᆞ되 ᄌᆞᆷ간도 生ᄉᆡᆼᄋᆞᆯ 度똥티 아니ᄒᆞ며 혓그테 ᄲᅧ 업고 말ᄊᆞᆷ 아래 자최 업서 나리 못ᄃᆞ록 닐어 뵈샤ᄃᆡ ᄌᆞᆷ간도 닐어 뵈샤미 아닐ᄉᆡ 비록 하ᄂᆞᆯ해 ᄀᆞᄃᆞᆨᄒᆞᆫ 教ᄀᆞᇢ海ᄒᆡᆼ와 ᄯᅡ해 ᄀᆞᄃᆞᆨᄒᆞᆫ 葛갏藤뜽

괘라 도블근 火황爐롱ㅅ 우희 ᄒᆞᆫ 點뎜ㅅ 殘짠雪ᄉᆑᇙ이 곧ᄒᆞ니 이ᄀᆞ티 알 사ᄅᆞᆷ이ᅀᅡ 이 眞진實씷ㅅ 正졍ᄒᆞᆫ 아로미며 이ᄀᆞ티 니ᄅᆞᆫ 사ᄅᆞᆷ이ᅀᅡ 이 眞진實씷로 닐오미니라

治父○

拂盡今時ᄒᆞ고 始得就體로소니 須知三點水ㅣ 却向裏頭圓이니라○今금時씽를 ᄠᅥ러ᄇᆞ리고 비르서 시러 體톙예 나ᅀᅡ가도소니 세 點뎜ㅅ 므리 ᄯᅩ 소곰 向향ᄒᆞ야 두려우믈 모로매 아롤디니라

末後一句는 始到牢關ᄒᆞ니 直得三世諸佛이 四目相觀ᄒᆞ시며 六代祖師ㅣ 退身有分ᄒᆞ니 可謂是江河ㅣ 徹凍ᄒᆞ야 水泄不通ᄒᆞ며 極目荊榛이라 難爲措足이로다○末맗後ᅘᅮᇢ옛 ᄒᆞᆫ 句궁ᄂᆞᆫ 비르서 구든 關관애 니르니 三삼世솅 諸졍佛뿛이 네 누느로 서르 보시며 六륙代땡祖종師ᄉᆞㅣ 몸 믈롤 分뿐이 쇼ᄆᆞᆯ 바ᄅᆞ 得득ᄒᆞ니 어루 이 江강河ᅘᅡᆼㅣ ᄉᆞᄆᆞᆺ 어러 므리 ᄉᆞ믜요ᄆᆞᆯ 通통티 몯ᄒᆞ

며눈ᄀᆞ장:어가·시라발브·튜미어·렵:다·닐·올·디로·다到這裏ᄒᆞ얀添一絲毫ᄒᆞ면如
眼中著刺ᄒᆞ고減一絲毫ᄒᆞ면似肉上剜瘡이니非爲坐斷
要津이라蓋爲識法者ᄒᆞ야恐이니라 ○ ·이고·대니르런ᄒᆞᆫ:실터럭·매나·더으면·눈
가·온·ᄃᆡ가·시:둠·ᄀᆞᆮ고ᄒᆞᆫ:실터럭·매나:덜면고·깃우·희브ᅀᅳ름버·흠·ᄀᆞᆮᄒᆞ니조ᅀᆞᄅᆞ왼·ᄂᆞᆯ·올안:자·ᄀᆞᆺ·논디아
니라法법:알사ᄅᆞᆷ爲·윙·ᄒᆞ야:자·혜니·라雖然恁麼ᄒᆞ나佛法이只如此ᄒᆞ면
便見陸地예平沉ᄒᆞ리니豈有燈燈이續焰ᄒᆞ리오川上
座ㅣ今日에不免向猛虎口中ᄒᆞ야奪食ᄒᆞ며獰龍頷下
애穿珠ㅣ안마ᄅᆞᆫ豁開先聖妙門ᄒᆞ야後學이進身有路ᄂᆞᆫ댄
放開一線ᄒᆞ미又且何妨이리오 ○ 비록·이러ᄒᆞ나佛·뿛法법·이오·직·이·ᄀᆞᆮᄒᆞ·면·곰
무·틔셔平뼝히·ᄃᆞ모·ᄆᆞᆯ보·리니:엇뎨燈등·과燈등·괘·브ᄅᆞᆯ니·ᅀᆞ리이시·리오川쳔上:썅座쫭ㅣ오·ᄂᆞᆳ나·래
·ᄆᆡ온·버믜·이블向·향ᄒᆞ·야·밥아·ᅀᆞ며:모·딘龍룡·ᄋᆡ·톡아·래구·슬:ᄢᅦ유·믈免:면티:몯ᄒᆞ·리·언마·ᄅᆞᆫ先션聖·셩

ᄉ妙묳ᄒᆞᆫ門몬ᄋᆞᆯ 훤히 여러 後ᅘᅮᇢ에 비호리 몸나사
ᄀᆞᆯ 길히 이시린댄 ᄒᆞᆫ 시를 노하 여루미 ᄯᅩ 므스기 마ᄀᆞ리오 語則全彰法體ᄒᆞ고 默則獨露眞常ᄒᆞ고 動則雙鶴
片雲이오 靜則安山列嶽이오 擧一步ᄒᆞ면 如象王回顧ᄒᆞ고
退一步ᄒᆞ면 若師子嚬呻ᄒᆞ니 法王法令이 當行ᄒᆞ야 便能
於法에 自在ᄒᆞ리라 ○ 니ᄅᆞ면 곧 法법의 體톙 오ᄋᆞ로 나ᄐᆞ고 ᄌᆞᆷᄌᆞᆷᄒᆞ면 곧 眞진常썅이 ᄒᆞ오
ᅀᅡ 나고 뮈면 곧 ᄒᆞᆫ ᄡᅡᆼ 鶴ᅘᅡᆨ과 片편雲운괘오 靜쪙ᄒᆞ면 곧 安한ᄒᆞ야 잇ᄂᆞᆫ 山산과 버렛ᄂᆞᆫ 뫼히오 ᄒᆞᆫ 거르
믈 드르면 象쌍王왕의 도라봄 곧고 ᄒᆞᆫ 거르믈 므르면 師ᄉᆞᆼ子ᄌᆞᆼ의 삥긔욤 곧ᄒᆞ니 法법王왕ㅅ 法법令령
이 반ᄃᆞ기 行ᅘᆡᆼᄒᆞ야 ᄡᅳ 能ᄂᆞᆼ히 法법에 自ᄍᆞᆼ在ᄍᆡᆼᄒᆞ리라 祗如末後一句를 又作
麼生道오 還委悉麼아 雲在嶺頭ᄒᆞ야 閑不徹ᄒᆞ고 水流
澗下ᄒᆞ야 大忙生ᄒᆞ도다 ○ 오직 末맗後ᅘᅮᇢ 一힗句궁ᄅᆞᆯ ᄯᅩ 엇뎨 니ᄅᆞ료 도ᄅᆞ혀 아란다 구
루미 묏머리예 이셔 겨ᄅᆞ로이 귿디 아니ᄒᆞ고 므리 시내 아래 흘러 ᄀᆞ장 밧ᄇᆞ도다

最初數座ᄂᆞᆫ 仗劒當路ᄒᆞ샤 號令天下ㅣ오 末后不動
온 斬盡精靈ᄒᆞ샤 秉劒歸位시니○몃 처ᅀᅥᆷ 數座
쫭ᄒᆞ샤ᄆᆞᆫ 갈ᄒᆞᆯ 딥고 길
ᄒᆞᆯ 當당ᄒᆞ샤 天텬下ᅘᅡᆼ애 號ᅘᅩᇢ令령ᄒᆞ샤미오 末
맗后ᅘᅮᇢ에 뮈디 아니ᄒᆞ샤ᄆᆞᆫ 精정靈령을 다 버히샤
갈ᄒᆞᆯ 자바 位윙예
도라가샤미시니 這一柄吹毛ᄂᆞᆫ 體絶纖塵ᄒᆞ고 光
爍大虛ᄒᆞ야 寓目者ㅣ 喪膽亡魂ᄒᆞ며 近傍者ㅣ 身分
兩段ᄒᆞ야 直得三世諸佛이 覷不及ᄒᆞ며 歷代祖師ㅣ
親不得이니○이 ᄒᆞᆫ ᄌᆞᄅᆞᆺ 吹췽毛몽ᄂᆞᆫ 體톙 ᄀᆞᄂᆞᆫ
드틀도 업고 光광明명이 大땡虛헝에 빗
나 눈 브틴 사ᄅᆞᄆᆞᆫ 미ᄋᆡ를 일코 넉시 업스며 겨틔 잇
가·이 ᄒᆞᆫ 사ᄅᆞᄆᆞᆫ 모미 두 그테 ᄂᆞᆫ호아 三삼世솅 諸
졍佛뿛이 보미 밋디 몯ᄒᆞ며 歷력代띵祖종師
숭ㅣ 親친ᄒᆞ몰 得득디 몯ᄒᆞ몰 바ᄅᆞ 得득ᄒᆞ니 伊
麼則深深乎不通風ᄒᆞ며 凜凜乎難掛目이라 終年竟
歲威威且險ᄒᆞ니 不通凡聖ᄒᆞ야 絶去來ᄒᆞ도다○그러
면 기펴 ᄇᆞᄅᆞ미

ᄉᆞᄆᆞᆺ디몯ᄒᆞ며식식ᄒᆞ야누늑거로미어려워ᄒᆡ ᄅᆞᆯ ᄆᆞ太ᄐᆡ며歲셰ᄅᆞᆯ ᄆᆞᆺᄃᆞ록저ᄠᅳ며ᄯᅩ險험ᄒᆞ니九

뻠과聖셩괘ᄉᆞᄆᆞᆺ디몯ᄒᆞ야가며오미긋도다 到這裏ᄒᆞ야開口也錯ᄒᆞ며閉

口也錯ᄒᆞ야動靜이俱非며進退俱失이니此ㅣ非強

爲라法爾如然ᄒᆞ니라雖然伊麽ㅣ나若一向收而不

放ᄒᆞ며合而不開ᄒᆞ면則致令後代兒孫이擡脚不起

ᄒᆞ야便見陸地平沉이어니○이에니르러이블여리도외며이블마가도외야動

똥ᄒᆞ며靜쪙호미다외며나ᄉᆞ며믈루미다외니이強깡히ᄒᆞ논디아니라法법이이러ᄒᆞ니라비

록그러나ᄒᆞ다가ᄒᆞᆫ갓ᄀᆞᆮ고노티아니ᄒᆞ며모도고여디아니ᄒᆞ면곧後ᅘᅮᇢ代띵옛兒ᅀᅵᆼ孫손이바

ᄅᆞᆯ드러니디몯ᄒᆞ야곤무틔셔平뼝히ᄃᆞ모ᄆᆞᆯ보게ᄒᆞ리어니 豈有子子ㅣ相傳

ᄒᆞ며孫孫이相繼리오所以今日에向荊棘林中ᄒᆞ야啓

一線道ᄒᆞ야不通風處에別通消息ᄒᆞ노니○엇뎨子ᄌᆞᆼ子ᄌᆞᆼㅣ서

르傳뎐ᄒᆞ며孫손孫손애서르니수미이시리오
이런ᄃᆞ로오ᄂᆞᆯ나래가신수ᄅᆞᆯ가온ᄃᆡ向향ᄒᆞ야
ᄒᆞᆫ실맛길ᄒᆞᆯ여러ᄇᆞᄅᆞᆷ通통티몯ᄒᆞᆯᄊᆡ해 所以然
各각別ᄈᆡᇙ히消숑息식을通통ᄒᆞ노니
者ᄂᆞᆫ 無施設中에 不妨有施設ᄒᆞ며 不風流處에 不
妨有風流ㅣ라 語默動靜이 本現成ᄒᆞ며 擧步退步ㅣ
俱自若ᄒᆞ니○그러ᄒᆞᆫ아ᄎᆞᆫ施싱設셣업슨中듕에施싱設셣이쇼미막다아니ᄒᆞ며風봉
流륭아닌고대風봉流륭이쇼미막디아니ᄒᆞᆫ디라語엉ᄒᆞ며默믁ᄒᆞ며動똥ᄒᆞ며靜쪙호미本본
來릿現현히이러시며거름들며거름믈루미다自쫑若샥ᄒᆞ니 到這裏ᄒᆞ얀 妙用
이 縱橫ᄒᆞ야 不存軌則이라 蕩一切法이 亦在我ᄒᆞ며 建
一切法이 亦在我ᄒᆞ니 如王이 秉劒ᄒᆞ며 似虎ㅣ戴角
ᄒᆞ야 有意氣時예 添意氣ᄒᆞ고 得寬懷處에 且寬懷로다
○이고대니르런妙묳用용이縱죵ᄒᆞ며橫횡ᄒᆞ야法법이잇다아니ᄒᆞᆫ디라一힗切쳉法법을다

업게ᄒᆞ미 ·ᄯᅩ 내내게 이시며 一·ᅙᅵᇙ 切쳉 法법 세유미

·ᄯᅩ 내게 잇ᄂᆞ·니 王왕·이 갈자봄 곤ᄒᆞ며 ·버·미 :ᄡᅳᆯ :임

곤ᄒᆞ야 意ᅙᅴᆼ 氣킝이 실 時씽 節졇에 意ᅙᅴᆼ 氣킝·를

더으·고 시·러 ᄆᆞᅀᆞᆷ 현ᄒᆞ고 ·대 ·ᄯᅩ ᄆᆞᅀᆞᆷ 현·ᄒᆞ·도·다

只如末后一句ᄂᆞᆫ 又作麽生道오 還委悉麽아 山

不露頂ᄒᆞ야 雲不徹ᄒᆞ니 望之令人愡愁殺ᄒᆞ다ᄂᆞ 澗水

ㅣ 泠泠ᄒᆞ야 流大忙ᄒᆞ니 行人이 到此ᄒᆞ야 快精神ᄒᆞ다ᄂᆞ

要會箇中意ᄂᆞᆫ댄 雙暗亦雙明이니라 ○오직 末맗

后ᅘᅮᇢ 一·ᅙᅵᇙ 句궁·ᄂᆞᆫ ·ᄯᅩ

엇뎨 니ᄅᆞ료 도ᄅᆞ혀 아란다 :뫼히 뎡바기ᄅᆞᆯ 내디

아:니ᄒᆞ야 구루미 ᄭᅳᆫ·디 아·니ᄒᆞ니 ·ᄇᆞ라면 ·사ᄅᆞ·미

:다 시름케 ᄒᆞᄂᆞ·다 :시:냇 므·리 泠령泠령ᄒᆞ야 흘루

미 ᄀᆞ장 ᄇᆞᆺᄇᆞ·니 ·길 :녈 ·사ᄅᆞ·미 이에 니르러 精졍神

씬을 快쾡히 너·기ᄂᆞ·다 ·이 中듕 엣 ᄠᅳ·들 아로려 홀

딘댄 둘히 어·드우·며 ·ᄯᅩ 둘히 ᄇᆞᆯᄀᆞ니·라 ▶泠령泠

령ᄋᆞᆫ 믈

골·시·라

頌 得優游處에 且優游ᄒᆞ니 雲自高飛ᄒᆞ고 水自流ᄒᆞ다 놋

秪見黑風의 翻大浪이언뎡 未聞沉却釣魚舟ㅣ로다 ○優흫游윻ᄅᆞᆯ得득ᄒᆞᆫ고 대ᄯᅩ優흫游윻ᄒᆞ니 구루미 제 노피 ᄂᆞᆯ오ᄆᆞ리 제ᄒᆞᄅᆞ 놋다 오직 거믄 ᄇᆞᄅᆞ믜 큰 믌결 드위이주믈 볼ᄲᅮ니언뎡 고기 낛ᄂᆞᆫ ᄇᆡ ᄌᆞᆷ기다 ᄃᆞᆫ디 몯ᄒᆞ리로다 ○優흫游윻ᄂᆞᆫ 自ᄍᆞᆼ如셩ᄒᆞᆯ시라

自由更自由ᄒᆞ니 閑忙이 共一時로다 風翻白浪이 尋常事ㅣ나 漁艇은 從來로 不見沉ᄒᆞᄂᆞ니라 ○쥬변ᄃᆞᆸ고 ᄯᅩ 쥬변ᄃᆞ외니 겨르ᄅᆞ외며 밧보미 다ᄒᆞᆫ ᄢᅵ로다 ᄇᆞᄅᆞ미 ᄒᆡᆫ 믌결 드위이주미 尋씸常쌍앳 이리나 고기 낛ᄂᆞᆫ ᄇᆡᄂᆞᆫ 本본來ᄅᆡᆼ로 ᄌᆞᆷ기로믈 보디 아니ᄒᆞᄂᆞ니라

何以故오 一切有為法이 如夢幻泡影ᄒᆞ며 如露亦如電ᄒᆞ니 應作如是觀이니라

演說是經호ᄃᆡ 何須不取於相ᄒᆞ야 如如不動고 一切

有爲化演之法이 若離法界ᄒᆞ면 無自體相ᄒᆞ미 如彼

六喩ㅣ 皆非究竟이니○이經경을불어닐오ᄃᆡ엇뎨모ᄅᆞ매相샹ᄋᆞᆯ取츙티아

니ᄒᆞ야如셩如셩ᄒᆞ야뮈디아니ᄒᆞ욤고一읧切쳉有웅爲윙엣敎공化황부르ᄂᆞᆫ法법이ᄒᆞ다가

法법界갱ᄅᆞᆯ여희면제體텡相샹업소미뎌여슷가ᄌᆞᆯ뵤미다ᄆᆞᄎᆞᆷ아니론디곧ᄒᆞ니 所以

應如是觀ᄒᆞ야 不取於相이니라 不取於相ᄋᆞᆯ 以不取

三相ᄋᆞ로 言者ᄂᆞᆫ 眞如自性ᄋᆞᆫ 非有相이며 非無相이며

非非有相이며 非非無相이어늘○이런ᄃᆞ로이ᄀᆞ티보아相샹ᄋᆞᆯ取츙티아

니ᄒᆞ미맛당ᄒᆞ니라相샹ᄋᆞᆫ取츙티아니ᄒᆞᄆᆞᆯ세相샹ᄋᆞᆯ取츙티아니ᄒᆞ모로닐오ᄆᆞᆫ眞진如셩自

ᄍᆞᆼ性셩ᄋᆞᆫ有웅相샹아니며無뭉相샹아니며非빙有웅相샹아니며非빙無뭉相샹아니어늘

爲破常見ᄒᆞ샤 說一切空ᄒᆞ시고 爲破斷見ᄒᆞ샤 說一切

有ᄒᆞ시고 恐落二邊ᄒᆞ샤 說不空不有ᄒᆞ시니○常썅見견허로ᄆᆞᆯ爲

윙ᄒᆞ샤 一힗切쳉空콩이라 니ᄅᆞ시고 斷돤見견
허로 몯 爲윙ᄒᆞ샤 一힗切쳉有웅ㅣ라 니ᄅᆞ시고

두ᄀᆞ새 딜가 저ᄒᆞ샤 뷔디 아
니며 잇디 아니타 니ᄅᆞ시니 此ㅣ 皆對緣施設이라

非爲究竟이니 由是로 不應取於三相ᄒᆞ야 違彼如如

妙境이니라 ○이 다 緣원을 對됭ᄒᆞ야 펴샨디라
究궁竟경이 아니니 이런 젼ᄎᆞ로 세 相샹을

取츙ᄒᆞ야 如셩如셩妙몽境경
에 어긔요미 맛당티 아니ᄒᆞ니라 此則單約化演

ᄒᆞ야 說耳어니와 且通約世出世法ᄒᆞ야 以明三觀一心

이며 一心三觀之意ᄒᆞ니노 內而根身과 外而器界와

依正淨穢와 上至諸佛ᄒᆞ며 下至螻蟻히 凡聖因果

等法이 皆從緣有ᄒᆞ야 盡屬有爲ᄒᆞ며 因心所現이라 皆

無自體호미 ○이ᄂᆞᆫ 곧 ᄒᆞᆫ갓 敎굘化황佛붏우 몯 約
약ᄒᆞ야 니ᄅᆞ실 ᄯᆞᄅᆞ미어니와 ᄯᅩ 世솅와

世솅예 난 法법을 通통히 約약ᄒᆞ야 三삼觀관이
一힗心심이며 一힗心심이 三삼觀관이론 ᄠᅳ들

뿛 ᄇᆞᆯ기ᄂᆞ니 안ᄒᆞ론 根ᄀᆞᆫ身신과 밧고론 器킝界갱·와 依힁·와 正·졍·괏 조ᄒᆞ며 더러ᄫᅮᆷ과 우ᄒᆞ로 諸졍佛뿛에 니르며 아래로 가아 미예 니르리 凡뻠·과 聖·셩·괏 因힌果·광 等·등 法·법·이 다 緣원을 조차 이·셔·다 有읗爲윙예 ᄇᆞᄐᆞ며 ᄆᆞᅀᆞ·믈 因힌ᄒᆞ야 나·톤 배라·디 제 體텡 ·업·소·미

如夢因想有ᄒᆞ야 無自體ᄒᆞ며 幻因物有ㅣ라 無自體ᄒᆞ며 泡因水有ㅣ라 無自體ᄒᆞ며 影因形有ㅣ라 無自體ᄒᆞ니 所以諸法이 無不是空이니라 ○ ᄭᅮ·미 想·샹·ᄋᆞᆯ 因힌ᄒᆞ야 이·셔 제 體텡 ·업ᄉᆞ·며 곡·되 物·믏·을 因힌ᄒᆞ야 잇ᄂᆞᆫ디라 제 體뎽 ·업ᄉᆞ·며 더푸미 므를 因힌ᄒᆞ야 잇ᄂᆞᆫ디라 제 體텡 ·업ᄉᆞ·며 그르메 얼구를 因힌ᄒᆞ야 잇ᄂᆞᆫ디라 제 體텡 ·업ᄉᆞᆷ 곤ᄒᆞ니 이런ᄃᆞ로 諸졍法·법·이 空공이 아니 업스니라 雖無自體ᄒᆞ나 依正淨穢相相이 宛然ᄒᆞ며 凡聖因果ㅣ 不可云無ᄒᆞ미 如彼草露ㅣ 雖非常住ㅣ나 暫焉得住ㅣ니 所以諸法이 無不是假ㅣ니라 ○ 비록 제 體텡 업스나 依힁와 正졍과ᄋᆡ 조ᄒᆞ며

더러운 相샹마다 반ᄃᆞ기 ᄒᆞ며 九귷과 聖셩괏 因인

과果광왜 어루 업다 니ᄅᆞ디 몯ᄒᆞ미 더프렛 이ᄉᆞ

리 비록 相샹 네 住뜡티 아니ᄒᆞ나 잢간 시러 住뜡ᄒᆞ

미 곧ᄒᆞ니 이런ᄃᆞ로 諸졍法법이 이 假강ㅣ 아니

니 업스니라 既如夢即空이며 如露即假ㅣ오 亦如電光이

無中忽有ᄒᆞ고 有中忽無ᄒᆞ며 刹那即生ᄒᆞ고 刹那即滅

ᄒᆞ야 有即非有ㅣ오 無即非無ㅣ라 既非有無실ᄊᆡ 所以諸

法이 無非中道ㅣ니라 ○ ᄒᆞ마 ᄭᅮ미 곧 空콩이론 디 곧ᄒᆞ며 이스리 곧 假강ㅣ론 디

곧고 ᄯᅩ 번겟 光광明명이 업슨 中듕에 믄득 잇고 잇ᄂᆞᆫ 中듕에 믄득 업스며 刹찷那낭애 믄득 나고

刹찷那낭애 믄득 업소미 곧ᄒᆞ야 有융ㅣ 곧 有융ㅣ 아니오 無뭉ㅣ 곧 無뭉ㅣ 아니라 ᄒᆞ마 有융와

無뭉왜 아닐ᄊᆡ 이런ᄃᆞ로 諸졍法법이 中듕道뜰 아니니 업스니라 生即無生이오 滅

即無滅이라 生滅이 既虛ᄒᆞ니 所以諸法이 無非實相

이니라 ○ 生싱이 곧 無뭉生싱이오 滅멿이 곧 無뭉滅멿이라 生싱滅멿이 ᄒᆞ마 虛헝ᄒᆞ니 이런ᄃᆞ

로諸졍法법이實씷相샹아니업스니라 所以道因緣所生法을我

說即是空이며是名爲假名이며亦名中道義시라ᄒᆞ니伊

麽則三相이不離一境ᄒᆞ며一境이圓含三相이라欲

言三相이나宛是一境이며欲言一境이나宛是三相이니

三一一三이라圓融互照ᄒᆞᄂᆞ니此是如如ᄒᆞᆫ大摠相

法門也ㅣ니라 ○이런ᄃᆞ로닐오ᄃᆡ因인緣원으로난밧法법을내닐오ᄃᆡ곧이空공이며

이일후미빌ᄲᅮᆫ일후미며ᄯᅩ일후미中듕道또ᇢᄯᅳ뎃義ᅌᅴᆼ라ᄒᆞ시니그러면곧세相샹이ᄒᆞᆫ境경에여

희디아니ᄒᆞ며ᄒᆞᆫ境경이두려이세相샹ᄋᆞᆯ머구문디라세相샹ᄋᆞᆯ니ᄅᆞ고져ᄒᆞ나번드기ᄒᆞᆫ境경

이며ᄒᆞᆫ境경이라니ᄅᆞ고져ᄒᆞ나번드기이세相샹이니세히ᄒᆞ나히며ᄒᆞ나히세히라두려이노

가서르비취ᄂᆞ니이如ᅀᅧᆼ如ᅀᅧᆼᄒᆞᆫ큰摠종相샹法법門몬이니라 取於有ㅣ得麽

아 取於空이得麽아 取於中이得麽아 取三相이

得麼아 取一相이 得麼아 應觀卽三之一ᄒᆞ야 契乎三觀一心之門ᄒᆞ며 觀卽一之三ᄒᆞ야 契乎一心三觀之門ᄒᆞ야 頓超三一之外ᄒᆞ야 安住如如妙境이 有ᄒᆞᇙ니에 ○

取츙호미 得득ᄒᆞ녀 空콩애 取츙호미 得득ᄒᆞ녀 中듕에 取츙호미 得득ᄒᆞ녀 세 相샹ᄋᆞᆯ 取츙호미 得득ᄒᆞ녀 ᄒᆞᆫ 相샹ᄋᆞᆯ 取츙호미 得득ᄒᆞ녀 반ᄃᆞ기 세헤 ᄒᆞ나ᄒᆞᆯ 보아 三삼觀관이 一ᅙᅵᇙ 心심인 門몬에 마ᄌᆞ며 ᄒᆞ나헤 세ᄒᆞᆯ 보아 一ᅙᅵᇙ 心심이 三삼觀관인 門몬애 마자 모로기 세콰 ᄒᆞ나 밧긔 건나ᄢᅱ여 如셩如셩ᄒᆞᆫ 妙묭境경에 便뼌安한히 住뜡ᄒᆞᆯ디니라

持是經者ㅣ入此觀門ᄒᆞ면 不用解一理ᄒᆞ야 會盡無量義ᄒᆞ리어며 說是經者ㅣ入此觀門ᄒᆞ면 不用說一字ᄒᆞ야 常轉正法輪ᄒᆞ리라 ○

이 經경 디닐 사ᄅᆞ미 이 觀관門몬애 들면 ᄒᆞᆫ 理링 아롬도 ᄡᅳ디 아니ᄒᆞ야 그지업슨 ᄠᅳ들 다 알리어며 아 經경 니ᄅᆞᆯ 사ᄅᆞ미 이 觀관門몬애 들면 ᄒᆞᆫ 字ᄍᆞᆼ 닐옴도 ᄡᅳ디 아니ᄒᆞ야 샹녜 正졍ᄒᆞᆫ 法법輪륜

을轉뎐ᄒᆞ리라 末后一偈ᄂᆞᆫ 妙超情謂ᄒᆞ야 千古애 令人ᄋᆞ로
灑灑落落게ᄒᆞᄂᆞ니 凡看讀者ᄂᆞᆫ 尤須著眼이니라ᄋ末맗后ᅘᅮᇢ
엣ᄒᆞᆫ偈꼥ᄂᆞᆫ ᄠᅳ과 너굠과애 微밍妙묳히 걷나ᄠᅧ·여 千쳔古공애 사ᄅᆞᄆᆞ로 灑생灑생落락落락게
ᄒᆞᄂᆞ니 믈읫 보며 닐글 사ᄅᆞ믄 더욱 모로매 누늘 둟디니라

治父 行船이 盡在把梢人ᄒᆞ니라ᄋ비녜요미 ᄇᆡᆺ 자ᄇᆞᆫ 사ᄅᆞᄆᆡ게 잇ᄂᆞ니라
篙師ㅣ 行船호ᄃᆡ 要東即東ᄒᆞ며 要西即西라 或東或
西예 去住ㅣ 自由ᄒᆞ며 洪波涌浪애 隨高隨下ᄒᆞᄂᆞ니ᄋ
샤공이 ᄇᆡ녜요ᄃᆡ 東동ᄋᆞᆯ 求꿓ᄒᆞ면 東동ᄋᆞ로 나·ᅀᅡ가며 西솅ᄅᆞᆯ 求꿓ᄒᆞ면 西솅로 나ᅀᅡ가ᄂᆞᆫ디라
시혹 東동ᄋᆞ로 ᄒᆞ며 시혹 西솅로 호매 가며 이쇼·미 쥬변ᄃᆞ외며 큰 믌결와 솟ᄂᆞᆫ 믌겨레 노ᄑᆞᆫ ᄃᆞᆯ조
ᄎᆞ며 ᄂᆞᆺ가·온 ᄃᆞᆯ조ᄎᆞᄂᆞ니 以觀智로 入法性波瀾ᄒᆞ면 是則俱是
며 非則俱非라 掃蕩이 亦在我ᄒᆞ며 建立이 亦在我

ᄒᆞ니 我爲法王이라 於法自在로다 ○ 觀관ᄒᆞ논 智딩로 法법性셩ㅅ 믌겨레 들면 올ᄒᆞ면 다 올ᄒᆞ며 외면 다 외욘디라 ᄇᆞ려ᄇᆞ료미 또 내게 이시며 세요미 또 내게 잇ᄂᆞ니 내 法법王왕이 ᄃᆞ외야 法법에 自ᄍᆞᆼ在ᄍᆡᆼᄒᆞ도다

頌 水中捉月이며 鏡裏예 尋頭ㅣ며 刻舟求劍이며 騎牛覓牛ㅣ며 空華陽燄이며 夢幻浮漚ㅣ니 一筆로 句下ㅣ며 要休ᄂᆞᆫ댄 便休ㅣ니 巴歌社酒村田樂이 不風流處에 自風流ㅣ로다 ○ 믌가온ᄃᆡᆺ ᄃᆞᆯ 자보미며 거우룻 소배 머리 어두미며 ᄇᆡ 어혀 갈 어두미며 쇼 타셔 쇼 어두미며 虛헝空콩앳 곳과 陽양燄염괘며 ᄭᅮᆷ과 곡도와 ᄠᅳᆫ 믌더품괘니 ᄒᆞᆫ 부드로 ᄆᆡ워 ᄇᆞ롤 ᄃᆡ며 마롤 딘댄 곧 마롤 ᄃᆡ니 巴방앳 놀애와 社쌍앳 술왜 村촌田뗜엣 즐거우미 風봉流륭 아니ᄒᆞᆫ 고대 제 風봉流륭ᄒᆞ놋다

巴방歌강ᄂᆞᆫ 사오나온 ᄃᆞᆺ 놀애오 社쌍酒즇ᄂᆞᆫ 社쌍祭졩ᄒᆞᄂᆞᆫ ᄃᆞᆺ 수리라

我不是渠ㅣ어놀 認影爲眞이로다 日用이 便是어놀 向

外尋眞이로다 一切皆非ㄹᄉᆡ 可以向下ㅣ며 一切皆是
ㄹᄉᆡ 要休ㄴ댄 便休ㅣ니라○내 제 아니어늘 그르메를 아라 眞진을 삼논다 日ᅀᅵᇙ用용
이 곧 이어늘 밧글 向향ᄒᆞ야 眞진을 얻놋다 一힗切솅 다 욀시 어루 ᄡᅥ 에위ᄫᅳᆯ디며 一힗切솅 다
올ᄒᆞᆯ시 마롤딘댄 곧 마롤디니라 村田이 何荒涼ᄒᆞ야 固非風流處
ㅣ언마ᄅᆞᆫ 歌酒로 樂自娛ᄒᆞᄂᆞ니 是則也風流ㅣ로다○村촌田뎐
이 ᄌᆞ모 荒황涼량ᄒᆞ야 實씷로 風ᄫᅮᇰ流륳ᄒᆞᆫ ᄯᅡ히 아니언마ᄅᆞᆫ 놀애와 술와로 즐겨 제 노ᄂᆞ니 이 곧
風ᄫᅮᇰ流륳ㅣ로다 荒황涼량은 寂쩍寞막ᄒᆞ야 사오나올시라 六喩에 取一幻
ᄒᆞ야 以明箇中意ᄒᆞ노니 一切皆如幻이라 幻外예 無非
幻ᄒᆞ니라 幻與非幻이 成一家ᄒᆞ니 頭頭에 自有無生
樂이로다○여ᄉᆞᆺ 가ᄌᆞᆯ 뵤매 ᄒᆞᆫ 곡도ᄅᆞᆯ 取충ᄒᆞ야 이 中듕엣 ᄠᅳ들 ᄡᅥ ᄇᆞᆯ기노니 一힗切쳉 다 곡도
곧ᄒᆞ야 곡도 밧긔 곡도 아니니 업스니라 곡도와 곡도 아니니왜 ᄒᆞᆫ 지비 ᄃᆞ외니 頭뚷頭뚷에 절로

無뭉生싱樂락이 잇·도다 此名大幻法門이며 亦名大幻三昧라 ᄒᆞᄂᆞ니 古今證者도 同證此大幻三昧ᄒᆞ며 古今說者도 同說此大幻法門ᄒᆞ야 以此大幻法門ᄋᆞ로 能作種種佛事ᄒᆞ며 以此大幻三昧로 能現種種神變ᄒᆞᄂᆞ니 ○이 일후미 大땡幻환法법門몬이며 ᄯᅩ 일후미 大땡幻환三삼昧밍라 ᄒᆞᄂᆞ니 녜며 이젯 證징ᄒᆞᆫ 사ᄅᆞᆷ도 ᄒᆞᆫ가지로 이 大땡幻환三삼昧밍를 證징ᄒᆞ며 녜며 이젯 니ᄅᆞᄂᆞᆫ 사ᄅᆞᆷ도 ᄒᆞᆫ가지로 이 大땡幻환法법門몬을 닐어 이 大땡幻환法법門몬ᄋᆞ로 能ᄂᆞᆼ히 種종種종 佛뿛事ᄊᆞᆼ를 지ᅀᅳ며 이 大땡幻환三삼昧밍로 能ᄂᆞᆼ히 種종種종神씬變변을 나토ᄂᆞ니 大幻之義는 何止從古于今이리오 亦乃天上天下ㅣ니라 一喩ㅣ 已如是ᄒᆞ니 餘喩ㅣ 亦如然ᄒᆞ니라 ○大땡幻환 ᄡᅳ던 엇뎨 녜를 조차 이젯 ᄯᆞᄅᆞ미리오 ᄯᅩ 하ᄂᆞᆯ우콰 하ᄂᆞᆯ 아래왜니라 ᄒᆞᆫ 가졀뵤미 ᄒᆞ마 이 곧ᄒᆞ니 나ᄆᆞᆫ 가졀뵤미 ᄯᅩ 그러ᄒᆞ니라

宗鏡 施七寶ᄒᆞ야 滿僧祇ᄒᆞ면 福有求而即妄이오 持此經ᄒᆞ야 演四句ᄒᆞ면 德雖勝而非眞이리라 ○ 七칠寶봉로 布봉施싱ᄒᆞ야 僧승祇낑예 ᄀᆞᄃᆞᆨᄒᆞ면 福복求꿍호미 이션 곧 妄망이오 이 經경을 디녀 四ᄉᆞᆼ句궁ᄅᆞᆯ 부르면 德득이 비록 勝싱ᄒᆞ나 眞진 아니리라

宴坐水月道場ᄒᆞ야 成就空花佛事ᄒᆞ며 度幻化之含識ᄒᆞ야 證寂滅之菩提ᄒᆞ니 凡情聖解ㅣ 俱空ᄒᆞ며 生死涅槃이 如夢ᄒᆞ도다 ○ 므렛 ᄃᆞ린 道뜰場땅애 便뼌安한히 안자 空콩花황 ᄀᆞᆮᄒᆞᆫ 佛뿛事ᄊᆞᆼ를 일우며 幻환化황ᄒᆞᆫ 含ᅘᅡᆷ識식을 濟졩度똥ᄒᆞ야 寂쩍滅멿 菩뽕提똉ᄅᆞᆯ 證징ᄒᆞ니 凡뻠情쪙과 聖셩解갱 다 뷔며 生싱死ᄉᆞᆼ와 涅녏槃빤괘 ᄭᅮ믈 ᄀᆞᆮᄒᆞ도다

昔에 梁武帝ㅣ 請傅大士ᄒᆞ야 講經ᄒᆞ시니 大士ㅣ 揮案一聲ᄒᆞ고 便乃下座ᄒᆞ니 如斯洪範이 千古分明ᄒᆞ야 不悋弘慈ᄒᆞ야 當機辨著ᄒᆞ니 噫라 大士ㅣ 揮尺講經이 猶是曲垂方便이니 美則

甚美ᄒᆞ나 了則未了ㅣ로다 ○ 네 梁량武뭉帝뎽ㅣ 傅봉大땡士쑹ᄅᆞᆯ 請쳥ᄒᆞ야 經경을
講강ᄒᆞ시니 大땡士쑹ㅣ 書셩案한ᄋᆞᆯ 둘어 ᄒᆞᆫ 소리
ᄒᆞ고 곧 座쫭애 ᄂᆞ리니 이 곧 ᄒᆞᆫ 큰 法법이 千쳔古공
애 分분明명ᄒᆞ야 큰 慈쫑悲빙ᄅᆞᆯ 앗기디 아니ᄒᆞ야
機깅ᄅᆞᆯ 當당ᄒᆞ야 ᄀᆞᆯ히니 意힁라 大땡士쑹ㅣ 자ᄒᆞᆯ
ᄅᆞᆯ어 經경을 講강호미 오히려 이 구편 方방便뼌을
드리우ᄂᆞᆫ디니 됴호ᄆᆞᆫ 甚씸히 됴ᄒᆞ나 아ᄅᆞᄆᆞᆫ 아디
몯ᄒᆞ도다 若論最上頓宗인댄 直是不通凡聖이니 以金剛王
寶劒ᄋᆞ로 盡情掃蕩無餘ᄒᆞ고 一任滉의 明來暗來ᄒᆞ야 四
方八面來ᄒᆞ며 普教他ᄅᆞᆯ 休去歇去ᄒᆞ야 一念萬年去ㅣ니
○ ᄒᆞ다가 最쬥上쌍頓돈宗종ᄋᆞᆯ 議읭論론ᄒᆞᆯ딘댄
곧 이 凡뻠과 聖셩괘 通통티 몯ᄒᆞᄂᆞ니 金금剛강王
왕寶봉劒검ᄋᆞ로 ᄆᆞᅀᆞᆷ ᄀᆞ장 ᄡᅳ러ᄇᆞ려 나ᄆᆞᆷ 업긔 ᄒᆞ
고 제의 ᄇᆞᆯ곰 오며 어드움 와 四ᄉᆞᆼ方방八밣面면으
로 오ᄆᆞᆯ ᄒᆞ욘 조초ᄒᆞ며 너비 뎌ᄅᆞᆯ 休흉ᄒᆞ며 歇
헗ᄒᆞ야 一힗念념이 萬먼年년이에 홀디니 然雖
如是나 且道末后一句ᄂᆞᆫ 誰堪奉行고 咄 直得虛空

이 悉消殞ᄒᆞ면 天龍八部ㅣ 徧流通ᄒᆞ리라 ○ 비록이
곧ᄒᆞ나 ᄯᅩ니ᄅᆞ라
末맗后ᅘᅮᇢ句궁ᄂᆞᆫ 뉘이 그여바다 行ᅘᆡᇰᄒᆞᆯ 말ᄉᆞᆷ
바ᄅᆞ 虛헝空콩이다 ᄉᆞ러듀믈 得득ᄒᆞ면 天텬龍롱
과 八밣部뽕왜다
流륭通통ᄒᆞ리라
求福이 元是妄이오 持經도 亦非眞이니 道場이 如水
月ᄒᆞ니 宴坐者ㅣ 阿誰오 佛事ㅣ 若空花ᄒᆞ니 成就介
什麼오 含識이 卽幻化ㅣ라 無生可度ㅣ며 菩提本寂
滅ᄒᆞ야 無法可證일ᄉᆡ 凡情聖解ㅣ 所以俱空ᄒᆞ며 生死
涅槃이 所以如夢이니라 ○ 福복求꿓ᄒᆞ미 본ᄃᆡ
ᄋᆡ 妄망이오 經경디뇸도 ᄯᅩ 眞
진 아니니 道똥場땅이 므렛 ᄃᆞᆯ 곧ᄒᆞ니 便뼌安한
히 안잿ᄂᆞ니 누고 佛뿛事ᄊᆞᆼㅣ 虛헝空콩앳 곳 곧
ᄒᆞ니 일운거시 므스고 含ᅘᅡᆷ識식이 곧 幻환化
황ㅣ라 生ᄉᆡᆼ이 어루 度똥ᄒᆞᆯ 리 업스며 菩뽕提똉
ㅣ 本본來ᄅᆡᆼ 寂쩍滅멿ᄒᆞ야 法법이 어루 證징ᄒᆞᆯ
미 업슬ᄉᆡ 凡뻠情쪙과 聖셩解행왜 이런ᄃᆞ로 다

뷔며生싱死ᄉᆞᆼ와涅녏槃빤 大士의 揮휘講經미ᄒᆞ
괘이런ᄃᆞ로ᄉᆞᆷ곤ᄒᆞ니라
垂範千古ᄂᆞᆫ 即不無ㅣ나 於此最上頓宗애ᄂᆞᆫ 了沒交
涉ᄒᆞ니 若是最上頓宗인댄 高提寶劒ᄒᆞ야 隨到便斬ᄒᆞ야
普教他ᄅᆞᆯ 休去歇去ᄒᆞ야 一念萬年去ㅣ니○大땡士ᄊᆞᆼ의자ᄃᆞᆯ
어經경講강ᄒᆞ미千쳔古공애法법드리오모곤
업디아니ᄒᆞ나이最죄上쌍頓돈宗종앤곤섯거
干간涉씹ᄒᆞ미업스니ᄒᆞ다가이最죄上쌍頓돈
宗종인댄노피寶봉劒검을자바다ᄃᆞ론나ᄃᆞᆯ조초
곤버혀너비뎌ᄅᆞᆯ休흉ᄒᆞ며歇헗ᄒᆞ야
一힗念념이萬먼年년이에홀디니 然雖如是
나 末后一句ᄂᆞᆫ 誰敢奉行고 咄金剛寶劒이 倚天
寒ᄒᆞ니 直得虛空이 悉消殞ᄒᆞ다 도 奉行올 何必推諸
聖이리오 天龍八部ㅣ 偏流通이리라○비록이곤ᄒᆞ나末맗后ᅘᆕ一힗
句궁ᄂᆞᆫ뉘바다行ᅘᆡᆼᄒᆞ료咄돓金금剛강寶봉劒
검이하ᄂᆞᆯ흘지여서ᄂᆞᆫᄒᆞ니바ᄅᆞ虛헝空콩이다

스러듀믈得득ᄒᆞ도다바다行ᄒᆡᆼᄒᆞ믈엇뎨구틔여諸졍聖셩을밀리오天텬龍룡八밣部뿡ㅣ다
流륳通통ᄒᆞ리라

頌 空生이 疊疊窮迷妄이어늘 大覺이 重重說偈言ᄒᆞ시니 末后에 了然超百億ᄒᆞ야 明如杲日이 耀乾坤이로다○

空콩生ᄉᆡᇰ이ᄀᆞᆯ포迷몡妄망ᄋᆞᆯ推츄尋씸커늘大땡覺각이다시곰偈껭言언을니ᄅᆞ시니末맒后흫에ᄉᆞᄆᆞᆺ百ᄇᆡᆨ億흑에건나ᄠᅱ어ᄇᆞᆯ고미ᄆᆞᆯᄀᆞᆫᄒᆡ乾껸坤콘ᄋᆞᆯ비취욤ᄀᆞᆮ도다

空生이 疊疊窮迷妄이어늘 大覺이 重重說偈言ᄒᆞ시니 說到如如不動處ᄒᆞ얀 見盡情忘ᄒᆞ야 無所依ᄒᆞ도다○

空콩生ᄉᆡᇰ이ᄀᆞᆯ포迷몡妄망ᄋᆞᆯ推츄尋씸커늘大땡覺각이다시곰偈껭言언을니ᄅᆞ시니니ᄅᆞ샤미如셩如셩ᄒᆞ야뮈디아니ᄒᆞᆫ고대다ᄃᆞ란보미다ᄋᆞ며ᄠᅳ디니저브툴배업도다

無所依ᄒᆞ니 脫然更在青山外로다 青山ᄋᆞᆯ 尙不戀이어니 紫陌

애 豈留情이리오 笑指白雲의 多事在ᄒᆞ고 長空애 掛目ᄒᆞ야 不迴頭ᄒᆞᄂᆞ다 不迴頭ᄒᆞ니 通身光爍爛ᄒᆞ야 杲日이 耀乾坤이로다 ○ 브ᄅᆞᆯ 배 업스니 ᄡᅧ로다 ᄉᆡ靑청山산 밧긔 잇도다 靑청山산ᄋᆞᆯ 오히려 ᄃᆞᆺ디 아니커니 紫ᄌᆞᆼ陌ᄆᆡᆨ애 엇뎨 ᄠᅳ들 두리오 白ᄈᆡᆨ雲운의 열ᄒᆞ이 쇼믈 우ᅀᅥ ᄀᆞᄅᆞ치고 긴 虛헝空콩애 누늘 거려 머리ᄅᆞᆯ 도ᄅᆞ혀디 아니ᄒᆞᄂᆞ다 머리ᄅᆞᆯ 도ᄅᆞ혀디 아니ᄒᆞ니 모ᄆᆡ ᄉᆞ못 光광明명이 빗나 ᄆᆞᆯᄀᆞᆫ ᄒᆡ 乾껸坤콘애 비취도다

佛說是經已어시ᄂᆞᆯ 長老須菩提와 及諸比丘比丘尼優婆塞優婆夷一切世間天人阿修羅ㅣ 聞佛所說ᄒᆞᄉᆞᆸ고 皆大歡喜ᄒᆞᅀᆞ와 信受奉行ᄒᆞᅀᆞ오니라

靈鋒이 獨露ᄒᆞ야 四相이 俱破ᄒᆞ고 慈雨ㅣ 普潤ᄒᆞ야 九類ㅣ 同沾ᄒᆞ도다 三觀智ㅣ 滿ᄒᆞ야 一乘理ㅣ 圓커늘 四衆이 齊悟ᄒᆞ야 群疑頓釋ᄒᆞ도다 ○ 靈령ᄒᆞᆫ ᄂᆞᆯ히 ᄒᆞ오ᅀᅡ 나·타 四ᄉᆞᆼ相샹·이 :다 헐오 慈ᄍᆞᆼ雨:웅ㅣ 너비 저저 九:궁類륑ㅣ ᄒᆞᆫ가·지:로 저·젓·도다 三삼觀관智딩ᄀᆞᄃᆞᆨᄒᆞ야 一읿乘씽理:링 두렫·거늘 四ᄉᆞᆼ衆중·이 ᄀᆞᄌᆞ기 아·라 ·뭀 疑읭心심·이 ·모로·기 프·러·디·도·다

正眼이 圓明ᄒᆞ며 心鏡이 豁爾ᄒᆞ야 妙體實相이 瞭然目前ᄒᆞ니 信受奉行ᄒᆞᄂᆞᆫ 妙益이 斯在ᄒᆞ도다 ○ 正졍ᄒᆞᆫ 누니 두려이 블·ᄀᆞ며 ᄆᆞᅀᆞᆷ 거·우·뤼 훤ᄒᆞ야 妙묘體톙·와 實씷相샹·괘 ·눈알ᄑᆡ 반ᄃᆞᆨᄒᆞ·니 信신受쓯ᄒᆞ야 奉뽕行ᅘᆡᇰᄒᆞᄂᆞᆫ 微밍妙묘ᄒᆞᆫ 利링益혁·이 이·에 잇·도·다

冶父 三十年後에 莫敎忘却老僧ᄒᆞ라 不知誰是知恩者오 呵呵 將謂無人이라 ᄒᆞ다라 ○ 셜흔 ᄒᆡ 後ᅘᅮᇢ·에 ᄂᆞᆯ·근 쥬ᇰ·올 닛·디 :말·라 아·디

몯ᄒᆞ리로다 뉘 이 恩ᄒᆞᆫ 아ᄂᆞ니오 呵향呵향쟝ᄎᆞ 사ᄅᆞ미 업스리라 너기다라

三關을 已透ᄒᆞ야 一鏃이 遼空ᄒᆞ니 更須奮丈夫志ᄒᆞ야 拗折一鏃ᄒᆞ고 向碧空外ᄒᆞ야 相見老僧ᄒᆞ라 ○ 세 關관ᄋᆞᆯ ᄒᆞ마 ᄉᆞᄆᆞ차 ᄒᆞᆫ 삸미 디 虛헝空콩애 머니 다시 모로매 丈땽夫붕의 ᄠᅳ들 니르와다 ᄒᆞᆫ 삸미 틀것고 파란 虛헝空콩 밧ᄀᆞᆯ 向향ᄒᆞ야 늘근 즁을 서르 보라 三삼關관ᄋᆞᆫ 三삼句궁ㅣ라

若與老僧과 相見ᄒᆞ면 可謂知恩報恩이니 不知誰是知恩者오 呵呵將謂無人이라ᄒᆞ다라 ○ ᄒᆞ다가 늘근 즁과 서르 보면 어루 닐오ᄃᆡ 恩ᄒᆞᆫ 아라 恩ᄒᆞᆫ 가ᄑᆞ미니 아디 몯ᄒᆞ리로다 뉘 이 恩ᄒᆞᆫ 아ᄂᆞ니오 呵향呵향쟝ᄎᆞ 사ᄅᆞᆷ 업스리라 너기다라

頌 饑得食ᄒᆞ며 渴得漿ᄒᆞ며 病得瘥ᄒᆞ며 熱得涼ᄒᆞ며 貧人이 遇寶ᄒᆞ며 嬰兒ㅣ見孃ᄒᆞ며 飄舟ㅣ到岸ᄒᆞ며 孤客이 歸鄕ᄒᆞ며 旱逢甘澤ᄒᆞ며 國有忠良ᄒᆞ며 四夷拱手ᄒᆞ며 八表ㅣ來

降ᄒᆞ니○주으리니밥어드며목ᄆᆞᄅᆞ니漿쟝水싕어드며病뼝ᄒᆞ니됴호믈得득ᄒᆞ며더우니서ᄂᆞᆯ
호믈得득ᄒᆞ며가난ᄒᆞᆫ사ᄅᆞ미보비ᄅᆞᆯ맛나며아히어미ᄅᆞᆯ보며불인비ᄀᆞ새다ᄃᆞᄅᆞ며외ᄅᆞ왼소니本
본鄕향애도라가며ᄀᆞᄆᆞ래ᄃᆞ비ᄅᆞᆯ맛나며나라해忠듕良량이이시며四ᄉᆞᆼ夷잉손고ᄎᆞ며八밣方방
밧기와降향服뽁ᄒᆞ니四ᄉᆞᆼ夷잉ᄂᆞᆫ四ᄉᆞᆼ方방ㅅᄀᆞ새사ᄂᆞᆫ사ᄅᆞᆷ이라頭頭ㅣ揔是오
物物이全彰ᄒᆞ니古今凡聖地獄天堂東西南北을不
用思量이니刹塵沙界諸群品이盡入金剛大道場ᄒᆞ도
다○頭뚷頭뚷ㅣ다이오物믏物믏이오ᄋᆞ로나ᄐᆞ니녜와이제와凡뻠과聖셩과地띵獄옥과天텬堂
땅과東동西솅南남北븍을思ᄉᆞᆼ量량ᄋᆞᆯᄡᅳ디아니ᄒᆞ리니刹찷塵띤沙상界갱옛여러群꾼品픔이다
金금剛강큰道똫場땽애드도다
佛坐道場ᄒᆞ시니北辰이居其所ㅣ오十方이同聚ᄒᆞ니
衆星이皆拱北이로다諸子ㅣ癡迷ᄒᆞ야捨父逃逝ᄒᆞ야

流落天涯권디 爲日이 已曠이러니 ○ 부텻 道뜰場땽애 안ᄌᆞ시니 北븍極

끅 벼리 그 고대 잇고 十씹方방이 ᄒᆞᆫ ᄃᆡ 모ᄃᆞ니 ᄃᆞᆺ 벼리 다 北븍極끅을 고ᄌᆞᆨ 놋다 여러 아ᄃᆞ리 어리

미혹ᄒᆞ야 아비 ᄇᆞ리고 逃똘亡망ᄒᆞ야 가 하 ᄀᆞ새 흘러 ᄃᆞ니건 디 나리 ᄒᆞ마 오라더니 父王

이 設權ᄒᆞ야 號令天下ᄒᆞᆫ대 諸子ㅣ 知非ᄒᆞ야 今盡來歸

ᄒᆞ야 各懃無知ᄒᆞ야 願聞慈誨ᄒᆞ미 如飢思食ᄒᆞ며 如渴이

思漿이라 水澄月現ᄒᆞᄃᆞᆺ 感應이 交生ᄒᆞ야 甘露門開

거늘 皆得法喜ᄒᆞ니라 ○ 父뿡王왕이 權뀐을 밍ᄀᆞ라 天텬下ᅘᅡᆼ애 號ᅘᅩᇢ令령ᄒᆞᆫ대 여러

아ᄃᆞ리 왼 ᄃᆞᆯ 아라 이제 다 도라와 各각各각 無뭉知딩ᄒᆞᆫ ᄃᆞᆯ 붓그려 慈ᄍᆞᆼ悲빙로 ᄀᆞᄅᆞ쵸ᄆᆞᆯ 듣고져

願원ᄒᆞ미 주으린 사ᄅᆞ미 밥 ᄉᆞ랑ᄒᆞᄃᆞᆺ ᄒᆞ며 목ᄆᆞᄅᆞᆫ 사ᄅᆞ미 漿쟝水슁 ᄉᆞ랑ᄒᆞ미 ᄀᆞᆮᄒᆞ야 ᄆᆞ리 ᄆᆞᆯᄀᆞ면

ᄃᆞ리 나ᄃᆞᆺ ᄒᆞ야 感감과 應ᅙᅳᆼ괘 섯거나 甘감露롱門몬 이 열어늘 다 法법喜힁ᄅᆞᆯ 得득ᄒᆞ니라 斷

常이 爲病ᄒᆞ야 惱亂法身이러니 法爲良藥이라 一間便

除ᄒᆞ며 貪愛爲熱이라 煩煎心海니라 法爲清涼이라 一門

頓歇ᄒᆞ며 乏功德財ᄒᆞ야 日受貧苦ㅣ니라 一聞法要ᄒᆞ니

寶藏이 現前ᄒᆞ며 ○斷딴見견常쌍見견이 病뼝이 ᄃᆞ외야 法법身신을 어즈리더니

法법이 됴ᄒᆞᆫ 藥약이 ᄃᆞ외야 ᄒᆞᆫ 번 드루매 곧 덜며

貪탐愛ᄋᆡᆼㅣ 熱ᅀᅧᇙ이 ᄃᆞ외야 ᄆᆞᅀᆞᆷ 바ᄅᆞᄅᆞᆯ 어즈러

이 봇ᄃᆞᆯ티니 法법이 清청涼량이 ᄃᆞ외야 ᄒᆞᆫ 번 드

루매 모ᄅᆞᆫ 기 歇헗ᄒᆞ며 功공德득財찡寶봉ㅣ 업

서 날로 가난ᄒᆞᆫ 苦콩ᄅᆞᆯ 겻더니 ᄒᆞᆫ 번 法법

要ᅙᅧᇢ 드르니 寶봉藏짱이 알ᄑᆡ 나ᄐᆞ며 爲迷所

覆ᄒᆞ야 覺性이 不現이러니 一得開悟ᄒᆞ니 妙體昭彰ᄒᆞ며

失正知見ᄒᆞ고 飄沉苦海니러 方便風生ᄒᆞ야 得到彼岸

ᄒᆞ며 竛竮五道ᄒᆞ야 客作多年이러니 今始得歸常樂家

鄕ᄒᆞ며 ○미혹ᄋᆡ 두플배 ᄃᆞ외야 覺각性셩이 現

현티 몯ᄒᆞ더니 ᄒᆞᆫ 번 여러 아로ᄆᆞᆯ 得득ᄒᆞ니 妙

묘ᄒᆞᆫ 體텡 블기 나ᄐᆞ며 正졍ᄒᆞᆫ 知딩見견을 일코

블여 苦콩海ᆡᆼ예 ᄃᆞ맷더니 方방便뼌 ᄇᆞᄅᆞ미 나

더ᄂᆞ니새시러다ᄃᆞᄅᆞ며다ᄉᆞᆺ길헤ᄲᅮᆷ드러ᄃᆞᆫ녀손
ᄃᆞ외얀디여러히러니이제비르서샹녜즐거운
家강鄕향애도라가며 感日이 煩蒸ᄒᆞ야 道芽ㅣ 樵枯ᄒᆞ니 더 法
雨ㅣ 遐霑ᄒᆞ야 心花ㅣ 發明ᄒᆞ며 心王은 作夢ᄒᆞ고 識臣
이 擅權ᄒᆞ야 淸平世界예 風塵이 競作ᄒᆞ니 더 天君이
一覺ᄒᆞ니 識變成智ᄒᆞ야 風塵이 頓息ᄒᆞ고 六國이 宴然
ᄒᆞ며 ○ 感혹日싏이어즈러이ᄲᅧ道똘ㅅ어미누러이우더니法법雨웅ㅣ머라저저ᄆᆞᅀᆞᆷ고지ᄑᆡ
불구며心심王왕은ᄭᅮ미ᄃᆞ외오識식臣씬이權권을쥬변ᄒᆞ야淸청平뼝ᄒᆞᆫ世셍界갱예風봉塵
띤이ᄃᆞ토아짓더니天텬君군이ᄒᆞᆫ번세니識식이變변ᄒᆞ야智딩ᄃᆞ외야風봉塵띤이모로기자
고六륙國귁이便뼌安한ᄒᆞ며天텬君군은心심王왕이라 萬法이 歸己ᄒᆞ야 天
下ㅣ 大平ᄒᆞ거늘 千途異轍이 共向帝都ᄒᆞ야 長安路ㅣ
通萬戶千門ᄒᆞ니 古今이 也無疑碍ᄒᆞ며 凡聖이 也無

疑礙ᄒᆞ며 ○萬먼法법이 내 ᄆᆞ매 와 天텬下ᅘᅡᆼㅣ 大땡平뼝커늘 즈믄 길헷 제여곰 자최 다 帝뎡都동ᄅᆞᆯ 向향ᄒᆞ야 長땽安한ㅅ 길히 萬먼戶ᅘᅩᆼ 千쳔門몬에 ᄉᆞᄆᆞᄎᆞ니 古공今금이 疑읭心심ᄃᆞᆫ이 마고미 업스며 凡뻠과 聖셩괘 疑읭心심ᄃᆞᆫ이 마고미 업스며 以至地獄天堂 東西南北히 悉無疑礙라 不用思量이라 니 祇園一會ㅣ 利如斯ᄒᆞ니 從此舍靈이 盡歸源이로다 ○地띵獄옥이며 天텬堂땅이며 東동西셍南남北븍에 니르리 다 疑읭心심ᄃᆞᆫ이 마고미 업서 思ᄉᆞᆼ量량ᄋᆞᆯ ᄡᅳ디 아니ᄒᆞᄂᆞ니라 祇낑園원ᄒᆞᆫ 會ᅘᅬᆼ예 利링이 ᄀᆞᆮᄒᆞ니 이ᄅᆞᆯ 브터 舍샹靈령이 다 根ᄀᆞᆫ源원에 도라가ᄂᆞ다

宗鏡 提頌綱要後序

夫欲了最上大乘인댄 須具金剛正眼이니 看釋迦老ㅣ 與須菩提와 顯大機ᄒᆞ시며 施大用ᄒᆞ샤 聚須彌山王等

七寶ᄒᆞ시며 碎大千沙界ᄒᆞ야 若微塵ᄒᆞ시니 盡僧祇劫히 布施將來ᄒᆞ야도 獨最上乘은 無法可得이라 直饒天人이 膽喪ᄒᆞ며 魔外心寒ᄒᆞᄂᆞ니 俱能捨命承當ᄒᆞ야도 依舊白雲이 萬里리라 ○ 最쬥上썅大땡乘씽을 아ᄅᆞ려 ᄒᆞᆯ딘댄 모토매 金금剛강正졍眼ᅀᅡᆫ이 ᄀᆞ자ᅀᅡ ᄒᆞ리니 보라 釋셕迦강老롱ㅣ 須슝菩뽕提뗑와 ᄒᆞᆫ 機긩ᄅᆞᆯ 나토며 큰 用용ᄋᆞᆯ 施싱ᄒᆞ샤 須슝彌밍山산王왕ᄀᆞᆮᄒᆞᆫ 七칧寶봉ᄅᆞᆯ 뫼호시며 大땡千쳔沙상界갱ᄅᆞᆯ ᄇᆞᅀᅡ 微밍塵띤ᄀᆞ티 ᄒᆞ시나 僧승祇낑劫겁을 다ᄋᆞ도록 布봉施싱ᄒᆞ야와도 오직 最쬥上썅乘씽은 法법이 어루 得득호미 업손디라 곧 天텬과 人신괘 膽담을 일흐며 魔망와 外왱왜 ᄆᆞᅀᆞᆷ 서늘호ᄆᆞᆯ 得득ᄒᆞᄂᆞ니 다 能능히 命명을 ᄇᆞ려아 라도 녜ᄅᆞᆯ브터 白ᄈᆡᆨ雲운이 萬먼里링리라 所以解此經者는 八百餘家ㅣ오 頌此經者는 不滿屈指니라 蓋古人이 錯答一字ᄒᆞ고도 尚墮野狐ᄒᆞ니 謬頌此經ᄒᆞ면 應入地獄이로다 ○ 이런ᄃᆞ로 이 經경解행ᄒᆞ

ᄂᆞᆫ 人ᄉᆞᆷ ᄇᆞᆰ히 ᄇᆡ나 ᄆᆞᄅᆞ지 비오 이 經경頌쑝ᄒᆞᆫ 가락구
弄ᄒᆞᄃᆡ 太ᄐᆡ 몯ᄒᆞ나라 녯사ᄅᆞ미 ᄒᆞᆫ 字ᄍᆞᆼ 그르 對됭答
ᄒᆞ고도 오히려 野양狐홍애 ᄠᅥ러디니 이 經경 宗
ᄋᆞᆯ 그르 頌쑝ᄒᆞ면 당다이 地띵獄옥애 들리로다

鏡이 自惟ᄂᆞᆫ 不入地獄ᄒᆞ면 何由拯濟群生이리오 既能
爲法忘軀ᄒᆞ야 豈避彌天逆罪리오 橫按寶劒ᄒᆞ야 重說
偈言ᄒᆞ노라 ○宗쫑鏡경이 내ᄉᆞ랑ᄒᆞ니 地띵獄옥
애 ᄃᆞ디 아니ᄒᆞ면 어느 젼ᄎᆞ로 群꾼生ᄉᆡᆼ을 건
뎌 濟졩度똥ᄒᆞ리오 ᄒᆞ마 法법을 爲윙ᄒᆞ야 모ᄆᆞᆯ 니
저 니ᄌᆞ니 하ᄂᆞᆳ 해 ᄀᆞᆮᄒᆞᆫ 거슨 ᄇᆞᆫ 罪쬥ᄅᆞᆯ 避삥ᄒᆞ리
오 寶ᄇᆞᇢ 劒검을 빗자바 偈
꼥 ᄒᆞᆫ ᄆᆞᄅᆞᆯ 다시 니ᄅᆞ노라

欲了最上大乘인댄 須具金剛正眼이니 若不具眼이면
爭見大家風月이리오 要見大家風月인댄 看彼釋迦
老子의 機用을 齊施ᄒᆞ샤 殺活自由底手段ᄒᆞ라 ○最上
쌍大땡乘씽을 아로려 ᄒᆞᆯ딘댄 모로매 金금剛강
正졍眼안이 ᄀᆞᄌᆞ샤ᄒᆞ리니 ᄒᆞ다가 누니 ᄀᆞᆺ디 아

니ᄒᆞ면엇뎨큰집風봉月월을보리오모로매큰
집風봉月월을보리라ᄒᆞᆯ딘댄뎌釋셕迦강老로ᇢ
子ᄌᆞᆼㅅ機긩와用용과ᄅᆞᆯᄀᆞᄌᆞ기施싱ᄒᆞ
샤주기며살오ᄆᆞᆯᄌᆞ변ᄒᆞ시논소ᄂᆞᆯ보라若向這
裏ᄒᆞ야見得破ᄒᆞ면許你具金剛眼ᄒᆞ야廣幾明得最上
宗乘이니最上宗乘은因甚得伊麼奇特고聚寶如
須彌ᄒᆞ며碎界若微塵ᄒᆞ야布施盡僧祇ᄒᆞ야도此則出
於有心이라盡屬情見이어니와ᄒᆞ다가이ᄅᆞᆯ向
향ᄒᆞ야보아得득ᄒᆞ면네의
金금剛강누니ᄀᆞ자거ᅀᅡ最죙上썅宗종乘씽보
교ᄆᆞᆯ許헝ᄒᆞᆯ디니最죙上썅宗종乘씽은므스글
因힌ᄒᆞ야이리奇낑特뜩ᄒᆞ뇨보비ᄅᆞᆯ뫼호ᄃᆡ須
슝彌밍ᄀᆞ티ᄒᆞ며界갱ᄅᆞᆯᄇᆞᅀᅩᄃᆡ微밍塵띤ᄀᆞ티
ᄒᆞ야布봉施싱ᄅᆞᆯ僧숭祇낑다ᄋᆞ도록ᄒᆞ야도이
논ᄆᆞᅀᆞᄆᆡ쇼매나논디라다情쪙見견에屬쑉거
니와獨最上乘은凡情聖解ㅣ湊泊不得ᄒᆞ미如倚天
長劒이寒威威光爍爍ᄒᆞ야凜凜然不可犯其鋒鋩

ᄒᆞ니所以天人이膽喪ᄒᆞ며魔外心寒이니라○오직最죵上쌍乘씽
온九뿀情쪙과聖셩解행왜븐디몯ᄒᆞ미하ᄂᆞᆯ해지연ᄀᆞᆫ갈히서ᄂᆞᆯᄒᆞ야저프며光광明명이빗나
슥슥ᄒᆞ야어루그갌ᄂᆞᆯ홀犯뻠티몯ᄒᆞ미곤ᄒᆞ니이런ᄃᆞ로하ᄂᆞᆯ콰사ᄅᆞᆷ괘膽담ᄋᆞᆯ일ᄒᆞ며魔망와
와왕왜모ᄉᆞ미서ᄂᆞᆯᄒᆞᄂᆞ니라忽有人이雖能捨命承當이라도依
舊白雲萬里리라此最上宗乘이若是其高危逈絶
이라所以得此宗者ㅣ鮮ᄒᆞ니古人이錯荅一字ᄒᆞ야도
尚墮野狐ᄒᆞ니謬頌此經이면應入地獄이리라若爾댄
何事無益ᄒᆞ야自求其苦ㅣ리오○아ᄆᆞ란사ᄅᆞ미비록能ᄂᆼ히命명을ᄇᆞ려
아라도녜ᄅᆞᆯ브터白ᄈᆡᆨ雲운이萬먼里링리라이最죵上쌍宗종乘씽이이ᄀᆞ티그노ᄑᆞ며아ᄉᆞ라
ᄒᆞᆫ디라이런ᄃᆞ로이宗종得득ᄒᆞᆫ사ᄅᆞ미져그니녯사ᄅᆞ미ᄒᆞᆫ字쫑ᄅᆞᆯ그르對됭荅답ᄒᆞ야도오히
려野양狐홍애뻐러디니이經경을그르頌쑝ᄒᆞ면地띵獄옥애당다이들리라ᄒᆞ다가그러홀딘

댄·엇뎨 無뭉益·혁·을 일·사·마 ·졔 ·그 咎·공·를 求꿍ᄒᆞ·리·오 只應端然拱手ᄒᆞ야 以

求自度ㅣ니 從他法門·의 興廢ᄒᆞ며 任他衆生·의 起倒

ᄒᆞ고 扶持末運ᄒᆞ야 紹續慧命·을 無暇介於胷中·이·로

·오·직 端돤正·졍·히 ᄉᆞ 밋·뎡·고 ·자·제 度·똥ᄒᆞ 몰 ·ᄡᅥ 求 꿍ᄒᆞ·미 ·맛·당ᄒᆞ·니 ·뎌 法·법門몬·의 興흥ᄒᆞ·며 廢·볭

ᄒᆞ ᄃᆞᆯ 조 ·ᄎᆞ ·며 ·뎌 衆·즁生싱·의 닐·며 갓·ᄀᆞ로 ·ᄆᆞᆯ ᄆᆞ·뎐 ·히 너·기 고 末·맗運·운·ᄋᆞᆯ 잡·ᄃᆞ·리 慧·휑命·명 나·소 ᄫᆞᆯ

가·ᅀᆞᆷ 가·온·ᄃᆡ 거·리 ᄉᆞᆯ·겨·르 ·리·라 ·업·도·다 雖然如是 ·나 爲己不爲法ᄒᆞ면 辜

負佛祖深恩ᄒᆞ고 爲己不爲人ᄒᆞ면 墮在二乘境界ᄒᆞ리

니 自身이 ᄲᅡ 寧入地獄ᄒᆞ야 經百千劫뎡이언 務使人人

이 開覺ᄒᆞ야 慧命이 無窮ᄒᆞ니 旣能爲法亡軀ㅣ니 어 豈

畏彌天逆罪리오 橫按寶劒ᄒᆞ야 重說偈言ᄒᆞ노라 ○

ᄒᆞ나·내 ·모·몰 爲·윙코 法·법·을 爲·윙티 아·니ᄒᆞ·면 佛 ·뿛祖종人·기 ·큰 恩ᄒᆞᆫ·을 ·지·여ᄇᆞ·리·고 ·모·몰 爲·윙코

사ᄅᆞ믈 爲윙티 아니ᄒᆞ면 二싱乘씽境경界갱예 ᄠᅥ디리니 내 모미 사ᄅᆞ 출히 地띵獄옥애 드러 百ᄇᆡᆨ千쳔劫겁을 디내ᄂᆞ니언뎡 힘ᄡᅥ 사ᄅᆞᆷ마다 여러 아라 慧쀙命명이 다ᄋᆞᆳ 업게 홀디니 ᄒᆞ마 能능히 法법을 爲윙ᄒᆞ야 모ᄆᆞᆯ 니저니ᄅᆞᆺ데 하ᄂᆞᆯ해 ᄀᆞ득ᄒᆞᆫ가 金금 ᄇᆞᆫ 罪쬥ᄅᆞᆯ 저ᄒᆞ리오 寶봉劍검을 빗자바 偈꼥言언을 다시니ᄅᆞ노라

頌 摧涅槃心ᄒᆞ고 滅正法眼ᄒᆞ며 掃除知見ᄒᆞ고 截斷命根ᄒᆞ야 堪報不報之恩ᄒᆞ며 用酬難酬之德耳니라 ○ 涅녏槃빤入ᅀᅡ ᄆᆞᅀᆞᄆᆞᆯ 것고 正졍ᄒᆞᆫ 法법眼안ᄋᆞᆯ 업게 ᄒᆞ며 知딩見견을 ᄡᅳ러 ᄇᆞ리고 命명의 불휘ᄅᆞᆯ 바혀ᅀᅡ 갑디 몯ᄒᆞᆯ 恩ᅙᅳᆫᄒᆞᆫᄋᆞᆯ 어루 가ᄑᆞ며 갑디 어려운 德득을 ᄢᅢ 가ᄑᆞ리라

涅槃正法眼이어 咄哉是什麽오 縱然超佛祖ㅣ나 不許立知見이니라 掃蹤滅跡ᄒᆞ야 除根帶ᄒᆞ야ᅀᅡ 是名眞實報恩者ㅣ니라 ○ 涅녏槃빤正졍法법眼안이여 咄돓哉징라 이 므스고 비록 佛뿛祖

죵애 건나 쒸나 知딩見견세요ᄆᆞᆯ 許헝티 아니ᄒᆞ
ᄂᆞ니라 자최ᄅᆞᆯ ᄡᅳᆯ며 자최ᄅᆞᆯ 업게ᄒᆞ야 블 휫고 고
릴 더러ᅀᅡ 이 일ᄒᆞ미 眞진實씷 此老의 伊麼提持
로 恩ᄒᆞᆫ 올 갑ᄂᆞᆫ 사ᄅᆞ미니라

ᄂᆞᆫ 且作麽生道오 定亂扶危ᄒᆞ야 天地泰ᄒᆞ니 摧邪顯
正ᄒᆞ야 日月이 閑ᄒᆞ도다 因憶丹霞의 施手處ᄒᆞ니 一星
揮了애 世界安ᄒᆞ도다 ○ 이ᄂᆞᆯ 그니 그리 잡ᄃᆞ로믄 ᄯᅩ 엇뎨 니ᄅᆞ료 亂란ᄋᆞᆯ 定뎡ᄒᆞ
며 바ᄃᆞ라오ᄆᆞᆯ 더위자바 天텬地띵 便뼌安한ᄒᆞ
니 邪쌰ᄅᆞᆯ 것고 正졍을 나토아 日싫月웛이 겨르
ᄅᆞᆸ도다 因힌ᄒᆞ야 丹단霞ᅘᅡᆼ의 손 베푼 고ᄃᆞᆯ ᄉᆡᇰ각
ᄒᆞ니 ᄒᆞᆫ 벼ᄅᆞᆯ 돌우매 世솅界갱 便뼌安한ᄒᆞ도다
丹단霞ᅘᅡᆼᄂᆞᆫ 天텬然연禪썬師ᄉᆞᆼ이시단 뫼히
니 院원에 가 자다가 남기 업거늘 부텨 세흘 ᄣᅵ야
디ᄃᆞ니라

金剛般若波羅蜜經 第五

得通決疑

初解題目文中此疏本是爲評經者至即直說也

等五行文恐非圭峯所著盖是編集者之辭耳

如是我聞等文圭峯註中祇樹等者至所買之園

按本疏但云祇樹等者即祇陀太子所施之樹給孤長者所買之園無獨園者須達五字此五字盖是後人所潤然既云祇樹等又云給孤獨園者言意重疊全非疏意强而潤之則當減等字云祇樹者云云給孤獨園者云云

本處至敷座等文峯註化等下恐脫於中有五四字又取偽之下我乃之我疑佛字之誤又法食下脫上釋序分竟五字六祖注中尒時者當此之時

是令辰時時與是二字中間恐脫食時者三字應云食時者是令辰時圭峯云食時辰當日初分此明證也

即從座起等文六祖注中智慧超過三界至德高更無有上過與有二字疑衍應云智慧超三界云云德高更無上云云又云付囑須菩提諸菩薩須菩提二字疑衍應云付囑諸菩薩

應云何住等文六祖注中須菩提見一切衆生至如何降伏其心歇與問二字中間恐有闕文應云見一切衆生云云無有間歇爲令降伏故問若欲修行云云

汝今諦聽等文六祖註中一心靜默吾當爲說默

與吾二字中間恐有闕文應云令諸聽者一心静
默故云汝今諦聽吾當爲說又不住色注中施者
之者疑衍
菩薩應如是布施等文圭峯注中爲答別問答別
二字當上下六祖注中不見有施之物有當作所
他本云不見布施之物布施與有施不如所施之
語便况所施與上能施爲對乎
三四五佛等文六祖注中於我滅後我字恐非應
云於佛滅後下文乃云是故如來說我滅後後五
百歲祖師先且自陳後乃引經
如來悉知悉見等文圭峯注中知其心心四蘊也
見其依止即色身也本疏但云知其心四蘊見其依

止(色身)無一心字一即字二也字夫四蘊及色身盖心及依止之注脚令乃連書而又潤之亦無非法相等文六祖注中無壽者我身本無云云壽者之者我身之我二字中間當更有者字

經中是諸衆生若心取相至何以故若取非法相云云夫何以故三字當在若取法相之句之上盖誤在於下古人雖如文解義細詳其文義似不穩便若使文義相順血脉相通應云是諸衆生若心取相即爲著我人衆生壽者何以故若取法相即著我人衆生壽者若取非法相即著我人衆生壽者何則若心等語是標是捴何以故是徵若取法云云若取非法云云是釋是別故下文結云是故

不應取法不應取非法則知取相云者取法與非法之二相也特以標揔故但云取相揔別標微釋結文義昭然可曉復何疑哉夫何以故三字誤置於下遂成流布至今傳習者蓋所謂一人傳虛萬人傳實者也達者思之

第六分宗鏡提綱中名相雙泯取捨兩忘要且猶筏見見字疑誤蓋在字之誤

大士寶滿三千界等頌當在其福勝彼文中蓋誤在即非佛法之下

斯陁含名一往來等文圭峯註中一來人間便得阿羅漢果阿羅漢當作斯陁含六祖註中斯陁含名一往來行從天上却到人間生從人間死却生

天上盖從天上却到人間生從人間死却生天上此兩句恐倒置且行字疑者字之誤却生之却字疑即字之誤應云從人間死即生天上從天上却到人間生何以明之圭峯云斯陁含此云一來從此命終一往天上一來人間又集註云一往來者謂人間報謝一往天上却來受生也夫人間報謝一往天上及從此命終一往天上者豈非即此所謂從人間死即生天上者也却來受生及一來人間者豈非即此所謂從天上却到人間生者也若如從天上却到人間生從人間死却生天上之言則先從人間即生天上復從天上却到人間生又從人間却生天上如是則來人間者是一往天上

者非一與名一往來之言愈見相違矣

四果等文川老著語諸行無常一切皆苦予昔年爲衆講此解講到此句忽然記得證道歌中諸行無常一切空之語便知皆苦之言即是皆空之誤乃云皆苦之言與頌意與經意不符契蓋是皆空之誤遂引歌語證之後看他本果有皆空之言然仍之不改者爲識法者懼

隨說是經等文六祖註中如有人即說是經若念念常行無念心云云如有人他本作見人又若念之若字當作應又皆來供養持經之人持經之人四字疑衍

第十三分宗鏡提綱中析微塵至無法可說疑文

倒置應云等河沙施身命無相可求析世界如微
塵無法可說

所有微塵等文六祖註中妄念既無即非微塵是
名微塵是名微塵四字疑衍不然則當加者字云
是名微塵者則文義俱屬下句

須菩提聞說是經等文六祖註中豈得不聞如是
深法至涕淚悲泣此一段文疑字句失次所謂豈
得不聞得不二字當上下又方悟佛意四字當在
聞經之下誤在於上應云今始得聞如是深經方
悟佛意悲昔未悟經云聞說是經深解義趣者所
謂聞深經悟佛意者也豈可悟佛意聞深經也

如來是眞語者等文圭峯註中如語者說大乘法

至決定說大乘有佛性故本疏但有如語者至小乘無也等十八字無說大乘故至有佛性故等十三字此十三字存之文繁削之義順然恐爲識者之非仍之以俟後之明哲又說大乘法有眞如之一介說字疑衍應云如語者說大乘法大乘法有眞如小乘無也

見種種色等文圭峯註中既有目及日光合見虛空空喻眞如之性種種色喻性上萬德本疏但云空喻眞如色喻性上萬德無既有目等十字與之性二字種種二字此十四字蓋後人所潤強而潤之則應云既有目及日光合見空中諸色空喻眞如之性色喻性上萬德

傅大士證空便爲實等頌當在無實無虛文中盖
誤在無量無邊功德文中
若樂小法者等文六祖注中爲二乘聲聞人樂小
果云云聲聞二字疑衍
傅大士所作依他性等頌當在若樂小法等文中
盖誤在在在處處文中
若復有人於後末世等文傅大士頌中斯人生斷
見生字盖無字之誤
我若具說者等文傅大士頌中凡夫盡摠袪夫字
盖愚字之誤
不可思議等文大士頌中妄經失路迷妄字盖謗
字之誤不然則妄經謂以經爲妄然妄經不如謗

經之語便
譬如人身長大等文六祖註中法身不二無有限量是名大身法身本無無處所故言即非大身恐是身與非身二釋相倒應云法身本無無處所故言即非大身法身不二無有限量是名大身五眼等文六祖注中見色身中有法身名爲肉眼至見般若波羅蜜能出生三世一切法名爲佛眼此一段文盖文字倒置致令義意失次所謂見性明徹能所求除者義當佛眼不得名爲天眼見一切衆生各具般若性者義當天眼不得名爲慧眼見般若波羅蜜能出生三世一切法者義當慧眼不得名爲佛眼若使文義不失次第則應云見色身中有法

身名爲肉眼見一切衆生各具般若性名爲天眼見般若波羅蜜能出生三世一切法名爲慧眼見一切佛法本來自備名爲法眼見性明徹能所永除名爲佛眼夫肉眼天眼以自他一多近遠爲對慧眼法眼以般若與佛法爲對佛眼以上四眼爲對上之四眼見既未明徹能所又未除唯有佛眼獨得明徹永除之名此但就五眼位次論之耳以實論之則五眼在佛一一究竟也

如是如是以三十二相觀如來等文䟽中問善現頻答此義至此即順矣等十二行文圭峯本䟽所無盖編集者之所論何則本䟽大雲云前悟色身令迷法身意謂法身既流出相身即由此相知佛

證得無相法身令文分爲兩節以悟色身迷法身之語爲錯法身既流出相身等語爲順非圭峯所論明矣此文第三行明字當在欲字之下

若以色見等偈圭峯註中彼如來妙體卽法身諸佛法身與諸佛恐上下應云諸佛法身

第二十六分末宗鏡提綱中如來身異法王身法王當作聖王次提綱中法雖傳而不傳應云法不傳而相傳

碎爲微塵等文圭峯註中於中細末方便云云中字下恐脫有字

若是微塵衆實有者註中塵衆聚故故非異處第二故字疑衍

是名一合相等文圭峯註中一合相者有二摶取摶取爲一故云和合故此一合有二摶取云云上有二摶取四字及故此之一故字疑衍應云一合相者摶取爲一故云和合此一和合有二摶取云云

第三十分末宗鏡提綱中背覺合塵又云非合衆生覺塵二字當上下非當作悲

若人言佛說我見人見等文六祖注中自修行菩提果修行當作修證不然則應云自修行菩提行則果字非也

如是知見信解等文圭峯注中此顯示何人云云此顯示增上心云云第二此顯示之言疑誤六祖

注中應見一切衆生云云應見一切衆生云云第

一應見當作應知釋經知見信解故也

一切有爲法等文圭峯注中或纔生或暫停住卽

歸散滅或暫之或字疑衍應云或纔生暫停住卽

歸散滅

綱要後序俱能之俱當作雖

昔
世宗莊獻大王嘗欲以國語翻譯金剛經五家解之治
父頌宗鏡提綱得通說誼及證道訶南明繼頌以
入釋譜
命
文宗大王及
世祖大王共撰之而
親加睿裁焉于時治父宗鏡二解得通說誼草藁已
成而未暇校定南明繼譯三十餘首俱未就緒
遺命
文宗
世祖終事
文宗享國日淺
世祖繼之
遵奉
遺教首先釋譜刊板流通又印施
親購得中朝證道訶彥琪註與宏德祖庭註幷金剛
經五家解及諸經第以諸佛性宗如來心印深妙
難思不可識識智知文詮言諭又以
遺囑重大不可草草故先譯楞嚴經法華經六祖解
金剛經圓覺經心經永嘉集等經印施中外亦無
非
靈承
遺意而抑欽爲此張本廣演最勝經教講究許多深

妙義理極其爛熟然後弘宣諸佛祖無上了義普
令一切見自佛性焉蓋難其事而重
先命也方擬措手弓劍遽遺嗚呼痛哉恭惟我
慈聖大王大妃殿下慈悲廣大誠孝罔極
懼佛祖之法印煙晦
三聖之誓願未伸乃
命禪德學祖更校金剛經三解譯及續譯南明既訖
命印三家解三百本南明五百本廣施諸剎普令塵
墨一切含靈見聞受持咸使成就第一希有功德
如佛所說於是
世宗神道設教
弘誓願海
文宗
世祖大忠大孝
繼述之事始極完而無憾以一大事因緣
列聖在天成等正覺宗圖永固歷年無窮吁至矣哉成
化十八年七月日推忠定難翊戴純誠明亮經
濟佐理功臣崇祿大夫議政府左贊成西平君臣
韓繼禧奉 教謹跋
歲在丙寅春
昭憲王后奄棄宮壼
世宗大王悲悼哀傷以爲饒益冥禧無上轉經乃於
萬幾之暇
留神釋典爾時

文宗在東宮
世祖在潛邸暨諸宗英昵承
世宗慈訓紬繹諸經以爲金剛經諸解中冶父宗鏡直
是了義頓教法文南明繼頌禪家活語俱是離文
字底說話單提直指之妙含此而無以他求歲戊
辰春又得涵虛堂信如所撰冶父宗鏡話說誼
上大加稱賞
命
世祖翻譯
親加省裁又
親譯南明三十餘篇
命
世祖畢譯將入釋譜之末書未脫藁而歲庚午春
世宗賓天
遺命
文宗
世祖終其事
世祖服膺
遺教未敢蹔舍嘗赴
京師購得證道謌彥琪註乃還爾後屬時屯艱未遑
他及逮我
世祖克靖大難化家爲國丕纘大平于前烈允繼志述
事之事無微不舉又能弘揚佛法大闡玄教首先
刊印釋譜廣施流通允海藏眞詮靡不轉閱附取

法文之要者如楞嚴經法華經六祖解金剛經圓
覺經心經永嘉集等經重加諺譯使人人易曉盖
莫非崇正法而重
遺囑也向所謂翻譯金剛經諸解證道謌繼頌等篇
獨未之及焉者豈非諸佛祖無上了義直是劒刃
上說話纔涉擬議商量落在第二窠臼盖鄭重而
未敢即就也粤歲戊子秋
世祖有漏縁盡八音遽遏嗚呼慟哉厥後十有五載壬
寅恭惟
慈聖大王大妃殿下宿種善根開發心花
追念
列聖之洪願思纘
緒之未終乃
遺命禪德臣學祖重校金剛經冶父宗鏡話涵虛堂得
通說誼目曰金剛經三家解續成
御譯南明旣訖
命內需司模印廣施演福利於無窮
命臣希孟跋之臣希孟竊惟理絶言詮強演𦶜教者
非實機分頓漸獲悟眞宗者亦希今夫因指以見
月非執指以爲月終無見月之理因筌以得魚執筌
以爲魚寧有得魚之時必也筌指雙忘月可見而
魚可得矣雖然如是直得魚月亦忘忘其所忘然
後般若智光自然呈露矣黃面老子杜口毗耶默
何所默始從鹿苑說何所說要知黃葉止啼實是

大權方便若有過量漢憑斯所施法文由粗以入
精遡流以究源直透三關入佛知見則雖曰彌天
葛藤挨成菩提爭樹滿口雌黄還同般若真詮可
也如斯功德塵墨所難窮鄰虛所難盡以是勝緣
列聖在天靈駕
誕登彼岸
優游常寂土及與法界含靈同成佛類
宗祊永固四境寧謐詎不偉歟時大歲壬寅孟秋仲
浣推忠定難翊戴純誠明亮佐理功臣崇政大夫
議政府右賛成兼知 經筵春秋館事晉山君臣
姜希孟奉 教謹跋